Kursthemen
Sozialwissenschaften

Wirtschaftspolitik

Prof. Dr. Gerhard Willke

Cornelsen

Redaktion	Peter Südhoff
Gestaltung und Satz	Anna Bakalović und Annika Preyhs, Berlin
Umschlaggestaltung	Anna Bakalović unter Verwendung eines Fotos der Imagebank
Illustrationen	Sabine Comes, Wuppertal

Nicht in allen Fällen war es uns möglich, den Rechteinhaber der Abbildungen ausfindig zu machen.
Berechtigte Ansprüche werden selbstverständlich im Rahmen der üblichen Vereinbarungen abgegolten.

 http://www.cornelsen.de

1. Auflage   Druck 4 3 2 1   Jahr 06 05 04 03

Alle Drucke dieser Auflage sind inhaltlich unverändert und können im Unterricht nebeneinander verwendet werden.

© 2003 Cornelsen Verlag, Berlin

Das Werk und seine Teile sind urheberrechtlich geschützt. Jede Verwertung in anderen als den gesetzlich zugelassenen Fällen bedarf der vorherigen schriftlichen Einwilligung des Verlages.

Druck	CS-Druck CornelsenStürtz, Berlin
ISBN	3-464-65299-8
Bestellnummer	652998

Gedruckt auf säurefreiem Papier, umweltschonend hergestellt aus chlorfrei gebleichten Faserstoffen.

Vorwort 5

1. Wirtschaft und Politik 6
1.1 Nahaufnahme: Wirtschaftspolitik im Bundestagswahlkampf 2002 7
1.2 Warum betreibt der Staat Wirtschaftspolitik? 10
1.3 Die Handlungsmotive der Politik(er): Politischer Markt und Öffentlichkeit 14
1.4 Leitbilder und Ziele der Wirtschaftspolitik 16
1.5 Teilbereiche, Akteure und Handlungsmuster der Wirtschaftspolitik 20
1.6 Das „magische Viereck" der Stabilisierungspolitik 23
1.7 Methode: Stabilitätsziele grafisch darstellen 26
1.8 Exkurs: Werturteil und wissenschaftliche Objektivität 29
1.9 Workshop: Der Wirtschaftsteil der Zeitung – ein unterrichtsbegleitendes Projekt 34

2. Beschäftigungspolitik 38
2.1 Nahaufnahme: Was bedeutet (Nicht-)Beschäftigung? 39
2.2 Diagnose 1: Der Arbeitsmarkt 47
2.3 Diagnose 2: Die Arbeitslosigkeit 51
2.3.1 Wie hat sich die Zahl der Arbeitslosen entwickelt? 52
2.3.2 Wie wird die Arbeitslosigkeit gemessen? 54
2.3.3 Was weiß man über die Struktur der Arbeitslosigkeit? 57
2.4 Wie entsteht Arbeitslosigkeit? 62
2.4.1 Workshop: Erwerbsbiografien untersuchen 62
2.4.2 Arbeitslosigkeit im Modell 64
2.4.3 Störungen auf dem Arbeitsmarkt als Ursache von Arbeitslosigkeit 70
2.4.4 Störungen auf dem Gütermarkt als Ursache von Arbeitslosigkeit 71
2.4.5 Exkurs: Konjunkturschwankungen 74
2.4.6 Zu den Ursachen der systematischen Arbeitslosigkeit 77
2.5 Workshop: Hearing: Was tun? Therapien gegen Arbeitslosigkeit 79
2.6 Nachfragesteuerung versus Angebotspolitik 97

3. Wachstumspolitik 100
3.1 Was ist eigentlich so toll am Wachstum? 101
3.2 Zur Bedeutung des Wachstumsziels 105
3.3 Wachstumskritik 106
3.4 Was wächst, wenn „die Wirtschaft" wächst? 109
3.5 Wachstum = Beschäftigung? 113
3.6 Methode: Korrelation heißt nicht Kausalität –
oder: Der dümmste Bauer hat die dicksten Kartoffeln 115
3.7 Von welchen Faktoren hängt das Wachstum ab? 116
3.8 Methode: Arbeiten mit Modellen – die Produktionsfunktion 121
3.9 Exkurs: Trenddarstellungen des Wirtschaftswachstums 122
3.10 Ursachen der Wachstumsschwäche: Zwei konträre Positionen 124
3.11 Modernisierungspolitik zur Stärkung der Wachstumskräfte? 127
3.12 Wirtschaftswachstum und struktureller Wandel 131
3.13 Workshop: Ausbildungs- und Arbeitsmöglichkeiten in der Region –
ein Expertengespräch zum strukturellen Wandel 137
3.14 Welche Kräfte bewirken den strukturellen Wandel? 139

3.15 Strukturpolitik: Der Versuch, strukturellen Wandel zu gestalten 151
3.16 Workshop: Besuch eines Innovations- und Technologiezentrums 167

4. **Umweltpolitik** 168

4.1 Das Verhältnis von Ökonomie und Ökologie 169
4.2 Was kostet die Umwelt? Über Ökopreise, Ökobilanzen und Ökokonten 174
4.3 Vom Bruttosozial- zum Ökosozialprodukt? 182
4.4 Exkurs: Die Volkswirtschaftliche Gesamtrechnung 185
4.5 Die Umweltökonomische Gesamtrechnung des Statistischen Bundesamtes 190
4.6 Die globale Ökobilanz – Über die Grenzen des Wachstums und das Leitbild einer nachhaltigen Entwicklung 196
4.7 Zu den Ursachen des Umweltproblems 202
4.7.1 Gesellschaftliche und individuelle Ursachen 202
4.7.2 Öffentliche Güter und externe Effekte 203
4.7.3 Die Diskrepanz zwischen Umweltbewusstsein und Umweltverhalten 205
4.7.4 Private Lösungen im Fall von externen Effekten 206
4.7.5 Methode: Grafische Darstellung des Coase-Theorems 209
4.8 Umweltpolitische Instrumente des Staates 211
4.9 Umweltpolitische Instrumente in der Diskussion 214

5. **Geldpolitik** 226

5.1 Die Bedeutung des Geldes 227
5.2 Das Inflationsproblem 235
5.3 Inflation als Spuk? Wie kann die Geldentwertung gemessen werden? 240
5.4 Methode: Berechnung der Veränderungsraten aus Indexwerten 244
5.5 Workshop: Eine Befragung zu den Folgen von Inflation 247
5.6 Ursachen der Inflation – Inflationstheorien 250
5.7 Preisniveaustabilität als Aufgabe der Geldpolitik 253
5.8 Workshop: Gerichtsverhandlung in der Sache „Demokratische Öffentlichkeit" gegen Europäische Zentralbank 260
5.9 Konzepte und Strategien der Geldpolitik 261
5.10 Die Wirkungsweise der Geldpolitik 271

6. **Standortpolitik** 278

6.1 Standortpolitik im Zeichen der Globalisierung – das Beispiel Ruhrgebiet 279
6.2 Was ist Globalisierung und wie wirkt sie sich aus? 280
6.3 Globalisierung – auf dem Weg zu einer verflochtenen Weltwirtschaft 283
6.4 Globalisierung als wirtschaftspolitische Herausforderung 291
6.5 Die Standortdebatte 295
6.6 Globalisierung verschärft den Standortwettbewerb 299
6.7 Exkurs: Die Konkurrenz der Näherinnen 306
6.8 Die Vertiefung der weltwirtschaftlichen Arbeitsteilung als Chance? 209
6.9 Ursachen und Triebkräfte der Globalisierung 311
6.10 Strategien und Ansatzpunkte der Standortpolitik 320
6.11 Exkurs: Welche Strategie ist besser? Vergleich, Bewertung, Entscheidung 331

Anhang 334

Liebe Lehrerinnen und Lehrer, liebe Schülerinnen und Schüler,

nichts ist für die persönlichen Lebensverhältnisse in unserer freiheitlichen Gesellschaft so wichtig wie der Bereich der Wirtschaft: Berufstätigkeit oder Arbeitslosigkeit, hohes Einkommen oder Armut, Wachstum oder Stagnation, ökologisches Wirtschaften oder Umweltzerstörung, Zusammenwachsen einer Weltwirtschaft oder weiteres Auseinanderdriften von Arm und Reich – all das sind im Kern wirtschaftliche und wirtschaftspolitische Fragestellungen.

Dieser Band baut auf den Kursthemen „Wirtschaft, Politik, Gesellschaft" für das II. Schuljahr auf; dort wurden die Grundlagen der Funktionsweise des Marktes, des Wettbewerb sowie des staatlichen Handelns in der Marktwirtschaft bearbeitet. Im vorliegenden Band sollen nun die wirtschaftspolitischen Aspekte etwas vertieft werden, und zwar in jenen fünf Dimensionen, die der Gesellschaft insgesamt und jeder/jedem Einzelnen heute auf den Nägeln brennen:

- Arbeitsmark- und Beschäftigungspolitik gegen das Kardinalproblem unserer Zeit, Arbeitslosigkeit und Unterbeschäftigung;
- Modernisierungs- und Strukturpolitik gegen das Problem eines zu schwachen Wachstums und eines unzureichenden strukturellen Wandels;
- Umweltpolitik gegen die ungezügelte Nutzung natürlicher Ressourcen und gegen Beschädigungen unserer Lebensqualität,
- Geldpolitik zur Sicherung des Geldwertes und der Währung – ein Politikbereich, der im Rahmen der Europäischen Wirtschafts- und Währungsunion (WWU) auf die Europäische Zentralbank (EZB) übergegangen ist, sowie schließlich
- Standortpolitik als wirtschaftspolitische Antwort auf die Herausforderung der Globalisierung, die mit verschärfter Standortkonkurrenz einhergeht.

Wirtschaftspolitik ist immer auch Politik, also geprägt von Auseinandersetzungen zwischen verschiedenen, ja konträren Interessen (Arbeitgeber/Arbeitnehmer, Regierung/Opposition, Konservative/Reformer, Staatsinterventionisten/Marktliberale etc.). Deswegen ist es ganz unvermeidlich, dass in den Materialien zu den verschiedenen Themen auch gegensätzliche Auffassungen, Wertungen und Empfehlungen zum Ausdruck kommen. Weil dabei immer auch Werturteile eine wichtige Rolle spielen, wird im Einleitungsteil die Frage „Werturteil und wissenschaftliche Objektivität" in einem Exkurs thematisiert. Auch bei den Arbeitsaufträgen werden immer wieder Stellungnahmen und Bewertungen gefordert – in der Regel mit der Maßgabe, auch die Kriterien der eigenen Wertungen offen zu legen.

Dem Methodenverständnis wird in diesem Band großes Gewicht beigemessen. Bei der Beurteilung der wirtschaftlichen Lage oder bei der Bestimmung des wirtschaftspolitischen Handlungsbedarfs benötigt man Indikatoren und Messgrößen (z. B. Arbeitslosenquote, Inflationsrate etc.). Wenn man solche Indikatoren verwendet, sollte man wissen, wie sie konstruiert sind und wie weit ihre Aussagefähigkeit reicht. Dazu werden in Methodenworkshops auch eine Reihe von Berechnungsverfahren durchgeführt (z. B. Berechnung der Rate des BIP-Wachstums, Berechnung realer Werte durch Preisbereinigung etc.), weil sich so am besten erkennen lässt, wie die Methoden die Ergebnisse mit bestimmen. Der Methodenaspekt spielt auch bei der Verwendung von Modellen eine wichtige Rolle. Die Wirtschaftswissenschaft (Ökonomik) ist die am stärksten vom Modelldenken bestimmte Sozialwissenschaft. Deswegen werden im Abschnitt 2.4.2 am Beispiel eines einfachen Arbeitsmarktmodells die methodischen Vorstufen der Theoriebildung untersucht.

Ergänzt wird das Materialangebot dieses Bandes durch „Schulbuch Plus", ein auf diese Reihe zugeschnittenes Serviceangebot im Internet mit Zusatzmaterialien und Aktualisierungen und durch den Aktualitätendienst Politik mit Unterrichtseinheiten, Link-Tipps und weiteren Serviceangeboten zum Fach (**www.cornelsen-teachweb.de/co/sek2/politik.**)

Es würde uns freuen, wenn Sie uns Ihre Erfahrungen mit diesem Arbeitsbuch, Ihre Kritik und Ihre Anregungen mitteilten, um noch besser auf Ihre Wünsche und die Anforderungen der Unterrichtspraxis eingehen. Schreiben Sie uns! Cornelsen Verlag, Redaktion Gesellschaftswissenschaften, Mecklenburgische Straße 53, 14197 Berlin.

1. Wirtschaft und Politik

Wahlkampfplakate in Hamburg
Foto: dpa

1.1 Nahaufnahme: Wirtschaftspolitik im Bundestagswahlkampf 2002

Die Wirtschaftspolitik war das „Top-Thema" im Bundestagswahlkampf 2002; viele Beobachter äußerten die Erwartung, die wirtschaftliche Lage sei „wahlentscheidend". Wie kommt es, dass die Wirtschaftspolitik in der Öffentlichkeit einen derart hohen Stellenwert einnimmt? Ist es überhaupt gerechtfertigt, in wirtschaftlichen Fragen so viel von der Politik zu erwarten?

Das „TV-Duell"

M 1

Bundeskanzler Gerhard Schröder (SPD, r.) und der bayerische Ministerpräsident und Kanzlerkandidat der Union, Edmund Stoiber (CSU), am Abend des 8. September 2002 während ihres so genannten TV-Duells.
Foto: dpa/Repro ARD (S1)

Bundeskanzler Schröder und Unionskandidat Stoiber haben sich im TV-Duell einen harten Schlagabtausch um die Arbeitsmarktpolitik geliefert. Schröder warf Stoiber vor, mit den Rezepten von CDU und CSU werde die Arbeits-
5 losigkeit nicht wesentlich abgebaut werden können. Trotz der nach wie vor hohen Arbeitslosigkeit sieht Schröder keinen Anlass zur Selbstkritik. „Es gibt keinen Grund, sich Vorwürfe zu machen", sagte er im zweiten TV-
10 Duell. Dass die Arbeitslosenzahl nicht unter 3,5 Millionen gedrückt werden konnte, hänge mit der Weltkonjunktur zusammen. Sie sei heute auch geringer als am Ende der Amtszeit von Helmut Kohl (CDU). Stoiber meinte, die Arbeitslosigkeit in Deutschland sei hausge- 15 macht. Er warf Schröder vor, sein Versprechen, die Zahl der Jobsuchenden auf 3,5 Millionen zu senken, „massiv gebrochen" zu haben.

http://wahl.tagesschau.de/aktuell/meldungen/0,2301,OID1
080996_TYP1,00.html

M 2 Arbeitstechnik: Brainwriting

Brainwriting ist eine schriftliche Variante des Brainstorming. Die Gruppenteilnehmer erhalten je ein leeres Blatt Papier und notieren ihre Ideen/Thesen zum Thema in Stichworten auf dieses Blatt. Nach einigen Minuten legen alle ihre Blätter in die Mitte und nehmen sich jeweils das Blatt eines anderen Teilnehmers, von dessen Ideen sie sich inspirieren lassen, und schreiben nun auf dieses Blatt weitere Ideen und Anregungen. Dies wird so oft wiederholt, bis alle die Blätter aller anderen Gruppenmitglieder einmal gehabt haben. Anschließend werden die Ergebnisse dieses Brainstorming ausgewertet und im Kurs präsentiert.

B. Kolossa: Methodentrainer. Arbeitsbuch für die Sekundarstufe II/Gesellschaftswissenschaften. Berlin, 2000, S. 213

Arbeitsaufträge

1. Führen Sie ein Brainwriting durch. Arbeiten Sie dazu in Gruppen und thematisieren Sie die im Autorentext (S. 7) genannten Fragen. Gehen Sie dabei wie in M 2 beschrieben vor.
2. Was kann die Politik zur Verbesserung der wirtschaftlichen Lage tatsächlich beitragen? Werten Sie zur Diskussion dieser Frage auch das Material M 3 aus.

M 3 Wirtschaftspolitik ist Top-Thema

Steigende Arbeitslosenzahlen, eine Pleitewelle ohnegleichen, stagnierendes Wirtschaftswachstum, Schlusslicht in Europa und keine durchgreifende wirtschaftliche Erholung in Sicht – das ist die Zustandsbeschreibung der deutschen Wirtschaft kurz vor der Bundestagswahl 2002. Die Wirtschaftspolitik ist damit das Wahlkampfthema Nr. 1. [...] Große Einigkeit besteht darin, dass die wichtigsten Aufgaben für die nächste Legislaturperiode das Ankurbeln der Wirtschaft und der Abbau der Arbeitslosigkeit sind. [...]

Die SPD zieht in ihrem Wahlprogramm eine positive Regierungsbilanz. [...] Trotz unerfüllter Versprechen, (Schröder: „Ich werde die Arbeitslosigkeit deutlich senken. Daran werde ich mich messen lassen.") betonen die Sozialdemokraten ihre bereits erzielten Erfolge. Ähnlich wie die Union will die SPD die Sozialabgaben und die Staatsquote drücken. Bei der Steuerreform möchte sie den Spitzensteuersatz auf 42 Prozent bis 2005 senken. Die Konsolidierung der Staatsfinanzen bleibe weiterhin unverzichtbar, so die SPD.

Die Union kritisiert, es sei Bundeskanzler Gerhard Schröder nicht gelungen, dem Bündnis für Arbeit Impulse zu geben. Bisher seien die Treffen nur dazu genutzt worden, „den Schwarzen Peter im Kreis der Beteiligten weiterzugeben". [...]

CDU und CSU fassen ihre wirtschaftspolitischen Ziele unter dem Titel „3 mal 40" zusammen. „3 mal 40" steht für: niedrige Steuern, stabile Sozialversicherungen und einen sparsamen Staat. Danach sollen die Höchstsätze bei Einkommensteuer, Sozialabgaben und Staatsquote jeweils unter 40 Prozent gedrückt werden.

Bündnis 90/Die Grünen bekennen sich erstmals ausdrücklich zu einer „ökologischen und sozialen Marktwirtschaft" als Ziel ihrer Wirtschaftspolitik und bezeichnen sich als die Partei der ökologischen Modernisierung. Durch ökologisches Wirtschaften, eine Reform der sozialen Sicherungssysteme und eine neue Arbeitsmarktpolitik sollen Arbeitsplätze geschaffen werden. Auch die Grünen halten am Konsolidierungskurs fest und peilen eine Senkung der Lohnnebenkosten an.

Die FDP kündigt radikale Reformen in der Wirtschaftspolitik an. Neben tiefgreifenden Reformen des Steuerrechts fordern die Liberalen den Umbau und die weitgehende Privatisierung der Arbeitsvermittlung, außerdem planen sie die Abschaffung der Landesarbeitsämter.

Die PDS positioniert sich selbst als die eigentliche Oppositionspartei im Wahlkampf. Sie kritisiert sowohl die Politik der Regierung Schröder als auch die der Union und betrachtet die – aus ihrer Sicht – neoliberale* Wirtschaftspolitik als gescheitert.

Tagesschau (ARD) vom 11. September 2002 (Heike Eller, BR) http://wahl.tagesschau.de/meldung/0,2392,SPM1636,00.html

Arbeitsaufträge

1. „Die Wahlprogramme der politischen Parteien unterscheiden sich in der Wirtschaftspolitik wenig voneinander." Nehmen Sie mit Bezug auf M 3 und M 4 Stellung zu dieser These. Notieren Sie auch offene Fragen und ungeklärte Begriffe auf einer Wandzeitung.
2. Vertiefend können Sie je eine Gruppe für die in M 3 und M 4 genannten Parteien bilden und programmatische wirtschaftspolitische Aussagen „Ihrer" Partei zur Bundestagswahl 2002 recherchieren (im Internet, auf den Webseiten der Parteien, bei örtlichen Parteibüros oder in Zeitungen und Zeitschriften vom August/September 2002). Präsentieren Sie als Ergebnis eine Übersicht (maximal eine Seite) im Kurs, in der die wichtigsten Themen, Aussagen und Positionen „Ihrer" Partei enthalten sind.
3. Formulieren Sie – ausgehend von Ihren bisherigen Erkenntnissen – eine (Arbeits-)Definition für den Begriff „Wirtschaftspolitik". Verdeutlichen Sie Ihre Definition an Beispielen aus M 3 und M 4.
4. Erläutern Sie den Begriff der „Unbeweglichkeitsfalle" und beschreiben Sie mit eigenen Worten, warum es laut M5 schwierig ist, dringende wirtschaftliche Reformen durchzusetzen. Welche Empfehlung formuliert der Autor in M5 an die Politik?
5. Nehmen Sie Stellung zu den Thesen des Politikwissenschaftlers und beziehen Sie sich dabei auch auf Ihre vorhergehende Diskussion zu den Handlungsspielräumen in der Wirtschaftspolitik (Aufgabe 2, Seite 8).

Die Positionen der Parteien zu Themen der Wirtschaftspolitik

M 4

	SPD	CDU CSU	Bündnis 90 Die Grünen	FDP	PDS
Haushaltsziele	Bis 2006 Vorlage eines ausgeglichenen Bundeshaushalts	Rückführung der Neuverschuldung und der Staatsquote	Schuldenwahn beenden für mehr Generationengerechtigkeit	Bundeshaushalt innerhalb von fünf Jahren ausgleichen	Schuldenabbau notwendig, aber keine blinde Sparpolitik
Einkommensteuer	Rückführung entsprechend 2000er Reform	Spitzensatz < 40 %, Eingangssatz < 15 % bis 2006	Rückführung entsprechend 2000er Reform	Stufentarif (0, 15, 25, 35 Prozent) für alle Einkunftsarten	Leistungsgerechter Tarif, Alleinerziehende besser stellen
Ökosteuer	Letzte Erhöhung zum Januar 2003. Festhalten an Ausnahmen	Erhöhung 2003 aussetzen, mittelfristig durch europaweite Abgabe ersetzen	Aufkommensneutral weiterentwickeln zu einer ökologischen Finanzreform	Im Rahmen einer Rentenreform abschaffen. Kfz-Steuer auf Mineralölsteuer umlegen	Ersetzen durch Primärenergiesteuer, Einführung einer Kerosinsteuer

Rheinischer Merkur Nr. 37/2002, S. 3

Wirtschaftspolitik in der „Unbeweglichkeitsfalle"?

M 5

Auf die entscheidenden Zukunftsfragen ist weder die Regierung noch die Opposition vorbereitet. Zu dieser Einschätzung kommt der Münchner Politikwissenschaftler, Professor Dr. Werner Weidenfeld. Mit ihm sprach Elisabeth Zoll. (...)

SCHWÄBISCHES TAGBLATT: Aber gerade das Thema Arbeit hat im Wahlkampf eine bedeutende Rolle gespielt.

WEIDENFELD: Vor allem die steuerpolitischen Aspekte – Mittelstandsförderung – sind thematisiert worden. Die Strukturfragen blieben ausgeklammert. Die heißen: In Deutschland ist die Arbeit zu teuer und zu starr organisiert. Wenn die Regierung diesen Sachverhalt angehen will, muss sie sich mit mächtigen Interessengruppen anlegen.

SCHWÄBISCHES TAGBLATT: Das ist bislang nicht vorgesehen. Die Regierung verweist auf die Vorschläge der Hartz-Kommission*. Greifen die zu kurz?

WEIDENFELD: Hier ging es nicht um Strukturen. Die Kommission hebt ab auf den Randaspekt der Arbeitsvermittlung. Doch immerhin ist hier unter dem Druck des Wahlkampfes möglich geworden, über Lösungen nachzudenken, die zuvor immer abgelehnt wurden.

SCHWÄBISCHES TAGBLATT: Ein Kraftaufwand für Mini-Schritte.

WEIDENFELD: Das Problem unseres Landes ist, dass die Politik insgesamt in einer Unbeweglichkeitsfalle sitzt. Kanzler Schröder hat versucht, da herauszukommen, indem er an den politischen Instanzen vorbei den politischen Willen geformt hat. Beispielsweise mit der Hartz-Kommission. Die hat keinerlei politische Legitimation. Schröder hat das Problem erkannt, aber das heißt nicht, dass er deshalb handlungsfähiger wäre. (...)

SCHWÄBISCHES TAGBLATT: Die Bevölkerung will Ergebnisse – aber will sie auch Reformen?

WEIDENFELD: Reformen sind nicht sehr beliebt, das zeigte sich schon in der Ära Kohl. Die Bürger wollen eine Fortentwicklung moderater Art. Es gehört zu den Führungsleistungen der Politik, die Notwendigkeit von markanten Reformschritten plausibel zu machen.

Schwäbisches Tagblatt/Südwestpresse vom 27. September 2002

1.2 Warum betreibt der Staat Wirtschaftspolitik?

Die Wirtschaft ist ein Teilbereich der Gesellschaft – ein Kernbereich des menschlichen Zusammenlebens. Hier geht es um Produktion und Konsum, um Berufstätigkeit und Beschäftigung, um Einkommen und Wohlstand. Wirtschaftspolitik ist dabei definiert als das Bündel sämtlicher Maßnahmen eines Staates, mit denen er das wirtschaftliche Geschehen im Lande gestaltet und beeinflusst. Prinzipiell wäre es denkbar, dass sich die Politik aus dem Wirtschaftsprozess weitgehend heraus hält, nur Minimalfunktionen ausfüllt und die Koordinationsaufgaben dem Markt überlässt. Wenn die Politik darüber hinaus steuernd und korrigierend in die Wirtschaft eingreift, bedarf es daher einer Begründung. Ziel des folgenden Schrittes ist es, Begründungen dafür zu erarbeiten, warum der Staat Wirtschaftspolitik betreibt bzw. betreiben sollte.

Arbeitsaufträge

1. Führen Sie zur Wiederholung und Auffrischung Ihrer in der Jahrgangsstufe 11 erworbenen Kenntnisse einen kleinen „Wissenstest" durch (M 7). Überprüfen Sie Ihre Ergebnisse in Kleingruppen.
2. Erstellen Sie wie in M 6 beschrieben in Gruppen Thesenpapiere zu den folgenden Themen:
    a) Worin bestehen die wichtigsten Stärken und Leistungen des Marktsystems?
    b) Welche typischen Schwächen und Fehlentwicklungen weist der Markt auf?
    c) Wo und wie greift die Politik in wirtschaftliche Prozesse ein, um Fehlentwicklungen des Marktes zu korrigieren? (ausgewählte Beispiele)
3. Präsentieren Sie Ihre Thesenpapiere im Kurs. Erörtern Sie anschließend folgende Fragen: Ob und inwieweit besteht Bedarf an gestaltenden und korrigierenden Eingriffen des Staates in die Marktwirtschaft? Soll die Politik überhaupt in den Wirtschaftsprozess eingreifen? Und wenn ja: Wo sollen die Schwerpunkte der Wirtschaftspolitik liegen?

4. Vergleichen Sie die in Ihren Thesenpapieren aufgeführten Marktmängel mit den in M 8 genannten Schwächen des Marktsystems. Erstellen Sie eine Übersicht der „markttypischen Fehlentwicklungen" und bringen Sie diese in eine Rangordnung: Welche Mängel wiegen am schwersten? (gegebenenfalls mit Abstimmung)
5. Stellen Sie fest, ob und inwieweit die von Ihnen erarbeiteten Schwerpunkte mit den wirtschaftspolitischen Themen im Bundestagswahlkampf 2002 übereinstimmen (M 1, M 3, M 4).
6. Wenn von „Mängeln" und „Schwächen" gesprochen wird, dann drücken sich in diesen Begriffen immer auch Werturteile aus. Formulieren Sie die Wertungen, auf deren Basis Sie die verschiedenen Sachverhalte als „Mängel" eingestuft haben. Nennen Sie auch die Kriterien, die Ihrer Rangordnung der „markttypischen Fehlentwicklungen" zugrunde liegen.
7. Im Zusammenhang mit der Einkommens- und Vermögensverteilung wird einerseits von einer „ungerechten", andererseits von einer „ungleichen" Verteilung gesprochen. Begründen Sie, warum die Aussage: „die Vermögensverteilung ist ungerecht" ein Werturteil darstellt, während der Satz: „die Einkommensverteilung ist ungleich" eine empirische Aussage ist.

Arbeitstechnik: Thesenpapiere in Gruppenarbeit erstellen und vortragen

M 6

Eine These ist eine zugespitzte Aussage, die als Behauptung am Anfang einer Untersuchung steht. In der Untersuchung selbst geht es dann darum, die These zu belegen (d. h. hinreichend zu begründen) oder aber zu widerlegen.

Beachten Sie: Mit Thesen sollen komplexe Zusammenhänge vereinfacht und pointiert ausgedrückt werden. Man kann deswegen nicht erwarten, dass Thesen eine komplexe Wirklichkeit differenziert wiedergeben. Vielmehr haben sie die Funktion, eine Untersuchung zu orientieren und zu weiteren, differenzierteren Fragestellungen hinzuführen.

Ein Thesenpapier sollte drei Elemente enthalten: a) die Ausgangsthese; b) Argumente pro und kontra (Zusammenfassung der Untersuchung); c) Schlussfolgerung (These bestätigt oder widerlegt?)

Originalbeitrag des Autors

Ausgangsthese
zugespitzte Behauptung, die begründet oder widerlegt werden soll

Argumente pro und kontra
Gegenüberstellung der Argumente für und wider die Ausgangsthese

Schlussfolgerung
Abwägung des pro und kontra; wird die These bestätigt oder widerlegt?

M 7 — Who is who?

1. Privateigentum an Produktionsmitteln	2. Lohnnebenkosten	3. Marktwirtschaft	4. Kartellgesetz	5. externe Effekte	6. Adam Smith
7. Angebot	8. Fortschrittsfunktion des Wettbewerbs			9. ökologische Steuerreform	10. Fusion
11. Subsidiarität	12. Liberalismus			13. geringfügige Beschäftigung	14. Konsumfreiheit
15. Tarifautonomie	16. Missbrauchsaufsicht			17. Sozialabgaben	18. Nachfrage
19. Eigenvorsorge	20. Produktivität	21. Ludwig Erhard	22. Preis	23. horizontale Konzentration	24. Sicherung des Wettbewerbs

a. Teilbereich der Strukturpolitik
b. Grundelement der freien Marktwirtschaft
c. Zusammenschluss von Unternehmen
d. Begründer der sozialen Marktwirtschaft
e. eine ökonomische Funktion des Wettbewerbs
f. Zusammenschluss von Unternehmen, die rechtlich selbstständig bleiben, aber ihre wirtschaftliche Eigenständigkeit aufgegeben haben
g. hier treffen die wirtschaftlichen Güter, die Produzenten anbieten, und die Nachfrage der Verbraucher aufeinander
h. setzt auf das Prinzip der Selbstregulierung der Wirtschaft
i. bedeutet, dass der Staat erst dann helfend eingreifen soll, wenn der Einzelne dazu nicht (mehr) in der Lage ist
j. Grundlage unserer Wirtschaftsordnung
k. Mitbegründer des Wirtschaftsliberalismus
l. regelt rechtliche, wirtschaftliche und soziale Grundnormen, nach denen in einer Volkswirtschaft Produktion und Verteilung der erzeugten Güter organisiert wird
m. Organisiert in der Marktwirtschaft den Tausch von Gütern
n. z. B. Landesverteidigung durch den Staat
o. staatliche Begünstigungen
p. Konjunkturabschwung
q. Auswirkungen von Produktions- und Konsumtionsaktivitäten auf Dritte, die Allgemeinheit oder die Umwelt, die nicht über den Marktmechanismus verrechnet werden
r. ein Kriterium des vollkommenen Marktes
s. im Grundgesetz vorgesehene Leitlinie staatlicher Wirtschaftspolitik
t. vertraglicher Zusammenschluss von Unternehmen mit dem Ziel, den Wettbewerb zu beschränken bzw. auszuschließen

Nach: F. W. Mühlbradt: Wirtschaftslexikon. Berlin, 2003 (7) sowie H. Hoffmeister: Politik im Wandel 11. Paderborn, 1999, S. 108

Wenn der Markt „versagt"

Wenn man von „Schwächen" des Marktes oder „Marktversagen" spricht, dann unterstellt man dabei zweierlei:

a) Fehlentwicklungen wie Arbeitslosigkeit, Wachstumsschwäche, Inflation oder Umweltzerstörungen seien tatsächlich auf Mängel des Marktes zurückzuführen – und nicht etwa auf Fehlverhalten von Wirtschaftssubjekten, Verbänden (Tarifvertragsparteien) oder wirtschaftspolitischen Institutionen selbst; und

b) die genannten Fehlentwicklungen könnten tatsächlich von der Wirtschaftspolitik korrigiert werden.

Diese Problematik ist Thema einer anhaltenden Kontroverse in den Wirtschaftswissenschaften; das kann hier nur angedeutet, nicht vertieft werden. Im Folgenden möchte ich eine „mittlere Position" in dieser Kontroverse formulieren.

In vielen Ländern hat die Marktwirtschaft zu einem hohen Wohlstandsniveau geführt. Der Wettbewerb auf Märkten fördert Effizienz und Dynamik; die Konkurrenz der Anbieter eröffnet den Konsumenten ein breites Spektrum an Wahlmöglichkeiten. Gleichwohl weisen Marktsysteme charakteristische Schwächen und Unzulänglichkeiten auf, die ein korrigierendes Eingreifen der Wirtschaftspolitik erfordern. Zu den wichtigsten Funktionsproblemen marktwirtschaftlicher Systeme gehören:

1. Beschränkungen des Wettbewerbs durch Absprachen, Kartellbildung, Ausübung von Marktmacht etc.;
2. Soziale Ungerechtigkeit als Folge marktbedingter Ungleichheiten der Einkommens- und Vermögensverteilung;
3. Arbeitslosigkeit und Instabilität in der Folge von Konjunkturschwankungen, Branchenkrisen und Wachstumsschwäche, sowie
4. Umweltzerstörungen als Folge einer unzureichenden Berücksichtigung des Kollektivgutes Umwelt durch den Markt.

Zu 1: Die Funktionsfähigkeit des Marktsystems beruht auf dem Wettbewerb (Preis-, Qualitäts- und Servicewettbewerb um die Kaufkraft der Kunden). Gleichzeitig bestehen auf Märkten jedoch starke Tendenzen, den Wettbewerb außer Kraft zu setzen, weil Konkurrenz lästig und anstrengend ist. Unternehmen versuchen, mit Absprachen, Kartellvereinbarungen und durch Einsatz von Marktmacht den Wettbewerb zu umgehen – zum Schaden von Kunden und Konsumenten. Die Aufgabe der Wettbewerbspolitik besteht darin, solche Beschränkungen des Wettbewerbs zu vermeiden und Verstöße gegen das Wettbewerbsrecht zu ahnden. So kann das Bundeskartellamt z. B. geplante Unternehmenszusammenschlüsse verbieten oder nur unter Auflagen genehmigen.

Zu 2: Die aus Marktprozessen resultierende Einkommens- und Vermögensverteilung wird von vielen Menschen als ungerecht empfunden. Auch wenn sich nur schwer definieren lässt, was gerecht bzw. ungerecht ist, so besteht doch Einigkeit darin, dass die Markteinkommen sehr ungleich ausfallen. Das wäre angemessen, wenn den ungleichen Einkommen auch unterschiedliche Leistungen entsprächen. Das ist manchmal, aber nicht immer der Fall. Wenn die Gesellschaft eine grob ungleiche Einkommens- und Vermögensverteilung als soziale Ungerechtigkeit empfindet, kann die Politik durch Umverteilung (progressive Einkommensteuer, Vermögens- und Erbschaftssteuer etc.) für mehr soziale Gerechtigkeit sorgen.

Zu 3: Unter geeigneten Bedingungen ist der Markt das effizienteste Instrument zur Koordination menschlichen Handelns. Diese Effizienz beruht auf dem Wettbewerbsprinzip. Die durch Konkurrenz ausgelöste Marktdynamik führt allerdings auch zu Instabilitäten (Konjunktur-, Wachstums- und Beschäftigungsschwankungen) sowie zu kumulativen* Selbstverstärkungsprozessen (Boomphasen und nachfolgende Krisen). Die Wirtschaftspolitik kann versuchen, stabilisierend in Marktprozesse einzugreifen, um Konjunktur- und Beschäftigungsschwankungen zu dämpfen. Zudem kann sie die Wachstumskräfte stärken, um krisenhaften Entwicklungen vorzubeugen.

Zu 4: Der Markt nimmt nur solche Güter wahr, die einen Preis haben – und nur solche Güter werden auf Märkten als „knappe" Güter gehandelt. Wenn die Nutzung von Kollektivgütern wie Luft, Wasser, Meere, Böden, Atmosphäre etc. keinen Preis hat, also „kostenlos" ist, kommt es zu übermäßigen Nutzungen – z. B. für Schadstoffimmissionen – und in der Folge zu Umweltzerstörungen. Um dies zu verhindern, kann die Politik Verbote erlassen oder Belastungsgrenzwerte einführen oder die Nutzung von Umweltgütern kostenpflichtig machen.

Originalbeitrag des Autors

1.3 Die Handlungsmotive der Politik(er): Politischer Markt und Öffentlichkeit

M 9 Die Eigeninteressen von Politikern, Parteien und Bürokratie

Die grundlegende Annahme [der Neuen Politischen Ökonomie] lautet, dass wirtschaftspolitische Akteure (Bundesregierung, Länderregierungen, Parlamente, Parteien, Zentralbank, Verbände) prinzipiell ihre eigenen Ziele verfolgen: Von Politikern in Exekutive und Legislative wird angenommen, dass sie primär wiedergewählt werden wollen und deshalb Wählerstimmen maximieren. Dazu müssen sie (zumindest teilweise) den Wünschen „ihrer" Wählerschaft nachkommen, indem sie […] deren Präferenzen berücksichtigen. Politiker richten in diesem Modell ihr Verhalten also nicht nach moralischen Grundsätzen oder allgemeinen Wohlfahrtsvorstellungen aus, sondern verfolgen eigennützige Ziele. Dadurch wird aber – sozusagen als Nebeneffekt – den Wünschen und Bedürfnissen (mindestens eines Teils) der Wählerschaft nachgekommen, wodurch deren Wohlfahrt gesteigert werden kann. Politiker treten hier als Anbieter politischer Lösungen auf und stehen im Wettbewerb zueinander. Die Nachfrager solcher Lösungen sind die Bürger/Wähler. Um ihren Wünschen Gehör zu verschaffen, schließen sie sich zu Interessengruppen (Wirtschaftsverbände, Gewerkschaften etc.) und Parteien zusammen. Auch von diesen wird angenommen, dass sie im beschriebenen Sinne eigennützig handeln.

Ein zusätzlicher Aspekt ergibt sich dadurch, dass beschlossene Maßnahmen umgesetzt werden müssen. Dies geschieht durch die Bürokratie bzw. Verwaltung. Von Bürokraten wird angenommen, dass sie ihrer Pflicht nur soweit als nötig nachkommen (damit sie nicht entlassen werden), ansonsten aber wiederum ihre eigenen Ziele verfolgen. Diese können beispielsweise darin bestehen, über eine möglichst große Autonomie und angenehme Arbeitsbedingungen zu verfügen, oder dass die Zahl der Beamten bzw. der finanziellen Mittel (Budgets) des jeweiligen Amtes maximiert werden. Wichtig ist hier, dass Bürokraten als Monopolanbieter meist keinem Konkurrenzdruck unterliegen und ihre persönliche Situation (z. B. das Einkommen) mangels Gewinnbeteiligung nicht durch effiziente Arbeit verbessern können. Ihre Leistung lässt sich – weil dafür kein Markt bzw. kein Preis existiert – zudem nur schwer bewerten.

Die Neue Politische Ökonomie will also eine bessere Erklärungskraft erreichen, indem die Interdependenzen ökonomischer und politischer Aspekte, persönliche Ziele der Akteure sowie die politischen und ökonomischen Restriktionen* der Politiker, Bürokraten und Wähler in die Theoriebildung integriert werden.

A. Meier, T. Slembeck: Wirtschaftspolitik. Kognitiv-evolutionärer Ansatz. München/Wien 1998, S. 14f.

1.3 Die Handlungsmotive der Politik(er): Politischer Markt und Öffentlichkeit

Ritter, Tod und Teufel

H. Haitzinger/CCC

Arbeitsaufträge

1. Wirtschaftspolitik ist ein Teilbereich der Politik. Sie unterliegt damit auch den allgemeinen Gesetzen des politischen Handelns. Wie werden diese von der „Politischen Ökonomie" definiert? Was sagt der Begriff „Politische Ökonomie" über den Denkansatz ihrer Vertreter? (M 9)
2. Wenn der Bundeskanzler und die Minister vor dem Parlament ihren Amtseid ablegen, schwören sie, „dem Wohle des deutschen Volkes" zu dienen (vgl. Art. 56 und 64 GG). Wie ist diese Verpflichtung auf das Gemeinwohl zu vereinbaren mit der These des Textes zu den Handlungsmotiven der Politiker?
3. Formulieren Sie, welche „eigennützigen Ziele" von Regierungsmitgliedern, von Parteien im Bundestag und von leitenden Beamten des Bundeswirtschaftsministeriums verfolgt werden könnten. Sehen Sie Risiken für die Akteure, die sich aus einem zu offensichtlich „eigennützigen" Verhalten ergeben könnten?
4. Wodurch wird gewährleistet, dass die Wünsche der Wähler von den politischen Akteuren dennoch (teilweise) berücksichtigt werden? Beschreiben Sie, was mit der Konkurrenz der „Anbieter politischer Lösungen" (Zeile 21) gemeint ist.
5. Wie können Interessengruppen darauf hinwirken, dass ihre (ebenfalls eigennützigen) Ziele von Politikern und Bürokraten wahrgenommen und berücksichtigt werden? Zum Vergleich und zur Vertiefung können Sie hier eine Querverbindung zum Thema „politische Willensbildung" knüpfen: siehe Kursthemen Sozialwissenschaften: Wirtschaft – Politik – Gesellschaft. Berlin, 2001, S. 36 ff.
6. Interpretieren Sie den Satz, dass „Bürokraten als Monopolanbieter meist keinem Konkurrenzdruck unterliegen" (Zeile 44). Welche Konsequenzen ergeben sich daraus?
7. Erörtern Sie:
   a) Ist das Handlungsmodell der „Neuen Politischen Ökonomie" ein deskriptives oder ein

normatives Modell? Gehen Sie dabei auch auf das Menschenbild ein, das diesem Ansatz zugrunde liegt.

b) Ist die behauptete „bessere Erklärungskraft" dieses Ansatzes der „Politischen Ökonomie" für Sie deutlich geworden?

Formulieren Sie die Einsichten, die Sie gewonnen haben, und vergleichen Sie Ihre Ergebnisse in der Lerngruppe.

8. Stellen Sie einen Rückbezug her zu der These, die Wirtschaftspolitik befände sich in einer „Unbeweglichkeitsfalle" (M 5/siehe auch M 10). Spekulieren Sie: Welche Konsequenzen hat diese Situation für einen Politiker, der sich im Sinne der Neuen Politischen Ökonomie verhält?

1.4 Leitbilder und Ziele der Wirtschaftspolitik

Wirtschaftspolitik ist die Gestaltung der wirtschaftlichen Rahmenbedingungen und die Beeinflussung ökonomischer Prozesse. Welche Ziele verfolgen dabei die wirtschaftspolitischen Akteure? Erste Hinweise konnten Sie den Materialien zur Bundestagswahl 2002 (vgl. M 2 und M 4) entnehmen. Die weitergehende Frage lautet jetzt, an welchen Grundwerten und Leitbildern die Wirtschaftspolitik ausgerichtet ist.

(Hinweis zu M 12: Die Jahreswirtschaftsberichte der Bundesregierung und die Grundsatzprogramme der politischen Parteien sind im Internet abrufbar: **bundesregierung.de; über bundestag.de_Fraktionen** finden Sie Links zu allen Parteien.)

M 11 Wahlplakate aus der Besatzungszeit 1947–1949

Arbeitsauftrag

Besprechen Sie im Kurs die Wahlplakate (M 11). Welche gegensätzlichen Leitbilder der Parteien werden deutlich und wie aktuell sind diese? Vergleichen Sie die Plakataussagen mit den Positionen und den Zielen der Parteien im Wahlkampf 2002 (M 2, M 4).

1.4 Leitbilder und Ziele der Wirtschaftspolitik

Wirtschaftspolitische Leitbilder von Regierung und Parteien

M 12

a) Bundesregierung:
Die Veränderungen, die aus der Globalisierung und den Herausforderungen einer wissensbasierten Gesellschaft resultieren, wirken sich unmittelbar auf das Alltagsleben der Menschen aus […]. Die Bundesregierung wird dazu beitragen, die Anpassungsfähigkeit von Wirtschaft und Gesellschaft zu unterstützen. Dabei orientiert sie sich an dem Leitbild einer sozialen und ökologischen Marktwirtschaft. Sie sieht ihre Verantwortung darin, einerseits wirtschaftliche Rahmenbedingungen zu schaffen, in denen sich wirtschaftliche Aktivitäten so effizient, beschäftigungsorientiert und umweltverträglich wie möglich entfalten können, andererseits dort wirksame Unterstützung zu bieten, wo es die Solidarität mit den vom Strukturwandel besonders betroffenen Menschen erfordert.

Aus: Jahreswirtschaftsbericht 2001 der Bundesregierung

b) SPD:
Notwendig ist eine Kombination von Maßnahmen, die sinnvolle, dauerhafte Beschäftigung für alle schafft und zugleich Umweltbelastungen, insbesondere den Energieverbrauch, wirksam und schnell vermindert, humanere Arbeitsbedingungen schafft, die Bundesrepublik als Industriestandort international wettbewerbsfähig erhält, Wissen, Einsatzbereitschaft und Kreativität der Menschen fördert, neue soziale und kulturelle Entwicklungen ermöglicht. […] Eine gerechtere Einkommensverteilung sorgt für sozialen Ausgleich und schafft zusätzliche Nachfrage und damit Arbeitsplätze.

Aus dem Grundsatzprogramm der SPD; Stand: 17. April 1998

c) CDU:
Die Ökologische und Soziale Marktwirtschaft ist ein wirtschafts- und gesellschaftspolitisches Programm für alle. Sie hat ihr geistiges Fundament in der zum christlichen Verständnis des Menschen gehörenden Idee der verantworteten Freiheit und steht im Gegensatz zu sozialistischer Planwirtschaft und unkontrollierten Wirtschaftsformen liberalistischer Prägung. Wir treten für die Ökologische und Soziale Marktwirtschaft ein, weil sie wie keine andere Wirtschafts- und Gesellschaftsordnung unsere Grundwerte Freiheit, Solidarität und Gerechtigkeit verwirklicht. Wir wollen die Ökologische und Soziale Marktwirtschaft so fortentwickeln, dass die persönliche Initiative gestärkt, immer mehr Teilhabe am gesellschaftlichen und wirtschaftlichen Fortschritt verwirklicht und die Umwelt wirksam geschützt wird.

Aus dem Grundsatzprogramm der CDU; Stand: 23. Februar 1994

d) FDP:
Die Soziale Marktwirtschaft verbindet die Interessen der Einzelnen mit den Interessen aller. Die Soziale Marktwirtschaft ist die Wirtschaftsordnung, in der sich Leistungsbereitschaft am besten entfalten kann und die Grundlagen sozialer Gerechtigkeit erwirtschaftet werden. Die soziale Leistungsfähigkeit eines Landes folgt der ökonomischen Leistungsfähigkeit eines Landes. […] Bürokratische Verkrustungen in Staat und Verbänden sowie die Globalisierung* der Wirtschaft erfordern eine Erneuerung der Sozialen Marktwirtschaft. Nur mit mehr Wettbewerbsfähigkeit, mehr Innovation und mehr Flexibilität erreichen wir mehr Chancen für eine deutliche Steigerung der Wirtschaftsleistung und für mehr Arbeitsplätze.

Aus den Wiesbadener Grundsätzen der FDP; Stand: 24. Mai 1997

e) Bündnis 90/Die Grünen:
Nicht allein Fehlverhalten und Unwissenheit treiben in das Desaster. Vielmehr ist es der schrankenlose industrielle Wachstumswahn, der alle Regionen und Lebenswelten seiner aggressiven und expansiven Logik unterwirft. […] Die Antwort auf die Zerstörung unseres Planeten darf sich nicht in einzelnen Umweltschutzmaßnahmen erschöpfen. […] Zentral gelenkte Planwirtschaften wie auch die ungebremste Geltung privatwirtschaftlicher Interessen haben sich als untauglich erwiesen, ökologisch zu produzieren und strukturelle Armut zu verhindern. […] Wir wollen stattdessen den Wandel zu einer ökologisch-solidarischen Weltwirtschaft, in der Wachstum an sich nicht mehr die entscheidende wirtschaftliche Zielgröße sein darf.

Aus: Bündnis 90/Die Grünen: Politische Grundsätze. Stand: 1996

M 13 Die Zielhierarchie der Wirtschaftspolitik

In Anlehnung an: J. Starbatty/U. Vetterlein: WISU-Studienblatt 1/1988

Arbeitsaufträge

1. Werten Sie die Texte in M 12 vergleichend aus, indem Sie eine tabellarische Übersicht anlegen. In der Kopfzeile können Sie z. B. die Rubriken „Leitbild", „wichtige Ziele", „Herausforderungen/Probleme" sowie „wirtschaftspolitische Konsequenzen" eintragen und in der Kopfspalte die verschiedenen Quellen.
2. Stellen Sie die Gemeinsamkeiten und Unterschiede in Ihrer Übersicht fest und bewerten Sie diese. Bei der Bewertung sollten Sie zwei Dinge beachten: a) Es handelt sich jeweils um kurze Auszüge aus längeren Dokumenten; b) Es handelt sich um verschiedenartige Quellen: Der Jahreswirtschaftsbericht der Bundesregierung wird regelmäßig im Januar dem Bundestag vorgelegt und enthält das wirtschaftspolitische Programm der Regierung für das laufende Jahr. Die Grundsatzprogramme stellen dagegen längerfristig gültige programmatische Äußerungen der Parteien zu der von ihnen vertretenen Politik dar.
3. Können Sie in Ihrer Übersicht eine „Rangordnung" der Grundwerte und Ziele erkennen? Markieren Sie die verschiedenen Ziele mit Ziffern: 1 = vorrangiges Ziel, 2, 3 etc. = nachrangige Ziele.
4. Vergleichen Sie in der Lerngruppe Ihre Übersichten und besprechen Sie die erkennbaren Unterschiede Ihrer Textinterpretationen.
5. Zum Zwecke des Vergleichs mit dem Zielsystem Ihrer Übersicht finden Sie in M13 eine Systematik wirtschaftspolitischer Ziele aus der Sicht der Wissenschaft.
   a) Erläutern Sie den hierarchischen Aufbau der Übersicht und den Inhalt der verschiedenen Zielebenen. Klären Sie Begriffe wie z. B. „außenwirtschaftliches Gleichgewicht".
   b) Verdeutlichen Sie den Zusammenhang zwischen den verschiedenen Zielebenen an zwei Beispielen. (Wie würde sich z. B. der Verzicht auf wirtschaftliches Wachstum auf individuelle und übergeordnete Ziele auswirken?)
   c) Das Zielsystem will die (vorherrschenden?) Vorstellungen über die politisch erwünschte – und deswegen durch politische Maßnahmen herbeizuführende – Lage darstellen. Prüfen Sie: Entspricht das Zielsystem den in M 11 genannten Vorstellungen/Ihren persönlichen Vorstellungen?

Zielbeziehungen und Zielkonflikte in der Wirtschaftspolitik

M 14

Zwischen verschiedenen Zielen beim menschlichen Handeln können unterschiedliche Beziehungen auftreten. Ziele sind oftmals Teil eines Zielsystems, sie können aber auch selbstständig auftreten. In der Wirtschaftspolitik unterscheidet man mehrere Zielbeziehungen. Besonders drei Beziehungen sind hervorzuheben:
- Zielkomplementarität
- Zielkonflikt
- Zielneutralität.

Bei einer *Komplementarität* von Zielen unterstützt die Realisierung des einen Ziels die Realisierung des anderen. So unterstützt die Realisierung des Zieles „Förderung der beruflichen Ausbildung durch die Schaffung von Ausbildungsplätzen" auch das Ziel „Verringerung der Jugendarbeitslosigkeit". Komplementäre Ziele brauchen nicht notwendig demselben Bereich der Wirtschaftspolitik anzugehören. So kann z. B. das umweltpolitische Ziel „Förderung alternativer Energien" zugleich der „Förderung des Wirtschaftswachstums" dienen.

Wohl weit häufiger sind allerdings *Zielkonflikte* in der Wirtschaftspolitik. Die extremste Form eines Zielkonflikts sind Zielantinomien. Eine Antinomie liegt vor, wenn sich zwei Ziele völlig ausschließen. So kann nicht der Anteil der Sozialausgaben am Staatshaushalt gesenkt und zugleich gesteigert werden. Antinomien im strengen Sinn liegen immer dann vor, wenn ein Ziel die Negation eines anderen Zieles darstellt. Aber auch qualitativ verschiedene Ziele können eine antinomische Beziehung haben. Dann hängt aber der gegensätzliche Charakter ab von spezifisch historischen Situationen; es ist kein rein logischer Gegensatz. So können in gewissen Perioden die Ziele „Umweltschutz" und „Förderung der Investitionen" antinomischen Charakter annehmen; es liegt aber kein logischer Gegensatz vor. Im logischen (keineswegs im politischen!) Sinn schwächere Formen von Zielkonflikten liegen vor, wenn die Realisierung eines Zieles den Realisierungsgrad des anderen Zieles beschränkt. Sie sind immer dann gegeben, wenn beschränkte Budgets für alternative Aufgaben des Staates eingesetzt werden müssen. Grundsätzlich unterliegt auch staatliches Handeln der Knappheit, und Knappheit führt zu konkurrierenden Zielen – so ist Knappheit definiert. [...] Es gibt aber auch Zielkonflikte zwischen – auf den ersten Blicken – völlig heterogenen wirtschaftspolitischen Zielen. So können die Ziele „Standortsicherung durch vereinfachte Rechtsnormen" und „Festlegung von Umweltstandards" in Konflikt geraten. Der vielleicht bekannteste und am meisten diskutierte Zielkonflikt der Vergangenheit war der Gegensatz von „Preisstabilität" und „Hoher Beschäftigungsstand" [...].

Zielkonflikte werden in demokratisch verfassten Staaten vielfach durch Kompromisse gelöst. Derartige Kompromisse sind also keineswegs nur Ausdruck politisch unvollkommener Entscheidungsprozesse, vielmehr sind sie das unvermeidliche Resultat beim Vorliegen von Zielkonflikten. Es gibt bei Zielkonflikten keine „beste" Lösung, weil jede Lösung in der Beschränkung des Zielerreichungsgrades wenigstens eines Ziele besteht.

K.-H. Brodbeck: Grundbegriffe der Wirtschaftspolitik. Zit. nach: www.fh-wuerzburg.de/professoren/bwl/brodbeck/skript/I%20Grundbegriffe.pdf. (Stand: November 2002)

Arbeitsaufträge

1. Versuchen Sie die o. g. grundsätzlichen Zielbeziehungen grafisch darzustellen und verdeutlichen Sie die jeweiligen Zielbeziehungen an Beispielen aus Ihrer Lebenswelt.
2. Erläutern Sie je zwei wirtschaftspolitische Ziele aus der Übersicht M12 oder aus dem Text M 13, die gleichzeitig a) gut zu erreichen sind, b) schwer zu erreichen sind. Begründen Sie Ihre Einschätzung.
3. Informieren Sie sich und erklären Sie: Warum wird zwischen den beiden Zielen „Preisstabilität" und „hoher Beschäftigungsstand" überwiegend eine Konfliktbeziehung gesehen?
4. „Für die Wirtschaftspolitik sind zwei Beziehungen von praktischem Interesse, nämlich der Zielkonflikt und die Zielkomplementarität." Nehmen Sie Stellung zu dieser These.

1.5 Teilbereiche, Akteure und Handlungsmuster der Wirtschaftspolitik

Die Wirtschaftspolitik wird in verschiedene Teilbereiche oder Handlungsfelder gegliedert (M 15). Diese Teilbereiche unterscheiden sich sowohl sachlich (M 16) als auch hinsichtlich der zuständigen Akteure und Institutionen. Das wirtschaftspolitische Handeln (insbesondere staatliches Handeln in diesem Bereich) kann dabei als Problemlösungshandeln aufgefasst werden, das einem entsprechenden Handlungsmuster folgt (M 18).

M 15 Drei Teilbereiche der Wirtschaftspolitik

Ordnungspolitik	Prozesspolitik	Strukturpolitik
Gestaltung und Sicherung der Wirtschaftsordnung	Stabilisierung des Wirtschaftsprozesses	Gestaltung von Teilbereichen der Wirtschaft
• Wettbewerbspolitik • Steuer- und Haushaltspolitik (Steuersystem; Bereitstellung öffentlicher Güter) • Sozialpolitik (Sozialordnung; Sozialstaat) • Rechtsordnung	• Konjunktur- und Beschäftigungspolitik • Finanz- und Haushaltspolitik (als Stabilisierungspolitik) • Geldpolitik • Einkommenspolitik • Wachstumspolitik	• Sektorale und regionale Strukturpolitik • Umweltpolitik • Verkehrs-, Energie-, Agrarpolitik • Forschungs- und Technologiepolitik • Innovationspolitik
→Verbesserung von Allokation und Verteilung	→Stabilisierung und Verstetigung der Wirtschaftsentwicklung	→Verbesserung der Wirtschaftsstruktur

Originalbeitrag des Autors

M 16 Wirtschaft und Politik in Schlagzeilen

HEFTIGES RINGEN UM KOHLE-SUBVENTIONEN

Seehofer, Ärzte und Apotheken kritisieren Gesundheits-Sparpaket

Koalition streitet über Vermögensabgabe

Clement fordert gemeinsamen Kampf gegen die Arbeitslosigkeit

Rüttgers setzt neue Prioritäten: Mehr Gelder für Multimedia und Biotechnologie

MONTI FÜR UMFANGREICHE REFORM DER FUSIONSKONTROLLE

Gildemeister leidet unter schwacher Konjunktur

Rabattgesetz wird ersatzlos abgeschafft

Bundesbank setzt erneut Zinssignal

Windkraft: Regierung verspricht rentable Vergütung

Originalbeitrag des Autors

1.5 Teilbereiche, Akteure und Handlungsmuster der Wirtschaftspolitik

Die Akteure der Wirtschaftspolitik (Übersicht) — M 17a

Subranationale Ebene	Staatliche Ebene	Sonstige öffentlich-rechtliche Ebene	Private Ebene
Europäische Union Europäische Zentralbank Internationaler Währungsfonds	Bund Bundestag Bundesrat Bundesregierung Bundesministerien	Sozialversicherungsträger Bundeskartellamt Deutsche Bundesbank	Arbeitgeberverbände Gewerkschaften Verbraucherverbände Interessengruppen

Originalbeitrag des Autors

Die Akteure der Wirtschaftspolitik (Internetadressen/Auswahl) — M 17b

- Bundesministerien: http://www.bundesregierung.de/Regierung/-,422/Bundesministerien.htm
- Bundesregierung: www.bundesregierung.de
- Bundestag: www.bundestag.de
- Bundesvereinigung der Deutschen Arbeitgeberverbände: www.bda-online.de
- Deutscher Gewerkschaftsbund: www.dgb.de
- Europäische Zentralbank: www.ecb.int/
- Internationaler Währungsfonds: www.imf.org/
- Deutsche Bundesbank: www.bundesbank.de
- Statistisches Bundesamt: www.destatis.de
- Bundesanstalt für Arbeit: www.arbeitsamt.de
- Bundesverband der Deutschen Industrie: www.bdi-online.de
- Sachverständigenrat Wirtschaft: www.sachverstaendigenrat.org

Arbeitsaufträge

1. Sichten Sie den Wirtschaftsteil Ihrer Tages- oder Wochenzeitung nach Meldungen und ordnen Sie diese den drei Teilbereichen der Wirtschaftspolitik (M 15) zu. Alternativ/ergänzend können Sie auch mit den Schlagzeilen aus M 16 arbeiten. Begründen Sie Ihre Zuordnungen.
2. Die Gliederung der Wirtschaftspolitik in Teilbereiche dient dem Zweck, mehr Übersichtlichkeit zu schaffen. Welche Abgrenzungskriterien dabei verwendet werden, ist eine Frage der Zweckmäßigkeit (in der Literatur gibt es deswegen auch unterschiedliche Abgrenzungen). Welche Kriterien können Sie aus M 15 heraus lesen? Formulieren Sie diese Kriterien schriftlich und vergleichen Sie.
3. Die Strukturpolitik greift regulierend in bestimmte Sektoren und Regionen der Wirtschaft ein. Dies gilt z. B. für den Kohlenbergbau, die Landwirtschaft, die Küstenregionen etc. Warum wird die Entwicklung in diesen Sektoren/Regionen nicht dem Markt überlassen? Formulieren Sie dazu Hypothesen.
4. Die „Prozesspolitik" umfasst im Wesentlichen die Konjunktur- und Wachstumspolitik. Im Vordergrund stehen hier wirtschaftliche Fehlentwicklungen wie Arbeitslosigkeit, Inflation, unzureichendes Wachstum etc. Stellen Sie eine Liste der aktuellen wirtschaftspolitischen Fehlentwicklungen zusammen, die diesem Teilbereich zuzuordnen sind. Welches sind für Sie heute die zentralen Probleme der Wirtschaftspolitik?
5. In der Übersicht M 17 werden eine Vielzahl von Akteuren verschiedenen institutionellen Ebenen zugeordnet. Informieren Sie sich über die Ziele und Aufgaben von zwei Akteuren je Bereich. Versuchen Sie auch festzustellen, in welchem Teilbereich/welchen Teilbereichen der Wirtschaftspolitik Ihre jeweiligen Institutionen tätig sind.

M 18 Das Problemlösungsmuster der Wirtschaftspolitik

Diagnose
- Soll-ist-Vergleich
- Erklärung von Fehlentwicklungen

↓

Therapie
- Programme
- Maßnahmen

↓

Ergebniskontrolle
- Rückkoppelung

Das wirtschaftspolitische Handeln kann als Problemlösungshandeln aufgefasst werden. Es folgt deswegen (im Prinzip) auch einem allgemeinen Muster rationalen Handelns, das auf die Lösung von Problemen ausgerichtet ist.

Die drei wesentlichen Elemente eines solchen Handlungsmusters sind
1. Identifikation und genaue Bestimmung des vorliegenden Problems (Diagnose),
2. Konzeption und Durchführung geeigneter Maßnahmen zur Lösung des Problems (Therapie), und schließlich
3. Ergebniskontrolle.

Wichtig ist:
a) Das Handeln muss auf zuverlässigen Theorien gründen, mit denen die Zusammenhänge zwischen den verschiedenen Symptomen und den zugrunde liegenden Ursachen erklärt werden. Eine auf die Bestimmung der Ursache abzielende Diagnose setzt also bereits theoretische Kenntnisse über die Funktionsweisen des jeweiligen Gegenstandes voraus.
b) Allgemeine wirtschaftspolitische Handlungsziele müssen operationalisiert werden, nur dann kann erfolgreich therapiert und wirksam kontrolliert werden. Zur Operationalisierung von Zielen werden drei Schritte unterschieden:
1. Qualitative Operationalisierung: Zuordnung von messbaren Indikatoren, mit denen das gemeinte Phänomen möglichst „gültig" erfasst werden kann.
2. Quantitative Operationalisierung: Definition angestrebter quantifizierter Norm- oder Zielwerte
3. Zeitliche Operationalisierung: Festlegung des Zeitraums, innerhalb dessen die Ziele erreicht werden sollen.

Originalbeitrag des Autors

Arbeitsaufträge

1. Das in M 18 vorgestellte Schema folgt einem allgemeinen Muster rationalen Handelns, das auf die Lösung von Problemen ausgerichtet ist. Prüfen Sie diese Behauptung, indem Sie das Muster versuchsweise auf das Problem „Verbesserung meines Notendurchschnitts" anwenden.
2. Die (fiktive) Situation: Im BMWA (Bundesministerium für Wirtschaft und Arbeit) soll eine Lageanalyse, also eine Diagnose der aktuellen wirtschaftlichen Lage durchgeführt werden.
Notieren Sie in Stichworten, welche Informationen dafür benötigt werden. Beachten Sie hierzu: Eine Diagnose muss zunächst zum Ausdruck bringen, in welcher Weise die Situation von der Norm abweicht.
3. Nehmen Sie an, die Diagnose hätte eine hohe Zahl von Arbeitslosen ergeben, also eine Verletzung des Beschäftigungsziels. Wie könnte jetzt die Therapie aussehen? Stellen Sie eine Liste von Maßnahmen zusammen, die Ihnen geeignet erscheinen. (Diese Frage wird in späteren Abschnitten noch ausführlicher untersucht.)
4. Mit der Therapie ist ein Problemlösungsprozess noch nicht abgeschlossen; vielmehr gehört dazu als dritter Schritt die Erfolgskontrolle.
Begründen Sie schriftlich, warum eine Erfolgskontrolle nötig und sinnvoll ist. Welche Rolle spielt in diesem Zusammenhang die „Operationalisierung" wirtschaftspolitischer Ziele?
5. Welche Indikatoren erscheinen Ihnen für die Operationalisierung der Ziele „Beschäftigung" und „Wachstum" empirisch geeignet? Welche Normwerte halten Sie bei diesen Zielen für angemessen?
6. In M 18 werden Begriffe verwendet, die der Medizin, also einer Naturwissenschaft, entlehnt sind. Erörtern Sie: Ob und inwieweit halten Sie den Vergleich Patient/Wirtschaft für zulässig, sinnvoll oder unzulässig?

1.6 Das „magische Viereck" der Stabilisierungspolitik

Vier Ziele haben im Zielkatalog der Wirtschaftspolitik eine hervorgehobene Bedeutung, nämlich die bereits 1967 im Stabilitäts- und Wachstumsgesetz (StWG) verankerten Ziele der Stabilisierungspolitik (M 19). Durch das StWG sind Bund und Länder verpflichtet, mit ihren Maßnahmen zur Erfüllung dieser stabilisierungspolitischen Ziele beizutragen.

Es ist allerdings umstritten, ob es überhaupt möglich ist, die vier im § 1 StWG genannten Ziele gleichzeitig und gleichrangig zu verwirklichen. Wenn alle vier Ziele gleichzeitig erreicht wären, befände sich das System im „gesamtwirtschaftlichen Gleichgewicht", ein Zustand, der allerdings ausgesprochen unwahrscheinlich ist, weil es zwischen den Zielen des „magischen Vierecks" Zielkonflikte gibt. Es müsste also schon mit politischer „Magie" zugehen, wenn es gelingen sollte, diesen Idealzustand eines „gesamtwirtschaftlichen Gleichgewichts" zu erreichen.

Neben diesem „magischen Viereck" gibt es in der öffentlichen Diskussion Zielsysteme, die sich auf den Gesamtbereich der Wirtschaftspolitik beziehen, zu dem auch verteilungspolitische (z. B. „gerechte Einkommensverteilung") und sogar umweltpolitische Ziele (z. B. „Umweltschutz") gehören. Je nach Abgrenzung ergeben sich so magische Fünf-, Sechs- oder Noch-Mehr-Ecke. Das „magische Viereck" dagegen bezieht sich auf den engeren Teilbereich der Stabilisierungspolitik.

Stichwort: § 1 Stabilitäts- und Wachstumsgesetz (StWG vom 8. Juni 1967) — M 19

Bund und Länder haben bei ihren wirtschafts- und finanzpolitischen Maßnahmen die Erfordernisse des gesamtwirtschaftlichen Gleichgewichts zu beachten. Die Maßnahmen sind so zu treffen, dass sie im Rahmen der marktwirtschaftlichen Ordnung gleichzeitig zur Stabilität des Preisniveaus, zu einem hohen Beschäftigungsgrad und außenwirtschaftlichem Gleichgewicht bei stetigem und angemessenem Wachstum beitragen.

Bundesgesetzblatt, Jahrgang 1967, Teil I, S. 582

Die Jahresprojektion der Bundesregierung für das Jahr 2002 — M 20

Die wichtigsten gesamtwirtschaftlichen Eckwerte in der Jahresprojektion der Bundesregierung für das Jahr 2002 lauten:
- Das Bruttoinlandsprodukt (BIP) dürfte im Jahresdurchschnitt um real rund 0,75 Prozent zunehmen.
- [...] Die Bundesregierung rechnet im Jahresdurchschnitt mit rund 38,5 Millionen Erwerbstätigen, aber auch mit einer Arbeitslosenzahl von knapp unter 4 Millionen. [...]
- Die Anstieg der Verbraucherpreise wird sich zurückbilden. Er dürfte im Jahresdurchschnitt 2002 rund 1,5 Prozent betragen. [...]
- Die außenwirtschaftlichen Impulse werden in 2002 wieder stärker werden, nachdem sie 2001 durch die verschlechterte weltwirtschaftliche Lage spürbar nachgelassen hatten. Dadurch wird die exportorientierte Industrie im Verlauf des Jahres 2002 wieder mehr investieren [...].

Insgesamt dürften sich unter diesen Voraussetzungen die wirtschaftlichen Aktivitäten wieder beleben und im Jahresverlauf deutlich beschleunigen. Allerdings liegen diesen Projektionen Annahmen zugrunde, die eine günstige Entwicklung für die Weltwirtschaft, den Welthandel, die Rohstoffpreise, die Lohnentwicklung und das Preisstabilitätsziel der Europäischen Zentralbank voraussetzen.

*www.bundesregierung.de/emagazine_entw,-68368/
Perspektiven-in-Deutschland-Ko.htm*

M 21 Wie wurden die vier Ziele des „magischen Vierecks" erreicht?

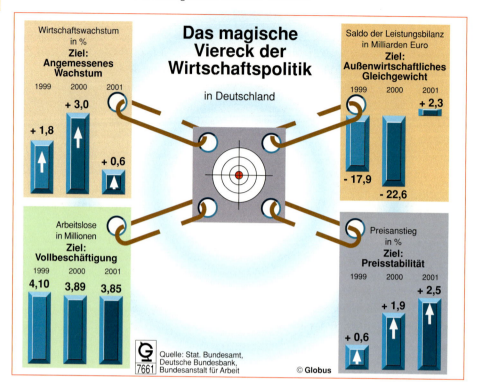

Arbeitsaufträge

1. Im Januar eines jeden Jahres legt die Bundesregierung ihren Jahreswirtschaftsbericht vor. Darin werden u. a. so genannte Zielprojektionen veröffentlicht, die man in einem gewissen Sinne als die wirtschaftspolitische Norm für das laufende Jahr ansehen kann. Erörtern Sie: Finden Sie es richtig, dass die Regierung nicht an ganz bestimmte, fest vorgegebene Zielwerte gebunden ist, sondern sich sozusagen selbst ihre Ziele vorgeben kann? Bedenken Sie bei Ihrer Antwort, dass Zielprojektionen nicht nur ausdrücken was wünschbar ist, sondern auch, was realisierbar erscheint.
2. Die vier Ziele des Stabilitätsgesetzes (M 19) sind nicht gerade sehr präzise definiert. Erläutern Sie, in welcher Weise diese Ziele im Jahreswirtschaftsbericht (M 20) operationalisiert werden.
3. Die wirtschaftliche Entwicklung wird laufend diagnostiziert: von Forschungsinstituten, von der Bundesbank, von Ministerien, Großbanken, Verbänden und weiteren Einrichtungen. Speziell für die Zwecke der Wirtschaftspolitik wurde 1963 ein „Sachverständigenrat zur Begutachtung der gesamtwirtschaftlichen Entwicklung" eingerichtet. Informieren Sie sich über die Aufgaben des Sachverständigenrates (M 22).
4. Führen Sie eine Erfolgskontrolle durch: Vergleichen Sie die Zielprojektion der Bundesregierung mit dem tatsächlichen Ergebnis. Gibt es Ziele, die erreicht wurden? Wo liegen geringe, wo erhebliche Zielabweichungen vor? Vergleichen Sie Ihre Einschätzung der wirtschaftlichen Entwicklung im Jahr 2002 mit der entsprechenden Einschätzung des Rates (M 23).
   Hinweis: Das in § 2 genannte Gutachten wird durch den Sachverständigenrat jedes Jahr im November vorgelegt und ist im Internet abrufbar: www.sachverstaendigenrat.org/

1.6 Das „magische Viereck" der Stabilisierungspolitik

Sachverständigenrat zur Begutachtung der gesamtwirtschaftlichen Entwicklung

M 22

a) Das Sachverständigenratsgesetz

§ 1 (1) Zur periodischen Begutachtung der gesamtwirtschaftlichen Entwicklung in der Bundesrepublik Deutschland und zur Erleichterung der Urteilsbildung bei allen wirtschaftspolitisch verantwortlichen Instanzen sowie in der Öffentlichkeit wird ein Rat von unabhängigen Sachverständigen gebildet. (...)

§ 2 Der Sachverständigenrat soll in seinen Gutachten die jeweilige gesamtwirtschatliche Lage und deren absehbare Entwicklung darstellen. Dabei soll er untersuchen, wie im Rahmen der marktwirtschaftlichen Ordnung gleichzeitig Stabilität des Preisniveaus, hoher Beschäftigungsstand und außenwirtschaftliches Gleichgewicht bei stetigem und angemessenem Wachstum gewährleistet werden können. In die Untersuchung sollen auch die Bildung und die Verteilung von Einkommen und Vermögen einbezogen werden.

Sachverständigenratsgesetz vom 14. August 1963 (Bundesgesetzblatt I, S. 685)

b) Der Sachverständigenrat über sich selbst

Der Sachverständigenrat [...] ist ein Gremium der wissenschaftlichen Politikberatung. Der Sachverständigenrat wurde durch Gesetz im Jahre 1963 eingerichtet zur periodischen Begutachtung der gesamtwirtschaftlichen Entwicklung in der Bundesrepublik Deutschland und zur Erleichterung der Urteilsbildung bei allen wirtschaftspolitisch verantwortlichen Instanzen sowie in der Öffentlichkeit. Er ist in seinem Beratungsauftrag unabhängig. Der Rat hat die gesamtwirtschaftliche Lage und deren absehbare Entwicklung zu analysieren [...] Dem gesetzlichen Auftrag zufolge verfasst und veröffentlicht der Rat jedes Jahr ein Jahresgutachten (Mitte November) und überdies, in besonderen Problemlagen oder nach Auftrag durch die Bundesregierung, Sondergutachten. Der Sachverständigenrat besteht aus fünf Mitgliedern, die für einen Zeitraum von jeweils fünf Jahren vom Bundespräsidenten auf Vorschlag der Bundesregierung berufen werden.

www.sachverstaendigenrat.org

Einschätzungen der Zielerreichung durch den Sachverständigenrat

M 23

a) Jahresgutachten 2001/2002

Von den vier großen makroökonomischen Zielen [...] – Stabilität des Preisniveaus, hoher Beschäftigungsstand, außenwirtschaftliches Gleichgewicht und angemessenes Wachstum –, die der Sachverständigenrat gemäß seinem gesetzlichen Auftrag zu untersuchen hat, wurden in diesem Jahr [2001] bis auf das außenwirtschaftliche Ziel alle verfehlt. [...] Die schwerwiegendste und hartnäckigste Zielverfehlung der Wirtschaftspolitik betraf wieder einmal den Beschäftigungsstand: In Deutschland waren im Jahr 2001 insgesamt 5,6 Millionen Erwerbspersonen ohne einen regulären Arbeitsplatz; hier hat die Politik ihre Möglichkeiten nicht ausgenutzt, die in diesem Bereich beschlossenen politischen Maßnahmen trugen nicht zu einer Erhöhung der Beschäftigung bei.

Jahresgutachten 2001/02 des Sachverständigenrates, Ziffern 20 f., November 2001

b) Jahresgutachten 2002/2003

Die deutsche Volkswirtschaft wies in den Jahren 2000 bis 2002 jeweils die niedrigsten Zuwachsraten des Bruttoinlandsprodukts unter den Ländern des Euro-Raums auf. Auch im Durchschnitt der Neunzigerjahre lag die Zuwachsrate des Bruttoinlandsprodukts je Einwohner in Deutschland erheblich unter der des Euro-Raums (ohne Deutschland). Dies wird sich im kommenden Jahr nicht ändern. Deutschland leidet seit Jahren unter einer ausgeprägten Wachstumsschwäche.

Die Entwicklung der Arbeitslosigkeit gibt ebenfalls Anlass zur Sorge. Die Anzahl der Arbeitslosen hat sich in diesem Jahr gegenüber dem Vorjahr erhöht. Für das kommende Jahr ist mit einem weiteren Anstieg der Arbeitslosenquote zu rechnen. Deutschland leidet unter einer viel zu hohen Arbeitslosigkeit.

Demgegenüber können die beiden anderen Ziele Stabilität des Preisniveaus und außenwirtschaftliches Gleichgewicht gegenwärtig als erfüllt gelten.

Jahresgutachten 2002/03, Vorwort Ziffer 2, November 2002.

1.7 Methode: Stabilitätsziele grafisch darstellen

Mit der folgenden grafischen Methode lässt sich darstellen, in welchem Maße die Stabilisierungspolitik das im StWG vorgegebene Zielbündel erreicht hat – oder eben nicht erreicht hat.

Auf den vier Achsen eines Koordinatenkreuzes werden die Indikatoren der Zielerreichung bzw. -abweichung abgetragen (in %).

Nun kommt es darauf an, wie man die angestrebte Zielkombination definiert. Diese Definition ist dann der Maßstab und das Vergleichsmuster für die tatsächlich erreichten Zielkombinationen.

Definieren wir z. B. in einer sehr strikten Auslegung des Stabilitätsgesetzes die angestrebte Zielkombination folgendermaßen: A = 0 %; P = 0 %; Z = 1 %; W = 4 % (Bedeutung der Symbole siehe Grafik). Diese ideale Zielkombination wird durch das Zieldiagramm Z1 dargestellt; jede Zielrealisierung, die sich nicht mit diesem Dreieck deckt, wird dann als unzureichende Zielerfüllung interpretiert.

M 24 **Zieldiagramm Z 1**

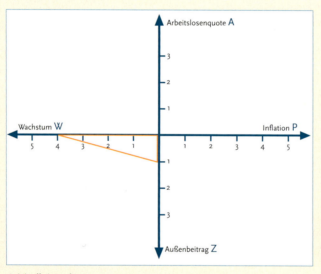

Originalbeitrag des Autors

Arbeitsaufträge

1. Übertragen Sie das oben dargestellte Zieldiagramm auf ein kariertes Blatt (oder Millimeterpapier) und zeichnen Sie die tatsächlich erreichten Zielkombinationen der letzten beiden Jahre ein. Wie beurteilen Sie die Zielabweichung?
2. Die Zielkombination Z 1 ist sicherlich zu anspruchsvoll, vor allem hinsichtlich des Preisniveaus und der Beschäftigung. Definieren Sie eine Ihnen realistischer erscheinende Zielkombination Z 2 und tragen Sie diese in Ihr Zieldiagramm ein. Wie interpretieren Sie jetzt die jeweiligen Zielerreichungsgrade der Stabilisierungspolitik?

1.7 Methode: Stabilitätsziele grafisch darstellen

Zieldiagramm Z 3

M 25

Erläuterung: Dem Zieldiagramm Z3 liegt eine – immer noch sehr anspruchsvolle – Zielkombination zugrunde (A = 4 %; P = 2 %; Z = 1 %; W = 3 %). Die Nullpunkte der vier Indikatoren fallen nun nicht im Nullpunkt des Koordinatensystems zusammen, sondern sind so auseinandergezogen, dass Z3 als gleichseitiges „magisches Viereck" anschaulich wird. Dazu sind die Zielrealisierungen der Jahre 1970, 1980, 1990 und 2002 eingetragen.

Originalbeitrag des Autors

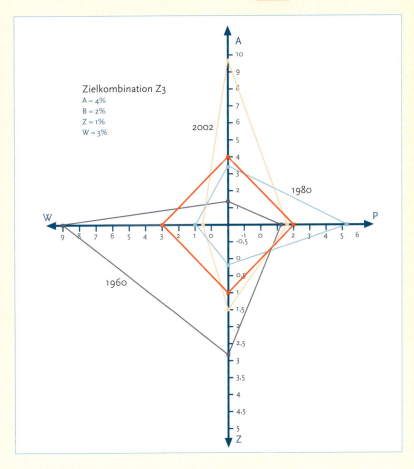

Arbeitsaufträge

1. Wie Sie sehen, kommt es im Zieldiagramm Z 3 sowohl zu Überschreitungen als auch zu Unterschreitungen der einzelnen Zielwerte. Wie bewerten Sie dies? Konkret: Ist eine Zielrealisierung W = 5 % positiv oder ebenso negativ einzuschätzen wie W = 1 % (immer gemessen an Z 3)? Oder: Ist eine Arbeitslosenquote von A = 1,3 % (Überbeschäftigung) positiv oder ebenso negativ einzuschätzen wie A = 9,8 %?
2. Welche Tendenz erkennen Sie bei den Zielrealisierungen, die den Zeitraum von vier Jahrzehnten abdecken? Gibt es eine bestimmte Bewegungsrichtung der realisierten Zielvierecke? Wenn ja, wie interpretieren Sie diese Richtung?
3. Ersetzen Sie die Zielkombination Z 3 durch eine neue Zielkombination Z 4, deren Werte sie dem neuesten Jahreswirtschaftsbericht entnehmen. Formulieren Sie eine Bewertung der Anpassung des „Anspruchsniveaus" der Wirtschaftspolitik, die in der Verschiebung von Z 3 nach Z 4 zum Ausdruck kommt.

M 26 Tabelle der Zielwerte 1960–2002
bis 1990: Westdeutschland; ab 1991: Deutschland

	Arbeitslosen-quote[1]	Preisniveau[2]	Außen-beitrag[3]	Wachstum[4]
1960	1,3	1,4	2,6	8,7
1961	0,9	2,3	2,2	4,6
1962	0,7	3,0	1,2	4,7
1963	0,9	2,3	1,5	2,8
1964	0,8	3,4	1,4	6,7
1965	0,7	3,5	0,1	5,4
1966	0,7	1,4	1,5	2,8
1967	2,1	1,5	3,5	-0,3
1968	1,5	1,4	3,7	5,5
1969	0,8	2,1	2,9	7,5
1970	0,7	3,4	2,1	5,0
1971	0,8	5,	2,1	3,3
1972	1,1	5,4	2,2	4,1
1973	1,2	6,9	3,2	4,6
1974	2,5	7,0	4,4	0,5
1975	4,6	5,9	2,8	-1,0
1976	4,5	4,2	2,5	5,0
1977	4,3	3,8	2,5	3,0
1978	4,1	2,7	2,9	3,0
1979	3,6	4,1	0,8	4,2
1980	3,6	5,4	-0,3	1,3
1981	5,1	6,3	0,7	0,1
1982	7,2	5,3	2,2	-0,8
1983	8,8	3,45	2,0	1,6
1984	8,8	2,3	2,5	2,8
1985	8,9	2,2	3,5	2,2
1986	8,5	-0,2	5,2	2,4
1987	8,5	0,3	5,0	1,5
1988	8,4	1,2	5,2	3,7
1989	7,6	2,8	5,4	3,9
1990	6,9	2,7	5,9	5,7
1991	6,1	3,6	-0,1	2,8
1992	6,5	4,0	0	2,2
1993	8,1	3,6	0,6	-1,1
1994	9,2	2,7	0,6	2,3
1995	9,3	1,7	0,8	1,7
1996	10,1	1,4	1,2	0,8
1997	10,8	1,9	1,5	1,4
1998	10,3	1,0	1,1	2,1
1999	10,5	0,6	0,8	2,0
2000	9,6	1,9	0,4	2,9
2001	9,4	2,5	1,9	0,6
2002	9,8	1,8	3,0	0,5

1 Anteil an den abhängigen Erwerbspersonen in %
2 Für die gesamte Lebenshaltung (gegenüber dem Vorjahr in %)
3 Exporte minus Importe in % des BIP (nominal)
4 Veränderungen des BIP (real) gegenüber dem Vorjahr in %

M 27 Grafiken der Zielwerte 1960–2002
bis 1990: Westdeutschland; ab 1991: Deutschland

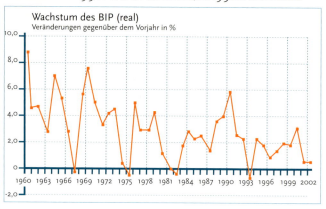

Wachstum des BIP (real)
Veränderungen gegenüber dem Vorjahr in %

Arbeitslosenquote
Anteil an den abhängig Beschäftigten in %

Inflationsrate
Veränderung des Preisindex der Lebenshaltung gegenüber dem Vorjahr in %

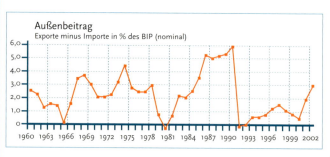

Außenbeitrag
Exporte minus Importe in % des BIP (nominal)

Daten: SBA, Sachverständigenrat, Bundesbank

1.8 Exkurs: Werturteil und wissenschaftliche Objektivität

Sachverstand und/oder Politik?
Aus dem Gesetz über die Bildung eines Sachverständigenrates zur Begutachtung der gesamtwirtschaftlichen Entwicklung

M 28

§ 1

(2) Der Sachverständigenrat besteht aus fünf Mitgliedern, die über besondere wirtschaftswissenschaftliche Kenntnisse und volkswirtschaftliche Erfahrungen verfügen müssen.

(3) Die Mitglieder des Sachverständigenrates dürfen weder der Regierung oder einer gesetzgebenden Körperschaft des Bundes oder eines Landes noch dem öffentlichen Dienst des Bundes, eines Landes oder einer sonstigen juristischen Person des öffentlichen Rechts, es sei denn als Hochschullehrer oder als Mitarbeiter eines wirtschafts- oder sozialwissenschaftlichen Institutes, angehören. Sie dürfen ferner nicht Repräsentant eines Wirtschaftsverbandes oder einer Organisation der Arbeitgeber oder Arbeitnehmer sein oder zu diesen in einem ständigen Dienst- oder Geschäftsbesorgungsverhältnis stehen. Sie dürfen auch nicht während des letzten Jahres vor der Berufung zum Mitglied des Sachverständigenrates eine derartige Stellung innegehabt haben.

§ 2

Der Sachverständigenrat soll in seinen Gutachten die jeweilige gesamtwirtschaftliche Lage und deren absehbare Entwicklung darstellen. (...) Bei der Untersuchung sollen jeweils verschiedene Annahmen zugrunde gelegt und deren unterschiedliche Wirkungen dargestellt und beurteilt werden. Der Sachverständigenrat soll Fehlentwicklungen und Möglichkeiten zu deren Vermeidung oder deren Beseitigung aufzeigen, jedoch keine Empfehlungen für bestimmte wirtschafts- und sozialpolitische Maßnahmen aussprechen.

§ 3

(1) Der Sachverständigenrat ist nur an den durch dieses Gesetz begründeten Auftrag gebunden und in seiner Tätigkeit unabhängig.

(2) Vertritt eine Minderheit bei der Abfassung der Gutachten zu einzelnen Fragen eine abweichende Auffassung, so hat sie die Möglichkeit, diese in den Gutachten zum Ausdruck zu bringen.

Gesetz über die Bildung eines Sachverständigenrates zur Begutachtung der gesamtwirtschaftlichen Entwicklung. Vom 14. August 1963 (Bundesgesetzbl. I S. 685)

Arbeitsaufträge

1. Ihre Aufgabe ist es, ein neues Mitglied für den Sachverständigenrat zu suchen: Formulieren Sie auf der Basis von M 28 eine entsprechende Stellenanzeige (Aufgabenbeschreibung, Anforderungsprofil ...).
2. Begründen Sie die Bestimmungen zur Auswahl der Sachverständigen aus der Sicht des Gesetzgebers. Welche Absichten sind mit diesen Bestimmungen verbunden? Welches Verständnis von Politik, welches Verständnis von Wissenschaft wird deutlich?
3. Wie erklären Sie sich den Sinn der Bestimmung im § 3, Absatz 2?
4. Im § 2 des Gesetzes heißt es, der Sachverständigenrat soll Fehlentwicklungen und Möglichkeiten zu deren Vermeidung oder deren Beseitigung aufzeigen, jedoch keine Empfehlungen für bestimmte Maßnahmen aussprechen. Prüfen Sie an folgenden Beispielen, ob diese Aussagen den genannten Anforderungen gerecht werden oder nicht:
   – Durch Steuererhöhungen werden die inländischen Produkte teurer, entsprechend leidet die internationale Konkurrenzfähigkeit, was rückläufige Gewinne der Unternehmen nach sich zieht.
   – Die Staatsschuldenquote sollte 60 % des Bruttoinlandsproduktes nicht übersteigen.
   – Auf dem Arbeitsmarkt ist in Zukunft mehr Flexibilität notwendig.

- Wenn die öffentlichen Haushalte zur Bekämpfung der Inflation die Staatsnachfrage senken, werden unter Umständen die Ziele Wirtschaftswachstum und Vollbeschäftigung verletzt.
5. Erörtern Sie anschließend den politischen Sinn der genannten Bestimmung, auch mit Bezug auf die Ausführungen in M 29.
6. Informieren Sie sich über das im Gesetz vorgesehene tatsächliche „Einstellungsverfahren" für Mitglieder des Sachverständigenrates und nehmen Sie dazu Stellung.

M 29 Wirtschaftspolitik als Wissenschaft? Über „positive" und „wertfreie" Ökonomik

Ist […] die Wirtschaftspolitik als Teildisziplin der Volkswirtschaftslehre eine Spielwiese für politische Meinungen? Die heute weitgehend vertretene Position verneint diese Frage. Jeder
5 Wissenschaftler hat als Privatperson Meinungen wie jeder andere Staatsbürger. Es gehört aber zum Ethos eines Wissenschaftlers, diese Meinungen bei seinen eigentlichen Forschungen fernzuhalten. […] Wenn man über die Wirt-
10 schaftspolitik als wissenschaftlichen Gegenstand spricht, dann spricht man zugleich über Werturteile, über ethische Normen. Man spricht über sie, aber man wertet nicht selbst. So kann ein Anhänger des Monetarismus*, der
15 selbst dem Ziel der Preisstabilität absolute Priorität einräumt, über die Position eines Keynesianers*, der dem Beschäftigungsziel den Vorzug gibt, sachlich sprechen und dies analysieren. Wie in der Haushaltstheorie ist die Prä-
20 ferenz „Preisstabilität" „Beschäftigung" eine subjektive Wertung; man kann aber objektiv über diese Wertung sprechen und ihre Konsequenzen analysieren.

Diesen Sachverhalt kann man noch anders ausdrücken: Die Wirtschaftspolitik verfolgt be- 25 stimmte Ziele. Ziele können nur durch bestimmte Mittel realisiert werden. Welche Mittel welche Wirkungen haben, diese Frage zu beantworten ist Aufgabe der Wirtschaftstheorie. Hierbei handelt es sich um kausale, um Ur- 30 sache-Wirkungs-Beziehungen. (Beispiel: „Ein sinkender Eingangssteuersatz erhöht den durchschnittlichen Konsum.") Solche Ursache-Wirkungs-Beziehungen stellen immer nur Hypothesen dar; sie können auch falsch sein. Der 35 Theoretiker, der über Wirtschaftspolitik spricht, nimmt also die Ziele als gegebene Größen an und fragt, welche Mittel bei der Realisierung dieser Ziele in welchem Umfang wirksam sind. Man kann auch über die Beziehung zwi- 40 schen Zielen objektiv sprechen, ohne selbst solch ein Ziel zu präferieren oder abzulehnen. Wenn man auf diese Weise über die Ziel-Mittel-Beziehungen spricht, dann gehört dies zur Theorie der Wirtschaftspolitik. 45

K.-H. Brodbeck: Grundlagen der Wirtschaftspolitik. Würzburg, 1998 (2), S. 30

Fakten, Werturteile und Wissenschaft

Warum ist es wichtig, verschiedene Aussagetypen zu unterscheiden? Und worin besteht die besondere Qualität „objektiver" wissenschaftlicher Aussagen? „Wissenschaftliche" Aussagen unterscheiden sich von subjektiven Meinungen, ästhetischen Wertungen oder religiösen Glaubenssätzen dadurch, dass sie empirisch überprüfbar sind. Wissenschaftliche Sachaussagen sind in dem Sinne „objektiv", dass sie sich auf „Tatsachen" beziehen und anhand von Fakten überprüft werden können. Ein Dissens darüber, ob ein Gemälde von Rubens großartig oder kitschig ist, lässt sich nicht empirisch, d. h. durch Rückgriff auf Fakten entscheiden, weil ästhetische Aussagen im Wesentlichen subjektive Werturteile darstellen. Dagegen lässt sich ein Dissens darüber, ob das BIP im Jahr 2000 zu- oder abgenommen hat, durch Überprüfung an den „Tatsachen" entscheiden (indem man z. B. die entsprechenden Daten des Statistischen Bundesamtes heranzieht). Allerdings ist es mit den „Fakten" nicht ganz so einfach, wie es auf den ersten Blick erscheint. Wer die Sonne „in ihrem Lauf" beobachtet, sieht auch „empirische Tatsachen", nämlich die, dass die Sonne sich um die Erde dreht. Trotzdem ist das Ptolemäische Weltbild von der Erde als Mittelpunkt des Geschehens falsch. „Fakten" sind ihrerseits konstruiert, nicht unmittelbar gegeben; sie konstituieren sich erst in vereinbarten wissenschaftlichen Verfahren.

Was als „Fakten" und als „wissenschaftliche" Verfahren anerkannt wird, ist nicht objektiv und zeitlos gegeben, sondern ist zeitbedingt: Es beruht im Wesentlichen auf einem Konsens der „herrschenden Lehre" in den jeweiligen wissenschaftlichen Disziplinen.

Der spezifische Anspruch an wissenschaftliche Sachaussagen lautet also: Sie sollen objektiv sein, keine Werturteile enthalten und an empirischen Fakten überprüft werden können.

Ist die Wissenschaft aber wirklich so objektiv, wie sie vorgibt? Liegen Wertungen nicht bereits darin, dass mit der jeweiligen Fragestellung bestimmte Aspekte aus der (unüberschaubaren) Realität ausgewählt und damit hervorgehoben werden? Auswahl impliziert Wertung: Den ausgewählten Aspekten wird Bedeutung beigemessen, während andere Aspekte der Wirklichkeit unbeachtet bleiben. Wesentlich ist jedoch, dass dies nicht die Qualität der Aussagen über den je ausgewählten Teilbereich der Wirklichkeit berührt. Aussagen – zu welchem Realitätsausschnitt auch immer – haben dann objektive Qualität, wenn sie sich auf Sachverhalte beziehen und empirisch überprüft werden können. In diesem Band zur Wirtschaftspolitik wurden z. B. die Problemstellungen „Arbeitslosigkeit", „Wachstumsschwäche", „Umweltschädigung", „Inflation" etc. ausgewählt. Diese „Themen" wurden somit anderen möglichen Fragestellungen vorgezogen, weil sie als relevant bewertet werden. Die Aussagen zu den untersuchten Realitätsbereichen sollten dagegen keine Werturteile enthalten, sondern dem Kriterium „objektiver" Aussagen genügen.

Das Leitkriterium der „objektiven" Wissenschaft ist „Wahrheit"; der Kern dieses Kriteriums besteht darin, dass entscheidbar sein muss, ob eine Aussage wahr oder falsch ist. Die relevanten Prüfebenen sind a) logische Widerspruchsfreiheit (Konsistenz) und b) faktische Widerspruchsfreiheit (Bewährung an den Fakten).

Werturteile sind normative Aussagen, durch die ein Sachverhalt positiv oder negativ bewertet, als wünschenswert oder unerwünscht hingestellt wird. Dem Adressaten (Leser, Zuhörer) wird nahegelegt, einen Sachverhalt im Lichte der Wertung zu sehen und diese zu übernehmen. Normative Aussagen können entweder offen (explizit) oder versteckt (implizit) geäußert werden. Explizit: „Ich halte die Einkommensverteilung für ungerecht; deswegen plädiere ich für Umverteilung durch progressive Besteuerung". Oder implizit: „Markteinkommen sind Leistungseinkommen; also entsprechen die Einkommen der jeweils am Markt erbrachten Leistung."

Besonders problematisch ist die Vermischung sachlicher und normativer Aussagen; für Leser und Hörer wird dadurch der Unterschied zwischen objektiver Feststellung und subjektiver Wertung verschleiert. Die Methodologie (Lehre von den wissenschaftlichen Methoden) hat als Konsequenz die „Spielregel" aufgestellt, dass normative Wertungen – wenn sie denn unvermeidlich sein sollten – als solche offen deklariert werden müssen. (Als „Forderung" ist diese „Spielregel" übrigens ihrerseits ein normativer Satz!)

Originalbeitrag des Autors

M 31 Stichwort: „normative" Ökonomik

a) Die normative Ökonomik befasst sich mit Zielen

Sobald [...] wertende Überlegungen eine Rolle spielen, sind die Grenzen der positiven [= empirischen] Ökonomik erreicht. Die Art der Fragestellung verändert sich. Im Gegensatz zur [...] positiven Ökonomik, die Ist-Situationen beschreibt und erklärt [...], setzt sich die normative Ökonomik mit den Zielen der Wirtschaftspolitik auseinander.

Die normative Ökonomik beschäftigt sich mit dem, was sein soll. Sie ist auf das Wirtschaftsleben angewandte Ethik. Durch Verknüpfung mit Aussagen der positiven Ökonomik wird aus ethischen Grundsätzen ein konsistentes System mehr oder weniger konkreter Ziele: eine wirtschaftspolitische Konzeption. [...] Die Analyse der Ziele [...] bildet den Mittelpunkt der normativen Ökonomik.

W. Koch/C. Czogalla: Grundlagen und Probleme der Wirtschaftspolitik. Köln, 1999, S. 36 f.

b) Die normative Ökonomik macht wertende Aussagen (auch zu Zielen)

Eine Ökonomik wird nicht dadurch zur „normativen Ökonomik", dass sie sich mit wirtschaftspolitischen Zielen befasst. Solche Ziele können genau so ein „objektiver" Untersuchungsgegenstand sein wie bestimmte Marktzusammenhänge oder wirtschaftspolitische Maßnahmen. Die Feststellung, im § 1 StWG ist neben dem Ziel Preisniveaustabilität auch „stetiges und angemessenes Wachstum" als Nebenbedingung genannt, hat die Qualität einer Sachaussage und kann empirisch überprüft werden. Erst die Bewertung bestimmter Ziele – beispielsweise als wünschenswert oder vorrangig – hat normativen Charakter: „Die Wirtschaftspolitik sollte soziale Gerechtigkeit als oberstes Ziel ansehen!" Eine solche Aussage fällt in den Bereich der „normativen" Ökonomik.

Originalbeitrag des Autors

M 32 Die Bedeutung der Kritik

Eine wirksame Sicherung gegen versteckte Werturteile in vorgeblich objektiven oder wissenschaftlichen Aussagen besteht darin, diese Aussagen der Kritik zu unterziehen. Kritik ist die mächtigste Waffe der Wissenschaft. Kern der kritischen Praxis ist die empirische Überprüfung, also der Test von empirisch gehaltvollen Hypothesen an der Wirklichkeit.

Das Verfahren der Kritik besteht im Kern aus zwei Schritten: Zunächst muss die umstrittene Aussage in eine empirisch gehaltvolle Hypothese umgeformt werden, und dann muss man versuchen, diese Hypothese zu widerlegen (zu falsifizieren), indem man Fakten aufzeigt, die im Widerspruch damit stehen. Das ist Standard in den Naturwissenschaften. Der Satz: „Die Sonne dreht sich um die Erde", kann durch geeignete Beobachtungen, also empirische Fakten, widerlegt und damit als falsch zurückgewiesen werden. In den Sozialwissenschaften ist die Überprüfung von Hypothesen oft viel schwieriger. Immerhin ist es möglich, die Feststellung: „im Jahr 2000 ist das reale BIP in Deutschland gesunken", anhand empirischer Daten zu falsifizieren. Nicht ganz so einfach ist die Prüfung der Aussage, die Vermögensverteilung in Westdeutschland sei in der Periode 1980 bis 2000 gleichmäßiger geworden. Wie aber ließe sich die Hypothese „die Einkommensverteilung ist ungerecht" empirisch prüfen?

Ein weiterer, praktisch sehr bedeutsamer Aspekt der Werturteilsproblematik ist die Regel, dass aus Seins-Aussagen keine Sollens-Aussagen abgeleitet werden dürfen. Aus einer empirischen Untersuchung der Konjunkturlage beispielsweise, welche die Feststellung enthält, dass ein scharfer konjunktureller Einbruch vorliegt, kann weder abgeleitet werden, ob wirtschaftspolitisch etwas getan werden sollte – noch ergibt sich daraus, was getan werden soll. Es bedarf einer eigenständigen Wertung und Entscheidung, ob und gegebenenfalls wie wirtschaftspolitisch eingegriffen werden soll. Wenn die wirtschaftspolitischen Akteure die Lage für korrekturbedürftig halten, treffen sie die politische Entscheidung, zu intervenieren. Die Sollens-Aussage (ob und was getan werden soll) ergibt sich aus einem Werturteil, nicht aus der Seins-Aussage (über das, was ist).

Text M 33 ist ein Beispiel für „normative Ökonomik" und für den Schluss vom Sein aufs Sollen. Wer sagt eigentlich, dass Denken und Handeln auf die Lösung der sozialen Frage gerichtet sein „müssen"? Das ist die subjektive Wertung des Autors. Dass die wirtschaftspolitischen Akteure, von den Regierungen über die Parlamente bis zu den Tarifvertragsparteien ihr Denken und Handeln keineswegs auf die Lösung der „Anliegen" soziale Sicherheit und soziale Gerechtigkeit richten „mussten", zeigt sich nicht zuletzt daran, dass uns das letzte halbe Jahrhundert einer Lösung kaum näher gebracht hat. (Aber dies ist keine wissenschaftliche Aussage, sondern eine politische Wertung. Andere Beobachter könnten das nämlich anders sehen.)

Originalbeitrag des Autors

Die „Anliegen der Zeit"

M 33

Soziale Sicherheit und soziale Gerechtigkeit sind die großen Anliegen der Zeit. Die soziale Frage ist seit Beginn der Industrialisierung mehr und mehr zur Zentralfrage menschlichen Daseins geworden. Sie hat eine eminente geschichtliche Kraft. Auf ihre Lösung müssen Denken und Handeln vor allem gerichtet sein.

Walter Eucken: Grundsätze der Wirtschaftspolitik. Tübingen, 1952, S. 1

Arbeitsaufträge

1. In M 29 behauptet der Autor, die Wirtschaftspolitik könne (als wissenschaftliche Disziplin) „wertfrei" betrieben werden. Fassen Sie die Argumente zusammen, mit denen der Autor seine These begründet. Inwiefern relativiert der Text M 30 diese These?
2. Welche spezifischen Anforderungen werden an wissenschaftliche Aussagen (im Unterschied zu politischen Aussagen) gestellt? Erstellen Sie aus M 29 und M 30 einen Regelkatalog und charakterisieren Sie (begründet) die folgenden, aus diesem Buch stammenden Aussagen:
   – Zu den offiziell „registrierten" Arbeitslosen gehören nur diejenigen, welche die Kriterien des Arbeitsförderungsgesetzes erfüllen. (Vgl. M 16, S. 53)
   – Wie keine andere Wirtschaftsordnung verwirklicht die ökologische und soziale Marktwirtschaft unsere Grundwerte Freiheit, Solidarität und Gerechtigkeit. (CDU-Grundsatzprogramm; vgl. M 4, S. 9)
   – Die soziale Marktwirtschaft verbindet die Interessen der Einzelnen mit den Interessen aller. (FDP-Grundsätze; vgl. M 12, S. 17)
   – Die nominalen Werte sind das BIP „in jeweiligen Preisen", enthalten also auch die Erhöhung des Preisniveaus. (Vgl. Arbeitsauftrag 2, S. 76)
   Welche Bedeutung hat in diesem Zusammenhang
   a) die Unterscheidung zwischen einer positiven und einer normativen Ökonomik? (siehe M 31)
   b) das Prinzip der „kritischen Prüfung"? (M 32)

1.9 Workshop: Der Wirtschaftsteil der Zeitung – ein unterrichtsbegleitendes Projekt

Ein gutes Mittel, um sich über aktuelle und grundlegende Fragen der Wirtschaftspolitik zu informieren sind Zeitungen. Die beiden folgenden Projektvorschläge sollen dazu anregen, unterrichtsbegleitend diese Informationsquelle zu nutzen. Natürlich können Sie die Vorschläge variieren und sich ein für Ihren Kurs passendes Projekt selbst zusammenstellen.

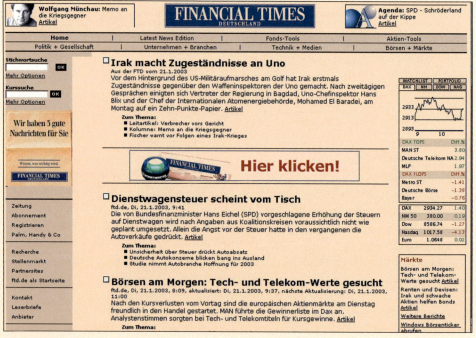

www.ftd.de

Projekt 1: Wenn der Wirtschaftsteil so spannend wie ein Krimi ist
Ein guter Wirtschaftsjournalist – meint Peter Gillies (M 34) – muss den Hintergrund einer Wirtschaftsnachricht für den Laien spannend aufbereiten. Keine leichte Aufgabe, denn auch der Journalist ist ständig der Versuchung ausgesetzt, ins Fachchinesisch zu verfallen, statt verständlich und spannend zu schreiben. Nehmen Sie den folgenden Text zum Anlass für ein fächerübergreifendes Projekt SoWi/Deutsch, in dessen Verlauf Sie Zeitungsartikel aus dem Wirtschaftsteil Ihrer Zeitung journalistisch so aufbereiten, dass sie den Kriterien von M 34 entsprechen. Orientieren Sie sich bei der Themenwahl an den in Projekt 2 genannten Themenbereichen (s. u.).

M 34 Anforderungen an einen brauchbaren Wirtschaftsjournalismus

Dass nur jeder sechste Deutsche glaubt, die Erde drehe sich um die Sonne, erlaubt ein Schmunzeln. Es erlischt jedoch, wenn man andere Schlaglichter aus der Demoskopie zur
5 Kenntnis nehmen muss. So schätzt eine überwältigende Mehrheit der Mitbürger den Gewinn eines Industrieunternehmens auf gut ein Viertel seines Umsatzes – eine bizarre Annahme, die um ein Zehnfaches neben der Realität liegt. Auf die Frage, wer denn Arbeitsplätze 10 schaffe, antworten die Deutschen zu mehr als 50 Prozent: „der Staat" oder „ich weiß nicht". Nur zwölf Prozent gaben die richtige Antwort: die Unternehmen.

In Wirtschaftsfragen ist der Durchschnittsdeutsche ahnungslos und deswegen verführbar. Gegen die verbreitete Unkenntnis treten die Wirtschaftsjournalisten an. Keine leichte Aufgabe, denn nur rund ein Drittel der Leser dringt überhaupt bis zum Wirtschaftsteil einer Zeitung vor. Zudem ist die Zeit, die auf Zeitungslektüre verwendet wird, dramatisch gesunken. Andererseits ergeben Umfragen immer wieder, daß die Leser mehr wissen wollen über Konjunktur, Steuern, Geldanlagen und die feinziselierte Verteilung im Sozialstaat. [...]

Aber der kleine Mann versteht die großen Dinge der Wirtschaft nicht. Sein Wissen, wie man Vermögen – dem Temperament und dem Lebensalter entsprechend – sicher anlegt und mehrt, ist mit seinem Wohlstand nicht mitgewachsen. Die Klagen über fachchinesische Wirtschaftsberichterstattung versuchen die Printmedien seit einigen Jahren durch grafische Lockerungsübungen zu entkräften: kompakte und gestaffelte Nachrichten, tieferschürfende Analysen und erläuternde Stichworte, aktuelle Schwerpunktbildung, Tabellen, Grafiken, Bilder, Karikaturen. Dreh- und Angelpunkt bleibt jedoch die Kompetenz des Wirtschaftsjournalisten. Neben seiner handwerklichen Professionalität ist sein Fachverstand gefordert. „Dass die schlechten Wirtschaftsexperten ihre Irrtümer der Öffentlichkeit besser verkaufen als die guten Fachleute ihre Wahrheiten" (Henry Hazlitt, 1946) kann durch kompetenten Wirtschaftsjournalismus verhindert werden. [...] Gefragt sind Fachleute, die nicht wie Fachleute schreiben. Die immer wieder unermüdlich erläutern, wie das deutsche Rentensystem funktioniert und worin der innere Gleichklang der Europäischen Währungsunion besteht, den sie vornehm „Konvergenz" nennen. Angesichts der verbreiteten Unkenntnis in Wirtschaftsfragen sollte immer einfach – nicht simpel – geschrieben und beschrieben werden. [...] Die Informationsflut vor

allem der elektronischen Medien leistete dem Eindruck Vorschub, die Menschen wüssten alles. Gewiss, sie schlürfen den jüngsten Sexskandal aus Hollywood, bewundern das geklonte Schaf Dolly, die Viagra-Pille oder ein fünfköpfiges Baby in Timbuktu – aber als die sozialistischen Planwirtschaften zusammenbrachen, waren alle konsterniert. Auch Wirtschaftsjournalisten sollten bedenken: Der Leser ist „overnewsed but underinformed". Dabei können ökonomische Zusammenhänge so spannend wie ein Krimi sein. Werden sie jedoch im Stil einer verlautbarten Expertise angeboten, steigt der Leser nach dem ersten Absatz aus.

P. Gillies: Wenn der Wirtschaftsteil so spannend wie ein Krimi ist. Aus: Woche der Zeitung. Redaktionspaket des Deutschen Bundes der Zeitungsverleger. Zitiert nach: www.bdzv.de/veranstaltungen/archiv/1998/main.htm

Projekt 2: Wandzeitung
Bereiten Sie in Gruppen eine Präsentation über die wirtschaftliche Lage in der Bundesrepublik vor. Gestalten Sie dafür eine Wandzeitung. Sammeln Sie zunächst Berichte, Karikaturen, Statistiken, Grafiken etc. aus der Tagespresse und im Internet, die sich mit Themen wie Konjunktur und Wachstum, Beschäftigung und Arbeitslosigkeit, Geld- und Finanzpolitik, Steuern und Abgaben befassen.

Ordnen Sie das gefundene Material z. B. folgenden Bereichen zu:
1. Konjunktur und Wachstum (z. B. Prognosen von Wirtschaftsforschungsinstituten)
2. Arbeitsmarkt und Beschäftigung (z. B. Meldungen der Bundesanstalt für Arbeit)
3. Geld- und Finanzpolitik (z. B. Zinssatzänderungen der EZB, steuerpolitische Maßnahmen, Meldungen zur Haushaltspolitik des Bundes).

Projektvorschlag nach: F. J. Kaiser/V. Brettschneider (Hg.): Volkswirtschaftslehre. Berlin, 2002, S. 248

Projekt 3: „Jugend und Wirtschaft"
Wirtschaftsthemen und Journalismus praktisch erfahren – das ist die Zielsetzung des Projektes „Jugend und Wirtschaft", welches das Institut zur Objektivierung von Lern- und Prüfungsverfahren (IZOP) in Aachen gemeinsam mit der Frankfurter Allgemeinen Zeitung im vergangenen Schuljahr zum zweiten Mal bundesweit durchführte. Unter der großen Anzahl von Bewerbern wurden 58 Teilnehmergruppen ausgewählt, darunter die Klasse 11b des Dominicus-von-Linprun-Gymnasiums. „Dass wir am Ende einen der drei Schulpreise gewinnen würden, hätten wir nicht gedacht", erläutert Projektleiter Günter Förschner. Das Projekt sei sehr schön gewesen, habe aber auch viel Arbeit gemacht.

Die 30 Viechtacher Schüler bekamen für ein Jahr jeden Tag kostenlos die FAZ nach Hause geliefert. Das Abonnement war allerdings nicht nur zum Vergnügen, sondern brachte die Verpflichtung, sich intensiv mit der Zeitung zu beschäftigen. Im Mittelpunkt stand dabei der Wirtschaftsteil, der einen sehr guten Ruf genießt und inhaltlich anspruchsvoll geschrieben ist. Das gemeinsame Lesen nahm deshalb zu Beginn einen großen Raum ein. Der Wirtschaftsteil erwies sich dabei als Fundgrube zur Ergänzung der Lehrplanthemen durch aktuelle Artikel. Jeder Schüler musste sich einmal im Projektjahr eine Woche lang besonders intensiv mit der Zeitung auseinandersetzen. Dann galt es, einen Wochenrückblick in Form einer Wandzeitung im Klassenzimmer zu gestalten. Besonders interessante Themen wurden optisch aufgearbeitet. So wurde z. B. ein „Artikel der Woche" besprochen, der Hintergrund einer Karikatur erläutert oder ein Überblick über die Börsenentwicklung gegeben.

Eine weitere Aufgabe stellten die Themenauswertungen dar, die in kleinen Gruppen durchgeführt wurden. Jeder Gruppe wurde zu Beginn des Projektes ein Überthema aus dem Lehrplan für Wirtschafts- und Rechtslehre zugeteilt, zu dem das Jahr über aktuelle Artikel gesammelt werden sollten. Die Texte dienten dann auch als Fundus für den Unterricht. Die für die Schüler angenehmste Art der Zeitungsarbeit stellte das wöchentliche FAZ-Café dar. Dienstags in der sechsten Stunde wurden Artikel gelesen, welche die Klasse auswählen konnte. Dabei wurde teils sehr kontrovers über die Berichte diskutiert.

Nach den Pfingstferien wurde der Lesehorizont der Teilnehmer um ein weiteres Element erweitert. Zur besseren Einordnung der FAZ in die Printmedienlandschaft wurden im Deutschunterricht nicht nur journalistische Stilrichtungen heraus gearbeitet, das Blatt wurde auch mit anderen überregionalen Zeitungen verglichen. Zu diesem Zweck hatten die Schüler zwei Wochen lang kostenlos die Frankfurter Rundschau, Die Welt und andere Zeitungen zur Verfügung.

Neben der analytischen Auseinandersetzung mit der Wirtschaftspresse stand als zweite Säule des Projektes das eigene Verfassen von Artikeln im Mittelpunkt. Nachdem zu Beginn erste Gehversuche mit Gruppenartikeln unternommen wurden, musste jeder Teilnehmer pro Schulhalbjahr einen Artikel zu einem selbst gewählten Thema anfertigen. [...] Bei der Bearbeitung der Themen stand zunächst nicht der journalistische Stil, sondern die Recherche vielfältiger und möglichst ausgewogener Informationen im Vordergrund. Dabei wurde die FAZ als Quelle „angezapft", im Internet gestöbert, Ministerien und Verbände angeschrieben oder Interviews mit Experten geführt. Aus der Zusammenfassung der dadurch gewonnenen Informationen entstand ein erster Artikelentwurf, der korrigiert und mit Tipps für inhaltliche Ergänzungen versehen wurde. Wenn die zweite Fassung den Kriterien einer vielfältigen Recherche, einer ausgewogenen und neutralen Berichterstattung und eines ansprechenden Stils genügte, wurde der Text per E-Mail an die FAZ geschickt. Bei der Frankfurter Allgemeinen Zeitung betreute der erfahrene Wirtschaftsjournalist Dr. Horst Dohm das Projekt. Er besuchte die Gruppe Ende Januar in Viechtach und besprach mit den Schülern die Stärken und Schwächen ihrer Artikel.
http://www.pnp.de/news/boulevard/regional/izop/main.htm
Nähere Informationen zum Projekt „Zeitung in der Schule" finden Sie unter
www.izop.de/

Literaturtipp
K. Gertoberens: Den Wirtschaftsteil der Zeitung richtig lesen und nutzen. Hintergründe – Zusammenhänge – Grundwissen. München, 1999.

2. Beschäftigungspolitik

Demonstration für Steinkohlebergbau, 1996
dpa

Jobsuche per Computer im Arbeitsamt, 1998;
dpa

Demonstration von Arbeitslosen in Essen, 1998
dpa

2.1 Nahaufnahme: Was bedeutet (Nicht-)Beschäftigung?

Die anhaltend hohe Arbeitslosigkeit gehört zu den „Top-Themen" der öffentlichen Diskussion – und das nicht nur in Zeiten des Wahlkampfes (vgl. S. 7 f.). Warum eigentlich? Was ist denn so schlimm und aufregend an der Arbeitslosigkeit? Könnte eine stabile Demokratie nicht gelassener mit diesem Problem umgehen? Sind die Arbeitslosen nicht auskömmlich abgesichert durch die Arbeitslosenversicherung? Ist es nicht auch ganz interessant, mal ein paar Monate auszusetzen und sich in aller Ruhe nach einer neuen, vielleicht sogar besseren Beschäftigung umzusehen?

Arbeitsauftrag

Nehmen Sie Stellung zu der These von M 1a. Wird diese These durch den Bericht M 1b bestätigt oder widerlegt? Wie beurteilen Sie das Konzept und die Methoden des in M 1b geschilderten „Vermittlungscoaches"?

Arbeitslosigkeit als Chance?

M 1a

Die große Mehrheit wird durch die Erfahrung der Arbeitslosigkeit nicht aus der Bahn geworfen. Die Entlassung wird als Lebenskrise, als Herausforderung, als Wendepunkt begriffen.
5 Aber nachdem die Bewährungsproben bestanden sind, fühlen sich die Betroffenen in aller Regel nicht ärmer, sondern innerlich reicher und seelisch gefestigter.

P. Schütt: Wie die Lilien auf dem Felde.
Arbeitslose begreifen ihr Los als Chance.
In: Frankfurter Allgemeine Zeitung vom 10. Juni 1995

„Soll ich jetzt Ihren Arzt anrufen?"

M 1b

Am Anfang ist das Bild. Thomas Heinle, 39, drückt jedem Neuen Buntstifte in die Hand und sagt: „Malen Sie bitte Ihren Wunschberuf, in dem Sie gern arbeiten möchten." Klingt nach
5 […] Sozialromantik, ist aber in Wahrheit knallhart. Denn Heinle […] sagt auch Sätze wie: „Mit Freiwilligkeit erreichen Sie bei Arbeitslosen gar nichts." Und zuweilen erinnert der Ton in seinen Büros […] verdächtig an Kommiss: Sozial-
10 hilfeempfängern, die auch nur eine Minute zu spät zur Schulung kommen, streicht er schon mal den Sozialamt-Zuschuss für die komplette Woche. Und wenn wieder mal jemand putzmunter eine Krankmeldung einreicht, zerreißt
15 er den gelben Schein gern mit den Worten: „Soll ich jetzt Ihren Arzt anrufen?" Thomas Heinle, studierter Sozialpädagoge, ist „Vermittlungscoach", so sein korrekter Titel, und Leiter eines bundesweit einmaligen Projektes von Ar-
20 beits- und Sozialamt der Stadt München […]. Heinle praktiziert in München bereits die Hardcore-Version des Kanzler-Spruchs „Fördern und fordern" im Bonsai-Format. Neben Arbeitslosen werden rund 100 Sozialhilfeempfänger jeden Monat ultimativ aufgefordert („Sie 25 sind verpflichtet, alles zu tun, um baldmöglichst zu einem eigenen Einkommen zu gelangen"), die bis zur Arbeitsaufnahme befristete Maßnahme bei Heinle zu besuchen. Wer nicht erscheint, verliert zunächst 25 Prozent der So- 30 zialhilfe. Wer sich im zweiten Mahnverfahren immer noch weigert, erhält künftig keinen einzigen Cent. So einfach geht das, auch ohne Hartz*. Ober-Coach Heinle ist überzeugt, dass sein Modell, bundesweit umgesetzt, die Ar- 35 beitslosenzahl binnen sechs Monaten um eine Million reduzieren könnte: „Und das ohne eine einzige Gesetzesänderung. Die bestehenden Zumutbarkeitsregeln müssten nur eng genug ausgelegt werden." Trotz der drohenden Ein- 40 bußen schwänzen aber auch bei Heinle erst mal 80 Prozent den Kurs. Was ins Klischee von den Stütze-Beziehern passt, die sich lieber in der sozialen Hängematte räkeln. „Falsch", sagt Heinle, „jeder Mensch will arbeiten. Viele kön- 45 nen es nur schlicht nicht mehr." Gerade die

Dauer-Alimentierung stoße aber Arbeitslose in den Teufelskreis aus Passivität und Perspektivlosigkeit. Heinles Klienten sind Männer wie der ehemalige Bauingenieur Jochen Amsel (alle Namen von der Redaktion geändert), 47, arbeitslos seit der Insolvenz seiner Firma. Beim obligatorischen Interessentest mit 250 Fragen erreichte Amsel bei Heinle ausgerechnet in der Gastronomie die höchste Punktzahl: „Da ist mir wieder klar geworden, wie lange ich schon davon träume, mit meiner brasilianischen Frau ein Lokal zu eröffnen." Mithilfe von Heinle schrieb Amsel einen Businessplan und schuftet seit Juni im eigenen „Bistro Brasil". Sieben Tage die Woche von morgens um neun bis nachts um eins: „Das macht aber nichts, denn ich war noch nie so glücklich." Gerade die zunächst bizarr wirkende Kombination aus Druck und Vision ist der Schlüssel für Heinles Projekt. (…) Das zerstörte Selbstvertrauen eint fast alle der Teilnehmer. Die meisten müssen sich wieder mühsam an eine 40-Stunden-Woche gewöhnen. Deshalb ist jeder Tag zwischen 8 und 16 Uhr so präzise durchgeplant. Auch ein „Durchhänger" ist erlaubt, wenn er denn ordnungsgemäß im Wochenplan eingetragen wird. Im Mittelpunkt steht aber meist: Grundfertigkeiten am Computer erlernen, Bewerbungen schreiben, Stellen im Internet recherchieren. Und vor allem Praktika suchen und absolvieren. „In 70 Prozent der Fälle entsteht daraus später ein fester Job", sagt Heinle. […] Von 420 Teilnehmern haben 100 eine neue Stelle, 200 sind, so Heinle, auf „einem guten Weg" – angesichts seiner Problem-Klientel ein fast sensationeller Wert.

Die Welt vom 10. November 2002
Autor: Peter Wenig

Arbeitsaufträge

1. Welche Vorstellungen verbinden Sie mit dem Thema „Arbeitslosigkeit"? Sehen Sie das eher als ein privates Problem an, mit dem die Betroffenen selbst zurecht kommen müssen? Oder handelt es sich um ein öffentliches Problem, bei dem die Politik eingreifen sollte? Erscheint es Ihnen gerechtfertigt, wenn milliardenschwere Arbeitsmarkt- und Beschäftigungsprogramme durchgeführt werden? Falls ja, mit welcher Begründung?
2. Begründen Sie vertiefend den wirtschaftspolitischen Handlungsbedarf mit einer schriftlichen Stellungnahme zu den individuellen, wirtschaftlichen und sozialen Folgen der Arbeitslosigkeit.
   Arbeiten Sie dazu in Gruppen:
   Gruppe 1: Was bedeutet es, arbeitslos zu sein? Individuelle „Kosten" der Arbeitslosigkeit (M 2 – M 3)
   Gruppe 2: Können wir uns das leisten? Soziale und ökonomische Folgen von Nichtbeschäftigung (M 4 – M 5)
   Gruppe 3: Bürger ohne Arbeit – eine Gefahr für die Demokratie? Politische Auswirkungen der Massenarbeitslosigkeit (M 6)

Gruppe 1: Was bedeutet es, arbeitslos zu sein? Individuelle „Kosten" der Arbeitslosigkeit

Über psycho-soziale Folgen von Arbeitslosigkeit

Über die psychischen und sozialen Folgen von Arbeitslosigkeit sind bereits zurzeit der Weltwirtschaftskrise Untersuchungen angestellt worden. Sie konzentrieren sich auf die Herausarbeitung folgender Aspekte:
- Veränderung der Zeitstruktur des Alltags durch Änderung des gewohnten Rhythmus Arbeitszeit – Freizeit,
- Verlust der Zukunftsperspektive im Hinblick auf die individuelle Berufskarriere und die familiäre Entwicklung,
- Verlust sozialer Kontakte zu den Arbeitskollegen und der damit verbundenen Anerkennung,
- Einschränkung von Möglichkeiten der persönlichen Selbstdarstellung in der Berufstätigkeit,
- Einbußen im Hinblick auf das soziale Selbstwertgefühl,
- Verringerung der Autorität in der Familie durch Beeinträchtigung der Ernährerfunktion,
- Erleben individueller Handlungsohnmacht bei vergeblicher Stellensuche bzw. wiederholter Arbeitslosigkeit,
- Erlebnis der Abhängigkeit gegenüber der Arbeitsvermittlung und der Arbeitsverwaltung,
- Aufkommen individueller Schuldgefühle bei selektiven Entlassungen.

[...] Bei andauernder Arbeitslosigkeit lassen sich die Untersuchungsergebnisse in einem Vier-Phasenmodell beschreiben, das als typische Stationen die Phasen Schock – Optimismus – Pessimismus – Fatalismus enthält. Zunächst bedeutet der Eintritt der Arbeitslosigkeit ein Schockerlebnis. Es folgt eine aktive Phase der Stellensuche, die durch einen noch ungebrochenen Optimismus gekennzeichnet ist. Geldsorgen treten insbesondere auf, wenn Arbeitslose mit Zahlungsverpflichtungen in Verzug kommen. Bei andauernder Arbeitslosigkeit, wenn alle Bemühungen um Beschäftigung fehlgeschlagen sind, treten Langeweile und familiäre Belastungen auf, die die Phase des Pessimismus einleiten. Das Selbstwertgefühl erleidet erheblichen Schaden, da die Selbstbestätigung aus dem Einkommenserwerb fehlt und der Arbeitslose sich überflüssig bzw. als „Schmarotzer" fühlt und von Nachbarn und Kollegen vermeintlich oder tatsächlich geschnitten wird. In dieser kritischen Phase treten Ängste und Depressionen auf. Die Dauer der Arbeitslosigkeit wird selbst zum Hindernis bei der Stellensuche: Bewerber, die schon längere Zeit arbeitslos sind, werden von den Firmen skeptisch beurteilt. [...] Damit wird die letzte Phase eingeleitet, die durch Resignation gekennzeichnet ist. [...]

Die individuelle psycho-soziale und gesundheitliche Betroffenheit von Arbeitslosigkeit ist unterschiedlich. Sie hängt von individuellen Einstellungen und Fähigkeiten (etwa der Arbeits- und Berufsorientierung), von der Arbeitsethik, von der Höhe der Arbeitslosenrate und der davon beeinflussten gesellschaftlichen Akzeptanz, von der finanziellen Situation, von der Einbindung in Netzwerke sozialer Unterstützung (vor allem der Frage, ob es einen vollerwerbstätigen Ehe- bzw. Lebenspartner gibt) ab. [...] Die Dauer der Arbeitslosigkeit spielt eine ganz zentrale Rolle. Die psycho-sozialen und gesundheitlichen Folgen der Arbeitslosigkeit beeinträchtigen [...] auch die Menschen (Partner, Kinder), die mit Arbeitslosen eng zusammenleben bzw. in wirtschaftlicher Abhängigkeit zu diesen stehen („Opfer durch Nähe").

H. Friedrich/M. Wiedemeyer: Arbeitslosigkeit.
Ein Dauerproblem im vereinten Deutschland. Opladen,
1994 (2), S. 40ff.

M 2b Typische Entscheidungskonflikte im Verlauf andauernder Arbeitslosigkeit

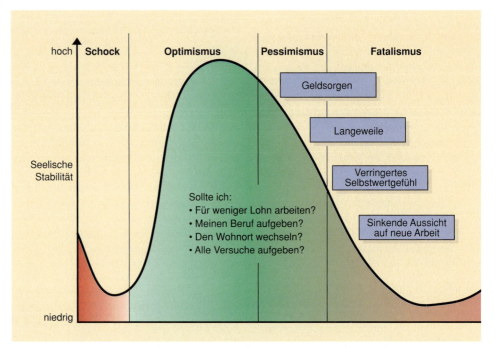

H. Welzer, A. Wacker, H. Heinelt: Leben mit der Arbeitslosigkeit. Zur Situation einiger benachteiligter Gruppen auf dem Arbeitsmarkt. In: Aus Politik und Zeitgeschichte. B 38/88 vom 16. September 1988, S. 18

Bearbeitungshinweise (Gruppe 1/M 2 – M 3)

1. Arbeiten Sie mithilfe des Materials M 2a die psycho-sozialen Kosten der Arbeitslosigkeit heraus. Diskutieren Sie – ausgehend von der Grafik M 2b – auch mögliche Unterstützungsmaßnahmen und stellen Sie einen Maßnahmenkatalog auf: Was könnte die Gesellschaft, was könnte die Politik dazu beitragen, schädliche psycho-soziale Auswirkungen der Arbeitslosigkeit einzugrenzen?
2. Formulieren Sie den Text M 2a positiv um: Entwickeln Sie Thesen zu den psycho-sozialen Leistungen von Beschäftigung bzw. zur Bedeutung, die der Erwerbsarbeit für den Einzelnen in unserer Gesellschaft zukommt.
3. Informieren Sie sich über die staatlichen Leistungen für Arbeitslose. Prüfen Sie, ob und inwieweit die in M 3 formulierten Regelungen noch gültig sind (z. B. unter **www.bma.de**).
4. Recherchieren Sie (Statistisches Jahrbuch, Datenreport des Statistischen Bundesamtes): Wie hoch ist zurzeit das durchschnittliche monatliche Nettoeinkommen einer Arbeitnehmerfamilie?
Diskutieren Sie vor diesem Hintergrund die durchschnittliche finanzielle Absicherung von Arbeitslosen. Welche materiellen Folgen hat insbesondere Langzeitarbeitslosigkeit für die Betroffenen und deren Familien?
5. Stellen Sie einen Rückbezug zum Kapitel 1 her und prüfen Sie aus der Perspektive der von Arbeitslosigkeit Betroffenen: Welche der in M 13 (Zielhierarchie der Wirtschaftspolitik/ S. 18) genannten übergeordneten Ziele der Wirtschaftspolitik und welche individuellen Ziele werden durch eine anhaltende Massenarbeitslosigkeit verletzt?

Staatliche Unterstützungsleistungen für Arbeitslose

M 3

Mit der Dauer der Arbeitslosigkeit wächst die finanzielle Belastung der Betroffenen. Während die meisten Arbeitslosen im ersten Jahr ihrer Arbeitslosigkeit noch Arbeitslosengeld erhalten – es beläuft sich je nach Familienstand auf 67 % bzw. 60 % des letzten Nettoeinkommens – wird die niedrigere Arbeitslosenhilfe (53 % des letzten Nettoeinkommens) nur bei nachweisbarer Bedürftigkeit gewährt. Von den Arbeitslosen, die im Jahr 2000 in Deutschland gemeldet waren, bezogen 43,6 % Arbeitslosengeld und 37,5 % Arbeitslosenhilfe. Weitere 0,6 % erhielten in diesem Zeitraum Eingliederungshilfe. Empfänger von Altersübergangsgeld spielen mittlerweile statistisch keine Rolle mehr (70 Personen). Damit betrug der Anteil der Leistungsempfänger unter den Arbeitslosen im Durchschnitt des Jahres 2000 insgesamt 81,6 %. Insgesamt hatte im Jahr 2000 in den alten Bundesländern knapp jeder vierte (24,2 %) und in den neuen Ländern rund jeder fünfzehnte (6,5 %) beim Arbeitsamt registrierte Arbeitslose keinen Anspruch auf Arbeitslosengeld, Arbeitslosenhilfe oder Eingliederungshilfe. Hinzuzurechnen ist die „Stille Reserve*" im engeren Sinne, die sich in dem Bewusstsein, keine Leistungen beanspruchen zu können, erst gar nicht beim Arbeitsamt meldet.

Statistisches Bundesamt (Hg.): Datenreport 2002. Bonn, 2002, S. 115

Gruppe 2: Können wir uns das leisten?
Soziale und ökonomische Folgen der Arbeitslosigkeit

Die fiskalischen Gesamtkosten der Arbeitslosigkeit

M 4

Der Einzelne leidet, wenn er keine Arbeit findet; und die Gesellschaft kommt die Arbeitslosigkeit teuer zu stehen. 18 300 Euro kostet ein Arbeitsloser im Jahr – bei 3,9 Millionen Arbeitslosen im Jahr 2001 waren das „gesamtfiskalische Kosten" von 70,4 Milliarden Euro. In diese Kostenrechnung fließen die Ausgaben für Arbeitslosengeld und -hilfe (23,8 Milliarden Euro) ein, die höheren Ausgaben für Sozialhilfe und Wohngeld (3,9 Milliarden Euro) und das, was dem Staat an Steuern und Sozialabgaben entgeht. Denn die Steuern und Beiträge hängen direkt von der Höhe der Einkommen ab; weil die Arbeitslosen über ein geringes Einkommen verfügen, zahlen sie nur wenig Steuern (Mindereinnahmen 12,8 Milliarden Euro) und deutlich geringere Beiträge für die Renten-, Kranken-, Pflege- und Arbeitslosenversicherung (Mindereinnahmen 14,6 Milliarden Euro).

Globus-Infografik/2002

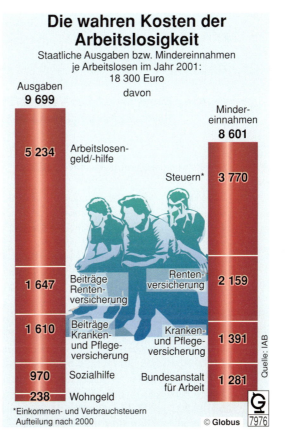

M 5 Die gesamtwirtschaftlichen Kosten der Arbeitslosigkeit

Die gesamtwirtschaftlichen Kosten der gesamten Unterbeschäftigung sind weitaus höher zu veranschlagen. Unter Vollbeschäftigungsbedingungen wäre die volkswirtschaftliche Wertschöpfung in Deutschland z. B. im Jahr 1997 schätzungsweise um gut 250 Mrd. Euro größer gewesen.

Die fiskalische, gegenwartsbezogene Bilanzierung von Kosten müsste auch ergänzt werden durch monetär schwer darstellbare Kosten, die sich vor allem aus langfristiger Arbeitslosigkeit ergeben können. Sie liegen oft außerhalb des Blickfelds: Arbeitslosigkeit kann zu Dequalifizierung, beruflichem Abstieg und Entwertung des brach liegenden Humankapitals* führen. Von erheblicher Bedeutung sind auch psycho-soziale sowie gesundheitliche Belastungen infolge von Arbeitslosigkeit. Zu bedenken sind weiterhin mögliche Zusammenhänge zwischen Arbeitslosigkeit, Radikalismus und Kriminalität sowie Langzeitfolgen, die sich aus beruflichen Sozialisationsproblemen vor allem für Jugendliche ergeben können. Langanhaltende Arbeitslosigkeit kann die Motivation zur Arbeit und zu gesellschaftlichem Engagement zerstören; auch dies ist teuer, langfristig ganz besonders.

Nach: Institut für Arbeitsmarkt- und Berufsforschung der Bundesanstalt für Arbeit: IAB-Kurzbericht. Nr. 17/ 27. Oktober 1998, S. 1 und S. 9

Bearbeitungshinweise (Gruppe 2/M 4 – M 5)

1. Erläutern Sie, wie sich die Gesamtkosten der Arbeitslosigkeit zusammensetzen und auf welche Haushalte sie sich verteilen. Unterscheiden Sie dabei zwischen direkten Kosten (= unmittelbare Leistungen an Arbeitslose) und den indirekten Kosten (= Mindereinnahmen des Staates und der Sozialversicherung).
2. Erörtern Sie die Folgen einer anhaltend hohen und steigenden Arbeitslosigkeit für die öffentlichen Haushalte und für die Sozialversicherungen. Inwieweit führen diese Folgen zu einer weiteren Zunahme der Arbeitslosigkeit?
3. Prüfen Sie ausgehend von M 5: Inwieweit erfasst M 4 die gesamtfiskalischen Kosten der Arbeitslosigkeit?

Gruppe 3: Bürger ohne Arbeit – eine Gefahr für die Demokratie? Politische Auswirkungen der Massenarbeitslosigkeit

M 6 Arbeitslos = politikverdrossen oder radikal?

Ein Vergleich der Entwicklung der Arbeitslosenziffer und der Wahlergebnisse in der Bundesrepublik liefert keine eindeutigen Belege für die These, dass zunehmende Arbeitslosigkeit zur politischen Radikalisierung führt. Die erste wirtschaftliche Rezession in der Bundesrepublik, die im Jahre 1966/67 zu rund 500 000 Arbeitslosen führte, war von politischen Krisenerscheinungen begleitet, die sich in einem starken Stimmenzuwachs zugunsten der Nationaldemokratischen Partei Deutschlands (NPD) auswirkte. Eine vergleichbare Radikalisierungstendenz bei steigenden Arbeitslosenziffern nach 1974 lässt sich jedoch nicht erkennen. Je nach politischem Standort mag man das Bundestagswahlergebnis im März 1983 als „Rechtsruck" oder „Betonung der Mitte" bezeichnen, aber von einer Radikalisierung kann nicht gesprochen werden. Die Schuldzuweisung für die Arbeitslosigkeit an das politische System hat nicht das System selbst infrage gestellt, wohl aber zu einer Ablösung der Regierung beigetragen.

Repräsentative Befragungen haben wiederholt ergeben, dass unter den politischen Wünschen der Befragten die Beseitigung von Arbeitslosigkeit einen hohen Stellenwert einnimmt. Darüber hinaus erfolgt in hohem Maß eine Schuldzuweisung an die jeweilige Regierung. Der Rang auf der Wunschskala korreliert offensichtlich mit der Höhe der Arbeitslosigkeit: Mitte der Achtzigerjahre war dieses

Ziel unangefochtene Nummer Eins. [...] Die relativ günstige Arbeitsmarktentwicklung bis 1991 in den alten Bundesländern (war) verantwortlich dafür, dass Anfang der Neunzigerjahre die allgemeine Aufmerksamkeit für Beschäftigungsprobleme zwischenzeitlich in den Hintergrund getreten ist. [...]. Anders stellt sich die Lage in Ostdeutschland dar, angesichts der ungünstigen Arbeitsmarktentwicklung führt hier die Sorge um den Arbeitsplatz unangefochten die Liste gesellschaftlicher Probleme an.

Es muss überraschen, dass angesichts der hohen Priorität der Vollbeschäftigung und der Verantwortlichkeit des Staates für den Beschäftigungsgrad im Urteil der öffentlichen Meinung dennoch systemgefährdende politische Entwicklungen in der Bundesrepublik in zurückliegenden Jahren trotz Überschreitens der Viermillionengrenze bei den Arbeitslosen nicht eingetreten sind. Eher kann von politischem Quietismus* [...] die Rede sein. Mit dem Andauern des Phänomens „hohe Arbeitslosigkeit" ist offensichtlich ein „Gewöhnungsprozess" verbunden, der dazu geführt hat, dass ein ehemals vordringliches Problem im Meinungstest der Bürger an Bedeutung verloren hat. Unter Rückgriff auf die Zahlen zur Struktur der Arbeitslosigkeit und die oben angeführten psycho-sozialen Aspekte lassen sich Erklärungen für den relativ hohen Grad an Akzeptanz des Phänomens Arbeitslosigkeit finden:

1) Innerhalb des von der Bundesanstalt für Arbeit erfassten Bestandes an Arbeitslosen herrscht eine hohe Fluktuation. Trotz oft langer Dauer der Arbeitslosigkeit [...] stellt sich Arbeitslosigkeit für die meisten Betroffenen nur als vorübergehendes Problem dar. Da sich der Kreis der von der Arbeitslosigkeit Betroffenen laufend ändert, ist eine wirksame politische Interessenvertretung durch Selbstorganisation der Arbeitslosen weitgehend ausgeschlossen.

2) Auch bei den längerfristig Arbeitslosen kann nur ein geringer Grad an Selbstorganisation beobachtet werden. [...]

3) Bei zurückliegenden Bundestagswahlen (so 1980) hat es eine geringere Wahlbeteiligung der Arbeitslosen im Vergleich zur Gesamtwählerschaft gegeben. Besonders stark war dabei die Wahlenthaltung von Arbeitslosen in den Stammwählerbereichen der beiden großen Parteien CDU/CSU und SPD [...]. Auf fruchtbareren Boden als bei den meisten anderen Bevölkerungskreisen scheinen

Das „Kreuz der Arbeitslosigkeit" wurde 1997 in Nürnberg durch eine katholische Arbeitslosengruppe aufgestellt und sollte an die politischen Folgen der Arbeitslosigkeit in den 30er Jahren des 20. Jahrhunderts erinnern.
Foto: dpa

bei Teilen der Arbeitslosen die Parolen rechtsextremer Parteien zu fallen. Eine Analyse des Wahlerfolgs der Republikaner, die im Auftrag der SPD nach den Europawahlen und Kommunalwahlen in Berlin und Frankfurt 1989 durchgeführt wurde, kam zu dem Ergebnis, dass die Neigung, Proteststimmen für rechtsextreme Parteien abzugeben, bei den „Modernisierungsverlierern", also jenen, die temporär oder dauerhaft aus dem industriellen Arbeitsprozess ausgegliedert sind, besondern groß ist (vgl. Frankfurter Rundschau, 12.10.89, S. 12).

4) Angesicht der Vorurteile gegenüber Arbeitslosen [...] kann von den Nichtbetroffenen kaum eine politische Aktivierung in Richtung auf ein stärkeres Engagement zugunsten der Arbeitslosen erwartet werden. Wie die Strukturanalyse erkennen lässt, ist Arbeitslosigkeit – insbesondere Dauerarbeitslosigkeit – immer noch vorwiegend ein Problem von Randgruppen. Nach wie vor gilt, dass „die komfortabel positionierte Mehrheit eher überbeschäftigt ist" [...].

Über die gesellschaftspolitischen Konsequenzen für den Fall einer längeren Fortdauer dieses Zustands am ostdeutschen Arbeitsmarkt lässt sich derzeit nur vage spekulieren. Das Konfliktpotential könnte dann wachsen, wenn sich die Arbeitslosigkeit für größere Kreise der Bevölkerung verhärtet und die gesamtdeutsche Entwicklung als Peripherisierung* Ostdeutschlands erlebt wird. Eine gesellschaftliche Segmentation, die von den „Ossis" als Benachteiligung und von den „Wessis" als Belästigung aufgefasst wird [...], ist Nährboden für Unmut und Unruhe.

[...] Der gerne gewählte Weg, gesellschaftlichen Problemdruck durch das Ventil „Minoritäten und Fremde" abzulassen, ist auch in Ostdeutschland beschritten worden. Ausländerfeindliche Aktionen der jüngeren Vergangenheit (in Gesamtdeutschland) sind Ausdruck dieser Entwicklung. Beobachter warnen vor der zunehmenden Gefahr eines politischen Abdriftens ins Rechtsextreme.

H. Friedrich/M. Wiedemeyer: Arbeitslosigkeit – ein Dauerproblem im vereinten Deutschland? Dimensionen, Ursachen, Strategien. Opladen, 1994 (2), S. 46 ff.

Bearbeitungshinweise

1. Strukturieren Sie den Text M 6 mithilfe einer Tabelle (Zeit/Entwicklung der Arbeitslosigkeit/politische Auswirkungen/Hintergründe).
2. Nehmen Sie Stellung zu der These, Arbeitslosigkeit stelle eine Gefahr für die Demokratie in der Bundesrepublik dar. Prüfen Sie: Welche der übergeordneten politischen Ziele der Wirtschaftspolitik (M 13) sind durch anhaltende Massenarbeitslosigkeit gefährdet?

Von der Diagnose zur Beschäftigungspolitik

Ziel der Beschäftigungspolitik ist es, einen hohen Beschäftigungsstand herzustellen und zu sichern. Wie sich dieses Ziel erreichen lässt, ist die Leitfrage der folgenden Untersuchungsschritte:

Wie hat sich der Arbeitsmarkt (2.2) und wie hat sich die Arbeitslosigkeit (2.3) in den letzten Jahren entwickelt? Wie wird die über Jahrzehnte anhaltend hohe Arbeitslosigkeit in Deutschland (und Europa) erklärt (2.4)? Und über welche Instrumente und Konzeptionen zur Bekämpfung der Arbeitslosigkeit verfügt die Beschäftigungspolitik (2.5)?

2.2 Diagnose 1: Der Arbeitsmarkt

Seit über drei Jahrzehnten ist der Arbeitsmarkt in Deutschland im Ungleichgewicht. Die Schere zwischen denen, die eine Erwerbsarbeit suchen, und den angebotenen Arbeitsplätzen hat sich weiter geöffnet. Gleichwohl ist „Arbeitsmarkt" nicht gleichzusetzen mit „Arbeitslosigkeit", sondern zunächst einmal mit Beschäftigung; immerhin sind ca. 90 % aller Erwerbspersonen beschäftigt. Man muss sich also beide Seiten des Arbeitsmarktes ansehen, sowohl die Erwerbstätigkeit als auch die Erwerbslosigkeit. Mit den folgenden Materialien werden verschiedene Aspekte der Erwerbstätigkeit untersucht. Wie hat sich die Zahl der Beschäftigten in den zurückliegenden Jahren entwickelt, wie sieht die Struktur der Erwerbstätigkeit aus?

Arbeitsmarkt-Indikatoren im zeitlichen Verlauf

Arbeitstechnik: Schaubilder lesen

M 7

Um Schaubilder richtig zu lesen und zu verstehen, sollte man sich im ersten Schritt zunächst einmal grob orientieren und erst im zweiten Schritt in die Details gehen.
Zur Orientierung gehört:
a) die Überschrift lesen: Um welche Inhalte geht es hier?
b) die Art der Darstellung prüfen: Wie sind die Achsen definiert, welche Indikatoren werden verwendet, zeitliche und geografische Abgrenzung?
c) die Quelle ansehen: Woher stammen die Daten, wer ist Verfasser, Zeitpunkt der Veröffentlichung?

Sie könnten übrigens auch mal prüfen, ob die Zahlen stimmen. Der kürzeste Weg zu den Daten: Statistisches Bundesamt unter www.statistik-bund.de.

Originalbeitrag des Autors

Basisdaten des Arbeitsmarktes
bis 1990: Westdeutschland; ab 1991: Deutschland

M 8

Jahr	1960	1970	1980	1990	1991	2000	2001	2002*
Bevölkerung	55.985	61.001	61.658	62.679	80.275	82.188	82.340	82.488
Erwerbspersonen	26.518	26.817	27.948	30.369	39.165	40.326	40.550	41.580
Erwerbstätige[1]	26.247	26.668	27.059	28.486	37.942	38.687	38.856	38.609
Arbeitnehmer[2]	20.257	22.246	23.897	25.460	34.919	34.686	34.775	34.511
Arbeitslose[3]	271	149	889	1.883	2.602	3.889	3.852	4.040
Offene Stellen	465	795	308	314	363	514	561	613
Arbeitslosenquote[4]	1,0	0,6	3,2	6,2	6,6	9,1	9,0	9,5

1 Inländer; 2 beschäftigte Arbeitnehmer; 3 registrierte Arbeitslose; 4 Anteil der Arbeitslosen an allen zivilen Erwerbspersonen (in %); * vorläufig. Daten: Sachverständigenrat; Statistisches Bundesamt.

Daten: Sachverständigenrat; Statistisches Bundesamt, DIW

M 9 Die Entwicklung der Erwerbstätigkeit
bis 1990: Westdeutschland; ab 1991: Deutschland

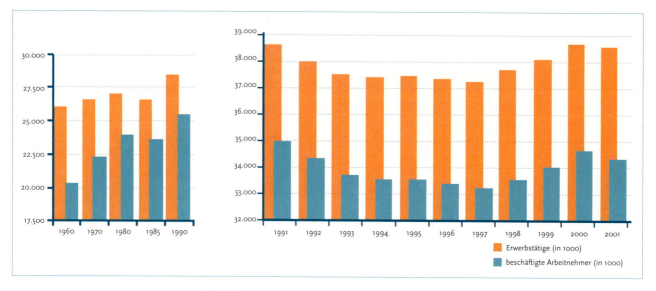

Daten: Statistisches Bundesamt

Arbeitsaufträge

1. Wenden Sie die in M 7 genannten Regeln auf M 8 und M 9 an (und später auf die weiteren Materialien).
2. Beschreiben Sie die unregelmäßigen Intervalle auf der Zeitachse von M 9. Welche Vorteile hat diese Art der Darstellung, welche Risiken sind damit verbunden?
3. Stellen Sie fest: Wie schlägt sich die ab 1991 veränderte regionale Abgrenzung nieder?
4. Klären Sie: Warum ist die Zahl der Erwerbstätigen höher als die Zahl der beschäftigten Arbeitnehmer? (siehe auch M 10)
5. Beschreiben Sie die Trends der Entwicklung der Erwerbstätigkeit. (M 9)
6. Stellen Sie fest, wie stark die Bevölkerung in Westdeutschland von 1960 bis 1990 angestiegen ist (absolut). Um wie viel hat im gleichen Zeitraum die Zahl der Erwerbspersonen zugenommen? Was schließen Sie aus der Differenz? (M 8)
7. Zu den Erwerbspersonen zählen Personen im erwerbsfähigen Alter (zwischen 15 und 64 Jahren), die erwerbstätig sind oder eine Beschäftigung suchen (also arbeitslos sind). Welche Bevölkerungsgruppen zählen somit nicht zu den Erwerbspersonen?
8. Mit Überbeschäftigung kann man eine Situation bezeichnen, in der die Zahl der offenen Stellen (das sind Arbeitsplätze, für die Arbeitskräfte gesucht werden) größer ist als die Zahl der Arbeitslosen. Stellen Sie fest, wann es solche Phasen der Überbeschäftigung gegeben hat.
9. Die Gruppe der Selbstständigen ist in der Tabelle versteckt enthalten. Können Sie diese Gruppe finden? Untersuchen Sie die Entwicklung der Zahl der Selbstständigen; formulieren Sie Erklärungshypothesen für diese Entwicklung.
10. Übertragen Sie die Daten für Erwerbspersonen, Erwerbstätige und Arbeitslose aus M 8 in ein Koordinatensystem und erstellen Sie die Kurven des zeitlichen Verlaufs dieser Indikatoren.

2.2 Diagnose 1: der Arbeitsmarkt

Wichtige Arbeitsmarktbegriffe

M 10

Begriffe	Definition	Empirische Daten
Arbeitslosenquote	Arbeitslose bezogen auf alle zivilen Erwerbspersonen (weite Definition)	D: Ø 1996–2000: 9 % OECD: 7,1 %
	Arbeitslose bezogen auf die abhängigen zivilen Erwerbspersonen (enge Definition)	D: Ø 1996–2000: 10,4 %
Arbeitsvolumen	Produkt aus Erwerbstätigen und durchschnittlicher Arbeitszeit je Erwerbstätigen	= Beschäftigungsquote in Vollzeitäquivalenten
Beschäftigungsquote (Erwerbstätigenquote)	Abhängige und selbstständige Erwerbstätige bezogen auf Bevölkerung im erwerbsfähigen Alter (15–64 Jahre)	D: Ø 1996–2000: 64,8 % (nach VGR-Revision: 67,4 %); CH: 79 %
Erwerbspersonen	Personen im erwerbsfähigen Alter (15–64 Jahre), die eine Erwerbstätigkeit ausüben oder suchen (Erwerbstätige plus Arbeitslose)	D 2001: 41,607 Mio.
Nicht-Erwerbspersonen	Junge (< 15 Jahre), Ältere (> 64 Jahre) und Personen im erwerbsfähigen Alter (15–64 Jahre), die keine Erwerbstätigkeit ausüben (Ausbildung, Studium, erwerbsunfähig etc.)	D 2001: 40,576 Mio.
Erwerbsquote (Erwerbspersonenquote)	Erwerbspersonen bezogen auf die Bevölkerung	D: Ø 1996–2000: 71 % CH, DK, NOR: ≈ 80 %
Langzeitarbeitslosigkeit	Arbeitslose mit einer Dauer > 1 Jahr als Anteil an allen Arbeitslosen	D: Ø 1996–2000: 36 %

Daten: Sachverständigenrat; Bundesbank; Benchmarking Deutschland: Arbeitsmarkt und Beschäftigung. Bertelsmann Stiftung. Berlin 2001.

Erwerbsquoten
Anteil der Erwerbspersonen an 100 Männern bzw. Frauen

M 11

	Männer	Frauen	Verheiratete Frauen	Insgesamt
	Früheres Bundesgebiet			
1950	63,2	31,3	25,0	46,2
1960	63,2	33,6	32,5	47,7
1970	58,3	30,2	35,6	43,5
1980	58,4	32,6	40,6	44,9
1991	60,0	38,8	47,2	49,1
1995	58,0	39,2	48,4	48,3
2000	56,2	40,6	50,3	48,2
	Neue Länder und Berlin-Ost			
1991	59,9	50,0	73,0	54,7
1995	57,1	48,4	68,9	52,6
1997	57,6	48,3	67,7	53,0
1998	58,2	48,6	67,1	53,3
1999	58,7	48,5	65,9	53,5
2000	58,2	47,9	64,4	53,0

Statistisches Bundesamt (Hg.): Datenreport 2002. Bonn, 2002, S. 89, Tab. 2

M 12 Erwerbstätige nach Stellung im Beruf im früheren Bundesgebiet

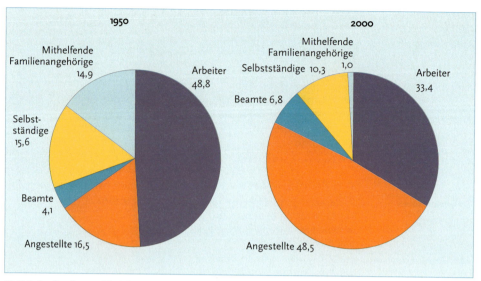

1950
- Mithelfende Familienangehörige 14,9
- Arbeiter 48,8
- Selbstständige 15,6
- Beamte 4,1
- Angestellte 16,5

2000
- Mithelfende Familienangehörige 1,0
- Selbstständige 10,3
- Beamte 6,8
- Arbeiter 33,4
- Angestellte 48,5

Statistisches Bundesamt (Hg.): Datenreport 2002. Bonn, 2002, S. 94, Abb. 5

M 13 Die Struktur der Beschäftigung/Beschäftigte Arbeitnehmer[1] nach Wirtschaftsbereichen
Deutschland, 30. Juni 2000

Wirtschaftsbereiche	(in 1.000)
I. Land- und Forstwirtschaft	354.975
II. Produzierendes Gewerbe	9.929.410
– Bergbau	149.582
– Energiewirtschaft	279.660
– Baugewerbe	2.227.863
– Verarbeitendes Gewerbe *darunter:*	7.272.305
• Metallverarbeitung	1.136.969
• Büromaschinen, EDV	1.083.051
• Maschinenbau	1.049.358
• Kraftwagenbau	828.091
• Ernährungsgewerbe	729.666
• Papier, Verlage, Druck	535.358
• Chemische Industrie	483.468
III. Dienstleistungssektor	17.531.289
Handel und Verkehr	5.746.187
– Handel	4.234.528
– Verkehr	1.511.659
Dienstleistungen und Staat *darunter:*	11.785.102
• Öffentlicher Dienst	1.745.703
• Erziehung und Unterricht	1.017.470
• Gesundheit und Soziales	2.927.937
• Banken, Versicherungen	1.067.994
• Grundstücke, Wohnungen	2.958.048
• Dienstleistungsunternehmen	1.231.534
Insgesamt	27.815.674

[1] versicherungspflichtig beschäftigte Arbeitnehmer

Daten: Bundesanstalt für Arbeit: Jahreszahlen 2000, S. 28

2.3 Diagnose 2: Die Arbeitslosigkeit

Arbeitsaufträge

1. Vergleichen Sie die beiden Tabellen M 8 und M 13. Welcher Ausschnitt von M 8 wird dabei in M 13 detaillierter dargestellt? Inwiefern stellt die Betrachtung des Arbeitsmarktes in M 13 einen Perspektivwechsel gegenüber den vorherigen Betrachtungsweisen dar?
2. Worin besteht der Unterschied zwischen den Erwerbspersonen in M 8, den Arbeitnehmern in M 8 und den „versicherungspflichtig" beschäftigten Arbeitnehmern in M 13? Wie viele Arbeitnehmer sind demnach nicht „versicherungspflichtig" beschäftigt?
3. Die Tabelle M 13 ist nicht einfach zu lesen. Beschreiben Sie zunächst den Aufbau der Tabelle (Sektoren, Branchen ...) und die Anordnung und Bedeutung der verschiedenen Ebenen. Was bedeutet der Ausdruck „darunter" in dieser/in einer Tabelle?
4. M 13 gibt Ihnen die Struktur der Beschäftigung in absoluten Zahlen. Sie können sich ein anschaulicheres Bild dieser Beschäftigtenstruktur machen, wenn Sie die relativen Anteile (also das jeweilige Gewicht) einzelner Sektoren und Branchen berechnen. Vergleichen Sie beispielsweise die Anteile der Land- und Forstwirtschaft, des Maschinenbaus und des Gesundheitswesens an der Gesamtzahl der Beschäftigten. Sie können auch die drei großen Sektoren (Land- und Forstwirtschaft, Produzierendes Gewerbe und Dienstleistungssektor) berechnen.
5. Das Statistische Bundesamt veröffentlicht noch detailliertere Tabellen, in denen die Zahl der Erwerbstätigen und deren Veränderungen nach einzelnen Wirtschaftszweigen untergliedert dargestellt sind. Worin sehen Sie die beschäftigungspolitische Bedeutung solcher Branchen-Statistiken?
6. Welche weitergehenden Aussagen zur Entwicklung und Struktur der Beschäftigung erlauben M 11 und M 12?

2.3 Diagnose 2: Die Arbeitslosigkeit

Im vorhergehenden Abschnitt haben wir die Beschäftigung – quasi die positive Seite des Arbeitsmarktes – untersucht. Jetzt schauen wir auf die andere, die problematische Seite: auf die Arbeitslosigkeit. Ein genauerer Blick auf die Arbeitslosigkeit ist nicht nur deswegen wichtig, um fundierter über das Problem Arbeitslosigkeit mitsprechen zu können. Auch für alle Maßnahmen der Beschäftigungspolitik benötigt man genauere empirische Kenntnisse. Die nächsten Untersuchungsschritte orientieren sich deswegen an folgenden Fragen:

2.3.1 Wie hat sich die Zahl der Arbeitslosen in den zurückliegenden Jahren entwickelt?
2.3.2 Mit welchen Indikatoren (Messgrößen) wird die Arbeitslosigkeit gemessen?
2.3.3 Was weiß man über die Struktur der Arbeitslosigkeit?

2.3.1 Wie hat sich die Zahl der Arbeitslosen entwickelt?

M 14 Die Entwicklung der Arbeitslosigkeit in Deutschland

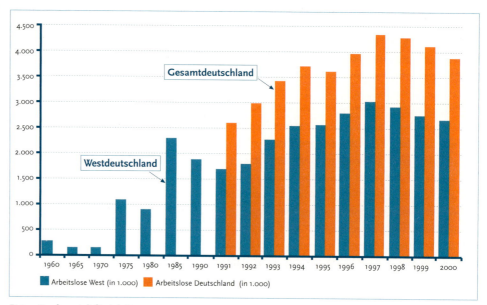

Daten: Bundesanstalt für Arbeit

M 15 Registrierte Arbeitslosigkeit und Entlastungseffekte in Ostdeutschland

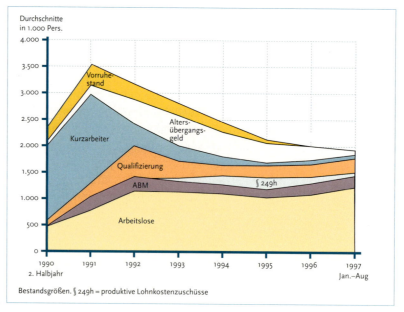

Quellen: Bundesanstalt für Arbeit, IAB

2.3 Diagnose 2: Die Arbeitslosigkeit

Stichwort: Wer gilt überhaupt als arbeitslos?

M 16

Im Arbeitsförderungsgesetz (AFG) ist festgelegt, wer als arbeitslos gilt. Nach den Vorschriften der §§ 6 und 101 ff. AFG wird offiziell als arbeitslos gezählt, wer

- sich beim zuständigen Arbeitsamt persönlich gemeldet hat,
- nicht (oder nur kurzzeitig(1)) beschäftigt ist und eine versicherungspflichtige, mindestens 15 Stunden wöchentlich umfassende Beschäftigung anstrebt,
- arbeitsfähig ist (also nicht arbeitsunfähig erkrankt), und
- der Arbeitsvermittlung zur Verfügung steht, d. h. bereit ist, zumutbare Arbeitsangebote anzunehmen.

Zu den offiziell „registrierten" Arbeitslosen gehören somit nur diejenigen, welche die genannten Kriterien des AFG erfüllen. Arbeitslose, die sich nicht beim Arbeitsamt persönlich gemeldet haben, tauchen in der Arbeitslosenstatistik nicht auf.

(1) kurzzeitig bedeutet: beschränkt auf zwei Monate im Jahr; keine berufsmäßige Tätigkeit.

Daten: Bundesanstalt für Arbeit

Arbeitsaufträge

1. Beschreiben Sie den zeitlichen Verlauf der Arbeitslosigkeit. Unterscheiden Sie dabei zwischen der längerfristigen Entwicklung in Westdeutschland zwischen 1960 und 2000 einerseits und der Entwicklung in Gesamtdeutschland im Verlauf der 90er-Jahre andererseits. Beachten Sie, wie die Ordinatenachse zu lesen ist. Welche Besonderheiten fallen Ihnen auf? (M 14)

2. Die absolute Zahl der Arbeitslosen wird monatlich von den Arbeitsämtern erhoben und regelmäßig von der Bundesanstalt für Arbeit veröffentlicht. Informieren Sie sich über die amtliche Definition der Arbeitslosigkeit, auf der diese Statistiken basieren. (M 16)
   - Stellen Sie fest, welche Arbeitslosen mit diesem Verfahren nicht erfasst werden.
   - Erörtern Sie: Wie wird der Jahresbestand an Arbeitslosen ermittelt?

3. Charakterisieren Sie die Arbeitsmarktlage in Westdeutschland zwischen 1960 und 1970. Ziehen Sie zum Vergleich auch die Beschäftigungsentwicklung während dieses Jahrzehnts hinzu (M 19). Warum wurden in dieser Phase Hunderttausende von ausländischen Arbeitskräften für den westdeutschen Arbeitsmarkt angeworben?

4. Im Verlauf der 90er-Jahre hat die Arbeitslosigkeit sowohl in West- als auch in Ostdeutschland unrühmliche Rekordmarken erreicht. Zu der hier dargestellten „registrierten" Arbeitslosigkeit kommt noch die „verdeckte" Arbeitslosigkeit hinzu. Erläutern Sie ausgehend von M 15, was unter „verdeckter" Arbeitslosigkeit zu verstehen ist. Errechnen Sie: Wie hoch wäre die Arbeitslosigkeit in den Jahren 1991 und 1996 ohne diese Entlastungseffekte gewesen?

5. Diskutieren Sie, ob es sinnvoll wäre, zur verdeckten Arbeitslosigkeit auch die Arbeitskräfte zu zählen, die a) ihr Arbeitspotenzial nicht voll ausnutzen (Krankfeiern, vorzeitiges Verlassen des Arbeitsplatzes etc.), b) die eine Arbeit annehmen müssen, für die sie überqualifiziert sind, c) die mangels Beschäftigung in ihre Heimat zurückkehren (ausländische Arbeitnehmer).

M 17 Schattenwirtschaft

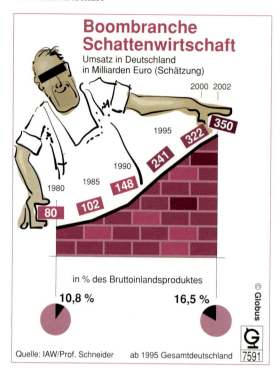

Arbeitsauftrag

Es gibt nicht nur verdeckte Arbeitslosigkeit, sondern auch verdeckte Erwerbstätigkeit („Schwarzarbeit"). Worin bestehen die Anreize zu Schwarzarbeit? Welche Folgen hat diese illegale Form der Beschäftigung für die Wirtschaft und für den Staat? In welcher Weise sind die Arbeitslosen davon betroffen, wenn es in beträchtlichem Umfang Schwarzarbeit gibt? (M 17)

2.3.2 Wie wird die Arbeitslosigkeit gemessen?

M 18 Stichwort: Arbeitslosenquoten

Die Arbeitslosenquote stellt eine relative Maßzahl dar, d. h. die absolute Zahl der Arbeitslosen wird auf eine Gesamtheit bezogen. Diese relative Maßgröße eignet sich für Vergleiche (z. B. zwischen verschiedenen Ländern oder Qualifikationsgruppen). Im Prinzip errechnet sich die Arbeitslosenquote wie folgt:

$$\text{Arbeitslosenquote} = \frac{\text{Arbeitslose} \times 100}{\text{Erwerbspersonen}}$$

Je nachdem, wie die Größen in Zähler und Nenner der Arbeitslosenquote definiert werden, bekommt man unterschiedliche Werte. Im Zähler können z. B. nur die „registrierten" Arbeitslosen oder alle Arbeitslosen eingesetzt werden (also auch diejenigen, die sich nicht beim Arbeitsamt als arbeitslos gemeldet haben). Im Nenner kann man z. B. „alle Erwerbspersonen" oder nur „alle zivilen Erwerbspersonen" oder nur „die abhängigen Erwerbspersonen ohne geringfügig Beschäftigte" einsetzen. Weil in den Medien und in der öffentlichen Diskussion unterschiedliche Definitionen verwendet werden, nicht zuletzt auch aufgrund unterschiedlicher politischer Interessen, ist es wichtig, auf die Definition zu achten.

Originalbeitrag des Autors

2.3 Diagnose 2: Die Arbeitslosigkeit

Arbeitslosenquoten[1] in West- und Ostdeutschland

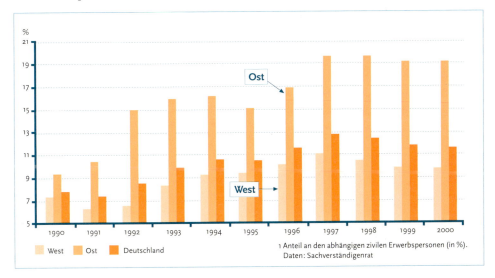

1 Anteil an den abhängigen zivilen Erwerbspersonen (in %).
Daten: Sachverständigenrat

Stichwort: Erwerbspersonenpotenzial

Ausgehend von „guten" Konjunktur- und Beschäftigungssituationen in der Vergangenheit versucht das IAB[2] die Frage zu beantworten, wie viele Erwerbspersonen dem Arbeitsmarkt zur Verfügung stehen würden, wenn auch zum Untersuchungszeitpunkt eine gute Konjunkturlage herrschen würde. Zieht man von diesem geschätzten Erwerbspersonenpotenzial (EPP) die tatsächlich Erwerbstätigen(E) ab, so erhält man die Zahl der geschätzten gesamten Arbeitslosen (AL):

AL = EPP – E

(2) IAB = Institut für Arbeitsmarkt- und Berufsforschung bei der Bundesanstalt für Arbeit.

G. Mussel/J. Pätzold: Grundfragen der Wirtschaftspolitik. München (3), 1998, S. 28

Arbeitsaufträge

1. Die Arbeitslosenquote stellt eine relative Maßzahl dar (M 18). Begründen Sie, warum es nicht sinnvoll ist, in Ländervergleichen absolute Arbeitslosenzahlen zu verwenden. Werfen Sie dazu nochmals einen Blick auf M 14, S. 52.
2. Vergleichen Sie die in M 10, S. 49 verwendeten Arbeitslosenquoten. Was fällt Ihnen auf?
3. Wie ist es zu erklären, dass die Arbeitslosenzahlen in Ostdeutschland deutlich niedriger, die Arbeitslosenquoten aber deutlich höher sind als in Westdeutschland?
4. Warum kann trotz einer zunehmenden Zahl der Beschäftigten die Zahl der Arbeitslosen und die Arbeitslosenquote zunehmen? Formulieren Sie ein begründetes Statement zu Mankiws Unterscheidung zwischen ökonomischer und statistischer Arbeitslosigkeit. (M 21)
5. Der quantitative Umfang der stillen Reserve ist umstritten. Die Quantifizierung kann prinzipiell auf zwei Wegen erfolgen: Durch direkte Befragungen (Stichprobenmethode) oder über den Umweg der Schätzung des Erwerbspersonenpotenzials. Beschreiben Sie, für welches Verfahren sich die Bundesanstalt für Arbeit entschieden hat. (M 20)
6. Nach Schätzungen des IAB betrug das Erwerbspersonenpotenzial in Deutschland im Durchschnitt des Jahres 2000 ca. 42,6 Millionen Personen. Errechnen Sie die Höhe der geschätzten gesamten Arbeitslosigkeit für das Jahr 2000 und vergleichen Sie Ihr Ergebnis mit der Zahl der registrierten Arbeitslosen. Für wie präzise/zuverlässig halten Sie die von Ihnen ermittelten Werte?

M 21 Über statistische und ökonomische Arbeitslosigkeit

Man weiß, dass die ökonomische Zahl der Arbeitslosen in Deutschland um fast 40 % höher ist als die statistisch ausgewiesene Zahl der Arbeitslosen. Es gibt nämlich eine so genannte
5 verdeckte Arbeitslosigkeit erheblichen Ausmaßes durch Kurzarbeit, Teilnehmer in Arbeitsbeschaffungsmaßnahmen, nicht mehr statistisch registrierte ältere und kranke Empfänger bestimmter Zahlungen, Teilnehmer an Maß-
10 nahmen der beruflichen Fortbildung, Umschulung und Einarbeitung, Teilnehmer an Deutsch-Sprachlehrgängen, Empfänger von Vorruhestandsgeld und Altersübergangsgeld.

Man muss auch jene Arbeitskräfte gedank-
15 lich in die verdeckte Arbeitslosigkeit einbeziehen und der Anzahl nach abschätzen, die sich nicht registrieren lassen können oder nicht mehr als Arbeitsuchende melden wollen. Arbeitslose Rechtsanwälte oder Architekten etwa, die als Freiberufler keine abhängige Beschäfti- 20 gung suchen, werden bei den Arbeitsämtern nicht als arbeitslos oder arbeitsuchend registriert. Lange und erfolglos Suchende – entmutigte Arbeitskräfte – geben oft auf. Eine stille Reserve an arbeitswilligen Verheirateten wird 25 hier vermutet. [...]

Auf der anderen Seite enthalten die statistischen Zahlen vermutlich in einem gewissen Ausmaß unechte Arbeitslosigkeit von Leuten, die zwar keine Arbeit ausüben, aber im Grunde 30 vorübergehend oder sogar dauernd weder den Willen noch die Fähigkeit zu einer regelmäßigen Beschäftigung haben. Dazu könnten z. B. junge Ehefrauen nach einem Ortswechsel des Mannes gehören oder auch Hochschulabsol- 35 venten mit zögerlichem Übergang in das Erwerbsleben. Eine ungute, weil nicht repräsentative und verletzende Verallgemeinerung gab es mit Diskussionen unter dem Schlagwort der Drückebergerei. Eher sollte man in diesem Zu- 40 sammenhang an Arbeitslose denken, die durch die Zeit der Arbeitslosigkeit ihre soziale Kompetenz für eine Berufstätigkeit verloren haben.

Grundsätzlich muss man Diskrepanzen der statistischen und der ökonomischen Arbeits- 45 losigkeit in beiderlei Richtungen für möglich halten: ökonomische Arbeitslose, die nicht als statistische Arbeitslose registriert sind, und statistische Arbeitslose, die im ökonomischen Sinne nicht als arbeitslos aufzufassen sind. Ökono- 50 mische Arbeitslosigkeit – die theoretische Leitvorstellungen für die statistische Messung von Arbeitslosigkeit – ist die Diskrepanz zwischen Arbeitskräfteangebot und Arbeitskräftenachfrage zum herrschenden Lohnsatz. [...] Da- 55 mit ist zugleich klargestellt, dass es sich bei Arbeitslosigkeit im ökonomischen Sinne stets um unfreiwillige Arbeitslosigkeit handelt; denn es gibt Menschen, die zum herrschenden Entlohnungsniveau arbeiten möchten, jedoch 60 keine Anstellung erhalten.

N. Mankiw: Grundzüge der Volkswirtschaftslehre. Stuttgart, 1999, S. 620 f.

Foto: Paavo Blofield

2.3.3 Was weiß man über die Struktur der Arbeitslosigkeit?

Die regionale Struktur der Arbeitslosigkeit

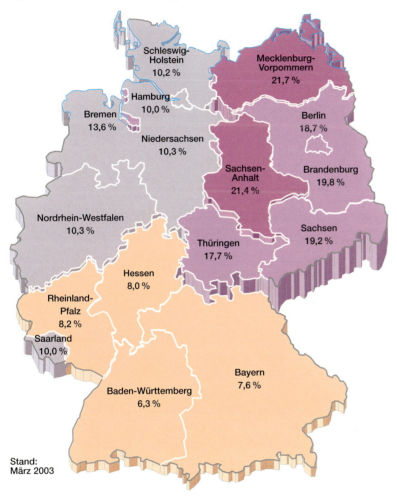

Stand: März 2003

Daten: Bundesanstalt für Arbeit

Arbeitsaufträge

1. Stellen Sie eine „Rangordnung" der Arbeitslosigkeit auf, getrennt nach alten und neuen Bundesländern. Welches sind die beiden Länder mit den höchsten, welches die mit den niedrigsten Arbeitslosenquoten? Formulieren Sie begründete Vermutungen über die Ursachen dieser Rangordnung.
2. Betrachten Sie nur die alten Bundesländer und überprüfen Sie die Hypothese, hier bestehe ein Nord-Süd-Gefälle der Arbeitslosigkeit. Können Sie Erklärungen dafür geben, warum die verschiedenen Bundesländer so unterschiedlich stark von Arbeitslosigkeit betroffen sind?
3. Auch innerhalb der Bundesländer bzw. Landesarbeitsamtsbezirke gibt es erhebliche regionale Unterschiede. Kennen Sie die aktuelle Arbeitslosenquote Ihres Wohnortes bzw. Ihres Arbeitsamtsbezirkes? Wie könnten Sie sich diese Informationen beschaffen? Wie liegt Ihr Wohnort im Vergleich zum Landes- bzw. Bundesdurchschnitt?

M 23 Die gruppenspezifische Struktur der Arbeitslosigkeit

Merkmalsgruppen	Arbeitslose (in 1.000) 2001		Arbeitslosenquote[1] (in %) 2001	
	West	Ost	West	Ost
insgesamt	2.477.955	1.373.682	8,3	18,9
Männer	1.378.804	684.564	8,6	18,4
Frauen	1.099.151	689.118	7,9	19,4
Deutsche	2.049.344	1.268.862	9,7	19,0
Ausländer	428.611	36.129	16,5	15,8
unter 20 Jahre	67.703	32.960	5,0	9,0
20 bis < 25 Jahre	216.825	126.400	8,7	19,6
über 55 Jahre	493.494	220.552	22,2	21,5
ohne Berufsausbildung	1.147.119	307.075	19,6	47,6
mit Berufsausbildung	1.330.836	1.066.607	7,4	16,2
arbeitslos < 3 Monate	792.316	371.909	56,3*	41,0*
arbeitslos > 1 Jahr	810.337	474.405	39,1*	55,1*

[1] Arbeitslose als Anteil an den abhängigen zivilen Erwerbspersonen;
* Anteil an allen Arbeitslosen

Daten: Bundesanstalt für Arbeit/IAB (Jahresdurchschnitte)

Arbeitsaufträge

1. Ähnlich wie in M 13, S. 50, so ist auch hier in M 23 die Zusammensetzung einer Gesamtgröße in einer Art „Momentaufnahme" zu einem bestimmten Stichtag festgehalten. (Im jährlichen Rhythmus ermittelt die Bundesanstalt für Arbeit die Struktur der Arbeitslosigkeit zum Stichtag Ende September.) Wegen der sehr unterschiedlichen Beschäftigungssituation in West- und Ostdeutschland werden die Zahlen hier getrennt ausgewiesen. Stellen Sie fest, welche Gruppen am stärksten von Arbeitslosigkeit betroffen sind.
2. Die absoluten Zahlen der Arbeitslosen werden von den Arbeitsämtern ermittelt, die Arbeitslosenquoten dagegen müssen berechnet werden. Welche Daten benötigt man, um „gruppenspezifische" Arbeitslosenquoten berechnen zu können? Nehmen Sie als Beispiel die Frauen-Arbeitslosenquote und schreiben Sie auf, welche Größen im Zähler und im Nenner der Formel stehen müssen. (Vergleichen Sie zur Definition der Arbeitslosenquote M 18).
3. Begründen Sie, warum zwar absolut mehr Deutsche als Ausländer arbeitslos sind, Ausländer aber dennoch viel stärker von Arbeitslosigkeit betroffen sind.
4. Berechnen Sie aus M 23 den Anteil der gering qualifizierten Arbeitslosen (ohne Berufsausbildung) an allen Arbeitslosen. Vergleichen Sie diesen Anteilswert mit der „gruppenspezifischen" Arbeitslosenquote der gering Qualifizierten (M 23). Worin bestehen die Unterschiede zwischen diesen beiden Zahlen?
5. Formulieren Sie eine Hypothese zur Erklärung der überproportional hohen Arbeitslosenquote älterer Erwerbspersonen.

2.3 Diagnose 2: Die Arbeitslosigkeit

Arbeitslosenquoten nach Ausbildungsstand

M 24

	insgesamt	Ohne Ausbildung	Lehre, Berufsfachschule	Fachschule	Fachhochschule	Universität
1986	8,8	17,4	6,2	3,4	4,0	5,2
1999	9,6	24,2	7,4	3,9	3,4	4,1

Daten: Institut für Arbeitsmarkt- und Berufsforschung der Bundesanstalt für Arbeit

Jugendarbeitslosigkeit: Traurige Bilanz

M 25

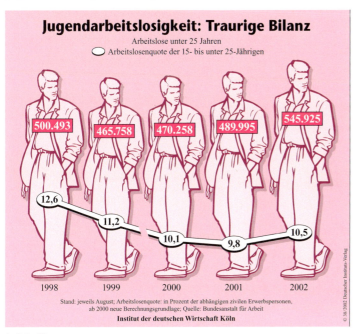

iwd-Grafik

Arbeitsaufträge

1. Vergleichen Sie die altersspezifischen Arbeitslosenquoten der Jugendlichen in Deutschland mit den Arbeitslosenquoten aller Erwerbspersonen (M 25). Was fällt Ihnen auf? Kann man einen Trend erkennen?
2. Stellen Sie fest, wie stark die Jugendarbeitslosigkeit im Jahr 2000 in den vier Ländern der Tabelle M 26a von den jeweiligen Landesdurchschnitten abweicht. (Um besser vergleichen zu können, sollten Sie die relative Abweichung berechnen.)
3. Die Untersuchung, aus der M 26a entnommen ist, stammt vom Deutschen Institut für Wirtschaftsforschung Berlin (DIW). Es wurden dabei standardisierte Arbeitslosenquoten aus Eurostat-Daten verwendet, um die internationale Vergleichbarkeit zu gewährleisten. Die jeweiligen nationalen Daten sind nämlich nicht vergleichbar, weil fast jedes Land andere Definitionen und Verfahren bei der Berechnung der Arbeitslosenquoten anwendet. „Standardisierung" heißt, dass die Daten nach dem gleichen Verfahren erhoben und den gleichen Rechenoperationen unterzogen werden. Vergleichen Sie die Arbeitslosenquote von Deutschland im Jahr 2000 nach der (nationalen) Definition von M 19, S. 55, mit der standardisierten Quote von M 26a. In welche Richtung wirkt die Standardisierung?

M 26a Arbeitslosenquoten[1] Jugendlicher

	1995	2000
Deutschland	8,2	8,2
• jünger als 25 Jahre	8,5	9,0
• 25 Jahre und älter	8,1	8,0
Niederlande	7,2	2,8
• jünger als 25 Jahre	12,1	5,1
• 25 Jahre und älter	6,1	2,4
Frankreich	11,9	8,9
• jünger als 25 Jahre	27,1	18,8
• 25 Jahre und älter	10,1	7,8
Italien	11,8	10,7
• jünger als 25 Jahre	32,8	31,9
• 25 Jahre und älter	8,4	7,9

(1) standardisierte Arbeitslosenquoten nach Daten von Eurostat (Statistisches Amt der EU) DIW-Wochenbericht 4/01: Jugendarbeitslosigkeit in der Europäischen Union. Bearbeiterin: Bettina Isengard. (diw.de→publikationen/wochenberichte)

Das Ausmaß der Jugendarbeitslosigkeit ist in den einzelnen Ländern sehr unterschiedlich[2]. Während sich Irland, Luxemburg, die Niederlande und Österreich im Jahre 2000 durch
5 niedrige Jugendarbeitslosenquoten hervorhoben, war in Spanien, Belgien und Finnland fast jeder vierte Jugendliche beschäftigslos, in Italien sogar jeder Dritte (vgl. Tabelle). Die Quoten für Dänemark, Deutschland, Großbritannien, Portugal und Schweden lagen unter dem 10 europäischen Durchschnittswert von 16 %.

(2) Die spezifische Gestaltung und Organisation der Bildungssysteme kann den Erfolg bzw. Misserfolg am Arbeitsmarkt beeinflussen. Je nach institutionellen Besonderheiten verlaufen die Übergänge in die Erwerbssysteme leichter oder schwerer. Ein funktionierendes duales Ausbildungssystem* – wie in Deutschland und Österreich – erleichtert den Einstieg in das Erwerbsleben.

M 26b Jugendarbeitslosigkeit im Vergleich

Mit 9,6 % lag die saisonbereinigte standardisierte Erwerbslosenquote im Oktober 2001 für die unter 25-Jährigen in Deutschland (...) wesentlich niedriger als in der Eurozone mit
5 16,4 %. Nur Luxemburg (7,4 %), Irland (6,3 %), Österreich (6,1 %) und die Niederlande (September 2001: 4,3 %) schnitten bei dieser Personengruppe besser ab als Deutschland. Noch deutlichere Unterschiede zeigten sich bei den
10 Frauen unter 25 Jahren. Ihre Erwerbslosenquote lag im Oktober 2001 in der Eurozone mit 18,0 % mehr als doppelt so hoch wie in Deutschland mit 8,4 %. Die standardisierte saisonbereinigte Erwerbslosenquote – Zahl der Erwerbslosen in Prozent aller Erwerbspersonen in Pri- 15 vathaushalten ohne Wehr- und Zivildienstleistende – dient internationalen Vergleichen und folgt einheitlichen vom Internationalen Arbeitsamt (ILO) aufgestellten Normen. Sie ist wegen vielfältiger Abgrenzungsunterschiede 20 nicht mit der für Deutschland geltenden Arbeitslosenquote der Bundesanstalt für Arbeit – Zahl der Arbeitslosen in Prozent der zivilen Erwerbspersonen – vergleichbar.

Statistisches Bundesamt (www.destatis.de_Pressedienste: Pressemitteilung vom 11. Dezember 2001)

Arbeitsauftrag

Beschreiben Sie die Veränderungen der Arbeitslosenquoten in den tabellarisch dargestellten Ländern zwischen 1995 und 2000. Welche Veränderungen finden Sie auffällig? Welche Erklärung wird in M 26b für den markanten Unterschied zwischen den Arbeitslosenquoten der Jugendlichen in Deutschland und Italien angeboten? Finden Sie diese Erklärung überzeugend?

Methode: Saisonbereinigung durchführen

M 27

1. Um eine Saisonbereinigung der Arbeitslosenzahlen eines Jahres durchzuführen, benötigt man die Monatszahlen der Arbeitslosigkeit über 16 Monate hinweg. Wenn Sie beispielsweise die saisonbereinigten Werte des Jahres 2001 berechnen wollen, dann brauchen Sie die unbereinigten Ursprungszahlen von November 2000 bis Februar 2002, so wie diese Zahlen von den Arbeitsämtern erhoben und von der Bundesanstalt für Arbeit (www.arbeitsamt.de) veröffentlicht werden. Sie können das Verfahren sowohl auf die absoluten Zahlen als auch auf die Arbeitslosenquoten anwenden. Beschaffen Sie sich (z. B. über das Internet) die benötigten Daten.

2. Wenn Sie die unbereinigten Werte in einer Grafik abtragen (oder sich mit Excel eine Grafik aus Ihrer Werte-Tabelle erstellen lassen), dann werden Sie sehen, dass die Arbeitslosigkeit deutliche saisonale Schwankungen aufweist: „Spitzen" im Winter und „Täler" im Sommer. Um diese Schwankungen zu „glätten" – und um ein Bild von der Entwicklung der Arbeitslosigkeit zu bekommen, das nicht durch saisonale Besonderheiten „verzerrt" ist –, kann man das statistische Verfahren der „gleitenden Durchschnitte" anwenden: Bei einem gleitenden Fünfmonatsdurchschnitt beispielsweise berechnen Sie den Januarwert aus dem Durchschnitt der Werte November bis März – und das fortschreitend für jeden weiteren Monat.

3. Lassen Sie sich beide Zahlenreihen von Januar bis Dezember 2000 in einer gemeinsamen Grafik anzeigen, damit Sie den Effekt der Saisonbereinigung sehen können. Die Kurve der saisonbereinigten Werte müsste jetzt durch ihren geglätteten Verlauf erkennbar werden.

Originalbeitrag des Autors

Arbeitsaufträge

1. Der Text M 26b beleuchtet das Problem Jugendarbeitslosigkeit ebenfalls aus der Perspektive des europäischen Vergleichs. Dabei wird jedoch die Gruppe der Jugendlichen nochmals differenziert und die Teilgruppe der jungen Frauen besonders thematisiert. Ordnen Sie die Zahlenangaben des Textes in übersichtlicher tabellarischer Form an, so dass Sie die im Text angestellten Vergleiche in Ihrer Tabelle nachvollziehen können. Lässt sich aus M 26b entnehmen, ob die Frauen unter 25 Jahren bezüglich der Arbeitslosigkeit nun besser oder schlechter dastehen als die entsprechende Männergruppe?

2. Die Jugendarbeitslosigkeit in Deutschland fällt, gemessen an der gruppenspezifischen Arbeitslosenquote, relativ günstiger aus als im europäischen Durchschnitt. Stellen Sie die beiden relevanten Zahlen für diesen Vergleich fest. Weisen die Jugendlichen innerhalb Deutschlands eine unter- oder überdurchschnittliche Arbeitslosenquote auf? Überprüfen Sie Ihre Aussage auch anhand der Daten von M25. Haben Sie eine Erklärungshypothese dafür, dass die Arbeitslosenquote jugendlicher Frauen in der Eurozone höher, in Deutschland dagegen niedriger ist als diejenige der Männer unter 25 Jahren? Identifizieren Sie zunächst die relevanten Daten und formulieren Sie dann eine Erklärung.

3. In M 26 ist von „saisonbereinigten" Zahlen die Rede. Den Effekt einer solchen „Saisonbereinigung" verstehen Sie am besten, wenn Sie ein einfaches Bereinigungsverfahren selbst durchführen. (M 27)

2.4 Wie entsteht Arbeitslosigkeit?

2.4.1 Workshop: Erwerbsbiografien untersuchen

Ziel des Workshops
Das Ziel wirtschaftspolitischen Handelns ist die Korrektur von Fehlentwicklungen, also die Beseitigung der Arbeitslosigkeit. Dies setzt neben empirischen Kenntnissen über den Verlauf und die Struktur der Arbeitslosigkeit auch Kenntnisse über die Ursachen der diagnostizierten Probleme voraus. Der erste Schritt einer erklärenden Theorie besteht in der Regel darin, den jeweiligen Gegenstandsbereich zu systematisieren und modellhaft zu erfassen. Zur Vorbereitung der Arbeit mit solchen Modellen können Sie in diesem Workshop das Verfahren der Modellbildung und der Typisierung arbeitsteilig an zwei Beispielen erproben.

Projekt A: Modellierung von Erwerbsbiografien
Es geht in diesem Bereich der Methodenwerkstatt darum, die typischen Phasen in den Biografien verschiedener Menschen (Erwerbspersonen) empirisch zu erfassen. Ziel ist es, aus dem erhobenen Material ein erwerbsbiografisches Muster zu konstruieren. Die Ausgangshypothese lautet, dass Erwerbspersonen in einer Marktwirtschaft typische Stationen und Phasen durchlaufen – von der Schule bis zum Ruhestand –, und dass dieser Verlauf ein bestimmtes Muster aufweist. Welche Phasen gehören zu einem typischen Erwerbsleben? Wie sehen die Übergänge von einer Phase zur nächsten aus? Lassen sich die Stationen und Phasen zu einem Muster verdichten?

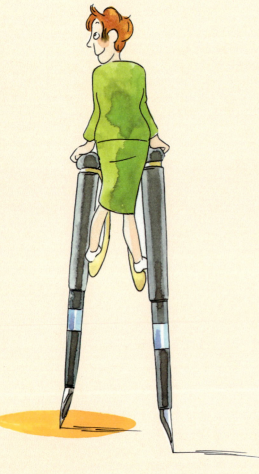

Arbeitsschritte zum Projekt A
1. Jedes Mitglied der Lerngruppe erhebt empirisch durch Befragung eine Erwerbsbiografie (in tabellarischer Form; die Daten sollten anonymisiert werden). Unter den Befragten sollten möglichst alle Gruppen von Erwerbspersonen vertreten sein: Männer, Frauen, Junge, Alte, Erwerbstätige, Arbeitslose, Personen in Ausbildung und im Ruhestand, Arbeiter, Angestellte, Selbstständige etc.
2. Wichtig ist es, die erwerbsbezogenen Lebensphasen im Zeitablauf und in ihrer Dauer zu erfassen: Schule/Ausbildung/Studium, Erwerbstätigkeit, Arbeitslosigkeit, Unterbrechungen (Wehrdienst, FSJ, Auszeiten, Hausfrauen-/männertätigkeit etc.), Rückkehr in die Erwerbstätigkeit, Vorruhestand, Verrentung etc.

3. Wenn die empirischen Erhebungen in tabellarischer, anonymisierter Form vorliegen, kommt die schwierige Phase der Abstraktion und Modellbildung. Es empfiehlt sich, dabei in zwei oder drei Gruppen vorzugehen und danach die Gruppenergebnisse zu vergleichen: Alle Gruppen haben das gleiche Material und versuchen, aus den Daten ein erwerbsbiografisches Muster zu konstruieren. Welche Phasen/Stationen sind regelmäßig zu beobachten und können als typisch eingestuft werden, welche sind eher individuell/zufällig und können ignoriert werden? Jede Gruppe stellt Ihr Ergebnis in der Form einer modellhaften Erwerbsbiografie dar. Der typische Phasenverlauf sollte auch grafisch veranschaulicht werden.

Projekt B: Typen der Arbeitslosigkeit ermitteln
Ziel dieses Werkstattbereichs ist es, durch Befragung (empirische Datenermittlung) Ursachen der Entstehung von Arbeitslosigkeit zu identifizieren – und zu klassifizieren. Es soll untersucht werden, ob es a) unterschiedliche und b) typische Ursachen der Arbeitslosigkeit gibt. Daraus ließen sich dann möglicherweise „Typen" der Arbeitslosigkeit nach Entstehungsursachen ableiten.

Arbeitsschritte zum Projekt B
1. Jedes Mitglied der Lerngruppe erhebt empirisch durch Befragung eine Arbeitslosenbiografie (in tabellarischer Form; die Daten sollten in geeigneter Weise anonymisiert werden). Unter den Befragten sollten möglichst alle Gruppen von Erwerbspersonen vertreten sein: Männer, Frauen, Junge, Alte, Personen im Ruhestand, Arbeiter, Angestellte, Selbstständige etc. Fragen Sie nach: Was war der Grund dafür, dass die Person arbeitslos wurde?
2. Wenn die empirischen Daten vorliegen, müssen im zweiten Schritt die ermittelten Ursachen „sinnvoll" zusammengefasst und anschaulich dargestellt werden. Dabei sollten Sie das Ziel im Auge behalten: Gibt es typische Ursachen – und also: Typen der Arbeitslosigkeit?

2 4.2 Arbeitslosigkeit im Modell

Aus der Sicht der Wirtschaftstheorie ist Arbeitslosigkeit nichts anderes als der Ausdruck eines Ungleichgewichts auf dem Arbeitsmarkt: Das Angebot an Arbeitsleistungen (Zahl der Arbeitskräfte) ist beharrlich größer als die Nachfrage der Unternehmen nach diesen Leistungen (jedenfalls bei den herrschenden Lohnsätzen). Wenn man allerdings die Vorgänge verstehen will, die zu Arbeitslosigkeit führen, dann benötigt man eine erklärende Theorie. Grundlage einer solchen Theorie ist ein Modell des jeweiligen Gegenstandsbereichs – hier also des Arbeitsmarktes. Im Folgenden können Sie ein einfaches Arbeitsmarktmodell kennen lernen. Der Zweck dieses Modells besteht darin, eine Systematik verschiedener Typen der Arbeitslosigkeit zu entwickeln. Dies ist eine wichtige Vorstufe der Theoriebildung: Man bringt die empirisch erfasste Wirklichkeit in eine gedachte Ordnung. Für die Wirtschaftspolitik ist eine solche Systematik von Typen der Arbeitslosigkeit auch deswegen wichtig, weil unterschiedliche Arten der Arbeitslosigkeit jeweils spezifische wirtschafts- und beschäftigungspolitische Maßnahmen erfordern.

M 28 Ein Modell des Arbeitsmarktes: Ströme und Bestände

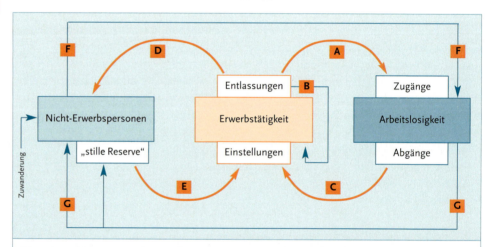

Erläuterung: Die Kästen „Nicht-Erwerbspersonen", „Erwerbstätigkeit" und „Arbeitslosigkeit" stellen **Bestandsgrößen** dar. Sie beziehen sich auf einen bestimmten Zeitpunkt (z. B. Ende September 2000 oder durchschnittlicher Bestand des Jahres 2001). Die Pfeile A bis G repräsentieren dagegen **Stromgrößen**. Sie beziehen sich auf einen bestimmten Zeitraum (z. B. die Zugänge in Arbeitslosigkeit im Verlaufe eines Monats).
Veränderungen im Bestand der Erwerbstätigen beispielsweise ergeben sich aus der Differenz zwischen Einstellungen und Entlassungen. Stellen Sie sich den Bestand als Stausee vor, die Einstellungen als zufließender und die Entlassungen als abfließender Strom. Je nachdem, ob der Zufluss oder der Abfluss stärker ist, steigt oder sinkt der Pegel des Stausees. Es kommt also auf den Saldo an.

Originalbeitrag des Autors

Arbeitsaufträge

1. Sie bekommen ein besseres Gefühl für die Unterschiede zwischen Beständen und Strömen, wenn Sie die empirischen Werte einiger Bestands- und Stromgrößen ermitteln, auf eine Kopie der Grafik eintragen und vergleichen. Verschiedene Bestandsgrößen finden Sie in M 8, S. 47. Die Zugänge in Arbeitslosigkeit beliefen sich im Verlauf des Jahres 2000 auf 6,935 Millionen, die Abgänge auf 7,173 Millionen. Vergleichen Sie die Bestands- und

2.4 Wie entsteht Arbeitslosigkeit?

Stromgrößen. Was fällt Ihnen auf? Um wie viel muss der Arbeitslosenbestand im Jahr 2000 aufgrund der genannten Ströme abgenommen haben?

2. Zu den „Nicht-Erwerbspersonen" gehören Kinder und alte Menschen, aber auch Personen im erwerbsfähigen Alter, die keiner Erwerbstätigkeit nachgehen (z. B. Hausfrauen, Schüler, Studierende). Stellen Sie fest, ob die „Nicht-Erwerbspersonen" oder die Erwerbspersonen die Bevölkerungsmehrheit bilden. (Beachten Sie, dass die Erwerbspersonen aus den beiden Bestandsgrößen Erwerbstätige und Arbeitslose bestehen.) Berechnen Sie die Erwerbsquote als Anteil der Erwerbspersonen an der Bevölkerung.
3. Wie interpretieren Sie die Stromgröße B? In welcher Stromgröße würden Sie selber erfasst, wenn Sie nach Schule/Ausbildung/Studium in eine Erwerbstätigkeit wechseln?
4. Im Verlauf des Jahres 2000 betrug die Zahl der Einstellungen (genauer: Zugänge in Erwerbstätigkeit) ca. 10,369 Millionen und die Zahl der Entlassungen (genauer: Abgänge aus Erwerbstätigkeit) ca. 9,785 Millionen. Wie hat sich der Bestand an Erwerbstätigen durch diese Bewegungen verändert?
5. Wenn Sie nun mit dem Arbeitsmarktmodell vertraut sind, können Sie untersuchen, welche Beziehungen zwischen Ihrem Modell der Erwerbsbiografie und diesem Arbeitsmarktmodell bestehen. Welche Stationen/Phasen des erwerbsbiografischen Modells lassen sich welchen Bestands- und Stromgrößen des Arbeitsmarktmodells zuordnen?
6. Wenn Sie nochmals einen Blick auf das Arbeitsmarktmodell von M 28 werfen, dann müssten Sie die Frage, wie Arbeitslosigkeit entsteht, zumindest „modelltheoretisch" beantworten können: Wie lautet Ihre Antwort?

Nahaufnahme (1): Die zugangsseitige Klassifikation der Arbeitslosigkeit

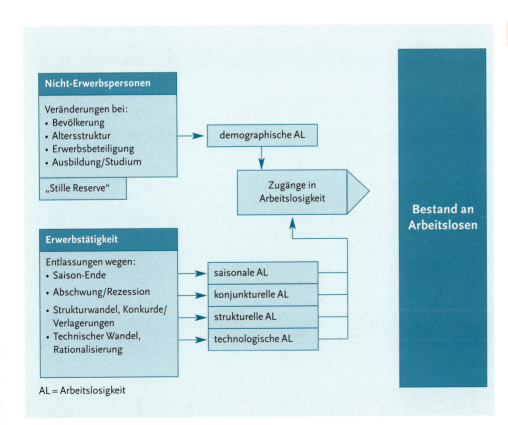

M 29

Arbeitsaufträge

1. Zur Beantwortung der Frage, wie Arbeitslosigkeit entsteht, wird in M 29 ein Schema verwendet, das eine Art Ausschnittsvergrößerung des Modells von M 28 darstellt. Stellen Sie fest, welcher Teil von M 28 dabei unter die Lupe genommen wird.
2. Es werden fünf Ursachen für Zugänge in Arbeitslosigkeit unterschieden, denen fünf verschiedene Typen der Arbeitslosigkeit entsprechen. Mit großer Wahrscheinlichkeit werden Sie eine Reihe von Elementen Ihrer Typisierung von Arbeitslosenbiografien (Projekt B, S. 63) wiedererkennen. Formulieren Sie zu jedem Typus ein Beispiel. Sammeln Sie auch aus dem Wirtschaftsteil Ihrer Tageszeitung Beispiele zu den fünf zugangsseitigen Typen der Arbeitslosigkeit.
3. Wenn sich die Erwerbsquote der Frauen erhöht (sie ist im letzten Jahrzehnt in Westdeutschland angestiegen, in Ostdeutschland gefallen), dann kommen mehr Frauen auf den Arbeitsmarkt. Beschreiben Sie, wie es dadurch zu demographisch bedingten Zugängen in Arbeitslosigkeit kommen kann.
4. Eine wichtige Ursache von Zugängen in Arbeitslosigkeit sind Entlassungen aus konjunkturellen Gründen. In M 39, S. 75, können Sie sich den Konjunkturverlauf in den 90er-Jahren ansehen. Vergleichen Sie damit nun die Entwicklung der Erwerbstätigkeit in M 9, S. 48. Welche Zusammenhänge können Sie erkennen?
5. Prüfen Sie anhand der Daten von M 14, S. 52, und M 39, S. 75, die These: „Eine Abschwächung des Wirtschaftswachstums ist immer mit einem Anstieg der Arbeitslosigkeit verbunden." Beachten Sie dabei, dass die Beschäftigung (um ca. 1 Jahr) verzögert auf Wachstumsschwankungen reagiert, die Arbeitslosigkeit also ein „nachlaufender" Indikator ist.
6. Im Zuge des strukturellen Wandels kommt es in schrumpfenden Branchen zu Betriebsstilllegungen und Konkursen, also auch zu Entlassungen. Die entsprechenden Zugänge in Arbeitslosigkeit sind „strukturell bedingt" (genauer: bedingt durch den Strukturwandel). Nennen Sie Branchen, in denen die Beschäftigung im Zuge des strukturellen Wandels gesunken ist. Stellen Sie fest, wie sich die Zahl der Erwerbstätigen in der westdeutschen Land- und Forstwirtschaft seit 1960 entwickelt hat. (Anhaltspunkte finden Sie in M 40, S. 133 [Teil 3].)
7. Nach dieser systematischen Arbeit mit dem Schema können Sie jetzt auch die von Ihnen erhobenen „empirischen Fälle" dem Schema zuordnen. Stellen Sie fest, ob sich das Schema „empirisch" bewährt – oder ob Diskrepanzen bestehen, die eine Veränderung des Schemas erforderlich machen.
8. Die Zugänge in Arbeitslosigkeit erhöhen zunächst einmal den Bestand an Arbeitslosen. Was passiert dort mit ihnen? Erläutern Sie mithilfe des Modells (M 28) verschiedene Möglichkeiten.
9. Die Verweildauer unterschiedlicher Gruppen von Erwerbspersonen im Arbeitslosenbestand weist typische Unterschiede auf: Die Verweildauer jüngerer, qualifizierter Arbeitskräfte ist beispielsweise deutlich kürzer als die Verweildauer älterer und/oder gering qualifizierter Arbeitskräfte. Erläutern Sie in diesem Zusammenhang: Wie haben sich die Arbeitslosenquoten der so genannten Problemgruppen in den letzten 20 Jahren entwickelt (M 31)? Welche Tendenz – bezogen auf die Verweildauer – zeigt sich in der Tabelle M 32? Welche Ursachen führen – über die in M 30 genannten hinaus – zu einer „Verhärtung" von Arbeitslosigkeit? Formulieren Sie Thesen.

2.4 Wie entsteht Arbeitslosigkeit?

Stichwort: „Hysterese"

M 30

Die Verhärtung der Arbeitslosigkeit [...] firmiert in der Literatur unter „Hysterese" und stellt in der Tat das gravierendste Problem dar. Arbeitslosigkeit würde zu geringerer Besorgnis
5 Anlass geben, wenn sie nach Wegfall des Grundes für ihr Entstehen zu einem guten Teil wieder zu ihrem Ausgangswert zurückkehrte. [...] Gründe für eine solche hysteretisch verlaufende Arbeitslosigkeit sind [unter anderem] die
10 [...] verstärkte Vernichtung von Humankapital bei steigender Arbeitslosigkeitsdauer, die zunehmende Stigmatisierung der längerfristig Beschäftigungslosen sowie stärker werdende Entmutigungseffekte. Hinzu kommt, dass in Deutschland die kurzfristige Anpassung des 15 Arbeitseinsatzes in größerem Umfang über die Arbeitszeit erfolgt, im Gegensatz beispielsweise zu den USA, wo vergleichsweise eher und häufiger Einstellungen und Entlassungen vorgenommen werden [...]. Bei einer niedrigeren 20 Fluktuation der Beschäftigten haben Arbeitslose aber geringere Einstellungschancen; eine Arbeitslosigkeit verfestigt sich.

Nach: W. Franz: Arbeitslosigkeit. In: B. Schäfers/W. Zapf (Hg.): Handwörterbuch zur Gesellschaft Deutschlands. Opladen, 1998, S. 17f.

Arbeitslosenquoten so genannter Problemgruppen im früheren Bundesgebiet

M 31

Zu den so genannten Problemgruppen auf dem Arbeitsmarkt zählen insbesondere Jüngere, Ältere, Frauen, Ausländer und Schwerbehinderte. Für die so genannten Problemgruppen
5 verschärft sich die Situation insbesondere dann, wenn eine geringe berufliche Qualifikation vorliegt. Zwar ist eine gute Ausbildung längst kein Garant mehr für einen sicheren Arbeitsplatz. Dennoch sind die Arbeitsmarktchancen bei höherer Qualifikation günstiger 10 und das Risiko des Arbeitsplatzverlustes ist für qualifizierte Arbeitskräfte bedeutend geringer.

Statistisches Bundesamt (Hg.): Datenreport 2002. Bonn, 2002, S. 106f.

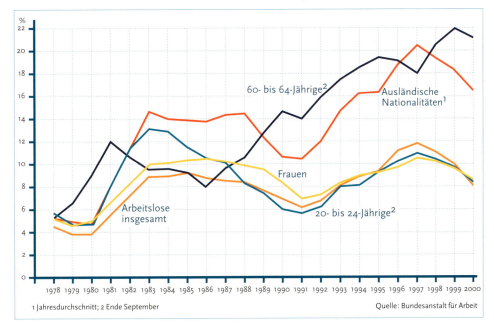

1 Jahresdurchschnitt; 2 Ende September   Quelle: Bundesanstalt für Arbeit

Arbeitslose nach Dauer der Arbeitslosigkeit 1971 bis 2000

Jahr jeweils Sep.	Arbeitslose	Davon waren arbeitslos in %		
		unter 3 Monate	3 Monate bis unter 1 Jahr	1 Jahr und länger
Früheres Bundesgebiet				
1971	146.740	60,7	34,0	5,3
1975	1.006.554	41,9	48,5	9,6
1985	2.150.897	32,5	36,6	31,0
1990	1.727.742	35,2	35,0	29,7
1995	2.488.434	32,3	34,4	33,3
2000	2.382.513	32,0	30,9	37,1
Neue Länder und Berlin-Ost				
1993	1.159.098	29,2	40,1	30,7
1995	1.032.610	30,9	40,3	28,8
2000	1.302.277	28,6	36,2	35,3
Deutschland				
1993	3.447.070	32,7	39,7	27,6
1995	3.521.044	31,9	36,1	31,9
2000	3.684.790	30,8	32,8	36,5

Quelle: Bundesanstalt für Arbeit

Nahaufnahme (2): Die abgangsseitige Klassifikation der Arbeitslosigkeit

Steigen die Zugänge in Arbeitslosigkeit, erhöht sich der Bestand an Arbeitslosen. Also könnte man doch versuchen, einen Anstieg der Arbeitslosigkeit dadurch zu vermeiden, dass man weitere Zugänge verhindert. Nun hat sich jedoch gezeigt, dass die Wirtschaftspolitik auf der Zugangsseite wenig ausrichten kann. So kann sie z. B. die Bevölkerungsentwicklung oder die Erwerbsbeteiligung der Frauen kaum beeinflussen (und sollte das vielleicht auch gar nicht); auch den strukturellen und technischen Wandel soll die Wirtschaftspolitik ja nicht behindern. Im Prinzip muss man die Zugänge also wohl oder übel hinnehmen. Das bedeutet jedoch nicht, dass man sich mit der Arbeitslosigkeit abfinden müsste. Schließlich kann ein Anstieg der Arbeitslosigkeit vermieden werden, wenn es mehr Abgänge aus Arbeitslosigkeit gibt (denken Sie an das Bild vom Stausee). Die Arbeitslosigkeit bleibt dann hoch, wenn die Abgänge aus dem Arbeitslosenbestand blockiert sind. Die Arbeitsmarkt- und Beschäftigungspolitik müsste also alles daran setzen, bestehende Blockaden aufzulösen.

2.4 Wie entsteht Arbeitslosigkeit?

Eine Typologie der Arbeitslosigkeit

M 33

```
                                      ⊗  friktionelle AL
                                         Hemmnisse bei der Besatzung offener Stellen
                                         durch Arbeitslose

                                      ⊗  merkmalstrukturelle AL
                                         Diskrepanzen zwischen den Merkmalen von
                                         Arbeitslosen und offenen Stellen
 Bestand an    →  Abgänge aus     →
 Arbeitslosen     Arbeitslosigkeit
                                      ⊗  konjunkturelle AL
                                         Zyklische Unterauslastung der Produktions-
                                         kapazitäten

                                      ⊗  systemische AL
                                         gesamtwirtschaftlicher Mangel an Arbeitsplätzen
                                         („job gap")
 AL = Arbeitslosigkeit
```

Erläuterung:
1. **Friktionen** sind Reibungswiderstände oder Hindernisse, die auf dem Arbeitsmarkt bestehen und verhindern, dass Arbeitslose auf vorhandene offene Stellen vermittelt werden. Grund: kurzfristige Übergangsprobleme z. B. beim Arbeitsplatzwechsel (so genannte Sucharbeitslosigkeit)
2. Die **merkmalstrukturelle** Arbeitslosigkeit (auch: Mismatch-Arbeitslosigkeit). Hier sind die Abgänge dadurch blockiert, dass die Arbeitslosen nicht zu den vorhandenen offenen Stellen passen. So finden bei hoher Arbeitslosigkeit bestimmte „Problemgruppen" keinen Zugang mehr zur Arbeitswelt. Gleichzeitig gibt es aber unbesetzte offene Stellen, da die geforderten Qualifikationen auf dem Arbeitsmarkt nicht verfügbar sind. Die Merkmalsprofile von Arbeitslosen und offenen Stellen passen nicht zueinander („mismatch").
3. Die **konjunkturelle** Arbeitslosigkeit wurde bereits auf der Zugangsseite erwähnt. Hier, auf der Abgangsseite, zeigt sich, dass Arbeitslose dann 'blockiert' sind, wenn sich die Wirtschaft in einer Rezession befindet und vorhandene Stellen wegen unzureichender Auslastung der Kapazitäten nicht besetzt werden.
4. Dem laufenden Abbau von Arbeitsplätzen im Zuge des strukturellen Wandels steht ein unzureichender Aufbau neuer Arbeitsplätze gegenüber. Dies verweist auf systemische Schwächen des Wirtschaftsstandorts Deutschland (**systemische** Arbeitslosigkeit).

Originalbeitrag des Autors

Arbeitsaufträge

1. Schreiben Sie typische Friktionen beim Wechsel von Beschäftigungsverhältnissen oder beim erstmaligen Eintritt in den Arbeitsmarkt auf; sammeln Sie die wichtigsten an der Tafel. Was könnten Arbeitslose selbst dazu beitragen, um die Phase ihrer friktionellen Arbeitslosigkeit möglichst kurz zu halten?
2. Welche Maßnahmen wären Ihrer Meinung nach geeignet, um die Diskrepanzen zwischen den Merkmalsprofilen der Arbeitslosen und der offenen Stellen zu überwinden? Was könnten Arbeitslose selbst tun, um ihr „Merkmalsprofil" zu verbessern?
3. Stellen Sie fest, in welcher konjunkturellen Phase wir uns zurzeit befinden. Ist dieser dritte Typus der Blockierung gerade wirksam oder nicht?
4. Die systemische Arbeitslosigkeit wird weiter hinten im Buch noch genauer untersucht. Im Vorgriff darauf könnten Sie schon versuchen, Erklärungshypothesen zu formulieren. Warum gibt es nicht genügend Arbeitsplätze, obwohl es genügend Arbeit gibt, die erledigt werden müsste? Welche Bedingungen müssen in einer Marktwirtschaft erfüllt sein, damit Arbeitsplätze entstehen? Diskutieren Sie diese Frage zunächst in kleineren Gruppen und formulieren Sie dann zwei oder drei Erklärungshypothesen. Fassen Sie dann die Thesen der einzelnen Gruppen an der Tafel zusammen.

2.4.3 Störungen auf dem Arbeitsmarkt als Ursache von Arbeitslosigkeit

Arbeitsaufträge

1. Verdeutlichen Sie den Begriff der „arbeitsmarktspezifischen Störungen" am Beispiel der merkmalsstrukturellen Arbeitslosigkeit (M 34). Unterscheiden Sie dabei zwischen Erscheinungsformen und Ursachen.
2. Verdeutlichen Sie, was in M 34 mit dem Begriff „employability" gemeint ist. Welche Veränderungen führen zum Problem „employability", welche Qualifikationsanforderungen sind damit verbunden? In diesem Zusammenhang wird (in Zeile 33 ff.) festgestellt, „ein Teil der Erwerbstätigen" sei diesen neuen Anforderungen „nicht gewachsen". Stellen Sie Vermutungen darüber an, auf welche gesellschaftlichen Gruppen/welche Gruppen von Erwerbstätigen der Autor diese Aussage bezieht und nehmen Sie Stellung.

M 34 **Employability – oder: Divergenz zwischen Angebot und Nachfrage auf dem Arbeitsmarkt**

Karikatur: G. Glück

Als [merkmals-]strukturell wird die Arbeitslosigkeit bezeichnet, die aufgrund einer längerfristigen Divergenz zwischen Angebot und Nachfrage auf den Arbeitsmärkten entsteht. Diese Divergenz hat vor allem wegen qualifikatorischer Lücken zugenommen. Globale Entwicklungstrends, mit denen neue Kompetenz- und Qualifikationsanforderungen auf die Arbeitnehmer zukommen [...], passen schlecht zu starren Mustern der Ausbildung und der Arbeitsorganisation. Arbeitnehmer ohne Ausbildung oder mit einer auf den Märkten wenig gefragten Qualifikation stellen daher eine Problemgruppe des Arbeitsmarktes dar, da gerade Großunternehmen ihre Rationalisierungsmaßnahmen vornehmlich auf den Abbau von Arbeitsplätzen richten, die von diesen Gruppen besetzt sind. Mit zunehmender Dauer der Arbeitslosigkeit büßen diese Menschen aufgrund mangelnder Praxis einen Teil ihrer Qualifikationen ein und verschlechtern dadurch ihre Wiedereingliederungschancen. Aus ökonomischer Sicht stellt [merkmal-]strukturelle Arbeitslosigkeit das Ergebnis eines unzureichenden Koordinationsprozesses zwischen Angebot und Nachfrage auf den Arbeitsmärkten dar. Die Arbeitsanforderungen ändern sich rapide; die Intensivierung des internationalen Wettbewerbs, die Beschleunigung des technischen und organisatorischen Fortschritts, der Übergang zu neuen Produkten und Dienstleistungen führen unmittelbar zu einer Umstrukturierung der Arbeitsplätze. Ein Teil der Erwerbspersonen ist dem nicht gewachsen. Wenn die „employability", also die Eignung der Arbeitskräfte für künftige Erwerbstätigkeit, gewährleistet sein soll, dann erfordert dies von ihnen eine höhere sektorale, fachliche und räumliche Mobilität sowie die Anpassung ihrer Kompetenzen an veränderte Formen der Arbeitsorganisation.

Nach einem Text von K. Baumgart, D. Becker-Soest und R. Wink: Strukturwandel auf den Arbeitsmärkten. Wirtschaftsdienst 1999/IV, S. 225 ff.

2.4.4 Störungen auf dem Gütermarkt als Ursache von Arbeitslosigkeit

Bei der friktionellen oder merkmalstrukturellen Arbeitslosigkeit führen Störungen auf dem Arbeitsmarkt zur Arbeitslosigkeit. Bei der konjunkturellen Arbeitslosigkeit liegen dagegen gesamtwirtschaftliche Fehlentwicklungen vor. Die Abgänge aus Arbeitslosigkeit sind blockiert, weil sich die Wirtschaft in einem konjunkturellen Ungleichgewicht befindet, gekennzeichnet durch eine im Vergleich zur Produktion unzureichende gesamtwirtschaftlichen Nachfrage. Es war der englische Ökonom Keynes, der in den 30er Jahren des letzten Jahrhunderts diese Zusammenhänge aufgedeckt hat.

Der Kern der Keynes'schen Theorie

M 35

Der Engländer John Maynard Keynes (1883–1946) war einer der bedeutendsten Ökonomen des 20. Jahrhunderts. Unter dem Eindruck der verheerenden Weltwirtschaftskrise der Dreißi-
5 gerjahre schrieb er sein epochales Werk: The General Theory (1936; deutsch: Allgemeine Theorie der Beschäftigung, des Zinses und des Geldes). Kein anderes Buch hat ähnlich tiefgreifende Auswirkungen auf Wirtschaftstheorie
10 und Wirtschaftspolitik gehabt. Keynes wandte sich gegen die damals vorherrschende (so genannte klassische) Wirtschaftstheorie, die einfach unterstellte, dass der Markt „automatisch" zu Vollbeschäftigung führt: Die Beschäftigung
15 – sagt die Klassik – hängt allein von den Löhnen ab, und wenn es einmal Arbeitslosigkeit geben sollte, dann müssen die Löhne eben sinken; dadurch wird das Überangebot an Arbeitskräften rasch beseitigt. Der „klassischen" Theorie zu-
20 folge kann es also gar keine anhaltende Arbeitslosigkeit geben, sofern die Löhne flexibel sind.
    In der Weltwirtschaftskrise zeigte sich auf dramatische Weise, wie hohl diese Theorie war. Zwar sanken die Löhne bei zunehmender Ar-
25 beitslosigkeit, doch auch die Preise fielen und das wirtschaftliche „Klima" verdüsterte sich. In dieser deflationären* Situation verschwand die Arbeitslosigkeit keineswegs, sondern erhöhte sich weiter und nahm schließlich katastrophale
30 Ausmaße an.
    Die alte Theorie der Vollbeschäftigungsillusion war gescheitert und eine neue, realistische Theorie der Unterbeschäftigung und der Beschäftigungsschwankungen wurde dringend
35 benötigt. Keynes begründete seine „new economics" auf der Analyse des gesamtwirtschaftlichen Kreislaufzusammenhangs von Nachfrage, Produktion und Geldmenge. Daraus ergab sich für ihn die Arbeitslosigkeit als Folge einer
40 unzureichenden gesamtwirtschaftlichen Nachfrage. Das Patentrezept der Klassik gegen Arbeitslosigkeit bestand in Lohnsenkungen. Keynes konnte zeigen, dass sinkende Löhne im gesamtwirtschaftlichen Kreislauf zu sinkenden
45 Einkommen, zu rückläufiger Nachfrage und folglich zu weiteren Beschäftigungsrückgängen führen mussten. Die klassische „Medizin" verschlimmerte also die Krankheit. Wenn Arbeitslosigkeit die Folge einer unzureichenden
50 gesamtwirtschaftlichen Nachfrage ist – wie lässt sich dann die Gesamtnachfrage wieder auf ein Niveau bringen, das einen hohen Beschäftigungsstand sichert? Keynes untersuchte die einzelnen Komponenten, aus denen sich die
55 Nachfrage zusammensetzt:

- private Konsumnachfrage: Verbreitete Arbeitslosigkeit, gesunkene Einkommen und die Verunsicherung der Verbraucher schwächen die Konsumneigung. Es ist offensichtlich, dass die Konsumnachfrage sich erst
60 wieder mit steigender Beschäftigung erholen kann.
- Investitionsnachfrage: Ein niedriger und weiter sinkender Auslastungsgrad der vorhandenen Kapazitäten lässt die Investitions-
65 neigung in sich zusammenfallen. Solange die Krise anhält, sind von den Investitionen keine positiven Impulse zu erwarten.
- Auslandsnachfrage: Wenn auch im Ausland Depression* herrscht, ist von dort kei-
70 ne zusätzliche (Export-)Nachfrage zu erwarten.
- Staatsnachfrage: Es bleibt also nur der Staat mit der politisch bestimmten Staatsnachfrage übrig. Mehr Staatsnachfrage bedeutet:
75 mehr Staatsausgaben. Wie aber kann der Staat seine Ausgaben erhöhen, wenn die Steuereinnahmen in der Depression sinken? Bislang hatte der Grundsatz gegolten, dass der Staatshaushalt in Einnahmen und
80

John Maynard Keynes
Foto 1933
Bildarchiv Preußischer Kulturbesitz

Ausgaben prinzipiell ausgeglichen sein müsse. Haushaltsdefizite hinnehmen und verschulden durfte sich der Staat allenfalls für Kriegszwecke – aber zur Bekämpfung der Arbeitslosigkeit? Das hatte es noch nicht gegeben.

Aber genau dies forderte Keynes, und darin bestand sein „revolutionärer" wirtschaftspolitischer Gedanke: Der Staat muss für zusätzliche Nachfrage sorgen, weil nur er es autonom – d. h. durch bewusste, politische Entscheidung – kann. Wenn dem Staat die Mittel wegen sinkender Steuereinnahmen fehlen, dann muss er sich eben bei der Notenbank verschulden, also ‚deficit spending'* betreiben.

Originalbeitrag des Autors

Arbeitsaufträge

1. Erläutern Sie anhand von M 35,
   - vor welchem historischen Hintergrund Keynes seine Theorie entwickelte,
   - worin sich sein Ansatz von dem der klassischen Theorie grundlegend unterscheidet,
   - wie er ökonomische Krisen erklärt,
   - welche Sonderstellung er der Staatsnachfrage im Vergleich zu den übrigen Nachfragekomponenten zuerkennt.
2. Erörtern Sie vertiefend: Wie begründet die klassische (vorkeynesianische) Wirtschaftstheorie ihre These, es könne keine anhaltende unfreiwillige Arbeitslosigkeit geben? Mit welchen Argumenten könnte die klassische Position verteidigt werden, wenn dennoch hohe und andauernde Arbeitslosigkeit festgestellt wird? Gehen Sie dabei der Frage nach, wodurch die Löhne trotz steigender Arbeitslosigkeit daran gehindert werden können zu sinken.
3. Begründen Sie mithilfe des Kreislaufschemas (M 36),
   a) warum die Beschäftigung mit der gesamtwirtschaftlichen Wertschöpfung schwankt, und
   b) warum die Wertschöpfung mit der gesamtwirtschaftlichen Nachfrage schwankt.
4. Die Gesamtnachfrage ist hier in vier Komponenten aufgeteilt. Ordnen Sie jeder Komponente die zugehörigen Handlungseinheiten (Akteure) zu. Warum muss es sich bei der Investitionsnachfrage um die Bruttoinvestition handeln? Aus welchen beiden Komponenten setzt sich diese Bruttoinvestition zusammen?
5. Berechnen Sie die absoluten Beträge der vier Nachfragekomponenten (unterstellen Sie dabei ein BIP = Bruttoinlandsprodukt von 1.950 Mrd. Euro im Jahr 2000). Überprüfen Sie Ihre Berechnungen durch einen Blick auf die Volkswirtschaftliche Gesamtrechnung in Teil 4 (M 19, S. 185).

2.4 Wie entsteht Arbeitslosigkeit?

Nachfrage und Beschäftigung im keynesianischen System (Kreislaufschema)

M 36

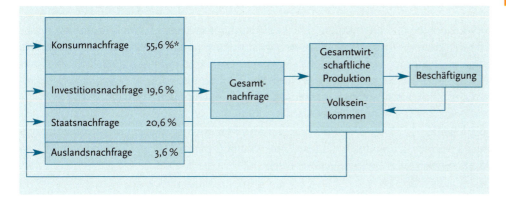

Ursachen eines Wachstums- und Beschäftigungsrückgangs aus keynesianischer Sicht

M 37

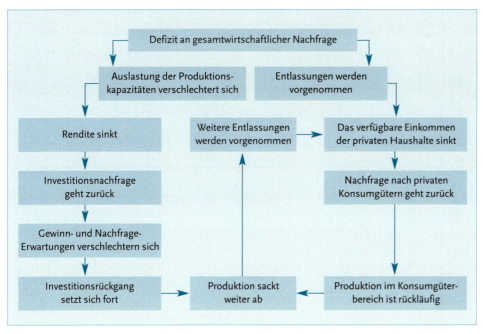

W. Mickel u. a.: Staat, Wirtschaft, Gesellschaft. Berlin, 1994. Unveröffentlichtes Manuskript

Arbeitsauftrag

In dem Kreislaufschema können auch markttypische „Selbstverstärkungsprozesse" veranschaulicht werden. Wenn die Güternachfrage rückläufig ist, dann entlassen die Unternehmen Arbeitskräfte. Erläutern Sie: Warum führt dies zu weiteren Entlassungen in einem sich selbst verstärkenden Prozess? (M 36, M 37)

2.4.5 Exkurs: Konjunkturschwankungen

Märkte neigen zu Instabilität und Selbstverstärkungsprozessen. Die Instabilität kommt in Konjunktur-, Wachstums- und Beschäftigungsschwankungen zum Ausdruck; Selbstverstärkungsprozesse schlagen sich in Boomphasen und in Krisen nieder. Keynes hatte aus dieser Einsicht in die Marktdynamik die Schlussfolgerung gezogen, dass die Wirtschaftspolitik stabilisierend in den Marktprozess eingreifen müsse, um die Schwankungen zu dämpfen und einen hohen Beschäftigungsstand zu sichern (vgl. M 56, S. 88). Im folgenden Exkurs soll die Frage vertieft werden, wie Wachstums- und Konjunkturschwankungen grafisch dargestellt werden können und welches empirische Muster die Konjunkturschwankungen aufweisen.

M 38 Wachstum und Konjunktur in Deutschland (1991 bis 2000)

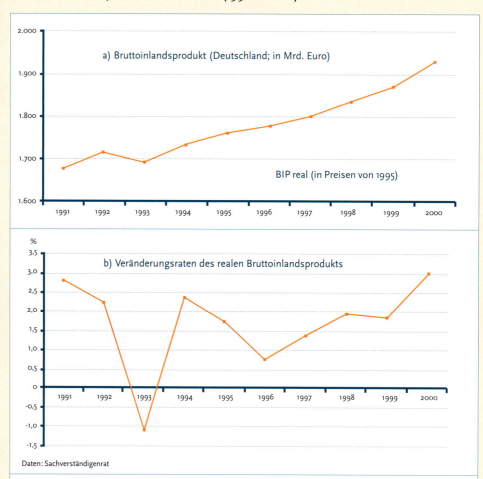

Daten: Sachverständigenrat

Erläuterung: Schaut man sich das Wachstum des Bruttoinlandsprodukts (BIP) in der Darstellung der absoluten Werte an (vgl. M 38a/oben), dann gewinnt man den Eindruck einer relativ stetigen Entwicklung der gesamtwirtschaftlichen Wertschöpfung. Wenn man hingegen nicht die absoluten Werte, sondern die jährlichen Veränderungsraten des BIP abträgt, dann enthüllt sich ein ganz anderes Muster dieses gleichen Wachstumsprozesses, nämlich ein Muster konjunktureller Schwankungen (vgl. M 38b/unten und M 39).

2.4 Wie entsteht Arbeitslosigkeit?

Das Wachstumsklima

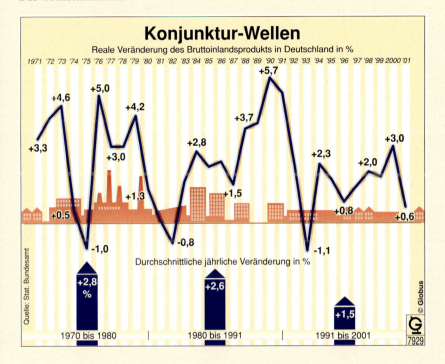

Arbeitsaufträge

1. Das Bruttoinlandsprodukt ist ein Maß der gesamtwirtschaftlichen Wertschöpfung; es umfasst den Wert aller Waren und Dienstleistungen, die in einem bestimmten Wirtschaftsraum während einer bestimmten Periode produziert wurden. (Beispiel: BIP von Deutschland im Jahr 2001: 1.945 Mrd. Euro.) Vergleichen Sie die Darstellungen des absoluten BIP und seiner Veränderungsraten in M 38. Klären sie den unterschiedlichen Informationsgehalt dieser beiden Darstellungsweisen, indem Sie die zwei Phasen 1992–94 und 1995–97 anhand beider Indikatoren beschreiben: Was sagt der Verlauf der beiden unterschiedlichen Indikatoren über die Entwicklung während dieser beiden Dreijahresphasen aus?
2. Das Auf und Ab der wirtschaftlichen Aktivitäten wird als Konjunktur bezeichnet. Der Konjunkturabschwung umfasst die Zyklenphase, in der sich das Wirtschaftswachstum abschwächt – also Jahre mit sinkenden Wachstumsraten. Identifizieren Sie die Abschwungphasen in M 38 und M 39.
3. Von einer Rezession spricht man, wenn das BIP-Wachstum über mindestens zwei Quartale hinweg negativ ist. Identifizieren Sie die Rezessionsjahre in M 38 und M 39.
4. Ein Konjunkturaufschwung ist dementsprechend eine Phase mit ansteigenden Wachstumsraten des BIP. Überprüfen Sie, ob a) das Wachstum und b) der Aufschwung über das Jahr 2000 hinaus angehalten haben.
5. „Die wirtschaftliche Entwicklung verläuft nicht stetig, sondern in zyklischen Schwankungen um einen Wachstumstrend." Visualisieren Sie den Wachstumstrend und die Konjunkturschwankungen um den Trend anhand der Daten von M 38 und M 39.
(Sie können die Darstellungen von M 38 und M 39 auch selbstständig aktualisieren, indem Sie die vorhandenen Werte sowie die neuen Werte in eine Excel-Tabelle eintragen und dann entsprechende Grafiken nach dem Muster von M 38 erstellen).

Das reale Wirtschaftswachstum ermitteln

Wenn man das Wirtschaftswachstum untersucht, möchte man nicht wissen, wie stark die Produktion inklusive der Preise angestiegen ist, sondern wie stark die „reale", gütermäßige Wertschöpfung zugenommen hat. Deswegen werden in der Darstellung des BIP-Wachstums üblicherweise die realen Werte verwendet. Diese realen Größen kann man aber nicht empirisch erheben, vielmehr muss man sie berechnen – und zwar durch Bereinigung der nominalen* Werte um die Inflationsrate. Die Preissteigerungen müssen also heraus gerechnet werden. Dies geschieht, indem man die nominalen Werte mit dem zugehörigen Preisindex bereinigt.

Arbeitsaufträge

1. Angenommen, in einer regierungsamtlichen Verlautbarung würde stolz verkündet, das BIP habe im vergangenen Jahr um grandiose sieben Prozent von 2150 Mrd. Euro auf 2301 Mrd. Euro zugenommen. Ist das eine Meldung, mit der man etwas anfangen kann? Besprechen Sie in Ihrer Lerngruppe, was die Aussage: „sieben Prozent BIP-Wachstum" bedeuten könnte. (Hinweis: Es sind drei ganz unterschiedliche Bedeutungen denkbar!).
2. Was mit einer „Preisbereinigung" gemeint ist, verstehen Sie besser, wenn Sie diese Operation einmal selbst durchführen.
   a) Beschaffen Sie sich die nominalen Werte des BIP für die Jahre 2000 und 2001 (z. B. aus dem Internet: Statistisches Bundesamt/Volkswirtschaftliche Gesamtrechnungen). Die nominalen Werte sind das BIP „in jeweiligen Preisen", enthalten also auch die Erhöhung des Preisniveaus.
   b) Bereinigen Sie jetzt die nominalen Werte von den Preissteigerungen. Dazu benötigen Sie den Preisindex des BIP. Dieser Preisindex beruht auf einem bestimmten Basisjahr (hier 1995 = 100); von diesem Basisjahr aus wird der Index nun von Jahr zu Jahr fortgeschrieben: Steigen die Preise im Jahr 1996 beispielsweise um 1,9 %, dann nimmt der Preisindex den Wert 1996 = 101,9 an.
   c) Beschaffen Sie sich jetzt die Werte des Preisindex (genauer: des BIP-Deflators*) für die Jahre 2000 und 2001 (Quellen: Bundesbank/Monatsberichte oder Sachverständigenrat). Wenn Sie die benötigten Werte haben, dividieren Sie die Nominalwerte durch den Indexwert und bekommen so die realen BIP-Werte.
   d) Beispielrechnung für das Jahr 1999: BIP nominal = 1.978,6 Mrd. Euro; BIP-Deflator = 103,33 (der BIP-Preisindex* ist also gegenüber 1995 um 3,3 % gestiegen); Division des nominalen BIP 1.978,6 Mrd. Euro durch den Deflatorwert 1,0333 (aus 103,3 : 100) ergibt das BIP real (in Preisen von 1995) = 1.914,8 Mrd. Euro.

2.4.6 Zu den Ursachen der systemischen Arbeitslosigkeit

Anders als die Keynesianer sehen die Anhänger der liberal-neoklassischen Position den Hauptgrund für Wachstumsschwäche und Unterbeschäftigung nicht in einem Mangel an Nachfrage, sondern in mangelhaften Angebotsbedingungen. Arbeitslosigkeit ist aus dieser Perspektive folglich nicht konjunkturell, sondern systemisch bedingt: durch Mängel im System. Um welche Mängel es sich dabei handelt, zeigt sich in den folgenden Materialien.

Systemische Schwächen und Reformbedarf

M 40

Ziffer 225: Die Ziele der Stabilisierungspolitik
Der Sachverständigenrat hat die gesamtwirtschaftliche Entwicklung danach zu beurteilen, inwieweit gleichzeitig Stabilität des Preisni-
5 veaus, hoher Beschäftigungsstand und außenwirtschaftliches Gleichgewicht bei stetigem und angemessenem Wachstum gewährleistet sind. Für zwei dieser gesamtwirtschaftlichen Ziele, das Beschäftigungsziel und das Wachs-
10 tumsziel, muss der Sachverständigenrat seit Jahren immer wieder feststellen, dass sie verfehlt worden sind.

Ziffer 226: Beschäftigungsziel krass verfehlt
In besonderem Maße gilt dies für das Beschäfti-
15 gungsziel. Von einem hohen Beschäftigungsstand kann seit 25 Jahren keine Rede mehr sein; […] die Arbeitslosenquoten für Deutschland insgesamt lagen [1999] mit 10,5 % für die offen ausgewiesene Arbeitslosigkeit und 14,8 % un-
20 ter Einbeziehung der verdeckten Arbeitslosigkeit nur geringfügig unter denen des Vorjahres […]. Nicht zuletzt wegen der in Ostdeutschland besonders hohen Arbeitslosigkeit – die Quoten der offenen und verdeckten Arbeitslosigkeit lag
25 1999 deutlich über 25 % – ist dies ein bedrückender Befund. […]

Ziffer 232: Mangelhafte Rahmenbedingungen
Wenn wichtige gesamtwirtschaftliche Ziele über lange Zeit anhaltend und in erheblichem
30 Ausmaß verfehlt werden, lässt sich dies nicht durch einfaches Gegensteuern einer auf Verstetigung ausgerichteten Nachfragepolitik beheben. Vielmehr deutet in der gegenwärtigen Lage in Deutschland alles auf Funktionsmängel
35 der marktwirtschaftlichen Anpassung hin, denen mit strukturellen Reformen zu begegnen ist. Das ist mit Angebotspolitik gemeint. […] Es geht dabei in erster Linie um die Deregulierung des Arbeitsmarkts, darüber hinaus aber auch
40 um langfristig angelegte Verbesserungen der Rahmenbedingungen für unternehmerische Tätigkeit in vielen Bereichen, nicht zuletzt in der Besteuerung und im System der sozialen Sicherung. […]

Ziffer 234: Mehr Dynamik erforderlich
45 **bei Globalisierung**
Die Notwendigkeit einer umfassenden Reformpolitik ergibt sich auch daraus, dass die deutsche Wirtschaft ihre Wachstumsdynamik in einem Umfeld wiedergewinnen muss, das durch
50 Intensivierung des weltweiten Wettbewerbs charakterisiert ist. Die Gründe dafür sind bekannt […].

Sie liegen neben der Liberalisierung des Handels und des Kapitalverkehrs vor allem da-
55 rin, dass immer mehr Länder als leistungsfähige Teilnehmer am Wettbewerb auftreten, insbesondere aufstrebende Schwellenländer und ehemals sozialistische Länder. In erheblichem Maße tragen dazu auch neue technologi-
60 sche Entwicklungen, vor allem in der Informations- und Kommunikationstechnik, aber auch im Bereich von Transport und Verkehr bei, welche die Kosten der Raumüberwindung drastisch reduzieren und viele Möglichkeiten eröff-
65 nen, in der Produktion Wertschöpfungsketten grenzüberschreitend zu zerlegen und industrienahe Dienstleistungen, die lange Zeit räumlich gebunden waren, international handelbar zu machen.
70 Der Globalisierungsprozess ist unumkehrbar; ein großes und eng in den Welthandel einbezogenes Land wie Deutschland kann und darf sich dieser Entwicklung nicht entziehen.

Jahresgutachten des Sachverständigenrates 1999/2000, Ziffern 225 ff.

M 41 Arbeitstechnik: Plenumsdiskussion

Thema: Ist die heutige Arbeitslosigkeit durch eine schwache gesamtwirtschaftliche Nachfrage (These 1) oder durch schlechte Angebotsbedingungen (These 2) verursacht?
1. Anfangsabstimmung: Wie viele sind für These 1, wie viele für These 2?
2. Vortrag Befürworter These 1 (max. 7 Min.)
3. Vortrag Befürworter These 2 (max. 7 Min.)
4. Debatte unter Diskussionsleitung (Zeitlimit vorher festlegen)
5. Schlussabstimmung: Wie viele haben die Position gewechselt?

M 42 Argumentationskarten für die Plenumsdiskussion

These 1: Nachfrageschwäche

Es fehlt an gesamtwirtschaftlicher Nachfrage. Die schlechte Wirtschaftslage ist Ausdruck einer schwachen Konjunktur – und die anhaltend hohe Arbeitslosigkeit ist im Kern konjunkturell bedingt. Weil die Nachfrage schwach ist, können die Unternehmen ihre Produktion nicht absetzen. Also produzieren sie weniger und die Kapazitätsauslastung sinkt weiter. Entsprechend brauchen die Unternehmen weniger Arbeitskräfte. Die steigende Arbeitslosigkeit schwächt die Nachfrage noch weiter.

Seit Keynes könnte man wissen, dass die Beschäftigung im gesamtwirtschaftlichen Kreislaufzusammenhang von der Produktion abhängt, die Produktion aber von der Nachfrage. Also ist die Arbeitslosigkeit eine Folge der unzureichenden Gesamtnachfrage. Mehr Beschäftigung setzt voraus, dass sich die Nachfrage wieder erholt, und insbesondere, dass der Staat eine aktive Nachfragepolitik betreibt.

These 2: Angebotsschwäche

Es fehlt an Arbeitsplätzen. Nur die Unternehmen können neue Arbeitsplätze schaffen. Wann investieren private Unternehmen in zusätzliche Arbeitsplätze? Wenn es sich für sie lohnt. Unternehmen investieren nicht aus Menschenfreundlichkeit oder sozialer Gesinnung, sondern in der Absicht, mit den vorhandenen Sach- und Personalkapazitäten Güter zu produzieren, die auf den Märkten Erträge und Gewinne bringen.

Wenn dies die Funktionsbedingungen privatwirtschaftlicher Wertschöpfung sind, dann dürfen die Unternehmen nicht blockiert werden – beispielsweise durch unflexible Arbeitsmärkte, durch eine (im internationalen Vergleich) überhöhte Steuer- und Abgabenbelastung, durch überzogene Regulierungen und Auflagen. Mehr Arbeitsplätze wird es nur geben, wenn die Angebotsbedingungen verbessert werden. Mit dem Angebot, also der Produktion von Gütern, entsteht Einkommen, damit die Voraussetzung für Nachfrage und Arbeitsplätze.

Originalbeiträge des Autors (M 41/M 42)

Arbeitsaufträge

1. Fassen Sie die „Diagnose" (also die Lageanalyse) des Sachverständigenrates in M 40 knapp zusammen: Worin sieht der Rat (Ende 1999) das wirtschaftspolitische Hauptproblem? Warum mangelt es an Arbeitsplätzen?
2. Als Ursache für die anhaltende Verfehlung des Beschäftigungszieles nennt der Rat „Funktionsmängel der marktwirtschaftlichen Anpassung". Was mit dieser etwas nebulösen Formulierung gemeint ist, können Sie indirekt aus den „Reformvorschlägen" des Rates erschließen. Was verhindert nach Überzeugung des Sachverständigenrates die Schaffung neuer Arbeitsplätze?
3. Führen Sie – ausgehend von M 41 und M 42 – eine Plenumsdiskussion durch.
4. Erörtern Sie zur Auswertung: a) Worauf beruhen die Begriffe „Angebotstheorie" und „Nachfragetheorie"? b) Inwiefern kann man beide Erklärungsansätze als einseitig bezeichnen? c) Inwieweit liegen ihnen auch unterschiedliche Vorstellungen über die Funktionsweise der Marktwirtschaft und über die Rolle des Staates zugrunde?

2.5 Workshop: Hearing: Was tun? Therapien gegen Arbeitslosigkeit

Thema des Workshops

Nachdem Sie sich mit verschiedenen Erscheinungsformen und Ursachenerklärungen zum Thema Arbeitslosigkeit auseinandergesetzt haben, geht es nun um die wirtschaftspolitischen Möglichkeiten, Arbeitslosigkeit zu bekämpfen. In der öffentlichen Diskussion spielen vor allem drei Strategien eine Rolle, die Sie im Rahmen dieses Workshops, bearbeiten und diskutieren können:

Gruppe 1: Arbeitsmarktpolitik gegen friktionelle/merkmalsstrukturelle Arbeitslosigkeit

Gruppe 2: Beschäftigungspolitik gegen konjunkturelle Arbeitslosigkeit

Gruppe 3: Angebotspolitik gegen sytemische Arbeitslosigkeit

(Die Fragen der technologisch bedingten Arbeitslosigkeit und der Arbeitszeitpolitik bleibt hier ausgeklammert; sie werden behandelt im Band *Kursthemen Sozialwissenschaften: Sozialer Wandel,* Berlin 2002).

Arbeitsschritte

1. Bilden Sie Arbeitsgruppen, die je einen Therapievorschlag bearbeiten. Je nach vorgegebenem Zeitbudget können/sollten Sie über das angebotene Material hinaus aktuelle und vertiefende Informationen recherchieren. Einigen Sie sich in Ihrer Arbeitsgruppe auf einen gemeinsamen Vorschlag zur Bekämpfung der Arbeitslosigkeit (ggf. können Sie auch Minderheitenvoten formulieren).
2. Formulieren Sie in Einzel-, Partner- oder Gruppenarbeit einen 5-Minuten-Vortrag, durch den Ihre Vorschläge in einem Hearing im Rahmen des Kurses zur Diskussion gestellt werden. Verdeutlichen Sie in Ihrem Vortrag, a) welcher Typus von Arbeitslosigkeit und welche Ursachenanalyse Ihrem Therapievorschlag zugrunde liegen; b) wie Ihre Strategie im Detail aussieht, welche positiven Effekte Sie erwarten, welche Mittel benötigt werden, c) welche (vermuteten) Risiken und Nebenwirkungen mit Ihrem Therapievorschlag verbunden sein könnten.
3. Das Hearing soll in eine kritische Diskussion einmünden, mit dem Ziel, die Effektivität und Wünschbarkeit der verschiedenen Strategievorschläge zu prüfen und abschließend mit einer Punktabfrage (siehe M 43) zu bewerten.

Arbeitstechnik: Punktabfrage

M 43

Mit einer Punktabfrage kann man rasch feststellen, welche Prioritäten in einer Gruppe bestehen. Liegen verschiedene Themen oder Vorschläge zur Auswahl vor, dann kann die Rangordnung durch „Gewichtung" ermittelt werden. Die Teilnehmer erhalten dazu eine bestimmte Anzahl von Klebepunkten, mit denen sie die von ihnen bevorzugten Themen markieren können.

1. Erstellen Sie eine Liste der Themen, Vorschläge, Strategien etc. (Themenspeicher).
2. Jeder Teilnehmer erhält eine bestimmte Anzahl von Klebepunkten (abhängig von der Zahl der Themen; wenn – wie im vorliegenden Fall – drei Strategien bewertet werden sollen, dann reichen zwei Punkte pro Teilnehmer). Bringen Sie jetzt Ihre Klebepunkte einzeln oder gehäuft an den Themen an, die von Ihnen bevorzugt werden. Versuchen Sie, Ihre Punkte möglichst unbeeinflusst von den anderen zu verteilen.
3. Ermitteln Sie, wie viele Punkte jedes Thema erhalten hat und bringen Sie die Themen in die entsprechende Rangfolge.
4. Formulieren Sie das Ergebnis der Punktabfrage: Welche Aussage enthält die von der Gruppe festgelegte Rangfolge?

Originalbeitrag des Autors

Gruppe 1: Arbeitsmarktpolitik gegen friktionelle und merkmalstrukturelle Arbeitslosigkeit

M 44 Per Mausklick zum Traumjob?

www.arbeitsamt.de

SIS – Stellen-Informations-Service der Bundesanstalt für Arbeit

Arbeitsamt: Online-Dienste der öffentlichen Arbeitsvermittler haben sich etabliert

„Das Arbeitsamt ist online und dieses Angebot ist ein Renner", sagt Gisela Steltzer von der Nürnberger Bundesanstalt für Arbeit. Täglich wählen 60 000 Nutzer „www.arbeitsamt.de".

Seriös wirkt sie, die Webseite von „Arbeitsamt-online". Fenster zum Anklicken versprechen Beratung, Vermittlung, Regionales, sogar Geldleistungen: Arbeitsamt, die tun was, ist der Eindruck. Verfügbar ist der Stellen-Informations-Service (SIS), der Arbeitgeber-Informations-Service (AIS) sowie der Ausbildungsstellen-Informations-Service (ASIS). Rund um die Uhr können Personalchefs Bewerberprofile auf ihren Bildschirm laden und vom Schreibtisch aus eine Vorauswahl treffen.

Über den Stellen-Service hingegen können Leute, die eine neue Beschäftigung suchen, nachsehen, was sich auf dem Markt tut. Gibt es freie Stellen für Elektroingenieure, im Tübinger Postleitzahlenbereich 72? Ja, sagt der Computer, exakt drei am 2.10.2001. Teilweise stehen dabei schon Adressen und Ansprechpartner und nähere Angaben zur Arbeitsstelle: Wie die Bezahlung ist und ob man einen Führerschein braucht. Und man kann sich per Mausklick gleich vormerken lassen.

Nach einem Artikel von J. Steck
in: Südwestpresse vom 14. Mai 1998 (aktualisiert)

M 45 Aufgaben und Instrumente der Arbeitsmarktpolitik

Nach § 1 AFG (Arbeitsförderungsgesetz) soll die Wirtschafts- und Sozialpolitik dazu beitragen, einen hohen Beschäftigungsstand zu erreichen und zu sichern, die Beschäftigungsstruktur zu verbessern und das Wachstum der Wirtschaft zu fördern. Zu den Aufgaben der Bundesanstalt für Arbeit gehören:

- finanzielle Leistungen für Arbeitslose (Arbeitslosengeld, Arbeitslosenhilfe, Konkursausfallgeld, Überbrückungsgeld)
- Beratung und Vermittlung von Arbeitslosen
- Förderung der beruflichen Aus- und Weiterbildung, der beruflichen Rehabilitation sowie der Umschulung
- Mobilitäts- und Eingliederungshilfen, Unterstützung bei der Arbeitsaufnahme
- Kurzarbeitergeld
- Förderung der ganzjährigen Beschäftigung in der Bauwirtschaft
- ABM (Arbeitsbeschaffungsmaßnahmen) und SAM (Strukturanpassungsmaßnahmen Ost für Wirtschaftsunternehmen)

Bei der Zuweisung in ABM sollen vor allem diejenigen berücksichtigt werden, die geringe Chancen auf dem allgemeinen Arbeitsmarkt haben. Mit der Beschäftigung in ABM werden berufliche Kenntnisse und Fertigkeiten erhalten oder verbessert; zugleich wirken ABM gegen Motivationsverluste durch anhaltende Arbeitslosigkeit.

Zusammengestellt aus Angaben der Bundesanstalt für Arbeit

2.5 Workshop: Hearing: Was tun? Therapien gegen Arbeitslosigkeit

Ausgaben der aktiven Arbeitsmarktpolitik

M 46

- Förderung der beruflichen Ausbildung: 2,0
- Lohnkostenzuschüsse: 2,1
- berufliche Rehabilitation: 2,5
- ABM und traditionelle Strukturanpassungsmaßnahmen: 4,4
- Überbrückungsgeld/Arbeitnehmerhilfe: 0,8
- Förderung der beruflichen Weiterbildung/Trainingsmaßnahmen: 9,6

Ausgaben der Bundesanstalt für Arbeit in Mrd. € im Jahr 2000

Wirtschaft und Unterricht Nr. 6/2001 (Hrsg. Institut der deutschen Wirtschaft)

Stichwort: Zweiter Arbeitsmarkt und Beschäftigungsprogramme

M 47

Als Zweiter Arbeitsmarkt werden Maßnahmen bezeichnet, mit denen insbesondere Langzeitarbeitslose und andere Problemgruppen durch staatliche oder staatlich geförderte Beschäftigungsmaßnahmen aufgefangen werden, z. B. durch Arbeitsbeschaffungsmaßnahmen (ABM). Es ist aber offensichtlich, dass diese Instrumente, wenn sie in großem Ausmaß angewandt werden, zu erheblichen Finanzierungsproblemen führen. [...] Hinzu kommt als konzeptionelles Problem, dass sich im Zweiten Markt Tarifstrukturen ergeben können, die auf Dauer unter den tariflichen Mindestlöhnen des regulären Marktes liegen. Dies könnte wiederum zu Verdrängungseffekten in parallelen Bereichen des regulären Marktes führen, z. B. bei Dienstleistungen, die sowohl kommerziell als auch durch ABM-Stellen angeboten werden. Zudem verringert ein Zweiter Arbeitsmarkt tendenziell die Leistungsbereitschaft und Motivation, sich auf den regulären Arbeitsmarkt einzustellen. [...] Der Zweite Arbeitsmarkt sollte deshalb nicht als Ersatz für den ersten, sondern als Notebene mit klarem Lohn-Niveauunterschied angesehen werden.

J. Altmann: Wirtschaftspolitik. Stuttgart, 2000 (7), S. 137 f.

Arbeitsaufträge

1. Rufen Sie im Internet www.arbeitsamt.de auf. Probieren Sie den SIS oder den ASIS aus. Sie könnten z. B. nachschauen, ob in Ihrer Wohngegend Angebote in dem Berufsfeld vorhanden sind, das Sie interessiert.
2. Wägen Sie die Vor- und Nachteile des SIS bzw. des ASIS gegenüber einer persönlichen Beratung auf dem Arbeitsamt ab. Für welchen Weg würden Sie sich entscheiden, wenn Sie eine Erwerbsarbeit oder einen Ferienjob suchen würden? Begründen Sie Ihre Position.
3. Die Einrichtung des SIS hat den Steuerzahler rund 50 Mio. Euro gekostet. Halten Sie diesen Aufwand für gerechtfertigt? Welche Maßstäbe und Kriterien legen Sie zugrunde?
4. Informieren Sie sich über Aufgaben, Instrumente und Ausgaben der Arbeitsmarktpolitik. (M 45–M 48, www.arbeitsamt.de, www.bma.de)
5. Vergleichen Sie die Einschätzung der ABM-Maßnahmen in M 45 mit der in M 47 und mit den Aussagen der Karikaturen in M 48 und nehmen Sie Stellung.

M 48 „Landessieger Mecklenburg-Vorpommern"

Karikatur: K. Mester

Karikatur: T. Plaßmann

M 49 „ICH-AG sucht Job"

Karikatur: H. Haitzinger

Karikatur: K. Stuttmann

Die wichtigsten Maßnahmen des Hartz-Paketes

M 50

Das Hartz-Konzept zur Reform des Arbeitsmarktes umfasst 13 „Innovationsmodule". Die Arbeitsförderungspolitik wird im Sinne einer aktivierenden Arbeitsmarktpolitik umgebaut. Im Zentrum der Arbeitsförderung steht künftig die eigene Integrationsleistung des Arbeitslosen.

Ziele und offene Fragen

Maßnahme	Ziel	Problem/offene Fragen
Jedem Arbeitsamt soll eine Personalservice-Agentur angegliedert werden, die Arbeitslose einstellen und zu Tariflöhnen an Firmen ausleihen soll.	Arbeitslose sollen neue Jobs als Leiharbeitnehmer finden; die Zeitarbeit soll allgemein ausgeweitet werden.	Zu welchen Konditionen werden Joblose eingestellt? Wie wird der Wettbewerb zwischen privaten und öffentlich-rechtlichen Zeitarbeitsbetreibern organisiert?
Gekündigte müssen sich sofort beim Arbeitsamt melden, sonst bekommen sie erst später Geld. Dafür dürfen sie während der Arbeitszeit auf Jobsuche gehen.	Die Arbeitsämter sollen schon mit der Vermittlung beginnen, während die Kündigungsfrist noch läuft.	Wie wird verhindert, dass Gekündigte im Betrieb zu oft fehlen? Wie werden finanzielle Härten für Arbeitslose vermieden?
Arbeits- und Sozialämter werden zu Jobcentern zusammengelegt. Sozialhilfeempfänger erhalten Anspruch auf Hilfe vom Arbeitsamt.	Alle Arbeitslosen sollen kostengünstiger und effektiver betreut werden.	Wie werden die Kosten zwischen Bund, Ländern und Gemeinden aufgeteilt?
Arbeitslosengeld wird in den ersten sechs Monaten in leicht zu errechnenden Pauschalen gezahlt.	Geringerer Verwaltungsaufwand. In den Arbeitsämtern können Angestellte, die bisher die Leistungen berechnet haben, in der Vermittlung eingesetzt werden.	Wie müssen die Pauschalen gestaltet werden, damit der Rechtsanspruch auf eine angemessene Gegenleistung für die gezahlten Beiträge erfüllt wird? Wie werden Kinder berücksichtigt?
Arbeitslosengeld wird begrenzt gezahlt, danach durch ein Sozialgeld ersetzt. Ausnahme: die über 55-Jährigen haben Anspruch bis zur Frührente.	Größerer Anreiz für Arbeitslose, angebotene Jobs auch anzunehmen.	Wie werden soziale Härten und neue Anreize zur Frühverrentung ausgeschlossen?
Die Selbstständigkeit soll mit so genannten Ich-AGs gefördert werden. Arbeitslose, die nicht mehr als 15.000 € als Selbstständige hinzuverdienen, zahlen nur eine Pauschalsteuer von 10 %.	Bekämpfung von Schwarzarbeit, Anreize für mehr Selbstständigkeit.	Wie kann Missbruch ausgeschlossen werden? Wie werden Einbußen für den Fiskus vermieden?

C. Löscher: Das Hartz-Konzept – Umbau des Sozialstaats? In: Aktualitätendienst Politik. www.cornelsen.de (Stand: 21.11.02)/Aktuelle Angaben zur Umsetzung des Konzepts finden Sie unter www.bundesregierung.de

Das Hartz-Konzept wurde verwässert

M 51

„Eins zu eins", so haben der Kanzler und sein Superminister für Wirtschaft und Arbeit versprochen, sollen die Vorschläge der Hartz-Kommission umgesetzt werden. Tatsächlich haben die rot-grünen Koalitionäre die 13 Vorschläge der Kommission um Peter Hartz in ihren Gesetzentwürfen fleißig abgearbeitet: Von den Jobcentern über die Meldepflicht nach einer Kündigung und der Umkehr der Beweislast bis hin zu den Minijobs im hauswirtschaftlichen Bereich und der Ich-AG. Selbst die faktische Beseitigung des Kündigungsschutzes für zuvor arbeitslose Arbeitnehmer über 50 Jahre findet sich im Gesetzentwurf wieder – trotz Widerstands der Gewerkschaften. Teilweise geht der Entwurf sogar über Hartz hinaus. Die „Bildungsgutscheine", mit denen sich Arbeitslose einen Weiterbildungskursus suchen können, finden sich so in dem Hartz-Konzept nicht. Zusammen mit Prüfstellen für die Anbieter von Fortbildungskursen werden sie für frischen Wind auf dem Weiterbildungsmarkt sorgen. So weit, so gut.

An entscheidender Stelle nahm man es mit

der Eins-zu-eins-Vorgabe des Kanzlers aber nicht so genau: bei den Personalserviceagenturen (PSA), die das „Herzstück" des Konzeptes sein sollten. Die PSAs sollen 500 000 Arbeitslose als Zeitarbeiter in Unternehmen vermitteln. Jeder dritte, vielleicht sogar jeder zweite

Arbeitslose, könnte dann – so hofft Hartz – in eine reguläre Beschäftigung wechseln. Nicht zuletzt sind die PSAs auch ein gutes Mittel, die Arbeitswilligkeit der Arbeitslosen zu überprüfen.

Nun sieht aber der Gesetzentwurf vor, dass die Leiharbeiter nach sechs Wochen in dem Unternehmen in der Regel den gleichen Lohn wie die Festangestellten erhalten sollen. Hartz hatte sich das so nicht vorgestellt. Sein Konzept sah erst bei der Übernahme in eine reguläre Beschäftigung die Bezahlung nach dem dort üblichen Lohn vor. Aus gutem Grund: Denn je teurer die Leiharbeiter sind, desto geringer ist die Nachfrage der Unternehmen. Vor allem die so genannten schwer vermittelbaren Arbeitslosen – Ungelernte, Langzeitarbeitslose, Schwerbehinderte – haben so kaum eine Chance auf Wiedereingliederung. Auf Druck der Gewerkschaften, so klagen die Wirtschaftsverbände, wurde Hartz an einer entscheidenden Stelle verwässert und zerrupft. Die Zeitarbeitsbranche fürchtet durch den Zwang zur gleichen Bezahlung sogar um ihre Existenz, wird Zeitarbeit damit doch für viele Unternehmen schlicht zu teuer. [...] Die Gefahr ist daher groß, dass die PSAs zu gigantischen Beschäftigungsgesellschaften mutieren. Denn das Hartz-Konzept sieht auch den Einsatz der PSA-Angestellten „im gemeinnützigen und gesellschaftlichen Bereich" vor – heute heißt das Arbeitsbeschaffungsmaßnahme (ABM). Und in der verleifreien Zeit werden die Arbeitslosen – wie auch heute schon – mit Weiterbildungskursen beschäftigt. Ein riesiger „dritter" Arbeitsmarkt für Arbeitslose tut sich hier auf.

Etwas Gutes haben die PSAs dennoch – zumindest für die Regierung. Auch wenn sie keinem einzigen Arbeitslosen eine reguläre Stelle vermitteln, tauchen ihre „Angestellten" nicht mehr in der Arbeitslosenstatistik auf. Auch so kann man die Arbeitslosigkeit senken, wenn auch nur auf dem Papier.

Die Welt vom 16. Dezember 2002
Autor: Stefan von Borstel

Arbeitsaufträge

1. Prüfen Sie, welche Maßnahmen des Hartz-Paketes aus Ihrer Sicht geeignet sind, um friktionelle Arbeitslosigkeit zu verringern. Erörtern Sie offene Fragen und mögliche Probleme, die bei der Umsetzung entstehen könnten/entstanden sind. (M 50)
2. Entschlüsseln Sie die Karikaturen zum Hartz-Konzept und beschreiben Sie die dahinter stehende Kritik. (M 49)
3. Recherchieren Sie Pro- und Kontra-Argumente zur Hartz-Reform (z. B. M 51 oder www.spdfraktion.de/archiv/hartzumsetzung/fragen.html).
   Fixieren Sie Ihr Ergebnis in einer Pro- und Kontra-Tabelle.

Fachkräftemangel trotz hoher Arbeitslosigkeit

M 52

Mangelerscheinungen konzentrieren sich auf bestimmte Branchen und Regionen. So zeichnet sich ein erheblicher Kräftebedarf im Bereich der Informationstechnologie, der Metall- und Elektroindustrie sowie des Hotel- und Gaststättengewerbes ab. In vielen Arbeitsmarktbezirken besteht auch Personalbedarf im Pflegebereich und im Handwerk. In Süddeutschland scheinen die Arbeitsmärkte bei Arbeitslosenquoten von zuletzt knapp fünf Prozent weitgehend geräumt. In Bayern und Baden-Württemberg stehen im Metall- und Elektrobereich statistisch gesehen jedem Bewerber zwei Stellen offen. Oft steht mangelnde Mobilität von Arbeitslosen einem Ausgleich auf dem Arbeitsmarkt entgegen.

Ein wichtiger Grund für das Fehlen von Fachkräften sind Lücken zwischen den von Unternehmen geforderten Qualifikationen und den vorhandenen Qualifikationen der Bewerber. Ursachen sind der fortschreitende Strukturwandel, aber auch Defizite im allgemeinen Bildungssystem.

Bundesvereinigung Deutscher Arbeitgeberverbände, Bericht Nr. 3/2000: Fachkräftemangel; www.Arbeitgeber.de (gekürzt)

Neue Strategien gegen den Fachkräftemangel: Ein 12-Punkte-Programm

M 53

1. Das Bildungssystem modernisieren und die Bildungsinfrastruktur ausbauen
2. Die Arbeitsmarktpolitik neu ausrichten: Befähigen und Aktivieren
3. Die Attraktivität strukturschwacher Regionen erhöhen
4. Das Arbeitsrecht für den Wandel der Beschäftigungsformen öffnen
5. Beschäftigungshemmende Regelungen im Sozial- und Steuerrecht abbauen
6. Fachkräftezuwanderung erleichtern
7. Eine qualifikationsfördernde Lohndifferenzierung zulassen
8. Betrieblichen Bündnissen gegen Fachkräftemangel Raum geben
9. Verfügbare Potenzialreserven ausschöpfen
10. Aus- und Weiterbildung zur personalpolitischen Basisstrategie machen
11. Arbeitgeber-Attraktivität als strategischen Erfolgsfaktor begreifen
12. Betriebliches Personalmanagement im Mittelstand zur Chefsache machen

Memorandum der Bertelsmann-Stiftung: Neue Strategien gegen den Fachkräftemangel. Gütersloh, 2002, S. 2.

Arbeitsaufträge

1. Legen Sie eine tabellarische Übersicht zum Thema Fachkräftemangel an (Branchen, Regionen, Ursachen).
2. Schauen Sie nochmals in M 45 nach, welche der dort genannten Instrumente dazu eingesetzt werden könnten, die Qualifikationen der Arbeitslosen so zu verbessern, dass sie dem Anforderungsprofil der zu besetzenden Stellen eher entsprechen.
3. Welche Gründe könnte die geringe regionale Mobilität von Arbeitslosen haben? Unterscheiden Sie nach Gründen, die Sie akzeptabel finden, und solchen, die man als „Mängel" einstufen und arbeitsmarktpolitisch ausgleichen sollte (z. B. durch Mobilitätsbeihilfen wie Umzugskostenzuschuss).
5. Erläutern Sie, inwiefern der strukturelle Wandel als Ursache für Merkmalsdiskrepanzen angesehen werden kann. (Merkmalsdiskrepanzen = Abweichungen zwischen den Merkmalen der Arbeitslosen und dem Anforderungsprofil neuer/offener Stellen.)
6. Wenn Sie sich dafür entscheiden sollten, das Thema Fachkräftemangel und Qualifizierungspolitik für das Hearing vorzubereiten, sollten Sie sich vertiefend mit dem 12-Punkte-Programm auseinander setzen (M 53). Den kompletten Text des Memorandums (23 Seiten) finden Sie unter **www.bertelsmann-stiftung.de/fachkräftemangel** auch als Download.

Gruppe 2: Beschäftigungspolitik gegen konjunkturelle Arbeitslosigkeit

Bei konjunktureller Arbeitslosigkeit reicht die Arbeitsmarktpolitik nicht mehr aus; vielmehr ist jetzt die Beschäftigungspolitik gefragt. Arbeitsmarktpolitik setzt bei den einzelnen Arbeitslosen an und verbessert deren Chancen, wieder erwerbstätig zu werden. Beschäftigungspolitik setzt dagegen an gesamtwirtschaftlichen Größen an, insbesondere an der Gesamtnachfrage und den Angebotsbedingungen.

M 54 **Keynes lebt!**

Das Biest hält die Welt noch in Atem, doch die US-Regierung verkündet [im Mai 2001] den Sieg über die Rezession: „Am Ende dieser Woche", erklärte Finanzminister Paul O'Neill [...], 5 „werden wir die Bedingungen geschaffen haben, um in sehr naher Zukunft zu einem sehr hohen Wachstum zurückzukehren." [...] Klartext. Operation erledigt – Konjunkturkrise

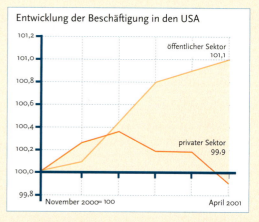

überwunden? Anzeichen einer Wende sind in den realwirtschaftlichen Daten der US-Wirt-
10 schaft bisher nicht zu erkennen. Und doch tut sich etwas: Amerikas Wirtschaftspolitiker greifen inzwischen so entschlossen und massiv in die Volkswirtschaft ein wie seit Jahren nicht mehr.
15 Ob Notenbank, Weißes Haus oder Kongress – nach dem längsten Aufschwung der US-Geschichte [1990–2000] wird derzeit alles nur Mögliche getan, um das Abrutschen in eine Rezession zu verhindern. Reagierte bislang vor
20 allem die Notenbank Federal Reserve mit fünf drastischen, schnell aufeinander folgenden Zinssenkungen [vgl. Grafik], geben jetzt die Finanzpolitiker Vollgas – getreu der Lehre von John Meynard Keynes: Wenn die Nachfrage im
25 privaten Sektor schwächelt, muss der Staat nachhelfen.
Während die US-Konzerne massenweise Stellen streichen, schafft der Staat unverdrossen neue Arbeitsplätze. Und die ganz große Konjunkturspritze steht erst noch bevor: Fi- 30 nanzminister O'Neill geht davon aus, dass [...] ein Gesetz beschlossen wird, das die Steuerzahler in den nächsten elf Jahren um 1350 Mrd. $ entlastet. 100 Mrd. $ könnten noch in den nächsten beiden Jahren an die Bürger weiter- 35 gereicht werden.
[...] Die Bürger werden es zu schätzen wissen, denn die Wirtschaft steht inzwischen für alle sichtbar auf der Kippe. Kaum jemand wagt sich vorzustellen, wie das Bild aussähe, wenn 40 Notenbank-Chef Alan Greenspan nicht [...] die Leitzinsen [...] nach unten getrieben hätte. [...] Die Geldmenge wuchs im ersten Quartal mit einer aufs Jahr hochgerechneten Rate von 15 Prozent – so schnell wie seit den 70er-Jahren 45 nicht mehr. [...] Ohne eine weitere Lockerung, so begründete die Fed* ihre letzten Zinsschritte, sei nicht damit zu rechnen, dass sich das Wachstum auf ein „akzeptables Tempo" beschleunige. Inflationsbedenken werden erst 50 mal beiseite geschoben. Obwohl die Stückkosten der Unternehmen kräftig steigen und die Inflationsrate fast 3,5 Prozent erreicht [...]
Die Politiker wollen jetzt noch einen draufleg
en. [...] Noch in dieser Woche will das Parla- 55

ment das größte Steuersenkungspaket seit 20 Jahren beschließen. [...] Fest steht bisher allerdings nur die Gesamtsumme: Über die Aufteilung der 1350 Mrd. $ streiten Republikaner und Demokraten weiterhin.

[...] Als es vor zwei Wochen so aussah, als würden die 100 Mrd. $ – immerhin rund ein Prozent des US-Bruttoinlandsprodukts – schon ab Herbst in Form von Schecks an die Bürger verteilt, errechnete Bernhard Gräf, US-Experte bei Deutsche Bank Research, eine ganz erhebliche Schubwirkung: „Selbst wenn nur knapp die Hälfte des Geldes ausgegeben würde, könnte dies im dritten Quartal 2001 ein zusätzliches Wachstum von drei und im vierten Quartal von 2,5 Prozentpunkten bringen." [...] Ob die Bürger das Geld tatsächlich voll in den Konsum stecken werden, ist unter Ökonomen umstritten. Erfahrungen mit früheren Ankurbelungsprogrammen lassen eher erwarten, dass mancher Dollar einfach auf die hohe Kante gelegt wird.

Zudem könnte ein Großteil der Entlastung durch die explodierenden Energiepreise geschluckt werden. [...] Solange das Steuerpaket noch auf sich warten lässt, scheint sich die Regierung zumindest bei ihren eigenen Ausgaben nicht mehr ganz so streng zu geben. Beispiel Bildungsetat: Die monatlichen Ausgaben lagen hier zuletzt um rund ein Drittel höher als im Sommer 2000. Gestiegen sind auch die Militärausgaben, deren Ausweitung – um 84 Mrd. $ bis 2005 – Clinton schon 1999 gefordert hatte. [...] Auch wenn Bush aktive Konjunkturprogramme ablehnt und als Sparkommissar angetreten ist – angesichts der Krise kommt es ihm zupass, dass so manche expansive Maßnahme aus der Endzeit seines Vorgängers Bill Clinton jetzt die Konjunktur stützt.

Financial Times Deutschland vom 23. Mai 2001,
© Illustration: FTD, Autoren: T. Fricke, C. Schütte und H. Wetzel, Y. Esterhazy und K. Pelda; URL des Artikels: www.ftd.de/pw/in/1071736.html

Bereiche und Instrumente der Beschäftigungspolitik

M 55

Politikbereiche	Instrumente
Finanzpolitik Akteur: Bundesregierung Ziel: Stabilisierung der gesamtwirtschaftlichen Nachfrage	Variationen der • Staatsausgaben (Haushaltspolitik) • Staatseinnahmen (Steuerpolitik) • Investitionsprämien • Abschreibungsmodalitäten
Geldpolitik Akteur: Bundesbank, Europäische Zentralbank Ziel: Steuerung der Geldmenge und des Zinsniveaus	Variationen • der Zuwachsrate der Geldmenge • des Refinanzierungssatzes (Mindestbietungssatz für die Hauptrefinanzierungsgeschäfte = Leitzins)
Tarifpolitik Akteure: Tarifvertragsparteien (Gewerkschaften und Arbeitgeberverbände) Ziel: Gestaltung der Arbeitsbedingungen	Abschluss von Tarifverträgen über • Lohnerhöhungen, Lohnstruktur • Arbeitszeiten, Flexibilisierung • Teilzeitarbeit, Urlaub etc.

Erläuterung: Hinsichtlich der Akteure ist zu beachten, dass die Finanzpolitik im Verantwortungsbereich der Bundesregierung, die Geldpolitik dagegen in der Verantwortung der Zentralbank liegt (früher Bundesbank, heute Europäische Zentralbank). Die Tarifvertragsparteien beeinflussen mit ihren Tarifabschlüssen ebenfalls die Beschäftigungsbedingungen und den Konjunkturverlauf. Sie handeln jedoch prinzipiell autonom, geschützt durch die in Artikel 9, Absatz 3 Grundgesetz verankerte „Tarifautonomie".

Originalbeitrag des Autors

Stichwort: Antizyklische Haushaltspolitik

Bei Hochkonjunktur	Bei Abschwächung der Konjunktur
• Stilllegung von Mitteln in der Konjunkturausgleichsrücklage	• Entnahme von Mitteln aus der Konjunkturausgleichsrücklage
• Zusätzliche Tilgung von Schulden bei der Zentralbank	• Zusätzliche öffentliche Ausgaben, ggf. über Kredite finanziert („deficit spending")
• Beschränkung der Kreditaufnahmen der öffentlichen Hand	• Beschleunigung geeigneter Investitionen („Investitions- bzw. Beschäftigungsprogramme")
• Streckung oder Zurückstellung von Investitionen	• Verstärkung der Finanzhilfen von Bund an Länder bzw. von Ländern an Gemeinden
• Verstärkung der Offenmarktgeschäfte der Zentralbank	• Herabsetzung der Einkommen- bzw. Körperschaftsteuer für maximal 1 Jahr um bis zu 10 %
• Erhöhung der Einkommen- bzw. Körperschaftsteuer für maximal 1 Jahr um bis zu 10 % (Konjunkturzuschlag)	• Einführung von Investitionszulagen
• Beschränkung der Abschreibungsmöglichkeiten	• Nachträgliche Anpassung der Einkommen- oder Gewerbesteuervorauszahlungen nach unten
• Anpassung der Vorauszahlungen auf Einkommen- oder Gewerbesteuer nach oben	

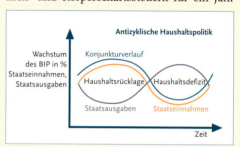

Nach wie vor bildet das Stabilitäts- und Wachstumsgesetz (StWG) aus dem Jahr 1967 die rechtliche Grundlage für eine antizyklische Konjunkturpolitik. Wichtigstes Instrument dieser Politik ist der Staatshaushalt. Das Gesetz bietet die Möglichkeit, mittels Ausgaben- und/oder Einnahmenpolitik der konjunkturellen Entwicklung entgegen zu steuern. In einer Phase der Konjunkturabschwächung kann die Regierung zusätzliche Ausgaben tätigen. Konjunkturpolitisch bedingte Mehrausgaben dürfen durch zusätzliche Kredite finanziert werden; im Falle eines „gesamtwirtschaftlichen Ungleichgewichts" ist der Finanzminister ausdrücklich zu einer höheren Kreditaufnahme berechtigt. Darüber hinaus können Einkommen- und Körperschaftsteuern für ein Jahr lang um bis zu 10 Prozent ermäßigt werden. Zusätzlich kann den Unternehmen eine Investitionsprämie gewährt werden. Im Falle eines Booms lassen sich die genannten Maßnahmen mit umgekehrtem Vorzeichen einsetzen, also wiederum „antizyklisch".

Nach einem Text von D. Feldbrügge, in: FAZ vom 9. August 2001, S. 11

Arbeitsaufträge

1. Worauf zielt keynesianische Konjunkturpolitik in der Rezession? (M 54) Formulieren Sie, was der Staat mit seinen Maßnahmen erreichen will und auf welchen Wirkungszusammenhängen dieser beschäftigungspolitische Ansatz beruht. Greifen Sie dabei auch auf das Kreislaufschema in M 36, S. 73, zurück und erläutern Sie den Begriff der antizyklischen Haushaltspolitik (M 56).
2. Geben Sie Gründe dafür an, warum auch die Geldpolitik expansiv ausgerichtet werden sollte, wenn der Staat im Konjunkturabschwung mit seiner Haushaltspolitik „gegenzusteuern" versucht. Welche Gefahren sind mit einer solchen Geldpolitik verbunden?
3. Verdeutlichen Sie an dem Beispiel der keynesianischen Konjunkturpolitik in Deutschland (M 57) und der USA (M 54) die Bereiche und Instrumente einer keynesianischen Beschäftigungspolitik. (M 55)
4. Setzen Sie das Gesamtvolumen der in M57 genannten zusätzlichen Staatsausgaben ins Verhältnis sowohl zum Bundeshaushalt als auch zum BIP des Jahres 1967. Wie groß war demnach der durch die Finanzpolitik ausgelöste „konjunkturelle Impuls"? (Die benötigten Daten finden Sie z. B. in den „Statistischen Jahrbüchern" oder im Anhang der Jahresgutachten des Sachverständigenrates.)

Keynesianische Konjunkturpolitik in Deutschland

M 57

In der Bundesrepublik Deutschland kam es 1963 zur Einrichtung eines „Sachverständigenrates zur Begutachtung der gesamtwirtschaftlichen Entwicklung". Mit der Verabschiedung
5 des Stabilitäts- und Wachstumsgesetzes (StWG) und der zugehörigen Grundgesetzänderung (Art. 109 GG) im Jahre 1967 wurden die Prinzipien der Keynes'schen Wirtschaftspolitik auch rechtlich verankert: „Bund und Länder ha-
10 ben bei ihren wirtschafts- und finanzpolitischen Maßnahmen die Erfordernisse des gesamtwirtschaftlichen Gleichgewichts zu beachten." (§ 1 StWG)

Der erste – und wohl einzig erfolgreiche –
15 Anwendungsfall antizyklischer Konjunktur- und Beschäftigungspolitik auf der Basis des StWG war dann die Überwindung der relativ milden, die westdeutsche Öffentlichkeit gleichwohl schockierenden, ersten Nachkriegsrezes-
20 sion von 1966/67 (Arbeitslosenquote 1967: 2,1 %!; davor und danach lag die Arbeitslosenquote bei heute unvorstellbaren 0,7 %).

Die getroffenen Maßnahmen – zusätzlicher Investitionshaushalt von 1,3 Mrd. Euro, ein mo-
25 derates staatliches Konjunkturprogramm in Höhe von 2,7 Mrd. Euro sowie eine flankierend-expansive Geldpolitik der Bundesbank – führten rasch aus der Rezession heraus und in den Superboom der Jahre 1968/69. Die Gewinn-
30 explosion dieses Booms, verstärkt durch den Zeitgeist der „68er-Stimmung", löste im September 1969 wilde (offiziell: spontane) Streiks aus, mit denen die Beschäftigten sich ihren „Anteil am Kuchen" sichern wollten. Dadurch
35 wurde eine Lohn-Preis-Spirale in Gang gesetzt, die den Keim für die inflationären Tendenzen der 70er-Jahre legte.

G. Willke: John Maynard Keynes. Frankfurt a. M., 2002, S. 150 f.

Nachfragesteuerung als Wunderwaffe?

M 58

Noch vor nicht allzu langer Zeit sprachen staatsinterventionistische Ökonomen etwas großspurig von der „Feinsteuerung" der Wirtschaft, so als könnte man das Beschäftigungs-
5 und Produktionsniveau in der gleichen Weise regulieren wie die Lautstärke einer Hi-Fi-Anlage. Dieser leichtfüßige Optimismus gehört inzwischen der Vergangenheit an. Wir wissen nun, dass es schwierig ist, die Wirtschaft auf ei-
10 nen hohen Produktionsstand zu führen, ohne dass gleichzeitig die Inflation ausufert. Ebenso ist bekannt, dass man Steuern und Staatsausgaben nicht so leicht verändern kann, wie die Variablen einer mathematischen Gleichung.
15 Die realen Verhältnisse, wie etwa die öffentliche Meinung, politische Koalitionen oder strukturelle Widerstände innerhalb der Wirtschaft lassen es als utopisch erscheinen, dass der Staat die Wirtschaft auf ein Ziel hinsteuern kann wie ein Kapitän sein Schiff in ruhiger See. Viel
20 wahrscheinlicher ist es, dass er mit Sturmböen, meterhohen Wellen und Gegenströmungen zu kämpfen hat, während er versucht, den Kompass auf Kurs zu halten.

Tatsächlich ist die Realität noch sperriger als
25 soeben beschrieben. Nicht nur hat sich staatliche Nachfragesteuerung in äußerst rauen Gewässern behaupten müssen; es scheint vielmehr so, als sei sie auch für die Mehrzahl der jüngsten Konjunkturzyklen verantwortlich.
30 (...) Die Tatsache, dass die öffentliche Hand in der Vergangenheit oft schlecht, gelegentlich auch miserabel regiert hat, sollte uns jedoch nicht dazu bewegen, das Steuer des staatlichen Nachfragemanagements über Bord zu werfen.
35

R. Heilbronner/L. Thurow: Wirtschaft. Das sollte man wissen. Frankfurt a. M./New York, 2002, S. 153 f.

M 59a **Die Schwächen der keynesianischen Beschäftigungspolitik**

Die kritische Diskussion des Keynesianismus hat folgende Schwachstellen herausgearbeitet:

- *Antizyklisches „fine tuning" überfordert die staatlichen Akteure:* Das antizyklische Stabilisierungskonzept verlangt kurzfristig orientierte Interventionen des Staates. Damit sind hohe Anforderungen an die Datenanalyse (Diagnose und Prognose), an die Koordination der beabsichtigten Maßnahmen sowie an das „Timing" des Instrumenteneinsatzes verbunden. Staatliches Handeln ist damit in der Regel überfordert.
- *Prozyklische Auswirkungen antizyklischer Politik:* Der wirtschaftspolitische Entscheidungs- und Handlungsprozess weist eine Reihe von Verzögerungen (lags) auf, die dazu führen können, dass antizyklisch gemeinte Maßnahmen zu spät ergriffen werden und deswegen wirkungslos bleiben – oder sich gar prozyklisch, also zyklenverstärkend auswirken. Lags ergeben sich bei der Diagnose der wirtschaftlichen Entwicklung, bei der Ausarbeitung konjunkturpolitischer Programme, bei der Koordination der Akteure (Regierung, Zentralbank, Tarifvertragsparteien), aber auch beim Einsatz der Maßnahmen (Handlungs- und Wirkungslags).
- *Stop-and-go-Politik trägt Unruhe in die Wirtschaft:* Kurzfristige, antizyklische Interventionen des Staates gleichen einem kurzatmigen Hin- und Herreißen des Steuers. Statt den Wirtschaftsprozess zu verstetigen, erhöht dies die Unsicherheit bei Unternehmen und Haushalten und verschreckt die Investoren. Eine solche Politik der unruhigen Hand widerspricht dem Gebot der „Konstanz der Wirtschaftspolitik" und verursacht häufig erst jene Schwankungen, die sie zu verstetigen beabsichtigt.
- *Demand management hat zu anwachsenden Haushaltsdefiziten geführt:* Das Konzept des antizyklischen demand management wurde in der Praxis nicht ausgewogen expansiv und restriktiv angewendet, sondern quasi gewohnheitsmäßig als deficit spending. Die Folge war eine kontinuierliche Ausweitung der Staatsausgaben, der Staatsquote und am Ende auch der Staatsverschuldung.
- *Staatsquote:* Im Zuge keynesianischer Haushaltspolitik ist der Anteil des Staates am BIP dramatisch gestiegen; der Anteil der Privatwirtschaft wurde zurück gedrängt. Anfang der 80er-Jahre erreichte die Staatsquote in Westdeutschland Maximalwerte von über 50 %. Die Kehrseite dieser hohen Staatsquote ist eine entsprechend überhöhte Steuer- und Abgabenbelastung zur Finanzierung der öffentlichen Haushalte. Im globalen Standortwettbewerb fällt dies als Nachteil ins Gewicht.
- *Staatsverschuldung:* Die über Jahrzehnte hinweg akkumulierten Haushaltsdefizite haben zu einer stark angestiegenen Staatsverschuldung geführt (allein beim Bund explodierte der Schuldenstand von ca. 13 Mrd. Euro Anfang der 60er-Jahre auf über 250 Mrd. Euro bis zur deutschen Einheit). Wenn über 18 % des Bundeshaushalts für Zinszahlungen abgezweigt werden müssen, leiden darunter dringliche Strukturreformen und Zukunftsaufgaben.

G. Willke: John Maynard Keynes. Frankfurt a. M., 2002, S. 160 ff.

M 59b **Die Schwächen der keynesianischen Beschäftigungspolitik**

F. J. Kaiser/V. Brettschneider (Hg.): Volkswirtschaftslehre. Berlin, 2002, S. 245

Arbeitsaufträge

1. Sammeln Sie Argumente pro und kontra keynesianische Konjunkturpolitik = antizyklische Nachfragesteuerung. Fassen Sie die Argumente schriftlich in einer tabellarischen Übersicht zusammen. Sie können mit der Auswertung der Materialien M58–M59 beginnen und sich bei Bedarf zusätzliche Materialien selbstständig beschaffen.
2. Nehmen Sie auch Stellung zu dem Argument, die keynesianische Nachfragepolitik sei ein Beispiel dafür, wie ein theoretisch einleuchtendes Konzept in der Praxis scheitern kann, weil die damit verbundenen Anforderungen von den politischen Akteuren kaum zu erfüllen sind. Beschreiben Sie etwas ausführlicher die Anforderungen einer antizyklischen „Feinsteuerung" der Konjunktur. Worin bestehen diese Anforderungen und warum können sie von den Trägern der Wirtschaftspolitik nur schwer erfüllt werden?
3. Wägen Sie die von Ihnen gesammelten Argumente pro und kontra ab und formulieren Sie Ihre Schlussfolgerung.

Gruppe 3: Angebotspolitik gegen systemische Arbeitslosigkeit

Wenn man sich die Entwicklung der Arbeitslosigkeit in Deutschland anschaut (siehe M 14, S. 52), dann wird erkennbar, dass es sich hier nicht nur um ein kurzfristig-konjunkturelles Problem handelt, sondern um eine längerfristig-strukturelle Fehlentwicklung. Die seit vielen Jahren anhaltende Massenarbeitslosigkeit in der Größenordnung von ca. vier Millionen wird deswegen als „systemische Arbeitslosigkeit" bezeichnet: Sie gilt als Ausdruck struktureller Mängel und Schwächen des Wirtschaftssystems. Entsprechend ist hier auch nicht vor allem die Konjunkturpolitik gefordert, sondern die Behebung struktureller Mängel, also eine mittel- bis längerfristig angelegte Wirtschaftspolitik zur Verbesserung der Angebots- und Standortbedingungen. Damit rücken die Faktoren in den Mittelpunkt, welche die Rentabilität der Unternehmen bestimmen.

Die Beschäftigungsentwicklung im internationalen Vergleich

M 60

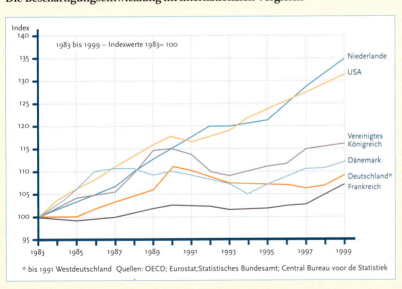

* bis 1991 Westdeutschland   Quellen: OECD; Eurostat; Statistisches Bundesamt; Central Bureau voor de Statistiek

Arbeitsaufträge

1. Bevor Sie die Auszüge aus verschiedenen Jahresgutachten des Sachverständigenrates lesen (M 61), könnten Sie in Ihrer Gruppe eine Liste der „Angebotsbedingungen" erstellen, die Ihnen am wichtigsten erscheinen (am wichtigsten im Hinblick darauf, dass Unternehmen mehr Arbeitsplätze schaffen).
2. Stellen Sie fest, wie viele zusätzliche Arbeitsplätze zwischen 1991 und 2001 in Deutschland entstanden sind (Sie können dazu die entsprechenden Zahlen von M 8, S. 47, verwenden oder sich im Internet kundig machen; z. B. auf der Webseite der Bundesanstalt für Arbeit; vgl. zur Entwicklung der Beschäftigung auch M 60). Beschreiben Sie die „Brutto"-Veränderungen, die hinter dem von Ihnen festgestellten „Netto"-Zuwachs an Arbeitsplätzen verborgen sind. Berücksichtigen Sie dabei, was der Sachverständigenrat in den Textauszügen a) und c) in M 61 zum Strukturwandel sagt.
3. Begründen Sie, warum staatliche Nachfragepolitik (also die Ausweitung der Staatsnachfrage) nur zu einer besseren Auslastung des vorhandenen Produktionspotenzials führt, während zusätzliche Investitionen die Produktionskapazitäten selbst erhöhen.
4. Ziehen Sie die Schlussfolgerung aus Ihrer Antwort auf Frage 3: In welcher Situation ist also Nachfragepolitik angemessen, in welcher dagegen Angebotspolitik?
5. Im Textauszug a) (M 61) argumentiert der Sachverständigenrat, Angebotspolitik führe – über eine bestimmte Wirkungskette – auch zu mehr „endogener Nachfrage". (Mit „endogen" ist hier gemeint, dass die Nachfrage nicht „exogen" erhöht wird, also von außen durch staatliche Nachfragepolitik, sondern aus dem Wertschöpfungsprozess selbst mehr Nachfrage resultiert.) Stellen Sie die vom Sachverständigenrat unterstellte Wirkungskette in einem Flussdiagramm dar.
6. Fassen Sie kurz schriftlich zusammen, worin Sie jetzt die wichtigsten Voraussetzungen für die Erhöhung der Zahl der Arbeitsplätze sehen. Begründen Sie Ihre Prioritäten. Was bedeutet in diesem Zusammenhang, dass die Rahmenbedingungen „verlässlich" sein sollten?

M 61 **Angebotsorientierte Wirtschaftspolitik – Die Position des Sachverständigenrates**

a) Ausweitung des Angebots an Arbeitsplätzen
Die hohe Arbeitslosigkeit kann – mit Aussicht auf dauerhaften Erfolg – nur durch eine noch kräftigere Ausweitung des Angebots an Arbeitsplätzen bekämpft werden, und zwar an rentablen Arbeitsplätzen. Mit einer intensiveren Nutzung der vorhandenen Produktionsanlagen ist es nicht getan. [...] Erforderlich ist, dass unter den Bedingungen des gesamtwirtschaftlichen Strukturwandels – zu dem Änderungen in den Nachfragegewohnheiten, der internationale Wettbewerb, der ständige Fluss technischer Neuerungen und die Notwendigkeit, mit Energie und Rohstoffen sparsamer umzugehen sowie die Umwelt weniger zu belasten, unablässig zwingen – erheblich mehr neue Arbeitsplätze geschaffen werden, als bestehende aufgegeben werden müssen. Von der Stärke der unternehmerischen Investitionstätigkeit hängt es also ganz entscheidend ab, wie rasch und wie nachhaltig die Beschäftigungschancen der Arbeitsuchenden [...] gesteigert werden können. [...]
Stärkung der Wachstumskräfte [...] und Steigerung der Flexibilität der Volkswirtschaft: Das ist der Weg, über den mehr Investitionen zu mehr Beschäftigung führen, von daher mehr Einkommen entstehen lassen und über dieses wiederum, und damit endogen, mehr Nachfrage.

Jahresgutachten 1985/86, Ziffern 181 f.

b) Was die Wirtschaftspolitik kann – und was sie nicht kann
Die Wirtschaftspolitik vermag viel. Indem sie für günstige Rahmenbedingungen und für dynamischen Wettbewerb sorgt, schafft sie die Voraussetzungen dafür, dass sich die marktwirtschaftlichen Kräfte entfalten und das zu

einem hohen Beschäftigungsstand passende Wirtschaftswachstum hervorbringen können.

Entscheidend ist letzten Endes jedoch die Einstellung der Menschen zu wirtschaftlicher Leistung. Auf Verbesserung der Angebotsbedingungen setzen heißt, auf die Bereitschaft des Einzelnen setzen, sich anzustrengen und etwas zu wagen.

Jahresgutachten 1985/86, Ziffer 202.

c) Voraussetzungen für rentable Arbeitsplätze

Angebotsorientierte Politik setzt bei den Voraussetzungen für die Schaffung von Arbeitsplätzen an. Dabei muss der dynamische Charakter des Prozesses gesehen werden, in dem durch Wettbewerb und Strukturwandel ständig Arbeitsplätze entstehen, aber auch immer wieder Arbeitsplätze aufgegeben werden müssen. [...] Soll mehr Beschäftigung geschaffen und damit die Arbeitslosigkeit abgebaut werden, so müssen in bestehenden und neu gegründeten Unternehmen mehr neue Arbeitsplätze gewonnen werden, als an anderer Stelle verloren gehen. [...]

Angebotsorientierte Wirtschaftspolitik [...] zielt darauf, dass auf lange Sicht verlässliche Rahmenbedingungen für unternehmerisches Wirtschaften hergestellt werden, die der Wahrnehmung von Marktchancen förderlich sind [...]

Die Wirtschaftspolitik beeinflusst die Angebotsbedingungen unmittelbar von der Kostenseite her, über die Finanzpolitik die Steuerbelastung, über den institutionellen Rahmen der Lohnfindung und über die Sozialpolitik die Arbeitskosten. [...] Für die Wettbewerbsfähigkeit auf internationalen Märkten sind nicht nur die Kosten von Bedeutung, sondern ebenso Produktivität und Innovationsfähigkeit. Deswegen darf angebotsorientierte Politik sich nicht einseitig auf Kostenaspekte beschränken, sie umfasst vielmehr auch die Bereitstellung einer leistungsfähigen wirtschaftsnahen Infrastruktur, ein Bildungssystem, das qualifizierte und motivierte Arbeitskräfte hervorbringt, eine Forschungs- und Technologiepolitik, die Voraus-

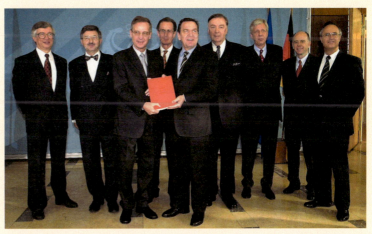

Mitglieder des SVR im November 2000 bei der Übergabe des Jahresgutachtens (mit Bundeskanzler, Wirtschaft-, Arbeits- und Finanzminister).
Foto: dpa

setzungen für Innovationen [...] schafft, nicht zuletzt auch ein Sozialsystem, das den Menschen in einem sich ständig wandelnden Umfeld Sicherheit vermittelt, ohne jedoch Motivation und Innovationsbereitschaft zu beeinträchtigen.

Jahresgutachten 1998/99, Ziffern 336 und 338

Stichwort: Angebotsseitige Bedingungen und Standortfaktoren

M 62

Zu den Angebotsbedingungen, die Einfluss auf die Ertragslage der Unternehmen haben, gehören insbesondere:
- die Produktionskosten (Arbeits-, Kapital-, Rohstoff-, Energie-, Kommunikationskosten etc.)
- die Belastung mit Steuern und Abgaben (Steuersätze, Sozialversicherungsbeiträge, Umweltschutzabgaben etc.)
- die Regulierungsdichte (Umfang und Kosten der Regulierung, z. B. für Genehmigungsverfahren, Umweltschutz, Arbeitsschutz, Kündigungsschutz, Berufstätigkeit, Sozialversicherung etc.)
- Umfang und Qualifikationsniveau des Arbeitskräfteangebots
- die Flexibilität des Arbeitsmarktes (Verfügbarkeit benötigter Qualifikationen, Anpassungsfähigkeit, Mobilität und Weiterbildungsbereitschaft der Arbeitskräfte)
- Qualität und Kosten der Infrastruktur, der Verkehrs- und Telekommunikationsnetze
- Modernisierungsgrad und Produktivitätsniveau der Wirtschaft
- die „weichen" Faktoren kulturelles Klima, gesellschaftliches Konfliktpotenzial sowie politische Kultur.

Originalbeitrag des Autors

M 63 Die Rollenverteilung in der Angebotspolitik

Unternehmen: Der Weg zu einem angemessenen Wachstum führt über unternehmerische Investitionen. Entscheidend ist, dass Produkt- und Verfahrensinnovationen in Gang kommen und Marktpositionen behauptet werden, die es auch in Zukunft ermöglichen, eine Spitzenposition in der internationalen Einkommenshierarchie zu halten. Dies ist eine Aufgabe der Unternehmen, nicht des Staates.

Staat: Damit aber ausreichend viele Unternehmen bereit sind, Innovations- und Investitionsrisiken auf sich zu nehmen, müssen die Angebotsbedingungen gut und verlässlich sein, vor allem auch im Vergleich zu denen, die in anderen Ländern herrschen. Es kommt darauf an, eine ordnungspolitisch klare Orientierung für die Zukunft zu geben, Anreize für Leistung und Investitionen nicht zu verschütten, Verteilungsspielräume realistisch einzuschätzen und Grenzen der Belastbarkeit von Unternehmen und privaten Haushalten zu beachten. Der Staat muss seinen Beitrag leisten, indem er die Märkte im Inneren und nach außen ohne Einschränkung für den Wettbewerb öffnet, indem er seine eigene wirtschaftliche Tätigkeit einer gründlichen Revision unterwirft und indem er glaubwürdige Aussichten dafür eröffnet, die Haushaltskonsolidierung in absehbarer Zeit bis zu einem Punkt führen zu können, wo die Steuer- und Abgabenlast spürbar gemindert werden kann.

Bundesbank: Die Bundesbank muss durch konsequente potenzialorientierte Geldpolitik klarmachen, dass am Stabilitätsziel festgehalten wird.

Tarifvertragsparteien: Die Tarifpolitik hat maßgeblichen Einfluss auf die Gewinnerwartungen der Unternehmen; sie muss Vertauen schaffen, dass aus künftigen Tarifvereinbarungen stets nur ein Lohnniveau hervorgeht, das die Unternehmen unter den Bedingungen des internationalen Wettbewerbs erwirtschaften können.

Jahresgutachten Sachverständigenrat Wirtschaft 1993/94, Ziffer 21

M 64 Angebotsorientierung in der Kritik

- Eine Verbesserung der Gewinnsituation der Unternehmen erhöht zwar deren Investitionsfähigkeit, nicht jedoch zwangsläufig deren Investitionsbereitschaft. Investitionen werden nur bei genügend guten Ertragserwartungen vorgenommen.
- Entscheidend für den Ertrag von Investitionen ist das Preis-Kosten-Verhältnis. Die angebotsorientierte Wirtschaftspolitik betont bei der Investitionsbereitschaft einseitig die Kosten der Investitionen. Ein angemessener Preis für das Produkt ist aber nur zu erzielen, wenn eine entsprechend große Nachfrage vorhanden ist. Investitionen lohnen sich nur, wenn auch Absatzchancen für die Produkte vorhanden sind.
- Bei mangelnder Kapazitätsauslastung bzw. zu geringer Nachfrage ist die Neigung, Erweiterungsinvestitionen vorzunehmen, gering. Investitionsförderungen führen in dieser Situation dazu, dass die Unternehmen Rationalisierungs- statt Erweiterungsinvestitionen durchführen und dadurch die Arbeitsplätze nicht vermehren, sondern vermindern.
- Löhne sind nicht nur ein Kostenfaktor, sondern auch ein Nachfragefaktor. Steigende Löhne bewirken nicht nur steigende Kosten, sondern auch steigende Nachfrage.
- Bei vorhandener Unterbeschäftigung führt eine Reduzierung der Staatsausgaben nicht zu sinkender, sondern zu steigender Arbeitslosigkeit.
- Angebotspolitik gefährdet die zum Teil hart erkämpften sozial- und wohlfahrtsstaatlichen Strukturen und führt u. a. zu einer Umverteilung der Einkommen zugunsten der Besitzer von Produktivvermögen.
- In einer angebotsorientierten Wirtschaftspolitik kommen Belange der Umwelt und des Umweltschutzes (umweltverträgliche Produkte und Produktionsverfahren) zu kurz.

H. J. Albers u. a.: Volkswirtschaftslehre. Haan-Gruiten, 1997 (2), S. 432

Zehn Etappen zum Abgrund?

Aus den Erfahrungen der Weltwirtschaftskrise und gefördert durch den Kalten Krieg wurde nach 1945 das Modell der sozialen Marktwirtschaft entwickelt, das [...] ein anhaltend hohes Wachstum ermöglichte. Die wichtigsten Komponenten dieses „Prosperitätsmodells" waren:
- Eine neue ökonomische Theorie, der Keynesianismus.
- Eine darauf aufbauende Wirtschaftspolitik, die sich insbesondere am Ziel der Vollbeschäftigung orientierte.
- Ein Ausbau des Systems der sozialen Sicherheit.
- Eine enge Kooperation zwischen Unternehmern und Gewerkschaften.
- Stabile, unter der Wachstumsrate liegende Zinssätze.
- Stabile Wechselkurse, mit dem Dollar als Ankerwährung.
- Stabile Preise der in Dollar notierten Rohstoffe.

Dieses Modell war so erfolgreich, dass [...] schon Anfang der Sechzigerjahre Vollbeschäftigung herrschte; in dieser für sie günstigen Lage stellten die Gewerkschaften neue Forderungen: eine Umverteilung zugunsten der Löhne sowie betriebliche und überbetriebliche Mitbestimmung. Beides wurde, auch durch Streiks, teilweise durchgesetzt. Die nachfolgende Studenten- und Ökologiebewegung drängte die Unternehmerschaft weiter in die Defensive. In dieser Situation nahm die Bereitschaft von Ökonomen und Unternehmern zu, jene Theorie zu propagieren, die wissenschaftlich die angebliche Schädlichkeit des Wohlfahrtsstaats untermauerte: Das Weltbild des Liberalismus, im neuen Gewand des Monetarismus*, gewann wieder an Einfluss. Der Übergang des wirtschaftswissenschaftlichen und -politischen Mainstream vom Keynesianismus zum Neoliberalismus markiert die erste Etappe in der Entwicklung der gegenwärtigen Krise.

Die zweite Etappe bestand in der Aufgabe des Systems fester Wechselkurse (1971/73); entsprechend der neoliberalen* Doktrin wurde die Kursbildung dem Devisenmarkt überlassen. Die rasch einsetzende Spekulation verursachte enorme Kursschwankungen. Die zwei ausgeprägten Abwertungen des Dollar 1971/73 und 1977/78 waren wiederum der wichtigste Grund für die beiden Ölpreisverteuerungen 1973 und 1979, die nachfolgenden Rezessionen und den [...] Anstieg der Arbeitslosigkeit.

Der Übergang zu einer monetaristisch motivierten Hochzinspolitik (1979/81) markiert die dritte Etappe. [...]

Die vierte Etappe besteht im Anwachsen des Problems der Staatsverschuldung: Als Folge der Hochzinspolitik der Notenbanken liegt der Zinssatz seit Ende der Siebzigerjahre permanent über der Wachstumsrate, während er davor darunter gelegen hatte. Unter diesen Umständen haben die Unternehmen verständlicherweise ihr Finanzierungsdefizit gesenkt, um zu verhindern, dass ihre Schulden rascher wachsen als ihre Umsätze. Sie haben ihre Investitionen von Real- zu Finanzanlagen verlagert [...]. Dies dämpfte Produktion und Beschäftigung, die Zahlungen an Arbeitslose stiegen, die Steuereinnahmen blieben hinter den Erwartungen zurück, die Budgetdefizite nahmen zu und damit auch die Staatsverschuldung. [...]

Die fünfte Etappe wurde durch die Hochzinspolitik der Deutschen Bundesbank geprägt (1989/93). Sie war nicht nur der wichtigste Grund für das Ausmaß der Rezession 1993, sondern auch für den Zusammenbruch fester Wechselkurse in Europa. [...]

Die sechste Etappe: Die Destabilisierung der europäischen Wechselkurse spaltete die EU in einen Hartwährungsblock und Weichwährungsländer und verschärfte so die Konkurrenz der einzelnen Länder gegeneinander im Kampf um immer knappere Arbeitsplätze, der durch Abwertungen, aber auch durch die Senkung von Löhnen und Sozialleistungen ausgetragen wurde. Produktion und Beschäftigung in der gesamten EU wurden durch das Zusammenwirken dieser nicht kooperativen Einzelstrategien weiter gedämpft.

Die siebente Etappe bestand in der durch den Maastricht-Vertrag gleichgeschalteten Sparpolitik der EU-Regierungen, also dem Versuch, Budgetdefizit und Staatsverschuldung zu reduzieren. [...] Wegen des Spardogmas versuchten die EU-Regierungen, ihre Budgets primär ausgabenseitig zu konsolidieren, insbesondere auf Kosten von Sozialausgaben. Da diese überwiegend einkommensschwächeren Schichten zufließen, wurden so der Konsum und damit die Umsätze der Unternehmen gesenkt. Die Zwischenbilanz fünf Jahre nach der Maastricht-Einigung (1991) ist bedrückend: Hohe Zinsen, destabilisierende Wechselkurse und eine einseitige Sparpolitik haben die Zahl der Arbeitslosen in der EU von dreizehn Millionen auf achtzehn Millionen sowie die Staatsschuldenquote von 61 Prozent auf 79 Prozent erhöht.

[...] In der (kommenden) achten Etappe werden manche Regierungen die Symptomkur intensivieren und insbesondere die Unterstützungszahlungen an Arbeitslose massiv kürzen. Da Arbeitslosengelder vollständig in den Konsum fließen, wird sich die Wirtschafts- und Budgetlage dadurch weiter verschlechtern. In der (wahrscheinlich kommenden) neunten Etappe wird versucht werden, die Nominallöhne zu senken. Gefördert wird diese Tendenz durch Standortverlagerungen im Zuge der Globalisierung oder zumindest durch entsprechende Androhungen sowie durch das neoliberale Dogma, dass letztlich nur so die Arbeitslosigkeit verringert werden kann. [...] Im Zuge dieses Konfliktes werden sich die Konflikte zwischen Unternehmerschaft und Arbeitnehmer oder den Gewerkschaften weiter verschärfen. [...] In der zehnten Etappe werden die neoliberalen Experimente so gründlich gescheitert sein, dass ihre Theoretiker in eine Sinnkrise und ihre Praktiker in eine politische Krise stürzen. Erst dann wird eine neue Wirtschaftstheorie und eine darauf basierende Gesamtstrategie entwickelt werden können. Gemeinsam mit einer wieder engeren Kooperation zwischen Unternehmern und Gewerkschaften werden sie das Fundament für den Beginn eines neuen Wachstumszyklus bilden.

DIE ZEIT vom 1. November 1996
Autor: S. Schulmeister

Arbeitsaufträge

1. In der angebotspolitischen Konzeption des Sachverständigenrates besteht die Rollenverteilung darin, dass den vier Akteuren ganz bestimmte Aufgaben und Pflichten zugeordnet werden. Diese Rollenverteilung wird deutlicher erkennbar, wenn Sie eine zweispaltige Übersicht anlegen, in die Sie links die vier Akteure und rechts stichwortartig die zugehörigen Aufgaben eintragen. (M 63)
2. Nicht nur die staatlichen Institutionen (Regierung und Bundesbank) und die Verbände (Tarifvertragsparteien) müssen bestimmte Aufgaben erfüllen, auch die privaten Unternehmen haben „Hausaufgaben" zu erledigen, wenn im Rahmen dieses angebotspolitischen Konzepts Wachstum und Beschäftigung gesichert werden sollen. Fassen Sie in Ihren Worten zusammen, was von den Unternehmen erwartet wird.
3. Indem der Sachverständigenrat betont, dass die Angebotsbedingungen „im Vergleich" zu denen in anderen Ländern gesehen werden müssen, bringt er den Standortwettbewerb ins Spiel. Was ist damit gemeint und worin liegt die Bedeutung des Standortwettbewerbs? Sammeln Sie zunächst in Ihrer Gruppe Begriffsmerkmale und Argumente zur Bedeutung des Standortwettbewerbs. Vergleichen Sie die Gruppenergebnisse.
4. Während es im Konzept der Nachfragesteuerung der Staat ist, der die Hauptverantwortung für die Beschäftigung trägt, sind es in der angebotspolitischen Rollenverteilung die Tarifvertragsparteien: sie müssen für „marktgerechte Löhne" sorgen. Erläutern Sie, welches Lohnniveau marktgerecht ist und in den Tarifvereinbarungen angestrebt werden sollte.
5. Sammeln Sie Argumente pro und kontra Angebotspolitik. Fassen Sie die Argumente schriftlich in einer tabellarischen Übersicht zusammen. (M 64 und M 65)
6. Schauen Sie sich nochmals die Rahmenbedingungen des „Prosperitätsmodells" in M 65 an. Man könnte diese Bedingungen in folgender These zusammenfassen: „Für die Unternehmen wurde genau das gewährleistet, was sie brauchen, nämlich Stabilität, Vertrauen und Gewinne." Nehmen Sie kritisch zu dieser These Stellung.
7. Welche Veränderungen führten zum Ende des „Prosperitätsmodells"? Sind dadurch die in der These von Aufgabe 6 genannten Bedingungen verletzt worden?

8. In den 70er-Jahren gewannen Liberalismus und Neoliberalismus wieder an Einfluss. Erläutern Sie, wie der Autor von M 65 diese Aussage begründet. Wie bewertet der Autor die liberale/neoliberale Position?
9. Die letzten drei der „zehn Etappen" in M 65 handeln von Erwartungen des Autors. Charakterisieren Sie anhand dieser Erwartungen die wirtschaftspolitische Position des Autors. Nehmen Sie Stellung zu seiner Argumentation und zu seinem Szenario. Was würde ein Vertreter der Angebotspolitik auf diese Darstellung entgegnen? (Vgl. hierzu auch M 59a)

Karikatur: T. Plaßmann

2.6 Nachfragesteuerung versus Angebotspolitik

Die Kontroverse zwischen Nachfragesteuerung und Angebotspolitik ist ein Streit zwischen zwei „Philosophien": Auf der einen Seite stehen der Keynesianismus (als theoretisches Leitbild) und die Nachfragepolitik (als wirtschaftspolitisches Konzept), auf der anderen Seite der Marktliberalismus (als Leitbild) und die Angebotspolitik (als Konzept der Wirtschaftspolitik).

Auf welcher Seite sehen Sie die besseren Argumente? Welches Konzept finden Sie überzeugender? Um Ihre Ansichten weiter zu klären, können Sie noch die beiden folgenden Textauszüge in Ihre Meinungsbildung einbeziehen. Es stehen sich dabei die angebotspolitische Position des Sachverständigenrates und die nachfragepolitische Position der Memorandumgruppe gegenüber.

M 66 **Die Position des Sachverständigenrates**

1. In der aktuellen Kontroverse darüber, wie die Wirtschaftspolitik sich dem vorrangigen Problem der Arbeitslosigkeit zu stellen habe, ging und geht es im Kern um die Frage, welcher instrumentelle Ansatz der Problemlage angemessen sei: eine Politik der steuernden Eingriffe in den laufenden Wirtschaftsprozess, vor allem die Beeinflussung der gesamtwirtschaftlichen Nachfrage mit den Mitteln der Geldpolitik und der Haushaltspolitik, oder die Gestaltung der institutionellen Rahmenordnung. Generell gilt, dass beide Politikansätze nicht notwendig im Gegensatz zueinander stehen; sie sollten einander vielmehr ergänzen.

Jahresgutachten 1999/2000, Ziffer 232

2. Der Sachverständigenrat ist immer davon ausgegangen, dass es auch in einer interventionsfreien Marktwirtschaft das Problem des gesamtwirtschaftlichen Koordinationsversagens geben kann; Einkommen müssen nicht zu Ausgaben werden. Dies bringt die Gefahr kumulativer Abschwungsbewegungen mit sich, wenn die Flexibilität von Preisen, Löhnen und Zinsen unzureichend ist.

Jahresgutachten 1984/85, Ziffer 290

3. [...] Der Einsatz der Nachfragepolitik sollte auf den Ausnahmefall beschränkt bleiben, in dem eine Rezession mit kumulativem Rückgang der gesamtwirtschaftlichen Nachfrage droht.

Jahresgutachten 1985/86, Ziffer 215

4. Das Lebenselixier der Wirtschaft ist der dynamische Wettbewerb. Dass wir zu wenig Investitionen, zu wenig rentable Arbeitsplätze, zu wenig Wachstum haben, liegt letztlich am Mangel an dynamischem Wettbewerb. Abzubauen, was ihm an unnötigen Hemmnissen im Wege steht, ist vornehmste Aufgabe der Wirtschaftspolitik.

Jahresgutachten 1984/85, Ziffer 315

M 67 **Die Position der „Arbeitsgruppe Alternative Wirtschaftspolitik"**

a) Die Wirtschaftspolitik der Bundesregierung ist verheerend

Die Wirtschaftspolitik der Bundesregierung ist gesamtwirtschaftlich schädlich, arbeitsmarktpolitisch verheerend und haushaltspolitisch kontraproduktiv. Sie ist aber insofern erfolgreich, als sie konsequent die Gewinninteressen von weltmarktorientierten Unternehmen und BezieherInnen hoher Einkommen durchsetzt. Neben dem Anstieg der Arbeitslosigkeit besteht ihr greifbarstes Ergebnis daher in einer rigorosen Umverteilung des Volkseinkommens zugunsten der Gewinne und der höheren Haushaltseinkommen. Diese Tendenz besteht bereits seit Beginn der 80er-Jahre. Sie ist zum einen auf die stärkere Position der Arbeitgeber bei den Tarifverhandlungen, zum anderen auf die staatliche Umverteilungspolitik zurückzuführen. Vom 1980 bis 1993 (für dieses Jahr liegen letztmalig Zahlen für die alten Bundesländer vor) stiegen die Bruttogewinne der Unternehmen im Westdeutschland fast dreimal so stark wie die Bruttoarbeitseinkommen (nämlich um 195 v H gegenüber 63 v H), die Nettogewinne sogar fast fünfmal so schnell, nämlich um 251 v H. Die ungleichgewichtige Entwicklung aufgrund der Machtverhältnisse auf den Arbeitsmärkten ist durch die staatliche Politik also nicht korrigiert, sondern verstärkt worden. Die Gewinne wurden weiter entlastet, die Löhne und Gehälter stärker belastet.

Arbeitsgruppe Alternative Wirtschaftspolitik: Memorandum 1997, S. 16 f.

b) Was eigentlich getan werden müsste

Die eigentliche Ursache für die dramatische Höhe und den anhaltenden Anstieg der Arbeitslosigkeit liegt vielmehr in einer Weiter-so-Politik, die den Anforderungen an eine sozialverträgliche Begleitung technologischer Umbrüche ebenso wenig gerecht wird wie den durch die Besessenheit internationaler Wettläufe und Konkurrenzkämpfe ausgelösten politischen, sozialen und ökologischen Schäden. Ein aktives Gegensteuern hätte zumindest dreierlei erfordert: erstens eine Stimulierung der öffentlichen Nachfrage durch Investitionen und den Ausbau eines öffentlich finanzierten Sektors, um den immanenten Systemtendenzen zur Schwächung der gesamtwirtschaftlichen Nachfrage entgegenzuwirken. Zweitens hätte eine energische ökonomische und administrative Umweltpolitik einen klaren Rahmen für die Privatwirtschaft setzen und ihrer Tendenz zur Externalisierung von Umweltkosten entgegensteuern müssen. Drittens schließlich hätte es einer Außenwirtschaftspolitik bedurft, die auf Kooperation und Gleichgewicht zielt und den „Wettlauf der Besessenen" (Paul Krugman) eingrenzt, mit dem internationale Konkurrenz zum Schaden der Bevölkerung in allen Ländern betrieben wird. Nichts von alledem ist geschehen.

Arbeitsgruppe Alternative Wirtschaftspolitik: Memorandum 1997, S. 14 f.

Erläuterung

Die „Arbeitsgruppe Alternative Wirtschaftspolitik" = „Memorandumgruppe" vertritt eine wirtschaftspolitische Position, die von der angebotspolitisch geprägten „herrschenden Meinung" in Wirtschaftswissenschaft und Wirtschaftspolitik radikal abweicht. In ihren regelmäßig vorgelegten „Memoranden" (Jahresgutachten) nimmt die Memorandumgruppe zu aktuellen wirtschaftspolitischen Fragen Stellung und vertritt dabei in der Regel eine klare Gegenposition zum Sachverständigenrat.

Kurzfassungen der Gutachten finden Sie unter www.memo.uni-bremen.de

Arbeitsaufträge

1. Der Sachverständigenrat betont, dass Nachfragesteuerung und Optimierung der Angebotsbedingungen sich ergänzen sollten. Der Rat hat dabei unterschiedliche wirtschaftliche Problemlagen im Auge. Präzisieren Sie, in welcher Situation die Angebotspolitik Vorrang haben könnte, und in welcher Situation zusätzlich auf die Nachfragesteuerung zurückgegriffen werden sollte.

2. Die Möglichkeit eines Marktversagens wird vom Sachverständigenrat immerhin in Betracht gezogen. Wenn – aus welchen Gründen auch immer – Koordinationsprozesse auf den Märkten misslingen, dann kann es zu sich aufschaukelnden Selbstverstärkungen kommen (das ist mit „kumulativem Nachfragerückgang" gemeint). In diesem Ausnahmefall hält selbst der angebotsorientierte Sachverständigenrat eine direkte Nachfragesteuerung durch den Staat für zulässig und geboten. Vergleichen Sie damit die Bedingungen, unter denen die Memorandumgruppe „eine Stimulierung der öffentlichen Nachfrage" für geboten hält.

3. Der Sachverständigenrat beklagt, dass es zu wenig dynamischen Wettbewerb gibt, die Memorandumgruppe kritisiert die „Besessenheit internationaler Konkurrenzkämpfe". Welche Position finden Sie näher an der Wirklichkeit? Begründen Sie Ihre Auffassung.

> Das deutsche Bruttoinlandsprodukt (BIP) ist 2002 nur um 0,2 Prozent real gewachsen, teilt das Statistische Bundesamt mit. 2001 hatte die Zunahme der gesamtwirtschaftlichen Leistung noch bei 0,6 Prozent gelegen. […] „Dies hat den Begriff Wachstum kaum verdient", urteilt Johann Hahlen, Präsident des Bundesamtes. Deutschland weist damit die schwächste Zuwachsrate seit neun Jahren auf und ist im Vergleich das Schlusslicht in Europa.
>
> *Der Tagesspiegel vom 17. Januar 2003*

3. Modernisierungspolitik

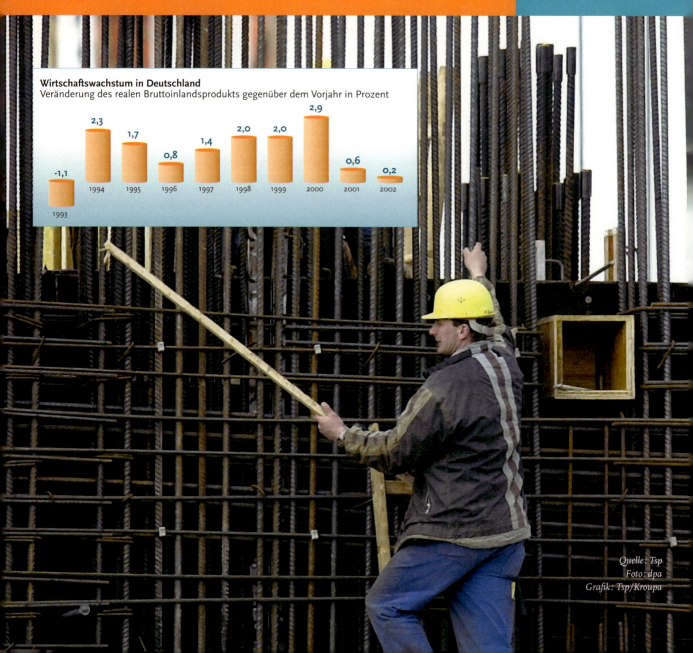

Wirtschaftswachstum in Deutschland
Veränderung des realen Bruttoinlandsprodukts gegenüber dem Vorjahr in Prozent

1993	1994	1995	1996	1997	1998	1999	2000	2001	2002
-1,1	2,3	1,7	0,8	1,4	2,0	2,0	2,9	0,6	0,2

Quelle: Tsp
Foto: dpa
Grafik: Tsp/Kroupa

3.1 Was ist eigentlich so toll am Wachstum?

Wirtschaftswachstum ist eines der vier Ziele des „magischen Vierecks" der Wirtschaftspolitik. In unserer Gesellschaft besteht jedoch kein Konsens über das Thema Wirtschaftswachstum – weder in der prinzipiellen Frage, ob Wachstum überhaupt wünschenswert sei, noch in der Frage, welche Wachstumsrate denn angemessen wäre.

(Warum) Brauchen wir Wirtschaftswachstum?

M 1

a) Wachstum führt zu mehr Beschäftigung
Nur wenn wir wieder mehr Wachstum erreichen, wird es auch mehr Beschäftigung geben. Und nur dann können wir auch die Leistungsfähigkeit unseres Sozialstaates erhalten.

W. Schäuble (z. Z. d. Ä. Chef der CDU/CSU-Bundestagsfraktion). In: Rheinischer Merkur Nr. 19 vom 13. Juni 1997, S. 4

b) Wachstum führt in den Kollaps
Wer auf Wachstum setzt, um der Arbeitslosigkeit Herr zu werden und den Sozialstaat zu sichern, baut auf Sand – und riskiert den irreversiblen ökologischen Kollaps des Globus.

Ralf Fücks (z. Z. d. Ä. Vorstandsmitglied der Heinrich-Böll-Stiftung). In: Die Zeit Nr. 23 vom 30. Mai 1997, S. 20

c) Ohne Wachstum folgt der Kollaps
Die kapitalistische Wirtschaft muss wachsen, sonst geht sie zugrunde; der bloße Stillstand bedeutet de facto Rückgang und Krise.

E. Preiser: Nationalökonomie heute. München, 1970, S. 79

d) Beschäftigung erfordert Wachstum
Die Überwindung der Beschäftigungskrise setzt zunächst ein ausreichendes Wirtschaftswachstum voraus. Alle Instrumente der Wirtschaftspolitik [...] müssen deshalb im Sinne eines stabilen und nachhaltigen Wirtschaftswachstums genutzt werden.

DGB: Offensive Strategien für mehr Wachstum und Beschäftigung. (www.dgb.de)

e) Für einen beschäftigungsintensiveren Wachstumspfad
Notwendig ist ein öffentlich geförderter Beschäftigungssektor, der sich primär an der Erfüllung öffentlicher Bedürfnisse orientiert und nicht an einem marktwirtschaftlichen Produktivitätsbegriff. Ein solcher Sektor würde einen beschäftigungsintensiveren Wachstumspfad mit einer niedrigeren Beschäftigungsschwelle begünstigen, der zudem sozial und ökologisch verträglich wäre.

Arbeitsgruppe Alternative Wirtschaftspolitik: Memorandum 1997, S. 79

f) Das beste Rezept ist Wirtschaftswachstum
Das beste Mittel zur Armutsbekämpfung ist Wachstum, Wachstum und noch mal Wachstum. Ob Globalisierung oder technischer Fortschritt: Was immer förderlich ist, für die gesamtwirtschaftliche Leistung, hilft auch den Armen.

D. Quah (London School of Economics), in: Wirtschaftswoche Nr. 6/2002, S. 30

Arbeitsaufträge

1. Klären Sie die Begriffe. Wie wird Wachstum in der Zeitungsmeldung auf Seite 100 definiert? Was bedeutet demnach „Wachstumsschwäche"?
2. (Warum) Brauchen wir Wirtschaftswachstum? Arbeiten Sie aus den Äußerungen in M 1 die verschiedenen Einschätzungen heraus. Nehmen Sie auch Bezug auf die Materialien M 3 und M 4. Notieren Sie offene Fragen.
3. Stellen Sie fest, ob es in Ihrem Kurs ebenfalls Wachstumsgegner bzw. Wachstumsbefürworter gibt. Veranstalten Sie eine (amerikanische) Debatte zwischen Wachstumsgegnern und Wachstumsbefürwortern. (M 2)

M 2 Arbeitstechnik: Amerikanische Debatte

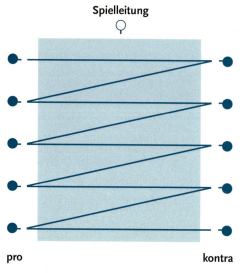

Bereiten Sie die Diskussion vor, indem sich eine Gruppe mit den Pro-Argumenten, eine andere Gruppe mit den Kontra-Argumenten vertraut macht. Jede Seite bestimmt dann mehrere Diskutantinnen und Diskutanten, die sich an einem Tisch gegenübersitzen.

Die Diskussionsleitung eröffnet die Debatte und erteilt einer Seite das Wort. Beginnt die Pro-Seite, so kommt nach einer bestimmten Zeit (z. B. eine Minute) die Kontra-Seite zu Wort, dann wieder die Pro-Seite usw. Die Diskussionsleitung hat darauf zu achten, dass die vorgebene Zeit strikt eingehalten wird. Am Ende der ersten Runde angekommen geht das Ganze rückwärts zum Ausgangspunkt.

Am Ende der Debatte kann eine Plenumsrunde oder eine Abstimmung stattfinden.

G. Gugel: Methoden-Manual II. Neues Lernen. Weinheim und Basel, 1998

M 3 Die reale Entwicklung der Wirtschaftsleistung in Deutschland (1900–2000)

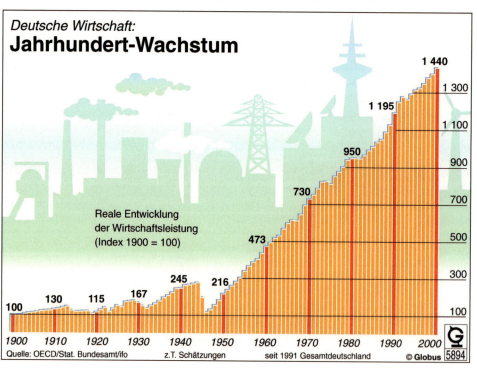

3.1 Was ist eigentlich so toll am Wachstum?

Bruttoinlandsprodukt und Konsum in Westdeutschland — M 4

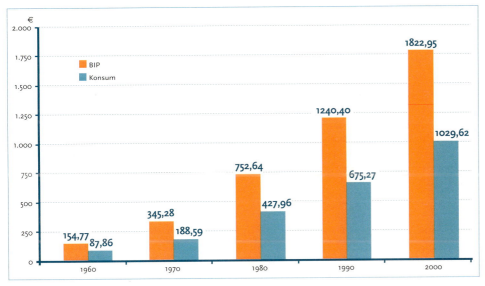

Daten: SBA

Und was sagt die Politik? Parteien und Verbände zum Wirtschaftswachstum — M 5

CDU: Ein neues Verständnis von Wohlstand und Wachstum

Wir Christliche Demokraten werben für ein neues Verständnis von Wohlstand und Wachstum. Wesentlicher Bestandteil des Wohlstandes ist eine gesunde und lebenswerte Umwelt. Wachstum bedeutet weitaus mehr als nur die Mehrung von Gütern und Dienstleistungen. Unser neues Verständnis von Wachstum schließt die schonende Nutzung der natürlichen Ressourcen durch den Einsatz modernster Produktionsmethoden und den Weg ökologisch ehrlicher Preise für die Inanspruchnahme von Umwelt ein. [...] Mit der Wiedervereinigung sind wir gemeinsam auch wirtschaftlich an Zukunftschancen reicher geworden. Bei unseren Ansprüchen müssen wir aber unsere veränderte gesamtwirtschaftliche Leistungsfähigkeit berücksichtigen. Wir müssen aufhören, das bisherige Wachstum des Wohlstandes im Westen einfach fortschreiben zu wollen.

Aus dem Grundsatzprogramm der CDU;
Stand: 23. Februar 1994, Ziffern 70 und 73. (www.cdu.de)

SPD: Wachstum und Fortschritt

Nicht jedes Wachstum ist Fortschritt. Wachsen muss, was natürliche Lebensgrundlagen sichert, Lebens- und Arbeitsqualität verbessert, Abhängigkeit mindert und Selbstbestimmung fördert, Leben und Gesundheit schützt, Frieden sichert, Lebens- und Zukunftschancen für alle erhöht, Kreativität und Eigeninitiative unterstützt. Schrumpfen oder verschwinden muss, was die natürlichen Lebensgrundlagen gefährdet, Lebensqualität mindert und Zukunftschancen verbaut. [...]

Gemeinsam können wir [...] eine neue, bessere Ordnung erreichen [...] durch eine Gesellschaft, die bei geringeren Wachstumsraten, weniger Erwerbsarbeit und mehr Eigenarbeit ihren Wohlstand mehrt, ihre Lebensqualität durch gesündere Umwelt, weniger Angst, eine menschlichere Arbeitswelt und mehr Zeit zur eigenen Verfügung verbessert [...].

Aus dem Grundsatzprogramm der SPD;
Stand: 17. April 1998. (www.spd.de)

Bündnis 90/Die Grünen: Wachstumsgrenzen

Wir Grüne verdanken unsere Entstehung als politische Kraft vor allem dem erwachenden Bewusstsein, dass die natürlichen Lebensgrundlagen durch industriellen Raubbau und überschießenden Ressourcenverbrauch gefährdet werden. Vor dem Auftreten der Ökologiebewegung war die herrschende Politik und Ökonomie blind gegenüber den „Grenzen des Wachstums". [...]

Das Wirtschaftswachstum alten Typs, das an einen wachsenden Naturverbrauch gekoppelt ist, ist nicht zukunftstauglich. Die bisher verdrängten ökologischen und sozialen Folgekosten unserer Wirtschaftsweise übersteigen ihre Wohlfahrtsgewinne. Zukünftig soll die Wirtschaft der hoch entwickelten Industriegesellschaften sich so entwickeln, dass gleichzeitig eine deutliche Minderung des Ressourcenverbrauchs und der Emissionen erreicht wird. Das Umsteuern auf einen nachhaltigen Kurs ist nicht nur ökologisch sinnvoll, es ist auch wirtschaftlich vernünftig. Ökologie ist Langzeit-Ökonomie.

Aus dem Entwurf für ein neues Grundsatzprogramm von Bündnis 90/Die Grünen vom 17. Januar 2002. (www.gruene.de)

Deutscher Gewerkschaftsbund: mehr Wachstum, mehr Beschäftigung

Die zweite Hälfte der 90er-Jahre war die wirtschaftlich schwächste Wachstumsphase in der Geschichte der Bundesrepublik Deutschland. Das Wirtschaftswachstum betrug im Zeitraum von 1993 bis 2000 lediglich 1,8 % und die Arbeitslosigkeit lag in Westdeutschland am Ende des Jahrzehnts um fast eine Million über dem Niveau zu Beginn. Die 90er-Jahre waren damit für die Bekämpfung der Arbeitslosigkeit in Deutschland ein verlorenes Jahrzehnt. [...]

Der defensiven Politik der Arbeitgeber, die eine Strategie des „Gürtel enger schnallens" verfolgen, stellen die Gewerkschaften eine offensive Politik gegenüber, die sich durch mehr Wachstum, mehr Investitionen und mehr Beschäftigung auszeichnet. [...] Die Überwindung der Beschäftigungskrise setzt zunächst ein ausreichendes Wirtschaftswachstum voraus.

Aus: Offensive Strategien für mehr Wachstum und Beschäftigung. Beschäftigungspolitische Vorschläge des Deutschen Gewerkschaftsbundes (DGB) (www.dgb.de)

Arbeitsaufträge

1. Versuchen Sie eine vergleichende Auswertung der unterschiedlichen Stellungnahmen in M 5. Sie können dazu eine tabellarische Übersicht anlegen, in deren Kopfspalte Sie die verschiedenen Institutionen und in deren Kopfzeile Sie Leitfragen eintragen, z. B.:
   – Zwecke? (Welchen Zwecken soll das wirtschaftliche Wachstum dienen?)
   – Vorbehalte? (Welche Vorbehalte werden gegen das Wirtschaftswachstum vorgebracht?)
   – Lösungen? (Welche politischen Lösungsansätze zur Reduzierung negativer Folgen des Wachstums lassen sich den Texten entnehmen?)

   Beachten Sie, von welchen Institutionen und aus welchen Jahren die verschiedenen programmatischen Äußerungen zum Thema „Wirtschaftswachstum" stammen. Die zitierten Dokumente sind im Internet abrufbar. Überprüfen Sie, aus welchen Zusammenhängen die Textausschnitte herausgenommen wurden. Prüfen Sie auch, ob es inzwischen aktualisierte Stellungnahmen der Parteien und Verbände zu diesem Thema gibt.
   Sie können die Texte von M 5 ergänzen durch weitere Stellungnahmen von Parteien, Arbeitgeberverbänden, Kirchen etc.

2. Erlaubt Ihre Übersicht eine Unterscheidung zwischen Befürwortern und Gegnern des wirtschaftlichen Wachstums? Oder erweist sich „Gegner/Befürworter" als ein zu grober Raster? Worin sehen Sie die wichtigsten Unterschiede zwischen den Positionen der verschiedenen Institutionen bezüglich des Wachstums?

3. Es ist heute nicht mehr sonderlich originell, sich vom rein quantitativen Wachstum zu distanzieren und „qualitatives" Wachstum zu fordern. Formulieren Sie auf der Basis der vorliegenden Textauszüge eine Definition des qualitativen Wachstums. Ist ein solches Wachstum ohne quantitative Zunahme der Wertschöpfung denkbar?

4. Im § 1 Stabilitäts- und Wachstumsgesetz (StWG) heißt es, die Ziele hoher Beschäftigungsstand, Preisniveaustabilität und außenwirtschaftliches Gleichgewicht sollten „bei stetigem und angemessenem Wachstum" angestrebt werden. Aber welches Wachstum ist „angemessen"?

Stellen Sie fest, welche Rate des wirtschaftlichen Wachstums in Ihrer Lerngruppe (mehrheitlich) für „angemessen" gehalten wird. Beachten Sie dabei, dass es hier um das „reale" Wachstum geht (schauen Sie sich bei Bedarf nochmals die Unterscheidung zwischen realen und nominalen BIP-Größen an, siehe S. 76)

Sie können den relevanten Bereich eingrenzen, indem Sie zunächst klären, welches Wachstum denn „unangemessen" wäre: das kann sowohl ein zu hohes als auch ein zu niedriges Wachstum sein. Ein zu hohes Wachstum überlastet die Produktionskapazitäten, löst inflationäre Tendenzen aus und schadet der Umwelt. Ein zu niedriges Wachstum dagegen gefährdet die Beschäftigung, führt zu stagnierenden Einkommen und erschwert den strukturellen Wandel.

3.2 Zur Bedeutung des Wachstumsziels

Bedeutung und Nutzen des wirtschaftlichen Wachstums

M 6

Wachstum erleichtert den Abbau der Arbeitslosigkeit: Ein anhaltend höheres Wachstum bietet […] die größeren Chancen für die Ausweitung der Beschäftigung. Bei vergleichsweise hohem Wirtschaftswachstum werden komplementär zu den neuen Arbeitsplätzen für Personen mit hoher Qualifikation auch zusätzliche Beschäftigungsmöglichkeiten für weniger Qualifizierte entstehen.
Wachstum reduziert internationale Ungleichgewichte: Eine Lösung der internationalen Schuldenkrise lässt sich um so eher erzielen, je kräftiger die Wirtschaft in den Industrieländern wächst und je größere Möglichkeiten dadurch den Schuldnerländern für den Export eingeräumt werden, aus dessen Erlös sie den Schuldendienst letztlich bezahlen müssen.
Umweltschutz erfordert Wachstum: […] Entscheidend [für die großen Umweltschäden] war es, dass die Umwelt lange Zeit von Konsumenten und Produzenten scheinbar umsonst in Anspruch genommen werden konnte. Unter solchen Bedingungen musste eine wachsende Wirtschaft zur Gefahr für die natürliche Umwelt werden. Müssen hingegen für die Umweltnutzung knappheitsgerechte Preise gezahlt oder entsprechend hohe Kosten der Vermeidung von Umweltschäden getragen werden, wird es für alle lohnend, mit der Umwelt sorgsam umzugehen. […]
Wachstum ist Grundlage der sozialen Sicherung: Bei schrumpfender Erwerbsbevölkerung und steigender Zahl von Rentnern/Rentnerinnen droht ein Generationenkonflikt, wenn die Erwerbseinkommen nicht kräftig und anhaltend steigen. Ein solcher Anstieg […] ist umso eher möglich, je mehr sich die Kapitalakkumulation* beschleunigt und je mehr es die Einkommensentwicklung erlaubt, den Anteil der Eigenvorsorge auszuweiten.
Wachstum bedeutet steigende Einkommen: Das entscheidende Argument für eine wachstumsorientierte Wirtschaftspolitik ist darin zu sehen, dass die Menschen […] steigende Einkommen wollen und auch bereit sind, sich dafür anzustrengen. Nur bei steigendem Realeinkommen können sich die Menschen an materiellen Wünschen erfüllen, was ihnen bisher versagt geblieben ist. […] Von einer allgemeinen Sättigung der Nachfrage ist unsere Volkswirtschaft noch weit entfernt.
Wachstum kann der Humanisierung dienen: Eine Wirtschaft, welche die in den Menschen und ihren Fähigkeiten angelegten Triebkräfte zum wirtschaftlichen Wachstum voll nutzt, hat die größten Möglichkeiten, humane und soziale Forderungen an die Gestaltung der Arbeitswelt und die Nutzung der Technik zu erfüllen.
Eine wachsende Wirtschaft ist sozial: Eine wachsende Wirtschaft erfüllt von sich aus in hohem Maße soziale Funktionen, indem sie mehr Beschäftigungsmöglichkeiten und – als Frucht des gesamtwirtschaftlichen Wachstums – steigenden Wohlstand bietet. Sie macht es nicht nur leichter, die zur Finanzierung staatlicher Sozialpolitik nötigen Mittel aufzubringen, sondern sie vermindert auch den Bedarf an staatlicher Fürsorge in dem Maße, in dem die Bürger ihr Auskommen durch eigene Arbeit finden.

Jahresgutachten Sachverständigenrat Wirtschaft 1987/88, Ziffern 246 f., 255, 257 (Zwischenüberschriften vom Autor)

Arbeitsaufträge

1. Der Text M 6 präsentiert eine ziemlich lange Liste von Vorteilen, die mit dem Wachstum verbunden sind. Klären Sie: Steht das, was der Sachverständigenrat ausführt, in Widerspruch zu den qualitativen und ökologischen Forderungen der politischen Parteien?
2. Worauf führt der Rat im Kern die Gefährdung der Umwelt zurück? Was fordert er als Gegenmaßnahme? Finden Sie diese Position in den Stellungnahmen der Parteien wieder?
3. Das „entscheidende" Argument für Wachstum und Wachstumspolitik ist dem Sachverständigenrat zufolge der Wunsch der Menschen nach höheren Einkommen. Wie könnte diese These empirisch geprüft werden? Besteht in Ihrer Lerngruppe auch dieser Wunsch nach höheren Einkommen – oder überwiegen andere Wünsche? Wie zeigt sich, dass die Menschen bereit sind, sich für mehr Einkommen auch mehr anzustrengen?
4. Der Zusammenhang zwischen Wachstum und Beschäftigung wird weiter unten in Kapitel 3.5 ausführlicher untersucht. Vergleichen Sie die Ausführungen des Sachverständigenrates und des DGB in M5. Welche Gemeinsamkeiten und Unterschiede können Sie feststellen?

3.3 Wachstumskritik

M 7

Abfallmengen folgen dem Wachstum

Wie kaum ein anderer Bereich widerspiegelt der Abfall das Wirtschaftswachstum und den Lebensstil einer Gesellschaft. In den Industrieländern haben Wirtschaftswachstum und immer schnellere Produktentwicklungen die soziale und ökonomische Struktur tiefgreifend verändert: In nur fünf Jahrzehnten ist eine Wegwerfgesellschaft entstanden. Im Vergleich zum Jahr 1950 produzieren wir heute weltweit die siebenfache Menge an Gebrauchsgütern und entziehen unserem Planeten die fünffache Menge an Rohstoffen.

BUWAL: Umwelt Schweiz. 2002. www.buwal-herakles.admin.ch/umweltbericht/de/d-109-124-Abfall.pdf

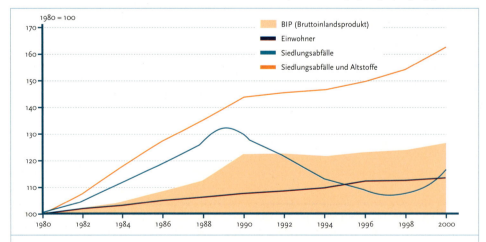

Erläuterung: Die o. g. Daten beziehen sich auf die Schweiz. Siedlungsabfälle sind aus Haushalten stammende Abfälle sowie Abfälle vergleichbarer Zusammensetzung aus Gewerbe- und Industriebetrieben. Altstoffe sind zum Großteil wiederverwertbare Abfälle aus Papier, Karton, Weißblech, Glas etc.

I shop, therefore I am

Foto: dpa

M 8

Die Prioritäten haben sich verändert

M 9

- Das Vierteljahrhundert nach dem Zweiten Weltkrieg war eine Periode rapiden Wachstums. [...] Die vordringlichen Wünsche der Menschen nach mehr Konsum, mehr und besseren Arbeitsplätzen und mehr sozialer Sicherheit wurden weitgehend erfüllt.
- Im Laufe der Siebzigerjahre ist die Wirtschaft vom Musterknaben zum Sorgenkind geworden. Der Marktmechanismus versagt vor der Aufgabe, Millionen von Arbeitssuchenden, viele offene Stellen und ungedeckte Bedürfnisse miteinander zum Ausgleich zu bringen. Er ist auch unfähig, die Ansprüche auf eine intakte und freundliche Umwelt mit den Sachzwängen einer Wirtschaft zu vereinbaren, deren Vitalität scheinbar nur vermittels weiterer Expansion und beständigen Wandels aufrechterhalten werden kann. [...]
- Wachstum beruhte in der Nachkriegsära hauptsächlich auf einer Perfektionierung der Beherrschung der Natur durch den Menschen. Die extensive Nutzung von Rohstoffen und Umweltgütern, ermöglicht durch technischen Fortschritt, führte zu exponentiellem* Wachstum in der Produktion materieller Güter. Seit kurzem scheint die Beherrschung der Natur weniger zusätzliche Dividende* abzuwerfen. Es gibt Anzeichen dafür, dass Rohstoffe knapper und teurer werden, dass die Absorptionsfähigkeit der Natur für Luft- und Wasserverschmutzung an ihre Grenzen stößt, und dass die menschliche Toleranz für die Nebenwirkungen der Produktion und des Verkehrs – Stress, Lärm – abnimmt. [...]
- In der Zeit der Industrialisierung, des Wiederaufbaus und des Bevölkerungswachstums war eine expandierende Gütererzeugung [...] wirtschaftlich wie auch gesellschaftlich vordringlich. [...] Die Prioritäten der Siebzigerjahre sind andere. [...] Die noch immer zunehmende Verschmutzung der Flüsse, die erhöhte Kriminalität, die Verstopfung der Straßen, die zunehmende Verödung und der finanzielle Bankrott der Städte sind mit den veränderten Kriterien für eine leistungsfähige Wirtschaft und eine „gute" Gesellschaft in Konflikt geraten. [...]
- In der Prioritätsskala der Durchschnittsfamilie treten andere Dinge in den Vordergrund: Ein sicherer Arbeitsplatz, ein kontinuierlich fließendes Einkommen auch bei Krankheit, Arbeitsunfähigkeit und im Alter, eine interessante Berufstätigkeit, eine Wohnung, die sicher ist [...]

B. Strümpel: Die Krise des Wohlstands. Stuttgart u. a., 1977, S. 10, 12 f., 124.

M 10 Paul Romer: Es gibt keine Grenzen des Wachstums

Alle Voraussagen über die Grenzen des Wachstums waren vollkommen falsch. Für den Club of Rome war die Volkswirtschaft eine Fabrik: Auf der einen Seite kommen Rohstoffe rein, auf der andren Seite Produkte raus. Und irgendwann gibt es keine Rohstoffe mehr, die Seen sind verschmutzt, die Luft ist vergiftet. Sie haben einfach nicht kapiert, dass eine moderne Ökonomie nicht wie eine Fabrik funktioniert.

Es gibt keine Grenzen des Wachstums. Wir werden immer weniger umweltschädliche Produkte herstellen und immer mehr Wissensprodukte, zum Beispiel bessere Chips. Wir werden den Wert der bewohnbaren Erde steigern, und zwar ohne Ende. Das Faszinierende an der modernen Wirtschaft ist, dass wir viel mehr als früher vom Wissen und von den Erfindungen profitieren werden. Tüchtige Leute entwickeln immer neue Ideen, neue Produkte, gründen Unternehmen, schaffen Wachstum und Arbeitsplätze.

P. Romer: Wissen schafft Wachstum. Unternehmer 2/98, Seite 28

„1000 neue Arbeitsplätze; man muss das Waldsterben auch mal positiv sehen!"
Karikatur: H. Haitzinger

Arbeitsaufträge

1. Der Autor in M 9 beschreibt einen Umbruch, der sich im Verlauf der 70er-Jahre bei der Bewertung des Wachstums vollzogen hat. Fassen Sie zusammen, in welcher Weise die Prioritäten sich verändert haben. Welche Ursachen werden für diesen Wandel im Text genannt? Stimmen Sie mit dieser Ursachenanalyse überein? Was sehen Sie anders?

2. Der Marktmechanismus, so der Autor Strümpel, sei unfähig, Güterproduktion und Umweltschutz zu vereinbaren. Finden Sie diese These überzeugend? Diskutieren Sie in Gruppen, welche Argumente dafür und welche dagegen sprechen. Beachten Sie dabei auch den häufig verwendeten Hinweis, im Sozialismus seien die Umweltzerstörungen noch viel schlimmer gewesen. Versuchen Sie in Ihrer Gruppe, zu einer klaren Schlussfolgerung zu kommen: Akzeptieren Sie Strümpels These – oder nicht? Formulieren Sie die Begründung für Ihre Auffassung.

3. Im Zusammenhang mit den negativen „Nebenwirkungen" der industriellen Produktion und des wirtschaftlichen Wachstums sieht der Autor einen Widerspruch zwischen dem herrschenden Wirtschaftssystem einerseits und einer „guten Gesellschaft" andererseits. Beschreiben Sie diese „gute Gesellschaft", soweit sie sich aus diesem kurzen Textauszug erkennen lässt. Präzisieren Sie, welcher Art die Konflikte und Widersprüche sind, die zwischen den Merkmalen einer „guten Gesellschaft" und dem marktwirtschaftlichen System bestehen.

4. Nehmen Sie nochmals die Frage nach dem Wandel der Prioritäten auf. Haben sich „unsere" Prioritäten inzwischen neuerlich gewandelt im Vergleich zu den 70er-Jahren? Können Sie Ihre heutigen Prioritäten benennen – also Ihre „vordringlichen Wünsche" inbezug auf das Wirtschaftssystem und auf eine „gute Gesellschaft"?

5. In der Stellungnahme von Bündnis 90/Die Grünen zum Wirtschaftswachstum (vgl. M 5) wurden ebenfalls die „sozialen und ökologischen Folgekosten unserer Wirtschaftsweise" kritisiert. Vergleichen Sie die Schlussfolgerungen, die Strümpel vor 25 Jahren und die Bündnisgrünen heute daraus gezogen haben.

6. Formulieren Sie eine begründete Stellungnahme zu der „Kritik der Wachstumskritik" durch den US-Ökonomen P. Romer (M 10).

3.4 Was wächst eigentlich, wenn „die Wirtschaft" wächst?

Das Bruttoinlandsprodukt:
Volumen, Definition und Berechnung von Wachstum und Wachstumsraten

M 11

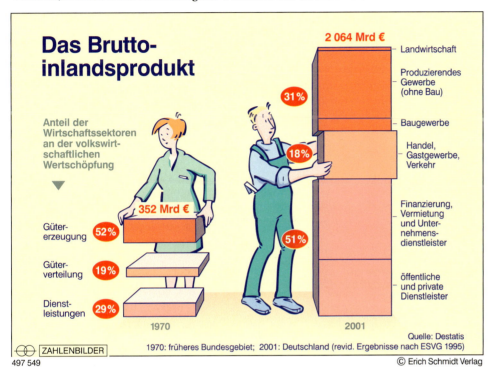

Bisweilen ist von der gesamtwirtschaftlichen Wertschöpfung die Rede, dann vom Bruttoinlandsprodukt (BIP) oder auch von der Wirtschaftsleistung. Der üblicherweise verwendete Indikator des wirtschaftlichen Wachstums ist die Zunahme des BIP. Das Bruttoinlandsprodukt umfasst den Wert der Güterproduktion eines bestimmten Wirtschaftsgebietes in einer bestimmten Periode (so belief sich z. B. das BIP des Landes Baden-Württemberg im Jahr 2000 auf 296 Mrd. Euro, das BIP Deutschlands im selben Jahr auf 2 026 Mrd. Euro). Zur Güterproduktion gehören Waren und Dienstleistungen, die von Unternehmen, Handwerksbetrieben und von den freien Berufen (z. B. Arztpraxen, Kanzleien, Fitnessstudios) erbracht werden, aber auch von öffentlichen Einrichtungen wie den Gebietskörperschaften, Gerichten, Ministerien, Kreiskrankenhäuser etc.

Im BIP nicht erfasst ist der Wert der Güter, die in privaten Haushalten produziert werden (von der Kindererziehung über das Mittagessen bis hin zum selbst tapezierten Zimmer). Unberücksichtigt bleibt auch die „Schattenwirtschaft"; die dort erbrachte Wertschöpfung wird sowohl der Statistik als auch den Finanzämtern verschwiegen.

Originalbeitrag des Autors

Wachstumsrate des realen BIP gegenüber dem Vorjahr (in %; in Preisen von 1995);
BIP real in t (2000) = 1968,5 Mrd. €
BIP real in t − 1 (1999) = 1911,1 Mrd. €
△ BIP = 3,0 %

$$\triangle \text{BIP} = \left(\frac{\text{BIP}_t - \text{BIP}_{t-1}}{\text{BIP}_{t-1}}\right) * 100$$

$$\triangle \text{BIP} = \left(\frac{1968{,}5\,€ - 1911{,}1\,€}{1911{,}1\,€}\right) * 100 = 3{,}0\,\%$$

M 12 In fünfzig Jahren Lohnsteigerungen auf das Dreizehnfache

- 1950 verdiente ein Arbeitnehmer in der Bundesrepublik Deutschland (damaliger Gebietsstand ohne das Saarland, Berlin und die neuen Länder) durchschnittlich 124 Euro im Monat. Hierauf waren 5,60 Euro Lohnsteuer und 9,70 Euro zur Sozialversicherung abzuführen, sodass 108,70 Euro in der Lohntüte verblieben.
- Fünfzig Jahre später, im Jahr 1999, verdiente ein Arbeitnehmer im vereinten Deutschland durchschnittlich 2.183,– Euro im Monat, also fast 18-mal mehr als sein Kollege im Jahr 1950. Die Abzüge (Lohnsteuer 430,– Euro, Sozialbeiträge 364,– Euro) stiegen überproportional (von 12,3 % der Bruttolöhne und -gehälter 1950 auf 36,5 % im Jahr 1999), sodass 1999 „nur" 1.389,– Euro im Durchschnitt auf das Gehaltskonto überwiesen wurden. Die Nettolöhne und -gehälter je Arbeitnehmer waren 1999 also knapp 13-mal so hoch wie vor fünfzig Jahren, ihre Kaufkraft war nach Ausschaltung der Preissteigerungen 3,2-mal so hoch wie 1950. Die Preise für die Lebenshaltung sind in den fünfzig Jahren auf das Vierfache gestiegen.
- Höhere Verdienste bedeuten mehr Einkommen, aber auch höhere Kosten. Die durchschnittlichen Arbeitskosten je Arbeitnehmer sind von 1950 (142,70 Euro im Monat) bis 1999 (2.720,– Euro) auf das 19-fache gestiegen. Dem steht eine Produktivitätszunahme, gemessen am realen Bruttoinlandsprodukt je Erwerbstätigen, auf das gut Vierfache gegenüber. Die Lohnstückkosten waren 1999 also mehr als viermal so hoch wie 1950.

Statistisches Bundesamt: Pressemitteilung vom 25. Mai 2000. (www.destatis.de/presse)

Arbeitsaufträge

1. Was wächst eigentlich, wenn „die Wirtschaft" wächst? Erstellen Sie in Gruppen Mind-Maps zu diesem Thema.
2. Welche der folgenden Transaktionen und/oder Tatbestände fließen in das Bruttoinlandsprodukt ein, welche beeinflussen dies nicht? Begründen Sie mit Bezug auf M 11:
a) Sie kaufen eine Pizza. b) Eine Familie kauft ein neues Haus. c) Ein Angestellter fährt mit seinem Fahrrad zu seiner Arbeitsstelle. d) Ein Mann kauft Drogen von einem Dealer. e) Das Kindergeld wird um 20 Euro erhöht. f) Immer mehr Menschen bauen Gemüse für den Eigenbedarf an. g) Eine Tankerhavarie verursacht eine Ölpest an den Nordseestränden. h) Die Beteiligung von Frauen am Erwerbsleben nimmt stark zu.
i) Die volkswirtschaftlichen Kosten, die durch Verkehrsunfälle entstehen. (M 13)
3. Vergleichen Sie Überschrift und Text von M 13. Inwiefern ist die Überschrift missverständlich? Wie müsste sie genauer lauten? Fassen Sie die etwas unübersichtlichen Angaben des Textes in einer tabellarischen Übersicht zusammen.
4. Im Text werden einerseits die „Brutto"-Verdienste verglichen, andererseits die „Netto"-Verdienste. Wodurch unterscheiden sich diese beiden Größen? Welchen Institutionen fließt die Differenz zwischen brutto und netto zu und wofür werden die Abzüge vom Bruttoeinkommen verwendet?
5. Für einen Arbeitgeber liegen die Arbeitskosten eines Mitarbeiters höher als der Bruttoverdienst dieses Arbeitnehmers. Beziffern Sie den Unterschied (für das Jahr 1999) und erläutern Sie, warum die Arbeitskosten höher sind.
6. In M 14 ist ein Wachstumsindikator dargestellt, der von manchen für aussagekräftiger gehalten wird als das BIP, nämlich das Volkseinkommen pro Kopf der Bevölkerung. Erörtern Sie, inwiefern diese These zutrifft. Informieren Sie sich hierzu auch über die Entwicklung der Bevölkerung seit 1960 (siehe M 8, S. 47).
7. Schweden und Mexiko weisen ein in etwa gleich hohes BIP sowie BIP pro Kopf auf. Vergleichen Sie die sozialen Verhältnisse in beiden Ländern und beurteilen Sie vor diesem Hintergrund die Aussagekraft der beiden Indikatoren.

3.4 Was wächst eigentlich, wenn „die Wirtschaft" wächst?

8. In der Zeitspanne, auf die sich die Pressemitteilung (M 12) bezieht, sind nicht nur die Einkommen um ein Mehrfaches gestiegen, auch die durchschnittliche Wochenarbeitszeit wurde verkürzt – von 48 auf 37 Stunden – und der Jahresurlaub schrittweise verlängert. Gestiegen ist damit nicht nur der materielle Wohlstand (das Einkommen), sondern auch der Zeit-Wohlstand (die freie Zeit). Materieller und zeitlicher Wohlstand sind jedoch nicht gleichbedeutend mit Wohlfahrt oder gar „gutem Leben". Worin sehen Sie den Unterschied?

Volkswirtschaftliche Kosten der Verkehrsunfälle M 13

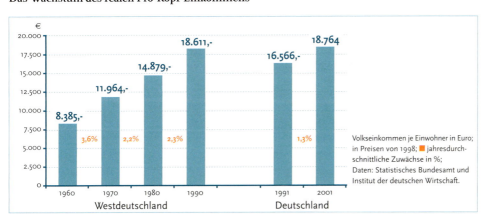

Das Wachstum des realen Pro-Kopf-Einkommens M 14

M 15 Die Leistungen unserer Wirtschaft

Arbeitsaufträge

Bei dieser etwas überladenen Darstellung (M 15) ist es wichtig, dass Sie sich zuerst einmal grob orientieren. Im oberen Teil ist die Entwicklung des BIP in den 90er-Jahren abgetragen, im unteren Teil wird dagegen gezeigt, wie das BIP des Jahres 2000 zusammengesetzt ist. Der obere Teil zeigt den zeitlichen Verlauf, der untere Teil die Struktur des BIP.

1. Untersuchen Sie zunächst den oberen Teil der Darstellung. Dort werden drei verschiedene Indikatoren der Wirtschaftsleistung und des Wirtschaftswachstums verwendet, die jeweils andere Aussagen ergeben. Identifizieren Sie diese drei Indikatoren und beschreiben Sie, was diese anzeigen.
2. Der Unterschied zwischen nominalem und realem BIP war bereits Thema im Kapitel 2, Seite 76. Dort wurde auch eine Beispielrechnung durchgeführt, die zeigt, wie man vom BIP zu Marktpreisen über eine Inflationsbereinigung zum realen BIP kommt. Bestimmen Sie die absoluten BIP-Zuwächse zwischen 1991 und 2000 und stellen Sie fest, welcher Anteil des nominalen Zuwachses allein der Inflation geschuldet ist.
3. Die ersten beiden Indikatoren stellen absolute Größen dar, also den Gesamtwert der volkswirtschaftlichen Wertschöpfung in Milliarden Euro; der dritte Indikator dagegen zeigt eine relative Größe, nämlich die Veränderung des realen BIP gegenüber dem Vorjahr in %. Daran kann man die Wachstumsschwankungen bzw. Konjunkturzyklen erkennen (vgl. dazu auch Abschnitt 2.4.5 und M 38, S. 74).
   Erläutern Sie, was mit dem Wert von – 1,1 % für das Jahr 1993 ausgesagt wird; was ist in diesem Jahr mit dem BIP passiert?
4. Im unteren Teil des Schaubildes wird die Zusammensetzung des BIP unter verschiedenen Fragestellungen gezeigt. Die linke Säule zeigt die Entstehungsseite des BIP und beantwortet die Frage, welche Beiträge die verschiedenen Sektoren zum BIP geleistet haben. Berechnen Sie, wie hoch der Beitrag des gesamten Dienstleistungssektors ist. (Bestätigt sich die These, dass wir heute in einer Dienstleistungsgesellschaft leben?)

3.5 Wachstum = Beschäftigung?

Eines der zentralen Argumente für wirtschaftliches Wachstum lautet: Wir brauchen Wachstum, um die Beschäftigung zu sichern. Trifft diese Behauptung zu? Ist Wachstum tatsächlich eine notwendige Bedingung für die Sicherung eines hohen Beschäftigungsstandes?

Wachstum und Beschäftigung (Deutschland[1] 1983 bis 1999)

M 16

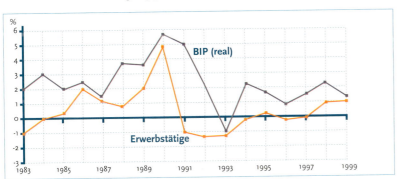

(1) bis 1991 Westdeutschland

Quellen: OECD: Labour Force Statistics, verschiedene Jahrgänge; Statistisches Bundesamt ab 1991 (revidierte Erwerbstätigenzahlen); Europäische Kommission (2000): Europäische Wirtschaft Nr. 70

Arbeitsaufträge

1. Untersuchen Sie zunächst, ob es empirische Belege für einen positiven Zusammenhang zwischen Wachstum und Beschäftigung gibt. Machen Sie sich mit den beiden in M 16 dargestellten Indikatoren vertraut: Wie sind sie definiert? Beachten Sie auch die 1991 sich ändernde regionale Abgrenzung. Welche Gruppen von Erwerbspersonen gehören zu den Erwerbstätigen?
2. Gibt es eine eindeutig gleichgerichtete Beziehung zwischen Wachstum und Beschäftigung – eindeutig in dem Sinne, dass jede Zunahme des Wachstums auch zu einer Erhöhung der Beschäftigung führt? Welche Schlussfolgerung ziehen Sie aus Ihrem Untersuchungsergebnis?
3. Stellen Sie fest, wie stark das reale BIP und die Zahl der Erwerbstätigen in absoluten Größen zugenommen haben, und zwar getrennt für Westdeutschland in der Periode 1980 bis 1990 und für Gesamtdeutschland 1991 bis 2001. (Die BIP-Daten finden Sie in M 3, S. 102; nehmen Sie als Ausgangswert für 1980 ein BIP von 753 Mrd. Euro; die Erwerbstätigen-Daten finden Sie in M 8 und M 9, S. 47f.)
4. Setzen Sie sich in Ihrer Lerngruppe mit der Frage auseinander, welcher kausale Zusammenhang zwischen Beschäftigung und Wachstum bestehen könnte. Formulieren Sie eine Begründung für Ihre Auffassung.
5. Aus der empirisch belegbaren positiven Korrelation zwischen Wachstum und Beschäftigung wird häufig geschlossen, ein hohes Wachstum sei notwendig, um einen hohen Beschäftigungsstand zu halten – bzw. um die Arbeitslosigkeit abzubauen. Ist diese Schlussfolgerung zwingend?
Erörtern Sie: Wäre es nicht denkbar, auf Wirtschaftswachstum zu verzichten und das vorhandene Arbeitsvolumen über Arbeitszeitverkürzungen und Teilzeitarbeit auf alle Erwerbspersonen zu verteilen? (M 17 und M 18)

M 17 Die Früchte der Produktivität

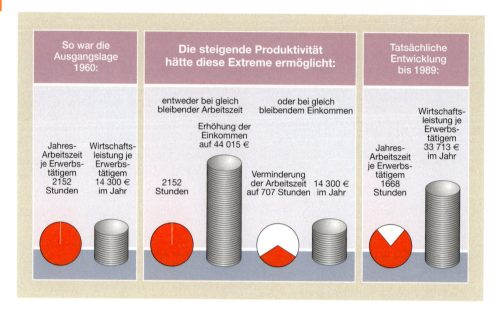

M 18 Arbeitszeitverkürzung: Möglichkeiten und Probleme

3.6 Methode: Korrelation heißt nicht Kausalität – oder: Der dümmste Bauer hat die dicksten Kartoffeln

Eine statistische Korrelation zweier Zeitreihen sagt noch nichts darüber aus, ob zwischen diesen Größen eine Kausalität (Verursachung) besteht. In der Darstellung von M 16 kann man eine gleichgerichtete (positive) Korrelation der beiden Zeitreihen erkennen, doch es ist zunächst offen, ob überhaupt – und wenn ja, in welcher Richtung – eine Kausalität besteht: Ob also eine Zunahme der Zahl der Beschäftigten zu höherer Produktion = Wachstum führt – oder ob umgekehrt eine steigende Wertschöpfung einen höheren Bedarf an Arbeitskräften nach sich zieht. Es besteht sogar eine dritte Möglichkeit, nämlich die, dass beide Größen gemeinsam von einer dritten Variablen abhängen. Eine eventuell bestehende Kausalität kann also nicht aus einer bestehenden Korrelation abgeleitet werden, sondern bedarf einer eigenständigen theoretischen Begründung.

Arbeitsauftrag

Erstellen Sie eine Checkliste für den sachgerechten Umgang mit statistischen Korrelationen. Werten Sie hierzu Ihre Erfahrungen bei der Bearbeitung von M 16 sowie das nachfolgende Material M 19 aus.

Korrelation – oder: Der dümmste Bauer hat die dicksten Kartoffeln

M 19

Ist das so? Haben die dümmsten Bauern die dicksten Kartoffeln? Ich wollte es wissen, ganz empirisch und exakt, d. h. in Zahlen ausgedrückt. In meinem Dorf wohnen 5 Bauern, nämlich Anton, Bertolt, Christian, Dieter und Emil. Zunächst galt es, die durchschnittliche Kartoffeldicke dieser fünf Erzeuger zu ermitteln. Mit Wiegen und Zählen war das recht einfach: Anton hatte die dicksten Kartoffeln, dann folgten Bertolt, Christian, Dieter und schließlich Emil. Aber wie drückt man Dummheit in Zahlen aus? Ich veranstaltete eine Umfrage unter den übrigen Einwohnern und bat sie, die Fünf in eine Rangfolge zu bringen, vom Dümmsten über den Zweitdümmsten usw. bis zum Fünftdümmsten. Nach einigem Rechnen hatte ich des Volkes Meinung ermittelt. Es ergab sich wieder die gleiche Reihenfolge: Den Spitzenplatz in Dummheit hielt Anton, gefolgt von Bertolt, Christian, Dieter und Emil (vgl. Abb.).

Wir haben hier zwei Variablen: Dummheit und Kartoffeldicke. Und wir haben einen Zusammenhang, eine Korrelation, zwischen den Variablen: Je mehr von dem einen, desto mehr von dem anderen. Die Korrelation ist die stärkste, die überhaupt denkbar ist, und eine solche Korrelation hat den Wert 1. […]

Was wäre gewesen, wenn sich zwischen Dummheit […] und Kartoffelgröße kein Zusammenhang ergeben hätte? Wenn ganz und gar kein Zusammenhang vorliegt, hat die Korrelation den Wert 0.

[…] Eine Korrelation […] sagt überhaupt nichts darüber aus, wodurch der Zusammenhang bewirkt wird. Aber natürlich ist es genau das, was interessiert: die Kausalzusammenhänge. Und so versucht man, die Korrelation kausal zu interpretieren. Vielleicht machen dicke Kartoffeln dumm und da die Erzeuger natürlich ihre eigenen Kartoffeln essen, wäre damit der Zusammenhang erklärt. Oder dumme Bauern verwenden besonders viel Dünger und viel Dünger lässt die Knollenfrüchte anschwellen. […] Wenn die Dinge günstig liegen, kann man die Zusammenhänge experimentell überprüfen; wenn nicht, bleibt es bei mehr oder weniger plausiblen Interpretationen. […]

Die Korrelation von gemessener Intelligenz und Schulerfolg liegt etwa bei 0,5. Ist das nun eine hohe oder geringe Korrelation? Allgemein gefragt: Welche Korrelationen wollen wir als hoch oder niedrig ansehen?

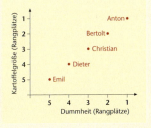

H. Hannappel: Lehren lernen. Ein Handbuch und Übungsbuch für die Lehrerausbildung. Bochum 1992 (3), S. 184 f. (gekürzt und leicht verändert)

3.7 Von welchen Faktoren hängt das Wachstum ab?

Die Beobachtung zeigt, dass verschiedene Wirtschaftsräume sich ganz unterschiedlich entwickelt haben und eine ganz unterschiedliche Wachstumsdynamik aufweisen. So zeigten z. B. West- und Ostdeutschland trotz vergleichbarer Ausstattung mit Produktionsfaktoren in den Jahrzehnten nach dem 2. Weltkrieg ganz unterschiedliche Verläufe des wirtschaftlichen Wachstums. Und trotz ihres vergleichbaren Reichtums an Menschen und natürlichen Ressourcen entwickelten sich eine Reihe von südostasiatischen Staaten zu extrem dynamischen „Tigerstaaten", während viele afrikanische Länder wirtschaftlich stagnierten. Wie sind diese Unterschiede zu erklären? Von welchen Faktoren hängt das wirtschaftliche Wachstum ab?

Gruppenarbeit zu den Wachstumsfaktoren
1. Besprechen Sie in Gruppen die Frage, von welchen Faktoren das wirtschaftliche Wachstum und die Wachstumsdynamik abhängen. Erstellen Sie eine Liste der notwendigen, der begünstigenden sowie der dem Wirtschaftswachstum abträglichen Faktoren. Ordnen Sie dabei die von Ihnen aufgeführten Faktoren nach Bedeutung. Vertiefend können Sie die beigefügten Materialien (M 20 – M 23) auswerten.
2. Vergleichen und diskutieren Sie Ihre Ergebnisse in der gesamten Lerngruppe. Falls es zwischen den Gruppen Unterschiede bei der Bewertung der verschiedenen Faktoren gibt, sollten die Bewertungskriterien offengelegt werden. Gibt es einen Konsens bei diesen Bewertungskriterien? Falls es auch hier Differenzen gibt – wie könnten diese ausgeräumt werden?
3. Wenn neben ökonomischen und technischen Faktoren auch kulturelle Bedingungen (und Hemmnisse?) des Wirtschaftswachstums genannt wurden, sollten diese näher erläutert werden: Was ist mit „kulturellen" Faktoren gemeint?

Erkenntnisse der Wachstumstheorie

M 20

- Auf der Ebene des einzelwirtschaftlichen Produktionsprozesses kann der Unternehmer seine Produktionskapazität erhöhen, wenn er neue Anlagen errichtet und [zusätzliche] Arbeitskräfte einstellt. Auf die Gesamtwirtschaft übertragen folgt daraus: Die Güterproduktion entsteht durch Kombination von *Kapital* und *Arbeit* im Produktionsprozess. Wird der Einsatz der Produktionsfaktoren erhöht, so steigt [das] Produktionsergebniss. Dies ist die grundlegende These der makroökonomischen Produktionstheorie, welche die Grundlage der modernen Wachstumstheorie bildet. [...]
- Prüft man diese Aussagen an verfügbaren statistischen Daten, kommt man zu dem Ergebnis, dass die Zunahme der Faktormengen nur einen geringen Teil des BIP-Wachstums erklären kann. Der Rest bleibt durch diese einfache Theorie unerklärt. Diese Version der Produktionstheorie muss also aufgegeben und durch eine bessere ersetzt werden.
- Ein Blick in die Statistik zeigt, dass nicht nur der mengenmäßige Faktoreinsatz gestiegen ist, sondern auch das Produktionsergebnis pro eingesetzter Einheit Kapital bzw. Arbeit. *Die Produktivität, also die Ergiebigkeit der Produktionsfaktoren hat zugenommen.* [...] Die Unternehmen setzen immer leistungsfähigere und technisch höherwertige Maschinen ein, mit deren Hilfe pro Erwerbstätigen mehr produziert werden kann. Derjenige Teil des Wirtschaftswachstums, der nicht auf den vermehrten Einsatz von Kapital und Arbeit zurückzuführen ist, wird einem dritten Produktionsfaktor zugeordnet – dem „technischen Fortschritt".

B. Gahlen/H. D. Hardes/F. Rahmeyer/A. Schmid: *Volkswirtschaftslehre – Eine problemorientierte Einführung.* Tübingen, 1995, S. 167 f.
(Hervorhebung: G. Willke)

3.7 Von welchen Faktoren hängt das Wachstum ab?

Bearbeitungshinweise

1. Erläutern Sie die in M 20 verwendeten Begriffe Güterproduktion, Produktionsfaktoren, Faktoreinsatz und Produktivität. Greifen Sie dazu auf Ihre Vorkenntnisse aus der 11. Jahrgangsstufe zurück sowie auf die Ausführungen in M 21a.
2. Erklären Sie die in M 21b dargestellten Entwicklungen mithilfe der Erkenntnisse der Wachstumstheorie.

Stichwort: Produktivität

M 21a

Die Produktivität drückt das Verhältnis zwischen einem Produktionsergebnis und dem dafür benötigten Faktoreinsatz aus:

$$\text{Produktivität} = \frac{\text{Produktionsergebnis (Output)}}{\text{Faktoreinsatz (Input)}}$$

Das Produktionsergebnis sind Gütermengen (Weizen, Autos, Blinddarmoperationen …), die aus dem Einsatz von Produktionsfaktoren (Arbeit, Kapital, Boden, Rohstoffe etc.) resultieren.

Es wird zwischen mengenmäßiger und wertmäßiger Produktivität unterschieden: Wenn 2,5 ha Ackerland 20 Tonnen Weizen erbringen, dann liegt die Mengen-Produktivität bei 8 t/ha. Die Wert-Produktivität ergibt sich aus dem Marktwert des produzierten Weizens im Verhältnis zum Marktwert des eingesetzten Bodens.

Die Arbeitsproduktivität ergibt sich entsprechend als Verhältnis zwischen Arbeitsergebnis und Arbeitsinput (Zahl der Arbeitskräfte oder Arbeitsstunden).

Die Produktivität kann durch die qualitative Verbesserung der Produktionsfaktoren gesteigert werden.

Originalbeitrag des Autors

Immer weniger erarbeiten immer mehr

M 21b

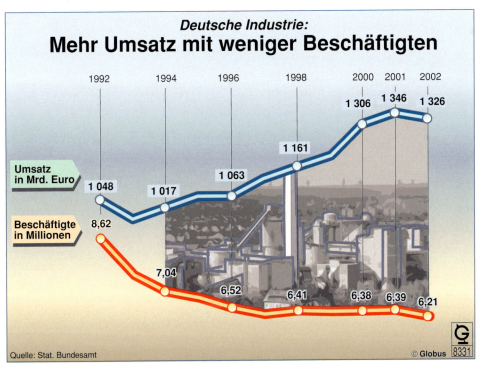

Deutsche Industrie: Mehr Umsatz mit weniger Beschäftigten

Umsatz in Mrd. Euro: 1992: 1 048; 1994: 1 017; 1996: 1 063; 1998: 1 161; 2000: 1 306; 2001: 1 346; 2002: 1 326

Beschäftigte in Millionen: 1992: 8,62; 1994: 7,04; 1996: 6,52; 1998: 6,41; 2000: 6,38; 2001: 6,39; 2002: 6,21

Quelle: Stat. Bundesamt

M 21c Take-off ohne Passagiere

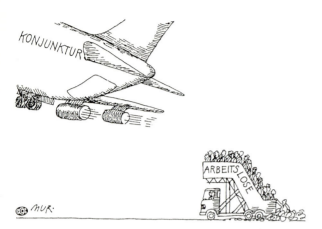

Karikatur: L. Murschetz

Karikatur: G. Mester

M 22 Rahmenbedingungen des wirtschaftlichen Wachstums

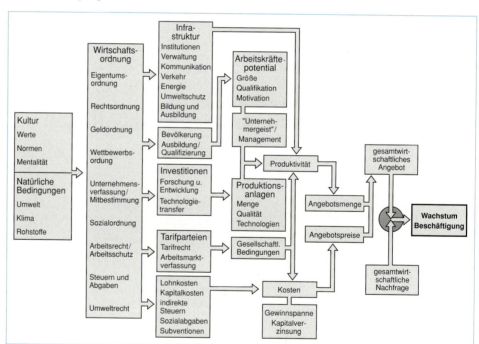

Erläuterung zum Konstruktionsprinzip des Schemas:
Ganz rechts steht das Prozessergebnis, nämlich Wachstum und Beschäftigung. Nun wird nach links gehend zurückverfolgt, von welchen Faktoren dieses Ergebnis abhängt und welche Rahmenbedingungen erforderlich sind, um einen Prozess des wirtschaftlichen Wachstums in Gang zu setzen und in Gang zu halten. Zunächst werden die ökonomischen Faktoren aufgeführt, in weiteren „Schichten" folgen dann politische und gesellschaftliche Rahmenbedingungen bis hin zu den kulturellen und natürlichen Voraussetzungen des Wirtschaftens.

Originalbeitrag des Autors

Ethische Normen und wirtschaftliche Leistung

M 23

a) Max Weber: Protestantische Ethik und der Geist der Akkumulation

Die innerweltliche protestantische Askese [...] schnürte die *Konsumtion*, speziell die Luxuskonsumtion, ein. Dagegen *entlastete* sie im psychologischen Effekt den *Gütererwerb* von den Hemmungen der traditionalistischen Ethik, sie sprengte die Fesseln des Gewinnstrebens, indem sie es nicht nur legalisierte, sondern [...] direkt als gottgewollt ansah. [...] Die Erlangung des Reichtums als Frucht der Berufsarbeit hatte den Segen Gottes. Und, was noch wichtiger war: Die religiöse Wertung der rastlosen, stetigen, systematischen Berufsarbeit als schlechthin höchstem asketischen Mittel und zugleich sichtbarster Bewährung des wiedergeborenen Menschen und seiner Glaubensechtheit musste ja der denkbar mächtigste Hebel der Expansion jener Lebensauffassung sein, die wir hier als „Geist des Kapitalismus" bezeichnen. Und halten wir nun noch jene Einschnürung der Konsumtion mit dieser Entfesselung des Gewinnstrebens zusammen, so ist das äußere Ergebnis naheliegend: *Kapitalbildung* durch *asketischen Sparzwang*. [...]

Die Macht puritanischer Lebensauffassung [...] stand an der Wiege des modernen „Wirtschaftsmenschen".

Max Weber: Asketischer Protestantismus und kapitalistischer Geist. [1905]. Max Weber: Soziologie, Weltgeschichtliche Analysen, Politik. J. Winkelmann (Hrsg.). Stuttgart, 1968, S. 370 ff. (kursiv im Original).

b) Thomas Mann: Woraus schöpft der Mensch den Impuls?

Woraus schöpft der Mensch den Impuls zu hoher Anstrengung und Tätigkeit? Aus Zwecken, Zielen, Hoffnungen, die ihm vor Augen schweben mögen. Wenn aber die Zeit selbst der Hoffnungen und Aussichten entbehrt, wenn sie sich ihm als hoffnungslos, aussichtslos und ratlos heimlich zu erkennen gibt [...] und der irgendwie gestellten Frage nach einem letzten, mehr als persönlichen, unbedingten Sinn aller Anstrengung und Tätigkeit ein hohles Schweigen entgegensetzt, [...] so wird eine gewisse lähmende Wirkung [...] fast unausbleiblich sein.

Wie kann ein Mensch zu Anstrengung und Leistung aufgelegt sein, ohne dass die Zeit auf die Frage Wozu? eine befriedigende Antwort wüsste?

Thomas Mann: Der Zauberberg, [1924], Berlin, 1970, S. 38

Bearbeitungshinweise

1. Wenn Sie das Schema M 22 erschließen wollen, können Sie mit den beiden klassischen Produktionsfaktoren Arbeit und Kapital beginnen. Stellen Sie fest, wie diese beiden Faktoren bei der gesamtwirtschaftlichen Wertschöpfung zusammenwirken. An welchen Merkmalen könnte eine „Steigerung"/Verbesserung dieser Produktionsfaktoren ansetzen und wie würde sich das auf die Wertschöpfung auswirken?
2. Wie hat sich das Arbeitskräftepotenzial seit 1960 quantitativ entwickelt? (M 8, S. 47) Die verbesserten Qualifikationen der Erwerbstätigen kommen in diesen Zahlen nicht zum Ausdruck. Wie könnte man diesen Aspekt empirisch erfassen?
3. Wenn die Motivation der Mitarbeiter eine wichtige Rolle bei der Arbeitsqualität und also auch bei der Produktivität spielt, stellt sich für Unternehmen die Frage, wie die Motivation der Mitarbeiter verbessert werden kann. Nehmen Sie an, Sie wären ein kleines Team von Unternehmensberaterinnen und -beratern und sollten Ihren Klienten Vorschläge zur Verbesserung der Mitarbeitermotivation unterbreiten. Stellen Sie eine Liste mit Ihren wichtigsten Ansatzpunkten und Maßnahmen zusammen.
4. Die Bedeutung der Infrastruktur spürt man häufig erst dann, wenn sie nicht funktioniert – z. B. bei Stromausfall oder bei Streiks der Müllabfuhr. Welche wesentlichen Leistungen erbringt die öffentliche Infrastruktur für die privaten Unternehmen?
5. Warum gehören kulturelle Faktoren zu den Rahmenbedingungen ökonomischen Wachstums? Erörtern Sie: Wie aktuell sind die Ausführungen des Schriftstellers Thomas Mann und des Soziologen Max Weber? (M 23)

M 24 Determinanten des Wirtschaftswachstums

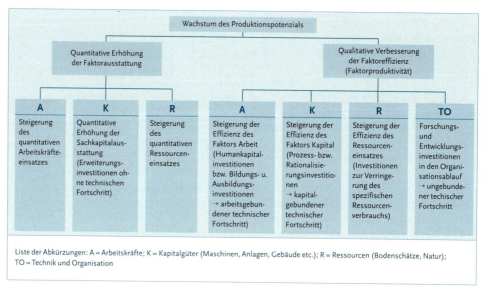

G. Mussel, J. Pätzold: Grundfragen der Wirtschaftspolitik. München 1998, S. 141

Bearbeitungshinweise

1. Ein stärker formalisiertes und bereits auf eine wachstumspolitische Zielsetzung ausgerichtetes Schema der Wachstumsfaktoren zeigt M 24. Woran lässt sich diese wachstumspolitische Orientierung erkennen?

2. In diesem Schema wird das Wirtschaftswachstum zum einen durch die Vermehrung und zum anderen durch die Verbesserung der Produktionsfaktoren erklärt. Eine rein quantitative Vermehrung liegt dann vor, wenn „mehr vom Gleichen" in vorhandene Produktionsprozesse eingesetzt wird: mehr Arbeitskräfte der gleichen Qualifikation, mehr Maschinen mit gleicher Technik. Diese extensive Form des Wachstums spielt heute (bei uns) eine eher geringe Rolle. Vielmehr herrscht die intensive Form des Wachstums vor, die auf dem Einsatz qualitativ verbesserter Produktionsfaktoren beruht. Beschreiben Sie, warum der Unterschied zwischen extensiver und intensiver Nutzung von Produktionsfaktoren bedeutungsvoll ist.

3. Häufig treten beiden Formen vermischt auf, etwa wenn ein Unternehmen expandiert und eine weitere Fertigungsstraße einrichtet. Die zusätzlich angeschafften Maschinen (quantitative Vermehrung) sind in der Regel auf dem neuesten technischen Stand, also auch qualitativ verbessert; die zusätzlich eingestellten Mitarbeiter sind oftmals besser qualifiziert, also (in der Regel) produktiver. Können Sie Beispiele dafür nennen, wie die Effizienz des Ressourceneinsatzes verbessert werden kann? Suchen Sie (z. B. in der Wirtschaftspresse) nach Fallbeispielen für „Investitionen in den Organisationsablauf" – also für organisatorische Umstrukturierung mit dem Ziel der Effizienzsteigerung.

4. Achten Sie bei diesem Schema auch mal auf die Sprache. Im linken unteren Kasten wird von der „Steigerung des quantitativen Arbeitskräfteeinsatzes" gesprochen; wäre „quantitative Steigerung des Arbeitskräfteeinsatzes" nicht treffender? In mehreren Kästen ist vom „technischen Fortschritt" die Rede; wäre „technischer Wandel" nicht weniger wertend? Im mittleren rechten Kasten heißt es: „qualitative Verbesserung der Faktoreffizienz"; kann die Effizienz wirklich „qualitativ verbessert" oder doch nur erhöht werden? Welche Formulierung wäre hier genauer?

3.8 Methode: Arbeiten mit Modellen – die Produktionsfunktion

Die Produktionsfunktion

M 25

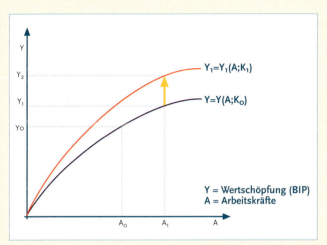

Wachstumsprozesse lassen sich mit dem Modell der „Produktionsfunktion" analytisch erfassen und untersuchen. In der Produktionsfunktion wird die funktionale Abhängigkeit der Wertschöpfung (Output; BIP) von relevanten Produktionsfaktoren (Input) modelliert. Als unverzichtbare Produktionsfaktoren gelten Arbeit (A), Kapital (K) sowie Technik, Wissen und Organisation (T). Setzt man diese Faktoren in die Funktion ein, ergibt sich folgende allgemeine Form:

$BIP = f(A, K, T)$.

Grafisch lässt sich diese Funktion veranschaulichen, wenn man sie in der Weise vereinfacht, dass zwei der drei Faktoren konstant gehalten und nur der dritte Faktor variiert wird; dann bekommt man z. B. die Abhängigkeit der Produktion vom Arbeitsinput A bei konstantem Kapitalstock $\overline{K}$ und konstanter Technik $\overline{T}$:

$BIP = f(A, \overline{K}, \overline{T})$.

Unter diesen Bedingungen zeigt der Funktionsverlauf an, wie die Produktion (BIP) zunimmt, wenn die Menge des eingesetzten Produktionsfaktors Arbeit erhöht wird (während die anderen beiden Faktoren konstant bleiben). Üblicherweise wird ein degressiver Verlauf der Produktionsfunktion unterstellt (vgl. M25: die blaue Kurve). Dies bedeutet, dass eine Erhöhung des Arbeitsinputs (z. B. von A_0 auf A_1) einen positiven Produktionszuwachs ergibt (von Y_0 auf Y_1); diese Zuwächse werden jedoch kleiner, wenn A weiter erhöht wird (d. h. die Steigung der Kurve nimmt ab).

Qualitative Verbesserungen des Kapitalstocks, der Produktionsverfahren und des technischen wie organisatorischen Wissens schlagen sich in Produktivitätssteigerungen nieder, d. h. in einer Verschiebung der Produktionsfunktion nach oben. Die vorher eingeführte Restriktion (Kapitalstock und Technik = konstant) wird jetzt aufgehoben; die verbesserte Technik schlägt sich in der neuen Produktionsfunktion Y_1 mit produktiverem Kapitalstock K_1 nieder (vgl. M 25: rote Kurve).

Modellhafte Darstellungen wie die Produktionsfunktion sind nützlich, um einfache Zusammenhänge unter sehr restriktiven Annahmen anschaulich zu machen und um die Auswirkungen der Veränderung einzelner Variablen nachvollziehen zu können. Diese Modelle dürfen jedoch nicht mit der Realität verwechselt werden. Wie bereits erwähnt, sind die Wertschöpfungs- und Wachstumsprozesse in Wirklichkeit sehr viel komplexer, sodass sie sich einer theoretischen Modellierung doch weitgehend entziehen.

Originalbeitrag des Autors

3.9 Exkurs: Trenddarstellungen des Wirtschaftswachstums

M 26 Veränderungsraten und Trend des BIP-Wachstums (1960-2001)
(reales BIP in Preisen von 1991; ab 1990: Gesamtdeutschland)

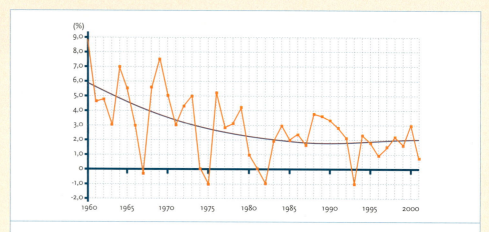

Erläuterung: Der Wachstumsprozess verläuft nicht stetig, sondern in zyklischen Schwankungen um einen Wachstumstrend (vgl. M 38, S. 74). Diese Wachstumszyklen werden erkennbar, wenn man statt der absoluten Werte des BIP die Veränderungsraten des BIP abträgt. Legt man anschließend eine Trendkurve durch diese Veränderungsraten, dann zeigt sich der Wachstumstrend für bestimmte Zeiträume.

Daten: SBA; polynomischer Trend

M 27 Trends des BIP-Wachstums (Westdeutschland)

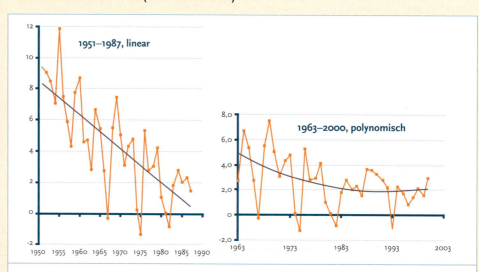

Erläuterung: Trendaussagen hängen in starkem Maße davon ab, wie die vorhandenen Daten aufbereitet und grafisch dargestellt werden. Aus der gleichen Datenmenge können sehr unterschiedliche Grafiken und Trends „konstruiert" werden. Daraus ergibt sich die Gefahr der Manipulation von Trenddarstellungen je nach Interessenlage. Welcher Trend „herauskommt", hängt insbesondere davon ab, welche „Stützperiode", d. h. welcher Zeitraum zugrunde gelegt wird und wie die Achsen dimensioniert werden. Wichtig ist aber auch, ob ein linearer* oder ein (die Veränderungen genauer wiedergebender) polynomischer* Trendverlauf berechnet wird.

Daten: SBA

3.9 Exkurs: Trenddarstellungen des Wirtschaftswachstums

Wachstumsabschwächung und steigende Arbeitslosigkeit (Westdeutschland)

M 28

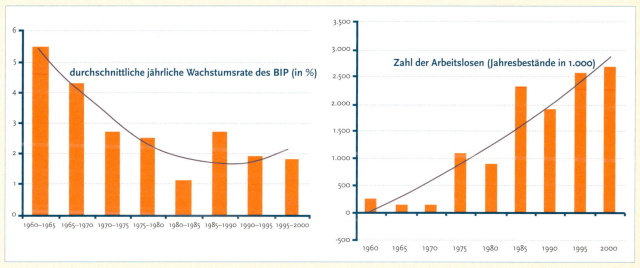

Daten: SBA, BfA; polynomische Trends

Verknüpft man diese Betrachtung des wirtschaftlichen Wachstums mit dem Trend der Arbeitslosigkeit, dann wird erkennbar, worin das Problem der Wachstumsabschwächung liegt: Der sich abflachende Wachstumstrend ist mit einem ansteigenden Trend der Arbeitslosigkeit korreliert (vgl. M 28). Dies ist ein Hinweis darauf, dass die bestehende Arbeitslosigkeit weniger konjunktureller als vielmehr systemisch-struktureller Natur sein könnte (vgl. dazu die Ausführungen in Abschnitt 2.4.6, S. 77 ff.).

Arbeitsaufträge

1. Vergleichen Sie die Darstellungen von M 26 und M 27; formulieren Sie die daraus (für Sie) folgenden Aussagen über den Wachstumstrend. Vergleichen Sie verschiedene Interpretationen in Ihrer Gruppe.
2. Stellen Sie sich eine wirtschaftspolitische Debatte zwischen Regierungs- und Oppositionsanhängern vor: Welcher Trenddarstellung dürften die jeweiligen Lager zuneigen?
3. Wenn jemand aus Ihrer Lerngruppe Erfahrung mit dem Excel-Programm hat, dann können Sie versuchen, aus einer Zeitreihe der Wachstumsraten verschiedene Darstellungsformen, Stützperioden und Achsen-Dimensionierungen auszuprobieren. (Die Berechnung von Trends kann man heute ja bequemerweise dem Programm überlassen. Wenn Sie aus Ihrer Tabelle ein Diagramm erstellt haben und darin die Datenpunkte markieren, dann bietet Ihnen das Programm unter „Diagramm/Trendlinie hinzufügen" eine Auswahl verschiedener Trend- und Regressionstypen an.)
4. Trendlinien werden mit statistischen Regressionsverfahren berechnet. Wenn Sie sich näher damit befassen wollen, fragen Sie mal Ihre/n Mathematik-Lehrer/in, wie das gemacht wird.

3.10 Ursachen der Wachstumsschwäche: Zwei konträre Positionen

Heute besteht ein weitgehender Konsens darüber, dass die Wachstumsschwäche als eine wesentliche Ursache der seit langem anhaltenden systemischen Arbeitslosigkeit anzusehen ist. Aber was ist die Ursache der Wachstumsschwäche? Hier gehen die Auffassungen auseinander. Der Sachverständigenrat schaut auf die Angebotsseite der Wirtschaft und bemängelt eine unzureichende Investitionsdynamik. Die „Memorandum-Gruppe" schaut dagegen in keynesianischer Tradition auf die Nachfrageseite und bemängelt eine unzureichende gesamtwirtschaftliche Nachfrage.

M 29 Konjunktur und Wachstum

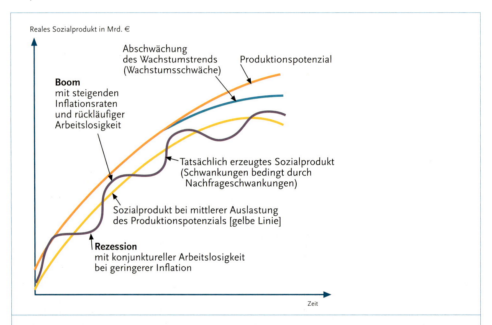

Erläuterung: Wie eine Abschwächung des Wachstumstrends modellhaft aussieht, zeigt M 29: Die orangene Linie des Produktionspotenzials stellt einen steilen, die blaue Linie einen flachen Wachstumstrend dar. Wie dieser Wachstumstrend verläuft, hängt sowohl von der Nachfrageseite als auch von der Angebotsseite (d. h. der „Dynamik" der privaten Investitionen) ab.

Nach G. Mussel, J. Pätzold: Grundfragen der Wirtschaftspolitik. 1998, S. 41 und 142

3.10 Ursachen der Wachstumsschwäche: Zwei konträre Positionen

Position 1: Der Wirtschaft fehlt Dynamik

M 30

- Auch die beste Wirtschaftspolitik kann nicht das Entscheidende bewirken: Dass sich die Wachstumskräfte regen, dass es mehr Schub gibt, hängt nicht allein an den gesamtwirtschaftlichen Rahmenbedingungen, sondern vor allem an den Energien, die die Wettbewerber am Markt selbst entwickeln. Schubkraft kann nur der dynamische Wettbewerb hervorbringen.

Jahresgutachten Sachverständigenrat Wirtschaft 1985/86, Ziffer 196

- Seit dem Jahre 1993 musste der Sachverständigenrat in jedem Jahr ein Zurückbleiben des [...] Wachstums hinter dem zu Ende der Achtzigerjahre erreichten Wachstumspfad feststellen. Dieser Pfad mit Wachstumsraten um 3 % wäre auch heute noch erreichbar. In den Jahren von 1993 bis 1998 wuchs das Produktionspotenzial in Westdeutschland mit Raten, die anfangs noch leicht über, dann unter 2 % lagen.

- Für das Jahr 1999 [...] deuten die Investitionen, die wesentlich das Wachstum bestimmen, noch nicht darauf hin, dass die Wachstumsschwäche überwunden ist. [...] Dass der Zuwachs des Bruttoinlandsprodukts [...] im kommenden Jahr bei 2,7 % liegen wird, darf noch nicht als Anzeichen für ein Überwinden der Wachstumsschwäche gesehen werden. Darin kommt vor allem ein Ansteigen der Exportnachfrage zum Ausdruck; dieser Impuls löst noch nicht die Dynamik aus, die der deutschen Wirtschaft seit Jahren fehlt.

Jahresgutachten Sachverständigenrat Wirtschaft 1999/2000, Ziffer 227)

- Es gilt daher in erster Linie, bessere Rahmenbedingungen für unternehmerische Aktivität und für das Funktionieren der Märkte zu schaffen, das heißt, an den strukturellen Problemen anzusetzen, die auch in Westdeutschland die Ursache von Wachstumsschwäche und Arbeitslosigkeit sind. Die erforderlichen Reformen in die Wege zu leiten ist zugleich auch die beste Wirtschaftspolitik für die neuen Bundesländer.

Jahresgutachten Sachverständigenrat Wirtschaft 1999/2000, Ziffer 249

Position 2: Die Wachstumsschwäche ist Ausdruck eines Nachfragedefizits

M 31

Wenn die Arbeitslosigkeit ganz offensichtlich nicht in einem überbordenden Sozialstaat, in mangelhaften Angebotsbedingungen und ungenügender Wettbewerbsfähigkeit des Standortes begründet ist, so stellt sich die Frage nach ihren tatsächlichen Ursachen.

Das durchschnittliche jährliche Wachstum des BIP betrug real (in Preisen von 1991) in den Zeiten des Wirtschaftswunders und Wiederaufbaus von 1950 bis 1960 8,9 Prozent. Schon in der Dekade von 1960 bis 1970 hatte sich dieses Wachstum auf 4,4 Prozent verringert. In dem Jahrzehnt von 1970 bis 1980, bereits von der beginnenden Massenarbeitslosigkeit geprägt, konnte nur noch ein jährliches Wachstum von 2,7 Prozent erzielt werden, 1980 bis 1990 sogar nur noch 2,2 Prozent. Diese Entwicklung lasst sich für die beginnenden Neunzigerjahre (jetzt einschließlich der neuen Bundesländer) fortschreiben: Von 1992 bis 1995 betrug das jährliche BIP-Wachstum nur noch 1,45 Prozent.

Parallel zur nachlassenden Wachstumsdynamik schwächte sich auch der Produktivitätstrend ab, allerdings in einem geringeren Umfang. Von 1960 bis 1970 nahm die Produktivität je Erwerbstätigenstunde noch um jahresdurchschnittlich 5,3 Prozent zu, von 1980 bis 1990 nur noch um 2,3 Prozent. Anfang der Neunzigerjahre stabilisierte sich das Produktivitätswachstum in Westdeutschland mit einem Anstieg von jährlich 2,25 Prozent. In jeder Dekade war also das durchschnittliche Wachstum der Produktivität höher als die Steigerung beim Sozialprodukt. Als zwingende Folge verringerte sich das auf dem Arbeitsmarkt nachgefragte und zur Erstellung des jeweiligen Volkseinkommens notwendige Arbeitsvolumen. Wurden in der Bundesrepublik 1970 effektiv (d. h. unter Einbeziehung von Überstunden und Fehlzeiten) 53,8 Mrd. Arbeitsstunden geleistet, waren es 1980 noch 47,1 Mrd. und 1995 (Westdeutschland) 44,3 Mrd. [...]

Ob die Wachstumsschwäche eher auf der Angebots- oder auf der Nachfrageseite begründet liegt, darüber streiten sich die Wirtschaftswissenschaftler schon lange. Ein Blick auf die wichtigsten Indikatoren für die Angebotsbedingungen für die Unternehmen zeigt [...] allerdings, dass diese in den letzten Jahren enorm verbessert wurden. Ein kräftiger Wachstumsimpuls ist dennoch ausgeblieben. Dagegen sprechen die empirischen Daten bei den wichtigsten Nachfragekomponenten für ein Nachfragedefizit als Wachstumsbremse. Durch eine wachsende Sparneigung und eine ungünstige Einkommensverteilung, bei der die abhängig Beschäftigten und die Bezieher von Transferleistungen (und damit die unteren Einkommen) seit Jahren systematisch benachteiligt werden, entwickelt der private Verbrauch nur eine geringe Wachstumsdynamik.

Arbeitsgruppe Alternative Wirtschaftspolitik: Memorandum 1997, S. 76 f.

Arbeitsaufträge

1. Die Position des Sachverständigenrates wird in M 30 mit Textauszügen aus verschiedenen Gutachten dargestellt. Am Textauszug von 1985 ist bemerkenswert, dass die Wachstumsschwäche hier nicht vor allem der Politik zur Last gelegt wird. Prüfen Sie, von wem und wie (nach Auffassung des Sachverständigenrates) die Wachstumsdynamik in erster Linie entfaltet werden müsste.
2. Zeigen Sie, warum steigende Investitionen zur Erhöhung sowohl des BIP als auch des Produktionspotenzials beitragen.
3. Worauf führt der Rat das befriedigende Wachstum in Höhe von 2,7 % im Jahr 2000 zurück? (Tatsächlich lag das BIP-Wachstum in diesem Jahr bei 3,0 %; vgl. die Beispielrechnung in M 11, S. 109.) Wie wird begründet, dass selbst mit diesem Wachstum noch nicht die Wachstumsdynamik entfesselt sei, die der Rat nachhaltig vermisst?
4. Die Memorandumgruppe argumentiert dagegen, die Nachfrageschwäche sei die Ursache der Wachstumsschwäche, die ihrerseits die anhaltend hohe Arbeitslosigkeit bedinge (M 31). Wie wird diese Behauptung begründet? (Aus welchen Komponenten die Gesamtnachfrage besteht, können Sie in M 36, S. 73, nachsehen.)
5. Vergleichen Sie die Angaben im Text zum nachlassenden Wirtschaftswachstum mit den Darstellungen in M 26 und M 28. Wo sehen Sie Übereinstimmung, wo Unterschiede? Vergleichen Sie die Argumentation hier auch mit der Argumentation des Sachverständigenrates in M 30.
6. Das Konzept der Produktivität wird später näher untersucht. Hier soll der Hinweis genügen, dass die Arbeitsproduktivität π als Verhältnis zwischen Output (BIP) und Input (Beschäftigte B) definiert ist. Zeigen Sie, warum sich dann aus der Konstellation Δ π > Δ BIP als „zwingende Folge" (so der Text) eine rückläufige Beschäftigung ergibt – also Δ B < 0.

Karikatur: B. Pohlenz

3.11 Modernisierungspolitik zur Stärkung der Wachstumskräfte?

Modernisierungspolitik als Wachstumspolitik zielt auf die Beseitigung von Hemmnissen und Blockierungen, die als Ursachen der Wachstumsschwäche erkannt worden sind. Diesem Ansatz zufolge wird das wirtschaftliche Wachstum nicht nur von den Investitionen getragen, sondern auch bestimmt von der Qualität der institutionellen Rahmenbedingungen des Wirtschaftens (M 33 – M 35). Modernisierung bedeutet auch Reform nicht mehr adäquater Regulierungen, Gesetze und Institutionen – also Optimierung z. B. des Steuersystems, der Sozialversicherungssysteme (Arbeitslosen-, Kranken- und Rentenversicherung), des Bildungssystems (Schulen, Berufsausbildung und Hochschulen), des Arbeitsmarktes, der Regulierungen z. B. des Arbeits-, Kündigungs- oder Umweltschutzes, des Haftungsrechts, des Patentschutzes etc.

Ist das modern?

M 32a

Clement will Kündigungsschutz lockern
OECD-Studie: Deutsche zahlen in Europa die wenigsten Steuern
Bund stellt NRW mehr Geld für Metrorapid in Aussicht
Dienstwagensteuer ist vom Tisch
Seehofer will Arbeitgeberanteil bei Krankenkassen einfrieren
Rot-Grün: Steuervergünstigungen abbauen
Auch Finanzminister Eichel rückt vorsichtig vom Sparkurs ab
Die ersten ICH-AG's gehen an den Start

Wachstumspolitik als Angebotspolitik

M 32b

Wachstumspolitik kann sich nicht auf die Steuerung der gesamtwirtschaftlichen Nachfrage beschränken, sie muss Instrumente umfassen, die den Angebotsspielraum der Volkswirtschaft vergrößern. Sie wird zur Angebotspolitik. [...]

Im Vordergrund der angebotsorientierten, stärker neoklassisch ausgerichteten Wachstumspolitik stehen

– Maßnahmen zur Förderung der privaten Spar- und Investitionstätigkeit, damit der Kapitalbildung, und der Innovationstätigkeit der Unternehmen, z. B. mittels eines investitionsfreundlichen Steuersystems, einer Verbesserung der Ertragserwartungen, einer Senkung des Kostenwachstums (Lohn-, Lohnnebenkosten) gegenüber dem Produktivitätswachstum, der Förderung von Unternehmensgründungen;
– die Durchführung von öffentlichen Investitionen mit dem Ziel, den staatlichen Kapitalstock auszubauen und in Ergänzung zur privaten Investitionstätigkeit die Produktivität bzw. die Qualität von Arbeit und Kapital zu erhöhen;
– die Steigerung der Produktivität der eingesetzten Produktionsfaktoren durch ihre effiziente regionale und sektorale Allokation*. [...]

Seit den Achtzigerjahren ist die Rationalisierung der Produktion das wichtigste Investitionsmotiv der Unternehmen, nicht mehr wie zuvor die Erweiterung der Produktionskapazitäten. Der Grund hierfür besteht vor allem in der zunehmenden Anwendungen und Verbreitung neuer technischer Verfahren (z. B. Mikroelektronik, Datenverarbeitung) zur Ersetzung der sich relativ verteuernden Produktionsfaktoren Arbeit und Energie.

H. D. Hardes/G.-J. Krol/A. Schmid: Volkswirtschaftslehre – problemorientiert. Tübingen, 1999, S. 316 f.

M 32c Wachstumspolitik aus angebotspolitischer Sicht

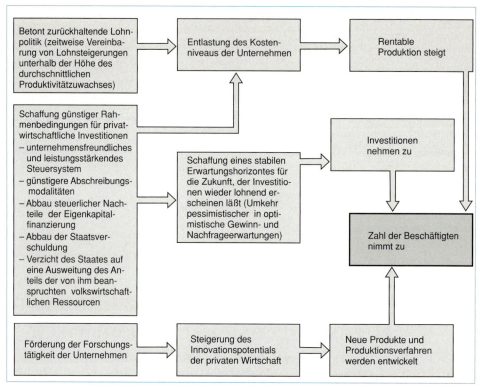

Informationen zur politischen Bildung: Wirtschaft 3: Konjunktur – Wachstum – Strukturwandel. Herausgegeben von der Bundeszentrale für politische Bildung. Heft Nr. 177, Bonn, Neudruck 1987, S. 17

Arbeitsaufträge

1. Stellen Sie fest, auf welche Ziele die angebotspolitischen Maßnahmen in dem Schema (M 32c) ausgerichtet sind. Unterscheiden Sie dabei Zwischenziele und finale Ziele.
2. In M 32c ist das Beschäftigungsziel besonders hervorgehoben. Was wird damit suggeriert (d. h. welche Interpretation wird den Lesern nahe gelegt)? Bewerten Sie diese suggerierte Aussage und diese Art der Darstellung.
3. Die vorgesehenen Maßnahmen können den drei Kategorien „Kostensenkung", „Erwartungen" und „Innovationsförderung" zugeordnet werden. Erläutern Sie, was damit jeweils gemeint ist.
4. Alle Maßnahmen zielen auf die Förderung der privaten Investitionen. Ist das tatsächlich die einzige Möglichkeit der Wachstumsförderung – oder gibt es dazu Alternativen? Erläutern Sie Ihre Antwort.
5. Welche Auswirkungen hat eine „zurückhaltende Lohnpolitik"? Erstellen Sie in Gruppen eine Aufstellung von Argumenten pro und kontra „zurückhaltende Lohnpolitik".
6. Beschreiben Sie, was man unter einem „unternehmensfreundlichen" Steuersystem verstehen könnte. Um welche Steuern geht es dabei? Wie würde im Unterschied dazu ein „arbeitnehmerfreundliches" Steuersystem aussehen?
Was halten Sie von dem in diesem Zusammenhang häufig vorgebrachten Argument: Wenn es den Unternehmen gut geht, dann geht es schließlich doch auch den Arbeitnehmern gut! Nehmen Sie dazu Stellung.

Die wirtschaftliche Bedeutung von Institutionen

M 33

Die Leistungsfähigkeit einer Volkswirtschaft hängt nicht nur von den vorhandenen Ressourcen und dem Stand der Technologie ab, sondern auch davon, wie effizient Ressourcen,
5 Technologien und Produkte eingesetzt und getauscht werden können. Das Institutionengefüge einer Gesellschaft legt fest, was getauscht werden kann (über die Definition von Verfügungsrechten) und wie es getauscht werden
10 kann (über die Höhe der Transaktionskosten). Dieses Institutionengefüge bestimmt die Vor- und Nachteile aller Handlungsalternativen für den Einzelnen. Es ist jedoch nicht statisch, sondern entwickelt sich mit der Zeit. Durch Regel-
15 änderungen, die möglicherweise mit erheblichen Transaktionskosten verbunden sind, kann das Institutionengefüge veränderten Randbedingungen angepasst werden. [...]

Wie im Sport lassen sich Institutionen als 20 Spielregeln verstehen: Spielregeln verringern die Unsicherheit über das Verhalten der anderen Spieler und erleichtern dadurch den Spielfluss. Dadurch beeinflussen Institutionen die Kosten von Produktion und Tausch [...] 25

Die Gestaltung und Einrichtung neuer, besserer Institutionen erfordert – ebenso wie technische Innovationen – Ressourcen. Im Gegensatz zu diesen handelt es sich dabei aber nicht um ein privates, sondern um ein kollektives 30 Gut; es kann und sollte durch staatliches Handeln gefördert werden. Besondere wachstumspolitische Bedeutung hat – aus Sicht der wirtschaftshistorischen Ansätze – die Fähigkeit einer Gesellschaft, ihre Institutionen flexibel 35 neuen Gegebenheiten anzupassen.

R. Durth: Wirtschaftswachstum und Wachstumspolitik. In: WISU 6/2001, S. 875 ff.

Es mangelt an grundlegenden Reformen

M 34

Die in Deutschland anstehenden Reformen sind notwendig, weil sich Rahmenbedingungen ändern bzw. geändert haben [...]. An erster Stelle ist dabei die demographische Veränderung
5 der deutschen Gesellschaft zu nennen. Sie ist es vor allem, welche die sozialen Sicherungssysteme und die Staatsfinanzen vor große Probleme stellt, vor Probleme, die nur zu bewältigen sind, wenn Reformen durchgeführt
10 werden. [...]

An zweiter Stelle ist die zunehmende Globalisierung zu nennen, die sich in einer Deregulierung des internationalen Handels, der wachsenden Mobilität von Arbeit und Kapital und
15 einer damit verbundenen Intensivierung des Standortwettbewerbs äußert. Sie ist es vor allem, die eine Deregulierung des Arbeitsmarktes, die Beseitigung der im Sozialhilfesystem befestigten Armutsfalle und eine Neuorientierung in der Bildungspolitik erzwingt. Letzteres 20 nicht zuletzt deshalb, weil die weltweite demographische Entwicklung in Zukunft einen Wettbewerb um die besten Köpfe sehr wahrscheinlich werden lässt. [...]

Deutschland ist eine Gesellschaft von Rent- 25 seekern*, die in einem massiven Wettbewerb darum streiten, vorteilhafte staatliche Regulierungen durchzusetzen, Besitzstände zu wahren, zunftähnliche Strukturen zu konservieren oder neu zu schaffen. 30

J. Weimann: Deutschland mangelt es an grundlegenden Reformen! In: Wirtschaftsdienst 2001/IX, S. 495 f.

Modernisierungspolitik: Forderungen und Leistungen

M 35

a) Bundesregierung: Bericht über bisherige Strukturreformen

Die Erneuerung der Sozialen Marktwirtschaft in Deutschland ist im vergangenen Jahr in einem schwierigen weltwirtschaftlichen Umfeld weiter vorangekommen. Die Chancen für einen neuen Aufschwung im Laufe des Jahres 2002 stehen gut. Die Bundesregierung arbeitet mit Nachdruck daran, die Grundlagen für mehr Wachstum von Produktion und Beschäftigung in Deutschland zu festigen. Die Liste der Reformen kann sich sehen lassen:
- Die Einkommens- und Unternehmenssteuerreform entlastet Arbeitnehmerinnen und Arbeitnehmer und die Unternehmen;
- der ökologische Umbau des Steuersystems hat neue Anreize für umweltgerechtes Handeln gesetzt und die Reform der gesetzlichen Rentenversicherung hat die Alterssicherung vor dem Hintergrund des demographischen Wandels auf eine langfristig solide Grundlage gestellt.

- In den einstigen Monopolbranchen Telekommunikation, Strom und Gas hat die Bundesregierung die Politik der Marktöffnung und Stärkung des Wettbewerbs konsequent fortgesetzt und tritt in Europa für die Vollendung eines echten Binnenmarktes in diesen Bereichen ein.
- Durch günstige Rahmenbedingungen für Forschung und Entwicklung und eine kontinuierliche Modernisierung von Bildung und Ausbildung wurden die Weichen für zukunftssichere Arbeitsplätze im globalen Wettbewerb gestellt.

Insgesamt hat die Bundesregierung damit erfolgreich die Wachstumskräfte gestärkt. Die Wettbewerbsfähigkeit der deutschen Unternehmen hat sich weiter verbessert. Die Exporterfolge des letzten Jahres in einem schwierigen konjunkturellen Umfeld sind ein ermutigendes Zeichen.

„Cardiff-Bericht" des Bundeswirtschaftsministers (BMWI vom 7. Januar 2002)

b) Forderungen der CDU zur Modernisierungspolitik

Zur Stärkung des Wirtschaftsstandortes Deutschland treten wir ein für:
- die Rückführung des Staatsanteils und die Senkung von Steuern und Abgaben,
- die Verbesserung von Aus- und Weiterbildung, Wissenschaft und Forschung und deren Infrastruktur,
- die Förderung von Zukunftstechnologien und des Umweltschutzes,
- Privatisierung und Abbau von Subventionen, Deregulierung und Verringerung bürokratischer Vorschriften und Auflagen sowie die Beschleunigung von Genehmigungsverfahren,
- flexiblere Arbeits- und längere Maschinenlaufzeiten sowie deren Entkopplung,
- die Verbesserung der Informations- und Verkehrsinfrastruktur
- und insbesondere die Sicherung unseres sozialen Friedens und der sozialen Partnerschaft.

Aus dem Grundsatzprogramm der CDU; Stand: 23. Februar. 1994, Ziffer 74

Arbeitsaufträge

1. Der Kern der demographischen Veränderungen in der deutschen Gesellschaft besteht darin, dass sie schrumpft und dabei älter wird. In welcher Weise sind die sozialen Sicherungssysteme und die Staatsfinanzen davon betroffen? (M 34)
2. Im Zusammenhang mit der Modernisierungspolitik spielt Globalisierung insofern eine Rolle, als der verschärfte Standortwettbewerb – angeblich – dazu zwingt, manche unserer sehr kostspieligen sozialstaatlichen, arbeitsmarkt- und umweltpolitischen Regelungen an das internationale Niveau der wichtigsten Konkurrenten (z. B. der USA) anzupassen – also abzusenken. Besprechen Sie diese These in Gruppen, sammeln Sie Pro- und Kontra-Argumente und führen Sie eine Plenumsdebatte durch. (Dieses Thema wird ausführlich in Kapitel 6 untersucht.) (M 34)
3. Der Begriff „Rentseeker" (M 34) ist eine Prägung der „Neuen Politischen Ökonomie" – einem modernen Zweig der Wirtschaftswissenschaften. „Renten" im Sinne dieser Theorie sind „unverdiente Einkommen" (Subventionen, staatlich garantierte Festpreise etc.), die von Interessengruppen durch politischen Druck „ergattert" werden. Diese Gruppen wehren sich mit großem Geschick gegen Reformen, die ihre Privilegien antasten würden. Suchen Sie in der Wirtschaftspresse nach Beispielen für diese Art der reformfeindlichen „Besitzstandswahrung". Stellen Sie fest, um welche „Privilegien" es jeweils geht und mit welchen Argumenten Veränderungen abgelehnt werden.
4. In M 35 sind zwei Texte einander gegenüber gestellt: Zum einen der „Forderungskatalog" zur Modernisierungspolitik aus dem Grundsatzprogramm der CDU und zum anderen ein „Erfolgsbericht" der Bundesregierung (der im Rahmen der EU-Berichterstattung vorgelegt wurde). Überprüfen Sie, ob und gegebenenfalls in welchem Maße die angemahnten Reformen inzwischen in Angriff genommen oder gar durchgeführt worden sind.

3.12 Wirtschaftswachstum und struktureller Wandel

Wirtschaft im Wandel

Das innere Gefüge einer Volkswirtschaft wandelt sich im Laufe der Zeit. Die verschiedenen Branchen und Regionen einer Wirtschaft wachsen unterschiedlich stark (teilweise schrumpfen sie sogar); in der Folge kommt es zu Verschiebungen der sektoralen Branchenstruktur, der regionalen Struktur der Wirtschaftsräume sowie der Beschäftigtenstruktur. Solche Veränderungen werden als Strukturwandel bezeichnet.

Strukturwandel im Ruhrgebiet

Um 1860 setzte im Ruhrgebiet ein wirtschaftlicher Boom ein, der Millionen Arbeitskräfte aus anderen Regionen anzog. Sie kamen, um im Ruhrgebiet Kohle zu fördern oder in der Stahlindustrie zu arbeiten. Über einhundert Jahre wurde das Ruhrgebiet durch die Montanindustrie geprägt. Nach dem Zweiten Weltkrieg wurde an dieser Industrieform festgehalten, zunächst eine richtige Entscheidung für die Jahre des Wiederaufbaus. In den 1970er-Jahren kamen neue Industrien und Techniken auf, der Niedergang der alteingesessenen Industrien begann. Subventionen (z. B. der berühmte Kohlepfennig) konnten diesen Niedergang zwar verlangsamen, aber nicht aufhalten. Im Ruhrgebiet vollzog sich ein Strukturwandel: Der Anteil der Montanindustrie am Sozialprodukt nahm ab, während das Dienstleistungsgewerbe inzwischen über 50 Prozent der Arbeitskräfte beschäftigt. Die Menschen arbeiten z. B. in neu gegründeten Universitäten und Gesamthochschulen, in Technologiezentren und Beratungseinrichtungen. Auch das kulturelle Leben des Kohlenbezirks hat sich während der vergangenen Jahrzehnte stark entfaltet: Dieser Strukturwandel hat den Arbeitskräften in der Montanindustrie Opfer abverlangt. Die traditionellen Berufe sind weitgehend verschwunden, viele konnten in den neu entstandenen Dienstleistungsberufen nicht Fuß fassen.

F. J. Kaiser/V. Brettschneider (Hg.): Volkswirtschaftslehre. Berlin, 2002, S. 296

Bergwerksschließung in Gelsenkirchen.
Foto: Deutscher Sparkassen Verlag GmbH

Arbeitsaufträge

1. Der Text M 36 beschreibt den strukturellen Wandel am Beispiel des Ruhrgebiets. Erstellen Sie aus den Materialien M 36 – M 38 eine Übersicht, die diese Entwicklung anschaulich darstellt.
2. Das Drei-Sektoren-Modell (M 38) geht davon aus, dass der strukturelle Wandel einem bestimmten Muster folgt. Beschreiben Sie dieses allgemeine Muster des längerfristigen Strukturwandels. Benennen Sie dabei für alle drei Sektoren des Modells spezifische Endverbrauchsgüter, Berufe und Tätigkeiten. Ordnen Sie Unternehmensmeldungen im Wirtschaftsteil Ihrer Tageszeitung dem Sektor zu, dem das Unternehmen nach seinem „Tätigkeitsschwerpunkt" zugehört.
3. Der Wandel der Wirtschaftsstruktur ist Teil eines Veränderungsprozesses, der die gesamte Gesellschaft erfasst und als gesellschaftlicher Strukturwandel bzw. „sozialer Wandel" beschrieben wird. Verdeutlichen Sie diesen Zusammenhang an konkreten Beispielen.

M 37 Stichwort: Strukturen der Wirtschaft

Je nach Fragestellung lassen sich unterschiedliche „Strukturen" einer Volkswirtschaft bestimmen. Beispiele für relevante Strukturgrößen der Wirtschaft:

- Produktionsstruktur: Anteile der Branchen bzw. Sektoren am Bruttoinlandsprodukt (sektorale Struktur)
- Regionalstruktur: Verteilung von Produktion und Beschäftigung im Raum (räumliche Wirtschaftsstruktur)
- Beschäftigtenstruktur: anteilsmäßige Verteilung der Beschäftigten auf Branchen bzw. Sektoren
- Nachfragestruktur: Anteile unterschiedlicher Gütergruppen an der Gesamtnachfrage (z. B. Konsum- und Investitionsgüter)
- Lohnstruktur: Verhältnis der Lohnniveaus verschiedener Branchen bzw. Berufsgruppen zueinander
- Kostenstruktur: Anteile der verschiedenen Kostenarten an der Wertschöpfung (Arbeitskosten, Kapitalkosten etc.)

Originalbeitrag des Autors

M 38 Die Drei-Sektoren-Hypothese

Die zentrale Annahme der Sektorentheorie [...] besagt, dass sich im Verlauf der langfristigen wirtschaftlichen Entwicklung von Ländern regelhafte Veränderungen in der Bedeutung der
5 Sektoren ergeben. [...] In traditionellen Gesellschaften dominiert der Primärsektor (Landwirtschaft) [...]. Durch den Industrialisierungsprozess gewinnt der sekundäre Sektor (produzierendes Gewerbe) an Bedeutung [...]. In hochentwickelten Ökonomien wird schließlich der 10 tertiäre Sektor (Handel, Dienstleistungen.) am wichtigsten.

E. Kulke: Tendenzen des strukturellen und räumlichen Wandels im Dienstleistungssektor. In: Praxis Geographie, 12/1995, S. 4f.

M 39 Sektoraler Strukturwandel – Wertschöpfung nach Wirtschaftsbereichen

Wertschöpfung (BIP) nach Wirtschaftsbereichen (1950–1990: Westdeutschland; 2002: Gesamtdeutschland)								
	1950		1970		1990		2002	
Sektoren	Mrd. Euro	%	Mrd. Euro	%	Mrd. Euro	%	Mrd. Euro	%
Land- und Forstwirtschaft	5,10	10,2	11,14	3,4	18,78	1,6	21,95	1,1
Produzierendes Gewerbe	24,89	49,6	170,63	51,7	480,31	40,1	564,15	28,7
Dienstleistungssektor	20,14	40,2	148,48	45,0	698,52	58,3	1379,86	70,2
• Handel und Verkehr	10,22	20,4	52,90	16,0	177,29	14,8	366,06	18,6
• Sonstige Dienstleistungen und Staat	9,92	19,8	95,58	28,9	521,23	43,5	1013,8	51,6
Gesamtwirtschaft	50,13	100	330,25	100	1197,61	100	1965,96	100

Daten: Sachverständigenrat Wirtschaft, Jahresgutachten 1978/79; 1998/99, Tab. 20*; SBA; BIP in jeweiligen Preisen.

3.12 Wirtschaftswachstum und struktureller Wandel

Sektoraler Strukturwandel – Erwerbstätige nach Wirtschaftsbereichen

M 40

Erwerbstätige nach Wirtschaftsbereichen (1950–1990: Westdeutschland; 2001: Gesamtdeutschland)								
	1950		1970		1990		2001	
Sektoren	in 1.000	in %	in 1.000	in %	in 1.000	in %	in 1.000	in %
Land- und Forstwirtschaft	4.819	24,1	2.262	8,5	995	3,5	943	2,6
Produzierendes Gewerbe	8.399	42,1	12.987	48,9	11.309	39,7	11.934	32,4
Dienstleistungssektor	6.740	33,8	11.311	42,6	16.175	56,8	23.939	65,0
• Handel und Verkehr	3.060	15,3	4.755	17,9	5.314	18,7	8.531	23,2
• Sonstige Dienstleistungen und Staat	3.680	18,4	6.556	24,7	10.861	38,1	15.408	41,9
Gesamtwirtschaft	19.958	100	26.560	100	28.479	100	36.816	100

Daten: Sachverständigenrat Wirtschaft, Jahresgutachten 1978/79; 1998/99, Tab. 20*; SBA

Arbeitsaufträge

Eine der wichtigsten wissenschaftlichen Methoden ist die Überprüfung von Hypothesen anhand empirischer Daten. Dieses kritische Verfahren ist auf Falsifikation angelegt, also auf den Versuch, die zu prüfende Hypothese zu widerlegen. (Vergleichen Sie zur methodischen Bedeutung der Kritik M 32, S. 32 f.) Eine Hypothese gilt als „vorläufig" gültig, so lange sie nicht falsifiziert worden ist. Stellen Sie fest, ob die Drei-Sektoren-Hypothese (M 38) einer empirischen Überprüfung standhält.

1. Werten Sie zunächst die Statistik M 39 aus und prüfen Sie, welchen Beitrag die einzelnen Wirtschaftsbereiche zur gesamtwirtschaftlichen Wertschöpfung geleistet haben.
    a) Beschreiben Sie den Entwicklungsverlauf des Industriesektors sowie des primären Sektors.
    b) Vergleichen Sie die unterschiedliche Entwicklung der einzelnen Dienstleistungsbereiche. Welcher Bereich weist das dynamischste Wachstum auf? Formulieren Sie dazu eine Erklärungshypothese.
2. Beschreiben Sie die Entwicklung der Erwerbstätigkeit in den drei Sektoren. (M 40)
3. Stellen Sie in einer kleinen Übersicht die Entwicklung der Erwerbstätigkeit einerseits und der Wertschöpfung andererseits im produzierenden Gewerbe zwischen 1990 und 2000 einander gegenüber. Was finden Sie daran auffällig? Spielt es bei dieser Gegenüberstellung eine Rolle, dass die regionale Abgrenzung sich verändert hat?
4. Bestimmen Sie den Realwert der Wertschöpfung des Jahres 2002 (Anstieg des relevanten Preisindex 1990–2002: von 100 auf 108; vgl. zum Verfahren S. 76). Wie kann man erklären, dass weniger Erwerbstätige eine größere reale Wertschöpfung zustande gebracht haben? (Vgl. auch M 21c, S. 117)
5. Berechnen Sie die Zuwachsraten der (nominalen) Wertschöpfung für die beiden Wirtschaftsbereiche „Produzierendes Gewerbe" und „Sonstige Dienstleistungen und Staat" sowie für die Gesamtwirtschaft. Interpretieren Sie Ihre Ergebnisse. Welche Daten benötigen Sie, um die Wachstumsraten der realen Wertschöpfung bestimmen zu können?
6. Die Erwerbstätigen-Produktivität ist bestimmt als Verhältnis zwischen Wertschöpfung und Zahl der Erwerbstätigen (siehe M 21b, S. 117). Berechnen Sie die Zunahme der (nominalen) Erwerbstätigen-Produktivität im Zeitraum 1950–90 für den primären Sektor und für die Gesamtwirtschaft. Welche Schlussfolgerungen ziehen Sie aus ihren Ergebnissen?

M 41 Die Vier-Sektoren-Hypothese

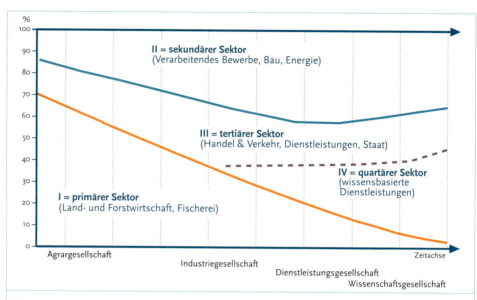

Erläuterung: Wie die meisten OECD-Länder, so hat auch Deutschland in den letzten drei bis vier Jahrzehnten den Wandel zu einer vom Dienstleistungssektor geprägten Wirtschaft vollzogen und befindet sich – so die Behauptung – auf dem Weg in die Wissensgesellschaft. Im Verlauf dieser vierten Entwicklungsstufe stagnieren bereits die einfachen Dienstleistungen, während die wissensbasierten, hochwertigen Dienstleistungen zum neuen dominierenden Wirtschaftssektor aufsteigen.

G. Willke: Die Zukunft unserer Arbeit. Frankfurt a. M./New York 1999, S. 48

Arbeitsaufträge

1. Beschreiben Sie die Entwicklung der vier Sektoren vom Beginn der Industrialisierung bis zur Gegenwart. Mit welcher Größe wird die Veränderung der Sektoren empirisch gemessen und grafisch dargestellt? (M 41)
2. Klären Sie die Begriffe Wissensgesellschaft und wissensbasierte Dienstleistungen. Benennen Sie dabei für den quartären Sektor des Modells spezifische Endverbrauchsgüter, Berufe und Tätigkeiten.
3. Versehen Sie die Zeitachse von M 41 mit (grob geschätzten) Jahreszahlen; legen Sie dabei die Entwicklung in Deutschland zugrunde. Schätzen Sie ab, welchen maximalen Anteil der sekundäre Sektor erreicht. Auf welchen Zeitraum würden Sie den Beginn der rückläufigen Entwicklung des Industrie-Sektors in Deutschland datieren? Überprüfen Sie Ihre Antworten anhand der empirischen Daten von M 39 und M 40.
4. Stellen Sie die (geschätzten) Sektor-Proportionen der Agrargesellschaft und der Wissensgesellschaft einander gegenüber: Welche relativen Anteile weisen die Sektoren in diesen beiden Gesellschaftsformationen auf?
5. Um die Vier-Sektoren-Hypothese zu prüfen, können Sie die Erwerbstätigen- oder auch die Wertschöpfungs-Daten von M 39 bzw. M 40 (absolute Zahlen) in eine grafische Darstellung nach dem Muster von M 41 umsetzen. (Da die Tabellen den quartären Sektor nicht getrennt ausweisen, müssen tertiärer und quartärer Sektor zum Dienstleistungssektor zusammengefasst werden; Sie haben es also bei dieser empirischen Überprüfung streng genommen mit einer auf drei Sektoren reduzierten „Vier-Sektoren-Hypothese" zu tun.) Bestätigt Ihre Grafik die zu prüfenden Aussagen – oder werden die Aussagen durch die Fakten widerlegt?

3.12 Wirtschaftswachstum und struktureller Wandel

Erwerbstätige nach Tätigkeitsbereichen (Projektion bis zum Jahr 2010)

M 42a

	1982	2000	2010	2010
	Anteile (in %)			absolut
produktionsorientierte Tätigkeiten (Herstellen, Verarbeiten, Reparieren, Maschinen- und Anlagebedienung)	35	31	28	−1 Mio.
primäre Dienstleistungstätigkeiten (Handel, Transport, Büro, Gastronomie etc.)	44	38	37	−1 Mio.
sekundäre Dienstleistungstätigkeiten (Planung, Forschung + Entwicklung, Management, Organisation, Beratung, Betreuung, Ausbildung etc.)	21	31	35	+ 4,2 Mio.

Daten: IAB/Prognos AG

Veränderungen der Qualifikationsanforderungen

M 42b

Der Trend geht zu immer anspruchsvolleren Tätigkeiten mit der Folge weiter steigender Qualifikationsanforderungen. So wird der Bedarf an Hoch- und Fachhochschulabsolventen in Westdeutschland auch weiterhin wachsen. Umgekehrt werden für gering Qualifizierte weitere Beschäftigungseinbußen erwartet – ein Rückgang, der knapp 1,5 Mio. Arbeitsplätze kosten könnte. Personen mit Lehr- oder Fachschulabschluss werden zusammen zwar noch leichte Beschäftigungsgewinne erzielen, allerdings mit einer deutlichen Gewichtsverschiebung zugunsten der Fachschulebene. Auch werden die Ansprüche an die Allgemeinbildung innerhalb dieser Gruppe weiter wachsen. Während die klassische Kombination „Hauptschule plus Lehre" erheblich an Bedeutung verlieren wird, werden Erwerbstätige mit Mittlerer Reife plus Lehre im Jahr 2010 die am stärksten besetzte Qualifikationsgruppe stellen. Der Weg in die Wissensgesellschaft wird sich also weiter fortsetzen.

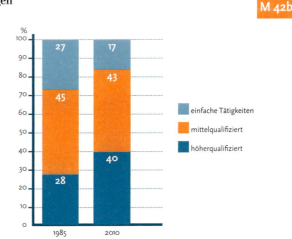

Einfache Tätigkeiten: Hilfstätigkeiten in Produktion, Reinigung, Bewirtung, Lagerhaltung, Transport, einfache Bürotätigkeiten, Verkaufshilfen etc.
Mittelqualifizierte Tätigkeiten: Fachtätigkeiten: Maschinen einrichten, Reparieren, Fachverkäufer, Sachbearbeiter, Assistenten etc.
Höherqualifizierte Tätigkeiten: Führungsaufgaben, Organisation und Management, Forschung und Entwicklung, Lehren, qualifizierte Betreuung und Beratung etc.

Grafik: G. Willke: Die Zukunft unserer Arbeit. Frankfurt a. M./New York, 1999, S. 246/Text: Institut für Arbeitsmarkt- und Berufsforschung der Bundesanstalt für Arbeit/IAB-Kurzbericht, Nr. 10/1999, S. 4

Arbeitsauftrag

In vielen Prognosen kommt zum Ausdruck, dass die künftige Wirtschafts- und Gesellschaftsentwicklung auch weiterhin nach dem Muster der „Vier-Sektoren-Hypothese" verlaufen dürfte. Erläutern Sie diese Entwicklungsperspektiven anhand der Angaben von M 42 a und b.

M 42c Arbeitsplätze im Wandel

Steinkohlenabbau.
Foto: 1894. Bergbaumuseum Bochum

Kohlegewinnung mit dem Schrämlader.
Foto: 1977. Bergbaumuseum Bochum

Computertechnologie im Ruhrbergbau.
Foto: 1990. Ruhrkohle AG Essen

Arbeitsauftrag

Verdeutlichen Sie am Beispiel der Einführung des Computers, wie der technologische Wandel die Nachfrage nach qualifizierter und unqualifizierter Arbeit verändert hat.

– Welche Folgen hat es, wenn Unternehmungen z. B. ihre Geschäftsunterlagen nicht mehr in Aktenschränken sondern in Computerdatenbanken unterbringen oder wenn Verwaltungen und Behörden z. B. ihre Dienstleistungen im Internet anbieten?

– Warum steigt der Bedarf an Tätigkeiten, die Dienstleistungscharakter haben, durch den Einsatz von Computertechnologien in der Produktion?

3.13 Workshop: Ausbildungs- und Arbeitsmöglichkeiten in der Region – ein Expertengespräch zum strukturellen Wandel

Thema

In den Jahrhunderten vor der Industriellen Revolution gab es wenig erkennbaren Wandel in Wirtschaft und Gesellschaft. Die Söhne übernahmen den Beruf der Väter, die Töchter folgten den Müttern. Schauen Sie sich mal in Ihrer Lerngruppe um: Für wie viele „Söhne und Töchter" gilt das heute? Plant überhaupt jemand, in die Fußstapfen der Eltern zu treten?

Heute scheinen sich die Berufsorientierungen und die Lebensentwürfe von einer Generation zur nächsten stark zu wandeln. Das liegt natürlich auch am strukturellen Wandel der Wirtschaft, an Veränderungen auf dem Arbeitsmarkt und dem Wandel des Produktionsfaktors Arbeit. Die entscheidenden Veränderungen werden z. B. sichtbar in neuen Berufen und Berufsfeldern, in Veränderungen am Arbeitsplatz oder im Rahmen der Ausbildung. Die Ausbildungs- und Arbeitsmöglichkeiten sind dabei auch regional unterschiedlich. Im Rahmen dieses Workshops können Sie den Produktionsfaktor Arbeit unter berufsorientierendem Aspekt in Ihrer Region erkunden. Führen Sie ein entsprechendes Expertengespräch im Arbeitsamt durch.

Thema: Ausbildungs- und Arbeitsmöglichkeiten in der Region – Chancen und Risiken.

Foto: dpa

Vorbereitung und Durchführung

Expertengespräche müssen sorgfältig vorbereitet, durchgeführt und ausgewertet werden.

1. Vorbereitung

– Informieren Sie sich über die Arbeits- und Ausbildungssituation in Ihrer Region. Besorgen Sie sich zu diesem Zweck z. B. den letzten Jahreswirtschaftsbericht der Industrie- und Handelskammer. Werten Sie die relevanten statistischen Angaben aus.
– Informieren Sie sich, z. B. mithilfe einer Internetrecherche über Aufgaben und Funktionen des Arbeitsamtes.
– Sprechen Sie mit dem Arbeitsamt einen Termin ab.
– Bereiten Sie sich gut auf das Expertengespräch vor und erstellen Sie einen Interviewleitfaden beispielsweise entsprechend der Checkliste. (M 43)

2. Durchführung

Während der Durchführung eines Expertengesprächs gilt es zu berücksichtigen, dass der Experte über hohe Sachkenntnis und umfangreiche Berufserfahrungen verfügt. Fragen Sie deshalb alle Begriffe, die Sie nicht verstehen, nach. Berücksichtigen Sie ferner, dass jedes Gespräch sich dynamisch entwickelt. Benutzen Sie deshalb Ihren Interviewleitfaden als Strukturierungshilfe und diskutieren Sie im Gespräch weitere Aspekte der Thematik.

3. Auswertung

Erstellen Sie für die Auswertung des Expertengesprächs eine Informationsbroschüre: „Ausbildungs- und Arbeitsmöglichkeiten in der Region – Chancen und Risiken"

M 43 **Checkliste: Expertengespräch zum Produktionsfaktor „Arbeit" in der Region**

Bevölkerungsstruktur
- Bevölkerungsdichte ☐
- Bevölkerungsab- oder -zunahme ☐
- …

Beschäftigungsstruktur
- Beschäftigte im Handwerk ☐
- Beschäftigte im produzierenden Gewerbe ☐
- Beschäftigte im Handel ☐
- Beschäftigte in sonstigen Dienstleistungen ☐
- Ein- und Auspendler ☐
- Arbeitslosigkeit ☐
- …

Arbeits- und Ausbildungsstättenstruktur
- Arbeits- und Ausbildungsstätten im Handwerk ☐
- Arbeits- und Ausbildungsstätten im produzierenden Gewerbe ☐
- Arbeits- und Ausbildungsstätten im Handel ☐
- Arbeits- und Ausbildungsstätten in sonstigen Dienstleistungen ☐
- …

Einkommensstruktur
- Einkommensstruktur im Handwerk ☐
- Einkommensstruktur im produzierenden Gewerbe ☐
- Einkommensstruktur im Handel ☐
- Einkommensstruktur in sonstigen Dienstleistungen ☐
- Steuerkraft/Steuereinnahmen ☐
- …

Fähigkeiten und Fertigkeiten im Beruf
- Fähigkeiten und Fertigkeiten im Handwerk ☐
- Fähigkeiten und Fertigkeiten im produzierenden Gewerbe ☐
- Fähigkeiten und Fertigkeiten im Handel ☐
- Fähigkeiten und Fertigkeiten in sonstigen Dienstleistungen ☐
- …

F. J. Kaiser/V. Brettschneider (Hg.): Volkswirtschaftslehre. Berlin, 2002, S. 41 f.

3.14 Welche Kräfte bewirken den strukturellen Wandel?

Ursachen des strukturellen Wandels

M 44

Die Wirtschaft ist einem permanenten Wandel unterworfen. Der Wandel wird häufig durch technischen Fortschritt verursacht, z. B. hat die Einführung des Fotosatzes in den 1970er-Jah-
5 ren den Bleisatz fast vollständig verdrängt. Nicht nur die Fertigungsverfahren, auch die Produkte werden ständig weiterentwickelt, man denke an den Einzug der Elektronik in fast alle Haushaltsgeräte. Der Wandel wird häufig
10 allerdings nicht von der Technik allein verursacht. Letztlich entsteht der Strukturwandel durch das Zusammenwirken zahlreicher Einflussfaktoren. Dazu gehören z. B. die Bevölkerungsentwicklung, politische und weltwirt-
15 schaftliche Einflüsse, die Erfindung neuer Produkte und Produktionsmethoden oder Veränderungen bei der Güternachfrage. Nicht selten geben die wirtschaftlichen Rahmenbedingungen den Anstoß:
20 – Technologien zur Energieeinsparung werden erst dann entwickelt und nachgefragt, wenn die Energiepreise steigen.
– Innovationen mit hohen Anschubkosten setzen sich häufig nur durch, wenn der Staat
25 in der Einführungsphase massiv subventioniert. Dies gilt z. B. für die Solartechnik, die ohne staatliche Subventionen noch nicht wirtschaftlich wäre.
– Durch eine Steigerung des Volkseinkom-
30 mens nimmt die Nachfrage nach verbesserten Produkten zu. Mit zunehmendem Einkommen steigt z. B. die Nachfrage nach mehr Sicherheit im Auto.
Durch die Veränderung der Produkte und Pro-
35 duktionsverfahren verändert sich auch unsere Art zu denken und zu leben. Der elektrische Strom, das Auto, das Telefon und der Computer gehören zur Ausstattung eines modernen Menschen. Insbesondere die Entwicklung und Nutzung der neuen Informations- und Kommuni- 40 kationstechnologien verändert unser Leben schnell und nachhaltig. Der Mensch wird auf diese Weise mobil, ist informiert und selbst-

Einkaufen im Internet.
Foto. Image Bank

bestimmt. Konsumenten und Unternehmen können heute über das Internet in wenigen Mi- 45 nuten Preise vergleichen und beim günstigen Anbieter einkaufen, räumliche Entfernungen spielen dabei kaum noch eine Rolle. Gerade diese Globalisierung der Märkte verändert die Strukturen der Volkswirtschaften derzeit sehr. 50

F. J. Kaiser/V. Brettschneider (Hg.): Volkswirtschaftslehre. Berlin, 2002, S. 294 f.

Arbeitsaufträge

1. Notieren Sie auf Karteikarten die verschiedenen Ursachen, die im Text M 44 für den strukturellen Wandel herausgestellt werden. Versuchen Sie in Arbeitsgruppen eine Rangfolge dieser Ursachen zu erstellen und erläutern Sie Ihr Gruppenergebnis im Kurs.
2. Im Verlauf dieses Kapitels werden zwei Ursachen des strukturellen Wandels näher untersucht. Wenn Sie Berichtspflicht im Plenum vereinbaren, können Sie diese Abschnitte auch arbeitsteilig bearbeiten:
Arbeitsbereich 1: Strukturwandel als Folge einer veränderten Konsumnachfrage (M 45 – M 47)
Arbeitsbereich 2: Strukturwandel als Folge technischer Innovationen (M 48 – M 52).

Arbeitsbereich 1: Konsum und Strukturwandel

Entscheidend für Veränderungen des privaten Konsums sind die steigenden Masseneinkommen im Zuge des wirtschaftlichen Wachstums. Wenn die verfügbaren Einkommen der privaten Haushalte steigen, dann fragen die Haushalte nicht einfach „mehr vom Gleichen" nach, sondern sie verändern ihre Ausgabenstruktur.

M 45 Wandel der Konsumnachfrage

- Der Konsum ist die gewichtigste Nachfragekomponente. Veränderungen von Höhe und Struktur des privaten Konsums wirken sich unmittelbar auf die Zusammensetzung der Gesamtnachfrage aus – und damit auch auf die Entwicklung der Angebotsseite.
- Seit 1960 hat sich das reale verfügbare Einkommen der privaten Haushalte auf das Dreieinhalbfache erhöht; damit ging eine entsprechende Steigerung der realen Konsumnachfrage einher. Im Zuge dieses beachtlichen Anstiegs des Einkommens- und Konsumniveaus hat sich auch die Zusammensetzung der Konsumausgaben stark verändert. Die Haushalte geben relativ – also anteilsmäßig – weniger für Güter des Grundbedarfs aus (Nahrungs- und Genussmittel, Bekleidung und Schuhe, Möbel und Hausrat), dafür relativ mehr für Güter des gehobenen Bedarfs (z. B. Gesundheit, Mobilität, Kommunikation, Bildung/Unterhaltung, Dienstleistungen).
- Die Verschiebungen der Konsumstruktur lassen sich mit dem Konzept der „Bedürfnishierarchie" (nach dem US-Psychologen A. Maslow) interpretieren. Die menschlichen Bedürfnisse können diesem Konzept zufolge nach ihrer Dringlichkeit geordnet werden (vgl. M 46): Vorrang haben zunächst die fundamentalen physiologischen Bedürfnisse; sind diese befriedigt, folgen die Bedürfnisse der höheren Ebenen (sofern die Mittel dafür vorhanden sind). Ökonomisch gewendet bedeutet dies, dass auf niedrigem Einkommensniveau der größte Teil der verfügbaren Mittel für Güter des Grundbedarfs ausgegeben wird. Steigt das Einkommen und ist der Grundbedarf gedeckt, dann können die zusätzlichen Geldmittel für Güter des gehobenen Bedarfs ausgegeben werden. Bei wachsendem Einkommen wandelt sich somit die Konsumstruktur in der Weise, dass der Anteil der Ausgaben für Güter des Grundbedarfs abnimmt, während der Anteil der Ausgaben für Güter des gehobenen Bedarfs zunimmt.

Originalbeitrag des Autors

Arbeitsaufträge

1. Prüfen Sie die Aussage in M 45, der private Verbrauch sei die gewichtigste Nachfragekomponente. Schlagen Sie noch einmal die „Verwendungsseite" des BIP nach (M 15, S. 112).
2. Entscheidend für Veränderungen des privaten Konsums sind die steigenden Masseneinkommen im Zuge des wirtschaftlichen Wachstums. Erläutern Sie diese These. (M 45/M 46)
3. Welche Gütergruppen ordnen Sie dem Grundbedarf zu? Stellen Sie eine Liste zusammen und vergleichen Sie innerhalb der Lerngruppe. Was sind für Sie typische Güter des gehobenen Bedarfs? (Nennen Sie spezifische Waren und Dienstleistungen.) Beachten Sie, dass es auch bei den Gütergruppen des Grundbedarfs Segmente gibt, die man dem gehobenen oder sogar dem Luxusbedarf zuordnen könnte. Kennen Sie Beispiele?
4. Welche Veränderungen der in M 47 genannten Anteilswerte finden Sie am auffälligsten? Beschreiben Sie, was in diesen Veränderungen zum Ausdruck kommt. Können Sie eine Erklärung dafür geben, dass die Entwicklung beim „Grundbedürfnis" Wohnen so ganz

anders verläuft als bei den anderen beiden Grundbedarfs-Kategorien Nahrungs- und Genussmittel sowie Kleidung?
5. Wenn gesagt wird, dass der Anteil der Ausgaben für den Grundbedarf sinkt, dann bedeutet dies nicht notwendigerweise, dass auch die absoluten Ausgaben für diese Gütergruppe sinken. Überprüfen Sie diese Aussage an folgendem Zahlenbeispiel:
Im Jahr 1960 betrug das verfügbare Einkommen aller privaten Haushalte (Westdeutschland; real in Preisen von 1991) ca. 274,5 Mrd. Euro; davon wurden 36,6 % für Nahrungs- und Genussmittel ausgegeben; im Jahr 1990 war das Einkommen auf (real) 763,51 Mrd. Euro angestiegen, wovon aber nur noch 19,2 % für Nahrungs- und Genussmittel verwendet wurden.
Wie stark haben sich die absoluten Ausgaben für diese Gütergruppe verändert?
6. Stellen Sie an einfachen Beispielen dar, wie und warum strukturelle Veränderungen der Konsumnachfrage sich auf die Angebotsseite, also auf die sektorale Produktionsstruktur der Wirtschaft auswirken.

Hierarchie der Bedürfnisse und Bedarfe

M 46

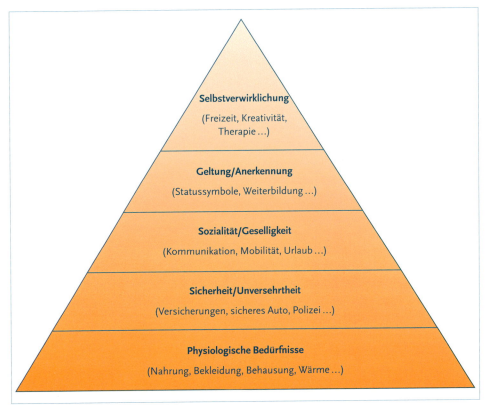

Rangordnung der Bedürfnisse
nach dem Konzept von A. H. Maslow (Motivation and Personality, 1954)

M 47 Strukturwandel der Konsumausgaben (1965 und 1997)
(Westdeutschland; in jeweiligen Preisen; Anteile in %)

Angaben für den „mittleren Haushaltstyp" (4 Personen; mittleres Einkommen)
N+G = Nahrungs- und Genussmittel (Nahrungsmittel, Getränke, Tabak)
Wohnung = Wohnungsmieten
Energie = Energie (ohne Kraftstoffe)
Kleidung = Kleidung und Schuhe
Verkehr = Verkehr und Nachrichtenübermittlung
Bildung = Bildung, Unterhaltung, Freizeit
Übriges = sonstige Waren und Dienstleistungen

Daten: SBA (Hrsg.): Datenreport 1999, S. 118 (Im Internet unter: www.destatis.de)

Arbeitsaufträge

1. Beim „Haushaltstyp 1" (niedriges Einkommen) lagen die Verbrauchsausgaben im Jahr 1997 bei 1183 Euro pro Monat; der Anteil, der für den Grundbedarf ausgegeben wurde, betrug 66,6 %. Im Gegensatz dazu verfügte der „Haushaltstyp 3" (hohes Einkommen) über ein Verbrauchsbudget von 3205 Euro pro Monat; der Grundbedarfsanteil lag hier bei nur 51 %. (Datenquelle wie oben in M 47 angegeben.)
Welche Schlussfolgerungen ziehen Sie aus diesen Informationen? Besprechen Sie Ihre (vermutlich unterschiedlichen) Schlussfolgerungen in der Lerngruppe mit dem Ziel, einen Konsens zu erreichen.
2. Erstellen Sie für Ihr persönliches Budget eine Übersicht nach dem Muster von M 47. (Nehmen Sie dafür einen „durchschnittlichen" Monat, sofern es das bei Ihnen gibt.) Wie sieht Ihr „Grundbedarfsanteil" aus?
3. Erörtern Sie abschließend: Inwieweit entspricht das Muster, nach dem sich die Konsumnachfrage gewandelt hat, dem Muster, das sich in der „Vier-Sektoren-Hypothese" niederschlägt (vgl. M 41, S. 134).

Exkurs: Die Einkommenselastizität der Nachfrage

Bei steigendem Einkommen nimmt die Nachfrage nach den verschiedenen Gütern (Waren und Dienstleistungen) in der Regel zu, doch je nach Güterart in ganz unterschiedlichem Ausmaß: Bei den Gütern des Grundbedarfs ist die Zunahme verhalten (in Ausnahmefällen sogar negativ; Beispiel: Kartoffeln), bei Gütern des gehobenen Bedarfs steigt die Nachfrage überproportional, also stärker als das Einkommen. Diese unterschiedlichen Reaktionen der Güternachfrage auf Einkommensänderungen werden mit dem Konzept der „Einkommenselastizität der Nachfrage" ϵ erfasst. Diese Größe misst die Intensität der Reaktion als Verhältnis der relativen Veränderungen:

$$\text{Einkommenselastizität der Nachfrage } \epsilon_E^{N} = \frac{\frac{\Delta N_a}{N_a}}{\frac{\Delta E}{E}} = \frac{\Delta N_a \text{ (in \%)}}{\Delta E \text{ (in \%)}}$$

[N_a = Nachfrage nach dem Gut a; E = Einkommen; Δ = (kleine) Veränderung]

Auslösender Faktor ist dabei die Größe im Nenner, also die Veränderung des Einkommens. Angenommen, das Einkommen erhöhe sich um 10 %; wie stark reagiert darauf die Nachfrage nach dem Gut a?

Wenn diese Nachfrage um weniger als 10 % steigt, dann ist $\epsilon < 1$; es liegt also eine „unelastische" Nachfrage vor. Diese Reaktion ist typisch für Güter des Grundbedarfs (inferiore Güter). Steigt die Nachfrage dagegen um mehr als 10 %, dann ist $\epsilon > 1$ und man spricht von einer „elastischen" Nachfrage. Diese Reaktion ist typisch für Güter des gehobenen Bedarfs (superiore Güter).

Am besten machen Sie sich mit diesem Konzept vertraut, indem Sie es in einer Beispielrechnung anwenden.

Berechnung der Einkommenselastizität der Nachfrage ϵ
(Deutschland; in jeweiligen Preisen; in €; Daten: SBA)

	1991	1996
Durchschnittliches verfügbares Jahreseinkommen je Haushalt	24.921	32.019
Nachfrage nach Nahrungs- und Genussmitteln	4.610	5.123
Nachfrage nach Gesundheitspflege	798	1.441

Arbeitsaufträge

1. Zeigen Sie, dass die Nachfrage nach Nahrungs- und Genussmitteln im angegebenen Zeitraum unelastisch war ($\epsilon < 1$).
2. Wie groß war die Einkommenselastizität der Nachfrage nach Gütern der Gesundheitspflege zwischen 1991 und 1996?
   Formulieren Sie eine Erklärung dafür, warum diese Elastizität deutlich höher ist als die für Nahrungs- und Genussmittel.
3. Mit welchem Umsatzwachstum kann eine Nahrungsmittelkette im nächsten Jahr rechnen, wenn für die verfügbaren Einkommen ein Anstieg von 6 % prognostiziert wird und die Einkommenselastizität bei 0,39 liegt?

Arbeitsbereich 2: Strukturwandel und technischer Wandel

 Beispiele und Statements zum technischen Wandel

a) Die „Spinning Jenny"

1764 erfand ein englischer Weber die erste Spinnmaschine (mit der Baumwolle zu Garn versponnen wurde). Er konnte so viel mehr und
5 billiger produzieren als seine Kollegen und Konkurrenten, die sehr erbost waren und seine Tochter Jenny als Hexe verdächtigten („Spinning Jenny"). Als sie herausfanden, dass eine Maschine die Ursache war, zogen sie zum Haus
10 des Webers und schlugen die Maschine kurz und klein. Nur wenig später erfand R. Arkwright den mechanischen Webstuhl, der eine noch größere Produktivitätssteigerung bewirkte.

Autorentext: G. Willke

b) Kolossale Produktionskräfte
15
Die Bourgeoisie hat in ihrer kaum hundertjährigen Klassenherrschaft massenhaftere und kolossalere Produktionskräfte geschaffen, als alle vergangenen Generationen zusammen. Unter-
20 jochung der Naturkräfte, Maschinerie, Anwendung der Chemie auf Industrie und Ackerbau, Dampfschifffahrt, Eisenbahnen, elektrische Telegraphen, Urbarmachung ganzer Weltteile.

K. Marx/F. Engels: Kommunistisches Manifest [1848]. In: Marx: Die Frühschriften. S. Landshut (Hrsg.). Stuttgart, 1968, S. 530

c) „Der Prozess der
25 schöpferischen Zerstörung"
Wachstum und struktureller Wandel können als „Prozess der schöpferischen Zerstörung" interpretiert werden. Motor dieser Dynamik sind „Pionier-Unternehmer", die technische
30 und organisatorische Neuerungen – „Innovationen" – durchsetzen und im Erfolgsfall „Pioniergewinne" abschöpfen.

J. A. Schumpeter: Kapitalismus, Sozialismus und Demokratie. München, 1972, S. 134 ff.

d) Zu den Auswirkungen des technischen Wandels
Dank der zunehmenden Automation wird es 35 bald überall auf der Welt Fabriken ohne Arbeiter geben.

J. Rifkin: Das Ende der Arbeit und ihre Zukunft. Frankfurt a. M./New York, 1995, S. 21

[...] Die Ursachen für die anhaltende Arbeitslosigkeit müssen eher in einer zu verhaltenen technologischen Erneuerung der Wirtschaft 40 gesucht werden.

W. Friedrich/G. Ronning: Arbeitsmarktwirkungen moderner Technologien. Köln, 1985, S. 85

Im Jahr 1764, als der mechanische Webstuhl erfunden wurde, musste ein Mann drei Wochen arbeiten, um ein Pfund Baumwolle in Garn zu verarbeiten. Um den heutigen Bedarf an Baum- 45 wollgarn zu decken, müsste mit der alten Technik die gesamte Weltbevölkerung nur dafür arbeiten.

Autorentext: G. Willke

e) Roboter
Dank Sensorik, industrieller Bildverarbeitung 50 und Aktuatorik können Roboter fühlen, hören und sehen. Der Stundenpreis für eine Roboterzelle (inklusive Anschaffungspreis, Abschreibungen und Betriebskosten) beträgt zwischen 8 und 15 Euro die Stunde, verglichen mit Stun- 55 denkosten für einen Arbeiter von 40 Euro in der Automobilindustrie.

FAZ vom 22. März 2000, S. 24

Arbeitsaufträge

1. Werten Sie die Materialien M 48 und M 49 aus. Erörtern Sie: Was bedeutet technischer Wandel?
2. Erläutern Sie Kondratieffs Konzept der langen Wellen. (M 50/M 51)
   Stellen Sie fest, in welchem Zyklus wir uns demnach zur Zeit befinden.
3. Das Konzept unterstellt eine langfristige Entwicklung zu größerem Wohlstand (zumindest in den Industrieländern). Diskutieren Sie diese These.

3.14 Welche Kräfte bewirken den strukturellen Wandel?

Stichwort: Technischer Wandel und Wandel der Strukturen

M 49

Technischer Wandel – das bedeutet neue und effizientere Produktionsverfahren, neue und günstigere Werkstoffe und Materialien, eine verbesserte Infrastruktur, neue und leistungsfähigere Verkehrs- und Transport-, Kommunikations- und Telekommunikationsmittel, neues Wissen – kurz: bessere Materialien, Verfahren und Güter. Durch technisch und organisatorisch bedingte Neuerungen wird die Ergiebigkeit von Wertschöpfungsprozessen verbessert (Verfahrensinnovationen), neue Waren und Dienstleistungen werden angeboten (Produktinnovationen) und neue Märkte werden erschlossen (Marktinnovationen). Der wirtschaftliche Strukturwandel wird durch den technischen Wandel insofern vorangetrieben, als neue Verfahren und neue Güter die jeweils alten verdrängen und schließlich ersetzen (Innovation führt zu Substitution und Obsoleszenz*). Pferdekutschen werden durch Autos, Eisen und Stahl durch Kunststoffe, Waschfrauen durch Waschmaschinen und Fahrkartenverkäufer durch Automaten ersetzt. Produktionsfaktoren (insbesondere Kapital und Arbeit), die in den alten Verwendungen nicht mehr benötigt werden, sind zunächst einmal entwertet. Soweit sie ökonomisch noch verwendbar sind, müssen sie „umgeschichtet" werden in neue Wertschöpfungsprozesse, auf die bei steigendem Einkommen eine steigende Nachfrage entfällt. Die Wirtschaftstheorie nennt diesen Prozess „Reallokation der Ressourcen", für die Wirtschaftspolitik ist es „struktureller Wandel" – und die betroffenen Arbeitskräfte erfahren diese Veränderungsprozesse meist in der Form von Entlassung und Arbeitslosigkeit. Mögliche Optionen sind dann: Wechsel der Arbeitsstelle, Umschulung, Neuanfang in einer anderen Tätigkeit.

Originalbeitrag des Autors

Lange Wellen der wirtschaftlichen Entwicklung

M 50

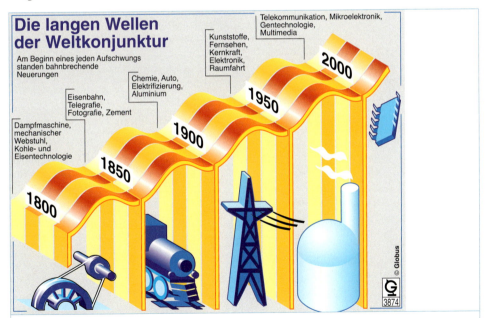

Erläuterung: Schubkraft bekommt die technologische Entwicklung von bahnbrechenden Erfindungen (Inventionen) und umwälzenden Basistechnologien, einem Bündel eng gekoppelter technischer und nichttechnischer Neuerungen, die für die Dauer eines Zyklusses die Funktion einer Lokomotive für die gesamte Wirtschaft übernehmen. Bei den „Kondratieff-Zyklen" – benannt nach dem russischen Wirtschaftsforscher N. Kondratieff (1892–1938) – handelt es sich allerdings um ein stark stilisiertes Schema; kein Zyklus hat genau 50 Jahre gedauert und viele der technischen Entwicklungen, die hier zeitlich getrennt sind, überlappen sich über weite Zeiträume. Gleichwohl macht dieses Konzept der „Kondratieffs" deutlich, wie stark technische Durchbrüche die wirtschaftliche Entwicklung und den strukturellen Wandel geprägt haben – und noch prägen.

M 51 Kondratieff-Zyklen und ihre Konstellationen

	1. Zyklus	2. Zyklus	3. Zyklus	4. Zyklus	5. Zyklus
Konstellationen	1825 Dampfmaschine, Baumwolle 1793–1847	1873 Eisenbahn, Schifffahrt, Stahl 1847–1893	1913 Elektrizität, Chemie 1893–1939	1966 Auto, Erdöl, Elektronik 1939–1989	2015 Information, Wissen, Ökologie 1989–2040
Bedürfnisse	die Arbeit erleichtern	Ressourcen weltweit verfügbar machen	Urbanität lebenswert gestalten	Individualität und Mobilität fördern	Probleme für die Mitwelt lösen
Netze	Handelsnetz	Verkehrsnetze	Energienetze	Kommunikationsnetze	Netzwerke des Wissens
Innovationen	Maschinen	Lokomotive, Bahnhöfe	Beleuchtung, Kino	Telefon, Auto, Fernseher, Computer	Immaterielle Waren, Informationsbanken
Technologien	Dampf	Stahl	Elektrizität	Elektronik, Multimedia	Datenautobahn

Nach www.ivc.de/ivc/Magazin/Background/Kondratieff.htm

M 52 Technischer Wandel, Produktivität und Beschäftigung

- *Ziel* technischer Veränderungen ist Effizienzsteigerung: Die „Ergiebigkeit" der Wertschöpfung als Verhältnis von Output zu Input soll erhöht und die Produktionskosten sollen gesenkt werden. Dies trägt zum wirtschaftlichen Ziel von Innovation bei, nämlich Produktivitätssteigerung als Mittel zur Sicherung bzw. Erhöhung der Rentabilität des eingesetzten Kapitals. Der Prozess ist allerdings noch nicht beendet, wenn ein Unternehmen Effizienzsteigerungen erzielt. Die anderen Unternehmen der Branche sind gezwungen mitzuziehen; andernfalls riskieren sie, im Wettbewerb zu unterliegen. Sie müssen also ebenfalls versuchen, ihre Produktivität zu steigern und ihre Kosten zu senken. Der Konkurrenzmechanismus des Marktes führt dazu, dass die Unternehmen sich wechselseitig einem ständigen Rationalisierungsdruck aussetzen.

- *Produktivitätssteigerungen* können in zwei (idealtypischen) Formen auftreten:
  a) bei gleicher Produktion (konstantem Output) wird weniger Input (Arbeit, Kapital, Energie etc.) benötigt: → Kostensenkung;
  b) mit dem gleichen Einsatz an Produktionsfaktoren können mehr und/oder bessere Güter produziert werden: → Erhöhung der Wertschöpfung.

- In beiden Fällen verbessert sich das Verhältnis von Output zu Input durch technische und/oder organisatorische Verbesserungen. Daraus ergibt sich der „Produktivitätsgewinn".
In *formaler Schreibweise*:

Arbeitsproduktivität $\pi = \dfrac{Y}{A}$

und bei (kleinen) Veränderungen:
Produktivitätszuwachs $\Delta\pi = \Delta Y - \Delta A$

> π = Produktivität
> Y = Output; BIP
> A = Faktor Arbeit
> Δ = Veränderungen

- *Beispiel*: Im Jahr 1991 stellt VW 1,2 Millionen Autos mit einem Arbeitsaufwand von 200 Millionen Stunden her. Das Output-Input-Verhältnis beträgt 1 Auto pro 167 Arbeitsstunden. Aufgrund von Rationalisierung, verbesserten Produktionsverfahren und höheren Qualifikationen der Arbeitskräfte benötigt das Unternehmen für die gleiche Zahl von Autos im Jahr 2001 nur noch halb so viele Stunden: Die (Stunden-)Produktivität hat sich somit in einem Jahrzehnt auf 2 Autos pro 167 Arbeitsstunden bzw. auf 1 Auto pro 83,5 Arbeitsstunden verdoppelt. (Dies entspricht einer jährlichen Produktivitätssteigerung von ca. 7,2 %; dabei wird ein konstanter durchschnittlicher Wert des produzierten Gutes = Autos unterstellt.)

- *Auswirkungen auf den Faktor Arbeit:* Bei gleichbleibendem Produktionsniveau (Output) verringern Produktivitätssteigerungen den Bedarf an Arbeitskräften (Input): Wenn VW im Jahr 2001 die gleiche Zahl von 1,2 Millionen Autos produziert, benötigt das Unternehmen dafür nur noch halb so viele Arbeitskräfte (unter der Annahme konstanter durchschnittlicher Arbeitszeit pro Arbeitskraft). Verdoppelt sich hingegen die Autoproduktion, dann bleibt die Zahl der benötigten Arbeitskräfte konstant; eine dritte Möglichkeit der Verwendung des Produktivitätsgewinns wäre die, bei konstanter Produktion und Belegschaft die Arbeitszeit zu halbieren (Vgl. dazu die Optionen 1 bis 3 in M53).

- In der *Realität* beobachtet man Kombinationen aus diesen drei „reinen" Fällen: Die Produktion nimmt zu (auch in der Form einer höherwertigen Wertschöpfung), der Bedarf an Arbeitskräften nimmt ab und die Arbeitszeit wird verkürzt. In dem genannten Beispiel könnte sich eine Produktivitätssteigerung von 7 % p. a. folgendermaßen aufteilen: Erhöhung der Produktion um 4 %, Arbeitszeitverkürzung um 1 % und Verringerung der Zahl der Beschäftigten um 2 % (vgl. dazu Option 4 in M 53).

In *formaler* Schreibweise:
$\Delta \pi = \Delta Y - \Delta A - \Delta az$

az = Arbeitszeit
A = Arbeitskräfte
A*az = Arbeitsvolumen

- Ein *Beschäftigungsabbau* ist immer dann unvermeidlich, wenn die Produktivitätssteigerung höher ausfällt als der Produktionszuwachs (korrigiert um die Arbeitszeitverkürzung); dies ist die „Produktivitäts-/ Produktionsschere". Gesamtwirtschaftlich gesehen ist es sinnvoll, dass Beschäftigte im Zuge des strukturellen Wandels aus dem Industriesektor (im Beispiel: der Autobranche) „freigesetzt" und „umgesetzt" werden in andere Bereiche – z. B. in den Dienstleistungssektor, wenn sich auch die Nachfrage stärker zu den Dienstleistungen hin verlagert. Aufgrund der Produktivitätssteigerungen stehen die „freigesetzten" Arbeitskräfte im Prinzip für andere Verwendungen – also beispielsweise auch für eine Wertschöpfung im Dienstleistungssektor – zur Verfügung. Faktisch hat sich der strukturelle Wandel so vollzogen: Während die Beschäftigung in der westdeutschen Industrie zwischen 1970 und 1990 um 1,678 Millionen Erwerbstätige abgenommen hat, ist sie im Dienstleistungssektor um 4,864 Millionen angestiegen (darunter ein großer Anteil teilzeitbeschäftigte Frauen).

- Im *gesamtwirtschaftlichen Durchschnitt* ist der Anstieg der Produktivität nicht so dramatisch wie im oben genannten Beispiel: Im Zeitraum von 1960 bis 1994 belief sich der Produktivitätszuwachs (gemessen am Indikator reales BIP je Erwerbstätigen) auf jahresdurchschnittlich 2,7 % p. a. Im Zeitverlauf hat sich das Tempo des technischen Wandels verlangsamt: Es fiel von durchschnittlich 4,2 % p. a. in den 60er-Jahren über 2,6 % p. a. in den 70er-Jahren auf 1,7 % p. a. in den 80er Jahren.

(Eigene Berechnungen nach Daten aus: Jahresgutachten des Sachverständigenrates 1995/96, Tab. 30.)

Originalbeitrag des Autors

M 53 Auswirkungen einer Verdoppelung der Produktivität

Modellhafte Optionen am Beispiel der Autoproduktion					
Optionen[1]	Autos (in Mio.)	Arbeitskräfte (in 1.000)	Arbeitszeit pro Woche	Produktivität[2]	Arbeitslose (in 1.000)
Ausgangslage	1,2	110	38	6,2	0
1 Halbierung des Arbeitskräfteeinsatzes	1,2	55	38	12,4	55
2 Verdopplung der Produktion	2,4	110	38	12,4	0
3 Halbierung der Arbeitszeit	1,2	110	16	12,4	0
4 höhere Produktion und reduzierte Arbeitszeit	1,8	90	35	12,4	21

1 Optionen 1 bis 3: Idealtypen; Option 4: Realtypus
2 Autos pro 1.000 Arbeitsstunden (bei unterstellten 46 Arbeitswochen pro Jahr (→ Jahresurlaub)

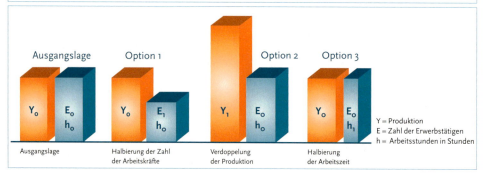

Originalbeitrag des Autors

Arbeitsaufträge

1. Bei M 52 erweist es sich als nützlich, wenn Sie die Ausführungen am Zahlenbeispiel von M 53 mitvollziehen. Wird von der Produktivität π als „Verhältnis zwischen Output und Input" gesprochen, dann sollten Sie für „Output und Input" einmal konkrete Zahlen einsetzen und π tatsächlich ausrechnen. Beachten Sie dabei, dass im Zahlenbeispiel von M 53 die „physische" Produktivität dargestellt ist, also die Anzahl der produzierten Autos (als „physische" Einheiten) bezogen auf die dafür nötigen Arbeitsstunden. Die „wertmäßige" Produktivität lässt sich dadurch berechnen, dass Sie für Autos und Arbeitsstunden Wertgrößen einsetzen. Berechnen Sie die „wertmäßige" Produktivität für die „Ausgangslage" in M 53, indem sie als durchschnittlichen Wert eines Autos 20 000 Euro ansetzen und diese Wertschöpfung nun durch das dafür erforderliche Arbeitsvolumen dividieren (→ Wertschöpfung pro Arbeitsstunde). Interpretieren Sie Ihr Ergebnis.
2. Die Kosten der Arbeitstunde lagen (im Jahr 1991) bei ca. 40 Euro. Vergleichen Sie damit die von Ihnen berechnete Wertschöpfung pro Arbeitstunde. Mit welchen Posten lässt sich die Differenz erklären?
3. Führen Sie die Berechnungen nun auch für die Produktivitätssteigerung durch. Nehmen Sie das Beispiel der Verdoppelung der Produktion (in zehn Jahren) und berechnen Sie die Erhöhung der „wertmäßigen" Produktivität. Wie hoch ist jetzt die Wertschöpfung pro Arbeitsstunde?
4. Anhand Ihrer Berechnungen können Sie sehen, dass die (wertmäßige) Stundenproduktivität sich verdoppelt hat: Im Verlauf von zehn Jahren ist die Wertschöpfung pro Arbeitsstunde von ca. 125 Euro auf fast 250 Euro angestiegen. In welcher Weise partizipieren Arbeitnehmer an diesem Zuwachs der Wertschöpfung (= Produktivitätssteigerung)? Kommentieren Sie aus der Perspektive von Unternehmen, Beschäftigten und Konsumenten.

Ausblick: Technologischer Wandel und Beschäftigung – Perspektiven und Prognosen

Das Ende der Arbeit?

M 54

Das Informationszeitalter hat begonnen und dank immer leistungsfähigerer Computerprogramme werden wir schon bald in einer Welt ohne Arbeit leben. [...] Niemals zuvor in der
5 Menschheitsgeschichte waren so wenige Arbeitskräfte nötig, um die für die Weltbevölkerung notwendigen Produkte und Dienstleistungen zu erbringen. [...] Und der einzige neu entstehende Bereich, der Wissensbereich, bie-
10 tet nur Arbeit für eine dünne Schicht von Unternehmern, Wissenschaftlern, Ingenieuren, Programmierern, Ausbildern, Beratern und anderen Fach- und Führungskräften. [...] Die Informations- und Kommunikationstechnolo-
15 gien werden im Zusammenwirken mit den Marktkräften die Weltbevölkerung in zwei sich feindlich gegenüberstehende Lager spalten: in eine kosmopolitische Elite von „Symbolanalytikern" – in deren Händen die Entwicklung neu-
20 er Technologien und die Kontrolle über die Produktionsfaktoren liegen wird – einerseits und eine immer breiter werdende Schicht von Dauerarbeitslosen andererseits, die nur geringe Aussicht auf eine sinnvolle Beschäftigung in
25 der neuen High-Tech-Wirtschaft haben.

J. Rifkin: Das Ende der Arbeit und ihre Zukunft. Frankfurt a. M./New York, 1995, S. 11–13

Auf der anderen Seite wird unterstellt oder diagnostiziert, dass zwar im Prinzip noch genug zu tun bleibe, aber die Erledigung dieser Arbeiten nicht mehr hinreichend über Marktme-
30 chanismen geschehen könne und damit der Arbeitsgesellschaft zwar nicht Arbeit in jeder Form, aber doch jener Typus von Arbeit ausgehe, auf dem sie basiere: die Erwerbsarbeit. Darauf fußt das Plädoyer für die Entwicklung
35 und Verbreitung neuer Formen von Arbeit, etwa von „Bürgerarbeit"*, die weder vom Markt noch vom Staat reguliert wird, sondern gewissermaßen dazwischen stattfindet, in einem dritten Sektor nach neuen Regeln. [Zugleich ...]
40 enthalten die gegenwärtigen und zu erwartenden Wandlungen auch neue Chancen, beispielsweise [...] zur Verbindung von Arbeit und Freizeit, zur Vereinbarung von Beruf und Familie, auch neue Möglichkeiten, das Verhältnis
45 der Geschlechter zueinander weniger ungleich und produktiver zu gestalten.

J. Kocka: Thesen zur Geschichte und Zukunft der Arbeit. In: Aus Politik und Zeitgeschichte. B 21/2001, S. 11 und S. 13

Durch das „Tal der Tränen" zu mehr Wohlstand?

M 55

Ein Handicap für die Akzeptanz einer optimistischen Einschätzung des Strukturwandels ist allerdings, dass man z. B. die Rationalisierungsmöglichkeiten durch neue Technologien
5 ziemlich schnell sieht und nutzt, die neuen Produkte und Dienste aber erst entwickelt, die neuen Märkte und Betätigungsfelder erst entdeckt und erschlossen werden müssen. Das erfordert Zeit. Übergangsprobleme entstehen. Auch
10 wenn wir – natürlich – künftige Produkte und Märkte nicht kennen können, spricht die Fülle an epochalen technischen Neuerungen dafür, dass wir am Beginn einer neuen langen Wachstumswelle stehen, wie sie mehrmals bereits
15 früher von den bedeutenden Erfindungen ausgelöst wurde.

W. Klauder: Ende oder Wandel der Erwerbsarbeit? In: Aus Politik und Zeitgeschichte. B 21/2001, S. 4

Kondratieff-Kenner prognostizieren den Umschwung auf die „Sonnenseite" der gegenwärtig rollenden Welle etwa für das Jahr 2008 bis 2010. Das ist eine [...] sehr lange Durststrecke,
20 und zudem eine, deren positives Ergebnis sich nicht garantieren lässt. [...] Man darf dieses Muster der langen Wellen nicht vergessen, wenn im Augenblick nur ein „Tal der Tränen" vor uns zu liegen scheint. [...] Es ist erforderlich
25 den schmerzhaften Teil der langen Welle als eine Herausforderung, als eine Chance zu begreifen.

P. H. Hanenberger: Das Auto – Optionen einer mobilen Gesellschaft. In: R. Koch (Hg.): Chancengesellschaft. München, 1997, S. 116 ff.

M 56 Und was bringt der 6. Kondratieff?

Welche neuen Märkte werden im nächsten Langzyklus entstehen? Hinter einem großen Markt steht ein großes Knappheitsfeld der Gesellschaft. Wenn nach dem sechsten Kondratieff Ausschau gehalten wird, stellt sich die Frage: Gibt es heute Knappheitsfelder? Ein erster Kandidat ist der Umweltmarkt. [...] Die Produktivitätsreserven des Umweltsektors sind beträchtlich. In Deutschland arbeiten im Umweltbereich inzwischen genauso viele Menschen wie in der Automobilindustrie, bei einem Viertel des Umsatzes. Das bedeutet, dieser Markt bietet genau jene arbeitsintensiven Arbeitsplätze, die wir brauchen. Und für diesen Markt sind die Europäer hervorragend positioniert.

Ein zweiter Kandidat ist die Biotechnologie auf der Basis der DNA. Die Biotechnologie ist ein hochattraktives Feld für Forscher, Unternehmer und Venture-Kapitalisten. [... Allerdings ist] diese Branche derzeit noch viel zu klein und kann in den nächsten zehn Jahren nicht spürbar zu einer Entlastung des Arbeitsmarktes beitragen. Die Biotechnologie hat aber ein großes Potenzial in Pharmazeutik bei der Entwicklung neuer Wirkstoffe, im Umweltbereich, in der Ernährungsindustrie und in der Landwirtschaft.

Ein dritter Kandidat ist die Anwendung des Lichtes. Zu den bekanntesten Anwendungen im Konsum- und Investitionsgütermarkt zählen Kameras, die gesamte Beleuchtungstechnik, Mikroskope, Laser, optische Speicher und Sensoren. [...] Optische Technologien eignen sich besonders gut für die Fortentwicklung der Informationstechnik, weil sich Photonen (die kleinsten Bestandteile des Lichts) wesentlich schneller bewegen können als Elektronen. Und die solare Energiequelle dürfte die aussichtsreichste Energiequelle der Zukunft sein.

Der vierte und wohl wichtigste Kandidat im sechsten Kondratieff dürfte der Informationsmarkt sein. Information ist eine Grundgröße des Wachstums, deshalb wird sie auch im nächsten Langzyklus eine Schlüsselrolle einnehmen. [...]

Als fünfter Kandidat ist die Gesundheit zu sehen. In diesem Markt finden sich alle anderen Kandidaten wieder. So wird Umweltschutz beispielsweise nicht der Umwelt zuliebe und auch nicht primär um Kosten zu sparen betrieben, sondern hauptsächlich aus Sorge um unsere Gesundheit. Die wichtigste Anwendung der Biotechnologie dient ebenfalls der Gesundheit. Damit kündigt sich so etwas wie ein Leitsektor für den sechsten Kondratieff an: Gesundheit im ganzheitlichen Sinn. [...]

Mit dem sechsten Kondratieff wird es zu einer grundlegenden Veränderung in den produktivitätsbestimmenden Qualitäten kommen. Technologie zum Beispiel ist weltweit verfügbar und bringt in der Konkurrenz der ökonomisch entwickelten Länder keinen relevanten Vorsprung mehr [...]. Was die Unternehmen und Volkswirtschaften in Zukunft unterscheiden wird, ist die Qualität „weicher" Faktoren wie Zusammenarbeit, Einsatzbereitschaft, Kreativität, Angstfreiheit, Verantwortungsbewusstsein und Loyalität. Und diese Faktoren sind keine mentalen Qualitäten, sondern das Ergebnis psycho-sozialer Informationsprozesse – und die erscheinen in keiner Bilanz, in keiner Gewinn- und Verlustrechnung und auch nicht in der volkswirtschaftlichen Gesamtrechnung.

Aus: Bericht über einen Vortrag von L. A. Nefiodow auf einem wissenschaftlichen Symposion, in: Wirtschaftskurier Nr. 3/1997, S. 3

Arbeitsaufträge

1. Diskutieren und bewerten Sie die Rifkin-These (M 54), in der „High-Tech-Wirtschaft" gehe uns die Arbeit aus. Was spricht dafür, was dagegen? Mit welchem Argument differenziert der Historiker Kocka die Rifkin-These? Vergleichen Sie den Stil der beiden Texte.
2. Lohnt es sich Ihrer Meinung nach, durch ein „Tal der Tränen" zu mehr Wohlstand zu gelangen? (M 55)
3. Fassen Sie die Argumente zusammen, die nach Auffassung des Kondratieff-Forschers Nefiodow (M 56) für einen künftigen „Leitsektor Gesundheit" sprechen. Spricht aus Ihrer Sicht etwas dagegen? Sollte die Strukturpolitik die in M 56 aufgeführten Wirtschaftsbereiche/neuen Märkte fördern?

3.15 Strukturpolitik: Der Versuch, strukturellen Wandel zu gestalten

Fallbeispiel: Stahlkrise und Stahlpolitik

Der Strukturwandel verläuft nicht immer reibungslos. In einzelnen Branchen kann es zu „Strukturkrisen" kommen, also zu raschen, krisenhaften Schrumpfungsprozessen (wie z. B. im Kohlenbergbau, in der Stahlindustrie, bei den Werften, in der Textil- und Bekleidungsbranche etc.).

Für die Wirtschaftspolitik gibt es zwei Möglichkeiten, mit solchen Strukturkrisen und dem damit verbundenen beschleunigten Abbau von Arbeitsplätzen und Produktionskapazitäten umzugehen: Nichtstun oder Eingreifen. Wie es zu Strukturkrisen kommen kann und welche Handlungsoptionen dann angemessen sind, können Sie hier am Beispiel der Stahlindustrie untersuchen.

Strukturwandel und Krisen in der europäischen Stahlindustrie

M 57

Zu Beginn der 60er-Jahre bauten die Japaner ihre riesigen integrierten Hüttenwerke an den Küsten („nasse Hütten") aus. Kohle und Erz wurden kostengünstig mit großen Spezial-
5 frachtern aus Australien, Brasilien und Nordamerika importiert. Der Standortvorteil der traditionellen Stahlproduzenten – ihre Nähe zu den Rohstoffen – ging damit verloren. Aufgrund der großen Betriebs- und Unterneh-
10 menseinheiten konnte die japanische Stahlindustrie kostengünstiger produzieren als ihre europäische Konkurrenz. […] Trotz der Konkurrenz aus Japan […] konnten alle traditionellen Stahlproduzenten […] bis in die 70er-Jahre
15 durch weltweite Exporte (Autos, Maschinen, Produktionsanlagen) zulegen. Die Binnennachfrage stagnierte weiter, da wichtige Abnehmer der Stahlindustrie, wie beispielsweise die Automobilindustrie immer feinere Bleche mit
20 hoher Festigkeit verwendeten, sodass ihr Stahlbedarf trotz steigender Produktion nicht stieg. Hinzu kam eine starke Substitution von Stahl durch Leichtmetalle und Kunststoff. In dieser Situation entwickelte sich Deutschland mit sei-
25 nen neuen Stahlwerken zu einem der weltweit größten Stahlexporteure.

Ab den 70er-Jahren entstanden so genannte Ministahlwerke […]. Länder wie Korea, Brasilien, China und Indien waren nun zunehmend
30 in der Lage, für ihren Eigenbedarf an Stahl selbst zu sorgen. Während die Arbeitskosten eines deutschen Stahlwerkers bei rd. 30 Euro/Stunde liegen, liegt der Arbeitslohn in Polen bei 2 Euro/Stunde und in China bei 0,51 Euro/Stunde. […] Obgleich der nationale Stahlbedarf 35 sank, produzierte die europäische Industrie, meist durch staatliche Subventionen gestützt, Überkapazitäten, die den weltweiten Konkurrenzdruck erhöhten. Zugleich stieg der Konkurrenzdruck durch junge Stahlerzeugerlän- 40 der aus der Dritten Welt, da viele über die Standortvorteile „Rohstoffvorkommen" und „geringe Löhne" verfügten.

Eine Zuspitzung der Stahlkrise erfuhr ein Teil des Ruhrgebietes 1987, als die Thyssen Heinrichshütte AG in Hattingen, die hauptsächlich Grobbleche herstellte, stillgelegt wurde. Für Hattingen bedeutete dies eine Katastrophe; denn über 25 % der rd. 18 400 Arbeitsplätze sowie über 50 % aller Ausbildungsplätze gingen verloren. Wie ein Sog zogen die verloren gehenden Stahlarbeitsplätze u. a. Arbeitsplätze in Zulieferbetrieben und im Einzelhandel nach sich. Mit hohen Arbeitslosenraten einerseits und 60 rückläufigen Steuereinnahmen andererseits standen einige europäische Städte und Regionen, die durch Schwerindustrie geprägt waren, vor dem finanziellen Kollaps.

Stahlarbeiter entnehmen eine Probe aus einem Hochofen.
Foto: dpa

W. Gerber u. a.: Mensch und Raum. Geographie 11. Berlin, 2000, S. 108 f.

M 58 Statistiken zur Entwicklung der Eisen- und Stahlindustrie

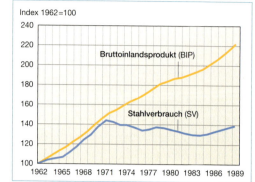

Weltstahlproduktion (in Mio. t)

Stahlverbrauch und BIP in Deutschland

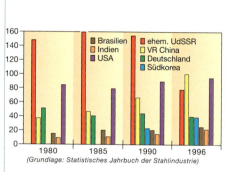

Rohstahlproduktion ausgewählter Länder (in Mio. t Rohstahl)

Jahr	Roheisen-produktion in Mio. t[1]	Rohstahl-produktion in Mio. t	Beschäftigte in 1.000[2]	Rohstahl in t pro Beschäftigten
1938	12,9	15,1	184,5	81,8
1955	13,5	16,6	333,8[3]	49,7
1960	19,7	23,2	263,6	88,0
1970	21,3	28,5	226,8	125,7
1974	25,5	32,2	210,7	152,8
2002	29,5	45,0	92,0	45,9

1 Die Rohstahlmenge ist durch den Zusatz von Schrott höher als die jeweilige Roheisenmenge;
2 Beschäftigte der gesamten Eisen und Stahlschaffenden Industrie; 3 Wert für das Jahr 1957

Daten: Verband der Eisen- und Stahlindustrie

Arbeitsaufträge

1. Fassen Sie die wichtigsten Veränderungen auf dem Stahlsektor stichwortartig zusammen. Unterscheiden Sie dabei zwischen Produktion und Verbrauch sowie zwischen Binnenmarkt und Weltmarkt. (M 57 und M 58)
2. Erstellen Sie eine Übersicht der Ursachen der „Stahlkrise" in Deutschland. Vertiefend können Sie folgende Fragen untersuchen:
   a) Was bedeutet „Substitution"? In welchen Bereichen und mit welchen Materialien kann Stahl substituiert werden? Erläutern Sie, wie Substitutionsgüter sich am Markt durchsetzen. Wie wirkt sich Substitution auf die Stahlnachfrage aus?
   b) Erläutern Sie, welche Prozesse ablaufen, wenn die „Auslandskonkurrenz" zunimmt. Sie können dazu die Auswirkungen der japanischen Konkurrenz für deutsche Stahlproduzenten untersuchen.
3. Entwickeln Sie ein Strukturdiagramm zu den wahrscheinlichen Folgen der Schließung der Heinrichshütte für Hattingen (Gewerbesteuern, Arbeitsplätze in Zulieferbetrieben, Sozialausgaben, Kaufkraft, Perspektiven usw.).

3.15 Strukturpolitik: Der Versuch, strukturellen Wandel zu gestalten

M 59

Mit Fusionen in die Zukunft – Stahlproduzenten verändern sich

1996 stand die Thyssen AG mit 10,4 Mio. t Rohstahl weltweit auf Rang 12, Krupp mit 7,5 Mio. t Rohstahl auf Rang 21. 1997 fusionierten Thyssen und Krupp im Stahlbereich. Mit 14,2 Mio. Tonnen Rohstahlerzeugung im Jahr entsteht der fünftgrößte Rohstahlproduzent der Welt und der größte Flachstahlproduzent Europas. Aufgrund des Größenzuwachses und der Synergieeffekte (= Einspareffekte durch die Zusammenlegung) wird eine verbesserte Wettbewerbsfähigkeit auf dem globalen Absatzmarkt erwartet. Von den insgesamt 25 100 Arbeitsplätzen im betroffenen Bereich sollen rd. 7900 Stellen im Zuge der Fusion bis zum Jahre 2002 abgebaut werden. […]

Sowohl die europäische wie auch insbesondere die deutsche Stahlindustrie haben sich in den letzten Jahren zu einer hoch produktiven High-Tech-Branche entwickelt, die durch Automatisierung und starken Personalabbau international wettbewerbsfähig wurde. Zugleich ist eine weitere Konzentration zu verzeichnen. […] Trotzdem hat sich die meist privatwirtschaftlich organisierte Stahlindustrie an Rhein und Ruhr bislang in dem verschärften europäischen und globalen Wettbewerb gut behaupten können. Dies […] war nur durch einen hohen Personalabbau, starke Automatisierung sowie zunehmende Spezialisierung zu schaffen. Beispielsweise wurden schon 1996 im Stahlbereich von Thyssen über 80 % des Umsatzes durch hochpreisige Flachprodukte (z. B. Bleche für den Fahrzeugbau) erzielt. Stahl, der altbewährte Werkstoff, findet in über 2500 verschiedenen Arten vielfältige Anwendungsmöglichkeiten. Die Einsatzpalette bei Feinblechen reicht beispielsweise von der Autokarosserie über Büromöbel bis zu Haushaltsgeräten und Getränkedosen.

W. Gerber u. a.: Mensch und Raum. Geographie 11. Berlin, 2000, S. 108 f.

Karikatur: F. V. Kühnen

Arbeitsaufträge

1. Mit welchen Maßnahmen haben die deutschen Stahlunternehmen auf den zunehmenden Wettbewerb reagiert? Stellen Sie die Ursachen und Folgen der Thyssen-Krupp-Fusion dar und beurteilen Sie diese unter ökonomischen und sozialen Gesichtspunkten. (M 59)
2. Wie sollte sich die Politik bei Strukturkrisen verhalten? Welche Option würden Sie vertreten? (M 60) Begründen Sie Ihre Entscheidung mit Bezug auf das Fallbeispiel Stahlindustrie.

M 60 — Was tun? Handlungsoptionen der Wirtschaftspolitik

Für die Wirtschaftspolitik gibt es zwei Möglichkeiten, mit Strukturkrisen und dem damit verbundenen beschleunigten Abbau von Arbeitsplätzen und Produktionskapazitäten umzugehen: Nichtstun oder Eingreifen.

- Die Option „Nichtstun" („Laisser-faire") basiert auf der Vorstellung, der Markt könne den strukturellen Wandel hinreichend bewältigen, jeder Eingriff störe das Marktgeschehen und sei damit nur Ausdruck eines nutzlosen (aber meist sehr kostspieligen) Versuchs, den unvermeidlichen Strukturwandel aufzuhalten. Der Versuch, den Wandel „sozialverträglich" abzufedern, verlängere nur den Leidensprozess und führe zu einem Zwei-Klassen-System: Während Arbeitnehmer aus Großbetrieben von Sozialplänen und Umstellungshilfen profitieren, ist der Handlungszwang der Regierung bei unspektakulären Zusammenbrüchen von Klein- und Mittelbetrieben vergleichsweise gering und die soziale Abfederung beschränkt sich auf die gesetzlichen Regelungen der Arbeitslosenunterstützung und der Sozialhilfe.
- Die Option „Eingreifen" („Intervention") basiert auf der Vorstellung, im Falle von Strukturkrisen sei der Markt überfordert, und die Folgen massenhafter „Freisetzungen" von Arbeitskräften seien unter politischen und sozialen Gesichtspunkten nicht hinnehmbar. In einer Wirtschaftsordnung, nicht der „freien", sondern der „sozialen" Marktwirtschaft, bestehe eine Verpflichtung der Politik, den strukturellen Wandel „sozialverträglich" zu gestalten.

Originalbeitrag des Autors

Erhalten, anpassen, fördern – Möglichkeiten und Grenzen (sektoraler) Strukturpolitik

Viele Menschen nehmen den strukturellen Wandel als Bedrohung wahr. Das ist dort auch berechtigt, wo der Wandel der Wirtschaftsstrukturen zum Abbau überkommener Branchen und nicht mehr konkurrenzfähiger Arbeitsplätze führt. Andererseits entstehen im Wandel neue Branchen und Arbeitsplätze. In dieser Situation richten sich die Erwartungen und Forderungen der Betroffenen meist an den Staat. Der soll als Krisenmanager die negativen Folgen des strukturellen Wandels auffangen und als Zukunftsgestalter Tempo und Richtung des Wandels bestimmen. Man muss aber nüchtern fragen, welche Möglichkeiten die Strukturpolitik überhaupt hat und über welche Instrumente sie verfügt, um den strukturellen Wandel zu steuern.

M 61 — Stichwort: Sektorale Strukturpolitik

Die sektorale Strukturpolitik nimmt auf die Produktion und Beschäftigung in einzelnen Wirtschaftszweigen Einfluss. Davon zu unterscheiden ist die regionale Strukturpolitik, die versucht, die Lebensbedingungen in einzelnen Regionen mit dem Ziel zu beeinflussen, „gleichwertige Lebensbedingungen" herzustellen. Seit 1969 ist durch den in das Grundgesetz eingefügten Artikel 91 a „die Verbesserung der regionalen Wirtschaftsstruktur" zu einer Gemeinschaftsaufgabe von Bund und Ländern geworden. Gegenüber der regionalen Strukturpolitik hat die sektorale Strukturpolitik keinen Verfassungsrang. Man unterscheidet Maßnahmen, die Unternehmen an neue Gegebenheiten anpassen, solche, die eine bestimmte Branchenstruktur erhalten, und solche, mit denen künftige Strukturen gestaltet werden sollen.

Originalbeitrag des Autors

Begründungen sektoraler Strukturpolitik

M 62

Zur Begründung der sektoralen Strukturpolitik finden sich in Wissenschaft und Politik folgende grundsätzliche Argumente:

Versorgungssicherheit: Eine außenhandelsabhängige Volkswirtschaft dürfe in einer von politischen und ökonomischen Krisen bedrohten Welt sich nicht darauf verlassen, lebensnotwendige Güter stets durch Importe beschaffen zu können. Hauptbeispiel ist die Erhaltung der Landwirtschaft, die ohne Subventionen bei den in der Bundesrepublik gegebenen Standortbedingungen international nicht konkurrenzfähig wäre; würde sie weitgehend aufgegeben, wären hohe Versorgungsrisiken die Folge.

Befristete Wettbewerbsschwierigkeiten: Strukturelle Probleme erweisen sich gelegentlich als zeitlich begrenzt; volkswirtschaftlich wäre es nicht vertretbar, eine Branche zur Stilllegung zu zwingen, wenn sie in absehbarer Zeit, bei veränderten Kosten von Rohstoffen oder Substitutionsgütern „wieder konkurrenzfähig" werden wird. Ex post erwies sich die Ruhrkohle als typisches Beispiel. Vor 1973 wurde die Kohlesubventionierung zwar mit dem Argument der Versorgungssicherheit und der Sicherung von Arbeitsplätzen begründet. Aus heutiger Sicht kommt hinzu, dass sich die Zeit des billigen Öls als zeitlich begrenzt erwies. Wäre der Kohlenbergbau in den 60er-Jahren weitgehend eingestellt worden, so könnte er heute, angesichts der extrem hohen Kosten und Schwierigkeiten einer Wiederinbetriebnahme der Gruben, kaum wieder aufgenommen werden.

Entlastung von Unternehmen und Beschäftigten vom Anpassungsdruck: Bei schnellem Strukturwandel können die Unternehmen die notwendigen Umstellungen oft nicht aus eigener Kraft bewältigen; staatliche Anpassungshilfen sind dann notwendig, um Massenentlassungen zu verhindern. Anpassungshilfen sollen bestehende Strukturen nicht erhalten, sondern den Strukturwandel erleichtern und beschleunigen. Sie reichen von Stilllegungsprämien bis zu Zuschüssen zu Verfahrens- und Produktinnovationen.

Ausgleich subventionsbedingter Wettbewerbsnachteile: Inländische Wirtschaftszweige, die in Konkurrenz zu subventionierten ausländischen Unternehmen stehen, brauchen ebenfalls Subventionen, um konkurrenzfähig zu bleiben. Der gleiche Schutzeffekt könnte billiger durch Zölle erreicht werden; Zollschutz ist aber gegenüber EG-Mitgliedern nicht zulässig und gegenüber wichtigen Handelspartnern außerhalb der EG kaum durchsetzbar, ohne Vergeltungsmaßnahmen zu provozieren. Ein aktuelles Beispiel bietet die Stahlindustrie.

Hohe Kosten und Risiken bei der Forschung und Entwicklung: Bei technologisch besonders schwierigen und aufwendigen Innovationen, etwa im Bereich der Kernenergie, Raum- und Luftfahrt, wird die Finanzkraft eines einzelnen Unternehmens oder auch einer Unternehmenskooperation überfordert. Der Staat muss in diesen Bereichen einen Teil der Forschungs- und Entwicklungskosten übernehmen, wenn er darauf Wert legt, dass die entsprechenden Verfahren oder Produkte überhaupt im Inland entwickelt werden.

D. Grosser: Strukturpolitik. In: Ders. (Hrsg.): Der Staat in der Wirtschaft der Bundesrepublik, Opladen, 1985, S. 226 f.

Ausprägungen der sektoralen Strukturpolitik

M 63

Strukturgestaltungspolitik	Strukturanpassungspolitik	Strukturerhaltungspolitik
• Förderung von „Spitzen- und Querschnittstechnologien" (z. B. Mikroelektronik, Lasertechnologien, neue Werkstoffe, Luft- und Raumfahrt, Supraleiter, Umwelttechnik, Mikrosystemtechnik etc.) • Förderung zukunftsträchtiger (technologie- und Know-how-intensiver) Wirtschaftsbereiche (z. B. Airbus, Magnetschwebebahn) • Förderung moderner Infrastrukturen (Telekommunikation, Technologietransfer, Hochschulen etc.)	• Förderung des strukturellen Wandels (Beseitigung von Hemmnissen, Förderung der Mobilität (→ Beschleunigung des strukturellen Wandels) • „geordneter" Abbau veralteter, nicht mehr konkurrenzfähiger Strukturen mittels zeitlich begrenzter und degressiver* Anpassungshilfen (→ Verlangsamung des strukturellen Wandels) • Vermeidung von Strukturkrisen durch Verlängerung der Anpassungsfristen	• Erhaltung nicht mehr konkurrenzfähiger Branchen aus Gründen der Versorgungssicherheit (z. B. Landwirtschaft, Kohlenbergbau) • Subventionierung von Wirtschaftszweigen aus Gründen des nationalen Interesses (z. B. Schiffsbau, Luft- und Raumfahrt) • Erhaltung überkommener, unrentabler Wirtschaftsbereiche aus Gründen der Beschäftigungs- und Einkommenssicherung (→ sozialer Frieden)

* degressive, d. h. sich stufenweise vermindernde Anpassungshilfen: Umstellungsbeihilfen (Finanzbeihilfen für Produktionsumstellungen und für Umschulungen der Arbeitnehmer), Stilllegungsprämien, Übernahme von Soziallasten, Bürgschaften u. Ä.

Arbeitsaufträge

1. Erstellen Sie eine tabellarische Übersicht, in der Sie links die fünf Begründungen für eine aktive staatliche Strukturpolitik aufführen (Stichworte) und in der rechten Spalte die zugehörigen Fallbeispiele. Für welches Argument fehlt ein Beispiel? Vervollständigen Sie Ihre Liste. (Gibt es passende Beispiele in Ihrem eigenen Erfahrungsbereich und/oder aus der Wirtschaftspresse?)
2. In den fünf Argumenten kann man eine gewisse Rangfolge erkennen: vom staatspolitischen Ziel der Sicherung lebensnotwendiger Güter über das sozialpolitische Ziel der Abfederung negativer Folgen des strukturellen Wandels bis zum innovationspolitischen Ziel der Förderung neuer Technologien. Fassen Sie die wichtigsten Aussagen zur Begründung dieser drei abgestuften Zielsetzungen der Strukturpolitik zusammen. Finden Sie die vorgetragenen Begründungen/Rechtfertigungen überzeugend?
3. „Innerhalb der EU besteht (bestand) die Bundesregierung (vielfach) auf ordnungspolitischer Tugendhaftigkeit, ist aber laut einer OECD-Studie (1998) in der EU selbst der subventionsfreudigste Mitgliedsstaat." (J. Starbatty: Strukturpolitik im Konzept der Sozialen Marktwirtschaft. S. 3, o. J./zitiert nach: **www.uni-tuebingen.de/uni/wo4/bibliothek/ DiskBeitraege/153.pdf**)
Was meint der Autor mit „ordnungspolitischer Tugendhaftigkeit"? Welchen ordnungspolitischen Vorstellungen widersprechen Subventionen?
4. Prüfen Sie die Behauptung des Autors anhand der Angaben aus dem Subventionsbericht der Bundesregierung. (M 64 – M 65/siehe auch: **http://www.bundesfinanzministerium. de/Anlage6737/18.-Subventionsbericht-der-Bundesregierung.pdf**)
5. Stellen Sie fest, welche Branchen zu den größten Subventionsempfängern zählen. (M 66)

M 64 Gesamtvolumen der Subventionen von Bund, Ländern und Gemeinden

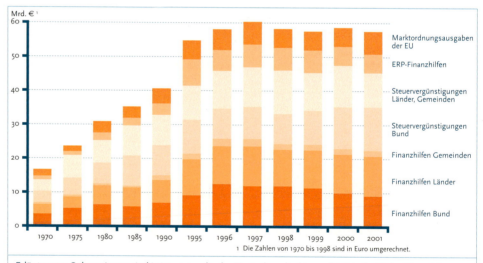

Erläuterung: Subventionen sind Leistungen, die der Staat ohne direkte marktwirtschaftliche Gegenleistung gewährt. In der volkswirtschaftlichen Gesamtrechnung wird der Subventionsbegriff auf staatliche Leistungen an Unternehmen eingegrenzt, während die Transfers an private Haushalte als Sozialleistungen bezeichnet werden. Der alle zwei Jahre von der Bundesregierung zu erstellende Subventionsbericht bezieht demgegenüber auch Leistungen an Privathaushalte mit ein, durch die bestimmte Güter verbilligt werden (z. B. bei der Wohnungsbauförderung). Subventionen können direkt, als Finanzhilfen, oder indirekt, als Steuervergünstigungen, gewährt werden.

www.bundesfinanzministerium.de/Anlage6737/18.-Subventionsbericht-der-Bundesregierung.pdf (Abb. 4/S. 22)

3.15 Strukturpolitik: Der Versuch, strukturellen Wandel zu gestalten

Gesamtvolumen der staatlichen Beihilfen[1] in den EU-Mitgliedsstaaten

M 65

	in Prozent des BIP[2]	in Euro je Beschäftigtem	als Anteil an den staatlichen Gesamtausgaben
	1996–1998	1996–1998	1996–1998
Österreich	0,65	353	1,23
Belgien	1,18	677	2,26
Dänemark	0,94	513	1,59
Deutschland	1,45	786	2,95
Griechenland	1,24	334	2,25
Spanien	0,98	318	2,22
Finnland	0,47	248	0,85
Frankreich	1,13	618	2,08
Irland	0,99	497	2,65
Italien	1,57	712	3,04
Luxemburg	0,53	343	1,27
Niederlande	0,62	349	1,24
Portugal	1,63	323	3,44
Schweden	0,78	388	1,24
Großbritannien	0,52	223	1,20
EUR 15	1,12	526	2,35

1 ohne Landwirtschaft
2 in Preisen von 19970

www.bundesfinanzministerium.de/Anlage6737/18.-Subventionsbericht-der-Bundesregierung.pdf
(Übersicht 14, S. 46)

Subventionen des Bundes je Erwerbstätigen (in Euro[1])

M 66

Bezeichnung	1991	1992	1993	1994	1995	1996	1997	1998	1999	2000
Verbraucherschutz, Ernährung und Landwirtschaft	3.164	3.145	2.803	2.553	2.386	2.480	2.242	2.114	2.009	1.915
Steinkohlenbergbau[2]	15.109	15.736	16.559	15.056	14.702	59.687	59.673	63.114	65.120	70.018
Alle Wirtschaftsbereiche	496	501	496	485	494	576	568	564	575	600

1 Die Zahlen bis 1999 sind in Euro umgerechnet.
2 Die ab 1996 erhöhten Finanzhilfen sind auf die geänderte Finanzierung der Absatz- und Stilllegungshilfen zurückzuführen.

www.bundesfinanzministerium.de/Anlage6737/18.-Subventionsbericht-der-Bundesregierung.pdf (Übersicht 3/S. 17)

Strukturen erhalten: Landwirtschaft und Steinkohlenbergbau – eine Gemeinschaftsaufgabe?

M 67 Zur Entwicklung der Landwirtschaft (Westdeutschland)

Daten: Deutscher Bauernverband

M 68 Subventionen für die Landwirtschaft

a) EU-Agrarpolitik

Die deutsche Landwirtschaftspolitik wird wesentlich durch die Vorgaben der EU im Rahmen der Gemeinsamen Agrarpolitik (GAP) bestimmt. Diese greift massiv in Marktprozesse ein und und ist mit einem teilweise planwirtschaftlich anmutenden Verwaltungsaufwand verbunden. Die durch das System verursachte Überproduktion wird auf EU-Kosten eingelagert oder auf Weltmarktpreis heruntersubventioniert. Die Reform der GAP, die zuletzt in den agrarpolitischen Beschlüssen der Agenda 2000 ihren Niederschlag gefunden hat, zielt auf eine Umschichtung der Subventionierung von der Preisstützung hin zu der direkten Einkommensbeihilfe. Eine Verringerung des Subventionsniveaus insgesamt ist aber damit bis zum Jahr 2006 nicht verbunden.

b) Europäische Agrarsubventionen

In der europäischen Agrarbranche werden 40 Milliarden Euro im Jahr verteilt – das ist die Hälfte des gesamten EU-Etats. Rechnet man die nationalen Fördermittel hinzu, erhält allein die BRD-Landwirtschaft Subventionen in Höhe von 15 Milliarden Euro. Von der durchschnittlichen Steuerlast einer dreiköpfigen Familie fließen 750 Euro jährlich in die staatliche Stützung des Nährstandes. Dennoch gibt europaweit alle zwei Minuten ein Bauer seinen Hof auf. Denn an den Subventionen mästen sich andere. Sie fließen größtenteils in die Weiterverarbeitung, die Lagerung, die Exportförderung und in Preisstützungsmaßnahmen. Dabei wird viel mehr Steuergeld verteilt als die erbrachte Leistung am Ende wert ist. Wenn man vom Wert der erzeugten Agrargüter die Kosten für Vorprodukte und den Verlust durch Abnutzung abzieht, bleibt ein Gesamtwert von zirka 7,5 Milliarden Euro, also etwa die Hälfte dessen, was Bund, Länder und EU jährlich in die BRD-Landwirtschaft pumpen. Eine gigantische Geldvernichtungsmaschine.

M. Miersch: BSE: Im Sumpf der Subventionen
(www.eifrei.de/ Inhalt_13/13-BSE-Subventionen/13-bse-subventionen.html)

c) Subventionen für die Großbetriebe

In Deutschland bewirtschaften immer weniger Betriebe immer größere Flächen Die Subventionen für die Landwirtschaft betragen jährlich fast 15 Milliarden Euro (Bund: ca. 5 Milliarden, Länder: ca. 2,5 Milliarden, EU: ca. 6 Milliarden). Von diesen haben bislang v. a. die industriell arbeitenden Großbetriebe profitiert: Vier Prozent der landwirtschaftlichen Betriebe erhalten 40 Prozent der Mittel. Die Subventionen müssen zukünftig an ökologische und flächenbezogene Leistungen gebunden werden:
- Agrarsubventionen nur für Betriebe, die den Ansprüchen des Umwelt-, Verbraucher- und Tierschutzes gerecht werden;
- Förderung des Ökolandbaus und Investitionsförderung für artgerechte Tierhaltung;
- Honorierung von Leistungen im Naturschutz und der Landschaftspflege [...]

K. Brunsmeier (BUND-Landesvorsitzender NRW):
BUND-Konzept zur Agrarwende
(Vortrag am 2. Februar 2001 im Landtag NRW;
www.nrwcdu-fraktion.de/aktuelles)

3.15 Strukturpolitik: Der Versuch, strukturellen Wandel zu gestalten

Subventionen für den Steinkohlenbergbau

M 69

a) Förderung und Belegschaft 1960–2005

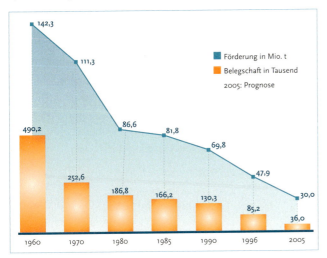

Handelsblatt vom 11. November 1997, S. 1.

b) Der Steinkohlenbergbau

Rheinischer Merkur Nr. 11 vom 14. März 1997, S. 5

c) Kohlepolitik

Die Kohlepolitik der Bundesregierung dient dazu, den Einsatz deutscher Steinkohle als Beitrag zu einem ausgewogenen Energiemix zu ermöglichen und den notwendigen Anpassungsprozess im Steinkohlenbergbau fortzuführen. Angesichts der insbesondere geologisch bedingten hohen Förderkosten des deutschen Steinkohlenbergbaus kann der Absatz nur durch erhebliche Subventionen gesichert werden. Die Kohlehilfen insgesamt beliefen sich 1999 auf rund 5,0 Mrd. Euro und 2000 auf rund 4,6 Mrd. Euro (Bund rund 4,2 Mrd. Euro bzw. 3,9 Mrd. Euro). Nach dem Wegfall des „Kohlepfennigs" ab 1996 ist die Finanzierung der Verstromungshilfen grundlegend geändert worden. Die Mittel dafür werden seitdem durch den Bundeshaushalt bereitgestellt. 1998 wurden die Verstromungshilfen, Kokskohlehilfen und Hilfen für Aufwendungen zugunsten von Stilllegungsmaßnahmen in einem Gesamtplafond zusammengefasst. Die Plafondmittel* des Bundes werden von 4,0 Mrd. Euro in 1998 auf 1,9 Mrd. Euro in 2005 zurückgeführt.

18. Subventionsbericht der Bundesregierung vom 3. September 2001, S. 31 (Dokumentationen/Online-Publikationen/Periodische Berichte)

Arbeitsaufträge

1. Als Beispiel für das strukturpolitische Ziel der Versorgungssicherheit wird die Landwirtschaft genannt. Schauen Sie sich die Entwicklung der Landwirtschaft in M 67 an: Wäre es nicht vernünftig, die Landwirtschaft in Deutschland vollends „auslaufen" zu lassen und die benötigten Produkte aus den Ländern des EU-Binnenmarktes zu beziehen, die unter günstigeren klimatischen und Kostenbedingungen produzieren?
Beziehen Sie in Ihre Überlegungen mit ein, dass die Landwirtschaft im Jahr 2000 (in Westdeutschland) eine Wertschöpfung in Höhe von ca. 18 Mrd. Euro erbracht hat (vgl. M 39, S. 132), gleichzeitig aber mit einem Volumen von knapp 15 Mrd. Euro subventioniert wurde (europäische und nationale Subventionen; vgl. M 68c). Lohnt sich das?

2. Neben dem Autarkieargument werden folgende Argumente zugunsten der Subventionierung der Landwirtschaft vorgebracht:
   – Angemessenes und sicheres Einkommen für die Landwirte.
   – Begrenzung der Preisschwankungen von Lebensmitteln.

– große regionalpolitische Bedeutung der Landwirtschaft und ihre ökologische Funktion im Rahmen der Landschaftspflege, beim Klimaschutz und in der Energiepolitik.
Beziehen Sie Stellung. Inwieweit halten Sie diese Argumente a) ökonomisch und b) politisch für vertretbar.
3. Auch die massive Subventionierung des Kohlenbergbaus wurde in Deutschland lange Zeit mit dem Argument gerechtfertigt, dies sei zur Sicherung der Energieversorgung nötig. Weil die Kohle gegenüber den Substitutionsgütern Erdöl, Erdgas und Atomstrom nicht konkurrenzfähig ist, wird sie seit Jahrzehnten mit vielen Milliarden subventioniert. Im Jahr 2000 beliefen sich die Subventionen für diesen Bereich auf über 5 Mrd. Euro Schauen Sie sich die Entwicklung des Kohlenbergbaus an (M 69): Wäre es nicht besser, die Subventionsmittel in die Förderung der Energieeinsparung und in die Entwicklung „regenerierbarer" Energieformen zu stecken? Was spricht dafür, was dagegen?

Anpassungssubventionen zwischen Anspruch und Wirklichkeit

Subventionen stehen unter Rechtfertigungszwang. Sie stellen Eingriffe in die marktwirtschaftliche Ordnung dar und sie werden mit öffentlichen Mitteln finanziert. So werden mit dem (politischen) Argument der Autarkie einzelne Branchen dem Wettbewerb entzogen und künstlich erhalten (Bergbau, Landwirtschaft). Andere Problembranchen erhalten so genannte Anpassungssubventionen. Sie sollen als zeitlich begrenzte Hilfen den Strukturwandel in Problembranchen abfedern, ihn aber nicht aufhalten. Dabei besteht jedoch immer die Gefahr, dass sich zeitlich begrenzte Anpassungssubventionen zu Erhaltungssubventionen entwickeln, die alte Strukturen konservieren und damit keinen Beitrag zum Strukturwandel leisten.

Arbeitsaufträge

1. Fassen Sie den Kern der Argumentation zusammen, mit der begründet wird, warum der Marktmechanismus nicht in der Lage sei, den Strukturwandel befriedigend zu bewältigen. (M 70)
2. An welchen Kriterien wird gemessen, ob der Markt eine Aufgabe „in zufriedenstellender Weise" erfüllt – oder nicht erfüllt?
3. Über welche Signale bekommen Unternehmen zu spüren, ob und gegebenenfalls wie stark die Nachfrage nach den von ihnen angebotenen Gütern sich verändert? Wie können die Unternehmen auf diese Signale = Marktinformationen reagieren? Wird „Voraussicht" benötigt (wie der Text M 70 suggeriert), um Nachfrageänderungen erkennen zu können?
4. Was ist mit den „Selbstheilungskräften" des Marktes gemeint – und wie wirken sie im Falle des strukturellen Wandels? Beschreiben Sie die marktmäßigen Anpassungsprozesse, die bei einem Rückgang der Nachfrage nach Kohle zu erwarten sind.
5. Durch welche Maßnahmen können mit dem Strukturwandel verbundene soziale Härten abgefedert werden? Nennen Sie konkrete Beispiele und ordnen Sie diese den verschiedenen Politikbereichen zu (Sozialpolitik, Beschäftigungspolitik, regionale Strukturpolitik, sektorale Strukturpolitik ...).

3.15 Strukturpolitik: Der Versuch, strukturellen Wandel zu gestalten

Warum sollte die Politik in den Strukturwandel eingreifen?

M 70

Erfahrungsgemäß kann der Markt die ihm gestellten Aufgaben nicht immer in zufrieden stellender Weise erfüllen. Unternehmen und Haushalte sind nicht in der Lage, sich den dauernd wechselnden Nachfrage- und Angebotsbedingungen aus eigener Kraft, ohne Verzögerungen und unvertretbare soziale Härten, anzupassen.

- Einmal fehlt den Unternehmen die nötige Voraussicht, um Änderungen der Nachfragestruktur z. B. aufgrund zunehmender Auslandskonkurrenz oder neuer Substitutionsgüter schnell genug erkennen oder um konjunkturelle von strukturell bedingten Nachfrageänderungen unterscheiden zu können. Zudem erschweren große Produktionsanlagen eine rasche Anpassung an Nachfrageverschiebungen (Unteilbarkeiten). Die Anpassungsfähigkeit der Wirtschaftssubjekte an veränderte Rahmenbedingungen (Nachfrage der Haushalte, Produktionstechnik) ist in hoch industrialisierten Volkswirtschaften geringer als im Marktmodell vorausgesetzt wird. Sektorale Engpässe bei steigender Nachfrage und daraus resultierende Preissteigerungen oder Überkapazitäten mit einhergehendem Preisverfall können die Folge sein (für den letzteren Fall z. B. im Steinkohlenbergbau und in der Stahlindustrie). Hier muss der Staat die Anpassungsprozesse beschleunigen oder mildern.

- Zum anderen sind mit dem Strukturwandel häufig auch soziale Härten verbunden, da ein Nachfragerückgang zugleich einen Beschäftigungsrückgang und eine Verschlechterung der Einkommensposition zur Folge haben kann. Vertraut der Staat allein auf die Selbstheilungskräfte des Marktes und enthält er sich jeglicher Eingriffe, so hemmt er die wirtschaftliche Entwicklung. Denn beschäftigungslos gewordene Erwerbspersonen sind nicht immer in der Lage, aus eigenem Antrieb schrumpfende Branchen oder Regionen zu verlassen. Das Arbeitsangebot verknappt sich aufgrund solcher Mobilitätshemmnisse noch zusätzlich.

Die Notwendigkeit strukturpolitischer Aktivitäten des Staates ergibt sich also einmal daraus, dass sie als Instrument zur möglichst produktiven Verwendung von Arbeit und Kapitel eingesetzt werden und damit zur Vergrößerung des Angebotsspielraums und zur Erhöhung des Beschäftigungsgrades beitragen können. Zum anderen müssen sie die mit dem Strukturwandel verbundenen sozialen Härten zu mildern und die Lebensbedingungen im Bundesgebiet durch Verringerung von Differenzen im Pro-Kopf-Einkommen zu vereinheitlichen versuchen.

H. D. Hardes/G.-J. Krol/A. Schmid: Volkswirtschaftslehre – problemorientiert. Tübingen 1999, S. 348

Strukturerhaltungs- versus Strukturanpassungspolitik

M 71

- Strukturpolitik läuft Gefahr, zu einem Instrument der Strukturerhaltung zu werden, wenn sie unter kurzfristigen beschäftigungspolitischen Zielsetzungen gesehen wird. Denn der Ruf nach staatlichen Hilfen geht erfahrungsgemäß von den Bereichen aus, die am ärgsten in Bedrängnis sind. Die Versuchung, dass statt einer Maßnahme, die als Anpassungshilfe gedacht ist, eine Erhaltungsintervention vorgenommen wird, ist dort besonders groß. Dieser Gefahr ist vorgebeugt, wenn Strukturpolitik nicht mehr ad hoc, sondern auf der Basis eines möglichst globalen Konzepts betrieben, und wenn zum Prinzip erhoben wird, dass branchenspezifische Maßnahmen im Rahmen einer angebotsfördernden Strukturpolitik nicht in Betracht kommen, außer als zeitlich begrenzte und im Zeitablauf abnehmende Anpassungshilfen bei sektoralen oder regionalen Härtefällen. Ansonsten steht das Netz der allgemeinen sozialen Sicherung bereit.

- Die sektorale Strukturpolitik, die in der Bundesrepublik bisher betrieben wurde, trägt überwiegend dirigistische und konservierende Züge. Den Zukunftsaufgaben, so wie sie von uns gesehen werden, dient sie nur in Teilbereichen. Die Mehrheit der Maßnahmen verfolgt das Ziel, die Einkommensniveaus und die Beschäftigungen in Bereichen zu verteidigen, die durch die Marktkräfte gefährdet sind. Mittel dazu sind Finanzhilfen und Steuererleichterungen, aber auch die Handelspolitik, die den einzelnen Produktionsbereichen Protektion in unterschiedlicher Höhe gewährt, am meisten den Bereichen, die sich der internationalen Konkurrenz, sieht man diese nicht verengt auf den Bereich der Industrieländer, am wenigsten gewachsen zeigen. Den Kosten, die Steuerzahlern und Verbrauchern daraus erwachsen, stehen längerfristig keine volkswirtschaftlichen Gewinne gegenüber, eher Nachteile für Effizienz und Wachstum. Eine strukturpolitische Flurbereinigung ist auch unter dem Gesichtspunkt sparsamer öffentlicher Mittelverwendung geboten. Die weltwirtschaftlichen Verteilungsprobleme verlangen von den Industrieländern immer dringlicher, dass sie Handelsschranken abbauen, die den Entwicklungsländern den Marktzutritt erschweren. Die Bundesrepublik müsste vor allem in der Europäischen Gemeinschaft darauf hinwirken, dass dies bald in die Wege geleitet wird.

- In einer Situation wie der gegenwärtigen mag das Argument Gewicht haben, dass ein Abbau der Protektion die Beschäftigungsprobleme verschärfen könnte. Solche Sorgen wären aber weitgehend unbegründet, wenn sichergestellt würde, dass der Abbau allmählich verwirklicht wird und voraussehbar ist.

Jahresgutachten Sachverständigenrat Wirtschaft 1976/77, Zf. 312 f.

Arbeitsaufträge

1. Fassen Sie die wichtigsten Unterschiede zwischen „Strukturerhaltungspolitik" und „Strukturanpassungspolitik" in knappen Sätzen schriftlich zusammen. (M 71)
2. Worin sieht der Sachverständigenrat die Kosten einer falschen (nämlich konservierenden) Strukturpolitik? Woher kommt der Druck auf die politischen Akteure zur Erhöhung und zeitlichen Verlängerung von Subventionen? (Schauen Sie sich nochmals den Subventionsverlauf in M 69b, S. 159, an.)
3. Die Strukturerhaltungspolitik schützt die begünstigten Unternehmen und Branchen vor „den Marktkräften"; der vom Wettbewerb ausgehende Anpassungsdruck wird abgemildert oder gar völlig aufgehoben. Beschreiben Sie, wie die „Marktkräfte" und die wettbewerbsbedingten Anpassungszwänge sich in der Landwirtschaft auswirken würden, wenn der Staat nicht eingriffe.
4. Warum erschweren protektionistische Handelsschranken für die Länder der Dritten Welt den Zutritt zu unseren Märkten? Warum wirft dies „weltwirtschaftliche Verteilungsprobleme" auf? Worin bestehen die bei uns anfallenden Kosten, wenn Handelsschranken abgebaut werden?
5. Wie kann gesichert werden, dass die Strukturpolitik mit ihren Maßnahmen veraltete, konkurrenzunfähig gewordene Strukturen nicht konserviert, sondern die Anpassung der Unternehmen an veränderte Markt- und Wettbewerbsbedingungen unterstützt? Formulieren Sie entsprechende Regeln, die opportunistisches oder willkürliches ad-hoc-Verhalten der Politik eingrenzen.
6. Erläutern Sie den Zusammenhang, den der Autor in M 72 herstellt, zwischen den „Basissätzen der politischen Ökonomie" und der „Gefahr der Strukturkonservierung". Prüfen Sie, ob die von der OECD vorgeschlagenen Maßnahmen Strukturkonservierung verhindern könnten.

Wie die politische Ökonomie Strukturkonservierung erklärt

M 72

Natürlich wollen auch Politiker keine Strukturkonservierung; sie sind sich über die gesamtwirtschaftlich nachteiligen Konsequenzen durchaus im klaren. Sie fordern daher – genau
5 wie die Wissenschaft –, dass Anpassungshilfen „zeitlich begrenzt" und „degressiv gestaffelt" zu gewähren seien. Wie ist aber zu erklären, dass der prozentuale Anteil der Subventionen an den Steuereinnahmen in den 90er-Jahren über
10 dem der 50er- und 60er-Jahre liegt? Basissätze der politischen Ökonomie klären hier auf:
 1. Das Strukturproblem muss merklich und bedeutend, d. h. das Stimmverhalten der betroffenen Bürger muss u. U. wahlentschei-
15 dend sein;
 2. die (politische) Öffentlichkeit muss mobilisiert werden können – durch Gewerkschaften, Verbände, Kirchen und regionale Politiker;
20 3. die „Großen" müssen sich hinter den „Kleinen" verstecken können (wie z. B. in der Landwirtschaft);
 4. die tatsächlichen Kosten müssen sich verschleiern oder „verniedlichen" lassen (wie
25 z. B. der „Kohlepfennig" auf den Stromrechnungen der Verbraucher);
 5. Partialinteressen müssen sich gesamtwirtschaftlicher Argumente bedienen können – so wie das Produzenteninteresse im Berg-
30 bau auf die Notwendigkeit der Versorgungssicherheit pocht.

Da Anpassungsinterventionen [...] den Anpassungsdruck mindern, womöglich sogar eine (über-)durchschnittliche Rendite sichern, forcieren sie eben nicht mehr den „geordneten 35 Rückzug", sondern konservieren geradezu überholte Strukturen. Wenn die aufgezählten Interventionsgründe weiterhin Gültigkeit haben, laufen Subventionen nicht aus, sondern werden verlängert. 40

Werden Strukturwandlungen als der sozialen Abfederung bedürftig empfunden, so müsste von vornherein ein Ansatz gewählt werden, der mit einem höheren Maß an Wahrscheinlichkeit Strukturkonservierung verhin- 45 dert. Eine internationale Arbeitsgruppe bei der OECD (1983) hat Elemente einer „positiven Anpassungspolitik" entwickelt, deren Beachtung hilfreich sein könnte:
 1. Eine klare Ursachenanalyse (Schwachstel- 50 lenanalyse) und zugleich eine darauf aufbauende Vorausschau, die am besten von Unternehmensberatungsfirmen erstellt werden;
 2. Ein detaillierter Sanierungsplan, der von 55 Politik, Gewerkschaften und Unternehmen als verbindlich akzeptiert wird;
 3. Hereinnahme privaten Risikokapitals (zu mindestens 50 %) als Test für die Glaubwürdigkeit des Sanierungsplanes; 60
 4. Offenlegung der Kosten für den Steuerzahler.

J. Starbatty: Strukturpolitik im Konzept der Sozialen Marktwirtschaft. S. 3; o. J./zitiert nach: www.uni-tuebingen.de/uni/w04/bibliothek/DiskBeitraege/153.pdf.

Vorausschauende Gestaltung: Innovationspolitik

Die Strukturpolitik agiert im Prinzip in zwei Richtungen: Auf der einen Seite ist sie „rückwärts gewandt", d. h. auf die Erhaltung traditioneller, nicht mehr konkurrenzfähiger Branchen ausgerichtet. Auf der anderen Seite ist sie zukunftsorientiert – dann firmiert sie als Technologie- und Innovationspolitik. Der Staat betätigt sich in diesem Bereich als „Geburtshelfer" für innovative Basis-Technologien (z. B. Mikroelektronik, Bio- und Gentechnologie), für neue Produktlinien (z. B. Airbus, Magnetschwebebahn) und für die Öffnung neuer Märkte insbesondere in solchen Segmenten, die als „zukunftsträchtig" ausgemacht werden.

M 73 — Forschungs- und Technologiepolitik zwischen Marktversagen und Staatsversagen

Ein öffentliches Engagement in der Forschung und Entwicklung (FuE) ist dann zu rechtfertigen, wenn mit einem Marktversagen bei rein privatwirtschaftlichen Aktivitäten zu rechnen ist. Für den Bereich Forschung ist das zumindest teilweise zu erwarten. Grundlagenforschung mündet zwar nicht unmittelbar in die Entwicklung marktfähiger Produkte, erhöht aber die gesamtwirtschaftliche Wissensbasis. [...] Ein Unternehmen, das Geld für Forschung und Entwicklung aufwendet, zieht aber nur seinen eigenen Nutzen mit ins Kalkül und nicht den gesamtwirtschaftlichen Ertrag der Wissensvermehrung. [...] Dabei käme es bei einer ausschließlich privatwirtschaftlich organisierten Grundlagenforschung zu keinem optimalen Forschungsniveau. Auch in der angewandten Forschung, die unmittelbar auf die Produkt- und Prozessinnovationen abzielt, kann es zu Marktversagen kommen. [...] Es ist nicht mit Sicherheit klar, ob eine gewünschte Forschungsaktivität auch zu der gewünschten Innovation führt. Ist der Unternehmer risikoscheu, dann kann dies die Forschungsaktivitäten dämpfen. Ebenso negativ kann sich ein unvollkommener Kapitalmarkt auswirken, auf dem Unternehmer nicht den für die FuE-Aktivitäten notwendigen Kapitalbedarf decken können. [...] Allerdings gibt es auch Probleme [bei der staatlichen FuE-Politik]. Die öffentliche Finanzierung hat zur Folge, dass Bürokraten und Politiker entscheiden müssen, welche Forschungsprojekte lohnend oder nicht vielversprechend einzustufen sind. Wegen der Marktferne dieser Entscheidungsträger kann es durchaus zu erheblichen Fehlentscheidungen kommen (Gefahr des Staatsversagens anstelle des Marktversagens). Der Wettbewerb zwischen privaten Akteuren als sinnvollem Entdeckungsmechanismus wird bei der Verstaatlichung der Forschung nämlich ausgeschaltet.

H. Buscher u. a.: Wirtschaft heute. Lizenzausgabe für die Bundeszentrale für politische Bildung. Bonn 2002 (4), S. 144. © F.A. Brockhaus A.G. und Bibliographisches Institut. Mannheim

M 74a — Förderung von Basistechnologien der Informations- und Kommunikationstechnik durch das Bundesministerium für Wirtschaft und Arbeit (BMWA)

Förderart: Zuschuss
Förderbereich: Forschung und Entwicklung

Ziel und Gegenstand

Die Entwicklung der Informationstechnik ist gekennzeichnet durch rasche Innovationszyklen bei der Nutzung bestehender und der Entwicklung grundlegend neuer Technologien. Zentrales Ziel dieses Förderbereichs ist die Erforschung und Entwicklung von Basistechnologien und deren Umsetzung in innovative Systementwicklungen.

Antragsberechtigte

Anträge können von Unternehmen, Hochschulen und außeruniversitären Forschungseinrichtungen gestellt werden.

Die Antragsteller müssen über die notwendige fachliche Qualifikation und eine ausreichende Kapazität zur Durchführung ihres Vorhabens verfügen.

Förderbereiche

- **Innovative optische Kommunikationsnetze**
  Erarbeitung von Technologien für Transport, Vermittlung, Verarbeitung und Speicherung von Information mit optischen und optoelektronischen Mitteln. Anwendungsbereiche: neuartige, breitbandige optische Systeme und Netzinfrastrukturen der Informations- und Kommunikationstechnik.

- **Mobile Kommunikationssysteme**
  Entwicklung breitbandiger Mobilkommunikationssysteme, die zu jeder Zeit und an jedem Ort den Zugriff auf multimediale Dienste (z. B. Internet, Videokonferenz) zulassen, Erschließung dieser neuen digitalen Mobilfunkdienste durch neuartige Systemkonzepte und durch Schlüsselkomponenten in Form monolithischer Mikrowellenschaltkreise für höchste Frequenzen und geringe Verlustleistung.

- **Displaytechnik**
  Entwicklung von Flachdisplays (z. B. flexible Flüssigkristall-Displays oder Elektrolumineszenz-Technologie auf Polymerbasis) mit allen dazu notwendigen technologischen Schritten; Schaffung von Chancen in schnell wachsenden Anwendungsfeldern durch neuartige, Visualisierungsprinzipien.

- **Neue Technologiefelder**
  Erschließung des Potenzials der Halbleiter mit großem Bandabstand wie den Gruppe-III-Nitriden, den II-VI-Verbindungen sowie den Siliziumkarbiden für Optolektronik und Hochleistungselektronik. Entwicklung neuer Quantenstruktursysteme beim Übergang auf zwei-, ein- und nulldimensionale Strukturen zur Erzielung erheblicher Fortschritte hinsichtlich Integrationsdichte, Energieverbrauch und Fertigungskosten.

http://db.bmwi.de/bmwidb/lpext.dll?f=templates&fn=altmain.htm

Innovationsförderung und Technologietransfer durch das Bundesministerium für Bildung und Forschung (BMBF)

- *Erfinder- und Patentförderung:*
Gefördert werden Maßnahmen, die auf eine verstärkte schutzrechtliche Sicherung und bessere Verwertung von Erfindungen gerichtet sind. Weiteres Ziel ist ein erfinder- und patentfreundlicheres Klima in der Öffentlichkeit.
- *Existenzgründer aus Hochschulen – EXIST*
Das Programm „EXIST – Existenzgründer aus Hochschulen" fördert innovative Unternehmensgründungen. EXIST richtet sich an Hochschulen, die mit externen Partnern aus Wirtschaft und Forschung regional zusammenarbeiten.
- *Chancengleichheit für Frauen in Bildung und Forschung:*
Gefördert werden strategische Maßnahmen sowie der Aufbau von Strukturen zur Durchsetzung von Chancengleichheit für Frauen in Bildung und Forschung.

www.bmbf.de/623.html

Arbeitsaufträge

1. Recherchieren Sie, wie hoch die öffentliche Förderung von Forschung und Entwicklung in Deutschland im letzten Jahr ausgefallen ist.
2. Wie Sie an den Quellenhinweisen zu M 74a) und b) sehen können, handelt es sich hier um Mitteilungen von Bundesministerien. Auf den angegebenen Internet-Seiten des BMWA und des BMBF finden Sie weitere Informationen zur Innovationspolitik bzw. zur Förderung von „Zukunftstechnologien". Können Sie Unterschiede zwischen den Förderansätzen des BMWA und des BMBF entdecken?
3. Gibt es in Ihrem Bundesland auch eine Technologie- und Innovationsförderung? Wie sieht es hier mit der Förderung von Existenzgründern (Unternehmensgründungen) aus?
4. Was wird eigentlich genau gefördert, wenn ein Ministerium „Innovationsförderung" betreibt? Formulieren Sie zunächst schriftlich Ihre Überlegungen und vergleichen Sie die Ergebnisse dann in der Gruppe.
5. Woher weiß ein Ministerium, welche Forschungsrichtungen „zukunftsträchtig" und damit förderungswürdig sind – und welche nicht? Gibt es Forschungsrichtungen, die Sie persönlich sehr wichtig finden, die in den Förderprogrammen von BMWA und BMBF jedoch fehlen?
6. Diskutieren Sie das Pro und Kontra staatlicher Innovationspolitik und nehmen Sie dann Stellung zu folgenden Kritikpunkten:
    a) Kritiker der staatlichen Innovationspolitik beanstanden, dass der Staat sich hier in Marktprozesse einmischt. Forschung und Entwicklung seien ureigene Aufgaben der Unternehmen und die Unternehmen müssten selbst darüber entscheiden, in welche Technologien und Innovationsprojekte sie investieren.
    b) Staatliche Förderung muss versuchen, die erfolgreichen Innovationen herauszufiltern („picking the winners"). Müssen ausgerechnet diese Projekte, die sich letztlich am Markt durchsetzen können, staatlich gefördert werden?

Die Bedeutung von Schlüssel- und Spitzentechnologien

Wenn es also darum geht, mithilfe neuer Technologien Arbeitsplätze zu erhalten und neue zu schaffen, drängen sich drei Schlussfolgerungen geradezu auf:
I. Eine hohe Produktivität im industriellen Bereich schafft die Voraussetzung dafür, dass der beschäftigungsintensive private Dienstleistungssektor wachsen kann. Nicht viel, sondern wenig technischer Fortschritt gefährdet in den Unternehmen die Qualität und die Absatzfähigkeit der Produkte. Investitionen in Humankapital sind eine Vo-

raussetzung für Produktinnovationen. Intelligente und hochtechnologie-intensive Produkte, die nur mit qualifizierten Arbeitskräften erstellt werden können, sichern Wettbewerbsfähigkeit und damit Arbeitsplätze. Die jahrzehntelange Subventionierung des Primärbereichs verschlingt nicht nur Aberhunderte von Milliarden, die durch Besteuerung wettbewerbsfähiger Arbeitsplätze erwirtschaftet werden müssen, sondern sie gefährdet letztlich die Wettbewerbsfähigkeit der gesamten Volkswirtschaft. Zukunftsarbeitsplätze werden aufs Spiel gesetzt.

2. Wenn Deutschland langfristig von dem Arbeitsplatzzuwachs profitieren will, den Schlüsseltechnologien trotz aller Rationalisierungswirkungen im Saldo bescheren, dann müssen Wirtschaft und Staat der Weiterentwicklung von Basistechnologien einen neuen, weitaus höheren Stellenwert einräumen. Dabei braucht niemand mit Förderungsstangen im Forschungsnebel herumzustochern, sondern die Felder sind schon abgesteckt, auf denen heute und morgen erfolgreich für den Weltmarkt produziert werden kann:
   – Mikroelektronik, Informations- und Kommunikationstechnik, Multimedia,
   – Bio- und Gentechnik,
   – Nanoelektronik,
   – Optoelektronik,
   – neue Werkstoffe,
   – Hochtemperatur-Supraleitung,
   – neue Energien, Solarenergie,
   – Luft- und Raumfahrt.

3. Deutschland hat durchaus zu Recht den Ruf, ein großes Erfinderland zu sein. Auch in diesem Jahrhundert sind beispielsweise Telefax, Computer, Kreiskolbenmotor, elektronischer Uhrenantrieb, Video 2000, Mikroprozessoren, Compact Disc oder das Anti-Tumormittel Interferon von deutschen Erfindern oder Unternehmen entwickelt worden. In Produkte umgesetzt und erfolgreich vermarktet wurden alle genannten deutschen Erfindungen in den USA oder Japan.

iwd (Informationsdienst des Instituts der deutschen Wirtschaft) Nr. 1 vom 27. Februar 1997, S. 3

Arbeitsaufträge

1. Nach Auffassung des Instituts der deutschen Wirtschaft (M 75) gibt es „gute" und „schlechte" Subventionen. Vergleichen Sie die Argumente zu den „guten" Subventionen mit denen zu den „schlechten". Überzeugt Sie diese Argumentation? Begründen Sie Ihre Position.

2. Wie wird in diesem Text dem Einwand der Kritiker begegnet, dass der Staat nicht wissen könne, welche Technologien „zukunftsträchtig" sind?

3. Angenommen, es läge klar zutage (wie im Text behauptet), welches die Felder sind, auf denen in Zukunft die Musik spielt. Dann liegt auch nahe, dass alle (hoch entwickelten) Staaten die gleichen Forschungsfelder und Hochtechnologien fördern. Welche Folgeprobleme könnten sich daraus ergeben?

4. In Deutschland werden viele Erfindungen gemacht, doch in neue Produkte und Märkte umgesetzt werden diese Erfindungen anderswo. Woran liegt das? (Sammeln Sie die Ursachen an der Tafel.) Überlegen Sie auch, wie man diese „Innovationsschwäche" überwinden könnte. An welchen Adressaten richtet sich dieser Punkt 3 der Stellungnahme des Instituts der deutschen Wirtschaft? (M 75)

5. Normalerweise würde man erwarten, dass neue Technologien der Rationalisierung dienen: Arbeitsplätze werden also „wegrationalisiert". Der Text behauptet dagegen, neue Technologien könnten helfen, Arbeitsplätze zu erhalten „und neue zu schaffen". Fassen Sie die Begründung für diese Position zusammen, diskutieren Sie die vorgebrachten Argumente und formulieren Sie abschließend schriftlich Ihre eigenen Schlussfolgerungen: Sind neue Technologien nun nützlich oder schädlich für die Arbeitsplätze?

3.16 Workshop: Besuch eines Innovations- und Technologiezentrums

Themenstellung und Zielsetzung des Projekts

Innovations- und Technologiezentren gibt es inzwischen in allen Bundesländern. Ziel dieser Einrichtungen ist die Förderung von Unternehmensgründungen und jungen Unternehmen, die neue Technologien nutzen und technologische Innovationen zur Marktreife entwickeln wollen. In solchen Zentren bekommen innovative Unternehmen Unterstützung durch günstige Gewerbeflächen, eine gemeinsame Büroinfrastruktur sowie durch intensive Beratung und Informationsaustausch untereinander. Insbesondere können die „Jung-Unternehmen" dabei von Kontakten zu Hochschulen und Forschungseinrichtungen im Einzugsgebiet dieser Zentren profitieren.

Ziel des Besuchs eines Innovations- und Technologiezentrums ist es, die Arbeitsweise solcher „Transfer-Einrichtungen" kennen zu lernen und am Beispiel ausgewählter Unternehmen aus solchen Zentren etwas über deren Erfahrungen, Erfolge und Probleme zu erfahren.

Innovationszentren im Ruhrgebiet

Hinweise zur Durchführung

1. Verschaffen Sie sich zunächst einen Überblick über Innovations- und Technologiezentren in Ihrem Bundesland und in Ihrer Umgebung. Am günstigsten ist hier der Einstieg über das Internet: Für NRW z. B. über http://www.tgz-nrw.de/ (Verein „Technologie- und Gründerzentren Nordrhein-Westfalen e. V.").
   Ähnliche Einrichtungen gibt es auch in anderen Bundesländern, z. B.
   - Baden-Württemberg: Technologie- und Gründerzentren in Baden-Württemberg unter http://www.technologiezentren.com/
   - Niedersachsen: Virtuelle Technologie-Centren Niedersachsen unter http://www.vtn.de/ etc.
2. Erkundigen Sie sich nach den Besuchsmöglichkeiten und nach Terminen. Sprechen Sie ein auf Ihre Interessen abgestimmtes Besuchsprogramm ab.
3. Entwickeln Sie einen Fragekatalog für Ihre Gespräche und Diskussionen während Ihres Besuchs. Was wollen Sie dort in Erfahrung bringen? Welche Gesprächspartner brauchen Sie dafür?
4. Werten Sie Ihren Besuch in geeigneter Form aus. Sie können z. B. arbeitsteilig einen Erfahrungsbericht zusammenstellen, mit Materialien von Ihrem Besuch, den Antworten, die Sie auf Ihre Fragen bekommen haben und persönlichen Stellungnahmen der Besuchergruppe. Ist jemandem aus Ihrer Gruppe eine „zündende Idee" für eine eventuelle „Existenzgründung" gekommen?

4. Umweltpolitik

Abbildung: Imagebank

4.1 Das Verhältnis von Ökonomie und Ökologie

Unser Produzieren und Konsumieren schädigt die Umwelt

Das Wirtschaftsleben vollzieht sich nicht nur in einem gesellschaftlichen Umfeld, sondern auch in einem natürlichen Raum. Natur und Umwelt sind Grundlage und Voraussetzung des Wirtschaftens. Zu einem (öffentlich diskutierten) „Umweltproblem" sind Produktion und Konsum geworden, seit die Auswirkungen des Stoffaustausches mit der Natur negativ – teilweise katastrophal – auf den Menschen zurückschlagen und seine Wohlfahrt mindern. Man muss deswegen die wirtschaftlichen Aktivitäten, insbesondere Produktion und Konsum, Verkehr und Energiewirtschaft, auch unter dem Gesichtspunkt ihrer Auswirkungen auf die natürliche Umwelt betrachten.

Wechselbeziehungen zwischen Wirtschaft und Umwelt

M 1

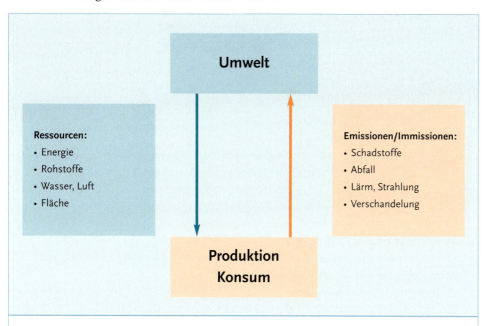

Erläuterung: Aus der Natur beziehen wirtschaftende Menschen Rohstoffe (die Ressourcen des Bodens, des Wassers und der Luft), sie nutzen die Natur als Standort und Energiequelle, und geben an die natürliche Umwelt die (Abfall-)Produkte ihres Wirtschaftens in der Form von Emissionen und Immissionen wieder zurück.

Ökonomie und Ökologie – ein Nutzungskonflikt?

M 2

Die Funktionen der Umwelt werden durch die zunehmenden ökologischen Schädigungen gegenwärtig immer mehr beeinträchtigt, sodass ein Nutzungskonflikt entstanden ist.
Grundsätzlich ist davon auszugehen, dass der Konflikt zwischen Ökonomie und Ökologie im Kern nicht zu lösen ist:
– Einerseits ist menschliches Wirtschaften immer mit Eingriffen in die Natur verbunden und sind Umweltschädigungen in letzter Konsequenz nicht zu vermeiden.
– Andererseits können wir auf wirtschaftliches Handeln nicht verzichten, weil wir nur auf dieser Basis unsere Existenz sichern.

F. J. Kaiser/V. Brettschneider (Hg.): Volkswirtschaftslehre. Berlin, 2002, S. 362

M 3 Emissionen, Immissionen, Schäden

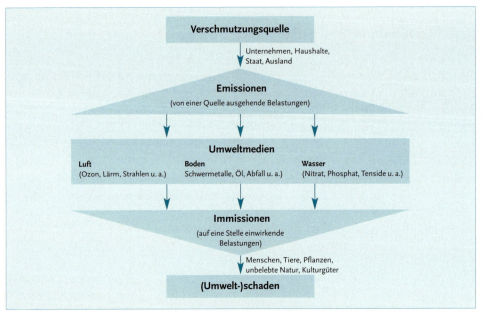

H. Bartling/F. Luzius: *Grundzüge der Volkswirtschaftslehre.* München, 2000, S. 128

Arbeitsaufträge

1. Konkretisieren Sie anhand von Beispielen aus Ihrem Erfahrungsbereich, in welcher Weise unsere Formen der Produktion, der Konsumtion, des Energieverbrauchs, des Verkehrs etc. die Umwelt schädigen (M 1, M 3). Jede Gruppe wählt eine dieser wirtschaftlichen Aktivitäten aus und führt dazu eine Spinnwebanalyse durch. Notieren Sie auf einem großen Blatt Papier in der Mitte das Thema. Ordnen Sie nun die Ursachen und Folgen erster Ordnung in kleineren Kreisen um die Mitte an, gehen Sie danach zu den Ursachen (und Folgen) zweiter Ordnung über usw. Greifen Sie dabei auch auf Ihre Kenntnisse aus anderen Fachunterrichtszusammenhängen zurück.
2. In der zweiten Phase stellen die Gruppen ihre Ergebnisse den anderen vor. Bestehen Wechselbeziehungen zwischen den einzelnen Bereichen? Gibt es Ergänzungen?
3. In der dritten Phase kann eine Synthese versucht werden: Wie werden individuelle Lebensqualität und gesellschaftliche Wohlfahrt durch die ökologischen Folgen der Ökonomie gemindert?
   Erörtern Sie zur Auswertung Ihrer Untersuchung vertiefend:
   a) Bestätigt Ihre Untersuchung die These, dass der Konflikt zwischen Ökonomie und Ökologie nicht zu lösen sei (M 2)? Wenn ja: Sehen Sie dennoch Handlungsoptionen, durch die dieser Konflikt zumindest entschärft werden könnte? Formulieren Sie begründete Vorschläge.
   b) Umweltprobleme haben eine lokale (z. B. Wegwerfen von Abfällen auf der Straße), eine nationale (z. B. staatliche Umweltpolitik) und eine internationale Dimension (z. B. globale Klimaerwärmung). Ermitteln Sie die räumlichen Dimensionen des von Ihnen untersuchten Umweltproblems.
   c) Sind die von Ihnen festgestellten Umweltfolgen typisch für unser Wirtschaftssystem, typisch für die Industriegesellschaft oder typisch für Wohlstandsgesellschaften mit Massenproduktion und Massenkonsum?

Umweltgüter: einst frei, nun knapp?

Umweltgüter (z. B. reines Wasser, saubere Luft, gesunder Wald) waren einmal „freie Güter", für die kein Preis gezahlt werden musste, da sie im Überfluss vorhanden waren. Dies hat sich im
5 Laufe der wirtschaftlichen Entwicklung grundlegend geändert. Viele dieser Güter gehören heute de facto zu den „knappen Gütern". Dennoch ist es bisher nicht gelungen, für ihre Inanspruchnahme ein angemessenes, umfassendes
10 Bewertungssystem (z. B. Preissystem, ökologische Steuerreform) zu entwickeln. So fehlen vielfach die ökonomischen Anreize, sparsam und verantwortungsbewusst mit den Umweltressourcen umzugehen.
15 Das erreichte enorme Ausmaß an Umweltschäden ist aus volkswirtschaftlicher Sicht nicht zuletzt auch die Folge von Fehlallokationen*, die sich infolge negativer externer Effekte ergeben: Ein Teil der Kosten, die bei Produktion bzw. Konsumtion auftreten, werden nicht
20 durch den Verursacher (Unternehmen bzw. private Haushalte) getragen, sondern der Allgemeinheit auferlegt. Diese Diskrepanz zwischen privaten und sozialen Kosten verhindert, dass der Marktmechanismus zu einer effizienten Al-
25 lokation* führen kann. Umweltpolitik muss demzufolge als eine genuine Staatsaufgabe betrachtet werden. Dabei geht es einerseits um die Vermeidung von Fehlallokationen (infolge fehlender Marktdaten) der knappen Umwelt-
30 güter durch die Schaffung politischer Rahmenbedingungen (ökonomische Aufgabe) und andererseits um den Schutz der natürlichen Grundlagen menschlichen Lebens schlechthin (verfassungsrechtliche Aufgabe).
35

W. Koch/C. Czogalla: Grundlagen und Probleme der Wirtschaftspolitik. Köln, 1999, S. 522

M 4

Arbeitsaufträge

1. „Was vielen gehört, wird mit geringer Sorgfalt behandelt, da jeder vorzugsweise eher auf sein privates Eigentum achtet als auf das Gemeinschaftseigentum." (Aristoteles, griechischer Philosoph.) Stimmen Sie dieser Aussage zu? Begründen Sie Ihre Meinung. Welchen Einfluss hat z. B. die Lehrmittelfreiheit (oder deren Abschaffung) auf den Gebrauch der „Ressource Schulbuch" durch Schülerinnen und Schüler?
2. Wenn ein Gut „knapp" ist, spricht man von einem ökonomischen Gut, das bewirtschaftet werden muss. Beschreiben Sie, was mit der Aussage gemeint ist, ein Gut sei „knapp". Auf welche Relation kommt es dabei an? (Vgl. dazu auch das Thema in Kursthemen Sozialwissenschaften: „Wirtschaft-Politik-Gesellschaft"/11. Schuljahr, S. 53 ff.)
3. Eine Form der „Bewirtschaftung" besteht darin, Güter mit Preisen zu versehen und die Nutzung des Gutes von der Entrichtung dieses Preises, also von einer Zahlung abhängig zu machen. Zeigen Sie, wie ein Gut mit den Instrumenten „Preise" und „Zahlungen" bewirtschaftet werden kann, indem nur die zahlungsfähigen und -willigen Nutzer zugelassen werden, andere (potenzielle) Nutzer aber ausgeschlossen bleiben.
4. Sauberes Wasser ist heute ein knappes Gut, so wie auch saubere Luft ein knappes Gut ist. Warum hat Wasser (bei uns) einen Preis, Luft dagegen nicht?
5. Im Text M 4 wird gesagt, für Umweltgüter müsse ein „Bewertungssystem" entwickelt werden. Warum ist das bei vielen Umweltgütern schwierig? Sie finden Zugang zu einer Antwort, wenn Sie überlegen, wie sich ein Bewertungssystem für andere (normale) Güter ergibt, z. B. für Autos oder Nachhilfestunden.
5. Beschreiben Sie anhand eines Beispiels, wie man eine „effiziente Allokation" knapper Güter von einer „Fehlallokation" unterscheiden kann. Worin besteht die „Fehlallokation" bei den Umweltgütern Luft und Wasser?
6. Wie wird in diesem Text begründet, dass Umweltpolitik eine Staatsaufgabe sei? (Vergleichen Sie hierzu nochmals die Ausführungen zum „Marktversagen" in M 8, S. 13.) Stimmen Sie der in M 4 gegebenen Begründung zu? Stellen Sie fest, ob das Grundgesetz entsprechende Bestimmungen enthält.

M 5a Umweltprobleme als externe Effekte?

Unter *externen Effekten* versteht man diejenigen Wirkungen, die von den ökonomischen Aktivitäten (Produktion oder Konsum) der Wirtschaftssubjekte (Unternehmen oder Konsumenten) ausgehen und die wirtschaftliche Situation anderer Wirtschaftssubjekte positiv (Nutzen- oder Gewinnsteigerung) oder negativ (Nutzen- oder Gewinnminderung) beeinflussen. Bei externen Effekten handelt es sich also um Wirkungen, die *nicht über das Preissystem erfasst* werden. Von besonderer Bedeutung für die Umweltpolitik sind die negativen externen Effekte („externe Kosten"). [...] Die Folge des Versagens des Preismechanismus bei externen Effekten ist eine *Fehlallokation der Produktionsfaktoren* (einschließlich des Faktors natürliche Umwelt). Es müsste allgemein sichergestellt werden, dass der Emittent bei seinen Entscheidungen auch die externen Kosten berücksichtigt. Nur so kann ein volkswirtschaftliches Optimum erreicht werden. Das Anlasten der externen Kosten auf den Verursacher bezeichnet man als „*Internalisierung der externen Effekte*".

G. Mussel/J. Pätzold: *Grundfragen der Wirtschaftspolitik.* München, 1998, S. 213

M 5b Beispiele für externe Effekte

Ein Kohlekraftwerk verursacht Luftverschmutzung, durch die der Gesellschaft Kosten entstehen. Die umliegende Natur wird geschädigt, Anwohner leiden unter Atemwegserkrankungen, Gebäude benötigen häufiger einen Anstrich. Diese sozialen Kosten werden im Gewinnmaximierungsansatz des Unternehmens nicht berücksichtigt, da sie außerhalb des Unternehmens anfallen. Müsste das Unternehmen für diese externen Kosten aufkommen, [...] wäre der Preis des erzeugten Stromes entsprechend höher. Die nachgefragte Menge wäre geringer. Der Marktpreis entspricht hier also nicht den tatsächlich entstandenen [...] Kosten. Im Marktgleichgewicht werden die Ressourcen der Gesellschaft nicht im gesamtwirtschaftlich optimalen Sinne eingesetzt, es herrscht keine optimale Allokation. Auf der anderen Seite kann es auch sein, dass der Marktpreis die sozialen Nutzenelemente des Gutes nicht vollständig abbildet. Ein Beispiel zu diesen positiven externen Effekten ist die Bienenzucht eines Imkers. Die Bienen erhöhen den Ertrag der umliegenden Obstgärten. Diesen zusätzlichen Nutzen kann der Imker jedoch nicht in Rechnung stellen.

H. Buscher u. a.: *Wie funktioniert das? Wirtschaft heute.* Mannheim, 1999, S. 72 f.

M 5c Wirkung negativer externer Effekte auf das gesamtwirtschaftliche Optimum

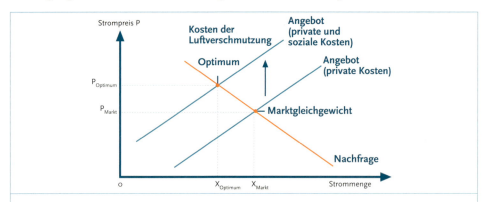

Erläuterung: Durch negative externe Effekte bei der Stromproduktion (Luftverschmutzung) ist die gesamtwirtschaftlich optimale Strommenge geringer als die Strommenge im Marktgleichgewicht.; der gesamtwirtschaftlich optimale Strompreis liegt über dem Strompreis im Marktgleichgewicht. Die gesamtwirtschaftlich optimale Preis-Mengen-Kombination berücksichtigt die Kosten der Luftverschmutzung.

H. Buscher u. a.: *Wie funktioniert das? Wirtschaft heute. Bibliografisches Institut,* Mannheim, 1999, S. 73

Wer trägt die Kosten?

Zur Lösung von Umweltproblemen gibt es zwei prinzipielle wirtschaftspolitische Ansätze: Im einen Fall muss der Umweltverschmutzer für die Schäden aufkommen (Verursacherprinzip) und im anderen Fall trägt die Allgemeinheit die Kosten für deren Beseitigung. [...] Das Verursacherprinzip ist nicht nur intuitiv plausibler und entspricht einer weit verbreiteten Gerechtigkeitsvorstellung, ihr kommt auch in Umweltökonomie und Umweltpolitik die Bedeutung einer Leitidee zu. Beispiele für Regelungen im Sinne des Verursacherprinzips sind Obergrenzen für den Schadstoffausstoß und Steuern auf Schadstoffemissionen. Hierdurch werden Verursacher veranlasst, ihr umweltschädigendes Verhalten einzuschränken. Das Gemeinlastprinzip findet vor allem dann als ergänzende Regel Anwendung, wenn der Verursacher nicht mehr ermittelbar oder zahlungsunfähig ist, z. B. bei kontaminierten Produktionsflächen eines in Konkurs gegangenen Unternehmens. Das Gemeinlastprinzip wird aber auch im Rahmen staatlicher Subventionen und z. B. bei der Errichtung von Lärmschutzwänden oder öffentlichen Kläranlagen angewendet.

H. Buscher u. a.: Wie funktioniert das? Wirtschaft heute. Mannheim, 1999, S. 158

M 6

Arbeitsaufträge

1. In den folgenden Texten ist häufiger von externen Effekten, externen Kosten und externen Nutzen die Rede. Deswegen wäre es nützlich, wenn Sie sich an konkreten Beispielen verdeutlichen würden, was damit gemeint ist. Klären Sie zunächst, wie die Begriffe „externe Effekte" und „externe Kosten" definiert werden. Ziehen Sie Lexika und das Internet dazu heran. Vergleichen Sie auch die Definitionen in M 4 und M 5.
2. Sammeln Sie Beispiele (z. B. in der Form von Zeitungs- und Zeitschriftenausrissen) für negative und für positive „externe Effekte" aus Produktion, Konsumtion, Verkehr etc. und ordnen Sie Ihre Beispiele in geeigneter Weise.
Fügen Sie Ihren Beispielen auch Kommentare darüber hinzu, wer jeweils die Kosten trägt bzw. wer in den Genuss externer Nutzen kommt.
3. Wenn Sie bei Ihrer Recherche auf die Kompensation externer Effekte stoßen – z. B. Ausgleichszahlungen –, dann legen Sie dafür eine eigene Übersicht an und systematisieren Sie auch diese Kompensationsformen. (M 6)
4. Testen Sie mithilfe der folgenden Aufgabe, ob Sie die zentralen Begriffe dieses Teilkapitels verstanden haben:
Umweltschützende Individuen, die beispielsweise auf ihren Pkw verzichten und dafür die Nachteile des ÖPNV in Kauf nehmen, erhalten dafür keine marktgerechte Belohnung. Umgekehrt werden Pkw-Fahrer nicht kostenadäquat zur Kasse gebeten.
Kommentieren Sie diesen Tatbestand aus umweltökonomischer Sicht. Verwenden Sie Fachbegriffe (externe Effekte, Fehlallokation, Verursacherprinzip etc.)
5. Manche empfinden die ökonomisch-nüchterne Zugangsweise zur Umweltproblematik über Preise, externe Effekte etc. angesichts der akuten Bedrohung unserer Lebenswelt als zu distanziert. Geht Ihnen das auch so? Nehmen Sie zu folgender These Stellung:
„Die emotionale Perspektive rüttelt Menschen auf und macht sie handlungsbereit, die ökonomische Perspektive ist dagegen dann unverzichtbar, wenn es darum geht, Maßnahmen zu konzipieren, die eine Verbesserung der Situation herbeiführen sollen. Emotionale Empörung allein ist fruchtlos und ökonomische Argumente allein setzen keine politischen Prozesse in Gang. Politische Mehrheiten aber sind nötig, wenn umweltschützende Verbote, Grenzwerte, Ökosteuern etc. eingeführt und durchgesetzt werden sollen."
(Tipp: Achten Sie bei den folgenden Texten auch darauf, welche Perspektive die verschiedenen Autoren zur Umweltproblematik einnehmen – und wie ihre Argumentation durch ihre „Einstellung" geprägt wird.)

4.2 Was kostet die Umwelt? Über Ökopreise, Ökobilanzen und Ökokonten

Aus umweltpolitischer Sicht liegt es nahe, die Umweltschäden den Verursachern anzulasten, d. h. die Kosten zu internalisieren. Aber was kostet die Natur? Wie lassen sich die „richtigen" Preise ermitteln, die die Umweltnutzungen und -schädigungen miteinbeziehen? Eine Möglichkeit, die komplexen Umweltauswirkungen wirtschaftlicher Aktivitäten zu erfassen, sind so genannte Ökobilanzen. Produktökobilanzen bewerten z. B. systematisch alle Stoff- und Energieströme und somit alle Umwelteinwirkungen, die ein Produkt von der Herstellung über die Nutzung bis zur Entsorgung verursacht. Auch Verfahrensweisen, Technologien, Unternehmen oder Institutionen können „ökobilanziert" werden.

Das Konzept der Monetarisierung von Umweltbelastungen

M 7 **In die Preise muss die ökologische Wahrheit**

Der Verbrauch von Natur muss etwas kosten. Nicht so sehr dadurch, dass es bürokratisch mühsam ist, an den Naturverbrauch heranzukommen, wie das bei Genehmigungsverfahren der Fall ist. Eher dadurch, dass Landversiegelung, Energie, Rohstoffe, Wasser einen ökologischen Preis bekommen. Dann hat derjenige den ökonomischen Vorteil, der mit diesen wertvollen Gütern besonders sparsam umgeht. Dann entwickelt sich das Rohstoff sparende (und nicht nur das recyclingfreundliche!) Produzieren wie von selbst. Dann wird Altmetall, Glas, Plastik und Altpapier zum realen Wertstoff. Dann kommt das Flächenrecycling endlich in Gang. Und dann macht der Markt auch der Energieverschwendung ein Ende.

Ernst U. von Weizsäcker (z.Z. d. Ä. Präsident des Wuppertal-Institutes für Klima, Umwelt, Energie). In: Frankfurter Rundschau vom 31. März 1992, S. 6

M 8 **Bedeutung der Monetarisierung von Umweltbelastungen**

Die Kenntnis des Umfangs der Umweltbelastungen – wenn möglich in Geld bewertet – ist für die Umweltpolitik von entscheidender Bedeutung. Eine derartige *Monetarisierung* wäre für eine rationale Politik im Umweltbereich hilfreich, da so Entscheidungen (Wahl zwischen verschiedenen Alternativen) auf der Grundlage von Knappheitsüberlegungen objektiviert werden könnten. Ein monetärer Vergleich von Umweltschadens- und Vermeidungskosten erleichtert z. B. die Auswahl geeigneter Maßnahmen des Umweltschutzes. Auch der ökonomische Nutzen von Umweltpolitik (Umweltschutz) und ihr Beitrag zur Steigerung der gesellschaftlichen Wohlfahrt ließe sich besser nachweisen.

W. Koch/C. Czogalla: Grundlagen und Probleme der Wirtschaftspolitik. Köln, 1999, S. 532

Arbeitsaufträge

1. Eine wesentliche Quelle der Umweltschädigung ist der Autoverkehr. Seit langem wird vorgeschlagen, die „wirklichen" Kosten dieser Verkehrsform auf die Benzinpreise zu überwälzen, also z. B. durch Steuern die Benzinpreise zu verdoppeln (aus heutiger Sicht auf ca. zwei Euro pro Liter Normalbenzin).
    a) Inwieweit entspricht diese Maßnahme dem Verursacherprinzip? (M 6)
    b) Wie würden die Autoren in M7 und M8 diese Maßnahme begründen?
    c) Mit welchen Widerständen muss eine politische Partei rechnen, die ein solches Vorhaben durchsetzen will?

d) Welche (positiven und negativen) wirtschaftlichen Auswirkungen sind mit einer Verdopplung der Benzinpreise verbunden?
2. Erläutern Sie, was mit dem Konzept der „Monetarisierung" von Umweltschäden gemeint ist (M 8). Zeigen Sie den Zusammenhang zwischen diesem Konzept und dem zuvor vorgestellten Ansatz auf, die Umweltnutzung mit Preisen zu versehen. (M 7)
3. Beziehen Sie die theoretischen Ausführungen von M 8 auf das von Ihnen am Anfang des Kapitels untersuchte Umweltproblem (Spinnwebanalyse, S. 171). Wie könnte die „Monetarisierung" von Umweltschäden in diesem Beispiel konkret aussehen? Oder wären andere umweltpolitische Maßnahmen sinnvoller?
4. Erläutern Sie an Beispielen die Schwierigkeiten, die bei dem Versuch auftreten, die Kosten der Umweltschäden zu ermitteln (M 9). Im letzten Absatz von M9 wird der Begriff der „Opportunitätskosten" verwendet. Schlagen Sie in einem Wirtschaftswörterbuch nach, was dieser Begriff bedeutet und erklären Sie dann, wie er im vorliegenden Zusammenhang zu interpretieren ist.

Probleme bei der Erfassung der Kosten von Umweltbelastungen

M 9

Allerdings ist es außerordentlich schwierig, Schadensgrößen komplex zu erfassen und monetär zu bewerten. Die Kosten von Umweltbelastungen lassen sich nur unvollständig erfassen. Relativ zuverlässig messbar sind Kosten, die in Form von Schutz-, Vermeidungs- oder Beseitigungskosten (z. B. Abfallbeseitigung, Lärmschutz, Wärmeisolierung, Wasserversorgung) für ein Wirtschaftssubjekt entstehen. Problematischer ist schon die Erfassung von Gesundheitsschäden. Wie aber können Produktions-, Einkommens- oder Vermögensverluste (Opportunitätskosten) erfasst werden, die aus der Verschlechterung der Umweltqualität entstehen? Ganz zu schweigen von den allgemeinen Wohlfahrts- und Nutzeneinbußen („Lebensqualität"), wie Verringerung der Artenvielfalt oder Zerstörung von Biotopen.

W. Koch/C. Czogalla: Grundlagen und Probleme der Wirtschaftspolitik. Köln, 1999, S. 532

Produktökobilanzen

Produktökobilanz für Getränkeverpackungen

M 10

Im Bereich der Getränkeverpackungen hat das Umweltbundesamt nach entsprechenden Untersuchungen für Frischmilch und Bier die vorliegenden Ökobilanzen für Getränkeverpackungen alkoholfreier Getränke und Wein in Auftrag gegeben. [...]

Die Gesamtuntersuchung besteht aus zwei Phasen, Status-Quo-Analyse (Phase I) und Prognoseszenarien (Phase II). Der vorliegende Bericht enthält die Ergebnisse der Status-Quo-Analyse für das Bezugsjahr 1996. [...] Die Untersuchung hat folgende Zielsetzung: Zusammenstellung von Informationen über umweltrelevante Stoff- und Energieströme der in den einzelnen Getränkebereichen auf dem Markt befindlichen Verpackungssysteme auf der Grundlage repräsentativer mittlerer Rahmenbedingungen und Vergleich ihrer ökologischen Wirkungspotenziale. [...] Die Auswahl der untersuchten Verpackungssysteme erfolgte auf Basis ihrer Marktrelevanz (in der Regel mehr als 5 % Marktanteil). Die Struktur der bilanzierten Lebenswege der untersuchten Verpackungen wurde in vereinfachter Form grafisch dargestellt. Zu den Lebenswegabschnitten Abfüller und Distribution wurden umfangreiche Datenerhebungen durchgeführt. [...] Im Rahmen der Wirkungsabschätzung wurden folgende ökologische Wirkungskategorien betrachtet: [...]
- Photochemische Oxidantienbildung
- Aquatische Eutrophierung
- Terrestrische Eutrophierung
- Versauerung
- Gesundheitsschäden und gesundheitliche Beeinträchtigung des Menschen

- Schädigung und Beeinträchtigung von Ökosystemen
- Ressourcenbeanspruchung
- Naturraumbeanspruchung
- Treibhauseffekt.

[...] Die Ergebnisse der Auswertung lassen zusammengefasst folgendes Bild erkennen:

- Die bestehenden PET-Mehrwegsysteme sind gegenüber den bestehenden Glas-Mehrwegsystemen in den Getränkesegmenten Mineralwasser und CO_2-haltige Erfrischungsgetränke aus Umweltsicht vorzuziehen.
- Zwischen den bestehenden Glas-Mehrwegsystemen und Getränkekartonverpackungs-Systemen lässt sich in den Getränkesegmenten Mineralwasser, CO_2-freie Getränke und Wein mit der hier durchgeführten Bewertungsmethode kein umfassender ökologischer Vor- oder Nachteil erkennen.
- Glas-Einwegsysteme sowie Getränkedosensysteme aus Weißblech und Aluminium zeigen bei den kohlensäurehaltigen Erfrischungsgetränken gegenüber vergleichbaren Mehrwegsystemen deutliche ökologische Nachteile.
- Diese Umweltbelastungen liegen in Größenordnungen, die denen von einigen 10 000 bis einigen 100 000 Bundesbürgern verursachten entsprechen oder im Bereich um 0,1 % der Gesamtbelastung in Deutschland.

Umweltbundesamt: Zwischenbericht zum Forschungsvorhaben 296 92 504 Ökobilanz für Getränkeverpackungen Zitiert nach: www.umweltbundesamt.org/fpd-k/1883.pdf

Arbeitsaufträge

1. Informieren Sie sich über die Zielsetzungen und Verfahrensweisen von Produktökobilanzen. Sie können hierzu das vorliegende Material auswerten (M 10). Alternativ oder ergänzend können Sie auch eigene Bilanzen recherchieren (z. B. unter www.educeth.ch/search/edusearch.php?querystring=%Dökobilanz) oder eigene Produktökobilanzen errechnen, z. B. die (vereinfachte) Ökobilanz der Weissblechdose (www.educeth.ch/chemie/wbd/). Eine persönliche Kaffee-Ökobilanz können Sie unter www.educeth.ch/chemie/diverses/kaffee_oekob/index.html erstellen lassen, wobei verschiedene Zubereitungsarten, Kaffeesorten, Milch-/Rahm-Packungen und Trinkgefässe ausgewählt werden.
2. Produktökobilanzen erfassen und bewerten Umwelteinwirkungen entlang des „Lebensweges" eines Produktes (von der „Wiege bis zur Bahre") und/oder für den ökologischen Produktvergleich. Verdeutlichen Sie den möglichen Nutzen dieser Bilanzen und Vergleiche
    a) aus der Sicht der Produzenten
    b) aus der Sicht der Konsumenten
    c) aus umweltpolitischer Sicht.
3. Ein Ziel der deutschen Umweltpolitik ist die Reduktion der durch Verpackungen verursachten Umweltbelastungen. Wie beurteilen Sie das Instrument der Ökobilanz? Was leisten Ökobilanzen für eine ökologische Bewertung von Produkten? Stellen Sie auch einen Rückbezug her zum Konzept der Monetarisierung von Umweltbelastungen. (M 7 und M 8).
4. Welche Konsequenzen würden Sie als Umweltpolitiker aus dem Ergebnis der Produktökobilanz für Getränkeverpackungen (M 10) ziehen?

4.2 Was kostet die Umwelt? Über Ökopreise, Ökobilanzen und Ökokonten

Ökobilanzen für Unternehmen und Organisationen

Üblicherweise werden in Unternehmensbilanzen nur die internen Kosten erfasst, die unmittelbar in den Unternehmen anfallen und von den Unternehmen getragen werden müssen (diese Kosten werden dann auf die Käufer = Konsumenten abgewälzt). Die externen Kosten und Auswirkungen, die in der Umwelt und bei anderen anfallen, bleiben in der traditionellen Kostenrechnung und damit auch bei den Güterpreisen unberücksichtigt. Ökobilanzen versuchen dagegen auch die externen (sozialen) Kosten zu erfassen.

Stichwort: Merkmale einer Unternehmens-Ökobilanz

M 11a

Eine Ökobilanz erfasst die Stoff-, Energie- und Güterflüsse und stellt ergänzende Indikatoren für Umweltbelastungen dar (z. B. Strahlung, Lärm, Bodenversiegelung). Die aufbereiteten Informationen sollen zur ökologischen Schwachstellenanalyse einer Organisation verwendet werden können. Die Schwachstellenanalyse dient dem Ziel der dauerhaften Reduzierung von Umweltbelastungen.

Grundlage der Ökobilanz ist die Erfassung aller Stoff- und Energieflüsse. Analog zur Vorgehensweise im betrieblichen Rechnungswesen wird ein Kontenrahmen festgelegt, der in eine Input- und eine Outputseite untergliedert ist. Während unter den Inputs alle Stoff- und Energieströme erfasst werden, stellt die Outputseite alle stofflichen und energetischen Emissionen sowie die Produkte/Dienstleistungen dar.

Eine Ökobilanz umfasst vier Elemente:
- *Zieldefinition*: Welche Ziele sollen mit der Ökobilanz erreicht werden? Das zu analysierende System muss beschrieben und die Bilanzgrenzen müssen festgelegt werden.
- *Sachbilanz*: Hier werden die Massen- und Energieströme aller Wertschöpfungsprozesse unter dem Gesichtspunkt der Umweltbeeinträchtigung erfasst. Dies geschieht in Form einer Input-Output-Analyse.
- *Wirkungsbilanz*: Hier werden die gewonnenen Daten ausgewertet und unter dem Gesichtspunkt der Umweltauswirkungen beurteilt.
- *Bewertung der Sach- und Wirkungsbilanz*: Hier müssen Bewertungskriterien und Prioritäten festgelegt werden; die leitenden gesellschafts-, wirtschafts- und umweltpolitischen Ziele sollten expliziert und ökologische Optimierungsmöglichkeiten sollten dargestellt werden.

Nach den Ökobilanzen der Universitäten Augsburg und Osnabrück www.uni-augsburg.de /umwelt/okobilanz.html; www.uni-osnabrueck.de/umwelt/um/oekobilanz

Eine Brauerei wird zum Biotop

M 11b

Während der Ausstoß anderer mittelständischer Brauereien vergleichbarer Größe im vergangenen Jahr stagnierte, legte der Lammsbräu in Neumarkt in der Oberpfalz rund fünf Prozent zu. Das Geheimnis des branchenunüblichen Erfolges: Der Familienbetrieb hat sich mit einer Ökobilanzierung des Unternehmens konsequent dem Umweltschutz verschrieben und damit neue Absatzmärkte erschlossen. Das sei, so sagte Umwelt-Staatssekretär Otto Zeitler am Montag vor der Presse in München, ein neuerlicher Beweis dafür, dass mit Umweltschutz in einem Betrieb „Kosten gespart und Geschäfte gemacht werden können".

Nach Darstellung des Umweltministeriums ist die Neumarkter Brauerei bundesweit das erste Unternehmen, das sich einer „ganzheitlichen Ökobilanz" unterzogen hat. Die rund 50 000 Euro teure Untersuchung wurde vom Ministerium mit 25 000 Euro gefördert. Erstellt wurde die Ökobilanz in Zusammenarbeit mit dem Fachbereich Betriebswirtschaft der Fachhochschule Nürnberg (FH) und einem privaten Umweltberatungsinstitut. Die rund 300 Seiten umfassende Untersuchung, die unter Leitung des Betriebswirtschaftlers Professor Volker Stahlmann erstellt wurde, hatte die Aufgabe, „ökologische Schwachstellen" in dem Betrieb aufzuspüren und offenzulegen, wo etwas verändert werden muss in Richtung Umweltverträglichkeit. In der Ökobilanzierung erfasst und analysiert wurden sowohl die Rohstoffherstellung (Hopfen und Gerste aus ökologischem Landbau) als auch die Bier-Produktion selbst, die Verpackung, die Lagerung und der Transport des Bieres bis hin zur Rücknahme der Flaschen. [...] Als Folge der Ökobilanz will die Neumarkter Brauerei unter anderem ihr bisheriges Energiekonzept überdenken und verbessern, aber auch den Lkw-Fuhrpark auf Fahrzeuge mit Diesel-Kat oder Rußfilter umstellen. Auch hat es das Unternehmen nicht nur bei einer einmaligen Ökobilanz belassen, sondern ein dauerhaftes Öko-Controlling eingeführt mit der Folge, dass jetzt auch das Betriebspersonal in Sachen Umweltschutz „hochmotiviert" ist, wie Brauerei-Chef Franz Ehrnsperger versicherte.

Was haben der Betrieb, was die Verbraucher von der Ökobilanz? „Wenn wir unseren Betrieb nicht für teures Geld von der Stadtmitte an den Stadtrand umsiedeln müssen, weil wir ihn ökologisch optimiert haben, können wir eine ganze Menge Geld sparen", unterstreicht der Firmeninhaber. Andererseits kann der Verbraucher sicher sein, ein durch und durch umweltfreundliches Produkt zu bekommen, das er ohne schlechtes Gewissen konsumieren kann.

Staatssekretär Zeitler sprach denn auch von einem „zukunftsweisenden Instrument umweltorientierter Unternehmenspolitik". Solche Ökobilanzen sollten ein Unternehmen nicht an den Pranger stellen, sondern „die Augen dafür öffnen", was noch besser gemacht werden kann. Dem Umweltministerium wäre es recht, wenn die Ökobilanz der Neumarkter Brauerei bayernweit Nachahmung auch in anderen Betrieben fände. Von einer Pflicht-Auflage zur Ökobilanz hält das Ministerium hingegen nichts.

Süddeutsche Zeitung vom 25. August 1992, S. 18

Arbeitsaufträge

1. Welche Ziele verfolgt das Unternehmen dem Zeitungsbericht zufolge mit der Einführung einer Ökobilanz (M 11b)? Welche der in M11a genannten vier Teile einer Modell-Ökobilanz werden hier berücksichtigt, welche nicht? Warum nicht?
2. Beschreiben Sie die Rolle, welche die Politik bei der Einführung der Ökobilanz in diesem Unternehmen spielt. Nennen Sie auch die Ziele, die dabei vom Umweltministerium in München verfolgt werden.
3. Stellen Sie fest, welche Faktoren und Aspekte in einer ganzheitlichen Ökobilanz berücksichtigt werden – zusätzlich zu den Größen, die in traditionellen Unternehmensbilanzen erfasst sind. Vergleichen Sie Ihre Aufstellung mit den Angaben zu einer Modell-Ökobilanz in M 11a.
4. Die Ökobilanz soll – unter anderem – dazu beitragen, ökologische Schwachstellen eines Unternehmens aufzuspüren. Welche ökologischen Schwachstellen wurden im vorliegenden Fall aufgespürt? Welche nicht? (Auch hier können Sie zum Vergleich noch einmal die Modell-Ökobilanz in M 11a heranziehen.)
5. Erläutern Sie den Nutzen, den das Unternehmen aus seiner Ökobilanzierung gezogen hat. Wie sieht es mit der Kostenseite aus? Welchen Nutzen hat die Gesellschaft (z. B. die Bewohner der Stadt, die Landwirtschaft) von der Ökobilanzierung des Unternehmens?

6. In dem Bericht wird ausgeführt, dass sich das Familienunternehmen mit seiner Hinwendung zum Umweltschutz neue Absatzmärkte erschlossen habe. Können Sie in M 11b Hinweise darauf finden, um welche neuen Absatzmärkte es sich handeln könnte?
7. Angenommen, mit der Erschließung neuer Absatzmärkte wäre eine Ausweitung des Bierkonsums verbunden (und nicht etwa nur eine Verdrängung anderer Anbieter bei unverändertem Konsumniveau): Unter welchen Gesichtspunkten (außer dem ökologischen) sollte die Unternehmenspolitik dann auch noch bewertet werden?
8. In M 11a werden, wie erwähnt, vier Teile einer Modell-Ökobilanz unterschieden. Den vierten Teil – nämlich den abschließenden Schritt der Bewertung – kann man leicht überlesen. Gerade hier aber liegen besondere Schwierigkeiten. Versuchen Sie, einige der hier auftauchenden Bewertungsprobleme zu benennen. (Gehen Sie dabei noch einmal gedanklich die vier Schritte durch.) Könnte M 8, S. 174, hier helfen? Wenn ja, in welcher Hinsicht?
9. Ökobilanzierende Unternehmen können eine „Zertifizierung" nach der EG-Öko-Audit-Verordnung erhalten, d. h. eine offizielle Bestätigung eines ernsthaften „Umweltmanagements". (Informationen zum Öko-Audit z. B. über www.oekoaudit.uni-osnabrueck.de.) Welche Vorteile kann dies für die Unternehmen mit sich bringen?
10. Noch sind Ökobilanzen eine freiwillige Leistung einzelner Unternehmen. Solange es keine verbindlichen Vorschriften über die Ökobilanz gibt, kann jedes Unternehmen quasi seine eigene Ökobilanz aufmachen. Überlegen Sie, welche Gefahren damit verbunden sind.

Eine Ökobilanz für die Schule

M 12

Das Instrument einer Ökobilanz ist nicht auf Produktionsunternehmen beschränkt. Grundsätzlich kann man für eine Vielzahl von Arbeits- und Lebensbereichen Ökobilanzen aufstellen. Dies gilt für private Haushalte ebenso wie beispielsweise auch für Schulen oder Universitäten. Am Schluss dieses Teilabschnitts steht deswegen ein Projektvorschlag: Ausarbeitung einer Ökobilanz Ihrer Schule. Berücksichtigen Sie bei der Aufstellung Ihres Projektplans folgende Überlegungen:
– Wie soll der Bereich Schule definiert werden? Ist die Analogie zum Betrieb angemessen? Wie könnten Input-, Prozess- und Output-Seite einer Schule beschrieben werden?
– Welche Aktivitäten sollen in die Bilanz eingehen? Welche Beschränkungen sind notwendig bzw. sinnvoll?
– Wo könnten ökologische Schwachstellen liegen, wie kann man sie aufspüren?
– Zu welchen Aspekten werden empirische Daten benötigt? Wie können benötigte Daten (ohne Verletzung des Datenschutzes) erhoben bzw. beschafft werden?

Als Einstieg können Sie versuchen, die Daten für eine Energiebilanz (jährlicher Energieverbrauch) zu beschaffen und zu bewerten. Als Beispiele für Ökobilanzen von Dienstleistungseinrichtungen können Sie sich die im Internet verfügbaren Ökobilanzen der Universitäten Osnabrück und Augsburg ansehen: (www.uni-augsburg.de/umwelt/okobilanz.html; www.uni-osnabrueck.de/umwelt/um/oekobilanz.)

Originalbeitrag des Autors

Ein Ökokonto für Ihre Stadt?

M 13 Die Entwicklung des Flächenverbrauchs in Deutschland (1993–2001)

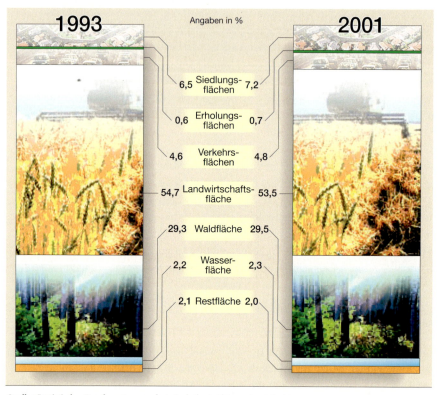

Quelle: Statistisches Bundesamt. www.destatis.de/basis/d/umw/ugrtab7.htm

Arbeitsaufträge

1. Erläutern Sie die Struktur und Entwicklung des Flächenverbrauchs in Deutschland.
2. Berechnen Sie, wie sich der Anteil der Flächen im Zeitraum zwischen 1993 und 2001 verändert hat. Schreiben Sie diese Entwicklung fort und stellen Sie fest, wie sich die Flächenverteilung im Jahr 2050 darstellen würde. (Warum?) Wäre dies eine ökologisch bedenkliche Entwicklung? Begründen Sie.

M 14 Das Konzept des Ökokontos

Nach dem Baugesetzbuch müssen Eingriffe in den Naturhaushalt durch ökologische Ausgleichsmaßnahmen kompensiert werden. Um ein Instrument für die Erfüllung dieses Auftrags in die Hand zu bekommen, verständigte sich der Tübinger Rat bereits im Sommer 1999 darauf, ein Ökokonto einzurichten, auf dem sowohl Eingriffe in die Natur wie auch die Reparatur von Schäden verbucht und miteinander verrechnet werden. Bislang fehlte aber noch ein konkretes Konzept zum Umgang mit diesem Konto [...]

Von zentraler Bedeutung ist dabei der Vorschlag zur Wertermittlung ökologischer Veränderungen: Danach bemisst sich der finanzielle Umfang von Ausgleichsmaßnahmen nach den Kosten, die eine Wiederherstellung des verlorenen Ökoguts, etwa einer überbauten Obstbaumwiese, verursachen würde [...]

Schwäbisches Tagblatt/Südwestpresse vom 27. Februar 2002, S. 20

Ökokonto mit doppelter Buchführung

Eine Gesellschaft, die auf Gedeih und Verderb auf Wachstum setzt, braucht von allem mehr, auch mehr Land. Jedes Dorf „arrondiert" seine Siedlungsfläche, jede Stadt beansprucht immer
5 neue Baugebiete. Und zwar auch dann, wenn – wie in Tübingen – die Zahl der Einwohner und Arbeitsplätze stagniert. Im Einzelfall lassen sich die unablässigen Vorstöße auf die grüne Wiese bestens begründen. In der Summe be-
10 schleunigen sie eine verheerende Entwicklung: Tag für Tag werden in Baden-Württemberg elf Hektar Felder und Wälder mit neuen Straßen, Fabriken und Wohnhäusern überbaut. Tendenz steigend: Seit 1970 hat sich die Fläche, die
15 täglich versiegelt wird, vervierfacht. Wenn das so weitergeht, wird man eines Tages zwischen Konstanz und Cuxhaven kein schöner Land mehr sehen als amorphen Siedlungsbrei. Deshalb hat sich der Gesetzgeber – noch unter der
20 Regie der christlich-liberalen Koalition – daran gemacht, den Flächenfraß wenn schon nicht zu stoppen, so doch wenigstens deutlich abzubremsen. Er schrieb 1998 im Baugesetzbuch fest, dass jeder Eingriff in die Natur eines öko-
25 logischen Ausgleichs bedarf. Im (Nachhaltigkeits-)Prinzip ist dieser Denkansatz richtig, zumindest auf den ersten Blick: Wer sich wider die Natur versündigt, muss tätige Reue zeigen. Wie man aus der Geschichte des katholischen
30 Ablasshandels jedoch weiß, lässt sich dieser Gedanke auch leicht in sein Gegenteil verkehren: Wer eifrig büßt, darf gern auch mal über die Stränge schlagen. Im Klartext: Wer davon ausgeht, dass man Umweltzerstörungen durch
35 ökologische Nachbesserungen andernorts wieder gutmachen kann, darf guten Gewissens den nächsten Eingriff planen.

Bei der praktischen Anwendung, so wie sie am Montag vom Tübinger Rat beschlossen, zeigte sich die Tücke dieses Prinzips besonders 40 deutlich. Für die monetäre Verrechnung von Eingriff und Ausgleich wird nun ein Ökokonto eröffnet. Auf dessen Habenseite darf der Kämmerer alle Ausgaben verbuchen, die – wie etwa die Renaturierung der Steinlach[1] – der Natur 45 zugute kommen. Mit diesem Polster an guten Taten kann die Stadt dann jene Schäden begleichen, die sie – etwa mit einem neuen Baugebiet – der Natur zufügt. Mal abgesehen davon, dass sich der ökologische Wert von 50 Feuchtwiesen und Trockenmauern nur schwer in Euro vergleichen lasst – das Ökokonto hat auch noch einen anderen Haken: Mit der Renaturierung der Steinlach wird doch nichts anderes wieder gutgemacht als der Schaden, 55 den man dem Flüsschen einst bei seiner Kanalisierung zugefügt hat. Es bedarf schon einer speziellen Form der doppelten Buchführung, wenn daraus zudem ein Guthaben zum Ausgleich künftiger Naturzerstörung erwachsen 60 soll!

Einen kleinen Vorteil aus umweltschützerischer Sicht bringt die Eingriffs-Ausgleichs-Bilanzierung per Ökokonto vielleicht doch: Das Bauland, so schätzen Fachleute, wird um fünf 65 bis zehn Euro pro Quadratmeter teurer. Mal sehen, ob dieser Solidarbeitrag für die Natur angesichts der Tübinger Preisspanne von 250 bis 500 Euro wider den fortschreitenden Flächenfraß ins Gewicht fällt. 70

(1) Steinlach = Flüsschen, das in Tübingen in den Neckar mündet.

Schwäbisches Tagblatt/Südwestpresse
vom 27. Februar 2002, S. 17. Autor: Sepp Wais

Arbeitsaufträge

1. Eine Möglichkeit, die Landversiegelung etwas zu bremsen, besteht darin, die Landnutzung durch zwingend vorgeschriebene „ökologische Ausgleichsmaßnahmen" zu verteuern (M 14). In M 15 wird dazu ein Fallbeispiel geschildert. Nehmen Sie an, in Ihrem Gemeinde- bzw. Stadtrat würde diskutiert, ob dem Tübinger Beispiel gefolgt werden soll. Ihre Lerngruppe sei aufgefordert worden, als Expertenteam dazu ein Kurz-Gutachten beisteuern, um die Entscheidungsfindung im Gemeinde- bzw. Stadtrat auf eine fachlich solidere Basis zu stellen. Formulieren Sie in Arbeitsgruppen Gutachten (maximal zwei Seiten, mehr wird von Gemeinde- und Stadträten nicht zur Kenntnis genommen). Als Elemente sollten darin enthalten sein: Vorteile, Nachteile, Schlussfolgerung und Empfehlung.

2. Bewerten Sie vor dem Hintergrund Ihrer Gutachten die Aussage in M 8, wonach die „Monetarisierung" von Umweltschäden politische Entscheidungen „objektivieren" könne.

4.3 Vom Bruttosozial- zum Ökosozialprodukt?

Soweit sich die Kosten der Umweltnutzung hinreichend ermitteln lassen, kann man auch für die Gesamtwirtschaft eine Ökobilanz aufmachen, also eine ökologisch „bereinigte" Bilanz, in welcher der gesamtwirtschaftlichen Wertschöpfung (BIP) die Umweltkosten gegenüber gestellt werden, die im Zuge von Produktion und Konsumtion anfallen. So bekäme man ein um die ökologischen Kosten bereinigtes Ökoinlandsprodukt, bei dem die Umweltabnutzung als Vermögensminderung in Rechnung gestellt würde.

M 16 Brauchen wir ein Ökosozialprodukt?

Das Bruttosozialprodukt dient in allen modernen Wirtschaftssystemen als führender quantitativer Wohlstands- und Wachstumsindikator. In das vordergründig an ökonomischen Daten orientierte BSP fließen Umweltbeanspruchungen bzw. Gesundheitsschädigungen nur ein, wenn diese mit zählbarer Leistung (z. B. Rekultivierung von Industriebrachen, Kuraufenthalt für geschädigte Arbeitnehmer) repariert werden. Aus Sicht der Umweltökonomie wird daher die traditionelle Berechnung des BSP als zu kurzfristig und nicht aussagekräftig kritisiert. Häufig hängt eine Steigerung des BSP mit einer Verschlechterung der Umweltqualität zusammen (z. B. Ausbeutung von Rohstoffen und Energiereserven) oder die nachträglichen, zum Teil überaus kostenintensiven Maßnahmen zur Behebung von Umweltschäden (z. B. Altlastensanierung) wirken zwar wachstumssteigernd, haben aber einen negativen Wohlstandseffekt. Als Orientierungsgröße der Wirtschaftspolitik birgt das BSP somit große Gefahren einer Fixierung auf das quantitative Wachstum („Wachstum um jeden Preis"). Für die Verfolgung qualitativen Wachstums als wirtschaftspolitische Maxime, d. h. Wertschöpfung bei gleichbleibender oder gar sinkender Beanspruchung der Umwelt, ist es daher unabdingbar, diesen Indikator entweder durch ökologische Aspekte zu ergänzen oder einen neuen Indikator für die Beurteilung der ökonomischen und ökologischen Leistungsfähigkeit einer Volkswirtschaft zu entwickeln (Ökosozialprodukt).

www.umweltlexikon-online.de/fp/archiv/ RUBsonstiges/Bruttosozialprodukt.php

Karikaturen: H. Haitzinger

Arbeitsaufträge

1. In welcher Hinsicht ist das BSP bzw. BIP ein „Wohlstandsindikator"? Wo und von wem wird dieser Begriff so verwendet, wie in dem Lexikonartikel behauptet (M 16)? Schauen Sie in Fachwörterbüchern und im Internet nach, wie die Begriffe Bruttoinlandsprodukt und Sozialprodukt dort verwendet werden.
2. Das Bruttosozialprodukt erfasst alle mit Marktpreisen bewerteten Sachgüter und Dienstleistungen einer Volkswirtschaft, die innerhalb eines Jahres von Inländern erzeugt wurden. Was bedeutet dies für „Dienstleistungen" wie z. B. Hausarbeit, Kindererziehung, so genannte ehrenamtliche Tätigkeiten oder auch Schwarzarbeit? Wie bewerten Sie diese Tatsache?
3. Wenn ein Personen- oder Blechschaden nach einem Autounfall oder eine Geländeverseuchung nach dem Auslaufen eines Giftstoffbehälters „repariert" wird, handelt es sich um „Leistungen", die sich in Umsätzen und damit auch in Einkommen niederschlagen. Deswegen werden auch solche „defensiven" Formen der Wertschöpfung dem BIP zugerechnet. Manche Beobachter kritisieren diese Praxis mit dem Argument, dadurch würden ja keine neuen Werte geschaffen, sondern nur zerstörte Werte wieder „ersetzt". Also dürfe man diese Umsätze nicht dem BIP zurechnen. Nehmen Sie zu dieser Argumentation Stellung.
4. Klären Sie Inhalt sowie Zusammenhang bzw. Unterschiede der Aspekte „Lebensstandard" und „Lebensqualität"/„qualitatives" und „quantitatives Wachstum". Warum ist das BIP als (alleiniger) Indikator überfordert, wenn es darum geht, Lebensqualität und Wohlfahrt zu messen?
5. Erläutern Sie die Probleme, die bei der Erstellung sozioökonomischer Indikatoren auftreten. (M 17)
6. Informieren Sie sich vertiefend über alternative Messverfahren, z. B. den „Lebensqualitätsatlas"/siehe Kursthemen Sozialwissenschaften: Sozialer Wandel. Berlin, 2002, S. 158 ff. oder den „Index für menschliche Entwicklung" (Human Development Index)/siehe Kursthemen Sozialwissenschaften: Globalisierung. Berlin, 2002, S. 134 ff.

Wie gut geht es uns?

M 17

Leben wir besser als die Bürger unserer Nachbarländer? Was heißt besser? Hat eine bestimmte staatliche Maßnahme den Wohlstand der Bevölkerung tatsächlich optimiert? Das sind Fragen, mit denen sich die Wohlstandsmessung auseinandersetzen muss. Das Hauptproblem ist die Messbarkeit der Lebensqualität. Zu diesem Zweck versucht eine Reihe von Institutionen weltweit, eine Sozialberichterstattung zu organisieren, in der soziale Indikatoren zusammengetragen, veröffentlicht und beurteilt werden. [...] Bereits bei der Definition des Begriffs „Wohlstand" gehen die Meinungen weit auseinander. Materieller bzw. wirtschaftlicher Wohlstand ist der Versorgungsgrad einer Person oder eines Haushalts, einer Gruppe oder einer Gesellschaft mit wirtschaftlichen Gütern und Dienstleistungen einschließlich der öffentlichen Güter und der Haushaltsproduktion. In dieser Definition ist Wohlstand gleichbedeutend mit dem Begriff Lebensstandard. In einem weiteren Verständnis umfasst Wohlstand auch Eigenschaften wie subjektives Wohlbefinden, allgemeine Lebensbedingungen oder subjektive Zufriedenheit und wird mit den Begriffen Wohlfahrt und Lebensqualität gleichgesetzt. Lebensqualität ist im Unterschied zum Lebensstandard allerdings erheblich schwerer zu erfassen und zu messen. [...]

Die in den USA zu Beginn der 60er-Jahre in Gang gekommene Diskussion über soziale Indikatoren basierte auf der Erkenntnis, dass das Bruttosozialprodukt (BSP) aus einer Reihe von Gründen kein zuverlässiger Wohlstandsindikator sein kann. Positive Wachstumsraten des Sozialprodukts bedeuten eben nicht immer, dass auch die Wohlfahrt eines Landes gesteigert wurde. Insbesondere erfasst das BSP keine nicht ökonomischen Gesellschaftsbereiche und selbst die materiellen Aspekte von Wohlstand werden nur annähernd erfasst. Aus diesen Gründen wurde eine Vielzahl von Systemen sozioökonomischer Indikatoren entwickelt, die auch Bereiche wie Gesundheit, Bildung, soziale Sicherung, Umweltqualität und Freizeit erfassen. Der vom Entwicklungs-

John Labbe/Imagebank

programm der Vereinten Nationen (UNDP) konzipierte Human Development Index (HDI) ist ein Beispiel für ein solches System. Der seit 1990 jährlich berechnete Index der menschlichen Entwicklung geht von den drei wesentlichen Determinanten des menschlichen Handlungsspielraumes aus: Gesundheit, Bildung und Einkommen. Diese Determinanten werden anhand der Indikatoren mittlere Lebenserwartung, Alphabetisierungsrate und Schulbesuchsdauer sowie reales Bruttoinlandsprodukt (BIP) pro Kopf gemessen und verdichtet. Auch das Statistische Bundesamt berichtet in einem so genannten Satellitensystem der Volkswirtschaftlichen Gesamtrechnung (VGR) über die Gebiete Umweltschutz, Haushaltsproduktion und Gesundheit. [...]

Es gibt zwei Hauptrichtungen: Zum einen wird versucht, die Volkswirtschaftliche Gesamtrechnung zu einer Sozialen Gesamtrechnung auszubauen. Neben der Beseitigung von Doppelzählungen und statistischen Erhebungsfehlern sollen insbesondere die in der Sozialproduktberechnung bisher fehlenden Größen berücksichtigt werden, wie z. B. Zusatzkosten bei Umweltschäden. Ein anderer Versuch besteht in der beschriebenen Ergänzung der Volkswirtschaftlichen Gesamtrechnung durch ein System sozialer Indikatoren, die für den Wohlstand wichtige Lebensbedingungen erfassen. [...]

Sozioökonomische Indikatoren sind letztendlich Messgrößen, die geeignet sind, sozioökonomische Tatbestände sinnvoll abzubilden. Sie sollen eine schnelle, umfassende und ausgewogene Beurteilung zentraler gesellschaftlicher Lebensbedingungen und des sozialen Wandels erlauben.

Bei der Erstellung von Systemen sozioökonomischer Indikatoren treten vor allem zwei Probleme auf. Zum einen ist die Suche nach den richtigen Indikatoren schwierig, denn sie sollen tatsächlich etwas über den Wohlstand aussagen. So misst etwa die Zahl der Ärzte pro 1000 Einwohner eher die Kosten des Wohlstands als die Gesundheit der Bevölkerung. Zum anderen bereitet die Suche nach einer geeigneten Gewichtung der einzelnen Indikatoren zu einem Index Probleme. Von den bislang vorgelegten Entwürfen gilt das Konzept der OECD (List of Social Concerns, 1973 und The OECD List of Social Indicators, 1982) zur Bestimmung der Wohlfahrt von Individuen als das umfassendste. Darin werden acht für die individuelle Wohlfahrt als bedeutungsvoll angesehene Hauptzielbereiche festgelegt, auf die sich die Indikatoren beziehen sollen: Ausbildung, Gesundheit, Arbeit und Qualität des Arbeitslebens, Freizeit, Kaufkraft, physische Umwelt, Sicherheit, soziale Beteiligungschancen. Diese Hauptbereiche werden untergliedert in Unterbereiche, diese Unterbereiche wiederum in Teilgebiete usw., bis schließlich messbare Größen wie etwa der Alphabetisierungsgrad vorliegen.

H. Buscher u. a.: *Wie funktioniert das? Wirtschaft heute.* Mannheim, 1999, S. 52

4.4 Exkurs: Die Volkswirtschaftliche Gesamtrechnung

Aufgabe der Wirtschaftsstatistiken – die Volkswirtschaftliche Gesamtrechnung

M 18

Aufgabe der Wirtschaftsstatistiken ist es, wirtschaftliche Vorgänge und Ergebnisse in einzelnen Bereichen und in der Volkswirtschaft insgesamt zu erfassen, aufzubereiten und die
5 Daten der Öffentlichkeit zugänglich zu machen. Diese Daten dienen als Grundlage wirtschaftspolitischer und unternehmerischer Entscheidungen. Darüber hinaus werden sie von Forschungsinstituten, Hochschulen, Verbän-
10 den, internationalen Organisationen und von Unternehmen für Analyse-und Prognosezwecke genutzt. Den umfassendsten Überblick über das wirtschaftliche Geschehen liefern die Volkswirtschaftlichen Gesamtrechnungen
15 (VGR), die statistisches Basismaterial aus nahezu allen Bereichen zu einem geschlossenen Gesamtbild zusammenfügen und gegebenenfalls durch Schätzungen ergänzen, um statistische Lücken zu schließen. Der Darstellung der
20 volkswirtschaftlichen Zusammenhänge liegt der Kreislaufgedanke zugrunde. Damit das Bild überschaubar bleibt, wird in den VGR die Vielzahl der Wirtschaftseinheiten und der wirtschaftlichen Vorgänge zu Gruppen zusam-
25 mengefasst. Die Gruppen sind so gebildet, dass die vielschichtigen Zusammenhänge im Wirtschaftsleben möglichst klar erkennbar werden. Die Wirtschaftseinheiten werden in erster Linie nach der Art ihres wirtschaftlichen Verhaltens gruppiert; in grober Gliederung spricht
30 man von den Sektoren Kapitalgesellschaften, Private Haushalte, Private Organisationen ohne Erwerbszweck, Staat und übrige Welt, in feiner Gliederung von Wirtschafts-bzw. Produktionsbereichen, Haushaltsgruppen usw. [...]
35 Die Ergebnisse der VGR werden grundsätzlich in Geldeinheiten ausgedrückt. Sie beziehen sich wie das statistische Ausgangsmaterial stets auf abgelaufene Zeiträume. [...] Ziel der VGR ist die Quantifizierung der Leistung einer
40 Volkswirtschaft als Ganzes. Diese kann aus drei Blickwinkeln heraus erfolgen:

a) Wo ist die Leistung entstanden? Wie haben die einzelnen Wirtschaftsbereiche zum gesamtwirtschaftlichen Ergebnis beigetra- 45 gen? (Entstehungsrechnung)
b) Wofür wurde das, was erarbeitet wurde, verwendet? Wurde es investiert, konsumiert oder exportiert? (Verwendungsrechnung)
c) Wie wurde das bei der Erarbeitung der ge- 50 samtwirtschaftlichen Leistung entstandene Einkommen verteilt? (Verteilungsrechnung).

Statistisches Bundesamt (Hg.): Datenreport 2002. Bonn, 2002, S. 241 f.

Das Inlandsprodukt

M 19

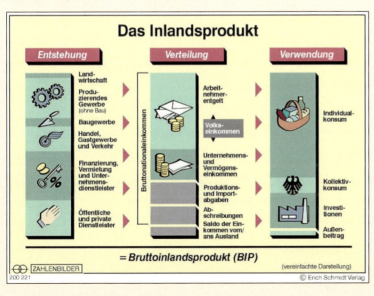

M 20 Der Wirtschaftskreislauf mit fünf Sektoren

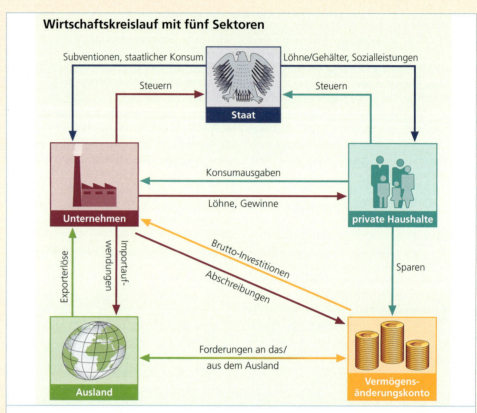

Erläuterung: In der VGR werden Stromgrößen betrachtet, die pro Zeitintervall gemessen werden. Grundlage ist das Modell des Wirtschaftskreislaufes, das auf der Gegenüberstellung von Güter- und Geldströmen basiert, d. h. es werden nur bezahlte Leistungen berücksichtigt. Um die Übersichtlichkeit zu wahren, werden die Wirtschaftseinheiten zu den Sektoren Unternehmen, Staat, private Haushalte und private Organisationen ohne Erwerbszweck zusammengefasst. Ein zusätzlicher Sektor Ausland dokumentiert alle Transaktionen mit ausländischen Märkten.

F. J. Kaiser/V. Brettschneider (Hrsg.): Volkswirtschaftslehre. Berlin, 2002, S. 47

Arbeitsaufträge

1. Prüfen Sie anhand der Materialien, ob die umweltökonomische Kritik der BIP-Berechnung zutrifft. (M 16)
    a) Klären Sie: Was ist die Aufgabe der Volkswirtschaftlichen Gesamtrechnung? (M 18)
    b) Laut M 18 ist der (Ihnen aus der 11. Jahrgangsstufe bekannte) Kreislaufgedanke die Grundlage für die Volkswirtschaftliche Gesamtrechnung. Verdeutlichen Sie diesen Zusammenhang anhand des Kreislaufschemas und zeigen Sie auf, welche Transaktionen erfasst werden.
    c) Erweitern Sie den Wirtschaftskreislauf in M 20 um den Sektor Umwelt (siehe M 1 und M 3). Zeichnen Sie ein, welche Geld- und Güterströme erfasst werden
       – bei der Entnahme nicht erneuerbarer Ressourcen (z. B. Erdöl),
       – bei der Nutzung der Umwelt als Lagerhalde für Abfälle aus Produktion und Konsum,
       – bei der Beseitigung von Umweltschäden.
       Was stellen Sie fest?

4.4 Exkurs: Die Volkswirtschaftliche Gesamtrechnung

Wie ermittelt das Statistische Bundesamt die Höhe des Sozialprodukts?

M 21

a) Bruttoinlandsprodukt und Bruttosozialprodukt

Aus den Meldungen der Unternehmen und aus eigenen statistischen Erhebungen ermittelt das Statistische Bundesamt (SBA) zunächst die „Bruttowertschöpfung" der Volkswirtschaft – und daraus dann das Bruttoinlandsprodukt. Im Jahr 2002 belief sich das BIP in Deutschland auf über zweitausendeinhundert Milliarden Euro (vgl. M 21b).

Da zur Wertschöpfung in einer Region wie Deutschland auch eine gewisse Anzahl von Ausländern beiträgt, die ihren Wohnsitz nicht im Inland, sondern im Ausland haben (und dort auch steuerlich veranlagt werden), entspricht das Inlandsprodukt nicht dem Inländerprodukt = Einkommen der Inländer = Sozialprodukt. Also müssen vom Inlandsprodukt die von Ausländern verdienten Einkommen abgezogen und die von Inländern für Arbeitsleistungen im Ausland verdienten Einkommen hinzugerechnet werden, um zum Inländerprodukt = Sozialprodukt zu kommen. Dies ist der in M 21b) aufgeführte „Saldo der Primäreinkommen aus der übrigen Welt". Das Sozialprodukt = Inländerprodukt wird vom SBA deswegen auch „Nationaleinkommen" genannt.

Originalbeitrag des Autors

b) Inlandsprodukt und Nationaleinkommen
im Jahr 2002; in Mrd. Euro; in jeweiligen Preisen

(in jeweiligen Preisen)	2002
Bruttoinlandsprodukt	2.108,20
+ Saldo der Primäreinkommen aus der übrigen Welt	-9,09
= Bruttonationaleinkommen (Bruttosozialprodukt)	2.099,11
– Abschreibungen	318,48
= Nettonationaleinkommen (Primäreinkommen)	1.780,63
– Produktions- und Imortabgaben	249,51
+ Subventionen	30,92
= Volkseinkommen	1.562,04
Arbeitnehmerentgelt	1.130,03
Unternehmens- und Vermögenseinkommen	432,01

SBA www.destatis.de/basis/d/vgr/vgrtab2.htm

Erläuterungen zu M 21b:

1 Saldo der Primäreinkommen aus der übrigen Welt: Erwerbs- und Vermögenseinkommen aus dem Ausland erhöhen das Sozialprodukt, während entsprechende Leistungen an das Ausland das Sozialprodukt mindern. Also muss der Saldo aus diesen beiden Größen gebildet werden, um den „Auslandseffekt" netto zu erfassen.

2 Das „Primäreinkommen" wird weiter bereinigt um die „Produktions- und Importabgaben" einerseits (das sind Gütersteuern, die der Staat einbehält) und Subventionen andererseits (das sind finanzielle Leistungen des Staates an die Produzenten). Da die Abgaben an den Staat erheblich höher sind als die Subventionen, fällt das „Volkseinkommen" entsprechend geringer aus als das „Primäreinkommen".

3 Die beiden letzten Zeilen zeigen die Aufteilung des Volkseinkommens, genauer: die „funktionale" Einkommensverteilung auf die „abhängig Beschäftigten" (Arbeitnehmer) einerseits und alle übrigen (Gewinn- und Vermögenseinkommensbezieher) andererseits.

M 22 Vom Bruttoinlandsprodukt zum Volkseinkommen

Inlandsproduktsbegriffe	Deutschland 2002 (in Mrd. Euro)	Erläuterungen zu den Inlandsproduktbegriffen
Bruttoinlandsprodukt zu Marktpreisen BIP^{MP}	2.108,20	Wert aller Güter, die während einer Periode (meist ein Jahr) in einer Volkswirtschaft produziert wurden: gesamtwirtschaftliche Wertschöpfung, bewertet zu laufenden Preisen (also inklusive Preissteigerungen)
– Abschreibungen	-318,48	Rechnerischer Wert der Abnutzung des gesamtwirtschaftlichen Produktionspotentials (Verschleiß an Kapitalgütern)
Nettoinlandsprodukt zu Marktpreisen NIP^{MP}	1.780,63	Wertschöpfung abzüglich der Abschreibungen = verfügbare Wertschöpfung = „Primäreinkommen"
– indirekte Steuern + Subventionen	-218,59	In den Marktpreisen sind Umsatzsteuern enthalten, die dem Staat zufließen; gleichzeitig sind in den Marktumsätzen Subventionszahlungen vom Staat enthalten; der Saldo wird abgezogen, um das Einkommen der privaten Haushalte zu erhalten
Nettoinlandsprodukt zu Faktorkosten NIP^{FK} (Volkseinkommen)	1.562,04	das den privaten Haushalten aus allen Wertschöpfungsprozessen zufließende Einkommen (verfügbares Einkommen einer bestimmten Periode)

Das SBA weist in seinen periodischen Veröffentlichungen sowohl das Inlandsprodukt als auch das Nationaleinkommen aus, und beides in nominalen Werten (also in jeweiligen Preisen) und real (also inflationsbereinigt). Sie können anhand der angegebenen Quelle überprüfen, ob die in M22 ausgewiesenen vorläufigen Werte für das Jahr 2002 inzwischen revidiert worden sind.

Originalbeitrag des Autors

Arbeitsaufträge

1. Es ist üblich, vom „Sozialprodukt" als Maßgröße der gesamtwirtschaftlichen Wertschöpfung zu sprechen. Im offiziellen Sprachgebrauch lautet der umfassende Begriff für die Wertschöpfung einer bestimmten Region „Bruttoinlandsprodukt" (BIP). Dieses BIP ist einerseits Ausdruck für den Wert der in einer Periode produzierten Waren und Dienstleistungen, andererseits ist es ein Maß für alle Einkommen, die im Zuge dieser Wertschöpfungsprozesse entstanden sind. Das BIP fließt aber nicht komplett in die Taschen der privaten Haushalte. Wo geht der „Rest" (genauer: die Differenz zwischen BIP und Volkseinkommen) hin?
2. Es sind relativ komplizierte Rechenoperationen, die den relativ geringen Unterschied zwischen Inlandsprodukt und Sozialprodukt definieren (M 21a). Sie können diese Aussage anhand der Angaben in M 21b) überprüfen; berechnen Sie auch den prozentualen Anteil des „Saldos der Primäreinkommen aus der übrigen Welt" am BIP. Erläutern Sie, wie es zu verstehen ist, dass im Jahr 2002 das BIP höher ausgefallen ist als das BSP.
3. Die Bedeutung der Abschreibungen wird in M 22 knapp erläutert. Weitere Erklärungen finden Interessierte in Fachwörterbüchern oder im Internet. Sie sollten jedenfalls erklären können, wie der Abschreibungsbetrag von 318,48 Mrd. € zu verstehen ist und wofür dieser Betrag im Jahr 2002 in den Unternehmen verwendet wurde.
4. Das „Primäreinkommen" („Nettonationaleinkommen") ist das um die Abschreibungen bereinigte Einkommen, das den Inländern aus dem Wertschöpfungsprozess im Verlauf eines Jahres zugeflossen ist. Dieses Primäreinkommen entspricht also dem Wert der neu geschaffenen Güter, die für den Konsum oder für Nettoinvestitionen verwendet werden

können. Es gibt allerdings nicht nur private, sondern auch öffentliche Haushalte. In diese öffentlichen Haushalte (der „Gebietskörperschaften" Gemeinden, Länder, Bund und EU) ist ein Teil des Primäreinkommens abgezweigt worden, im Wesentlichen über die Mehrwertsteuer. Was übrig bleibt, ist schließlich das „Volkseinkommen", das den privaten Haushalten für die private Verwendung zur Verfügung steht. Bestimmen Sie die Differenz zwischen BIP und Volkseinkommen absolut und relativ im Jahr 2002.

Foto: Imagebank

5. Auch das Volkseinkommen ist immer noch eine „Brutto-Größe", weil hiervon noch die direkten Einkommensteuern und die gesetzlichen Sozialbeiträge abgehen. (Die Arbeitgeber zahlen diese Beträge erst gar nicht aus, sondern überweisen sie direkt an die Finanzämter und Sozialversicherungen.) Sind diese Abzüge berücksichtigt, ist man endlich bei den Beträgen angelangt, die den Wirtschaftssubjekten aufs Konto überwiesen werden, also beim verfügbaren Nettoeinkommen der privaten Haushalte. Unterstellen Sie einen durchschnittlichen „Abgabensatz" (direkte Steuern und Sozialabgaben) in Höhe von 33 %. Welchen Betrag des Volkseinkommen müssen die privaten dann noch an öffentliche Haushalte und Sozialversicherungen abgeben?

4.5 Die umweltökonomische Gesamtrechnung des Statistischen Bundesamtes

M 23 „Wir landen öfter in Sackgassen": Vom „Ökosozialprodukt" zur „umweltökonomischen Gesamtrechnung"

Die Tatsache, dass wirtschaftliche Aktivitäten nicht nur Güter, Einkommen und Arbeitsplätze schaffen, sondern auch Naturgüter verbrauchen, gehört zu den Binsenwahrheiten. Man
5 weiß, dass die Düngemittelproduktion letztlich zu einer Belastung des Grundwassers und zur Herabsetzung der natürlichen Bodenfruchtbarkeit führt. Ebenfalls bekannt ist der Zusammenhang zwischen Luftverkehr und globaler
10 Erwärmung. Was nicht bekannt ist, sind die Kosten der dabei entstehenden Ressourcenausbeutung und der Umweltschäden. Diese Kosten zu ermitteln, um sie dann in die Gewinn- und Verlust-Rechnung der deutschen Volks-
15 wirtschaft zu integrieren, würde Aufschluss über das wahre Wachstum geben.

Genau das versprach der ehemalige Präsident des Statistischen Bundesamt, Egon Hölder, bereits 1990 vor dem Wirtschaftsaus-
20 schuss des Deutschen Bundestages. Um das Nettoprodukt der deutschen Volkswirtschaft zu ermitteln, sollten die Statistiker in Zukunft für das immer knapper werdende „Naturkapital" das praktizieren, was sich für das vom Men-
25 schen gemachte „Sachkapital" seit Jahrzehnten als selbstverständlich eingebürgert hat: Abschreibungen auf Verbräuche ermitteln und sie in die Einkommensberechnungen einbeziehen. Die monetäre Korrektur des bisherigen
30 Wohlstandsindikators Sozialprodukt bekam den griffigen Namen Ökosozialprodukt. Die methodischen und statistischen Grundlagen für derartige Kalkulationen sollten innerhalb von zwei Jahren erarbeitet werden.

35 Inzwischen haben die Wissenschaftler das ehrgeizige Projekt endgültig ad acta gelegt. „Wir landen öfter in Sackgassen, und das Ökosozialproduktion war eine Sackgasse", sagt Walter Radermacher, der [...] heute die Abteilung
40 „Umweltökonomische Gesamtrechnungen" im Statistischen Bundesamt leitet. Als Grund für das Scheitern nennt er die generelle Schwierigkeit, mit dem Datenmaterial von gestern die heutigen Kosten von Umweltbelastungen zu
45 berechnen, die zwar bereits eingetreten, aber noch nicht erkannt sind. [...]

So ließen sich zwar die Kosten von Korrosionsschäden an Bauwerken, die durch aggressive Luftschadstoffe verursacht wurden, verhältnismäßig genau ermitteln und auch fort-
50 schreiben. Der gesamte Geldschaden, der durch Klimaschäden entstehe, sei dagegen auch hypothetisch nicht zu ermitteln. Viele Auswirkungen machten sich erst in 30 Jahren bemerkbar, außerdem lasse sich der nationale
55 Anteil an den Kosten möglicher Umweltkatastrophen, wie zum Beispiel die von manchen Zukunftsforschern prognostizierten Überschwemmungen ganzer Landstriche, kaum errechnen. „Oder wie geht man als Statistiker mit
60 der absurden Vorstellung um, Menschenleben in Mark und Pfennig zu bewerten, die nach einer Überschwemmung von Bangladesch zu beklagen wären?", fragt sich Radermacher.

Auch wenn das „grüne Sozialprodukt" von
65 der wissenschaftlichen Agenda gestrichen wurde, brauchen die Wirtschaftsinstitute nicht auf aktuelle umweltökonomische Daten zu verzichten. Die im Bruttoinlandsprodukt (BIP) ausgedrückte Gewinn- und Verlust-Rechnung
70 wird künftig ergänzt durch eine Ökobilanz als Basis für fundiertere Entscheidungen der Umweltpolitik. Erstellt wird diese „Umweltökonomische Gesamtrechnung" von Fachleuten des Statistischen Bundesamtes. Sie soll Aufschluss
75 darüber geben, wo die Volkswirtschaft Naturgüter in einem Maße verbraucht, das ein Risiko für nachfolgende Generationen bedeutet.

Anders als das frühere Wunschmodell Ökosozialprodukt verspricht die Umweltökonomi-
80 sche Gesamtrechnung als Ergebnis nicht die eine Zahl, mit der sich der Umweltverbrauch beziffern oder von der sich im Umkehrschluss eine zuverlässige Größe für das wahre Wachstum des Volkseinkommens ableiten lässt. Was
85 sie verspricht, ist eine Vielzahl von Informationen, die zu einem besseren Verständnis des komplexen Stoffwechsels von Produktion und Natur führt. In der Praxis soll dies die Entscheidungsbasis für eine präventive Umweltpo-
90 litik verbreitern.

Frankfurter Rundschau vom 28. April 1994, S. 7.
Autor: Hannegret Hönes

4.5 Die umweltökonomische Gesamtrechnung des Statistischen Bundesamtes

Stichwort: Umweltökonomische Gesamtrechnungen (UGR)　　M 24

- Ziel der Umweltökonomischen Gesamtrechnungen ist es, die Wechselwirkungen zwischen wirtschaftlichem Handeln und der Umwelt darzustellen. Die UGR zeigen, welche natürlichen Ressourcen durch Produktion und Konsum beansprucht, verbraucht, entwertet oder zerstört werden und wie effizient Wirtschaft und Gesellschaft mit Material, Energie und Flächen umgehen. Sie ermitteln, wie sehr die Natur als „Auffangbecken" für Rest- und Schadstoffe belastet wird und stellen Informationen über den Umweltzustand und die Kosten des Umweltschutzes zusammen.
- Die UGR-Ergebnisse sind in Anlehnung an diese Fragestellungen nach den Themenbereichen Material- und Energieflüsse, Nutzung von Fläche und Raum, Umweltzustand, Umweltschutzmaßnahmen sowie Vermeidungskosten (zu denen bisher noch keine Ergebnisse gezeigt werden) geordnet.
- Hier wird der modulare Aufbau als wichtiges Kennzeichen des UGR-Konzeptes deutlich. Die UGR-Themengebiete sind in sich geschlossen, aber gleichzeitig soweit miteinander statistisch verbunden, dass sich zusammengenommen wiederum ein Gesamtbild ergibt. Je nach Problemstellung wird dabei mit unterschiedlichen methodischen Ansätzen, so etwa mit Gesamtrechnungsmethoden, Indikatorenbildung oder geografischen Informationssystemen gearbeitet; physische und monetäre Größen stehen als gleichwertige Resultate nebeneinander.
- Soweit sinnvoll werden zudem die umweltbezogenen Informationen immer so zusammengestellt, dass sie mit den wirtschaftsbezogenen Daten der Volkswirtschaftlichen Gesamtrechnungen oder anderer Statistiken verknüpft werden können.

SBA [www.destatis.de Umweltökonomische Gesamtrechnungen (UGR) Einführung]

Arbeitsaufträge

1. Warum hat sich das Projekt Ökosozialprodukt laut Projektleiter Radermacher als „Sackgasse" erwiesen? (M 23) Was leistet demgegenüber die „Umweltökonomische Gesamtrechnung" und welche Zielsetzungen verfolgt die UGR?
2. Schauen Sie sich die Umweltökonomische Gesamtrechnung des Statistischen Bundesamtes (SBA) im Internet an. (www.destatis.de → Umweltökonomische Gesamtrechnungen) Orientieren Sie sich über die vorhandenen Material- und Energiebilanzen, Rest- und Schadstoffübersichten (insbesondere zu „Treibhausgasen") sowie über die Dokumentationen zur Flächennutzung und -versiegelung.
3. Die vom SBA im Rahmen der UGR erstellten Übersichten und Teilbilanzen sind überaus umfangreich und zudem häufig nur mit fachlicher Unterstützung durch Chemiker und Physiker zu interpretieren. Hier können deswegen nur einige grundlegende Aspekte thematisiert werden.
   a) Die Erstellung von Energiebilanzen oder Schadstoffübersichten ist eine Sache; die Darstellung von „Wechselwirkungen" zwischen diesen ökologisch relevanten Prozessen einerseits und den Wertschöpfungsprozessen andererseits ist die andere – und schwierigere – Sache. Wie können solche Wechselwirkungen dargestellt werden? Erläutern Sie am Beispiel von M 25.
   b) Das Problem von Informationssystemen wie der UGR besteht darin, dass hier eine Fülle von – für sich genommen sicher nützlichen – Daten und Informationen nebeneinander stehen, während fraglich ist, ob sich daraus ein „Gesamtbild" ergibt. Ein wesentliches Element für die Erarbeitung eines solchen Gesamtbildes ist der Vergleich der zeitlichen Entwicklung ökonomischer Größen (wie das BIP) einerseits und ökologischer Größen (wie Schadstoffimmissionen oder Energieverbrauch) andererseits. In M 25 wird gesagt, Wirtschaftswachstum und Naturverbrauch seien im Verlauf der 90er-Jahre „entkoppelt" worden. Was ist damit gemeint und wie wird es belegt?

M 25 Umweltökonomische Gesamtrechnungen 2000 des SBA

a) Energieverbrauch und CO_2-Emissionen

- Im Jahr 1997 wurden in Deutschland 15 500 Petajoule[1] Primärenergie eingesetzt; 26 % dieser Energiemenge wurden im Inland gewonnen und 74 % importiert. Zu diesem direkten Energieaufkommen hinzuzurechnen ist der indirekte Energie-Import, d. h. der Energieaufwand im Ausland für die Herstellung der nach Deutschland importierten Güter. Der indirekte Energie-Import belief sich im Jahr 1997 auf 6 600 Petajoule. Addiert man diese Energiemenge zu den in heimischen und eingeführten Energieträgern enthaltenen Energiemengen hinzu, ergibt sich ein kumuliertes Aufkommen an Primärenergie von insgesamt 22 100 Petajoule, also rund 40 % mehr Energie als das direkte Aufkommen. Soweit Umweltbelastungen beim Einsatz von Energieträgern in der Produktion entstehen, z. B. durch Luftemissionen, sind diese folglich zu einem nicht unerheblichen Teil im Ausland bei der Herstellung der von Deutschland importierten Güter angefallen.
- Die Umweltökonomischen Gesamtrechnungen 2000 [...] enthalten neben Informationen zum Energieverbrauch auch Ergebnisse zur Effizienz der Naturnutzung in Deutschland, zu Umweltschutzausgaben und umweltbezogenen Steuern sowie zu Emissionen in die Luft.
- Beispielsweise sind die CO_2-Emissionen in Deutschland durch Konsumaktivitäten der privaten Haushalte zwischen 1991 und 1998 geringfügig um 0,8 Mio. Tonnen (+ 0,4 %) gestiegen. Die Verringerung der gesamten CO_2-Emissionen in Deutschland um 90,4 Mio. Tonnen (– 9,3 %) auf 886,1 Mio. Tonnen war eine Folge der um 91,2 Mio. Tonnen (– 12,1 %) gesunkenen Emissionen bei der Produktion der Wirtschaftsbereiche.

b) Natürliche Umwelt weniger beansprucht

Die natürliche Umwelt wurde 1999 durch wirtschaftliche Aktivitäten in Deutschland weniger beansprucht als noch zu Beginn des Jahrzehnts. Sowohl die Entnahme von Stoffen aus der Natur als auch die Abgabe wichtiger Rest- und Schadstoffe an die Natur verminderten sich in den Neunzigerjahren:

- der Rohstoffverbrauch ging seit 1991 um 3,2 % zurück,
- der Energieverbrauch verminderte sich in diesem Zeitraum um 1,8 %,
- die Abgabe von Kohlendioxid (CO_2) hat sich seit 1990 um 15 % verringert und
- die Emission von Versauerungsgasen (SO_2, NOx) ging zwischen 1991 und 1998 um 56 % zurück.

Diese Verminderung der Umweltbelastung ging in Deutschland im letzten Jahrzehnt mit einem Anstieg der Wirtschaftsleistung einher. Das Bruttoinlandsprodukt erhöhte sich zwischen 1991 und 1999 preisbereinigt um 11,5 %. Es ist also gelungen, die Produktivität der natürlichen Einsatzfaktoren zu erhöhen und damit Wirtschaftswachstum und Naturverbrauch zu entkoppeln.

[1] Petajoule = 10^{15} Joule

SBA: PM vom 17. Oktober 2000
(www.destatis.de/presse/deutsch/pm2000/p3720112.htm)

Arbeitsaufträge

1. Einen Eindruck von der Fülle und Verschiedenartigkeit der in der Umweltökonomischen Gesamtrechnung (UGR) verwendeten Indikatoren und Maßeinheiten bekommen Sie, wenn Sie sich die Materialien M26 und M 27a und 27b ansehen.
   a) Schauen Sie sich zunächst die verschiedenen „Produktionsfaktoren" in der linken Spalte von M 26 an: Sind das wirklich alles Produktionsfaktoren? Beachten Sie auch die unterschiedlichen Maßeinheiten: auf wie viele kommen Sie?
   b) Sehen Sie unter der angegebenen Quelle nach, ob inzwischen aktualisierte und vervollständigte Werte für das Jahr 2000 vorliegen und ergänzen Sie diese.
   c) Was fällt Ihnen bei den Indikatoren auf, bei denen ein Vergleich 1991/2000 möglich ist? Ziehen Sie für den zeitlichen Vergleich auch die Daten von M 27 hinzu. Bewerten Sie die feststellbaren Entwicklungen beim Energieverbrauch und bei den Treibhausgasen.

4.5 Die umweltökonomische Gesamtrechnung des Statistischen Bundesamtes

d) Berechnen Sie die „Energie-Intensität" des realen BIP für die beiden Jahre 1991 und 2000. Was schließen Sie aus Ihrem Ergebnis?

e) Vergleichen Sie die Angaben zum Flächenverbrauch in M 26 einerseits und in M 27 andererseits. Worin besteht der Unterschied? Rechnen Sie die Angabe von M 26 in die Maßeinheit von M 27 um. Stimmen die Größenordnungen?

2. Worauf führen Sie es zurück, dass beim Kohlendioxid die emittierten Mengen verringert werden konnten, obwohl das reale BIP gestiegen ist?

3. M 26 ist ein Modul der UGR (wie auch M 27). Damit haben Sie einen gewissen (natürlich noch keinen vollständigen) Eindruck von der Umweltberichterstattung des SBA, mit der die traditionelle Volkswirtschaftliche Gesamtrechnung ergänzt werden soll.
Formulieren Sie Ihr Gesamturteil mit Bezug auf das Ziel der UGR: „Ziel der Umweltökonomischen Gesamtrechnungen ist es, die Wechselwirkungen zwischen wirtschaftlichem Handeln und der Umwelt darzustellen" (vgl. M 24, S. 191). Beschreiben Sie in einer knappen schriftlichen Stellungnahme den Nutzen und die Grenzen der Umweltökonomischen Gesamtrechnung des SBA. Behandeln Sie auch die Frage, ob der (beträchtliche) finanzielle Aufwand für die Erstellung einer UGR sich lohnt.

Rohstoffentnahme, Rest- und Schadstoffe

M 26

Gegenstand der Nachweisung	Maßeinheit	1991	2000[1]
Produktionsfaktoren			
Primärenergieverbrauch	Petajoule	14,467	14.173
Rohstoffentnahme und Import[2]	Mio. t	1.460	1.432
Wasserentnahme aus der Natur[3]	Mio. m³	51.344	...
Treibhausgase[4]	Mio. t	1.146	...
darunter: Kohlendioxid	Mio. t	976	861
Versauerungsgase[5]	Mio. t	5,7	...
Wasserabgabe an die Natur[6]	Mio. m³	51.148	...
darunter: Abwasser	Mio. m³	43.971	...
Siedlungs- und Verkehrsfläche[7]	km²	–	43.447
Arbeitsstunden	Mrd. Std.	60,0	57,4
Bruttoinlandsprodukt in Preisen von 1995	Mrd. EUR	1.711	1.969

1 Zum Teil geschätzt.
2 Verwertete Entnahme abiotischer Rohstoffe und importierte abiotische Güter.
3 Einschließlich Fremd- und Regenwasser.
4 Als Treibhausgase sind Kohlendioxid, Distickstoffoxid und Methan einbezogen. Sie sind mit Hilfe von Umrechnungsfaktoren zu CO2-Äquivalenten zusammengefasst.
5 Schwefeldioxid und Stickoxide wurden mittels Umrechnungsfaktoren zu Versauerungsgasen zusammengefasst.
6 Einschließlich Fremd- und Regenwasser, Verluste bei der Wasserverteilung und Verdunstung.
7 Gemäß Flächenerhebung (Stichtag jeweils 31.12. des Vorjahres) sowie Hochrechnung des Bundesamtes für Bauwesen und Raumordnung (Stichtag ist der 31.12. des Vorjahres).

www.destatis.de/basis/d/umw/ugrtabl.htm

M 27a — Schlüsselindikatoren Umwelt: Ressourcenverbrauch, Emissionen und Flächen

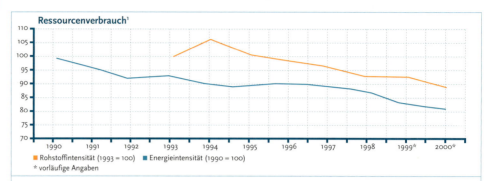

Ressourcenverbrauch¹
- Rohstoffintensität (1993 = 100)
- Energieintensität (1990 = 100)
* vorläufige Angaben

1 Die Indikatoren werden als Verhältnis des Primärenergieverbrauchs (Mio. Euro/PJ) bzw. des Rohstoffverbrauchs (Euro/t) zum BIP (zu konstanten Preisen) berechnet. Der Rohstoffverbrauch setzt sich zusammen aus der inländischen Entnahme von nicht-erneuerbaren Rohstoffen (z. B. Erdöl, Kohle, Steine und Erden, Erze) sowie den Einfuhren der abiotischen Güter (Rohstoffe, Halbwaren, Fertigwaren).

Die Abnahme der Rohstoffintensität, also der Verbrauch von Rohstoffen je Einheit BIP, hat sich auch im Jahr 2000 fortgesetzt. Im Vergleich mit dem Jahr 1993 ist eine ca. 11 %ige Senkung der Intensität zu verzeichnen. Auch die Energieintensität (Verhältnis von Primärenergieverbrauch zu BIP) hat im Jahr 2000, um ca. 2 % im Vergleich zum Vorjahr abgenommen.

Klima und Luft² (1990 = 100)
- Klima (Treibhausgase)³
- Luft
* vorläufige Angaben

2 Es wird die Summe der Emissionen SO_2 (Schwefeloxid), NO_x (Stickstoffoxid), NH_3 (Ammoniak) und NMOVC (flüchtige organische Verbindungen ohne Methan) als Index (1990 = 100) erfasst.
3 Der Indikator mißt die Emission von Kohlendioxid (CO_2), Methan (CH_4), Distickstoffoxid (N_2O), Halogenierte Kohlenwasserstoffe (H-FKW), Perfluorierte Kohlenwasserstoffe (FKW) und Schwefelhexafluoride (SF_6). Deutschland hat sich verpflichtet, seine Emissionen der sechs im Kyoto-Protokoll genannten Treibhausgase bis zum Zeitraum 2008 bis 2012 gegenüber 1990 um 21 % zu reduzieren.

Bei den Emissionen von Treibstoffgasen erfolgte bis einschließlich 1999 eine Minderung um 18,6 % bezogen auf das Jahr 1990. Die Emissionen für die Luftschadstoffe SO_2, NO_X, NH_3 und NMVOC konnten bis 1999 um 47,8 % relativ zu 1990 verringert werden.

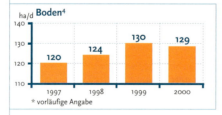

Boden⁴ (ha/d)
- 1997: 120
- 1998: 124
- 1999: 130
- 2000: 129
* vorläufige Angabe

4 Zunahme der Siedlungs- und Verkehrsfläche in ha/d = Hektar pro Tag.

Problembereich Flächenverbrauch: Auch im Jahr 2000 ist die Zunahme der Siedlungs- und Verkehrsfläche mit 129 ha unverändert hoch.

Jahreswirtschaftsbericht 2002 der Bundesregierung, Übersicht 9

4.5 Die umweltökonomische Gesamtrechnung des Statistischen Bundesamtes

Natürliche Umwelt in Deutschland weniger beansprucht

M 27b

Ein dem Nachhaltigkeitsprinzip verpflichtetes Wirtschaften verlangt einen möglichst schonenden Umgang mit der Natur, damit auch den nachfolgenden Generationen noch eine intakte Umwelt zur Verfügung steht. Umwelteinwirkungen, die durch wirtschaftliche Tätigkeiten, Konsum und weitere Aktivitäten in Deutschland verursacht werden, werden mit Schlüsselindikatoren in der nationalen Nachhaltigkeitsstrategie dargestellt. Danach wurde die natürliche Umwelt im Jahr 2000 durch wirtschaftliche Aktivitäten in Deutschland weniger beansprucht als noch zu Beginn des letzten Jahrzehnts. Sowohl die Entnahme von Stoffen aus der Natur als auch die Abgabe wichtiger Rest- und Schadstoffe an die Natur verminderten sich in den Neunzigerjahren. Dieser bereits im vergangenen Jahr festgestellte Trend hat sich auch in 2000 fortgesetzt. Eine Ausnahme bildet allerdings die Siedlungs- und Verkehrsfläche. Auch im Jahr 2000 ist die Zunahme unverändert hoch.

Jahreswirtschaftsbericht 2002 der Bundesregierung, Ziffer 151

Aufgaben der Umweltindikatoren

M 28

Als wesentliche Aufgaben von Umweltindikatoren werden genannt (Umweltgutachten 1994 und 1998):
- Beschreibung des aktuellen Zustandes der Umwelt;
- Diagnose von Umweltbelastungen;
- Prognose künftiger Umweltbelastungen (Trends);
- Bewertung der Umweltbelastungen und des Zustandes der Umwelt (auch im internationalen Vergleich);
- Hilfestellung bei der Formulierung und Präzisierung von Umweltqualitäts- und Umwelthandlungszielen;
- Bestimmung der Tragekapazität;
- Darstellung des Ressourcenverbrauchs;
- Beitrag zur öffentlichen Aufklärung und Kommunikation über die Umweltsituation (Umweltberichterstattung);
- Erleichterung der politischen Willensbildung und Entscheidungsfindung (Prioritätensetzung);
- Testen von Umweltschutzstrategien und -einzelplanungen sowie
- Erfolgskontrolle für Umweltschutzmaßnahmen.

Diese Indikatoren müssen sich an formulierten Umweltzielen orientieren und diese gegebenenfalls konkretisieren (Bezug der Indikatoren zur Zielgröße).

W. Koch/C. Czogolla: Grundlagen und Probleme der Wirtschaftspolitik. Köln 1999, S. 528

Träger der Primärenergie

M 29

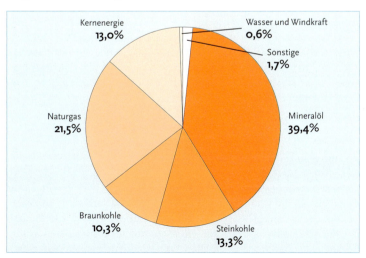

BMWi: Wirtschaft in Zahlen 2001. Berlin, 2002, S. 44

4.6 Die globale Ökobilanz.
Über die Grenzen des Wachstums und das Leitbild einer nachhaltigen Entwicklung

M 30   Diagnose: Sind die Grenzen des Wachstums erreicht?

Die Autoren des Bestsellers „Die Grenzen des Wachstums" haben ihren berühmten Bericht an den Club of Rome aus dem Jahre 1972 aktualisiert und ihre Warnung vor den Konsequenzen von Überbevölkerung, Industrialisierung, Energieverschwendung und Umweltverschmutzung erneuert.

Donella und Dennis Meadows sowie Joergen Randers stellen ihr Buch „Jenseits der Grenzen" jetzt – wenige Tage vor dem „Earth Day" und wenige Monate vor dem „Erdgipfel" in Rio de Janeiro zu Umwelt und Entwicklung – in Washington vor. Darin sagen die Autoren den „Zusammenbruch" der Gesellschaft voraus, wenn die Menschheit fortfährt, hemmungslos die Ressourcen der Erde zu plündern und Raubbau an der Umwelt zu betreiben. So heißt es in dem Buch unter anderem: Wenn dem Trend nicht Einhalt geboten werde, „wächst die Bevölkerung zu stark, wird die Umwelt zu sehr vergiftet, reichen die Ressourcen nicht mehr und ist der Kollaps nicht länger zu verhindern". Analyse und Prognose wurden am Computer im angesehenen Massachusetts Institute of Technology erarbeitet. Die Autoren wollen ihre Ermahnung nicht als exakte Voraussage verstanden wissen, sondern als „Wahrscheinlichkeit", wenn es nicht zu revolutionären Verhaltensänderungen kommt. Sie vertreten die Ansicht, dass die „Welt inzwischen entwickelt genug" sei und Energie, Bodenschätze sowie Nahrungsmittel immer knapper würden: „Von fünf Milliarden Menschen auf Erden hat eine Milliarde nicht genug zu essen." In den vergangenen zwanzig Jahren hätten außerdem Versteppung und Entwaldung zugenommen. Die Technologie, die den Trend stoppen könne, sei vorhanden, doch sie werde nicht eingesetzt, weil die Erkenntnis, dass es Grenzen des Wachstums gebe, nach wie vor nicht bis ins Bewusstsein der Menschen vorgedrungen sei.

Dies wurde durch die Reaktion des Chefökonomen der Weltbank, Lawrence Summers, bestätigt, der den Wissenschaftlern vorwarf, anhand ihres Computermodells nichts weiter als die eigenen Vorurteile bestätigt zu haben. 1870 habe man vorausgesagt, New York werde bis zum Jahr 1900 im Pferdedung ersticken, und vor sechzig Jahren habe niemand vom Computer oder von Antibiotika gewusst, wetterte Summers; wer könne also jetzt schon wissen, was 2050 sein werde? Wachstum sei wirtschaftlich notwendig und ein moralisches Gebot, um den Menschen in den Entwicklungsländern endlich zu einem besseren Lebensstandard zu verhelfen.

Stuttgarter Zeitung vom 15. April 1992, S. 3

Bonnie Timmons/Image Bank

M 31   Stichwort: Vereinbarungen zum Schutz der Ozonschicht und „Rio-Agenda 21"

- 1985 wurde von den Vereinten Nationen in Wien ein Übereinkommen zum Schutz der Ozonschicht unterzeichnet. 1987 vereinbarte zumindest ein Teil der Mitgliedsstaaten im Montrealer Protokoll erste konkrete Maßnahmen. Bis zum Jahr 2000, so sah es das Protokoll vor, sollten Produktion und Verbrauch von FCKW um 50 % reduziert werden. Nachdem schnell klar wurde, dass diese Reduzierung nicht ausreichen würde, folgten 1990 (London), 1992 (Kopenhagen), 1995 (Wien), 1997 (Kyoto) und 1999 (Pe-

king) Verschärfungen der Montrealer Beschlüsse.
- Trotz weltweiter Reduzierungsmaßnahmen wurde erst 1998 eine Verlangsamung des Anstiegs an FCKW in der Stratosphäre nachgewiesen. Da diese Gase langlebig sind und auch weiterhin freigesetzt werden, wird sich der Abbau des stratosphärischen Ozons weiter verstärken und mit der Erholung der Ozonschicht ist erst Mitte bis Ende des 21. Jahrhunderts zu rechnen.

www.umweltministerium.bayern.de/service/umwberat/ubbfck.htm

- Am 6. Mai 1991 wurde in Deutschland auf der Grundlage des Chemikaliengesetzes und des Abfallgesetzes die FCKW-Halon-Verbotsverordnung verabschiedet.

www.greenpeace.de/gp_dok_3p/chlor/seiten/c03h116c.htm

- Auf der Konferenz der Vereinten Nationen für Umwelt und Entwicklung (UNCED) im Juni 1992 in Rio de Janeiro haben 178 Staaten auf den dringenden Handlungsbedarf zur Rettung der Erde hingewiesen und grundlegende Vereinbarungen zur Förderung einer nachhaltigen und umweltgerechten Entwicklung in ökologischer, ökonomischer und sozialer Ausgewogenheit getroffen. Kerndokument dieser Vereinbarungen ist die Rio-Agenda 21, das Aktionsprogramm für den Übergang in das 21. Jahrhundert. Das Wort Agenda kommt aus dem Lateinischen und bedeutet sinngemäß: „Was zu tun ist".

www.umweltministerium.bayern.de/agenda/agenda21/rio/index.htm

Arbeitsaufträge

1. Welche problematischen Konsequenzen des Wirtschaftswachstums in den Industrieländern werden in der Studie von 1992 besonders hervorgehoben? (M 30)
2. Stellen Sie fest, welche Aussagen in M 30 zum Zusammenhang zwischen Bevölkerungswachstum und Umweltbelastung gemacht werden.
3. Statistiken belegen, dass das Bevölkerungswachstum in den Ländern abgenommen hat, in denen das Pro-Kopf-Einkommen spürbar gestiegen ist. Steigendes Einkommen setzt allerdings wirtschaftliches Wachstum voraus und dies ist wiederum mit einer höheren Umweltbelastung verbunden. Sehen Sie einen Ausweg aus diesem Dilemma?
4. In der hier vorgestellten Studie werden revolutionäre Verhaltensänderungen verlangt, um eine Bevölkerungs- und Umweltkatastrophe abzuwenden. Welche konkreten Verhaltensänderungen könnten hier gemeint sein? Nennen Sie Verhaltensänderungen, die Sie persönlich auf sich nehmen würden, um die skizzierten verhängnisvollen Entwicklungen zu stoppen. Welche privaten Bedürfnisse und gesellschaftlichen Interessen stehen der Verwirklichung der von Ihnen für notwendig gehaltenen Verhaltensänderungen entgegen?
5. Sammeln Sie in Ihrer Lerngruppe Ideen zu Technologien, mit denen man den in M 30 genannten Fehlentwicklungen gegensteuern könnte. Auch hier können Sie untersuchen, welche Bedürfnisse und Interessen der Durchsetzung anderer/neuer Technologien im Wege stehen.
6. Wie wird in dem Zeitungsausschnitt belegt, dass die Erkenntnisse von den „Grenzen des Wachstums" noch nicht ins allgemeine Bewusstsein vorgedrungen sind? Wie steht der Autor dieses Zeitungsartikels zu den Ansichten von Lawrence Summers? Diskutieren Sie die Auffassungen des Weltbankökonomen.
7. Vergleichen Sie die Risiken, die vom Pferdemist für die Menschen von New York und anderen Großstädten Ende des letzten Jahrhunderts ausgingen, mit den Risiken, die heute von der ökologischen Bedrohung ausgehen. Versuchen Sie eine Kritik der Ansichten von Summers unter dem Aspekt der heutigen Risikogesellschaft*.

M 32 Das Nachhaltigkeitsprinzip

Das Nachhaltigkeitsprinzip ist insbesondere aus der Forstwirtschaft bekannt. Es bedeutet dort, dass der jährliche Holzeinschlag nicht größer sein sollte als die nachwachsende Holz-
5 menge. Dieses Prinzip könnte man als das Grundgesetz der ökologischen Wirtschaft bezeichnen. Der ökologischen Krise liegt nämlich die Tatsache zugrunde, dass durch die Produktion und Konsumtion wirtschaftlicher Güter
10 der Vermögensbestand der Natur gefährdet wird. Der industriellen Produktion und Konsumtion wird der Vorwurf gemacht, dass sie bei der Herstellung von Produkten, Einkommen und Wachstum im Grunde das Produktions-
15 vermögen der Natur langsam aufzehren. Der strategische Ansatzpunkt des ökologischen Nachhaltigkeitsprinzips wäre genau umgekehrt: Hier soll versucht werden, die Produktion nicht zu Lasten der Produktionsbedin-
20 gungen durchzusetzen. Es kann danach keine kluge Produktion herrschen, wenn diese die produktiven Vermögen, aus denen alle Werte geschöpft werden, langsam aber sicher ruiniert. Die positive Formulierung des Nachhaltigkeitsprinzips besagt daher, dass bei der Her- 25 stellung der einzelnen Produkte und Erzeugnisse dafür gesorgt werden muss, dass die Produktionsbedingungen nicht gefährdet werden. In der ökologischen Diskussion wirkt dieses Prinzip weit über eine nur wirtschaftliche 30 Betrachtung hinaus, weil die Natur als Produktionsbedingung gleichzeitig auch die Lebenswelt der Menschen darstellt. Insofern deutet das Nachhaltigkeitsprinzip auf die Doppelrolle der Natur als Produzentin aller wirtschaftlichen 35 Werte und als Lebenswelt für die menschlichen und sonstigen Lebewesen hin.

H. Immler: Nachhaltige Wirtschaft. Ist das Nachhaltigkeitsprinzip auf unsere Wirtschaft übertragbar? In: Universitas 47 (1992), H. 7, S. 662f.

M 33 Nachhaltigkeitsstrategie der Bundesregierung

Der Staatssekretärsausschuss für Nachhaltige Entwicklung hat im Dezember 2001 den Entwurf der nationalen Nachhaltigkeitsstrategie vorgelegt. Diese soll als Orientierung für eine
5 wirtschaftlich leistungsfähige, sozial gerechte und ökologisch verträgliche Entwicklung dienen. Der Entwurf greift auch eine Reihe von Vorschlägen auf, die der von der Bundesregierung eingesetzte Rat für Nachhaltige Ent-
10 wicklung mit seinem Zielepapier im November 2001 unterbreitet hat. Ziel der Nachhaltigkeitsstrategie ist eine Balance zwischen den Bedürfnissen der heutigen Generation und den Lebensperspektiven künftiger Generationen.
15 Das Leitbild der Nachhaltigen Entwicklung umfasst die vier Grundsätze
- Generationengerechtigkeit,
- Lebensqualität,
- sozialer Zusammenhalt und
- internationale Verantwortung. 20

Mit 21 Zielen und Indikatoren sowie 11 Managementregeln der Nachhaltigkeit wird das Leitbild konkretisiert und der Weg für ein zukunftsfähiges Deutschland aufgezeigt. Der Entwurf nennt acht Handlungsfelder, bei denen Wei- 25 chenstellungen für eine nachhaltige Entwicklung notwendig sind. Bei den Schwerpunkten für das Jahr 2002 geht es um eine zukunftsfähige Konzeption für Energieversorgung und Klimaschutz, eine umweltschonende Mobilität 30 und die Neuorientierung bei den Themen Landwirtschaft und Verbraucherschutz.

Jahreswirtschaftsbericht 2002 der Bundesregierung, Übersicht 6

Arbeitsaufträge

1. Die „Deklaration von Rio" (M 31) wurde im Juni 1992 auf dem „Weltgipfel für Umwelt und Entwicklung" in Rio de Janeiro verabschiedet. Auf der Konferenz verständigte sich die Staatengemeinschaft auf das Leitbild der „nachhaltigen Entwicklung" („sustainable development"). Formulieren Sie die Kernaussage des Nachhaltigkeitsprinzips und erläutern Sie die Nachhaltigkeitsstrategie der Bundesregierung. (M 32, M 33)
2. Die Mitwirkung der Kommunen gilt als entscheidender Faktor für die Umsetzung der Agenda 21. Informieren Sie sich über den Stand des Lokalen Agenda-21-Prozesses in Ihrer Stadt bzw. Gemeinde. (M 34)

Chancen einer Lokalen Agenda 21

Nach einer Recherche der Agenda-Transferstelle Nordrhein-Westfalen gab es im September 2000 in Deutschland rund 1.650 Kommunen mit Beschlüssen zur Erarbeitung einer Lokalen Agenda 21, wobei die Städte mit großer Einwohnerzahl überwiegend vertreten sind. Insbesondere in den letzten drei Jahren stieg die Zahl der Agenda-Kommunen deutlich an. Das gegenwärtige Bild des Lokalen Agenda-21-Prozesses in Deutschland ist dabei vielschichtig. Die Kommunen wählen jeweils unterschiedliche Ansätze und Schwerpunkte, auch befinden sie sich in unterschiedlichen Phasen der Erarbeitung und Umsetzung. Nicht immer sind es die Kommunalverwaltungen, sondern vielfach auch andere Akteure, wie z. B. Kirchen, Volkshochschulen oder Entwicklungshilfegruppen, die den Agenda-Prozess anstoßen.

www.bmu.de

M 35 — Triebkräfte des Wachstums: Die Schumpeter-Dynamik

Herr Töpfer[1] tut hierzulande doch einiges und weltweit hat man sich immerhin zur Deklaration von Rio 2 aufgerafft.

KRUPP: Das sind Tropfen auf den heißen Stein, bedenkt man beispielsweise die ökologischen Latenzzeiten. In den Ozeanen wird sich erst in 40 Jahren die Umweltverseuchung von heute voll zeigen. Es wird mindestens 100 Jahre dauern, bis sich in der Erdatmosphäre wieder ein CO_2-Gleichgewicht[2] einstellen kann. Die Schumpeter-Dynamik[3], wie ich unser Gesellschaftssystem nenne, läßt sich nicht bremsen.

Was verstehen Sie unter dem Begriff Schumpeter-Dynamik?

KRUPP: Das ist für mich das unauflösbare Aktionsgefüge von Politik, Technik, Unternehmen und Konsumenten. Es bildete sich in der industriellen Revolution und erweckte einen ungehemmten Individualismus, der in der Glorifizierung des Entrepreneurs* gipfelt. Die Schumpeter-Dynamik setzt dauernd neue technische Ideen in Angebote um, schafft Nachfrage und produziert eine Wachstumsgier, die zur Zerstörung der Umwelt führt und damit letztlich das System selbst zerstört.

Und was bringt konsequentes Energiesparen in den Industrieländern?

KRUPP: Dadurch ließe sich in 30 bis 50 Jahren der spezifische Energieverbrauch vielleicht auf die Hälfte reduzieren. Entscheidend ist aber das Wachstum der Entwicklungsländer. Deren Energieverbrauch wird den der Industrieländer bald überholen. In der Zwischenzeit heizt sich die Erdatmosphäre immer noch weiter auf, werden die Meere immer weiter vergiftet. Die Belastung stiege noch bedrohlich, auch wenn der Energieverbrauch abnähme.

Wann würde die Belastungskurve denn wieder fallen?

KRUPP: Das Verhältnis Energieverbrauch pro Sozialprodukt müsste weltweit auf ein Zehntel gesenkt werden, damit in etwa hundert Jahren eine gewisse ökologische Balance wieder erreichbar würde. Mit diesen niedrigen Touren kann die Schumpeter-Maschine aber nicht laufen.

Wo, bitte, kann man die besichtigen?

KRUPP: Nirgends. Vielleicht brauchen wir erst eine entsetzliche Katastrophe, um wirklich ernst zu nehmen, daß die Ressourcen der Welt endlich sind.

Welche Gesellschaft würde dann am ehesten umsteuern?

KRUPP: Ich glaube, die japanische, auch wenn das zunächst paradox erscheint, weil die Japaner technikgläubig und wachstumsvernarrt sind. Aber wenn es hart auf hart kommt, kann man die japanische Mentalität auf Askese und Frugalität* umpolen. Hier haben Sie ein Beispiel dafür, warum ich trotz allem noch optimistisch bin.

(1) Klaus Töpfer war zur Zeit der Äußerung Bundesumweltminister
(2) CO_2 = Kohlendioxid ist ein Treibhausgas
(3) Joseph A. Schumpeter, österreichischer Ökonom, 1883–1950

(Krupp war bis 1989 Leiter des Fraunhofer-Instituts für Systemtechnik und Innovationsforschung Karlsruhe.)

Von Gier zerstört. In: Wirtschaftswoche Nr. 46 vom 6. November 1992, S. 22

Arbeitsaufträge

1. Die Beschlüsse von Rio sahen u. a. eine Verringerung des CO_2-Ausstoßes bis zum Jahr 2000 auf den Stand von 1990 vor. Aufgrund dieser Vorgabe hat die Bundesregierung das Ziel einer Minderung der CO_2-Emissionen um mindestens 25 % bis zum Jahr 2005 beschlossen. Sehen Sie sich in M 27a die Entwicklung der Emissionen von Treibhausgasen in Deutschland an. Bewerten Sie diese Entwicklung im Hinblick auf „Rio".

2. Vergleichen Sie Ihre Bewertung (Aufgabe 1) mit der Einschätzung von Krupp. (M 35) Erkundigen Sie sich, was der Begriff „ökologische Latenzzeiten" bedeutet. Worin liegt die umweltpolitische Bedeutung solcher „Latenzzeiten"?

3. Notieren Sie die Textstellen, in denen Krupp sich über die Ursachen der „Umweltverseuchung" äußert. Welcher Verursachungszusammenhang ergibt sich für Sie daraus?

4. Welche Voraussetzungen müssten nach Ansicht des Interviewten erfüllt sein, damit wieder ein ökologisches Gleichgewicht erreicht wird? In welchem Zeitraum hält er dies für realisierbar? Welche Chance gibt er diesem Ansatz?
5. Eine ökologische Wende setzt nach Auffassung von Krupp eine Mentalität der „Askese und Frugalität" voraus. Interpretieren Sie die Meinung von Krupp. Stimmen Sie dieser Behauptung zu? Welche umweltpolitischen Instrumente sind – ausgehend von dieser Analyse – geeignet, um Umweltprobleme zu lösen? Sehen Sie Alternativen zu „Askese und Frugalität"?
6. Klären Sie zunächst in Gruppen den Begriff der „Schumpeter-Dynamik". Wie muss man sich den Zusammenhang vorstellen, den der Autor mit diesem Begriff kennzeichnen will?
7. Vergleichen Sie die Position von Krupp mit den Auszügen aus den Jahresgutachten des Sachverständigenrates (M 36). Welche Gemeinsamkeiten und welche Unterschiede werden deutlich?
8. Die Wachstumsdynamik zerstöre nicht nur die Umwelt, so Krupp, sondern auch das „System" selbst; überdies lasse sich diese Schumpetersche Wachstumsdynamik nicht mehr stoppen. Diskutieren Sie in Ihren Gruppen diese Behauptungen. Beziehen Sie in Ihre Diskussion auch die These mit ein, die „Schumpeter-Maschine" könne nicht „mit niedrigen Touren" laufen. Fassen Sie die (Mehrheits-)Position der Gruppe schriftlich zusammen.
9. Veranstalten Sie nun eine Plenum-Debatte zwischen Befürwortern und Gegnern der Positionen des Wissenschaftlers Krupp zur „Schumpeter-Dynamik".

Qualitatives und quantitatives Wachstum – kein Widerspruch?

M 36

Ein am privaten Nutzen und Gewinn orientiertes Verhalten droht die Umwelt zu gefährden, wenn für eine Schädigung kein Preis zu zahlen ist. Doch man kann das private Interesse an Nutzen und Gewinn als Anreiz verwenden, eine solche Gefährdung zu vermeiden. Wirtschaftliches Wachstum und Umweltschutz stehen daher [...] nicht im Widerspruch zueinander. Noch weniger gilt dies für Umweltschutz und hohen Beschäftigungsstand. Das Gegenteil kann richtig sein. Allerdings kommt es auf die Bedingungen an.

Der Basissatz solcher Zuversicht lautet: Wenn die Menschen eine bessere Umwelt haben wollen und bereit sind, dafür mehr zu arbeiten oder Einkommenseinbußen hinzunehmen, so gibt es [...] zusätzliche Beschäftigungsmöglichkeiten.

Sachverständigenrat Wirtschaft, Jahresgutachten 1984/85, Ziffer 310

Qualitatives und quantitatives Wachstum müssen nicht in Widerspruch zueinander stehen. Im Gegenteil, sie können sich gegenseitig ergänzen, wenn der Wunsch und die Notwendigkeit, mit knappen Ressourcen sparsamer umzugehen und die Umwelt weniger zu belasten, als Herausforderung zum Strukturwandel begriffen wird. Voraussetzung ist, dass verlässliche Knappheitssignale die Suche nach ressourcensparenden und umweltschonenden Fertigungsverfahren und Produkten vorantreiben. [...] Letztlich sind stärkere Präferenzen für mehr Umweltschutz und für andere, die Lebensqualität steigernde, immaterielle Güter nicht anders zu sehen als stärkere Präferenzen für bestimmte materielle Güter.

Sachverständigenrat Wirtschaft, Jahresgutachten 1985/86, Ziffer 178

4.7 Zu den Ursachen des Umweltproblems

4.7.1 Gesellschaftliche und individuelle Ursachen

M 37 Ein systematischer Überblick

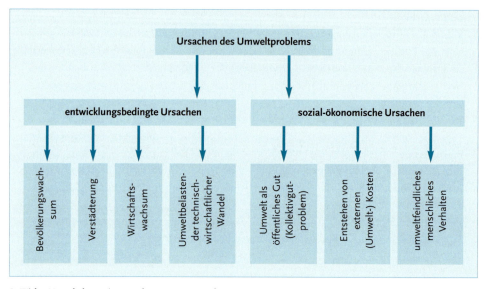

L. Wicke: Umweltökonomie. München, 1993 (4), S. 28

M 38 Stichwort: Sozio-ökonomische Ursachen der Umweltschäden

– Viele Leistungen der Umwelt, beispielsweise die Bereitstellung von sauberer Luft oder landschaftliche Schönheit, haben den Charakter eines „öffentlichen Gutes". Öffentliche Güter sind dadurch gekennzeichnet, dass sie in der Regel keinen Preis haben, nicht aufgeteilt und nicht verkauft werden können. Kein Individuum kann von ihrer Nutzung ausgeschlossen werden, weil keine Eigentumsrechte vorhanden sind. Ein Individuum wird entsprechend versuchen, seine Wünsche nach einem öffentlichen Gut geheim zu halten und es nutzen, ohne entsprechend dafür zu zahlen. Es entsteht ein so genanntes Trittbrettfahrerverhalten.

– Unter dem Begriff externe Effekte können alle diejenigen Handlungsfolgen zusammengefasst werden, für die ein handelndes Individuum nicht selbst aufzukommen hat. Extern heißen die Wirkungen deshalb, weil entsprechende Umweltschäden vom Verursacher (z. B. Unternehmen oder Konsumenten) nicht in ihre Kostenrechnung einbezogen werden (z. B. betriebliches Rechnungswesen, Haushaltspläne). Dritte haben die Kosten der Beseitigung von Umweltschäden zu tragen.

– Schließlich ist sowohl in unterentwickelten Ländern als auch in Staaten mit einem hohen materiellen Lebensstandard ein umweltfeindliches Verhalten der Menschen zu beobachten. In den unterentwickelten Staaten der Dritten Welt können häufig die elementaren Lebensbedürfnisse nicht in ausreichendem Maße befriedigt werden (z. B. ausreichende Nahrung, angemessener Wohnraum). Nicht selten werden Umweltverschmutzungen bewusst in Kauf genommen, um die Lebensbedürfnisse zu befriedigen. In Staaten mit hohem materiellem Lebensstandard hat sich häufig eine hohe Anspruchsmentalität durchgesetzt. Sie bewirkt, dass die Bürger im Allgemeinen nicht bereit sind, auf ihren materiellen Wohlstand zugunsten einer verbesserten Umweltqualität zu verzichten.

F. J. Kaiser/V. Brettschneider (Hg.): Volkswirtschaftslehre. Berlin, 2002, S. 366

4.7.2 Öffentliche Güter und externe Effekte

Die Umwelt ist ein typisches öffentliches Gut. Weil es für öffentliche Güter keine Marktpreise gibt, bedarf es staatlicher Regelungen (Gebote, Verbote und Auflagen), um kostbare und knappe öffentliche Güter wie die Umwelt zu bewirtschaften. Die Umweltökonomik sieht ökologische Probleme als Folge negativer externer Effekte bei der Produktion und beim Verbrauch wirtschaftlicher Güter (siehe Abschnitte 4.1, 4.2 und 4.5). Leitet beispielsweise ein verantwortungsloses Unternehmen Schadstoffe in einen Fluss ein, wälzt es einen Teil seiner Kosten auf die Allgemeinheit ab: Es verursacht dadurch negative externe Effekte.

Stichwort: Öffentliche und private Güter

M 39

Öffentliche Güter sind jene, deren Nutzen unteilbar der gesamten Gemeinschaft zugute kommt, ob die Einzelperson das öffentliche Gut kaufen möchte oder nicht.
Private Güter sind hingegen jene Güter, die geteilt und getrennt verschiedenen Einzelpersonen angeboten werden können, ohne dass ein externer Nutzer oder externe Kosten für Dritte entstehen. Die effiziente Bereitstellung öffentlicher Güter erfordert häufig ein Aktivwerden des Staates, während private Güter von den Märkten durchaus effizient angeboten werden können.

P. Samuelson/W. Nordhaus: Volkswirtschaftslehre. Wien, 1998 (15), S. 411

Internalisierbare und nicht-internalisierbare Ressourcen

M 40a

Ein Wirtschaftsgut wird als internalisierbar bezeichnet, wenn Unternehmen oder Konsumenten seinen gesamten volkswirtschaftlichen Wert nutzen können. Zu den internalisierbaren natürlichen Ressourcen gehören Boden (dessen Fruchtbarkeit der Bauer nutzen kann, der den auf diesem Boden angebauten Weizen oder Wein verkauft), Bodenschätze wie Erdöl oder Erdgas (hier kann der Eigentümer den Wert der Lagerstätten auf Märkten verkaufen) und Vegetation wie die Bäume (der Eigentümer kann das entsprechende Grundstück oder die Bäume an den Bestbieter verkaufen). Auf einem funktionierenden, vollkommenen Markt ist zu erwarten, dass internalisierbare natürliche Ressourcen eine effiziente Preisbildung und Allokation ermöglichen. […]

Es gibt allerdings noch eine zweite Gruppe natürlicher Ressourcen, die als nicht internalisierbar bezeichnet werden und die sehr wohl zu volkswirtschaftlichen Verwicklungen Anlass geben können. Nicht-internalisierbare Ressourcen sind für den Einzelnen gratis, für die Gesellschaft jedoch recht kostspielig. Mit anderen Worten, nicht-internalisierbare Ressourcen weisen Externalitäten auf. Güter mit externen Effekten oder Externalitäten können mit normalen Wirtschaftsgütern verglichen werden. Markttransaktionen verlangen den freiwilligen Austausch, bei dem Menschen Güter gegen Geld tauschen. Wenn ein Unternehmen eine knappe internalisierbare Ressource wie Boden, Öl oder Bäume einsetzen will, kauft es diese Ressource von ihrem Eigentümer, dem die Grenzkosten der Produktion des Gutes zur Gänze abgegolten werden. Aber viele Interaktionen finden abseits der Märkte statt. Unternehmen A schüttet eine giftige Chemikalie in einen Fluss und vergiftet das Wasser für all die Leute, die stromabwärts fischen oder schwimmen wollen. Unternehmen A hat das knappe, saubere Wasser benützt, ohne die Menschen zu bezahlen, deren Wasser nun vergiftet ist, und hat daher nachteilige Externalitäten geschaffen.

Nehmen wir als Beispiel Fisch. Ein Thunfischschwarm liefert nicht nur ein köstliches Abendessen, sondern ist auch nötig, um künftige Thunfischgenerationen hervorzubringen. Aber das Brutpotenzial der Thunfische wird von keinem Markt erfasst oder internalisiert. Niemand kauft oder verkauft das Fortpflanzungsverhalten eines Thunfischs. Wenn daher ein Fischer einen Thunfisch aus dem Wasser holt, bezahlt er der Gesellschaft für die Vernichtung zukünftigen Fortpflanzungspotenzials keinen Pfennig. Aus diesem Grund werden die Fischgründe, sofern die Staatengemeinschaft nicht regulierend eingreift, auch laufend überfischt. Und so gelangen wir zum wichtigsten Ergebnis der Ressourcen- und Ökowirtschaft:

Treten bei nicht internalisierbaren Ressourcen Externalitäten auf, senden die Märkte falsche Signale aus. Im allgemeinen produzieren die Märkte zu viele Güter, die zu unerwünschten externen Effekten führen und zu wenige Güter, die erwünschte Externalitäten mit sich bringen.

P. Samuelson/W. Nordhaus: Volkswirtschaftslehre. Wien, 1998 (15), S. 404f.

M 40b **Ressourcenkategorien**

	Erneuerbar	Nicht erneuerbar
Internalisierbar	Wälder, Ackerland, Solarenergie	Erdöl, Erdgas, Kupfer, Sand
Nicht internalisierbar	Fischbestände, Luftqualität, Einsamkeit, schöne Aussicht	Grundwasser, Klima, radioaktiver Abfall

P. Samuelson/W. Nordhaus: Volkswirtschaftslehre. Wien, 1998 (15), S. 404f.

Arbeitsaufträge

1. Verdeutlichen Sie den Unterschied zwischen privaten und öffentlichen Gütern (M 39) an Beispielen aus Ihrer Lebenswelt. Welche öffentlichen Güter nutzen (konsumieren) Sie, wenn Sie in die Schule gehen und einen Vormittag dort verbringen?
2. Erläutern Sie die Eigenschaften öffentlicher Güter am Beispiel öffentlicher Straßen. (M 39) Nennen Sie auch negative und positive Effekte, die mit dem Bau einer öffentlichen Straße verbunden sein können.
3. Schreiben Sie die Kernaussagen zur Unterscheidung zwischen internalisierbaren und nicht-internalisierbaren Ressourcen in einigen Sätzen für sich auf und vergleichen Sie dann ihre Interpretationen in der Lerngruppe (M 40). Können Sie sich auf einen gemeinsamen Kern einigen?
4. Internalisierbare Ressourcen haben einen Marktpreis; durch dieses ökonomische Instrument kann die Nutzung begrenzt werden: Je höher der Preis, desto „exklusiver" seine Nutzung. (Vergleichen Sie dazu nochmals M 4, S. 171 und die dortigen Ausführungen zum Ausschluss potenzieller Nutzer durch Güterpreise und Zahlungen.)
5. Ein Merkmal internalisierbarer Güter ist, dass ausschließlich die Eigentümer das ihnen gehörende Gut nutzen können; alle anderen Personen sind von der Nutzung ausgeschlossen. Dies ist gemeint, wenn im Text gesagt wird, ein Unternehmen oder Konsument könne den „gesamten volkswirtschaftlichen Wert" des Gutes nutzen. Kann ein Eigentümer dagegen nur einen Teil des ökonomischen Wertes seines Gutes nutzen, hat dieses Gut positive externe Effekte, die von anderen unentgeltlich genutzt werden können. Angenommen, Ihnen gehöre ein Acker- oder Baugrundstück. Wie werden in der Praxis andere von der Nutzung Ihres Gutes ausgeschlossen?
6. Von der Nutzung der Ressource Luft kann (oder sollte) niemand ausgeschlossen werden. Sie ist, wie es im Text heißt: „gratis". Deswegen kann man die Luft auch nicht irgendwelchen Eigentümern überlassen (wie z. B. Grund und Boden) und die Nutzung von der Zahlung eines Preises abhängig machen. Prüfen Sie die Aussage, Luft sei – als natürliche Ressource – für den Einzelnen gratis, für die Gesellschaft aber „kostspielig". Ist das so?

Beschreiben Sie die „Externalitäten" von Luft, die dieses Gut zu einer nicht-internalisierbaren Ressource machen.
7. In dem Beispiel eines Unternehmens, das giftige Chemikalien in einen Fluss schüttet, scheinen die Autoren zu suggerieren, dass die flussabwärts wohnenden Menschen „bezahlt" werden sollten, wenn ihr Wasser vergiftet wird. Mit dieser ziemlich unglücklich formulierten Passage ist wohl gemeint, das Unternehmen solle Ausgleichszahlungen leisten, um den bei anderen entstehenden Schaden zu kompensieren. Wie beurteilen Sie diesen Vorschlag?

4.7.3 Die Diskrepanz zwischen Umweltbewusstsein und Umweltverhalten

Bei falschen Preisen führt Rationalverhalten zu falschen Ergebnissen

Je stärker nun das Ausmaß der Umweltbelastungen ist, desto größer ist die Differenz zwischen den einzelwirtschaftlich kalkulierten und volkswirtschaftlich entstehenden Kosten, um so problematischer ist die Lenkungswirkung der auf Basis der einzelwirtschaftlichen Kosten ermittelten Preissignale. Die Preise von in Produktion, Ge- und Verbrauch umweltbelastenden Gütern sind im Vergleich zu umweltverträglicheren zu gering. Die (ungewollte) Förderung umweltbelastender Produktions- und Konsummuster auf den Märkten ist die zwingende und voraussehbare Folge. Zwingend und voraussehbar deshalb, weil die gesellschaftliche Rolle der Unternehmen darin besteht, kostengünstige Problemlösungen zu finden. Und es ist die Rolle der Konsumenten, kostengünstige Problemlösungen mit Zunahme von Nachfrage zu belohnen. Wenn faktisch knapp gewordene Umweltleistungen keinen Preis haben und damit für die Nutzer keine Kosten verursachen, gibt es keinen Anreiz, sich um eine Reduzierung der Inanspruchnahme von Umweltleistungen zu bemühen. Im Gegenteil: Man wird sich gegen kostenverursachende Senkung von Umweltbeanspruchungen etwa aufgrund staatlicher Gebote zur Wehr setzen. In dieser Sicht liegt die zentrale Ursache für die Entstehung und Verschärfung von Umweltproblemen in der falschen Bewertung von Umweltleistungen, im (weitgehenden) Nulltarif für die Inanspruchnahme der Umwelt, im zu hohen „Öffentlichkeitsgrad" der mittlerweile knapp gewordenen Ressource natürliche Umwelt. Die Ursache ist nicht in der Wirkungsweise der Marktmechanismen als solche zu sehen, sondern in unzulänglichen – weil die Umweltknappheiten nicht berücksichtigenden und die Knappheitsfolgen nicht anzeigenden – Preisen. Nicht das Prinzip der Marktkoordination versagt, sondern ein Konstruktionsfehler hinsichtlich der institutionellen Ausgestaltung verhindert umweltverträglichere Ergebnisse der Marktwirtschaft. Dieser Konstruktionsfehler liegt darin, dass Produzenten und Konsumenten einen Teil der von ihnen bewusst oder unbewusst verursachten Handlungsfolgen auf Dritte abwälzen können.

H. D. Hardes/G.-J. Krol/A. Schmid: Volkswirtschaftslehre – problemorientiert. Tübingen, 1999, S. 374

Arbeitsaufträge

1. Stellen Sie eine Beziehung zwischen Überschrift und Textinhalt von M 41 in der Weise her, dass Sie zunächst knapp zusammenfassen, was hier unter „Rationalverhalten" von Unternehmen und Konsumenten verstanden wird. Formulieren Sie dann, warum die Marktteilnehmer „falsche" Preissignale bekommen. Und vervollständigen Sie Ihre Darstellung im dritten Schritt durch eine Erläuterung der Wirkungen falscher Preise auf die Inanspruchnahme knapper Umweltgüter.

2. Bilden Sie Zweiergruppen und erläutern Sie Ihrer Partnerin bzw. Ihrem Partner, warum umweltschädliche Formen der Produktion und Konsumtion zunehmen, wenn die Kosten der Umweltnutzung nicht voll erfasst und also in den Preisen nicht ausgedrückt sind. Die jeweiligen Partner können und sollen nachfragen, wenn sie etwas nicht verstanden haben. Setzen Sie (für die gesamte Lerngruppe) ein Zeitlimit, das für die Erläuterung ausreicht. Wenn die Zeit abgelaufen ist, wechseln die Gruppen, und jetzt erläutern in den neu zusammengesetzten Gruppen die jeweils anderen.
3. Warum handeln Unternehmen und Konsumenten „rational", wenn sie – unter den gegebenen Bedingungen – die Umwelt übermäßig beanspruchen und dadurch schädigen? Vollziehen Sie zunächst die Argumentation der Autoren nach und nehmen Sie danach Stellung: Stimmen Sie der Position der Autoren („Konstruktionsfehler") zu oder sehen Sie das anders? Formulieren Sie Ihre eigene Position in einer kurzen schriftlichen Stellungnahme.

4.7.4 Private Lösungen im Fall von externen Effekten

Wenn die exzessive Nutzung der Umwelt und die daraus folgenden Umweltschäden auf externe Effekte zurückzuführen sind, also auf das Auseinanderfallen von privaten und sozialen Kosten der Umweltnutzung, dann kommt es darauf an, diese negativen Effekte zu internalisieren. Damit ist gemeint, dass die schädigenden Wirkungen bewertet, in Kosten umgerechnet und den Nutzern nach dem Verursacherprinzip in Rechnung gestellt werden müssten. Dabei gibt es zwei unterschiedliche Denkansätze: Entweder reagiert der Staat mit politischen Maßnahmen (siehe Kapitel 4.8) oder die negativ Betroffenen handeln mit den Verursachern privat Entschädigungen bzw. Vermeidungen aus. Nach einem Lehrsatz des Nationalökonomen Ronald Coase, der unter der Bezeichnung Coase-Theorem bekannt geworden ist, können die Marktparteien unter bestimmten Bedingungen das Problem externer Effekte selbst lösen.

Wer ist Schuld?

Kosten entstehen beispielsweise, wenn eine Fabrik in einem ruhigen Tal so viel Lärm macht, dass dadurch die Rentabilität eines benachbarten Sanatoriums gemindert wird. Zweifelsfrei ist die Fabrik die Verursacherin des Lärms. Für solche Fälle hatte der britische Volkswirtschaftler Arthur Cecil Pigou 1950 die populäre Lösung einer Umweltsteuer formuliert. Sie zwingt die Fabrik, zum Beispiel Lärmfilter einzubauen, die Produktion einzudämmen oder gar den Betrieb zu schließen.

Coase kritisierte die Pigou-Steuer und das ihr zugrunde liegende Verursacherprinzip. Statt den Umweltschädiger zur Verantwortung zu ziehen, will er den Nutzen für die Volkswirtschaft erhöhen. Eine Steuer bewirke weniger Wirtschaftsleistung und verursache allenfalls soziale Kosten, wenn beispielsweise Arbeitsplätze verloren gingen. Auch das Sanatorium sei an der Lärmbelästigung beteiligt. Erst durch dessen Vorhandensein stelle sich die Schadensfrage. An Stelle eines Staatseingriffs schlägt Coase deshalb eine Verhandlungslösung vor. So könnte sich das Sanatorium an einem Lärmfilter beteiligen. Denn so wie der Fabrikbesitzer ein Interesse daran habe, zu produzieren und Gewinne zu erwirtschaften, so habe das Sanatorium ein Interesse an Ruhe, um ebenfalls Gewinne zu erzielen. Nach dem Coase-Theorem ist es also für eine volkswirtschaftliche Leistung unerheblich, wem die Eigentumsrechte – in diesem Fall an einem Umweltgut wie der erholsamen Ruhe – zugeteilt sind.

www.hr-online.de/d/themen/wirtschaft/wirtschaft_einzel_lang_jsp/key=wirtschaft_extralang_101778.html

4.7 Zu den Ursachen des Umweltproblems

Arbeitsaufträge

1. Stellen Sie fest: Wer verursacht das Problem in M42? Um welches öffentliche Gut wird hier gestritten? Können Sie sich im Kurs auf eine gemeinsame Einschätzung des Verursacherproblems einigen?
2. Überlegen Sie: Ist eine Verhandlungslösung für das Lärmproblem in M 42 denkbar? Und wenn ja: Wie könnte diese aussehen?
3. Nehmen Sie Stellung zu der folgenden Aussage: „Wer für die Kompensation von Schäden verantwortlich zu machen ist, stellt für Coase keine Frage des Prinzips, sondern der volkswirtschaftlichen Zweckmäßigkeit dar."
4. Laut Coase sind Verursachungsprobleme nicht einseitige, sondern zweiseitige Probleme. Wie beurteilen Sie vor diesem Hintergrund
    a) die gemeinsame Realisierung von Klimaschutzprojekten von Industrie- und Entwicklungsländern?
    b) die Tatsache, dass bestimmten Ländern Kompensationen angeboten werden, wenn sie Maßnahmen zum Schutz des Regenwaldes ergreifen und sie folglich auf Einnahmen aus dem Tropenholzexport verzichten?

Fischzüchter und Waschmittelproduzent

M 43

Stellen wir uns einen Fischzüchter vor, der einen See besitzt, dessen Fischreichtum seine Lebensgrundlage darstellt. Auf dem Grundstück neben dem See lässt sich ein Waschmittelproduzent nieder, der giftiges Abwasser in den See leitet, sodass ein Teil des Fischbestandes vernichtet wird. Die Quantität an Abwasser sei produktionsabhängig.

Könnte der Produzent für seine Aktivitäten haftbar gemacht werden, würde der Fischzüchter entweder die Produktion ganz verhindern oder von ihm einen Ausgleich für die Reduzierung seines Fischbestandes verlangen. Der Produzent würde in diesem Fall seine Produktion nur so lange ausdehnen, bis der zusätzlich zu ersetzende Schaden genau gleich dem Gewinn wäre, den er zusätzlich erzielen könnte.

Auch wenn der Produzent nicht haftbar gemacht werden könnte, würde es unter einer Bedingung zu einer Verhandlungslösung kommen: Wäre nämlich der marginale Schaden des Fischzüchters größer als der marginale Gewinn des Produzenten, wäre es für den Fischzüchter rational, dem Produzenten eine Gebühr dafür zu zahlen, dass er seine Produktion verringert. Diese Lösung kann zwar zu einer volkswirtschaftlich effizienten Situation führen, das Problem der externen Effekte würde dadurch jedoch nicht zwingend beseitigt.

Die praktische Anwendbarkeit des Coase-Theorems gilt allgemein als gering, da Verhandlungen häufig prohibitiv hohe Transaktionskosten verursachen: Übersteigen die Transaktionskosten die aus der Verhandlung realisierbaren Nutzengewinne, wird es erst gar nicht zu Verhandlungen kommen. Dies trifft z. B. dann zu, wenn die Anzahl der möglichen Verhandlungspartner sehr groß ist, sodass eine gemeinsame Entscheidungsfindung mit hohen Kosten verbunden wäre.

K. G. Binder: Grundzüge der Umweltökonomie. München, 1999, S. 104 f.

Arbeitsaufträge

1. Das „didaktisch" gemeinte Beispiel in M 43 ist insofern reichlich fiktiv, als es heute natürlich verboten ist, giftige Schadstoffe in ein Gewässer einzuleiten. Mit diesem Vorbehalt könnte man das Modellbeispiel akzeptieren, um daran das Prinzip der monetären Kompensation von „externen Schäden" zu untersuchen. Wichtig ist hier, dass ein Produzent einen anderen schädigt. Solange kein gesetzliches Verbot eine solche Schädigung verhindert, gibt es zwei Methoden, um den Schaden zu minimieren:
    a) die Kompensationslösung: Der Verursacher ersetzt dem Geschädigten den entstandenen Schaden; und
    b) die Verhandlungslösung: Der Geschädigte verhandelt mit dem Verursacher und vereinbart eine Zahlung, um den Verursacher zu bewegen, weniger Schadstoffe in das Gewässer einzuleiten.
    Die Kompensationslösung ist nach dem Verbot die „zweitbeste" Lösung. Begründen Sie, warum selbst die Verhandlungslösung für den Fischzüchter noch günstiger ist als gar keine Vereinbarung.
2. Mit „Transaktionskosten" ist der Zeit- und Kostenaufwand für die Verhandlungen zwischen Verursacher und Geschädigtem gemeint. „Prohibitiv hohe Transaktionskosten" heißt dann, dass hohe Kosten solche Verhandlungen verhindern. Im Modellbeispiel mit nur zwei Partnern sind die Transaktionskosten sicherlich noch überschaubar und nicht „prohibitiv hoch". Stellen Sie fest, wer in der Praxis die negativen Externalitäten zu spüren bekäme, wenn eine Fabrik das Wasser eines Sees vergiftet. Wie würden Sie in diesem Fall die Höhe der Transaktionskosten und die Chance auf eine Verhandlungslösung einschätzen?
3. Veranstalten Sie ein Rollenspiel zu den Verhandlungen zwischen Fischzüchter und Waschmittelproduzent. Arbeiten Sie zuvor ein realistisches Zahlen-Tableau zur Höhe der Schäden und Kosten aus, die im Verlaufe eines Jahres bei den beiden Kontrahenten entstehen könnten, und streben Sie eine Lösung an, bei der am Ende alle Beteiligten besser dastehen als ohne Verhandlungslösung.

4.7.5 Methode: Grafische Darstellung des Coase-Theorems

Die Verhandlungslösung nach dem „Coase-Theorem" lässt sich grafisch in der Form von Kostenkurven veranschaulichen. Man kann die Gesamtkosten der beiden Kontrahenten (im Beispiel Fischzüchter und Waschmittelproduzent) in Abhängigkeit von der Produktions- bzw. Schadstoffmenge in ein Diagramm übertragen und daraus dann die Grenzkosten ableiten. Bei den „Schadenskosten" handelt es sich um den monetär bewerteten Schaden infolge qualitativer und quantitativer Minderung des Fischbestandes durch Umweltgifte, bei den „Vermeidungskosten" wird der Aufwand erfasst, der erforderlich ist, um Umweltschäden zu vermeiden bzw. zu mindern (z. B. durch Abwasserreinigung). In der Grenzkostenanalyse kann man dann untersuchen, welche zusätzlichen Kosten bei einer Erhöhung der Schadstoffmenge entstehen.

Schadenskosten und Vermeidungskosten

M 44a

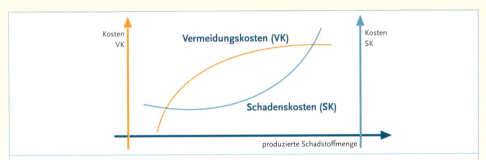

Erläuterung: Der Schaden SK des Fischzüchters (rechte Ordinate) steigt mit der Schadstoffmenge an; dabei ist es plausibel, anzunehmen, dass SK zunächst gering ist, dann aber überproportional zunimmt – bis (bei Totalschaden) ein Maximum erreicht ist. Umgekehrt wird unterstellt, dass die Vermeidungskosten VK des Waschmittelproduzenten (linke Ordinate) degressiv ansteigen, also anfänglich steil ansteigen (eine Kläranlage muss installiert werden), dann aber mit der Produktionsmenge nur noch unterproportional zunehmen. Die daraus folgenden Grenzkostenkurven lassen sich als Ableitungen der Gesamtkostenkurven interpretieren (siehe M 44b).

Originalbeitrag des Autors

Minimierung der volkswirtschaftlichen Gesamtkosten

M 44b

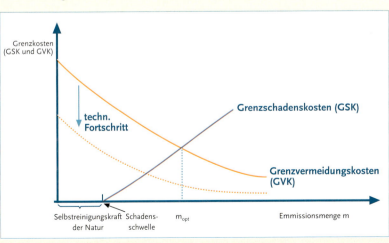

H. Bartling/F. Luzius: Grundzüge der Volkswirtschaftslehre. München 2000, S. 131

Arbeitsaufträge

1. Zunächst sollten Sie sich klarmachen (lassen), wie die Grenzkostenkurven aus den Gesamtkostenkurven abgeleitet werden können. Bitten Sie gegebenenfalls Mathe-Freaks in Ihrer Lerngruppe, das zu erklären. Die Leitfrage ist die: Wie ändern sich VK und SK, wenn die unabhängige Variable (Schadstoffmenge) jeweils um eine Einheit erhöht wird (marginal zunimmt)? Sie müssten folgende Aussage verstanden haben und nachvollziehen können: Erhöht sich die Schadstoffmenge (infolge erhöhter Produktion) um eine Einheit, dann steigt VK (absolut) zwar weiter an, GVK nimmt jedoch ab.

2. Da GVK bei steigender Schadstoffmenge abnimmt, GSK jedoch steigt, gibt es einen Schnittpunkt der beiden Grenzkostenkurven. Erläutern Sie, was dieser Schnittpunkt ökonomisch bedeutet. Sie finden einen Zugang zur Antwort, wenn Sie überlegen, was hier gleich groß ist.

3. Warum ergibt dieser Schnittpunkt die „optimale" Schadensmenge (m_{opt})? Sie könnten einer Lösung dadurch auf die Spur kommen, dass Sie überlegen, welche Situationen links und rechts von m_{opt} bestehen – und warum diese „suboptimal" sind.

Die übliche Anwendung des Verursacherprinzips führt dazu, dass ein Flughafen seine Lärmemission reduzieren muss. Ronald Coase aber würde fragen: „Gibt es nicht eine Rechteverteilung, welche zu weniger Reibungsverlusten zwischen Flughafen und Anwohnern führt?"

Text: M. Horstedtler: Aufgeklärte Anwendung des Verursacherprinzips. In: tec 21, Nr. 7/2001, S. 11.
Foto: Keystone

4. Eine Aufgabe für Fortgeschrittene: Die beiden in M44b zitierten Autoren behaupten in ihrem Kommentar zur gezeigten Abbildung: In „m_{opt}" ist ein Wohlstandsmaximum erreicht, weil dort die Gesamtkosten (SK + VK) am geringsten sind. Zeigen Sie, dass diese Aussage falsch ist. (Am geringsten wären die Gesamtkosten ja wohl bei einer Schadensmenge von null; in „m_{opt}" ist allenfalls der Zuwachs der Gesamtkosten minimal.)

5. Bleiben Sie sprachkritisch und lassen Sie sich von den hier verwendeten Begriffen nicht überrumpeln. „m_{opt}" ist „optimal" nur unter den Annahmen dieses Modells. Optimal im landläufigen Sinne wäre es, wenn gar keine Schadstoffe produziert oder aber die gesamten Schadstoffe wieder unschädlich gemacht würden. Der ökonomische Ansatz registriert hingegen, dass ein Aufwand an Ressourcen und Gütern nötig ist, um Schadstoffe zu vermeiden oder unschädlich zu machen, und dass dieser Aufwand (= Kosten) in einem ganz nüchternen Kalkül gegen die Höhe der entstehenden Schäden abgewogen werden muss. Ist diese ökonomische Sichtweise Ihrer Meinung nach gerechtfertigt?

6. In M 44b ist auch der Effekt des technischen Wandels dargestellt (in der gestrichelten Kurve). Dieser technische Wandel wird durch den Wettbewerb induziert: Für Unternehmen ist die Schadensminderung, z. B. durch Kläranlagen, sehr teuer; also suchen sie kontinuierlich nach günstigeren Möglichkeiten, den gleichen Effekt zu erzielen. Auf der anderen Marktseite konkurrieren die Kläranlagenanbieter untereinander mit besseren, kostengünstigeren Angeboten. Begründen Sie den Verlauf der GSK-Kurve nach Realisierung von technischem Wandel.

4.8 Umweltpolitische Instrumente des Staates

Das umweltpolitische Instrumentarium

M 45

Umweltpolitische Ziele	

Prinzipien	Vorsorgeprinzip	Verursacherprinzip	Kooperationsprinzip

Mittel	Instrumente

Einfluss	direkt	indirekt

Art / Charakter / Beispiele	Planungsrechtliche Instrumente *planend* • Fachplanung • Gesamtplanung • Planfeststellung • Umweltverträglichkeitsprüfung (UVP)	Ordnungsrechtliche Instrumente *eingreifend* Verbote Gebote Anmelde-, Auskunfts-, Anzeigepflichten Behördliche Verfügungen	Ökonomische Instrumente *stimulierend* • Abgaben • Gebühren • Steuern • Lizenzen • Haftungsregelungen	informelle Instrumente *ergänzend* • Beispiele • Absprachen • Appelle • Aufklärung • Beratung • Selbstverpflichtungen

Anwendung	Gesetze (Bund/Länder), Verordnungen (Bund/Länder), Satzungen (Kommunen)	z. B. mündliche oder schriftliche Abkommen

M. Fritzler: Ökologie und Umweltpolitik. Herausgegeben von der Bundeszentrale für politische Bildung. Bonn, 1997, S. 83

M 46 Stichwort: Das umweltpolitische Instrumentarium

Um umweltpolitische Ziele und Vorgaben zu verwirklichen, kann sich der Staat verschiedener Instrumente bedienen. Es gibt planungs- und ordnungsrechtliche Instrumente, die vom
5 Vorsorgeprinzip geprägt sind, ökonomische Instrumente nach dem Verursacherprinzip und informelle Instrumente gemäß dem Kooperationsprinzip.

Planungsrechtliche Instrumente betreffen vor
10 allem Behörden und Projektträger. Zu den planfeststellungsbedürftigen Projekten gehören z. B. der Bau von Abfalldeponien, Flughäfen, Eisenbahnstrecken u. Ä. Es wird geprüft, ob die Vorhaben mit den Zielen der Raumpla-
15 nung übereinstimmen; bei zahlreichen Vorhaben ist auch eine Umweltverträglichkeitsprüfung vorgeschrieben. Zu umweltspezifischen Fachplanungen gehören z. B. Abfallbewirtschaftungs- oder Luftreinhaltepläne, die in Ge-
20 setzen vorgesehen sind.

Ordnungsrechtliche Instrumente des deutschen Umweltrechts betreffen dagegen nahezu jeden Bürger. Verbote betreffen z. B. das Beseitigen von Abfällen und wassergefährdenden
25 Stoffen in freier Landschaft. Gebote legen Bürgern oder Firmen Pflichten auf. Unternehmen sind z. B. verpflichtet, Angaben über Abfallentsorgung oder über ihre Aufwendungen für den Umweltschutz zu machen (Auskunftspflicht).
30 Befolgen die Adressaten die Ge- und Verbote nicht, können die Behörden sie mittels Verfügungen durchsetzen.

Zu den *ökonomischen Instrumenten* zählen Sonderabgaben für bestimmte umweltbelastende Tätigkeiten. Industrie- und Gewerbebe-
35 triebe, die ihr Abwasser nicht in die öffentliche Kanalisation, sondern direkt in Flüsse oder Bäche einleiten, müssen an die Länder eine Abwasserabgabe entrichten, deren Höhe sich nach der Menge und Schädlichkeit der einge-
40 leiteten Stoffe bemisst. Gebühren sind Entgelte für eine spezielle Leistung einer Behörde (z. B. Müllgebühr). Anders als Abgaben und Gebühren sind Steuern weder zweckgebunden noch haben Steuerzahler einen Anspruch auf eine
45 Gegenleistung.

Informelle Instrumente dienen der indirekten Verhaltenslenkung und sind Ausdruck des Kooperationsprinzips, das auf Zusammenarbeit von Staat und Bürgern im Umweltschutz ab-
50 zielt (z. B. Umweltwettbewerbe und Preise, Auszeichnung bestimmter Produkte).

Nach: M. Fritzler: Ökologie und Umweltpolitik. Herausgegeben von der Bundeszentrale für politische Bildung. Bonn, 1997, S. 86ff.

M 47 Markt oder Bürokratie?

Die Umweltpolitik schreitet von der Nachsorge zur Vorsorge voran. Das ist heute Konsens. Aber was heißt Vorsorge?

In konventioneller Juristen-Denke heißt
5 Vorsorge das Vordringen der staatlichen Regelung in die Frühstadien der Produktion. Recyclinggerechtes Produzieren soll durch detaillierte Verbote und Gebote über die Stoffzusammensetzung erzwungen werden. Und die
10 Schadstoffvermeidung wird durch Kompositionsvorschriften an die Entwicklungslabors erzwungen. Entsprechend komplizierter und zeitraubender werden die Genehmigungsverfahren.

Ein Albtraum, finde ich. Und ziemlich un-
15 realistisch. In wie vielen Ländern der Erde sind derartige Vorschriften überhaupt durchsetzbar? Und was hilft es der Umwelt, wenn es ein paar bürokratische grüne Inseln gibt? Aber haben wir Alternativen? Ja, es gibt sie. Wir müs-
20 sen dafür sorgen, dass die Preise die ökologische Wahrheit sagen. Das wäre mein umweltpolitisches Ziel für die Neunzigerjahre – und danach.

E. U. von Weizsäcker (z. Z. d. Ä. Präsident des Wuppertal-Institutes für Klima, Umwelt, Energie). In: Frankfurter Rundschau vom 31. März 1992, S. 6

Umweltauflagen: Gebote und Verbote

M 48

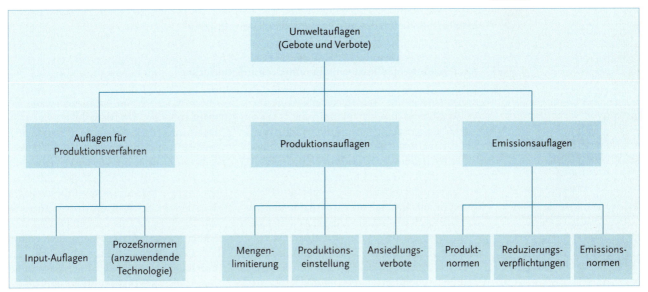

L. Wicke, F. J. Schafhausen, Instrumente zur Durchsetzung des Umweltschutzes. In: WISU 11, 1982, S. 411

Arbeitsaufträge

1. Verschaffen Sie sich einen Überblick über das umweltpolitische Instrumentarium. Erläutern Sie: Mit welcher Begründung werden die planungs- und ordnungsrechtlichen Instrumente dem Vorsorgeprinzip zugeordnet, ökonomische Instrumente dem Verursacherprinzip und informelle Instrumente dem Kooperationsprinzip? (Berücksichtigen Sie bei Ihrer Erläuterung auch die Charakterisierung der Instrumente in M 45 als „planend", „stimulierend" etc.) (M 45, M 46)
2. Beschreiben Sie am Beispiel der Luftreinhaltung den Unterschied zwischen ökologischer Nachsorge und Vorsorge. Listen Sie die Vor- und Nachteile beider Verfahren auf.
3. In Spraydosen (Haarsprays, Farbsprays etc.) und in Kältemitteln wurde früher das Treibmittel FCKW (Fluorchlorkohlenwasserstoff) verwendet, das an der Zerstörung der Ozonschicht beteiligt ist. Dieses Mittel ist in der EU inzwischen verboten (bis auf Ausnahmen). Die Alternative zum Verbot hätte darin bestanden, den „Preis" für Produktion und Verwendung von FCKW dadurch zu erhöhen, dass darauf eine entsprechend hohe Straf- oder Ökosteuer erhoben worden wäre. Bewerten Sie die unterschiedlichen Auswirkungen dieser beiden Ansätze – Verbot versus Steuern – auf das Verhalten der Produzenten und Konsumenten. (Siehe auch M 47 und M 48)
4. Verbote oder ökologisch „richtige" Preise? Erörtern Sie, welcher Ansatz der Umweltproblematik eher gerecht wird. Worin bestehen die jeweiligen Stärken und Schwächen? Welches Fazit ziehen Sie aus Ihrer Diskussion?

4.9 Umweltpolitische Instrumente in Diskussion

Leitlinien und Instrumente der aktuellen Umweltpolitik

M 49 Aus dem umweltpolitischen Programm der Bundesregierung

- Die ökologische Modernisierung ist die große Chance, um die natürlichen Lebensgrundlagen zu schützen und mehr Arbeit zu schaffen. Die neue Bundesregierung wird dafür sorgen, dass unser Land hierbei eine Vorreiterrolle einnimmt.
- Wir orientieren uns am Leitbild der Nachhaltigkeit. Die Agenda 21 ist dafür unsere wichtigste Grundlage. Unser Ziel ist eine nachhaltige, das heißt wirtschaftlich leistungsfähige, sozial gerechte und ökologisch verträgliche Entwicklung. Die Entwicklung und Einführung neuer produktionsintegrierter und damit an den Ursachen der Umweltzerstörung ansetzender Technologien und Verfahren sowie innovativer Produkte und Dienstleistungen wird zur Schaffung von zukunftsfähigen Arbeitsplätzen beitragen.
- Das zersplitterte Umweltrecht wird in einem Umweltgesetzbuch zusammengeführt, um es effizienter und bürgernäher zu gestalten. Neben einer Reform des Ordnungsrechts werden dabei auch neue Instrumente der Umweltpolitik, wie wirtschaftliche Anreize und eine verstärkte Bürgerbeteiligung, einbezogen. Die Umweltverbände erhalten ein Verbandsklagerecht.
- Das Instrument der freiwilligen Selbstverpflichtung stärkt das Umweltbewusstsein der Akteure. Sie können insbesondere in klar abgegrenzten Bereichen sinnvoll sein und zu effektivem Umwelthandeln beitragen, wenn die zu erreichenden Ziele und Zwischenziele eindeutig festgelegt und überprüfbar sind (Monitoring) und sie im Falle der Nichteinhaltung mit Sanktionen verbunden werden. Selbstverpflichtungen in dieser Form können auf geeignetem Gebiet Ordnungsrecht entbehrlich machen, z. B. als Vereinbarungen mit Unternehmen.
- Die Umwelthaftungspflicht wird entsprechend ausgebaut.

Aus der Koalitionsvereinbarung zwischen SPD und Bündnis 90/Die GRÜNEN vom 20. Oktober 1998, Teil V. Ökologische Modernisierung.

Arbeitsaufträge

1. Der Text M 49 nennt Kernpunkte des umweltpolitischen Programms der ersten Bundesregierung, an der die GRÜNEN beteiligt waren. Da es sich um eine Koalitionsvereinbarung handelt, hat das Programm notwendigerweise Kompromisscharakter. Wo erkennen Sie die Handschrift der GRÜNEN, wo die der SPD?
2. Vergleichen Sie die hier verwendete Definition von „nachhaltiger Entwicklung" mit den Begriffsmerkmalen in M 32 und M 33. Nehmen Sie bewertend Stellung zu Verwendung und Definition des Begriffs „nachhaltige Entwicklung".
3. In der Koalitionsvereinbarung wird eine „Vorreiterrolle" bei der ökologischen Modernisierung angekündigt. Vergleichen Sie dies mit der Stellungnahme des Umweltrates in M 50 und beschreiben Sie die Differenz zwischen Absicht und Wirklichkeit.
4. Besorgen Sie sich Unterlagen über „produktionsintegrierte Technologien". Das sind Produktionstechniken und -verfahren, in die ressourcensparende und/oder abfallmindernde und/oder schadstoffvermeidende Vorrichtungen eingebaut sind, um bereits im Stadium der Produktion ökologische Belastungen zu minimieren. Können Sie Beispiele dafür finden? Recherchieren Sie den Unterschied zwischen „end-of-pipe-Technologien" und produktionsintegriertem Umweltschutz. Sind „produktionsintegrierte Technologien" auch in einer Dienstleistungsorganisation – wie z. B. einer Schule – denkbar?
5. Der Entwurf des neuen Umweltgesetzbuches (UGB) enthielt 20 Gesetze, viele

Verordnungen und ca. 775 Paragraphen. Erkundigen Sie sich, ob es inzwischen ein „Umweltgesetzbuch" gibt bzw. was mit dem Entwurf geschehen ist. (Hinweise unter **www.bmu.de/gesetze**)

6. Instrumente mit ökonomischer Anreizwirkung sind z. B. Umweltsteuern und -abgaben, das Umweltaudit, aber auch Selbstverpflichtungen von Wirtschaftsbranchen oder einzelnen Unternehmen. Beschreiben Sie, worin die „Anreize" solcher Instrumente bestehen.
7. Das Instrument der freiwilligen Selbstverpflichtung wird von manchen Beobachtern als wirkungslos angesehen. Fassen Sie die im Text genannten Bedingungen zusammen, die erfüllt sein müssen, wenn dieses Instrument Wirkungen entfalten soll.

Auf dem Weg zu einer nationalen Strategie nachhaltiger Entwicklung

M 50

Die auf der Konferenz der Vereinten Nationen 1992 in Rio de Janeiro verabschiedete Agenda 21 fordert die Unterzeichnerstaaten auf, eine „nationale Strategie nachhaltiger Entwicklung"
5 zu formulieren. Nach dem Beschluss der UN-Sondervollversammlung vom Juni 1997 in New York sollen alle Unterzeichnerstaaten ihre Nachhaltigkeitsstrategie bis spätestens 2002 fertigstellen. Die Bundesrepublik Deutschland,
10 die 1971 mit ihrem ersten Umweltprogramm noch als internationaler Vorreiter auf diesem Gebiet gelten konnte, gehört heute zu den Nachzüglern dieser Entwicklung. In der Koalitionsvereinbarung der neuen Bundesregierung wurde die Erarbeitung einer Nachhaltigkeits- 15 strategie nunmehr beschlossen. Im Januar 2000 wurde dieser Prozess durch einen parteiübergreifenden Beschluss des Bundestages förmlich eingeleitet.

Umweltrat: Gutachten 2000 (Kurzfassung, Ziffer 1; www.umweltrat.de/gutach00.htm)

Ordnungsrechtliche Instrumente der aktuellen Umweltpolitik

Arbeitsaufträge

Besprechen Sie im Kurs, welche Rückschlüsse man aus M 51 und M 52 ziehen kann hinsichtlich der Mühen, Probleme (und nicht zuletzt Kosten) einer auf dem Ordnungsrecht beruhenden Umweltpolitik.
a) In M 51 werden die Gründe für eine Zusammenfassung und Integration bislang verstreuter Vorschriften in einem einheitlichen Umweltgesetzbuch vorgetragen.
b) Der nach vielen Jahren der Vorarbeit vorgelegte Entwurf zu einem UGB hat bislang die Hürden der Gesetzgebung noch nicht geschafft, sondern ist zunächst einmal an Einsprüchen – vor allem der Bundesländer – gescheitert. Ersatzweise hat die Bundesregierung – unter dem Druck von Terminen, die von der EU vorgegeben wurden – ein „Artikelgesetz" vorgelegt, mit dem eine Reihe von EU-Richtlinien zum Umweltrecht umgesetzt werden. (M 52)

Warum ein Umweltgesetzbuch (UGB) erforderlich ist

M 51

Das geltende deutsche Umweltrecht ist in vielen unterschiedlichen Bundesgesetzen und -verordnungen kodifiziert. Hinzu kommen Landesgesetze und Verwaltungsvorschriften
5 und technische Regelwerke wie die DIN-Normen, auf die in den Gesetzen bezug genommen wird. Zunehmend wird unser Umweltrecht auch in EG-Verordnungen und Richtlinien geregelt, die wiederum auf europäische oder internationale Normen verweisen. Angesichts 10 dieser Fülle von unterschiedlichen und teilweise auch widersprüchlichen Regelungen des Umwelt- und Naturschutzes und der bestehenden Anwendungs- und Vollzugsdefizite ist die

Zusammenfassung, Vereinheitlichung und – wo Lücken und Unzulänglichkeiten bestehen – Weiterentwicklung des Umweltrechts in einem Umweltgesetzbuch dringend notwendig. Handlungsbedarf in Richtung Vereinfachung, Vereinheitlichung und Weiterentwicklung des Umweltrechts besteht vor allem in den Bereichen Boden-, Klima-, Natur- und grenzüberschreitender Gewässerschutz, aber auch bei der integrierten Vermeidung und Verminderung von Umweltverschmutzungen. Dabei kann das deutsche Umweltgesetzbuch auch als Vorlage für die ebenfalls notwendige Ausarbeitung eines europäischen Umweltgesetzbuches dienen.

http://home.t-online.de/home/Dietmar.Schuetz.MdB/ugb.htm

M 52 Gesetz zur Umsetzung der UVP-Änderungsrichtlinie, der IVU-Richtlinie und weiterer EU-Richtlinien zum Umweltschutz („Artikelgesetz")

- Die UVP[1]-Richtlinie, fortgeschrieben durch die UVP-Änderungsrichtlinie, erfordert vor Erteilung einer Genehmigung für bestimmte, besonders umweltrelevante öffentliche und private Vorhaben eine medienübergreifende Umweltverträglichkeitsprüfung, mit der die Umweltauswirkungen eines Vorhabens ermittelt, beschrieben und bewertet werden und deren Ergebnisse im Genehmigungsverfahren berücksichtigt werden. Die IVU[2]-Richtlinie schreibt ein integriertes Konzept für die Zulassung von Industrieanlagen und Deponien vor, um durch die vollständige Koordinierung der Zulassungsverfahren und der Auflagen in den Bereichen Boden, Wasser und Luft ein hohes Schutzniveau für die Umwelt insgesamt zu erreichen. Für Deponien enthält die Deponie-Richtlinie spezielle technische Anforderungen, welche die allgemeinen Anforderungen der IVU-Richtlinie konkretisieren.
- Da die Richtlinien zur UVP und zur IVU aufgrund ihres medienübergreifenden Ansatzes und ihres für Industrieanlagen und Deponien weitgehend gleichen Anwendungsbereiches in einem engen Zusammenhang stehen, war ursprünglich vorgesehen, beide Richtlinien im Rahmen eines Ersten Buches zum Umweltgesetzbuch (UGB I) einheitlich (d. h. insbesondere durch Einführung einer integrierten Vorhabengenehmigung) in deutsches Recht umzusetzen. Die Ressortabstimmung innerhalb der Bundesregierung zu dem Referentenentwurf für ein UGB I (Stand: 23.04.1999) hatte jedoch ergeben, dass kompetenzrechtliche Probleme entgegen stehen. Vor diesem Hintergrund und angesichts des Ablaufs der Umsetzungsfristen der EG-Richtlinien (UVP-Änderungsrichtlinie: 14.3.1999; IVU-Richtlinie: 30.10.1999) hat die Bundesregierung beschlossen, eine Realisierung des UGB I nunmehr erst auf der Grundlage einer erweiterten Gesetzgebungskompetenz des Bundes anzustreben (siehe hierzu das Themenpapier „Umweltgesetzbuch"). Die EG-Richtlinien sind nun zunächst durch ein so genanntes Artikelgesetz, mit dem eine Reihe geltender Umwelt- und sonstiger Bundesgesetze geändert werden, in deutsches Recht umgesetzt worden.
- Gegenstand des Gesetzes sind Änderungen des Gesetzes über die Umweltverträglichkeitsprüfung, des Bundes-Immissionsschutzgesetzes, des Wasserhaushaltsgesetzes, des Kreislaufwirtschafts- und Abfallgesetzes, des Atomgesetzes, des Bundesnaturschutzgesetzes, des Baugesetzbuchs, verschiedener Verkehrsgesetze, des Energiewirtschaftsgesetzes sowie des Umweltinformationsgesetzes. Darüber hinaus enthält das Gesetz auch die zur Umsetzung der EU-Richtlinien erforderlichen Änderungen der betroffenen Rechtsverordnungen (Erste, Vierte, Neunte und Siebzehnte Verordnung zur Durchführung des Bundes-Immissionsschutzgesetzes, Atomrechtliche Verfahrensverordnung sowie Umweltinformationsgebührenverordnung).
- Das Gesetz wurde am 27. Juli 2001 vom Bundespräsidenten ausgefertigt und am 2. August 2001 im Bundesgesetzblatt veröffentlicht.

(1) UVP = Umweltverträglichkeitsprüfung
(2) IVU = Integrierte Vermeidung und Verminderung der Umweltverschmutzung

Aus dem BMU-Hintergrundpapier zum „Artikelgesetz";
(www.bmu.de/download/b_artikelgesetz.php?vers=text)

BASF: Umweltpolitik gefährdet Werk Ludwigshafen

Die Umweltpolitik der Europäischen Union und der Bundesregierung gefährdet nach Darstellung der BASF den Standort Ludwigshafen.

dpa Ludwigshafen

Würden alle Pläne umgesetzt, so kämen auf die BASF jährlich Mehrkosten von 300 Mio. Euro zu, sagte BASF-Vorstandsmitglied Eggert Voscherau am Freitag in Ludwigshafen. Da der Chemiekonzern langfristig planen müsse, könnten die Pläne zur Folge haben, dass Investitionsentscheidungen nicht getroffen würden. Damit laufe man Gefahr, einen Standort „aushöhlen" zu müssen. Im BASF-Werk Ludwigshafen – dem größten zusammenhängenden Chemiekomplex der Welt – arbeiten derzeit rund 41 800 Menschen.

Allein die geplante Chemikalien-Gesetzgebung der EU würde laut Voscherau für die BASF jährlich mit 50 Mio. Euro zu Buche schlagen. Das im Februar 2001 von der EU-Kommission vorgelegte Weißbuch Chemikalien-Politik sieht ein neues System zur Registrierung und Bewertung von Chemikalien vor. Damit soll auch das Risiko so genannter Altstoffe besser beurteilt werden können.

Handelsblatt vom 1. Februar 2002

Arbeitsaufträge

1. Stellen Sie fest, von welchen Quellen dieser Text M 53 stammt, wessen Position darin wiedergegeben wird, gegen wen er sich richtet und was darin verlangt wird.
2. Der BASF-Konzern hatte im Jahr 2001 einen Umsatz von rund 32,5 Milliarden Euro und rund 92 500 Mitarbeiter. Unterstellen Sie, dass in Ludwigshafen mit ca. 45 % aller Mitarbeiter ein anteiliger Umsatz erzielt wird. Welchen Anteil an diesem Umsatz haben die befürchteten Mehrkosten? Welchen Anteil haben sie am Ergebnis der Betriebstätigkeit (BASF-Gruppe insgesamt im Jahr 2001: 2,293 Mrd. Euro)?
3. Auf der BASF-Homepage (www.basf.de) kann man lesen: „Die BASF ist eines der weltweit führenden Chemieunternehmen. Die BASF richtet ihr Handeln am Leitbild der nachhaltig zukunftsverträglichen Entwicklung, Sustainable Development, aus." Ist Ihrer Meinung nach die Presseverlautbarung von M 53 mit dieser Position vereinbar? Begründen Sie Ihre Meinung.
4. Vermutlich gibt es in Ihrer Lerngruppe unterschiedliche Auffassungen zu dieser Frage. Lassen sich die Meinungsunterschiede durch eine Diskussion ausräumen?
5. Zeigen Sie auf, inwiefern Umweltschutzmaßnahmen sowohl positive als auch negative Auswirkungen auf die Beschäftigung haben können. (M 54 – M 55)

M 54 Klimaschutz als Wirtschaftsfaktor

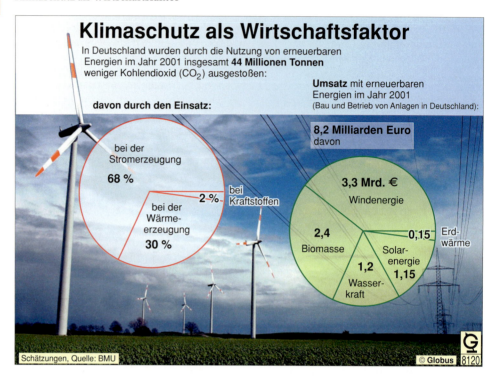

M 55 Investitionen für eine saubere Umwelt

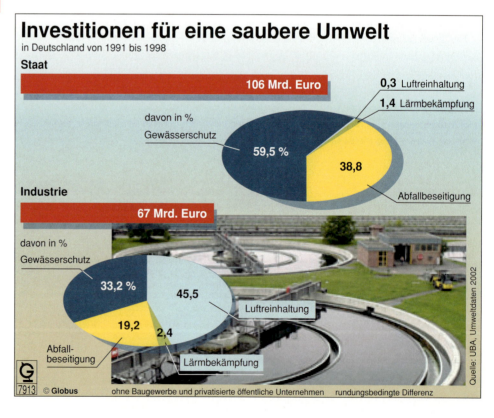

Marktorientierte Instrumente (1): Haftungspflicht und Ökosteuer

Warum Sie eine Versicherung brauchen: Die Folgen von Umwelteinwirkungen können Sie teuer zu stehen kommen. M 56

Durch Explosion eines Chemikalientanks in einem Betrieb der Kunststoffindustrie kommt es zu einer Druckwelle, die in der näheren Umgebung Scheiben zerspringen lässt. Die freigesetzten giftigen Dämpfe und Rauchschwaden führen zu Schäden am Lack von in der Nähe parkenden Autos. Gleichzeitig leiden Anwohner infolge der Rauchschwaden an Atembeschwerden. Die sich niederschlagenden Stoffe führen zu einer Verrußung der umliegenden Gebäude. Man stellte fest, dass die Explosion durch das Versagen eines defekten Überdruckventils verursacht wurde.

Aus dem Werbetext einer Industrieversicherung (www.axa.de/servlet/PB/-s/1z0rwtzadjo3d8si1yksi200p85rs49/menu/1002080/)

Lenkungsinstrument Emissionsgebühren M 57

Um manche der Mängel einer direkten staatlichen Kontrolle zu umgehen, wird von zahlreichen Ökonomen immer wieder vorgeschlagen, doch eine Strategie zu wählen, die eher auf wirtschaftliche Anreize als auf staatliche Verordnungen baut. Einer dieser Ansätze sieht die Erhebung von Emissionsgebühren vor, die bedeuten würden, dass die Unternehmen eine Steuer für die von ihnen verursachte Verschmutzung zu entrichten haben, die ebenso hoch sein müsste wie der durch den externen Effekt verursachte Schaden. [...]

Mit dieser Maßnahme würden die Externalitäten internalisiert, indem das Unternehmen selbst die sozialen Kosten seiner Aktivitäten zu tragen hätte. [...]

Wenn Emissionsgebühren richtig berechnet werden – und auch hier liegt die Betonung wieder auf dem Wörtchen „wenn" –, würden gewinnorientierte Unternehmen wie von einer unsichtbaren Hand dazu angeleitet, jenen Effizienzzustand anzustreben, bei dem soziale Grenzkosten und sozialer Grenznutzen der Emission gleich hoch sind.

P. Samuelson/W. Nordhaus: Volkswirtschaftslehre. Wien, 1998 (15), S. 415

Arbeitsaufträge

1. Die Umwelthaftungspflicht kann ein sehr scharf wirkendes Instrument sein, wenn das Recht entsprechend ausgestaltet ist. Von der Versicherungswirtschaft werden Umwelthaftpflicht-Versicherungspolicen angeboten, um die Risiken abzudecken. Die von den Unternehmen zu zahlenden Versicherungsprämien hängen von Art und Umfang der Risiken ab. Erläutern Sie, wie der (wirtschaftliche) Anreiz, hohe (Prämien-)Kosten einzusparen, sich günstig für Mensch und Umwelt auswirken kann. (Vgl. hierzu auch M 56)
2. Alle Welt weiß, dass der automobile Individualverkehr mit sehr hohen Kosten verbunden ist: Verkehrstote, überhöhter Energieverbrauch, CO_2-Abgase, Umweltzerstörung, Landschaftsverschandelung etc. Könnte eine drastische Benzinverteuerung das automobile Verhalten der Menschen ändern? Würden Sie Ihr Verhalten ändern?
Erstellen Sie zunächst ein Meinungsbild mit der „Blitzlicht"-Methode (spontane Abstimmung ohne vorherige Diskussion). Sammeln Sie dann in einer Debatte Argumente pro und kontra „drastische Benzinpreiserhöhung" und führen Sie danach eine erneute Abstimmung durch. Interpretieren Sie das Ergebnis.
3. Umweltabgaben haben zwei unterschiedliche Wirkungen: Einerseits gehen von den Abgaben ökonomische Lenkungseffekte aus, andererseits führen die Abgaben zu fiskalischen Einnahmen bei öffentlichen Haushalten. Erörtern Sie: Inwiefern können diese beiden Wirkungen die Politik in ein Dilemma bringen?

M 58 Ökologische Steuerreform

a) Erste Stufe der ökologischen Steuerreform

Zum 1. April 1999 trat die erste Stufe der ökologischen Steuerreform in Kraft. Ihre zentralen Elemente sind:

- Erhöhung der Steuersätze (im Rahmen der „Mineralölsteuer") für Kraftstoffe um 3 Cent/L, für Erdgas um 0,32 Pf/kWh, für Heizöl um 2 Cent/L;
- Einführung einer Stromsteuer von 2 Cent/kWh;
- Senkung des Beitragssatzes in der Rentenversicherung um 0,8 Prozentpunkte.

Für die 2. bis 5. Stufe der Ökosteuerreform, die zum 1. 1. 2000 in Kraft trat, wurden jährliche Erhöhungen der Steuersätze für Strom und Kraftstoffe beschlossen.

Text a) Umweltrat: Gutachten 2000 (Kurzfassung; www.umweltrat.de/gutach00.htm)

Text b) Bündnis 90/Die Grünen im Bundestag: Die Grüne Umweltbilanz (www.gruene-fraktion.de/ext/publikationen/kf/kf14-09_umweltbilanz.pdf)

b) Das Signal der Ökosteuer

Das Signal der Ökosteuer ist klar: Die Abhängigkeit vom Öl muss verringert, umweltfreundliche Alternativen müssen gestärkt werden. Daher werden erneuerbare Energien und Energieeinsparungen gefördert und umweltbelastender Energieverbrauch schrittweise besteuert. ÖKOlogisch umSTEUERn: Mit der Ökosteuer haben wir den ökologischen Gedanken im Steuersystem verankert und eine umweltpolitische Trendwende eingeleitet. Die Entwicklung seit Einführung der Ökosteuer gibt uns recht: Der Innovationswettlauf der Produzenten hat längst begonnen. Immer mehr Unternehmen richten ihre technische Entwicklung und ihr Marketing auf sparsame Produkte aus. Effizientere Technologien und sparsamere Autos sind gefragt wie nie. Der Treibstoffverbrauch ist gegenüber 1999 deutlich gesunken. Schwefelfreien Kraftstoff haben wir zwei Jahre früher als EU-rechtlich vorgeschrieben eingeführt.

M 59 Die vierte Stufe der ökologischen Steuerreform

Am 1. Januar 2002 ist die vierte – und damit die vorletzte – Stufe der ökologischen Steuerreform in Kraft getreten. Die Mineralölsteuer auf Benzin- und Dieselkraftstoffe wird damit um 3,07 Cent je Liter angehoben (dies entspricht den jeweils 6 Pfennig der ersten drei Stufen). Die Stromsteuer erhöht sich um 0,26 Cent (0,5 Pfennig) je Kilowattstunde.

Mineralöl/Strom	Erhöhung am 01. Januar 2002 um	Steuersatz	Ökosteueranteil
Benzin (schwefelarm)	3,07 Cent/l	62,38 Cent/l	12,26 Cent/l
Diesel (schwefelarm)	3,07 Cent/l	43,97 Cent/l	12,25 Cent/l
Heizöl	0	6,14 Cent/l	2,05 Cent/l
Erdgas	0	0,35 Cent/kWh	0,16 Cent/kWh
Flüssiggas	0	3,93 Cent/kg	1,28 Cent/kg
Strom	0,26 Cent/kWh	1,79 Cent/kWh	./.

Die Steuersätze auf Benzin, Diesel, Heizöl, Erdgas und Strom betragen ab 2002 (ohne Umsatzsteuer):
(kWh = Kilowattstunde, gerundete Steuersätze in Euro)

Energie wird maßvoll teurer, damit Arbeit in Deutschland billiger wird.

Die Einnahmen aus der ökologischen Steuerreform fließen fast vollständig in die Rentenkasse. Ohne die Einnahmen aus der Ökosteuer wäre der Beitragssatz in der gesetzlichen Rentenversicherung im Jahr 2002 um 1,5 Prozentpunkte höher. Mit den Einnahmen aus der Ökosteuer wird also die Rentenkasse entlastet. Das hilft, Arbeitsplätze zu sichern. [...]

Die Ökosteuer schafft Anreize, Energie zu sparen und Schadstoffe dauerhaft zu reduzieren, zum Beispiel das für den Klimawandel verantwortliche Kohlendioxid. Die Ökosteuer hilft, die knappen Energieressourcen zu schonen und fördert die Nutzung erneuerbarer Energien.

www.bundesregierung.de/dokumente...logischen_Steuerreform/ix8175_66042.htm

Ökoreform im Parteienstreit

M 60

Aus dem Wahlprogramm der SPD:
„Das Prinzip der ökologischen Steuerreform ist und bleibt richtig. Die Lohnnebenkosten (Rentenversicherung) werden verringert, Energieverbrauch und Umweltbelastung gedrosselt. Die letzte Stufe der ökologischen Steuerreform wird zum 1.1. 2003 in Kraft treten. Danach wird es keine weitere Anhebung geben. Wir werden auf die Beibehaltung von Ausnahmetatbeständen für die energieintensive Industrie hinwirken."

Aus dem Wahlprogramm der CDU/CSU:
„Die von Rot-Grün im nationalen Alleingang durchgesetzte Ökosteuer hat sich als wirtschaftlich verfehlt, ökologisch kontraproduktiv und sozial ungerecht erwiesen. CDU und CSU werden die für 2003 vorgesehene weitere Erhöhung dieser Steuer rückgängig machen. Unser Ziel ist es, die Ökosteuer in der bestehenden Form mittelfristig abzuschaffen und sie durch eine aufkommens- und wettbewerbsneutrale, europaweit abgestimmte, harmonisierte und schadstoffbezogene Abgabe zu ersetzen."

Aus dem Wahlprogramm von Bündnis 90/Die Grünen:
„Allen Anfeindungen zum Trotz ist es richtig, den Faktor Umwelt zu belasten und den Faktor Arbeit zu entlasten. Das Prinzip, Energie zu besteuern und so die Lohnnebenkosten zu senken und Anreize für Energiesparinvestitionen zu schaffen, ist anerkannt. Wir wollen, dass Kilowattstunden und nicht Menschen arbeitslos werden. Die Ökosteuer hat schon jetzt über 100.000 neue Arbeitsplätze geschaffen, entlastet die Rentenkasse allein im Jahr 2002 um 14 Milliarden Euro oder 1,5 Beitragspunkte und leistet durch die Reduzierung des CO_2-Ausstoßes um 7 Millionen Tonnen pro Jahr einen wichtigen Beitrag zum Klimaschutz. Erste Lenkungswirkungen sind bereits zu verzeichnen: ÖPNV und Bahn vermelden Zuwächse, der Spritverbrauch und die Straßenverkehrsleistung gehen zurück, die Nachfrage nach Effizienztechnologien und sparsamen Autos ist deutlich gestiegen."

Aus dem Wahlprogramm der FDP:
„Die Steuererhöhungen mit dem Etikett Ökosteuer sind unsozial und ungerecht. Sie müssen rückgängig gemacht werden. Sie haben weder positive Umwelteffekte erzielt, noch die Lohnnebenkosten gesenkt. Im Rahmen einer umfassenden Rentenreform werden die mit der Ökosteuer finanzierten Zuschüsse des Staates zur Rentenversicherung und damit auch die Ökosteuern zurückgeführt."

Zitiert nach C. Löscher: Ökosteuer. Beitrag für den Aktualitätendienst Politik. www.cornelsen-teachweb.de (Februar 2003)

Arbeitsaufträge

1. Die Ökosteuerreform verteuert den Energieverbrauch. Erläutern Sie schriftlich in Stichworten,
    a) welches Verhalten damit wohin gelenkt werden soll,
    b) welche Umweltschädigungen damit gemindert werden sollen, und
    c) wofür die Einnahmen verwendet werden sollen.
2. Das Reformprojekt Ökosteuer ist in mehreren Stufen durchgeführt worden. Welche Überlegungen dürften hinter dieser „Stufen-Strategie" stehen?
3. Die Gefahr einer schrittweisen Erhöhung der Energiekosten besteht darin, dass die Verbraucher darauf nicht in der erwünschten Weise reagieren, weil die Erhöhungen unterhalb der „Wahrnehmungsschwelle" bleiben. Wenn Sie diese Gefahren mit den Vorteilen der „Stufen-Strategie" abwägen, wie stark hätten Sie die Benzinpreise in der ersten Stufe erhöht? Begründen Sie Ihre Entscheidung.
4. Im Auszug aus der „Grünen Umweltbilanz" (M 58b) wird ausgeführt, dass ökologisch „umgesteuert" werden soll. Beschreiben Sie, worin dieses Umsteuern besteht.
5. Erstellen Sie eine Tabelle mit Pro- und Kontra-Argumenten zur Ökoreform. Nehmen Sie als Ausgangspunkt für Ihre Tabelle den Text M 61.

Marktorientierte Instrumente (2): Emissionslizenzen

Arbeitsaufträge

1. Formulieren Sie die Ziele, die der Umweltrat mit einer ökologisch ausgerichteten Reform der Besteuerung verbindet. Fassen Sie seine Kritik an der verabschiedeten Ökosteuerreform zusammen. (M 61)
2. Der Umweltrat bringt zwei „Optionen" ins Spiel, die er für besser geeignet hält, das (von ihm unterstellte ökologische) Ziel der Reform zu erreichen. Untersuchen Sie zunächst das Instrument der handelbaren CO_2-Lizenzen. Am besten lesen Sie dazu im ersten Schritt M 62, um die Funktionsweise dieser handelbaren Lizenzen zu verstehen. Formulieren Sie dann, welche Vorteile nach Auffassung des Umweltrates mit diesem System verbunden sind.
3. Die zweite Option ist eine Steuer, die nicht am Verbrauch ansetzt, sondern an den Emissionen. Beschreiben Sie, was dies bedeutet und wo der Unterschied zwischen diesen beiden Formen der Besteuerung liegt. Warum erfordert diese zweite Option mehr „administrativen Aufwand" als die erste?
4. Warum würde mit einer Emissionssteuer dem Atomstrom ein Wettbewerbvorteil eingeräumt? Unter dem Gesichtspunkt der Verringerung von CO_2-Emissionen erscheint Atomenergie sehr wünschenswert. Warum wurde dennoch der „Ausstieg" aus der Kernenergie beschlossen?

M 61 Kritik des Umweltrates an der Ökosteuerreform

Welche Umweltinanspruchnahme durch das Gesetz zur Ökosteuerreform in erster Linie vermieden werden soll, geht aus der Zielsetzung allerdings nicht klar hervor. Der Umweltrat geht davon aus, dass die Ökosteuer in erster Linie dem Umweltziel der Reduktion der Treibhausgasemissionen, insbesondere der Reduktion der CO_2-Emissionen um 25 % bis zum Jahr 2005, dienen soll. Er weist darauf hin, dass zur Erreichung dieses Ziels zwei andere Optionen grundsätzlich vorzuziehen wären, die das gleiche Ziel mit wesentlich geringeren einzel- und gesamtwirtschaftlichen Kosten erreichen:

1. Das System handelbarer CO_2-Lizenzen [...] stellt die ökologisch und ökonomisch überlegene Lösung dar, da sie im Unterschied zu einer Steuer die ökologische Treffsicherheit garantieren kann und im internationalen Maßstab anwendbar ist. Sie ist auch auf alle Sektoren und noch so kleine Emittenten anwendbar, wenn das vom Umweltrat empfohlene Modell angewendet wird, bei dem nur die Brennstofferzeuger und -importeure lizenzpflichtig sind. Der Umweltrat plädiert für einen möglichst europaweiten oder gar internationalen Lizenzhandel.

2. Eine an den Emissionen ansetzende Strom- und Primärenergiesteuer hat zwar gegenüber der Lizenzlösung den Nachteil, dass sie zusätzliche administrative Such- und Anpassungskosten zur Findung des richtigen Steuersatzes erforderlich macht und ihre ökologische Treffsicherheit nicht von vornherein gewährleistet ist. Sie gilt daher als zweitbeste Lösung. Dennoch hat eine emissionsorientierte Stromsteuer [...] gegenüber einer pauschalen Strombesteuerung den Vorteil, dass die emissionsärmste Stromerzeugung, insbesondere erneuerbare Energien und Kraft-Wärme-Kopplung, zum Einsatz kommt. Um mit der Emissionssteuer nicht gleichzeitig dem in- und ausländischen Atomstrom einen Wettbewerbsvorteil zu verschaffen, könnte ebenfalls der nukleare Anteil des jeweiligen Kraftwerksparks in die Besteuerung einfließen.

Umweltrat: Gutachten 2000 (Kurzfassung Ziffer 28;8 www.umweltrat.de/gutach00.htm)*

Handelbare Emissionslizenzen

M 62

Die Europäische Union hat im Kyoto-Klimaschutzprotokoll zugesagt, den Ausstoß von Treibhausgasen bis zum Jahr 2008 um acht Prozent unter das Niveau von 1990 zu senken. Um dies zu erreichen, sollen in der EU ab 2005 handelbare CO_2-Emissionslizenzen eingeführt werden.

- Emissionslizenzen sind handelbare Titel (Berechtigungsscheine), die von Unternehmen benötigt werden, wenn sie Umweltgüter in Anspruch nehmen wollen, d. h. wenn sie Schadstoffe emittieren. Die Umweltbehörde kann den Unternehmen eine Erstausstattung mit Emissionslizenzen zuteilen oder verkaufen.
- Umweltzertifikate verbriefen das Recht auf Nutzung eines bestimmten Umweltmediums (z. B. Luft) in einem festgelegten Umfang. Der Inhaber einer Emissionslizenz ist berechtigt, innerhalb eines Jahres eine begrenzte Schadstoffmenge (z. B. 1000 t CO_2) zu emittieren; die gesamte Emissionsmenge ist durch die Anzahl der Zertifikate festgelegt. Soll z. B. die CO_2-Emission in Deutschland auf dem Stand des Jahres 2000 fixiert werden (vgl. M 26, S. 193), dann beträgt die zulässige Gesamtmenge 861 Mio. t. Damit können 861 000 Emissionslizenzen à 1000 t CO_2 p. a. an die Emittenten ausgegeben werden. Will die Regierung die Emissionsgesamtmenge verringern, wertet sie die Lizenzen einfach ab: Die bisherige Lizenz à 1000 t CO_2 p. a. ist dann z. B. nur noch 900 t CO_2 p. a. wert, im folgenden Jahr nur noch 800 t CO_2 p.a. etc.
- Bleibt ein Unternehmen aufgrund von Umweltschutzmaßnahmen und/oder innovativer Technologien unter der „lizenzierten" Schadstoffmenge, kann es die nicht genutzten Emissionsrechte verkaufen. Überschreitet ein Unternehmen die durch Lizenzen abgedeckte Schadstoffmenge, muss es von anderen Unternehmen zusätzliche Verschmutzungsrechte zukaufen. Sobald diese Titel auf Börsen gehandelt werden, bilden sich Marktpreise dafür heraus.
- Der Vorteil eines Systems von Emissionslizenzen besteht darin, dass Obergrenzen für die Gesamtverschmutzung festgelegt – und im Zeitverlauf verringert werden können. Handelbare Emissionslizenzen sind flexibel und wirken effizienter als Emissionssteuern. Der Schadstoffausstoß wird dort verringert, wo dies am kostengünstigsten ist. Wirtschaftseinheiten können selbst entscheiden, was für sie günstiger ist: Investitionen zur Vermeidung von Emissionen oder der Kauf zusätzlicher Emissionslizenzen.
- Wenn eine Lizenz à 1.000 t CO_2 p. a. auf dem Markt 12 000 Euro kostet, die Investition für eine entsprechende Reduzierung von CO_2-Emission dagegen 15 000 Euro, dann lohnt es sich für ein Unternehmen, eine Lizenz zu kaufen statt in Vermeidungstechnologie zu investieren. Sinken die Kosten der erforderlichen Investition hingegen auf 10 000 Euro (z. B. infolge neuer Verfahren), dann investiert das Unternehmen und verkauft seine Lizenz. Der Wettbewerbsmechanismus wirkt sich innovationsfördernd und kostensenkend aus und ermöglicht es der Umweltbehörde, die Emissionsobergrenzen im Laufe der Zeit herabzusetzen.
- Einzelne Unternehmen nutzen intern bereits solche Zertifikatsysteme zur Umsetzung ihrer eigenen Emissionsziele. In den Niederlanden existiert seit 1998 ein System handelbarer Zertifikate zur Förderung erneuerbarer Energien.
- Einem Kommissionspapier zufolge werden die Kosten für die Umsetzung der Klimaziele von Kyoto auf 20 Mrd. Euro im Jahr geschätzt, wenn es starre Emissionsgrenzen statt eines Handels mit Lizenzen gibt; bei einem EU-weiten Handel mit Lizenzen sollen die Kosten dagegen nur noch knapp sieben Mrd. Euro betragen. Es erscheint sinnvoll, Lizenzen EU-weit zu vergeben und zu handeln, weil bei national unterschiedlichen Regelungen Wettbewerbsverzerrungen drohen.

Autorentext: G. Willke

Hinweis: Informationen und Aufsätze zu Emissionslizenzen und zum Zertifikathandel unter www.kfw.de/DE/Research/Sonderthem68/Handelbare.jsp. (Ergebnisse einer Konferenz der Kreditanstalt für Wiederaufbau (KfW) über „Handelbare Zertifikate im Klimaschutz: Internationale Erfahrungen und Projekte")

M 63 Auflagenpolitik und Emissionslizenzen im Vergleich

Der Staat begrenzt die Emissionen für jedes Unternehmen auf 8 t. Wie hoch sind die Gesamtkosten für die Unternehmen?

	Ist-Emissionen	Soll-Emissionen	Vermeidungskosten pro t
Unternehmen 1	4 t	8 t	10 Mio. €
Unternehmen 2	10 t	8 t	6 Mio. €
Unternehmen 3	10 t	8 t	8 Mio. €

Lizenzen: Der Staat stellt Emissionslizenzen für jedes Unternehmen über 8 t aus. Die Lizenzen sind frei handelbar, der Preis pendelt sich bei 8 Millionen Euro pro t ein. Wie hoch sind die Gesamtkosten für die Unternehmen?

	Ist-Emissionen	Soll-Emissionen	Vermeidungskosten pro t
Unternehmen 1	4 t	8 t	− 4 t
Unternehmen 2	10 t	8 t	+ 2 t
Unternehmen 3	10 t	8 t	+ 2 t

F. J. Kaiser/P. Brettschneider (Hg.): Volkswirtschaftslehre. Berlin, 2002, S. 378

M 64 Ein praktischer Test mit handelbaren Emissionslizenzen in den USA

In den USA wird derzeit ein breit angelegter Test mit handelbaren Emissionszertifikaten für SO_2, einem der schädlichsten Umweltgifte, durchgeführt. Entsprechend der Novelle des Clean Air Act aus 1990 wird der Staat besagte Zertifikate für die Emission von 9 Millionen Tonnen Schwefeldioxid jährlich für das gesamte Staatsgebiet ausgeben. Damit wird sozusagen das ganze Land im Sinne der Blasen- oder Glockenpolitik behandelt. Bis zum Ende des Jahrzehnts sollen die Emissionen plangemäß gegenüber dem Niveau von 1990 um 50 Prozent reduziert werden. Die Stromversorgungsunternehmen erhalten SO_2-Emissionszertifikate und werden diese an der Warenbörse von Chicago handeln, nicht anders als Schweinebäuche oder Erdöl gehandelt werden. Jene Unternehmen, die ihre Schwefelemissionen am kostengünstigsten reduzieren können, werden das auch tun und ihre Zertifikate an andere Unternehmen verkaufen, die beispielsweise für neue Anlagen auf zusätzliche Zertifikate angewiesen sind, oder solche, die mit ihren Reduktionsmaßnahmen im Rückstand sind.

Unweltökonomen glauben, dass mit diesem verstärkten Anreiz die ehrgeizigen Ziele bei viel geringeren Kosten erreicht werden können als nach der traditionellen Regulierungsmethode anfallen würden. Studien des Ökonomen Tom Tietenberg vom Colby College in Maine haben ergeben, dass einer der traditionellen Ansätze zwei- bis zehnmal so viel kosten würde wie eine kosteneffektive Regulierung.

P. Samuelson/W. Nordhaus: Volkswirtschaftslehre. Wien, 1998 (15), S. 416

M 65 Emissionslizenzen: Chance für eine effiziente Klimapolitik?

Der Emissionshandel rückt immer mehr in den Mittelpunkt der klimapolitischen Debatte. Im Kyoto-Klimaschutzprotokoll ist der Beginn eines Handels mit Emissionsrechten zwischen den Staaten ab 2008 vorgesehen. Die EU-Kommission hat gerade einen Richtlinienentwurf vorgelegt, der die Einführung eines EU-weiten Handels für 2005 anpeilt. Großbritannien beginnt nach langer Diskussion in der „Emissions Trading Group" in diesem Jahr damit, ein nationales System einzuführen. Andere Länder versuchen, diesem Beispiel zu folgen.

Auch die Bundesregierung führt unter Leitung des Umweltministeriums einen intensiven Dialog mit der Industrie und Umweltverbänden über ein nationales Emissionshandelssystem. [...]

Mit dem Emissionshandel auf Unternehmensebene soll ein neues Instrument für den nationalen Klimaschutz nutzbar gemacht werden, doch dieses entfaltet nicht automatisch seine ökologischen und ökonomischen Vorzüge. Es gibt drei wichtige Voraussetzungen: Es müssen angemessene absolute Reduktionsziele für den Ausstoß von Klimagasen festgelegt werden; der Markt muss ausreichend Liquidität, Dynamik und Wettbewerb aufweisen; und der Staat muss für glaubwürdige Überwachung sorgen, um Vertrauen in den neu entstehenden Markt zu schaffen. [...]

Der Emissionshandel verdient eine faire Chance im Portfolio der Umweltpolitik. Er bietet das Potenzial für neue Öko-Allianzen: fortschrittliche Industriekonzerne, Finanzdienstleister, Unternehmensberater, Ingenieurbüros und Umweltverbände stehen bereit, es zu erschließen. Aufgabe der Politik ist es, dafür die richtigen Weichen zu stellen.

R. Loske (z. Z. d. Ä. umweltpolitischer Sprecher der Bundestagsfraktion Bündnis 90/Die Grünen) in: Frankfurter Rundschau vom 13. November 2001

Arbeitsaufträge

1. Vergleichen Sie zum Kyoto-Klimaschutzprotokoll nochmals M 31, S. 196, und stellen Sie fest, welche Vereinbarungen dort getroffen wurden.
2. Beachten Sie, dass in Großbritannien ein Emissionshandelssystem eingeführt wird, in Deutschland dagegen ein „intensiver Dialog" geführt wird. Was folgern Sie daraus?
3. Der Autor von M 65 weist darauf hin, dass bestimmte Voraussetzungen erfüllt sein müssen, wenn der Handel mit Emissionslizenzen seinen Zweck erreichen soll. Fassen Sie diese Voraussetzungen in Ihren eigenen Worten zusammen.
4. Wie könnte eine „glaubwürdige Überwachung" dieses Systems aussehen? Wo sehen Sie Missbrauchsmöglichkeiten?
5. Mit der Wendung „Portfolio der Umweltpolitik" ist hier gemeint, dass der Emissionslizenzenhandel als eines unter mehreren Instrumenten der Umweltpolitik angesehen werden sollte – nicht als Patentlösung. (Schlagen Sie die wörtliche Bedeutung des Begriffs „Portfolio" in einem Fachwörterbuch nach.) In M 66 ist ein „Portfolio" mit drei verschiedenen Instrumenten der Umweltpolitik in vergleichender Darstellung zusammengestellt. Bewerten Sie abschließend in einer kurzen schriftlichen Stellungnahme die Eignung von Emissionslizenzen als umweltpolitischem Instrument.

Vergleich umweltpolitischer Instrumente

M 66

	Abgaben	Umwelthaftung	Emissionslizenzen
Funktionsweise	Steuern und Gebühren verteuern natürliche Ressourcen und umweltschädigende Produkte; die Nachfrage wird auf billigere (= umweltschonendere?) Verfahren und Produkte umgelenkt.	Unternehmen haften für von ihnen verursachte ökologische Schäden; sie müssen Vermeidungsinvestitionen tätigen und Versicherung abschließen; die höheren Kosten belasten ökologisch bedenkliche Verfahren und Produkte.	Unternehmen müssen Lizenzen kaufen, die zu bestimmten Emissionen berechtigen. Emissionsreduzierung wird finanziell belohnt, weil nicht benötigte Emissionsrechte wieder verkauft werden können. Die Lizenzen können periodisch abgewertet werden, um den Gesamtausstoß zu verringern.
Vorteile	• der Preismechanismus kann wirken; über die Preise wird ökologische Knappheit signalisiert; • das Eigeninteresse an Vermeidung und Innovation wird genutzt; Innovationen werden induziert	• externe Effekte (potentielle Schäden) werden internalisiert • die Prävention wird aktiviert • (privat finanzierte) Umweltforschung zur Gefahrenminderung wird induziert	• Längerfristige Planungssicherheit für Vermeidungsinvestitionen • Entlastung von Bürokratie; die Umweltbehörde kann sich auf Kontrollen konzentrieren • Für die Umweltnutzung entsteht ein Markt; dies fördert das Eigeninteresse an Vermeidung und Innovation
Nachteile	• Sind Umweltabgaben zu niedrig, reagieren Unternehmen und Verbraucher nicht; sind sie zu hoch, kann dies Krisen auslösen • es muss ökologisch unbedenkliche Substitute geben, auf die Unternehmen und Verbraucher umsteigen können	• Umwelthaftpflichtversicherungen können die Anreize zur Prävention auch verringern • Bei Versicherungen bestehen Haftungshöchstgrenzen; „GAU"-Schäden sind nicht abgedeckt	• Zuteilung der Emissionslizenzen ist problematisch; bei freier Zuteilung werden stark umweltschädigende Unternehmen „belohnt" • Emissionslizenzen könnten missbraucht werden, um sich von Umwelt- und Klimaschutzverpflichtungen „freizukaufen"

Originalbeitrag des Autors (unter Verwendung von M. Schwoon: Marktwirtschaftliche Instrumente. www.nachhaltige-zukunft.purespace.de/malte.html

5. Geldpolitik

Abbildung: Imagebank

5.1 Die Bedeutung des Geldes

Die subjektive und soziale Bedeutung des Geldes

Geschenk kontra Geld?

Warum schenken Menschen jemals etwas anderes als Geld? Wenn jede Person ihre eigenen Interessen kennt, steht sie sich sicherlich besser, wenn sie Geld bekommt und damit kauft, was sie sich wünscht, anstatt das zu bekommen, was die schenkende Person beschlossen hat zu kaufen. Es gibt zwei offensichtliche Gründe dafür, etwas anderes zu schenken als Bargeld. Der erste ist, dass der Schenkende irgendein Ziel verfolgt, das nicht im Wohlergehen des Empfängers besteht. Ich gebe Ihnen vielleicht ein Stipendium, nicht weil ich Sie mag, sondern weil ich möchte, dass es mehr gut ausgebildete Personen in der Gesellschaft gibt oder mehr clevere Studenten an meiner Hochschule. Ein zweiter Grund für eingeschränkte Geschenke ist Bevormundung. Wenn Sie glauben, dass Sie besser wissen als der Beschenkte, was gut für ihn ist, werden Sie den natürlichen Wunsch haben, zu beeinflussen wofür er Ihr Geld ausgibt. Das Paradebeispiel dafür ist der Umgang von Eltern mit ihren Kindern. Es springt nicht unbedingt ins Auge, dass Bevormundung eine vernünftige Strategie selbst gegenüber Kindern ist. Als ich noch ganz klein war, reiste meine Familie mit dem Zug von Chicago nach Portland in Oregon, um die Großeltern zu besuchen. Die Reise dauerte drei Tage und zwei Nächte. Mein Vater stellte mich und meine Schwester vor die Wahl, entweder einen Schlafwagenplatz zu bekommen oder im Abteil zu sitzen und das Geld zu bekommen, das die Schlafwagenplätze gekostet hätten. Wir nahmen das Geld. Das bringt uns zu der Frage zurück, warum wir etwas anderes schenken als Geld – unseren Freunden und selbst unseren Eltern zu Weihnachen, zu Geburtstagen und Ähnlichem. Selbst wenn Bevormundung angemessen gegenüber den eigenen Kindern ist, scheint sie schwerlich eine angemessene Haltung gegenüber den eigenen Eltern zu sein. Eine mögliche Antwort liegt darin, dass wir in dieser besonderen kleinen Angelegenheit wirklich glauben, ihre Interessen besser zu kennen als sie selbst – wir schenken ein Buch, das wir gelesen haben, und von dem wir sicher sind, dass sie es mögen werden. Ich bezweifle, dass diese Erklärung ausreicht, häufig machen wir Leuten Geschenke, bei denen wir keinen besonderen Grund haben, davon auszugehen, dass sie sie mögen werden. Ich habe den Verdacht, dass die richtige Antwort irgendwie mit der Feindseligkeit gegenüber Geld verknüpft ist – gerade in persönlichen Beziehungen – die so charakteristisch für unsere Gesellschaft zu sein scheint. Denken Sie beispielsweise an die Zahl von Männern, die überhaupt nichts Ungehöriges dabei finden, eine Frau in der Hoffnung auf erwiderte Gunst später am Abend in ein teures Restaurant ausführen, aber nicht im Traum daran denken würden, ihr Geld zum selben Zweck anzubieten. Eine solche Erklärung führt zu einem weiteren Problem – zu erklären, warum unsere Gesellschaft dem Gebrauch von Geld feindselig gegenübersteht, besonders in persönlichen Beziehungen. Als Ökonom würde ich gern eine ökonomische Erklärung selbst für „anti-ökonomisches" Verhalten finden. Ich arbeite noch daran.

D. Friedmann: Der ökonomische Code. Frankfurt a. M., 1999 (3), S. 431 ff.

Arbeitsaufträge

1. Warum schenken Sie Verwandten und Freunden etwas anderes als Geld? Erörtern Sie die These des Autors, Sie würden damit eigene Interessen verfolgen.
2. Kommentieren Sie die Thesen des Autors nun aus der Perspektive desjenigen, der ein Geschenk erhält. Was wäre Ihnen lieber: ein Sachgeschenk oder Geld?
3. Der Autor behauptet, die Feindseligkeit gegenüber Geld (gerade in persönlichen Beziehungen) sei ein Charakteristikum unserer Gesellschaft. Stimmt das? Erörtern Sie diese Behauptung auch mit Bezug auf M 2.

M 2 … es ist ein mächtig Ding

Nach Golde drängt, am Golde hängt doch alles.

Margarete, in Goethes Faust I, Szene VIII

Geld ist geprägte Freiheit.

Dostojewski

Ehret Lykurg, er ächtet das Gold und Silber, die Ursache aller Verbrechen.

Pythagoras

Das Geld, das man besitzt, ist das Mittel zur Freiheit, dasjenige, dem man nachjagt, das Mittel zur Knechtschaft.

Rousseau

Das Geld ist nicht eine Sache, sondern ein gesellschaftliches Verhältnis.

Marx

Wenn man kein Geld hat, denkt man immer an Geld. Wenn man Geld hat, denkt man nur noch an Geld.

Getty

… es ist ein mächtig Ding – das Gold.

Rocco, in Beethovens Fidelio, 1. Akt

Hängt am Golde wirklich alles?
Tosca: Quanto?!... Scarpia: Quanto?? Tosca: Il prezzo!! Scarpia: … A donna bella io non mi vendo a prezzo di moneta.

Puccini: Tosca, 2. Akt

M 3 Der Euro, ein wahrhaft postmodernes Geld

[…] selbstverständlich geht es beim Euro gar nicht um schnöden Mammon, sondern um höhere Werte. Aber um welche? Längst haben wir erkannt, dass die offiziellen Erklärungen zu-
5 gunsten des Euro nur ökonomische Scheinrationalisierungen bieten. Wenn es also heißt, der Euro fördere ein homogenes Preissystem in Europa, erleichtere die Marktentscheidungen der Verbraucher, verringere die Transaktionskos-
10 ten, beseitige die Gefahr innereuropäischer Währungsspekulationen und schaffe die Voraussetzung für einen freien Verkehr von Arbeit, Waren, Dienstleistungen und Investitionen – so hören wir das gern, wissen aber: Das
15 kann nicht alles sein. […]

Es ging und geht um nichts anderes als um den Begriff des Geldes. Seine Bedeutung also. Die berühmte Frage an das Geld war schon immer diese: Warum hält man ein rundes Stück
20 Metall oder ein Stück Papier mit der Unterschrift eines Politikers, den man nicht gewählt hat, für so wertvoll, dass man dafür arbeitet, Kartoffeln erntet, Grundstücke abgibt oder in Banken einbricht? Die uns zunächst beruhi-
25 gende Antwort: „Weil man sich dafür Dinge und Leistungen kaufen kann, die man sonst nicht erhielte", vermag uns nicht zu überzeugen. Denn sie spart aus, dass wir erwarten, dass wir diese Dinge und Leistungen tatsächlich er-
30 halten, obwohl wir doch so gut wie nichts – Metall, Papier – dafür geben. […]

Das Geld also verweist auf etwas, transzendiert die uns einschränkenden Verhältnisse […] Geld ist somit ein Transporteur unserer Wünsche mit der verblüffenden Funktion, sie – 35 zumindest potenziell – auch zu erfüllen. Die alte Goldwährung hatte diesen Zusammenhang insofern realisiert, als sie im Glanz des Goldes das „auratische" Motiv der Wunschprojektion und Wunscherfüllung versammelte. Tatsäch- 40 lich aber bot die Golddeckung der älteren Währungen nur die Verschiebung des Problems des Geldgeheimnisses. Denn das Gold funktionierte allein als sichtbare, erhabene, magische Materialisation der Wunschverbindung aller. 45

[…] Es ist das Materie gewordene Märchenmotiv der Verwandlung aller Dinge zu allen Dingen – des substanziellen Tauschs. Daher lesen wir zwar mit Lust und Amüsement, das Geld sei die säkularisierte Fassung der Hostie – 50 rund wie sie, geprägt wie sie und zur substanziellen Verwandlung fähig wie sie. […] Doch das Gegenteil ist richtig. Die Hostie ist die religiöse Fassung der Münze, hat von ihr im Hochmittelalter ihre Form entliehen, ihre Ikonografie ge- 55 borgt und vor allem: ihre unbegrenzte Verwandlungsfähigkeit abgekupfert und wie bei allem Falschgeld als Original ausgegeben. Die Münze als Transporteur der Wünsche aber war das Original. […] 60

Der Euro ist also eine Währung, die sich von der offenen Medialität des Geldes verabschiedet. […] Das zeigt sich auch ikonografisch. Die Banknoten bieten die Simulation europäischer

Gebäude [...] Brücken, Tore, Fenster – lauter Wege und Blicke ins Nirgendwo. „In eine bessere Zukunft", sagen die einen; „in den Abgrund", die anderen. Tatsächlich aber sind es Bilder wie ein mittelteurer Boss-Anzug: stereotyp, aseptisch und von jener Bankeleganz, die uns unablässig daran erinnert, dass wir schon wieder vergessen haben, uns die Zähne zu putzen. Soll dieser Euro der Stier sein, der Europa zu neuen Gestaden führt? Noch ähnelt er eher einem goldenen Kälbchen, das zum Tanz lädt. Rundherum, aber kaum vorwärts. [...]

Vielleicht ist der Euro nichts anderes als Geld dieser Generation, das erste postmoderne Geld der Geschichte. Tauschmittel und Spielzeug einer Makrogesellschaft, die ohne Transzendenz und ohne „das Imaginäre" auskommt. Bürger einer Welt ohne Entropie, aber mit Wünschen, die alle sofort erfüllt werden, wenn auch nicht immer so, wie man es sich vorstellte. Kurz: Der Euro ist die Währung von Entenhausen.

A. von Müller: Euro – Die Währung von Entenhausen. In: DIE ZEIT 01/2002

Alberto Ruggieri/Imagebank

Arbeitsaufträge

1. Der Auszug aus einem im Feuilleton der ZEIT erschienenen Artikel (M 3) ist (allem Anschein nach) satirisch gemeint. Mit welchen Textpassagen ließe sich diese Vermutung belegen?
2. Im ersten Absatz listet der Artikel einige wichtige Funktionen der gemeinsamen europäischen Währung auf. Vergleichen Sie die hier genannten Funktionen mit denen von M 11 und M 12. Welche Unterschiede fallen Ihnen auf?
3. Der Autor behauptet, es gehe beim Euro (bzw. es gehe ihm, dem Autor) um den „Begriff des Geldes". Wenn das so ist, welchen Begriff des Geldes entwickelt und formuliert der Autor?
4. Warum, so fragt der Feuilletonist rhetorisch, erhalten wir für „so gut wie nichts", nämlich für ein Stück Metall oder Papier, „Dinge und Leistungen" (er meint damit: Waren und Dienstleistungen). Fassen Sie seine Antwort(en) auf diese Frage zusammen.
5. In der Münze sei das „Märchenmotiv der Verwandlung aller Dinge" materialisiert – das Motiv des „substanziellen Tauschs". Besprechen Sie in Ihrer Lerngruppe, was damit gemeint sein könnte. Sammeln Sie Märchenmotive, in denen Gold und Geld Verwandlungen bewirken. Wie funktionierte das damals bei „Hans im Glück" mit dem Gold, dem Geld und dem Glück?
6. Informieren Sie sich und klären Sie in Ihrer Lerngruppe, was mit „Euro dem Stier" und was mit dem „goldenen Kälbchen" gemeint ist.
(Falls es Sie interessiert, können Sie den ganzen Artikel unter der angegebenen Quelle oder auch unter www.zeit.de/2002/01/Kultur/200201_euro.html finden.)

Ökonomische Funktionen des Geldes

M 4 Es geht auch ohne Geld

Boote zu erhalten war mein nächster Gedanke. Da die Besitzer von zwei mir zugesicherten Booten abwesend waren, suchte ich ein dem Syde ibn Habib gehöriges von seinem Agenten zu mieten. Sydes Agent wollte aber in Elfenbein bezahlt sein, das ich nicht besaß; aber ich erfuhr, dass Mohamed ben Salib Elfenbein habe und Baumwollzeug brauche. Da ich aber auch kein Baumwollzeug hatte, so nützte mir dies wenig, bis ich erfuhr, dass Mohamed ibn Gharib Baumwollzeug habe und Draht brauche. Glücklicherweise besaß ich diesen. So gab ich dem Mohammed ibn Gharib die entsprechende Menge Draht, worauf er dem Mohamed ben Salib Baumwollzeug gab, der seinerseits Syde ibn Habibs Agenten das gewünschte Elfenbein gab. Hierauf gestattete mir dieser, das Boot zu nehmen.

Aus einem Bericht des Afrikareisenden V. I. Cameron, Mitte des 19. Jahrhunderts. Zitiert bei: Bofinger/Reischle/Schächter: Geldpolitk. München, 1996, S. 460 f.

M 5 Bügle Hemden, suche Babysitter: Der Boom der Tauschringe

Andre Wagner, Kassenleiter vom Winterhuder Tauschring, beugt sich tief über den Beleg, den Burkhard nach vollbrachter Arbeit bei ihm abgegeben hat. Für eine Stunde, in der er bei Edith Regale angebracht hatte, schreibt der Kassenleiter ihm 20 „Talente" auf seinem Konto gut. Das sind nun endlich genug, um seine Hemden bügeln zu lassen. Nachdem er in der Marktzeitung erfahren hat, dass Annette Hemden bügelt, ruft er sie an und vereinbart einen Termin. Diese kann nun wiederum bei einem anderen Mitglied des Tauschrings eine Leistung beziehen, und so geht es weiter, bis der Ring geschlossen ist. „Denn so muss es sein in einem Tauschring: Jeder leistet das, was er kann, und bezieht das, was er braucht", sagt Erich Schreiber vom Dulsberger Tauschring.

Rund 600 Hamburger sind Mitglied eines der insgesamt 19 Tauschringe in Hamburg. Die Mitglieder – sie sind laut Statistik zwischen 30 und 50 Jahre alt und kommen aus allen Schichten – bieten alles zum Tausch an: Haareschneiden, Kinderhüten, Massagen. Ihre Währungen heißen „Pauli", „Seevetaler" oder „Motten".

Seit 1995 schießen Tauschringe wie Pilze aus dem Boden – jetzt steht Neues an: „Eine Vernetzung in ganz Deutschland ist geplant", so der Vorsitzende Reinhold Kisse vom größten amtlich registrierten Hamburger Tauschring „Tauschrausch" in Winterhude. Vor allem sehen sich Tauschringe als Lösung auch in Zeiten, wo finanzielle Mittel knapp werden. „Ein Nebenaspekt sind die sozialen Kontakte, die dort gepflegt werden", erläutert Dorothee Hebben, die sich beim Ottensener Tauschring für Büroarbeit „Motten" verdient. Gerade in einer Großstadt sei dies vorteilhaft. [...] Der Zentralverband des deutschen Handwerks in Berlin beobachtet die Entwicklung kritisch. Denn was freiwillige Helfer kostenlos erledigen, können Handwerkerprofis nicht mehr für viel Geld in Rechnung stellen. „Gegen Nachbarschaftshilfe an sich ist nichts einzuwenden", sagt Jan Dannenbring von der Rechtsabteilung des Zentralverbands. Doch die Frage sei, wann Nachbarschaftshilfe aufhöre und Schwarzarbeit anfange. [...] Renate Mitterhuber, Sprecherin der Finanzbehörde, teilt solche Bedenken nicht. „Wir gehen davon aus, dass die erwirtschafteten Beträge unter der zulässigen Freigrenze von 16 250 Euro [pro Jahr] bleiben, sodass keine Umsatzsteuer anfällt."

Die Welt vom 11. August 1999
Autorin: C. Wedel

Arbeitsaufträge

1. Erstellen Sie eine Übersicht, die den Tauschhandel in M 4 darstellt. Verdeutlichen Sie an Ihrer Darstellung, mit welchen Komplikationen der Naturaltausch in M 4 verbunden ist. Erörtern Sie: Warum wäre es schwierig, eine ganze Volkswirtschaft nach diesem Tauschprinzip zu organisieren? (Sie können die Komplikationen auch mithilfe des Kreislaufschemas M 36, S. 73 erläutern).
2. Informieren Sie sich über das Tauschringsystem (M 5 sowie im Internet unter: **www.tauschring.de**). Wie kommen die Tauschwerte der Arbeit zustande? Ist Arbeit in Tauschringen eine Art von Schwarzarbeit? Vergleichen Sie die Prinzipien des Tauschhandels in M 4 mit denen des Tauschringsystems. Stellen Sie Gemeinsamkeiten und Unterschiede fest.
3. Stellen Sie sich vor, bei dem Tauschhandel in M 4 würden nicht Güter gegen Güter, sondern Güter gegen Geld getauscht, mit dem wiederum andere Güter erworben werden können. Stellen Sie auch diese Tauschvorgänge grafisch dar und erörtern Sie: Welche Vorteile bietet der Geldverkehr gegenüber dem Naturaltausch?
4. „Geldt machet den Markt" soll der Reformator und Schüler Luthers Agricola im Jahr 1592 gesagt haben. Stimmt das? Formulieren Sie Arbeitshypothesen.

Kleine Geschichte des Geldes

M 6

Ursprünglich tauschte man eine Ware gegen eine andere. Als man dazu überging, ein von beiden Seiten akzeptiertes Mittel einzusetzen, mit dem sich der Wert einer Ware ausdrücken ließ, hatte man eine erste Form von Geld erfunden. Geld ist somit ein Vergleichsmittel, ein tertium comparationis („Drittes des Vergleichs"). [...] Die Notwendigkeit für ein allgemein akzeptiertes Tauschmittel ergab sich, sobald nicht mehr jede Familie, jedes Dorf nur für den Eigenbedarf, für das tägliche Brot, die Kleidung und die Wohnstätte Waren produzierte oder haben wollte. [...] Die Menschen verfielen auf allerlei, mit dem sie dieses Ziel verwirklichten.

In grauer Vorzeit wurden die verschiedenen, meist knappen und daher besonders begehrten Güter verwendet: Salz, Fische, Felle oder Vieh. Im Laufe der Zeit übernahmen ebenfalls heiß begehrte Edelmetalle wie Bronze, Silber oder Gold diese Aufgabe. Sie hatten den Vorteil, dass sie sich wenig abnutzten. Außerdem waren sie leicht teilbar. So entstanden die ersten Münzen – vermutlich in der Mitte des 7. Jahrhunderts vor Christi Geburt. Der Münzherr verlieh den Metallstücken einen gewissen garantierten Wert, indem er Gewicht und Feingehalt der „Münzen" durch Einprägen von Bildern und Schriftzeichen beglaubigte. So entstand das erste eigentliche Geld.

Mit den vollwertigen Münzen, bei denen der aufgeprägte Nennwert dem Gewicht und dem Feingehalt der Münze entsprach, wurde gleichzeitig die letzte Stufe in der Entwicklung des Warengeldes erreicht. Solche vollwertigen Münzen bezeichnet man als Kurantgeld bzw. Kurantmünzen. In Deutschland waren die „harten Münzen" bereits mit Ausbruch des Ersten Weltkrieges weitgehend aus dem Verkehr verschwunden, als die Verpflichtung der Deutschen Reichsbank, ihre Banknoten in Gold einzulösen, aufgehoben wurde.

Die ersten Formen von Papiergeld gab es mehrere tausend Jahre zuvor bei den Chinesen. Allerdings dürfte der Ursprung unserer modernen Banknoten im England des 17. Jahrhunderts liegen. Damals nahmen Goldschmiede Edelmetalle und Münzen aus Gold und Silber in Verwahrung und stellten ihren Kunden darüber Quittungen aus. Diese Quittungen, die ursprünglich durch die hinterlegten Edelmetalle voll gedeckt waren, liefen nach einiger Zeit wie Geld um. Damit war die Kreditschöpfung durch die Ausgabe von Banknoten erfunden. Die ersten Banknoten waren ursprünglich also reine Schuldversprechen. Ebenso waren die ersten Notenbanken private Banken, d. h. normale Geschäftsbanken, die sich verpflichteten, ihre Noten in Gold und Silber einzulösen. Neben dem Papiergeld hatte sich nahezu gleichzeitig in den großen Handelsstädten das Buchgeld herausgebildet, Geld also, das nur in den Büchern der Banken verzeichnet war. In diesen

Handelszentren wurden so genannte Girobanken gegründet, bei denen die Kaufleute Konten eröffneten, über die sie dann mittels Scheck oder Überweisung verfügen konnten. Mit dem Übergang vom Warengeld zum stoffwertlosen Buch- bzw. Giralgeld änderten sich auch die Anschauungen über das Wesen und den Wert des Geldes.

Arbeitsgemeinschaft zur Förderung der wirtschaftlichen und sozialen Bildung e.V. (Hrsg.): Geld und Geldpolitik, Bonn 2000, S. 8–10 sowie www.moneymuseum.com/standard/raeume/geld_machen/bank/theorie/

M 7 Buchgeld/Giralgeld

- In der modernen Volkswirtschaft spielt das Bargeld keine führende Rolle mehr. Das Buch- oder Giralgeld, über das man z. B. mit Scheck und Überweisung verfügen kann, ist die moderne Geldform. Nur etwa 5 % des gesamten Geldumlaufs besteht aus Münzen und Banknoten, der weitaus größere Teil befindet sich als Buchgeld auf Giro- und Termingeldkonten. Anfang 2002 waren in Deutschland Banknoten und Münzen im Wert von rund 64 Milliarden Euro im Umlauf. Das Volumen des Giralgeldes belief sich dagegen auf rund 2.113 Milliarden Euro.
- Buch- oder Giralgeld hat bereits eine lange Geschichte hinter sich. Die Italiener bedienen sich dieser Form des Geldes bereits seit mehr als 300 Jahren durch die Übertragung von Guthaben in den Büchern der Banken. Als die vielen Vorteile des bargeldlosen Zahlungsverkehrs (Scheck, Überweisung, Dauerauftrag, Lastschrift) mehr und mehr erkannt wurden, führte dies Anfang der 60er-Jahre zu einer raschen Einführung der bargeldlosen Lohn- und Gehaltszahlung und der Umgang mit Buchgeld ist heute etwas Selbstverständliches.

www.sparkasse-bonn.de (Zahlenaktualisierung G. Willke)

M 8 Internet-Zahlungssysteme und elektronische Unterschrift

Zurzeit erscheint Onlineverkauf als die elektronische Variante des klassischen Versandhandels. Der Kunde informiert sich und bestellt online. Ausliefern der Ware und Einziehen des Rechnungsbetrages erfolgen jedoch offline per Rechnung, mit ausgefülltem Überweisungsformular, per Nachnahme oder Bankeinzug. Räumt der Verkäufer einen Zahlungszeitraum von einigen Tagen ein, stellt die Offlinezahlung kein Hindernis dar. Kann der Verkäufer einen rechtsverbindlichen Auftrag oder eine gesicherte Zahlungsvereinbarung erreichen, etwa durch Unterschrift des Kunden unter einen entsprechenden Beleg, dann ist es relativ sicher, dass er sein Geld auch erhält.

Das Fehlen der persönlichen Kundenunterschrift beim Onlinehandel ist das Problem, mit dem der Verkäufer sich auseinandersetzen muss. Ohne Unterschrift hat der Kaufvertrag keine Beweiskraft und die Beweislast für das Zustandekommen des Vertrages trägt der Verkäufer. Kein Unternehmen möchte aber, bei bereits gelieferter Ware, ständig die ausstehenden Forderungen eintreiben. Rechtlich gesehen sind nur unsichere Verkaufsbelege vorhanden und die Identität des Onlinekunden ist aus technischen Gründen nicht zu prüfen.

Speziell auf das Internet zugeschnittene Zahlungssysteme wollen den Handelshäusern eine direkte und finale Zahlung zusichern. Dabei werden verschiedene neue Methoden eingesetzt. Neben digitalem Geld (Cybercash, e-Cash), das echtes Geld durch elektronische Münzen in Softwareform ersetzt, verwenden viele Verfahren die elektronische Signatur als Stellvertreter für eine reale Unterschrift. Hierbei handelt es sich um die verschlüsselte Prüfsumme eines Dokumentes, die zum Beispiel auch zur Versiegelung einer Onlineorder eingesetzt werden kann. Anhand der Signatur kann der Empfänger einer Nachricht die Herkunft und Integrität der Mitteilung überprüfen. [...] Das [deutsche] Multimediagesetz [...] von 1997 regelt die digitale Unterschrift rechtlich. Danach erhebt die Onlinesignatur ein Dokument noch nicht zur vollgültigen Urkunde, gibt aber einem so unterschriebenen Beleg einen hohen Beweiswert. Neben den hier beschriebenen Bezahlungssystemen gibt es eine Vielzahl anderer Verfahren, die aber oft noch in den Kinderschuhen stecken.

www.moneymuseum.com/standard/raeume/geld_machen/bank/praxis/ecommerce/einfuehrung/set/set.html

Die wichtigsten Aufgaben einer Bank

M 9

W. Heiring/W. Lippens: Im Kreislauf der Wirtschaft. Herausgegeben vom Bundesverband deutscher Banken e. V., Köln, 1999 (13), S. 124

Arbeitsaufträge

1. Überprüfen und überarbeiten Sie (ggf. in Arbeitsgruppen) Ihre Arbeitshypothesen (Aufgabe 4/Seite 231) mithilfe der Materialien M 6 bis M 11. Notieren Sie auch offene Fragen, damit Sie diese im Verlauf des Kapitels aufgreifen und klären können.
   a) Warum konnten sich Münzen und Banknoten gegen das Warengeld durchsetzen? Wie erklären Sie sich, dass Bargeld in modernen Volkswirtschaften keine führende Rolle mehr spielt? (M 6, M 7)
   b) Erläutern Sie Vorteile und Probleme, die mit den neuen Internet- Zahlungssystemen verbunden sind (ökonomisch, rechtlich, aus der Sicht der Käufer/Verkäufer). (M 8)
   c) Bei Münzen und Banknoten handelt es sich zweifellos um Geld. Doch wie sieht es mit Schecks aus? Sind die Einlagen, auf die wir Schecks ausstellen, Geld? Wie steht es um unsere Sparkonten oder Kredit- und Geldkarten? Erläutern Sie Ihre Antworten unter Berücksichtigung der drei Funktionen des Geldes. (M 11)
   d) „Ökonomen beklagen gerne, das hartnäckigste einzelne Missverständnis , gegen das sie ankämpfen müssten, bestehe in dem Glauben, Banken seien so etwas wie Warenhäuser voller Geld. Wenn das aber nicht zutrifft, womit sind sie dann zugestopft?" (R. Heilbronner/L. Thurow: Wirtschaft. Das sollte man wissen. Frankfurt a. M./New York, 2002, S. 159) (M 10)
   e) Das konkrete Erscheinungsbild des Geldes hat sich im Verlauf der Zeiten gewandelt. Welchen Einfluss hatte und hat dieser Wandel auf die „Theorie des Geldes"? (M 10)
   f) Stellen Sie die Aussagen zur Funktion und zum Nutzen des Geldes grafisch dar. (M 11 und M 12)

Halten Sie zusammenfassend fest: Warum gibt es ohne Geld keine funktionsfähige Marktwirtschaft?

M 10 Stichwort: Theorien des Geldes

Im Verlaufe der Zeit entwickelten sich verschiedene, zum Teil einander widersprechende Geldtheorien. Da gibt es die metallistische Theorie der Merkantilisten (z. B. Jean Baptiste Colbert, 1619–1683). Dieser Theorie zufolge kann Geld nur durch Edelmetall wie etwa Gold repräsentiert werden. Eine andere Richtung ist die Quantitätstheorie. Ihr gehörten die berühmten Theoretiker John Locke (1632–1704) und David Hume (1711–1776) an. Nach dieser Theorie bestimmt die Menge des Münzgeldes, das sich in Umlauf befindet, den Wert des Geldes. Im Gegensatz zur metallistischen Theorie lehrte die spätere nominalistische Theorie, dass Geld nichts weiter als eine Rechengröße sei. Danach wird der Wert des Geldes allein vom Staat festgelegt. Diese Theorie findet man bis Anfang des 20. Jahrhunderts. Die modernen Nationalökonomen gehen anders vor. Richard Kern definiert Geld so: „Das Geld ist nicht Gegenstand der Wirtschaft, sondern ein Mittel ihrer Organisation; es steht zwischen Produktion und Verbrauch bzw. zwischen Güterangebot und Güternachfrage." Seiner Ansicht nach gibt es derzeit keine allgemeine, einheitlich angewandte Definition von Geld. Die heutigen Nationalökonomen halten es daher für sinnvoller, Geld über seine Funktion zu definieren, nämlich als „Medium im Bereich der Wirtschaft, das, ohne selbst Gut zu sein, den Anspruch auf Güter oder Leistungen verkörpert."

Nach: www.moneymuseum.com/standard/raeume/geld_machen/bank/theorie/

M 11 Funktionen des Geldes

Was macht Münzen und Banknoten – also geprägtes Metall und bedrucktes Papier – zu „Geld"? Es ist dies keine „wesenhafte" Eigenschaft des Geldes, sondern eine Vereinbarung – in modernen Staaten: ein Gesetz. Dadurch wird eine Währung zum Medium wirtschaftlicher Transaktionen und zum „gesetzlichen" Zahlungsmittel.

a) Geld ist allgemeines Tausch- und Zahlungsmittel

Auf Märkten werden Güter gegen Geld verkauft, und mit Geld werden Güter eingekauft. Die Basis-Transaktion des Marktes sind die beiden Tauschakte Güter → Geld und Geld → Güter, die jeweils mit Zahlungen verbunden sind.

Bargeld ist gesetzliches Zahlungsmittel. Mit Geld werden auch Darlehen und Kredite gegeben, Schulden getilgt und Steuern bezahlt. Bei diesen Vorgängen der Geldsphäre treten Güter nicht unmittelbar in Erscheinung. Daher kann man dem Geld die Rolle eines „allgemeinen Zahlungsmittels" zuordnen. In Tauschgesellschaften hat die „Ware Geld" deswegen eine herausragende Bedeutung, weil Geld „Kaufkraft" symbolisiert – also Anrecht auf Waren und Dienstleistungen verschafft. Diese Funktion erfüllt Geld allerdings nur, solange es „gutes" Geld ist und Vertrauen in seinen Wert besteht.

b) Geld ist Wertmesser

Geld ist ein Maßstab, mit dem bewertet und gemessen werden kann. Arbeitsleistungen, Verluste und Gewinne, Kosten und Erträge können in Geld gemessen, Güter in Preisen bewertet und dadurch miteinander verglichen werden. Wenn der Wert von Äpfeln und Birnen in Preisen ausgedrückt wird, werden „Äpfel und Birnen" miteinander vergleichbar.

c) Geld ist Wertübertragungsmittel

Mit Geld kann „Wert" übertragen werden. Wer anderen Geld überträgt (leiht oder schenkt), transferiert Kaufkraft – am Ende also Verfügung über Güter. Seit Einführung des bargeldlosen Zahlungsverkehrs ist Geld auch ein Mittel des Kapitaltransfers. Von Schreibtisch und PC aus sind heute Zahlungen über jede Entfernung möglich.

d) Geld ist ein Wertspeicher (Wertaufbewahrungsmittel)

Geld, das nicht ausgegeben wird (= nicht konsumiertes Einkommen), lässt sich als Ersparnis für eine spätere Verwendung aufbewahren – sei es in Geldform („Sparstrumpf") oder als Spareinlage bei „Spar"-Kassen/Banken. Gegenüber Waren hat Geld den Vorzug, dass es leicht und (relativ) wertbeständig aufbewahrt werden kann (und als Anlage Zinsen abwirft).

Nach www.sparkasse-bonn.de/schulservice

Vom Nutzen des Geldes

Eine arbeitsteilige Wirtschaft ohne ein leicht zu handhabendes allgemeines Tauschmittel ist kaum vorstellbar. Es liegt auf der Hand, welche ungeheuren Erschwernisse auftreten müssen, wenn sich jeder immer erst den Partner suchen müsste, der gerade das anbietet und das alles auch noch in bestimmten Mengen. Auch „Tauschzentralen", wie sie z. B. nach dem Zweiten Weltkrieg existierten, können diese Schwierigkeiten nur mildern. Ein allgemein akzeptiertes Tauschmittel, ein Zahlungsmittel, bildet somit eine große volkswirtschaftliche Ersparnis, weil Produktionsfaktoren, die sonst zur Suche nach einem Tauschpartner eingesetzt werden müssten (Informationskosten), nun für die Produktion anderer, nützlicherer Güter und Dienste bereitgestellt werden können.

Die Vorteile einer „allgemeinen Recheneinheit" sind eng mit denen des allgemeinen Tauschmittels verknüpft. Die Benutzung nur eines Maßstabs verringert ebenfalls das Informationsproblem beträchtlich, da man jetzt nicht mehr wissen muss, was z. B. ein Auto kostet, einmal ausgedrückt in Bleistiften, zum anderen in Tuben Zahnpasta und was Zahnpasta in Bleistiften ausgedrückt kostet usw. Nach der Einführung des Geldes wird nun jedes Gut nur noch einmal mit der allgemeinen Recheneinheit verglichen.

Wird die einfache Beziehung „Ware gegen

Alberto Ruggieri/Imagebank

Ware" aufgelöst in eine Kette „Ware-Geld-Ware", kann der Tauschakt zeitlich auseinander gezogen werden und damit kann Geld auch eine „Wertaufbewahrungsfunktion" übernehmen. Der Anspruch auf eine Gegenleistung wird in Form des Geldes „gelagert".

K. Rittenbruch: Makroökonomie. München/Wien, 1993, S. 213 f.

5.2 Das Inflationsproblem

Geldentwertung in der Kipper-und-Wipper-Zeit

Greshams Gesetz: Schlechtes Geld siegt!

Der englische Kaufmann, Gründer der Londoner Börse, Schatzkanzler und Finanzberater von Elisabeth I., Sir Thomas Gresham (1519–1579) formulierte den Satz: „Das schlechte Geld verdrängt das gute." Was bedeutet der Satz? Zu Greshams Zeit, und nicht nur da, schmolzen viele Münzherren die guten, stark silberhaltigen Münzen ein und ließen an ihrer Stelle Münzen prägen, die einen geringeren Silbergehalt hatten. Das kursierende „gute" Geld wurde durch behördliches Edikt für ungültig erklärt oder durch betrügerische Machenschaften verschlechtert und durch geringwertige Geldzeichen unterwandert, während die „guten" Münzen aus dem Verkehr gezogen wurden. Sir Thomas war jedoch nicht der erste, der das Gesetz formulierte, das heute seinen Namen trägt. Vor ihm hatten schon Oresmius und 1526 der als Astronom bekannte Kopernikus (1473–1543) und viel früher sogar der griechische Komödiendichter Aristophanes (445–385 v. Chr.) ähnliche Aussagen gemacht. Kopernikus schilderte die Situation so: „Obwohl ... Bewertung und Geltung des Geldes allenthalben dahinschwanden, hörte man deshalb doch keineswegs mit der Produktion von Münzen auf, und da die Mittel nicht ausreichten, um die Neuprägungen den umlaufenden Münzen gleichwertig zu machen, war die jeweils nächstfolgende Münze, die noch zusätzlich in Umlauf gesetzt wurde, stets schlechter als die vorige, drückte so die Güte der vorausgegangenen Münze nieder und vertrieb sie so aus dem Umlauf…" Ein bekanntes geschichtliches Phänomen, das diesen Prozess bezeugt, ist die so genannte Kipper-und-Wipper-Zeit. Sie hatte für die Bevölkerung verheerende Auswirkungen.

Gleich zu Beginn des 30-Jährigen Krieges war Edelmetall knapp geworden. Riesige Söldnerheere mussten ja bezahlt weden. Man verfiel auf den Ausweg, mit unterwertigen Scheidemünzen gute Münzen zu kaufen und in vielen kleinen Münzstätten erneut zu unterwertigem Kleingeld umzumünzen. Münzen wurden stets gewogen, um ihren Wert zu bestimmen. Münzen einer bestimmten Sorte wurden auf eine speziell für sie gefertigte Wippe gelegt. War das Geldstück vollwertig und gut, dann schlug die Wippe um. Es wurde abgekippt. War die Münze schlecht und unterwertig, dann wog sie nicht so viel wie eine vollwertige. Die Wippe schlug nicht um. Die Münze blieb liegen. Etliche Menschen versuchten, ihr gutes Silbergeld zu behalten.

Als aber seit 1619 auch größere Staaten und deren Landesherren diesen Münzbetrug mitmachten, wuchs die Inflation von Jahr zu Jahr. Hunger und Not entstanden. Geistliche erhoben ihre Stimme gegen die Kipper und Wipper. Das Volk reimte Spottlieder:
„Sie mauscheln ja und wechseln ein,/nichts darf sich blecken lan./Die kip die wip, die kip die wip!/Sie liefern's in die Münz geschwind,/ kippen's nach der Mark dahin/und nehmen zehnfachen Gewinn/mit dem losen Münzergesind."
Man beschuldigte die Münzmeister der Fälschung, während die wahren Schuldigen die Münzherren, Fürsten und Bischöfe waren. Nachdem es in Österreich und dann auch im ganzen Heiligen Römischen Reich Deutscher Nation zu offenem Aufruhr gekommen war, wurde 1622 schließlich das Kippergeld verboten. 1623 kehrte man überall wieder zu den alten Münzen zurück.

www.moneymuseum.com/standard/raeume/geld_machen/bank/theorie/gresham/gresham.html

Arbeitsaufträge

1. Erläutern Sie Grashams Gesetz an dem historischen Beispiel der Kipper- und Wipper-Zeit: Wodurch wird hier die Kaufkraft des Geldes bestimmt? Wer oder was bedroht den Wert des Geldes? Welche Folgen hat die Entwertung des Geldes? (M 13)
2. Erörtern Sie: Ist das historische Beispiel der Geldentwertung auf unsere moderne Volkswirtschaft übertragbar? Wo sehen Sie Gemeinsamkeiten und Unterschiede. Notieren Sie offene Fragen.

Wie wirkt sich Inflation auf den Geldwert und auf die Kaufkraft des Geldes aus?

Wenn das Geld seine Funktionen erfüllen soll, muss die Kaufkraft des Geldes stabil gehalten werden. So ist die Geldwert- oder auch Preisniveaustabilität eines der Ziele der Wirtschaftspolitik, die im Stabilitätsgesetz genannt werden. Aber was genau bedeutet Geldwertstabilität? Wie soll man sich den Zusammenhang zwischen Geldwert, Kaufkraft und Inflation konkret vorstellen?

Bilden Sie Gruppen. Gesucht sind Erklärungen der Auswirkungen von Inflation auf den Geldwert bzw. auf die Kaufkraft des Geldes. Bevor Sie Hypothesen über diesen Zusammenhang zwischen Inflation und Geldwertminderung entwickeln, sollten Sie sich darüber verständigen, was mit Inflation bzw. Geldwertstabilität (M 14) gemeint ist. Werten Sie dann die folgenden Materialien aus (M 15 – M 18) und halten Sie Ihr Ergebnis auf Wandzeitungen fest.

Der Wertverlust von Währungen im Verlauf eines halben Jahrhunderts

Der Nennwert einer Währung ist der auf den Münzen geprägte bzw. auf den Banknoten gedruckte Betrag. Die Kaufkraft des Geldes dagegen zeigt an, welchen Tauschwert das Geld besitzt. Sie bezeichnet also den tatsächlichen, den realen Wert des Geldes. Inflation mindert die Kaufkraft des Geldes. Die Gütermenge, die man mit einer bestimmten Geldmenge kaufen kann, ist ein Maß der Kaufkraft des Geldes. Wenn die Preise steigen, bekommt man für eine bestimmte Geldmenge weniger Güter: Also sinkt die Kaufkraft des Geldes bei Inflation. Nehmen wir an, mit 10 Euro könnte man 20 Brötchen kaufen. Steigt der Preis des Brötchens auf 55 Cent (Inflationsrate 10 %), bekommt man für 10 Euro nur noch 18 Brötchen, also eine geringere Gütermenge: Die Kaufkraft des Geldes sinkt (um 9,1 %). Wenn nicht nur einzelne Preise steigen, sondern der Durchschnitt aller Preise – das Preisniveau – ansteigt, spricht man von Inflation.

Preisentwicklung und Kaufkraft des Geldes stehen also in einem umgekehrt proportionalen Verhältnis: Inflation höhlt die Kaufkraft aus. Das klingt ziemlich abstrakt, aber es wird sehr konkret, wenn man sich Zahlen dazu anschaut. In dem halben Jahrhundert zwischen 1948 und 1998 belief sich die Inflationsrate in Deutschland auf 312 %. Dadurch ist die Kaufkraft der damaligen DM auf rund ein Viertel ihres ursprünglichen Wertes geschrumpft (vgl. M 14 und M 15). In Italien betrug die Inflationsrate im gleichen Zeitraum 2 688 %; die Kaufkraft schrumpfte entsprechend auf knapp 4 % ihres ursprünglichen Wertes.

Originalbeitrag des Autors

M 15 Die Kaufkraft nach 50 Jahren Inflation

Anstieg der Verbraucherpreise von 1950 bis 2000 in Prozent	
Italien	2.688
Vereinigtes Königreich	1.928
Frankreich	1.305
USA	614
Schweiz	340
Deutschland	312

Ursprungsdaten: Deutsche Bundesbank, Sachverständigenrat, Statistisches Bundesamt
Institut der deutschen Wirtschaft Köln

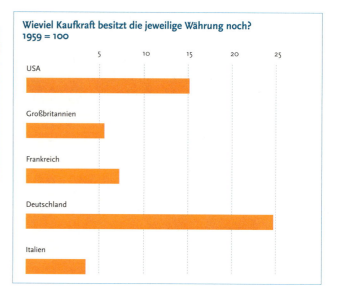

M 16 Die Kaufkraftminderungskurve

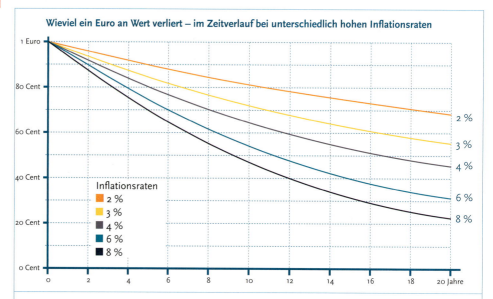

Erläuterung: Das Tempo des Kaufkraftverlustes hängt von zwei Faktoren ab: von der Höhe der Inflationsrate einerseits und von der Dauer der Inflation andererseits. Man kann diese Abhängigkeit in einem Schema der „Kaufkraftminderungskurven" darstellen. Auf der Abszisse ist die Zeit (in Jahren) abgetragen, auf der Ordinate die Kaufkraftminderung (in %); unterschiedlich hohe Inflationsraten können nun in diesem Koordinatensystem als unterschiedlich steil verlaufende Kurven dargestellt werden. Dieses Schema zeigt anschaulich, dass auch geringe Inflationsraten, die zunächst eher unmerklich erscheinen, über eine Anzahl von Jahren hinweg gleichwohl zu einer Aushöhlung der Kaufkraft des Geldes führen können.

Grafik: Rheinischer Merkur Nr. 6 vom 8. Februar 2002. Text: Originalbeitrag des Autors.

Erscheinungsformen der Inflation

Inflation ist ein Prozess eines laufenden Preisniveauanstiegs bzw. eines ständigen Sinkens der Kaufkraft des Geldes.

Es lassen sich verschiedene Arten der Inflation nach ihrer Erkennbarkeit sowie nach ihrem Umfang und ihrer Geschwindigkeit unterscheiden:

Eine *offene Inflation* liegt vor, wenn die Preissteigerungen wahrgenommen werden können und der Kaufkraftverlust des Geldes erkennbar ist. Man spricht von *verdeckter (zurückgestauter) Inflation*, wenn die Preise durch staatliche Einflüsse künstlich konstant gehalten werden. Solche Möglichkeiten sind z. B. die Festsetzung von Höchstpreisen oder eine Rationierung. Die sich eigentlich ergebende Inflation wird zurückgehalten und ist nicht erkennbar.

Nach Umfang des Preisniveauanstiegs innerhalb eines bestimmten Zeitraumes unterscheidet man zwischen der schleichenden, trabenden und galoppierenden Inflation. Die *schleichende Inflation* ist durch einen geringen Anstieg des Preisniveaus gekennzeichnet. Man zählt hierzu einen jährlichen Preisanstieg von unter 5 %. *Trabende Inflation* liegt vor, wenn der Preisniveauanstieg im Jahr zwischen 5 % und 50 % liegt. Von *galoppierender Inflation (Hyperinflation)* spricht man, wenn das jährliche Wachstum der Preise über 50 % liegt. Selbst heutzutage gibt es noch Länder, z. B. in Südamerika, mit Inflationsraten über 1000 %. Da

Deutschland 1922/1923: Aufwertung eines 20-Millionen-Mark-Scheins auf 2 Milliarden.
Foto: dpa

das Geld kaum noch einen Wert hat, wird es zur Bezahlung nicht mehr angenommen, sondern es wird auf Schwarzmärkten wieder mit Warengeld bezahlt. Ein Beispiel hierfür ist die Zigarettenwährung nach dem Zweiten Weltkrieg.

F. J. Kaiser/P. Brettschneider (Hg.): Volkswirtschaftslehre. Berlin, 2002, S. 120

Arbeitsaufträge

1. Stellen Sie fest, wie hoch der Kaufkraftverlust des Geldes ist, wenn in einem Land 4 % Inflation herrscht – und dies zehn Jahre lang. Wie hoch ist die Wertminderung bei doppelt so hoher Inflationsrate (im gleichen Zeitraum)? (M 16)
2. Zeichnen Sie in eine Kopie von M 16 die Kurve ein, die dem Ziel „Preisniveaustabilität" entsprechen würde.
3. Berechnen Sie aus M 15 die jahresdurchschnittlichen Inflationsraten Deutschlands und Italiens und übertragen Sie diese Inflationsraten (annäherungsweise) auf das Muster von M 16. (Achtung: Jahresdurchschnittswerte müssen als geometrisches, nicht als arithmetisches Mittel errechnet werden!)
4. Zwischen 1980 und 1994 lag die Inflationsrate in Brasilien bei fast 14 % pro Jahr, in Argentinien bei über 13 % p. a. Ist es denkbar, dass die „Kaufkraftminderungskurve" die Abszisse schneidet?
5. Erläutern Sie entlang der Kriterien „Geschwindigkeit" und „Sichtbarkeit" Erscheinungsformen von Inflation. Informieren Sie sich aus einem Geschichtsbuch über die in M 17 beschriebene Hyperinflation in den Jahren 1922 bis 1923 in Deutschland.

5.3 Inflation als Spuk? Wie kann die Geldentwertung gemessen werden?

M 18 TEURO – Das Geheimnis der „gefühlten" Inflation

Berlin – Das unternehmernahe Kölner Institut der deutschen Wirtschaft (IW) kommt zu dem Schluss, dass die von Konsumenten wahrgenommenen Preissteigerungen seit der Einführung des Euro-Bargelds kein Hirngespinst sind. Im ersten Quartal 2002 hätten sich Waren und Dienstleistungen des täglichen Bedarfs gegenüber dem Vorjahr um 4,8 Prozent verteuert. Damit sei die „gefühlte Inflation" zweieinhalbmal höher als der offizielle Wert des Statistischen Bundesamtes für das erste Quartal (1,9 Prozent).

Monat für Monat checken Mitarbeiter des Statistischen Bundesamtes in 190 deutschen Städten und Gemeinden die Preise für 750 einzelne Waren und Dienstleistungen. All diese Güter bilden den so genannten statistischen Warenkorb, aus dem der „Preisindex für die Lebenshaltung aller privaten Haushalte" berechnet wird. Im ersten Quartal betrug die Teuerung der Waren im Statistik-Korb 1,9 Prozent. Im Mai kletterten die Preise im Schnitt nur um 1,2 Prozent im Vergleich zum Mai 2001. Im europäischen Vergleich, so die IW-Forscher, seien die Lebenshaltungskosten in Deutschland sogar unterdurchschnittlich stark gestiegen. Im Durchschnitt seien die Lebenshaltungskosten in Euroland nämlich im ersten Quartal 2002 um 2,5 Prozent geklettert – in Deutschland aber lediglich um 1,9 Prozent.

Dass Konsumenten trotzdem über Abzocke in Supermärkten und Restaurants klagten, sei dennoch zu erklären, so die Wirtschaftsforscher. Das IW nahm jene gut 100 Warengruppen, die in den Korb der Bundesstatistiker eingehen, genauer unter die Lupe und filterte jene 28 Segmente heraus, in denen es zu überdurchschnittlichen Preissteigerungen (mehr als 2,5 Prozent) gekommen ist. An der Spitze der Teuerung steht der Studie zufolge Gemüse mit einem Plus von 14,3 Prozent. Flugreisen seien um 11,4 Prozent, Molkereiprodukte und Bier um je sieben Prozent, Brot und Fleisch um jeweils 4,1 Prozent teurer geworden. Die Preissteigerungsrate des verkleinerten Warenkorbs beträgt laut IW 4,8 Prozent. Die Preise aller anderen in der Gesamtrechnung enthaltenen Güter stiegen im ersten Quartal lediglich um 1,2 Prozent. Der „Teuro"-Warenkorb macht lediglich 24 Prozent des Gesamtpakets aus.

Da Verbraucher aber vor allem die Preise solcher Güter wahrnähmen, die sie täglich in den Einkaufswagen packen, entstehe eine gefühlte Teuerung, die weit über dem vom Bundesamt für Statistik errechneten Mittelwert liege. Dass sich ein großer Teil der Lebenshaltungskosten, etwa für Miete, Heizung oder Strom kaum verändert habe, registrierten die Bürger hingegen nicht, weil diese Posten direkt vom Konto abgebucht würden, so die Forscher.

www.spiegel.de/wirtschaft/0,1518,198476,00.html/ spiegelonline vom 30.5.2002

Arbeitsaufträge

1. Schildern Sie Ihren persönlichen Eindruck: Haben sich mit der Einführung des Euros Ihre Lebenshaltungskosten erhöht?

2. Erläutern Sie die Methode, mit der das Statistische Bundesamt die Entwicklung der Lebenshaltungskosten ermittelt. Wie erklären die Wissenschaftler den Unterschied zwischen der tatsächlichen und der „gefühlten" Inflation? Finden Sie die Erklärung überzeugend? (M 18)

3. Machen Sie sich im Detail vertraut mit dem Verfahren des Statistischen Bundesamtes zur Ermittlung der Preisentwicklung und prüfen Sie dieses kritisch (M19–M22). Formulieren Sie als Ergebnis Ihrer Arbeit eine begründete, schriftliche Stellungnahme zu der folgenden These: „Die Kaufkraftmessung durch einen Preisindex ist ein mit vielen Fehlern behaftetes Instrument." (A. Gräfin Lambsdorff. In: Wirtschaftskunde, Nr. 7, September 1977, S. 7.) Stellen Sie dabei auch einen Bezug her zu Kapitel 3.13, S, 139 ff. und dem dortigen Thema „Konsum und Strukturwandel". Warum muss der Warenkorb periodisch angepasst werden? Welche Schwierigkeiten können dabei auftreten?

5.3 Inflation als Spuk? Wie kann die Geldentwertung gemessen werden? 241

Melder Verbraucherpreise – Honorar **M 19**

Für jede ordnungsgemäße Meldung vergüten wir folgende Beträge:	
Wöchentliche Erhebung:	
Lebensmitteleinzelhandel	4,50 EUR (DIN A 4-Meldebogen, weiß)
Verbrauchermarkt	4,50 EUR (DIN A 4-Meldebogen, grün)
Discounter	4,00 EUR (DIN A 4-Meldebogen, gelb)
Obst-/Gemüse-Fachgeschäft	3,00 EUR (DIN A 4-Meldebogen, rosa)
Metzgerei	2,50 EUR (DIN A 5-Meldebogen, orange)
Monatliche Erhebung:	
Lebensmitteleinzelhandel	4,00 EUR[1] (DIN A 4-Meldebogen, weiß)
Verbrauchermarkt	4,00 EUR[1] (DIN A 4-Meldebogen, grün)
Discounter	4,00 EUR[1] (DIN A 4-Meldebogen, gelb)
Naturkostfachgeschäft	4,00 EUR (DIN A 4-Meldebogen, blau)
Bio-Metzgerei	2,50 EUR (DIN A 5-Meldebogen, flieder)

(1) bei mindestens 2 Bioprodukten, sonst 2,50 EUR
Die Honorarsumme überweisen wir monatlich jeweils rückwirkend für den vergangenen Monat auf das von Ihnen angegebene Konto.

www.zmp.de/verbraucher/honorar.asp

Aus dem Meldebogen D zur monatlichen Statistik der Verbraucherpreise **M 20**

lfd. Nr.	Erhebungs-zeichen	Positions-Nr.	Ware und Sorte	Mengen-einheit	Preis am 15. _.200_	Vergleichbarer Vormonatspreis	Wägungs-schema
338	k	57 59 100	Nassrasierer mit auswechselbarem Kopf	1 St.			0,20
339	k	57 51 100	Nagelschere, gute Qualität	1 St.			0,06
340	k	57 53 100	Haarbürste, Kunststoff, Borsten aus Nylon o.ä. Material, 7-reihig	1 St.			0,16
341	k	56 11 100	Eau de Toilette f. d. Dame im Zerstäuber	100 ml			0,69
342	k	56 25 300	Haarspray, in Dosen, Markenware	300 ml			0,98
343	k	56 21 100	Haarshampoo, i.Behältern, Markenware	200 ml			0,54
344	k	56 39 200	Handcreme, in Dosen o. Tuben	150 ml			0,53
345	k	56 39 300	Tagescreme, in Dosen o. Tuben	50 ml			1,02
346	k	56 39 500	Kindercreme, in Dosen u. Tuben	150 ml			0,44
347	k	56 47 100	Zahnbürste, mittl. Qualität, Markenware	1 St.			0,39
348	k	56 41 100	Zahncreme (keine medizinische)	75 ml			0,89
349	k	56 61 100	Lippenstift, Markenware	1 St.			0,35
350	k	56 61 200	Nagellack (kein Perlmutt), in Fläschchen zu etwa 15 ml	1 Fl.			0,24
351	k	56 61 300	Make-up, flüssig, in Tuben o. Flaschen	25 ml			0,33
352	k	56 61 400	Augenbrauenstift, Markenware	1 St.			0,09
353	k	56 55 100	Rasierklingen/Klingenköpfe für einen Nassrasierer in Packungen	10 St.			0,12
354	k	56 51 200	Rasierwasser, after shave, in Flaschen	100 ml			0,27
355	k	56 71 100	Feinseife, mittlere Qualität, Markenware	150 g			0,46
356	k	56 75 100	Badezusatz, in Packungen, Markenware	750 ml			0,57
357	k	56 79 100	Körperspray, Pumpspray, desodorierend, hautfreundlich, ohne Zusätze, in Dosen	75 ml			0,55
358	k	56 83 100	Papiertaschentücher, hygienisch, reibfest, ohne Duftzusätze (Packung)	180 St.			0,44
359	k	56 81 100	Toilettenpapier, weich, in Packungen zu 8 Rollen	1 Pk.			0,93
360	k	56 85 100	Höschenwindeln, in Packungen, Körpergewicht: 8–20 kg	100 St.			0,86
							10,01

M 21 — Warenkorb und Wägungsschema

Die Begriffe Warenkorb und Wägungsschema werden häufig als Synonyme verwandt. Diese Art der Darstellung ist aber sehr vereinfachend und oft Anlass für Missverständnisse. Der wichtigere Begriff für die Verbraucherpreisstatistik ist der Begriff des Wägungsschemas, in der Öffentlichkeit bekannter ist dagegen der Begriff Warenkorb.

Der Warenkorb
Der Preisindex für die Lebenshaltung will ein umfassendes Bild der Preisentwicklung vermitteln, soweit davon die privaten Haushalte betroffen sind. Es ist deshalb erforderlich, deren Verbrauchsgewohnheiten umfassend und sehr detailliert zu erfassen und den Berechnungen einen Verbraucherpreisindex zugrunde zu legen. Es ist aber nicht möglich und auch nicht erforderlich, die Preise für alle angebotenen und von privaten Haushalten gekauften Waren und Dienstleistungen zu erheben. Es ist vielmehr ausreichend, aus der Fülle des Güterangebots einige Hundert auszuwählen, die stellvertretend sowohl den gesamten Verbrauch als auch die Preisentwicklung der von den Haushalten nachgefragten Güter mit hinreichender Genauigkeit repräsentieren. Die Gesamtheit der ausgewählten Güter heißt Warenkorb. Der Warenkorb für die Preisindizes in der Bundesrepublik Deutschland umfasst zurzeit ca. 750 Waren und Dienstleistungen. Er ist identisch für Deutschland, das frühere Bundesgebiet, für die neuen Länder und Berlin-Ost und für alle speziell abgegrenzten Haushaltstypen. Diese Güterauswahl muss von Zeit zu Zeit daraufhin überprüft werden, ob sie noch den aktuellen Verbrauchsgewohnheiten entspricht. Es ist dabei nicht nötig, jede kurzfristige Konsumveränderung exakt abzubilden. Längerfristige Veränderungen im Verbrauchsverhalten müssen aber berücksichtigt werden. Darüber hinaus werden ständig neue Produkte angeboten, alte verschwinden vom Markt. Dies vollzieht sich aber nicht schlagartig, sondern über längere Zeiträume hinweg. Die Veränderungen in der Zusammensetzung des Warenkorbs 1995 im Vergleich zu 1991 sind daher nicht spektakulär und haben nur einen geringen Einfluss auf die Ergebnisse der Verbraucherpreisstatistik.

Das Wägungsschema
Viel wichtiger als die Auswahl der einzelnen Preisrepräsentanten, also die Festlegung des Warenkorbes, ist die Bestimmung des Gewichts, mit dem die Preisentwicklung einzelner Preisrepräsentanten in die Gesamtindizes eingeht. Das Wägungsschema quantifiziert, welchen Anteil z. B. die Mietausgaben oder andere Ausgabepositionen an den gesamten Verbrauchsausgaben der privaten Haushalte haben. Höhe und Struktur der Ausgaben der privaten Haushalte werden vom Statistischen Bundesamt aus den Ergebnissen der Einkommens- und Verbrauchsstichprobe, die alle fünf Jahre durchgeführt wird, und der jährlichen Statistik der laufenden Wirtschaftsrechnungen abgeleitet. Weil sich Güterangebot und Präferenzen der Verbraucher im Zeitablauf ändern, stehen der Grundsatz der Aktualität des Wägungsschemas und das Ziel der Preisstatistik, reine Preisveränderungen auszuweisen, in einem gewissen Widerstreit. Das Statistische Bundesamt trägt dem dadurch Rechnung, dass es den Preisindex für die Lebenshaltung mit einem konstanten Wägungsschema auf fester Basis berechnet (Laspeyres-Index auf fester Basis). Nach jeweils ca. fünf Jahren wird ein neues Wägungsschema und damit eine neue Basisperiode eingeführt. Veränderungen im Wägungsschema können sowohl durch veränderte Angebots- als auch durch veränderte Nachfragekonstellationen bedingt sein.

Diese Verfahrensweise stellt für einen hinreichend langen Zeitraum Indexwerte mit fester Basis zur Verfügung, mit denen im Zeitablauf reine Preisveränderungen – unbeeinflusst von Mengenveränderungen – berechnet werden können. Diese Indexreihen mit fester Basis werden vom Statistischen Bundesamt ab der jeweiligen Basisperiode zur Verfügung gestellt. Hierzu werden mit Einführung einer neuen Basisperiode die Preisindexwerte bis zum Beginn dieser Basisperiode, also für einen Zeitraum von ca. vier Jahren, zurückgerechnet.

Die Wägungsanteile unterscheiden sich sowohl zwischen den verschiedenen Gebietsständen (Deutschland, früheres Bundesgebiet, neue Länder und Berlin-Ost) als auch zwischen den speziell abgegrenzten Haushaltstypen (Preisindex für die Lebenshaltung von 4-Personen-Haushalten mit höherem Einkommen, Preisindex für die Lebenshaltung von 4-Personen-Haushalten mit mittlerem Einkommen, Preisindex für die Lebenshaltung von 2-Personen-Rentnerhaushalten mit geringem Einkommen).

Unterschiede im Warenkorb und Wägungsschema 1991 und 1995

Bei den meisten Veränderungen des Warenkorbs wurden lediglich die Gütereigenschaften in der Beschreibung der Preisrepräsentanten aktualisiert. Positionen, deren Verbrauchsbedeutung inzwischen gering ist oder die nur noch punktuell bzw. gar nicht mehr angeboten werden, wie z. B. verbleites Superbenzin, sind nicht mehr im Warenkorb enthalten. Im Gegenzug wurden für jene Güter, die seit der letzten Umstellung des Warenkorbes an Verbrauchsbedeutung gewonnen haben, zusätzliche Preisrepräsentanten aufgenommen. So wurde z. B. die Auswahl um eine Energiesparlampe erweitert, während die Leuchtstoffröhre im neuen Warenkorb nicht mehr berücksichtigt wird.

Der Entwicklung im Gesundheitswesen wurde dadurch Rechnung getragen, dass zahlreiche Erhebungspositionen neu aufgenommen wurden, z. B. Zuzahlungen für Zahnersatz. Beim Nachweis der Mietpreisveränderungen wird künftig nach Nettomieten und kalten Nebenkosten differenziert. Aktuellen Entwicklungen der Verbrauchsgewohnheiten und im Güterangebot trägt das Statistische Bundesamt dadurch Rechnung, dass es beispielsweise Preisrepräsentanten für Mobiltelefonieren, den Erwerb von Telefonendgeräten und für Mikrofaserjacken in den Warenkorb aufgenommen hat. Da vor allem im Rahmen der Harmonisierung der Verbraucherpreisindizes auf europäischer Ebene einer getrennten Darstellung der Preisveränderungen von Waren und Dienstleistungen große Bedeutung beigemessen wird, hat das Statistische Bundesamt eigene Preisrepräsentanten für bestimmte Dienstleistungen in den Warenkorb einbezogen, z. B. die Reparatur einer Waschmaschine.

Das Statistische Bundesamt stellt mit der Umstellung auf das Basisjahr 1995 den Preisindex für die Lebenshaltung aller privaten Haushalte für Deutschland in den Mittelpunkt seines Veröffentlichungsprogramms. Ein Vergleich der Wägungsschemata dieses Preisindex aus den Jahren 1991 und 1995 ist deshalb von besonderem Interesse.

Statistisches Bundesamt/Pressestelle/Pressekonferenz zur Umstellung des Preisindex für die Lebenshaltung auf die Basis 1995 = 100/25. Februar 1999

Der Warenkorb im Wandel

M 22

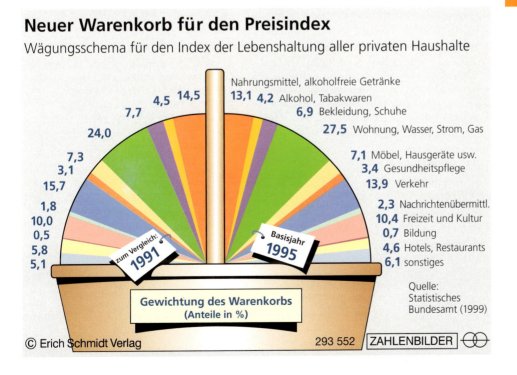

5.4 Methode: Berechnung der Veränderungsraten aus Indexwerten

Messung von Indexveränderungen in Punkten und in Prozent

Die Indexveränderungen von einem Zeitpunkt zum anderen – berechnet als Veränderung in Prozent – kann als allgemeine Preisveränderungsrate aus der Sicht der Verbraucher interpretiert werden.

Der Wert des Preisindex für die Lebenshaltung aller privaten Haushalte für Deutschland belief sich auf der Basis 1995 = 100 im Mai 1995 auf 99,9 und im Januar 1999 auf 104,1. Er hat sich also in dieser Zeit um

$$104{,}1 - 99{,}9 = 4{,}2 \text{ Punkte}$$

oder um

$$\left(\frac{104{,}1}{99{,}9} \times 100\right) - 100 = 4{,}2\,\%$$

erhöht.

Messung von Veränderungen der Kaufkraft

Die Veränderungen der Kaufkraft des Geldes in den Händen der Verbraucher kann ebenfalls mithilfe des Preisindex für die Lebenshaltung aller privaten Haushalte berechnet werden. Dann ist die Formel

$$\left(\frac{\text{alter Indexstand}}{\text{neuer Indexstand}} \times 100\right) - 100$$

zugrunde zu legen. Die Entwicklung der Kaufkraft steht also im umgekehrten Verhältnis zur Preisentwicklung.

Der Wert des Preisindex für die Lebenshaltung aller privaten Haushalte im früheren Bundesgebiet, 1995 = 100, hat sich von 99,9 im Mai 1995 auf 104,1 im Januar 1999 erhöht, das sind 4,2 %.
Bei der Berechnung der Kaufkraft des Geldes in der Hand des Konsumenten ergibt sich eine Veränderung um

$$\left(\frac{99{,}9}{104{,}1} \times 100\right) - 100 = -4{,}0\,\%$$

also ein Kaufkraftverlust von 4,0 %.

Wie rechnet man Indizes auf ein anderes Basisjahr um?

Die Gesamtindizes können durch eine Multiplikation mit bestimmten Faktoren auf das Niveau früherer Preisbasisjahre umgerechnet werden. Mit der Einführung des Preisbasisjahres 1995 am 25. Februar 1999 wurden die früher berechneten Ergebnisse ab Januar 1995 durch neu berechnete Ergebnisse ersetzt. Die von Januar 1995 bis Dezember 1998 veröffentlichten Ergebnisse auf der alten Basis 1991 = 100 verlieren damit ihre Gültigkeit. Für länger zurückliegende Zeiträume ergeben sich durch die Umrechnung nur rundungsbedingte Abweichungen.

Umrechnungsfaktoren:

Werte der Basis 1995 = 100 können mit den folgenden beiden Faktoren auf das Basisjahr 1991 umgerechnet werden:
Westdeutschland: 1,12399; Gesamtdeutschland: 1,14718.

Daten: SBA (www.destatis.de/basis/d/preis/vpitsti9.htm)

5.4 Methode: Berechnung der Veränderungsraten aus Indexwerten

Preisindex (gesamte Lebenskosten) und Inflationsrate
bis 1997 Westdeutschland; ab 1997 Gesamtdeutschland

M 23

Jahr	Preisindex[1] Basis: 1991	Preisindex[1] Basis 1995	Inflationsrate[2] (in %)
1968	43,1	38,3	1,4
1969	44,0	39,1	2,1
1970	45,5	40,5	3,4
1971	47,9	42,6	5,3
1972	50,5	44,9	5,4
1973	54,0	48,0	6,9
1974	57,8	51,4	7,0
1975	61,2	54,4	5,9
1976	63,8	56,8	4,2
1977	66,2	58,9	3,8
1978	68,0	60,5	2,7
1979	70,8	63,0	4,1
1980	74,6	66,4	5,4
1981	79,3	70,6	6,3
1982	83,5	74,3	5,3
1983	86,3	76,8	3,4
1984	88,3	78,6	2,3
1985	90,2	80,2	2,2
1986	90,0	80,1	-0,2
1987	90,3	80,3	0,3
1988	91,4	81,3	1,2
1989	94,0	83,6	2,8
1990	96,5	85,9	2,7
1991	100,0	89,0	3,6
1992	104,0	92,5	4,0
1993	107,7	95,8	3,6
1994	110,6	98,4	2,7
1995	112,5	100,0	1,7
1996	114,5	101,9	1,4
1997	116,1	103,3	1,8
Deutschland insgesamt			
Jahr	Preisindex[1] Basis: 1991	Preisindex[1] Basis 1995	Inflationsrate[2] (in %)
1997	118,5	103,3	1,9
1998	119,7	104,3	1,0
1999	120,3	104,9	0,6
2000	122,6	106,9	1,9
2001	125,7	109,6	2,5
2002	128,0	111,6	1,8

Daten: JG 96/97, Tab. 21* und Tab. 75* und Bundesbank
1 für die gesamte Lebenshaltung
2 Veränderung gegenüber dem Vorjahr in %

Formel und Beispiel
Berechnung der Inflationsrate des Jahres 2001 aus Indexwerten:

Indexwert in t (2001) = 109,6

Indexwert in t − 1 (1999) = 106,9

$$\triangle P = \left(\frac{P_t - P_{t-1}}{P_{t-1}}\right) \times 100 \ [\%]$$

P = Preisindex

Inflationsrate $\triangle$ P des Jahres 2001 gegenüber dem Vorjahr = 2,5 %

Der europäische Preisindex

Neben dem Preisindex für die Lebenshaltung aller privaten Haushalte erhebt und veröffentlicht das SBA noch eine Reihe weiterer Preisindizes, z. B. Verbraucherpreisindizes für verschiedene Haushaltstypen (Vier-Personen-Haushalt, Zwei-Personen-Haushalt, Rentner-Haushalt etc.). Seit der Einführung des Euro wird auch ein standardisierter europäischer Preisindex ermittelt, der HVPI.

M 24

Stichwort: HVPI (Harmonisierter Verbraucherpreisindex)

Angesichts der einheitlichen Währung in den Euro-Ländern ist es sinnvoll, die Teuerungsraten des Geldes in den einzelnen Ländern zu vergleichen. Das jedoch stößt erst einmal auf erhebliche Schwierigkeiten. Die nationalen Preisindizes unterscheiden sich nämlich in ihrer Struktur erheblich und eine direkte Gegenüberstellung würde den Vergleich von Äpfeln mit Birnen bedeuten.

Um die Ermittlung der Teuerungsrate auf eine einheitliche Basis zu stellen, hat das Statistische Amt der Europäischen Gemeinschaft (Eurostat) deshalb in einem ersten Schritt einen harmonisierten Verbraucherpreisindex entwickelt, der länderspezifische Besonderheiten der Lebenshaltung unberücksichtigt lässt. Das Problem: Es können ausschließlich Waren und Dienstleistungen berücksichtigt werden, die sich in allen nationalen Warenkörben befinden. Trotzdem macht der harmonisierte Verbraucherpreisindex einen Sinn. Er hilft, die Teuerungsrate in den einzelnen Ländern auf eine gemeinsame Basis zu stellen. Das ist wichtig, weil damit die im Vertrag von Maastricht von allen Euro-Ländern eingegangene Verpflichtung, für einen stabilen Euro zu sorgen, überprüft werden kann.

iwd (Informationsdienst des Instituts der deutschen Wirtschaft) Nr. 6 vom 29. Juli 1999

Arbeitsaufträge

1. Stellen Sie fest, in welchen Jahren die höchsten Inflationsraten gemessen wurden. (M 23) Nehmen Sie an, die höchste Inflationsrate hätte angedauert; in wie vielen Jahren wäre dann der Wert des Geldes halbiert worden? (Verwenden Sie dazu das Schema von M 16 oder berechnen Sie die „Halbwertzeit".)

2. Während der gesamten Nachkriegsepoche gab es nur in zwei Jahren ein sinkendes Preisniveau, also Deflation, nämlich 1953 und 1986. Was bedeutet ein sinkendes Preisniveau für den Geldwert – d. h. für die Kaufkraft des Geldes?

3. Berechnen Sie aus den Indexwerten die Inflationsrate für das Jahr 2002. Erhalten Sie bei beiden Indizes das gleiche Ergebnis? Überprüfen Sie die Umrechnung der Indexwerte für das Jahr 1997 mithilfe der Faktoren, die auf Seite 245 genannt werden.

4. Welchem Zweck dient ein „Basisjahr"? Warum wird der Indexwert im Basisjahr auf den Wert 100 festgelegt?

5. Übertragen Sie die Indexwerte von 1980 bis 2002 in eine Grafik (Liniendiagramm). Orientieren Sie sich bei den Indexwerten an der linken Ordinate (die Sie im Bereich zwischen 60 und 130 Punkten skalieren sollten). Anschließend können Sie auf der rechten Ordinate die Veränderungsraten des Index, also die Inflationsraten abtragen und die Tabellenwerte in die Grafik übernehmen. (Skalierung zwischen 7 % und –1 %.) Interpretieren Sie den Verlauf der beiden Kurven. Begründen Sie die Aussage: In den Inflationsraten spiegelt sich die Steigung der Indexkurve wieder.

6. Ganz streng genommen sind die Werte der Reihe in M 23 nicht vergleichbar, weil sie auf unterschiedlich zusammengesetzten Warenkörben beruhen. Inwiefern verschärft sich dieses Problem bei dem Versuch, einen europäischen Preisindex zu entwickeln. Welche Funktion erfüllt der harmonisierten Verbraucherpreisindex (HVPI)? (M 24)

5.5 Workshop: Eine Befragung zu den Folgen von Inflation

Thema
Preisniveaustabilität und Sicherung des Geldwertes gehören zu den wichtigsten Zielen der Wirtschaftspolitik. Aber warum ist das eigentlich so wichtig? Oder anders gefragt: Was ist denn so schlimm an der Inflation?

Um das herauszufinden, können Sie eine Befragung durchführen. Bilden Sie kleine Befragungsteams, die verschiedene Gruppen von „Wirtschaftssubjekten" mit unterschiedlichem Erfahrungshintergrund interviewen. Die empirisch erhobenen Aussagen müssen zum Schluss zusammengeführt und ausgewertet werden.

Durchführung
1. Überlegen Sie zunächst, welche „Zielgruppen" Sie befragen wollen. Welche Personen haben noch „historische" Erfahrungen aus der Zeit der Hyperinflation nach dem Zweiten Weltkrieg? Befassen sich Sparer, Hausfrauen/Hausmänner oder Investoren mit dem Problem der Inflation? Wäre es sinnvoll, jemanden aus einer Sparkasse/Bank oder gar jemanden von der Deutschen Bundesbank zu befragen?
2. Wichtig ist, herauszufinden, wo diese Gruppen von Wirtschaftssubjekten das Problem der Inflation bzw. von steigenden Preisen sehen. Fragen Sie konkret nach: z. B.: Welche negativen Auswirkungen hätte es für Sie, wenn wir eine Inflationsrate von 5 % hätten?
3. Überlegen Sie vorab, wie Sie das empirische Material auswerten und präsentieren wollen. Vielleicht eignet sich eine Übertragung der Aussagen in eine Matrix: In die Kopfspalte könnten Sie die befragten Gruppen eintragen und in die Fußzeile die wichtigsten Argumente und Aussagen zu den Folgen der Inflation. Anhand der Häufigkeit der Nennungen könnten Sie dann z. B. eine Systematik der schädlichen Auswirkungen der Inflation ableiten.
4. Die folgenden Materialien (M 25 – M 27) thematisieren problematische Auswirkungen der Inflation. Falls in diesen Materialien neue Argumente auftauchen, können Sie Ihre empirisch abgeleitete Systematik ergänzen.

Umverteilungswirkungen der Inflation

M 25

- Frau A. besitzt ein angespartes Geldvermögen (Sparkassenbriefe) in Höhe von 150 000 Euro; Herr B. besitzt Sachvermögen (eine kleine Eigentumswohnung) im Wert von ebenfalls 150 000 Euro. Beide beabsichtigen, diese Vermögenswerte in fünf Jahren ihren Kindern zu „überschreiben". Wenn wir annehmen, dass in dieser Fünf-Jahresperiode das wirtschaftspolitische Ziel der Preisniveaustabilität erheblich verfehlt wird – die Inflationsrate betrage 5 % p. a. –, dann wirft das die Frage auf, wie sich dies auf die Entwicklung des Geldvermögens von Frau A. einerseits und des Sachvermögens von Herrn B. andererseits auswirkt.
- Die genaue Wertentwicklung hängt natürlich von den näheren Umständen ab, doch im Prinzip kann man sagen, dass Inflation am Geldvermögen zehrt, während sie das Sachvermögen begünstigt. Angenommen, die Verzinsung der Sparkassenbriefe betrage 4 %; da die Inflation mit 5 % darüber liegt, wird ein Teil des Geldwertes aufzehrt; der reale Wert dieser Geldanlage schrumpft. Liegt die Verzinsung hingegen bei 6 %, dann überwiegt der Wertzuwachs (durch Zinsen) den Wertverlust (durch Inflation).
- Im Falle des Herrn B. sieht die Wertentwicklung günstiger aus. Allgemeine Preissteigerungen führen in der Regel auch zu Erhöhungen der Preise von Eigentumswohnungen sowie der Mieten. In Phasen hoher

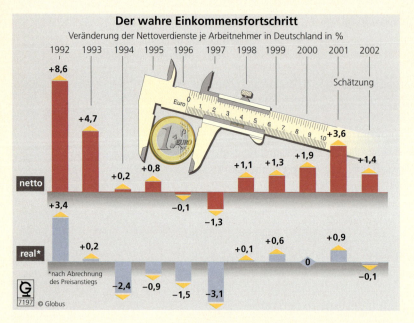

Inflation bevorzugen Anleger Sachwerte (Aktien, Grundstücke, Häuser etc.), während Anlagen in Geldpapieren (Sparkassenbriefe, Rentenpapiere, Staatsanleihen etc.) eher unattraktiv sind. Dadurch erhöht sich auch die Nachfrage nach Eigentumswohnungen, was zu Preis- und Wertsteigerungen führt. Sachvermögensbesitzer gewinnen in der Regel durch die Inflation, während Geldvermögensbesitzer eher verlieren. Dies sind unerwünschte Umverteilungswirkungen der Inflation.

- Ähnliche Überlegungen gelten auch für die Umverteilung von Einkommen zwischen den Beziehern von „Kontrakteinkommen" (vertraglich vereinbarte Einkommen, insbesondere tarifvertraglich festgelegte Löhne und Gehälter) einerseits und den Beziehern von „Residualeinkommen" (Gewinn- und Vermögenseinkommen) andererseits. Angenommen, in den Tarifverträgen des laufenden Jahres seien im Durchschnitt Lohnerhöhungen von 4 % vereinbart worden. Die Inflation beschleunige sich jedoch – entgegen der bei Vertragsabschluss vorherrschenden Erwartung – auf 5 %. Für die Lohneinkommensbezieher bedeutet dies eine reale Schlechterstellung: ihre Realeinkommen sinken. Zugleich bedeuten höhere Preise, dass den Unternehmen höhere Erträge zufließen; die Unternehmensgewinne und die Gewinneinkommen steigen. Auch dies sind unerwünschte Umverteilungswirkungen der Inflation.

Originalbeitrag des Autors

Bearbeitungshinweise

1. Erkundigen Sie sich bei Ihrer Sparkasse nach den Konditionen einer Geldanlage in Sparkassenbriefen auf fünf Jahre. Wie hoch ist die Verzinsung? Sammeln Sie Informationen über die Preisentwicklung (Inflationsrate) der letzten fünf Jahre sowie – soweit verfügbar – Informationen/Prognosen zur voraussichtlichen Preisentwicklung in den nächsten Jahren. Schätzen Sie ab, ob die Verzinsung von Sparkassenbriefen voraussichtlich über oder unter der zu erwartenden Inflationsrate liegt. Eine solche Schätzung ist natürlich mit erheblichen Ungewissheiten behaftet – aber das sind die typischen Risiken von Anlegern/Investoren. Zu welchem Ergebnis kommen Sie? Lohnt sich eine solche Anlage voraussichtlich – oder ist eine reale Wertminderung zu befürchten?
2. Erkundigen Sie sich auch über die Preisentwicklung bei Eigentumswohnungen (z. B. über den RDM-Immobilien-Preisspiegel www.rdm.de). Wird die Annahme einer tendenziellen Erhöhung der Preise von Eigentumswohnungen für die zurückliegenden fünf Jahre bestätigt oder widerlegt?
3. Überprüfen Sie, ob die von den Gewerkschaften in den Tarifverträgen durchgesetzten Nominallohnsteigerungen in den letzten zehn Jahren auch zu Reallohnsteigerungen führten. Welche Rolle spielt hier zusätzlich die so genannte kalte Steuerprogression? (M 26 und M 27)
4. Der Staat gewinnt kurzfristig durch eine hohe Inflation, weil die Steuereinnahmen steigen. Erörtern Sie, ob der Staat auch mittel- und langfristig von einer hohen Inflation profitiert? (M 26)

Schädliche Auswirkungen der Inflation

M 26

a) Inflation und Steuerprogression

Realwirtschaftliche Effekte einer Inflationierung ergeben sich auch durch ein nicht inflationsneutral ausgestaltetes Steuersystem. Der
5 Grund hierfür liegt insbesondere darin, dass für die Besteuerung Nominalgrößen relevant sind. Ein bekanntes Beispiel für eine nicht inflationsneutral wirkende Steuer ist die Einkommensteuer mit dem Nominaleinkommen als
10 Bemessungsgrundlage und progressivem Steuertarif. Steigende Preise und Lohnsätze führen bei unveränderten Realeinkommen zu inflationär aufgeblähten Nominaleinkommen, sodass viele Steuerzahler in eine höhere Progressions-
15 stufe geraten, wodurch sich der durchschnittliche Steuersatz erhöht. Die Erhöhung tritt bei inflationärer Entwicklung und progressivem Steuertarif automatisch ein, ohne dass sie jeweils durch das Parlament legitimiert wird.
20 Deshalb spricht man auch von einer „kalten Progression". Sie bewirkt bei unveränderten Realeinkommen einen Anstieg der realen Steuerbelastung.

H.-J. Jarchow: Theorie und Politik des Geldes. Göttingen, 1998, S. 313 f.

b) Umverteilung, Fehllenkung von Produktionsfaktoren, Stabilisierungskrise

25
- Inflation führt zu ungeplanter Umverteilung von Vermögen und Einkommen; sie verleitet die Tarifvertragsparteien, das Verteilungsziel statt des Beschäftigungsziels in den Mittelpunkt zu rücken. 30
- Inflation führt zu Verspannungen auf den Gütermärkten und auf den Faktormärkten; sie täuscht über die Rentabilitätsverhältnisse und verhindert so, dass Arbeit und Kapital quer über die Volkswirtschaft den Einsatz finden, der den größten Nutzen stiftet. 35
- Inflation macht über kurz oder lang eine restriktive Geldpolitik und Finanzpolitik notwendig; sie ist also letztlich auch unmittelbar mit Produktionseinbußen und Einkommensausfällen sowie mit nachfolgender Arbeitslosigkeit zu bezahlen. 40

Jahresgutachten Sachverständigenrat Wirtschaft 1985/86, Ziffer 176

Besteuerung und Inflation zehren an Sparguthaben

M 27

Ein Sparguthaben belaufe sich auf 50 Euro. Der Steuersatz des Anlegers sei 50 %.

- In einer Situation mit einer Inflationsrate von null sei der Realzins 3 %; der Nominalzins beträgt dann ebenfalls 3 %. Nach einem Jahr beträgt der Realwert des Sparguthabens (einschließlich der versteuerten Zinsen)

$$50 € + (0{,}03 \times 50 €) \times 0{,}5 = 50{,}75 €$$

- Bei einer Inflationsrate von 10 % und einem Nominalzins von 13 % beläuft sich der Realwert des Sparguthabens (einschließlich der versteuerten Zinsen) auf:

$$[50 € + (0{,}13 \times 50 €) \times 0{,}5] \times \frac{1}{1{,}10} = 48{,}4 €$$

Durch die Besteuerung der Nominalzinsen erleidet der Anleger bei Inflation also einen realen Vermögensverlust.

P. Bofinger/J. Reischle/A. Schächter: Geldpolitik. München, 1996, S. 89

5.6 Ursachen der Inflation – Inflationstheorien

Preisniveaustabilität und die Erhaltung des Geldwertes können als wirtschaftspolitische Zielsetzungen nur erreicht werden, wenn die Ursachen einer Inflation erkannt werden. Hierzu wurden unterschiedliche Theorien der Inflation entwickelt. Danach lassen sich geldmengen-, nachfrage- und angebotsinduzierte Inflationsentwicklungen unterscheiden.

M 28 Systematik der Inflationsursachen

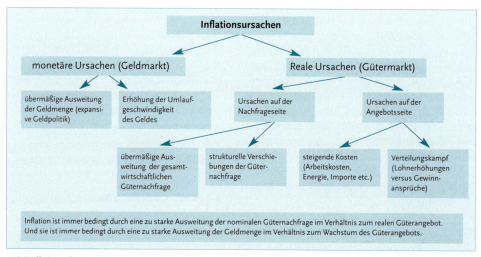

Originalbeitrag des Autors

M 29 Stichwort: Die Quantitätsgleichung – Geldmenge bestimmt Preisniveau

Mit der Quantitätsgleichung wird eine Beziehung zwischen der Entwicklung der Geldmenge M und der Veränderung des Preisniveaus hergestellt; vereinfacht gesagt lautet die These: Das Preisniveau P ist proportional zur Geldmenge M: $P \sim M$; wenn sich die Geldmenge ändert ($\Delta M = 5\%$), dann ändert sich das Preisniveau entsprechend: $\Delta P = 5\%$.

Diese Aussage wird aus einer Formulierung der Quantitätsgleichung abgeleitet, in der auf der linken Seite die gesamte effektiv verfügbare Geldmenge steht und auf der rechten Seite das gesamte Transaktionsvolumen einer Volkswirtschaft: $v M = Y^r P$

„v" bezeichnet dabei die „Umlaufgeschwindigkeit des Geldes" während eines Zeitraums (meist ein Jahr): Wird also die Geldmenge M in Höhe von 1 000 Mrd. € viermal während eines Jahres umgeschlagen, dann beläuft sich die effektive Geldmenge auf 4 000 Mrd. €. Dieser Geldmenge steht die Gütermenge gegenüber, also das während eines Jahres umgesetzte Transaktionsvolumen (die Menge an Gütern bewertet mit ihren Preisen).

In dieser Formulierung handelt es sich um eine reine Identität, die immer erfüllt ist. Erst wenn die Umlaufgeschwindigkeit des Geldes v in dieser Gleichung als Verhaltensparameter interpretiert wird, dann wandelt sich die Ausgangsgleichung in eine Hypothese: Bei konstant gesetzter Umlaufgeschwindigkeit v ist dann das nominale Volkseinkommen $Y^r P$ (das Produkt aus realem Sozialprodukt Y^r und Preisniveau P) funktional abhängig von der Geldmenge: $Y^r P = f (M)$. Nach dem Preisniveau aufgelöst ergibt sich $P = v (M/Y^r)$. In Veränderungsraten ausgedrückt schließlich:
$\Delta P = \Delta M - \Delta Y^r$.

Das Preisniveau bleibt also dann unverändert, wenn die Geldmenge nicht schneller zunimmt als das reale Sozialprodukt. Zu Inflation kommt es, wenn die Geldmenge M rascher zunimmt als die gütermäßige Wertschöpfung Y.

Originalbeitrag des Autors

5.6 Ursachen der Inflation – Inflationstheorien

Der Zusammenhang zwischen Geld- und Gütermenge

M 30

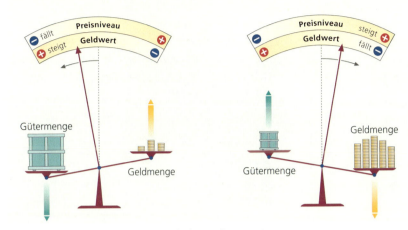

F. J. Kaiser/P. Brettschneider: Volkswirtschaftslehre. Berlin, 2002, S. 122

Inflation in der Karikatur

M 31

Karikatur: Rauschenbach

Karikatur: K. G. Striepecke

Karikatur: F. Wössner

„Spüren Sie schon etwas von der Flucht in die Sachwerte?"
Karikatur: A. Ignatius

Karikatur: Luff

Karikatur: P. Gottscheber

„Grausam, wie der Hase den armen Fuchs hetzt!"
Karikatur: H. Haitzinger

Arbeitsaufträge

1. Erläutern Sie in Ihren Worten die Stichworte in der Systematik der Inflationsursachen (M 28). Nennen Sie auch die Akteure, die jeweils hinter den Ursachen stehen. Fallen Ihnen noch weitere Inflationsursachen ein?

2. Entschlüsseln Sie die Karikaturen und stellen Sie fest, auf welche der in M 25 genannten Inflationsursachen sie Bezug nehmen. (M 31)

3. Vollziehen Sie die Aussagen der Quantitätsgleichung (M 29, M 30) dadurch nach, dass Sie zunächst die Bedeutung der einzelnen Variablen klären, dann erläutern, was auf den beiden Seiten der Gleichung steht (was wird also „gleichgesetzt"?) und schließlich begründen, warum es sich um eine „Identität" handelt. Wodurch wird diese Identität in eine Hypothese verwandelt? Wie lautet die Hypothese?

4. Stellen Sie sich vor, die Europäische Zentralbank würde über Nacht die Geldmenge verdoppeln und jede Bürgerin verfügte jetzt über genau die doppelte Menge an Bargeld und Sichtguthaben (auf den Girokonten). Welche Auswirkungen hätte dies? Verwenden Sie bei Ihrer Argumentation auch die Quantitätsgleichung.

5.7 Preisniveaustabilität als Aufgabe der Geldpolitik

Laut Stabilitäts- und Wachstumsgesetz (StWG) von 1967 gehört die „Stabilität des Preisniveaus" zu den vier Zielen des „Magischen Vierecks" (vgl. M 19, S. 23). Wenn das Preisniveau stabil ist, sind auch der Geldwert und die Kaufkraft des Geldes gesichert. Es gibt allerdings eine seit langem andauernde Kontroverse darüber, ob die Geldpolitik der Zentralbank vorrangig oder gar ausschließlich auf das Ziel der Preisniveaustabilität ausgerichtet sein sollte, oder ob die Geldpolitik flankierend auch noch andere Aufgaben zu erfüllen hat, z.B. die Unterstützung des Beschäftigungszieles. Wenn die Zentralbank neben dem Ziel der Geldwertstabilität noch weitere wirtschaftspolitische Ziele anstreben soll, dann kann es zu Zielkonflikten kommen. Die entscheidende Frage ist dann, was im Konfliktfall Vorrang hat: Soll die Geldpolitik der Preisniveaustabilität auch dann Priorität einräumen, wenn dies zu Lasten der Beschäftigung geht, oder sollte die Geldpolitik im Zweifel auch Kompromisse eingehen (z. B. zugunsten von Wachstum und Beschäftigung) – selbst wenn dies mit einer höheren Inflationsrate verbunden wäre?

Helmut Schmidt: Über ökonomische Zielkonflikte und Kompromisse M 32

Zu Recht betont der Maastrichter Vertrag als „vorrangiges Ziel des europäischen Zentralbanksystems (…), die Preisstabilität zu gewährleisten". Aber in Maastricht wurde hinzugefügt: „Soweit dies ohne Beeinträchtigung (…) der Preisstabilität möglich ist (…), unterstützt das Zentralbanksystem die allgemeine Wirtschaftspolitik der Gemeinschaft." Ähnlich hatte es das deutsche Bundesbankgesetz formuliert. Der Maastrichter Vertrag hat aber an gleicher Stelle auf seinen Artikel 2 hingewiesen, also beständiges Wachstum, hohes Beschäftigungsniveau – und Hebung der Lebensqualität, hohen sozialen Schutz, Umweltverträglichkeit, hohe Konvergenz et cetera. De facto hat Maastricht das neoklassische Magische Drei- oder Viereck zum Vieleck erweitert.

Die weltweite Erfahrung aus den Jahrzehnten seit Ende des Zweiten Weltkrieges zeigt: Je besser eines der Ziele des Magischen Dreiecks oder Vierecks erreicht wird, umso schwieriger oder gar unmöglich wird die gleichzeitige Verwirklichung der übrigen Ziele. Diese Erfahrung wird sich gleichfalls für die gemeinsame Euro-Währung und für den gemeinsamen Markt ergeben. Wenn etwa Wim Duisenberg [zu diesem Zeitpunkt Präsident der Europäischen Zentralbank] versuchen würde, die Inflationsrate des Euro bei null Prozent zu halten, so würde mindestens das Ziel einer hohen Beschäftigung mit Sicherheit verfehlt werden. Tatsächlich würden mit absoluter Geldwertstabilität die oben zitierten Grundsätze und Aufgaben der Europäischen Union unerreichbar werden. Jede Zentralbank muss angesichts dieser ökonomischen Zielkonflikte Kompromisse machen.

Brauchen wir einen europäischen Greenspan?
Von Helmut Schmidt. DIE ZEIT 12/2001

Geldwertstabilität als primäre Aufgabe der Zentralbank M 33

Vor dem Hintergrund geschichtlicher Erfahrungen sowie umfangreicher wissenschaftlicher Erkenntnisse hat sich international ein Konsens herausgebildet, die Sicherung des Geldwertes als alleinige oder zumindest als primäre Aufgabe der Geldpolitik anzuerkennen. Es ist mittlerweile fast schon Allgemeingut, dass die konsequente und glaubwürdige Verfolgung des Preisstabilitätsziels der beste und auf Dauer auch einzige Beitrag ist, den die Geldpolitik zur langfristigen Förderung von Beschäftigung und Wohlstand leisten kann. Ordnungspolitisch bedeutet dies stets auch, entsprechende institutionelle Vorkehrungen zu treffen. Praktische Erfahrungen sowie wissenschaftliche Studien zeigen, dass die Unabhängigkeit der Notenbank – verankert in der Notenbankverfassung – eine wichtige Rolle bei der glaubwürdigen Sicherung der Preisstabilität spielt.

Der Sicht vom Primat der Geldpolitik entspricht die Forderung nach Unabhängigkeit der Notenbank von Weisungen der Politik. Der empirische Befund für die Beziehung zwischen Weisungsunabhängigkeit der Notenbank und Geldwertstabilität ist eindeutig – und zwar positiv. Länder, deren Notenbanken autonom sind, weisen eine geringere durchschnittliche Inflationsrate auf, ohne dafür mit einem schwächeren oder volatileren* Wirtschaftswachstum zu büßen. Nicht von ungefähr war daher weltweit eine Tendenz zu registrieren, Notenbanken aus der Abhängigkeit ihrer Regierungen zu befreien und mehr oder weniger in den Status der Unabhängigkeit zu entlassen.

O. Issing (z. Z. d. Ä. Mitglied des Direktoriums der Europäischen Zentralbank) Vortrag am 17. März 2000 im Walter-Eucken-Institut, Freiburg (www.ecb.int/key/00/sp000317_2de.htm)

Arbeitsaufträge

1. Im Jahre 1975, nach dem ersten Ölpreisschock, erklärte der damalige Bundeskanzler Helmut Schmidt (SPD): „Mir sind 5 % Inflation lieber als 5 % Arbeitslosigkeit." Nehmen Sie zu dieser Aussage Stellung.
2. Gut dreißig Jahre später äußert sich Helmut Schmidt als Mitherausgeber der ZEIT zu dem Ziel der Preisstabilität und damit verbundenen Zielkonflikten. Erläutern Sie seine (gewandelte) Position (M 32). Welche Schlussfolgerungen lässt dieser Meinungswandel zu?
3. Auf welche „geschichtlichen Erfahrungen" beruft sich der Autor von M 33 bei seiner Argumentation? Was lehren diese Erfahrungen?
4. Dass die Sicherung des Geldwertes „alleinige" Aufgabe der Geldpolitik sei – diese Position wird heute kaum ernsthaft vertreten; aber es ist vorherrschende Meinung, dass dies die „primäre" Aufgabe der Geldpolitik ist. Der Autor von M 33 begründet seine Auffassung mit dem Argument, eine auf Preisstabilität ausgerichtete Geldpolitik sichere nicht nur die Währung, sondern trage längerfristig auch zu Wachstum und Beschäftigung bei. Erläutern Sie diese Argumentation.
5. Kurzfristig besteht ein Konflikt zwischen den Zielen Preisstabilität und Beschäftigung in der Weise, dass eine expansive Geldpolitik in der Rezession die Konjunktur wieder ankurbeln und die Beschäftigung erhöhen kann, zugleich aber inflationäre Tendenzen auslöst. Vergleichen Sie hierzu nochmals die Kritik an der antizyklischen Konjunkturpolitik (siehe M 59a, S. 90). Wie würden Sie sich in diesem Dilemma entscheiden: Würden Sie in einer Rezession auf eine expansive Geldpolitik – und damit auf einen möglichen Beschäftigungsanstieg – verzichten, weil dies gegebenenfalls auch die Inflationsrate in die Höhe treiben kann? Oder würden Sie das Beschäftigungsziel als „primäre" Aufgabe der Wirtschaftspolitik ansehen, der sich die Geldpolitik als Teil der Wirtschaftspolitik unterzuordnen hat? Klären Sie Ihre Position in einer Gruppendiskussion.
6. Um eine „Unterordnung" der Zentralbank unter die allgemeine Wirtschaftspolitik bzw. unter die Regierung zu vermeiden, ist die Bundesbank – und nach ihrem Muster auch die Europäische Zentralbank – mit einer weitreichenden Autonomie ausgestattet worden. Wie begründet der Autor seine Auffassung, dass sich diese Unabhängigkeit bewährt habe?
7. Wie die Unabhängigkeit der Bundesbank und der EZB gesetzlich verankert ist, können Sie in M 34 nachlesen. In welchen Formulierungen des Bundesbankgesetzes und des EU-Vertrags ist die Unabhängigkeit der jeweiligen Zentralbanken verankert? Vergleichen Sie diese gesetzlichen Regelungen mit dem Reichsbankgesetz von 1939. (M 34)

5.7 Preisniveaustabilität als Aufgabe der Geldpolitik

Reichsbank, Bundesbank und Europäische Zentralbank

M 34

Gesetz über die deutsche Reichsbank vom 15. Juni 1939

§ 1
(1) Die Deutsche Reichsbank ist dem Führer und Reichskanzler unmittelbar unterstellt.

§ 3
(1) Die Deutsche Reichsbank wird nach den Weisungen und unter der Aufsicht des Führers und Reichskanzlers von dem Präsidenten der Deutschen Reichsbank und den übrigen Mitgliedern des Reichsbankdirektoriums geleitet und verwaltet.
(2) Im Reichsbankdirektorium entscheidet der Präsident der Deutschen Reichsbank.

Gesetz über die Deutsche Bundesbank von 1957 (in der Fassung vom 1. Juni 1975)

§ 3: Aufgabe
Die Deutsche Bundesbank regelt mithilfe der währungspolitischen Befugnisse, die ihr nach diesem Gesetz zustehen, den Geldumlauf und die Kreditversorgung der Wirtschaft mit dem Ziel, die Währung zu sichern, und sorgt für die bankmäßige Abwicklung des Zahlungsverkehrs im Inland und mit dem Ausland.

§ 12: Verhältnis der Bank zur Bundesregierung
Die Deutsche Bundesbank ist verpflichtet, unter Wahrung ihrer Aufgabe die allgemeine Wirtschaftspolitik der Bundesregierung zu unterstützen. Sie ist bei der Ausübung der Befugnisse, die ihr nach diesem Gesetz zustehen, von Weisungen der Bundesregierung unabhängig.

Bestimmungen über die EZB nach dem EG-Vertrag in der Fassung vom 10.11.1997

Artikel 105
(1) Das vorrangige Ziel des ESZB ist es, die Preisstabilität zu gewährleisten. Soweit dies ohne Beeinträchtigung des Zieles der Preisstabilität möglich ist, unterstützt das ESZB die allgemeine Wirtschaftspolitik in der Gemeinschaft, um zur Verwirklichung der in Artikel 2 festgelegten Ziele der Gemeinschaft beizutragen [...].

Artikel 108
Bei der Wahrnehmung der ihnen durch diesen Vertrag und die Satzung des ESZB übertragenen Befugnisse, Aufgaben und Pflichten darf weder die EZB noch eine nationale Zentralbank, noch ein Mitglied ihrer Beschlussorgane Weisungen von Organen oder Einrichtungen der Gemeinschaft, Regierungen der Mitgliedstaaten oder anderen Stellen einholen oder entgegennehmen.

Erläuterung: Verantwortlich für die Geldemission und die Stabilität des Geldwertes der D-Mark war die Deutsche Bundesbank. Die Verantwortung für Geldemission und inneren Geldwert ist seit dem 1.1.1999 auf die Europäische Zentralbank (EZB) übergegangen. Den Umgang mit Geld regelt die Geldordnung (Maastrichter Vertrag, Grundgesetz, Bundesbankgesetz, Kreditwesengesetz, Außenwirtschaftsgesetz, Einlagensicherungsfond der Banken usw.), wobei derzeit noch nicht alle nationalstaatlichen Rechtsnormen eine Entsprechung für das Euro-Währungsgebiet haben.

Europa: Geldwertstabilität ist vorrangig, Beschäftigungspolitik nachrangig

M 35

- [...] Hatte die Einheitliche Akte von 1987 die Dominanz des Markts als ökonomischer Regulierungsinstanz besiegelt, so erklärte der Vertrag von Maastricht von 1992 die Geldpolitik zur absolut vorrangigen wirtschaftspolitischen Aufgabe in der Eurozone.
- Auf diese Weise geriet das Konstrukt „Europa" in eine fundamentale Schieflage. Während die Geldpolitik nach deutschem Vorbild föderativ organisiert wurde [...] liegt die Verantwortung für die Haushalts- und Steuerpolitik weiterhin in nationalen Händen. [...] Da auf europäischer Ebene kein demokratischer Rechtsstaat existiert, gibt es weder europäische Steuern noch die Möglichkeit, Gemeinschaftsanleihen aufzunehmen.
- Eine weitere Ursache dieser Schieflage ist darin zu sehen, dass sowohl die nationalen Zentralbanken als auch die Europäische Zentralbank (EZB) nach eigenem Gutdün-

ken handeln können und weder gegenüber den Regierungen noch gegenüber den Bürgern Rechenschaft abzulegen haben. Hinzu kommt, dass die EZB laut Art. 105 Abs. 1 des Vertrags von Maastricht primär verpflichtet ist, die Geldwertstabilität zu garantieren. Die Wachstums- und Beschäftigungspolitik hingegen, die bei der derzeitigen Konjunkturlage eigentlich oberste Priorität besitzen müssten, rangiert explizit unter den subsidiären* Zielen. [...]
- Die Asymmetrie zwischen Geld- und Budgetpolitik bedeutet den endgültigen Verzicht auf eine dynamische und ausgewogene Wirtschaftslenkung auf der Grundlage eines optimalen Policy-Mix aus geld- und haushaltspolitischen Maßnahmen. [...]
- Problematisch ist nicht die Einheitswährung als solche, sondern die ihr zugrunde liegende liberal-monetaristische Philosophie, die alles auf die eine Karte der ineffizient gewordenen Geldpolitik setzt. Tief greifende Reformen scheinen dringend geboten. Vor allem müsste man das Missverhältnis zwischen monetären und politischen Institutionen beseitigen, um die Union demokratisch zu legitimieren. Denn nicht zuletzt dieses Demokratiedefizit ist der Grund für die Gleichgültigkeit und das Misstrauen der EU-Bürger gegenüber dem Euro, den viele als rein technokratisches Konstrukt ansehen.

D. Plihon (z. Z. d. Ä. Vorsitzender des wissenschaftlichen Beirats von Attac): Der Euro stärkt den Monetarismus. In: TAZ vom 14. Dezember 2001. (dt. B. Schulze) www.taz.de/pt/2001/12/14.nf/mondeText.artikel, a0017.idx,5)

M 36 Befugnisse, Organisation und Status des ESZB

Das ausschließliche Recht, die Ausgabe von Banknoten und Münzen zu genehmigen, hat in Europa die **Europäische Zentralbank** (EZB). In den Verkehr gebracht werden die Banknoten von den nationalen Notenbanken, also etwa der Deutschen Bundesbank. Für die Ausgabe der Münzen sind die Mitgliedstaaten der Europäischen Union zuständig. Das Europäische System der Zentralbanken (ESZB) ist seit dem 1. Januar 1999 als zentrale wirtschaftliche Instanz für die Geldpolitik in Europa zuständig (*Träger der Geldpolitik*). Es besteht aus der EZB mit Sitz in Frankfurt/Main und den nationalen Zentralbanken. Wichtigstes Beschlussorgan ist der EZB-Rat, der sich auch dem Direktorium mit dem Präsidenten, dem Vizepräsidenten und vier weiteren Mitgliedern sowie den Präsidenten der nationalen Zentralbanken zusammensetzt. Die Direktoriumsmitglieder werden von den Regierungen der Mitgliedstaaten einvernehmlich ausgewählt und ernannt. Wichtigstes Ziel des ESZB ist es, die Preisstabilität zu gewährleisten. [...] Nur soweit dies ohne Beeinträchtigung des Ziels der Preisstabilität möglich ist, unterstützt das ESZB sonstige wirtschaftliche Ziele in der Gemeinschaft. Bei der Ausübung ihrer Befugnisse sind sowohl die EZB als auch die nationalen Zentralbanken von Weisungen anderer Organe der Europäischen Union oder durch Regierungen der Mitgliedstaaten unabhängig. [...] Aufgrund dieser [...] Unabhängigkeit des europäischen Zentralbankensystems können die Europäische Kommission oder die Regierungen nicht einfach durch „Ingangsetzen der Notenpresse" die Geldmenge ausdehnen und damit die Währung ruinieren, wie es im 20. Jahrhundert in Deutschland bereits zweimal vor der Gründung der Bundesbank (1957) in den zwei großen Inflationen geschehen ist. Währungsreformen zur Wiederherstellung einer stabilen Währung wurden in den Jahren 1923 und 1948 erforderlich.

H. Bartling/F. Luzius: Grundzüge der Volkswirtschaftslehre. München 2000, S. 225 f.

Das Europäische System der Zentralbanken

M 37

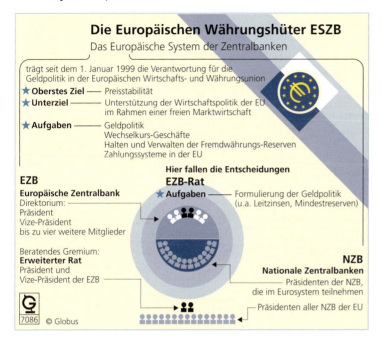

Nationale Interessen spielen keine Rolle?

M 38

ZEIT: Kommt die EU-Osterweiterung, muss sich auch die EZB eine neue Struktur geben. Mit bis zu 30 Mitgliedern wäre der EZB-Rat nahezu handlungsunfähig. EZB-Präsident Wim Duisenberg favorisiert ein Rotationsmodell, in dem immer nur einige nationale Zentralbankchefs stimmberechtigt sind. Müssten dann auch große Länder wie Deutschland, Frankreich oder Italien zeitweise auf ihr Stimmrecht verzichten?

PADOA-SCHIOPPA: Die großen Länder haben ein schwerwiegendes Argument, wenn sie darauf drängen, im Rat öfter stimmberechtigt zu sein als ein nach Einwohnern kleines Land wie Luxemburg oder künftig Malta. Auf der anderen Seite gilt in der EU das föderalistische Prinzip, und das bedeutet, dass kleine Länder nicht benachteiligt werden dürfen.

ZEIT: Wäre es nicht wahrhaft europäisch, den EZB-Rat statt nach nationalen Gesichtspunkten einfach mit den Besten zu besetzen?

PADOA-SCHIOPPA (lacht): Das ist hinsichtlich des Direktoriums heute schon der Fall. Ich kann mir allerdings schwer vorstellen, dass unser Direktorium eines Tages aus sechs Mitgliedern gleicher Nationalität besteht.

ZEIT: Wie unabhängig von nationalen Gesichtspunkten entscheiden die Ratsmitglieder tatsächlich über die europäische Geldpolitik?

PADOA-SCHIOPPA: Sie können mir glauben, nationale Interessen spielen in der Diskussion keine Rolle.

ZEIT: Sie wollen uns also erzählen, dass sich der irische Notenbankchef, der sich zu Hause für jede EZB-Entscheidung rechtfertigen muss, bei seinem Votum nicht am möglichen Echo in Irland orientiert?

PADOA-SCHIOPPA: Genau. Wir diskutieren heftig, bis wir zu einer Lösung kommen und das ist auch so gewollt. Es sind aber keineswegs immer dieselben Leute, die Zinssenkungen oder Zinserhöhungen fordern.

ZEIT: Lange Diskussionen hemmen aber auch, wenn man rasch entscheiden muss. Der EZB wird vorgeworfen, im Laufe des Jahres mehrmals zu spät die Zinsen gesenkt zu haben.

PADOA-SCHIOPPA: Dieser Vorwurf ist schlicht falsch. Wir haben das Gegenteil schon bewiesen. Konsens zu suchen bedeutet nicht zwangsläufig, auf Einstimmigkeit zu warten.

EZB-Direktor T. Padoa-Schioppa im ZEIT-Gespräch. DIE ZEIT vom 12. Dezember 2001

M 39 Die Unabhängigkeit der EZB ist umfassend definiert

- [...] Artikel 108 EG-Vertrag definiert den Begriff der Unabhängigkeit außerordentlich umfassend. Er versteht unter Unabhängigkeit nicht nur die vollkommene Freiheit von förmlichen politischen Weisungen in Bezug auf die Geldpolitik und die übrigen dem ESZB nach dem EG-Vertrag übertragenen Aufgaben und Befugnissen. Er untersagt der Gemeinschaft und den Regierungen der Mitgliedstaaten darüber hinaus jeden Versuch, die Mitglieder der Beschlussorgane der EZB oder der nationalen Zentralbanken bei der Wahrnehmung ihrer Aufgaben zu beeinflussen. Regeln über die Mindestamtsdauer und die Festlegung von eng gefassten Entlassungsgründen garantieren zudem eine weitgehende personelle Unabhängigkeit der Mitglieder der Beschlussorgane des ESZB.
- Neben der institutionellen und personellen Unabhängigkeit gewährt das Gemeinschaftsrecht den Notenbanken zudem finanzielle Unabhängigkeit von den staatlichen Haushalten. Auch hierdurch soll staatlicher Einflussnahme vorgebeugt werden. [...]
- Ein weiteres Kernprinzip der Vorschriften des EG-Vertrages über die Währungsunion, das ebenso wie die Unabhängigkeit die Loslösung der Zentralbanken der Mitgliedstaaten aus dem nationalen Kontext und ihre unbedingte Verpflichtung auf die Preisstabilität verdeutlicht, betrifft das Verbot der Staatsfinanzierung durch die Notenbanken. Um zu verhindern, dass eine stabilitätsorientierte Geldpolitik durch unfreiwillige Zentralbankgeldschöpfung hintertrieben wird, untersagt Artikel 101 EG-Vertrag und die dazu ergangene EG-Verordnung den Notenbanken die aktive Kreditgewährung z. B. durch den direkten Ankauf von Staatsschuldtiteln sowie die passive Kreditgewährung durch Einräumung von Kreditfazilitäten jedweder Art. Ausnahmen sind nur in eng begrenztem Umfang z. B. in Form von Innertageskrediten zulässig. Auch diese Regelung macht die Entnationalisierung der nationalen Notenbanken deutlich.

D. Haferkamp (z. Z. d. Ä. Mitglied des Direktoriums der Deutschen Bundesbank): Der Wandel der nationalen Zentralbanken in der Europäischen Währungsunion. Vortrag vom 24. Oktober 2001.

Arbeitsaufträge

1. Prüfen Sie, ob sich die vom Autor in M 35 vertretene These halten lässt, in der Eurozone sei die Geldpolitik zur absolut vorrangigen wirtschaftspolitischen Aufgabe erklärt worden. Verwenden Sie dazu den Textauszug aus dem EG-Vertrag in M 34.
(Den Gesamttext des EG-Vertrages nach den Maastrichter Vertragsänderungen finden Sie unter **www.europa.eu.int/eur-lex/de/treaties/ dat/ec_cons_treaty_de.pdf**)
2. Beschreiben Sie, worin (nach Auffassung des Autors von M35) die „fundamentale Schieflage" des „Konstrukts" Europa besteht. Was müsste geändert werden, um diese Schieflage zu beseitigen?
3. Die EZB könne (in geldpolitischen Fragen) „nach Gutdünken handeln", meint der Autor (Ökonomik-Professor an der Sorbonne). Interpretieren Sie zunächst, was er mit seiner Aussage gemeint haben könnte und unterziehen Sie seine These dann einer kritischen Prüfung.
4. Aus Art. 105 Abs. 1 wird abgeleitet, die EZB habe die Geldwertstabilität „zu garantieren". Stimmt das so? Wie interpretieren Sie den Text des Art. 105 EG-Vertrag?
5. Die Wachstums- und Beschäftigungspolitik werde ausdrücklich als nachrangig eingestuft (der Begriff „subsidiär" ist hier als Gegensatz zu „prioritär" wohl falsch verwendet; Sie können seine richtige Bedeutung ja mal in einem Fachwörterbuch nachschlagen). Aus welcher Formulierung des Art. 105 könnte man die behauptete Nachrangigkeit der Beschäftigungspolitik herauslesen?
6. Im vierten Spiegelstrich beklagt der Autor von M 35 einen Verzicht auf „Wirtschaftslenkung". In der Tat ist die Konzeption des ESZB und der europäischen Geldpolitik insoweit

monetaristisch geprägt, als auf eine aktive, antizyklische Konjunkturpolitik bewusst verzichtet wird zugunsten einer mittelfristig ausgerichteten Verstetigungsstrategie. Doch diese potenzialorientierte Stabilisierungspolitik soll sowohl die (europäische) Geldpolitik als auch die (nationalstaatliche) Haushaltspolitik umfassen. (Vgl. zu diesen beiden konkurrierenden Konzeptionen Kap. 2.6, S. 98 ff.) Das Zusammenspiel der verschiedenen Politikbereiche – dies ist mit dem Ausdruck „Policy-Mix" gemeint – ist im monetaristisch geprägten Ansatz durch die Priorität der Geldpolitik charakterisiert, während im keynesianischen Ansatz die Haushalts- und Finanzpolitik Priorität hat. Die Forderung nach einem „optimalen Policy-Mix" macht sich immer gut – nur was bedeutet das im Falle eines Zielkonflikts zwischen Preisniveaustabilität und hoher Beschäftigung?

7. Worin besteht das vom Autor monierte „Demokratiedefizit"? Wie könnte es Ihrer Meinung nach behoben werden?
Informieren Sie sich hierzu über die Organisation und die Funktionsweise des ESZB (M 36 – M 39):
a) Begründen Sie, warum Zentralbanken auch als „Notenbanken" bezeichnet werden. Stellen Sie fest, von wem die Euro-Banknoten unterschrieben sind. Bestätigt sich die Aussage von M 3, S. 228, hier handle es sich um „ein Stück Papier mit der Unterschrift eines Politikers, den man nicht gewählt hat"?
b) Der geldpolitische Akteur des Euro-Raumes ist das ESZB. Welche Gruppen sind dort vertreten und wer hat dort das (zahlenmäßige) Übergewicht?
c) Nehmen Sie Stellung zu den Ausführungen des EZB-Direktors, nationale Interessen würden bei den Entscheidungen der EZB keine Rolle spielen. (M 38)

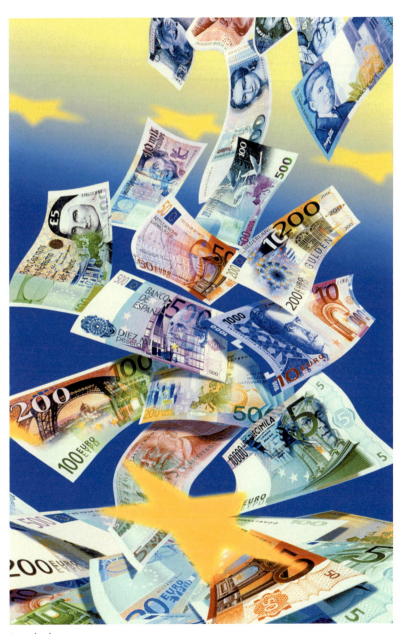

Imagebank

5.8 Workshop: Gerichtsverhandlung in der Sache „Demokratische Öffentlichkeit" gegen Europäische Zentralbank

Thema des Workshops

Die „Herrschaft über das Geld" und alle geldpolitischen Befugnisse sind bewusst nicht der demokratisch legitimierten Regierung übertragen worden, sondern einer demokratisch nur sehr indirekt, um nicht zu sagen: unzureichend legitimierten Zentralbank. Ist das eigentlich so in Ordnung? Muss es einen nicht stutzig machen, dass „sowohl die nationalen Zentralbanken als auch die Europäische Zentralbank (EZB) nach eigenem Gutdünken handeln können und weder gegenüber den Regierungen noch gegenüber den Bürgern Rechenschaft abzulegen haben"? (Vgl. M 35, S. 256) Dies soll im Folgenden in einem Gerichtsverfahren geklärt werden. Angeklagt ist die EZB wegen unzureichender demokratischen Legitimierung.

Vorschläge zur Durchführung der Gerichtsverhandlung

1. Bilden Sie drei Gruppen: Ankläger, Verteidiger und Geschworene. Aufgabe der Anklage ist es, eine Klageschrift zu verfassen und diese in der Verhandlung vorzutragen. Aufgabe der Verteidigung ist es, ein Plädoyer zur Widerlegung der Anklagepunkte zu verfassen und dem Gericht vorzutragen. Die Geschworenen haben die Aufgabe, sich zunächst mit einem internen Gutachten sachkundig zu machen und im Verfahren nach den Plädoyers ein Urteil zu fällen.
2. Die beiden nachfolgenden Kästen enthalten Auszüge aus einer Klageschrift sowie aus einem Plädoyer der Verteidigung. Die jeweiligen Gruppen können diese Schriftsätze zum Ausgangspunkt nehmen und sie zu ordentlichen Schriftsätzen vervollständigen. Die beiden Plädoyers sollten nicht länger als je sieben Minuten dauern.
3. Die Geschworenen können für ihr Gutachten nochmals die in diesem Abschnitt enthaltenen Materialien daraufhin durchsehen, welche Argumente pro und kontra Autonomie der Zentralbank bzw. der EZB vorgebracht werden. Systematisieren Sie diese Argumente in einer tabellarischen Übersicht. Sie können diese Übersicht durch weitere eigenständige Recherchen, z. B. im Internet, vervollständigen.
4. Die fertige Klageschrift muss der Verteidigung rechtzeitig vor der Verhandlung zugestellt werden. Die Geschworenen können sich vor dem Fällen des Urteils zu einer internen Beratung zurückziehen. Das Urteil ist auch schriftlich auszufertigen.

Klageschrift

in der Sache
„Demokratische Öffentlichkeit gegen Europäische Zentralbank"

- Die EZB wird angeklagt wegen Verstoßes gegen das Demokratiegebot („undemokratische Verfassung"); sie trifft äußerst weitreichende Entscheidungen, ist dazu aber nicht demokratisch legitimiert.
- Das „Demokratiedefizit" der Zentralbank ist ein rechtlicher und ein politischer Skandal! Die EZB trifft Entscheidungen, die alle Bürger unmittelbar betreffen, und demokratisch gewählte Regierungen sollen darauf keinen Einfluss haben?!
- Die Mitglieder des Zentralbankrates werden nicht gewählt, sondern ernannt. In dieser Verfassung kommt ein institutionalisiertes Misstrauen gegen das Volk zum Ausdruck.
- Geld regiert die Welt – aber wer regiert das Geld? Die Zentralbank! Doch dazu sie ist nicht legitimiert.
- …

Plädoyer der Verteidigung

in der Sache …

- Die Autonomie von Bundesbank und EZB hat sich glänzend bewährt. Die DM war eine der stabilsten Währungen, und auch der € kann nur stabil bleiben, wenn die Zentralbank unabhängig von politischen Weisungen ist und bleibt.
- Wenn der Regierung auch noch die „Herrschaft über das Geld" übertragen wird, führt das zu einer grenzenlosen Machtfülle. Wir brauchen aber „checks and balances"!
- Erfahrungsgemäß können Regierungen der Versuchung nicht widerstehen, Schulden zu machen. Dem muss durch eine unabhängige Zentralbank ein Riegel vorgeschoben werden.
- Die Autonomie der Zentralbank ist auch eine Autonomie gegen „populistischen Unsinn". Geldpolitik ist schließlich eine Sache für Fachleute, nicht für Stammtische.
- …

5.9 Konzepte und Strategien der Geldpolitik

„Denkschulen" der Geldpolitik

Das Ziel der Geldpolitik ist die Sicherung der Währung durch Vermeidung von Inflation. Da eine Zentralbank Preissteigerungen nicht einfach „verbieten" kann und auch keinen unmittelbaren Zugriff auf die Preise hat, muss sie sich damit begnügen, ihr Ziel auf indirektem Wege zu erreichen – also über Zwischenziele. Sie muss mit ihren Instrumenten auf Zwischenziele einwirken, welche die Größen bestimmen, die ihrerseits die Preise beeinflussen.

Als „Bank der Banken" ist die Zentralbank für die Geldversorgung des Bankensystems und der Wirtschaft zuständig. Die Zentralbank sitzt also quasi am „Geldhahn" und kann je nach gesamtwirtschaftlichen Erfordernissen die Geldversorgung drosseln oder den „Geldhahn" aufdrehen, – d. h. sie kann darauf hinwirken, dass weder zu viel noch zu wenig Geld im Umlauf ist.

Nun gibt es nicht nur in der Konjunktur- und Beschäftigungspolitik konkurrierende ökonomische Denkschulen (vgl. Kapitel 2.6, S. 98 ff.), sondern auch in der Geldpolitik. Man kann im Prinzip zwei Ansätze unterscheiden, nämlich das keynesianisch geprägte antizyklische Konzept einer „diskretionären" Geldpolitik einerseits und das monetaristische Konzept einer „regelgebunden" Geldpolitik andererseits. Die unterschiedlichen Konzepte bestimmen die Handlungsstrategien und den Instrumenteneinsatz.

Geldpolitische Konzepte

M 40

(I) Nach dem *Konzept der antizyklischen Geldpolitik* können die konjunkturellen Schwankungen von gesamtwirtschaftlicher Nachfrage und gesamtwirtschaftlichem Angebot dadurch bekämpft werden, dass sich mit monetären Impulsen, die durch einen antizyklischen Einsatz geldpolitischer Maßnahmen erzeugt werden, insbesondere die privaten Investitionen stabilisieren lassen. Als Übertragungswege kommen dafür Zins- und Geldmengeneffekte infrage. Indem z. B. im Konjunkturabschwung und in der Krise das Zinsniveau gesenkt wird und sich dadurch Kredite verbilligen, sollen Investitionen und soweit möglich auch der Konsum stimuliert werden. Außerdem könnten ähnliche Wirkungen dadurch erzielt werden, dass die Zentralbankgeldmenge erhöht wird und das zusätzliche Geld auf der Suche nach dem höchsten Ertrag zu Käufen von Finanzaktiva (z. B. in Form von Wertpapieren) sowie von Investitions- und Konsumgütern führt. [...]

(II) Das *monetaristische Konzept* lehnt jede antizyklische Geld- und sonstige Konjunkturpolitik ab. Da der private Sektor hinreichend zur Stabilität tendiere, konzentriert es sich auf eine langfristig ausgerichtete Geldmengenpolitik, die als bestmöglicher Beitrag zur Konjunkturstabilisierung angesehen wird. [...] Die von Monetaristen für die Ausweitung der Zentralbankgeldmenge vorgeschlagene Regel sieht in der einfachsten Form vor, dass die Zentralbankgeldmenge im langfristigen Durchschnitt mit der gleichen Rate wachsen soll wie das bei Vollbeschäftigung erzielbare reale Sozialprodukt (d. h. das gesamtwirtschaftliche Produktionspotenzial). Wenn z. B. das gesamtwirtschaftliche Produktionspotenzial um durchschnittlich 2 v. H. pro Jahr zunimmt, müsste die Zentralbank die Zentralbankgeldmenge ebenfalls um 2 v. H. erhöhen, damit [...] Preisniveaustabilität bewirkt wird. [...] Dies ist der Kern] der monetaristischen Regelbindung für die Geldmengenexpansion, wobei Milton Friedman als einer der Hauptvertreter dieser Politik weniger die Höhe als eine über Jahre hinweg konstant gehaltene Expansionsrate für wichtig hält, damit von der Geldseite keine Instabilitäten in die Gütermärkte hineingetragen werden. […]

55 (III) Ein *modifiziertes Konzept* versucht, monetär-induzierte Inflation und Unterbeschäftigung zu vermeiden und überlässt antizyklische Maßnahmen zur Dämpfung von Konjunkturschwankungen der Fiskal- und der Lohnpolitik […]. Die Geldpolitik ist dann allein darauf auszurichten, dass vom Bankensystem keine monetären Impulse ausgehen, die das Zusammenspiel von Angebot und Nachfrage auf den Gütermärkten stören. Die von den Monetaristen vorgeschlagene Regelbindung der Geldmengenexpansion könnte hierfür verwendet werden, ohne allerdings die monetaristische Auffassung zu teilen, dass allein damit bereits der bestmögliche Beitrag zur Konjunkturstabilisierung geleistet wird. Die Fiskalpolitik könnte in erster Linie eingesetzt werden, um die gesamtwirtschaftliche Nachfrage zu stabilisieren. Ergänzend hätte die Lohnpolitik die Aufgabe, das gesamtwirtschaftliche Angebot in geeigneter Weise zu beeinflussen.

H. Bartling/F. Luzius: Grundzüge der Volkswirtschaftslehre. München, 2000, S. 229 f.

Arbeitsaufträge

1. Verfassen Sie eine systematische Interpretation des ersten in M 37 dargestellten Konzepts („antizyklische Geldpolitik"), indem Sie in einer tabellarischen Übersicht folgende vier Fragen schriftlich beantworten:
   – worin besteht das Konzept der antizyklischen Geldpolitik?
   – welche Instrumente werden dabei eingesetzt?
   – wie sieht der antizyklische Instrumenteneinsatz aus?
   – wie wirken die Instrumente?
2. Zeigen Sie auf, inwiefern das Konzept der antizyklischen Geldpolitik der keynesianischen Denkschule zuzuordnen ist. Stellen Sie hierzu einen Rückbezug her zum Abschnitt 2.4, S. 71 ff.
3. Das keynesianische antizyklische Konzept der Konjunkturpolitik ist in Abschnitt 2.5, S. 86 ff. einer Kritik unterzogen worden. Schauen Sie sich diese Kritik nochmals an (insbesondere M 59a, S. 90) und notieren Sie die Argumente, die Ihnen auch gegenüber einer antizyklischen Geldpolitik begründet erscheinen.
4. Die keynesianische Denkschule unterstellt, der Markt sei instabil und müsse deswegen durch antizyklische staatliche Maßnahmen stabilisiert werden. Die neoklassisch-monetaristische Denkschule unterstellt, der Markt sei hinreichend stabil und dürfe deswegen nicht durch staatliche Interventionen destabilisiert werden. Welche Konsequenz ziehen die Monetaristen aus ihrer Position für die Geldpolitik?
5. Das gesamtwirtschaftliche Produktionspotenzial entwickelt sich relativ stetig im Vergleich zur relativ unstetigen Entwicklung der effektiven Nachfrage (BIP). Worin liegen die Vorteile einer Geldpolitik, die am Potenzialwachstum ausgerichtet ist – im Unterschied zur antizyklisch orientierten Geldpolitik?
6. Die monetaristische Geldpolitik wird auch als „regelgebundene" Geldpolitik bezeichnet. Wie lautet die „Regel" dieses Konzepts? Im Unterschied dazu ist im keynesianischen Konzept ein „fallweises" Eingreifen je nach Konjunkturlage vorgesehen – es handelt sich somit um ein „diskretionäres" Konzept. Monetaristische Geldpolitik handelt nach einer strengen (Kritiker sagen: sturen) Regel, keynesianische Geldpolitik handelt unter Berücksichtigung der jeweiligen Wirtschaftslage (Kritiker sagen: nach Belieben). Stellen Sie die Vor- und Nachteile dieser beiden Grundorientierungen einander gegenüber.
7. Welche Modifikationen nimmt das dritte Konzept vor? Inwieweit ist es eine pragmatische Kombination der anderen beiden Konzepte? Erläutern Sie.

Das monetaristische Konzept

Der Monetarismus hat sich aus der Kritik am keynesianischen Konzept der Konjunkturpolitik entwickelt. Diese Kritik bezog sich insbesondere auf die inflationären und destabilisierenden Folgen einer antizyklisch ausgerichteten Haushaltspolitik, die in der Praxis allerdings überwiegend expansiv war (vgl. Abschnitt 2.5, S. 86 ff.). Mitbegründer und Hauptvertreter der monetaristischen Denkschule ist Milton Friedman (* 1912), der an der Universität von Chicago lehrte und 1976 mit dem Nobelpreis für Wirtschaftswissenschaft ausgezeichnet wurde. Die grundlegenden Gedanken des monetaristischen Konzepts werden im folgenden Text zusammengefasst und erläutert.

Grundzüge des monetaristischen Konzepts

M 41

Wichtigstes stabilisierungspolitisches Mittel ist die Geldpolitik. Strategische Variable ist dabei die Geldmenge, da ihr ein unmittelbarer, wesentlicher Einfluss auf die Entwicklung des Niveaus der wirtschaftlichen Aktivität – durch das Bruttosozialprodukt repräsentiert – zuerkannt wird. Eine Geldmengenänderung ruft demnach einen direkten Ausgabeneffekt hervor. Diese Auffassung glauben die „Monetaristen" durch empirische Untersuchungen untermauern zu können, in denen eine enge und stabile Beziehung zwischen Geldmenge und Einkommen nachgewiesen wird. Ist sie gegeben, wird z. B. eine Änderung im Geldangebot durch die Notenbank die Gesamtausgaben und damit das Bruttosozialprodukt um einen vorhersehbaren Betrag ändern. Damit wird die Dominanz monetärer Impulse für eine erfolgreiche Stabilisierungspolitik begründet. Eine Geldmengenvermehrung durch die Notenbank führt daher bei nicht voll ausgelasteten Kapazitäten kurzfristig zu einer Steigerung der Produktion, nach Erreichen der Vollauslastung – bei konstanten Kapazitäten – jedoch nur noch zu einer Steigerung des Preisniveaus. Die Konsequenz dieser Erkenntnis ist in der Forderung nach einer Geldmengenpolitik zu sehen. Jedoch ist auch diese Geldpolitik in monetaristischer Sicht stark beeinträchtigt, da jede getroffene Maßnahme nur mit einer schwer bestimmbaren zeitlichen Verzögerung wirtschaftliche Reaktionen zeigt. Deshalb gelingt es kaum, zum richtigen Zeitpunkt die richtige Maßnahme zu ergreifen, sodass häufig nicht die gewünschten stabilisierenden Effekte, sondern unerwünschte destabilisierende Nebenwirkungen auftreten. Da somit die kurzfristige und diskretionäre Geldpolitik nur zur Verschärfung von Konjunkturschwankungen führt, soll die Vermehrung der Geldmenge einer Wirtschaft am langfristigen realen Wachstumspotenzial ausgerichtet sein. Die Notenbank soll einzig und allein eine Politik der regelgebundenen, stetigen Geldmengenvariationen, auch bei zyklischen und saisonalen Abweichungen vom langfristigen Wachstumspfad verfolgen. Das ist die Begründung für die berühmt-berüchtigte Geldmengenregel der Monetaristen. In einem solchen Konzept monetärer Ordnungsautomatik ist natürlich kein Platz mehr für Ermessungsentscheidungen im Bereich der Geldpolitik.

D. B. Simmert: Alternative Stabilisierungskonzepte. Fiskalismus kontra Monetarismus. In: C. Köhler: Geldpolitik kontrovers. Köln, 1973, S. 14

M 42a Stichwort: Geldmengen

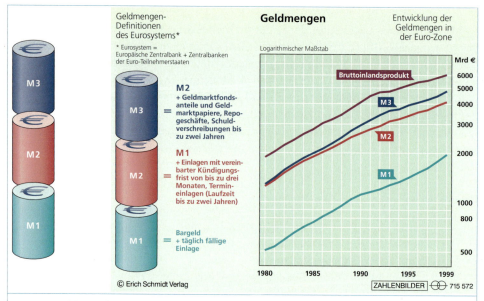

M 1: **Bargeldumlauf und Sichteinlagen**
- Bargeldumlauf: Bargeld (Banknoten und Münzen) ohne die Kassenbestände des Bankensystems
- Sichteinlagen: täglich fällige Einlagen auf Giro- und Tagesgeldkonten, über die jederzeit („auf Sicht") verfügt werden kann

M 2: **M 1 plus Termineinlagen plus Spareinlagen**
- Termineinlagen: Einlagen mit vereinbarter Laufzeit bis zu 2 Jahren
- Spareinlagen: Einlagen mit vereinbarter Kündigungsfrist bis zu 3 Monaten

M 3: **M 2 plus ausgewählte Geldmarktpapiere**
- Repogeschäfte: Kreditgewährung aufgrund von „Pensionsgeschäften", d.h. gegen zeitweilige Überlassung von Wertpapieren
- Geldmarktfondsanteile: als enges Substitut für Bankeinlagen werden sie der weit gefassten Geldmenge M3 zugerechnet.
- Schuldverschreibungen: werden als Substitut für Termineinlagen gesehen

Originalbeitrag des Autors

M 42b Die Geldmengen M 1, M 2, M 3 – Bestandsgrößen (Januar 2002)

VI. Geldmenge M3										
	Geldmenge M2									
		Geldmenge M1								
insgesamt	zusammen	zusammen	Bargeldumlauf	tägliche fällige Einlagen	Einlagen mit vereinbarter Laufzeit bis zu 2 Jahren	Einlagen mit vereinbarter Kündigungsfrist bis zu 3 Monaten	Repogeschäfte	Geldmarktfondsanteile (netto)	Geldmarktpapiere und Schuldverschreibungen mit Laufzeit bis zu 2 Jahren (netto)	
Europäische Währungsunion (Mrd €)										
− 7,1	− 26,8	− 38,5	8,2	− 46,7	− 6,6	18,2	0,1	20,6	− 1,1	Veränderungen
5.413,6	4.637,6	2.163,4	245,2	1.918,2	1.088,2	1.386,0	220,2	413,8	142,0	Bestände
Deutscher Beitrag (Mrd €)										
− 25,8	− 25,1	− 17,3	− 3,5	− 13,8	− 10,2	2,4	− 2,4	1,9	− 0,2	Veränderungen
1.436,4	1.341,3	583,7	63,6	520,1	289,6	468,0	2,5	35,2	57,4	Bestände

Monatsberichte der Deutschen Bundesbank, März 2002, S. 9*ff.

Zielgrößen der Bundesbank und der EZB

Im Kern besteht die geldpolitische Strategie des monetaristischen Ansatzes darin, für eine stetige Expansion der Geldmenge zu sorgen. Durch entsprechende Maßnahmen der Zentralbank soll die Geldmenge so gesteuert werden, dass sie weder zu schnell wächst (das könnte inflationäre Tendenzen auslösen) noch zu langsam (ein zu enger „Geldmantel" könnte das Wachstum der Wirtschaft behindern). In der Zeit, als die Bundesbank für die Geldpolitik zuständig war, hat sie regelmäßig im Herbst eines jeden Jahres ihr „Geldmengenziel" für die folgenden vier Quartale bekannt gegeben – auch in der Absicht, die Öffentlichkeit über ihren geldpolitischen Kurs zu informieren. Zugleich sollen die Erwartungen der Wirtschaftssubjekte stabilisiert werden. Dabei hat die Bundesbank einen „Korridor" bzw. „Zieltrichter" vorgegeben, innerhalb dessen die Geldmenge sich bewegen sollte.

„Zieltrichter" und tatsächliches Wachstum der Geldmenge

M 43

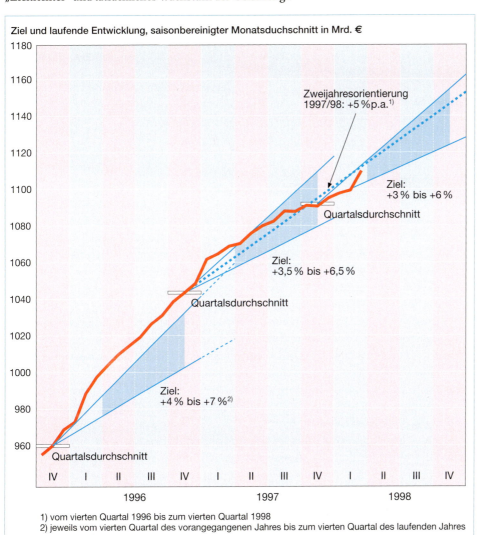

1) vom vierten Quartal 1996 bis zum vierten Quartal 1998
2) jeweils vom vierten Quartal des vorangegangenen Jahres bis zum vierten Quartal des laufenden Jahres

Bundesbank Geschäftsbericht 1997, S. 81

M 44 Zielgrößen der EZB

Die EZB hat nicht nur ihr Geldmengenziel veröffentlicht – also ihren „Referenzwert" von 4 ½ % pro Jahr (vgl. M 46) –, sondern sie hat darüber hinaus auch definiert, was sie unter „Preisniveaustabilität" versteht – nämlich einen mittelfristigen Anstieg des „Harmonisierten Verbraucherpreisindex" HVPI von unter 2 % gegenüber dem Vorjahr. Diese Zielgröße ist nicht unbedingt in jedem Jahr, sondern im mittelfristigen Durchschnitt einzuhalten. Damit sind sowohl die Zwischenzielgröße (Geldmengenwachstum) als auch die eigentliche Zielgröße (HVPI) quantitativ bestimmt. Der Vorteil solcher Festlegungen liegt darin, dass die Wirtschaftssubjekte wissen, woran sie sind, und dass sie ihre Zukunftserwartungen auf diese Zielwerte ausrichten können (Stabilisierung der Inflationserwartungen). Ein wichtiger Nutzen ist aber auch darin zu sehen, dass die EZB und ihre Geldpolitik an ihren eigenen Zielvorgaben gemessen und überprüft werden können.

Der von der EZB festgelegte „Referenzwert" (zurzeit 4 ½ %) ergibt sich aus drei Komponenten:

a) der Trend-Wachstumsrate des Bruttoinlandsprodukts (2 bis 2 ½ %),
b) der Vorgabe für den mit Preisstabilität zu vereinbarenden Anstieg des HVPI (unter 2 %) und
c) gegebenenfalls einem Zuschlag für die trendmäßige Abnahme der Umlaufsgeschwindigkeit des Geldes (½ bis 1 %). [Wenn das Geld pro Periode weniger häufig umgeschlagen wird, dann muss dafür ein Ausgleich durch eine größere Geldmenge geschaffen werden.]

Weder die Bundesbank noch die EZB haben je stur an einem einmal bekannt gegebenen Geldmengenziel – Zieltrichter bzw. Referenzwert – festgehalten; vielmehr wurde die Geldpolitik trotz bestehender Regelbindung im Kern immer pragmatisch durchgeführt. Die Gefahr eines solchen flexiblen Ansatzes besteht allerdings darin, dass bei allzu viel „Ermessensspielraum" die verkündeten Zielvorgaben von der Öffentlichkeit nicht mehr ernst genommen werden.

Originalbeitrag des Autors

Arbeitsaufträge

1. Im keynesianischen Ansatz ist die Regierung mit ihrer Finanz- und Haushaltspolitik der entscheidende Akteur. Wer ist der wichtigste Akteur im monetaristischen Konzept? (M 41) Formulieren Sie Begründungen für diesen zentralen Unterschied.

2. Es war jetzt schon mehrmals in unterschiedlichen Zusammenhängen von der Geldmenge die Rede. Klären Sie mithilfe von M 42a/b, was damit gemeint ist und wie die verschiedenen Geldmengenkonzepte M 1, M 2 und M 3 definiert sind. (Die Abkürzung „M" steht hier für den englischen Begriff „Money".)

3. Geldmengenänderungen können nach Überzeugung der Monetaristen auch antizyklisch eingesetzt werden, d. h. Geldmengenexpansion in der Rezession zur Steigerung der Ausgaben und der Produktion und Geldmengendrosselung im Boom. Dies wäre eine „diskretionäre" Politik des fallweisen Eingreifens. Lesen Sie den Text M 41 nochmals unter der Fragestellung durch, warum die Monetaristen gleichwohl für einen Verzicht auf eine „kurzfristige und diskretionäre" Geldpolitik eintreten und einer Politik der stetigen Geldmengenexpansion den Vorzug geben.

4. Im monetaristischen Ansatz wird die Geldmengenvermehrung an der längerfristigen Wachstumsrate des Produktionspotenzials ausgerichtet. Wenn das Potenzial im Trend um durchschnittlich 5 % pro Jahr wächst, dann soll auch die Geldmenge mit dieser Rate wachsen. Das ist die „berühmt-berüchtigte" Geldmengenregel der Monetaristen. Welche Konsequenzen ergeben sich im Falle einer Rezession aus der Geldmengenregel? Halten Sie diesen Ansatz in einer Rezession für angemessen? Erörtern Sie ggf. Alternativen.

5. Stellen Sie fest, in welchem Wertebereich die Zielvorgaben sich im Zeitraum 1996 bis 1998 bewegen. Überprüfen Sie den „Zieltrichter" des Jahres 1996: Das Ausgangsniveau im

4. Quartal 1995 lag bei M 3 = 960 Mrd. Euro. Bis zu welchem Wert hätte die Geldmenge M 3 bis zum 4. Quartal 1996 maximal wachsen dürfen? Überprüfen Sie Ihr Ergebnis an der Grafik. Wie groß ist die Spanne (in Mrd. Euro) zwischen dem oberen Wert des Zieltrichters und dem unteren Wert im 4. Quartal 1996?
6. Beschreiben Sie die tatsächliche Entwicklung der Geldmenge M 3 relativ zu den Zieltrichtern in den Jahren 1996/97. Beachten Sie, dass der neue Zieltrichter für das Jahr 1997 nicht in der Mitte des vorausgehenden Zieltrichters für 1996 ansetzt, sondern bei dem Wert, den die Geldmenge im 4. Quartal 1996 tatsächlich erreicht hat. Bewerten Sie diese Praxis.
7. Vergleichen Sie die Zielvorgaben der Bundesbank mit der Praxis der EZB seit 1999 (in M 43 und M 46). Worin unterscheiden sich die beiden Darstellungen und was macht die EZB anders?

Die Geldmenge M 3: Zusammensetzung und Anteile der Komponenten　　M 45

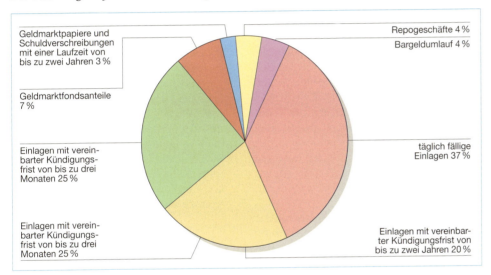

Monatsberichte der EZB, März 2002, S. 22

Wachstum der Geldmenge M3 in der EWU　　M 46

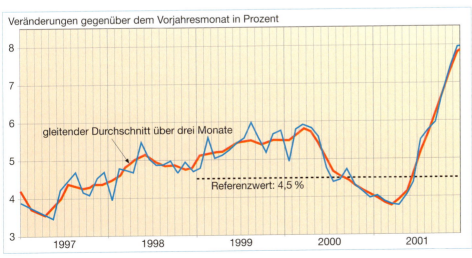

Bundesbank Geschäftsbericht 2000, S. 41. Monatsberichte der EZB, März 2002, S. 9

M 47 Geldpolitik zwischen Regelbindung und Pragmatik

- […] Wie macht eine Notenbank Stabilitätspolitik? Aus meiner Sicht ist vor allem eine klare strategische Ausrichtung hilfreich. Die Vorteile liegen auf der Hand: Eine Strategie erleichtert konsistentes geldpolitisches Handeln. Sie verhindert eine allzu kurzfristig ausgerichtete Geldpolitik. Und nicht zuletzt macht ein verständlicher und verlässlicher Politikansatz die Geldpolitik für die Öffentlichkeit berechenbar. […]
- In den Achtzigerjahren waren Politikansätze weit verbreitet, die auf einer Zwischenzielvariablen – vorzugsweise der Geldmenge – basierten. Angesichts der Wirkungsverzögerungen, mit denen die Preise auf den geldpolitischen Instrumenteneinsatz reagieren, kann ein Zwischenziel einer Notenbank unmittelbarer als das Endziel als Richtschnur der Geldpolitik dienen; vorausgesetzt natürlich, das Zwischenziel lässt sich einerseits durch die zur Verfügung stehenden Instrumente beeinflussen und steht andererseits in einer verlässlichen Beziehung zur Preisentwicklung. In diesem Sinne stellt die Geldmenge sicherlich das natürliche Zwischenziel der Geldpolitik dar. […]
- Wichtig war ferner, dass der Zentralbankrat die Geldmenge stets als das begriff, was sie war: ein Zwischenziel und nicht das letztendliche Ziel der Geldpolitik. In diesem Sinne war die Analyse der monetären Entwicklung sicherlich der Ausgangspunkt jedweder zinspolitischer Diskussion. Keineswegs jedoch erschöpfte sich diese darin. Vielmehr wurde der Geldmengenentwicklung zur Abrundung des Urteils ein Bündel weiterer für die Preisentwicklung relevanter Indikatoren an die Seite gestellt.
- Der, gemessen an der Erreichung der Geldmengenziele möglicherweise dürftig erscheinende Erfolg zeigt, dass in begründeten Fällen durchaus Bereitschaft zu einer pragmatischen Politik bestand. Gerade in solchen Situationen jedoch zeigte sich auch immer wieder der Vorteil einer ausdrücklichen Vorabbindung der Geldpolitik, zwang sie doch die Bundesbank zu einer intensiven Kommunikation mit der Öffentlichkeit. In dieser Bereitschaft zu einem gewissen Maß an Flexibilität, die es erlaubt, trotz der notwendigen strategischen Regelbindung immer auch die konkrete Situation mit in den Blick zu nehmen, liegt das eigentliche „Know-how" eines guten Notenbankers. Sie sollte nicht mit Beliebigkeit verwechselt werden.

E. Welteke (z. Z. d. Ä. Präsident der Deutschen Bundesbank): Geldwertstabilität als Notenbankaufgabe. Vortrag am 18. Januar 2002

M 48 Das Handicap der EZB

Blinder[1] kritisierte die US-Notenbank, weil sie zu viel Geheimniskrämerei betreibe. Sie gebe immer noch kein Inflationsziel an, dabei müssten Investoren und Bürger doch wissen, „welche Inflationsrate die Federal Reserve[2] für die richtige hält". Die Kritik aus europäischen Notenbankkreisen, die Fed verwirre mit ihrem Pragmatismus häufig die Märkte, wies Blinder zurück. „Die Federal Reserve hat zwar kein Inflationsziel und kein Zwei-Säulen-System[3], aber sie hat noch immer einen deutlich besseren Job als die Europäische Zentralbank gemacht. Es mag paradox klingen, aber die US-Notenbank ist für die Märkte verständlicher als die EZB, obwohl die EZB transparenter zu sein scheint".

Die EZB leide grundsätzlich an ihren Statuten, die sie zur Preisstabilität verpflichten. „Als in den USA im vergangenen Sommer die Preise so stark stiegen, sagte Alan Greenspan[4]: Das ist der Ölpreis, der fällt wieder, wir müssen nicht handeln – und er hat recht behalten". Die EZB dagegen hätte etwas unternehmen müssen. „Europa würde es besser gehen, wenn die EZB nicht nur auf die Preise, sondern auch auf Beschäftigungswachstum achten müsste".

(1) Professor Alan Blinder, Universität Princeton.
(2) Die Federal Reserve Bank (Abkürzung „Fed") ist die Zentralbank der USA.
(3) Die „Zwei-Säulen-Strategie" wird im nächsten Abschnitt erläutert.
(4) Alan Greenspan war zu diesem Zeitpunkt Chef der Fed.

Süddeutsche Zeitung vom 5. März 2002
Autor: M. Hujer

EZB-Zinssätze und Geldmarktsätze (in % p. a.; Tageswerte)

M 49

- Spitzenrefinanzierungssatz
- Einlagesatz
- Mindestbietungssatz bei den Hauptfinanzierungsgeschäften (Leitzins)
- Tagesgeldsatz (EONIA)
- Marginaler Zuteilungssatz bei den Hauptrefinanzierungsgeschäften

Monatsberichte der EZB, März 2002, S. 9

Arbeitsaufträge

1. Der Auszug aus einem Vortragsmanuskript des (damaligen) Bundesbankpräsidenten beleuchtet zum einen die Strategie der Geldpolitik, zum anderen die enge Gratwanderung zwischen unflexibler Regelbindung und Beliebigkeit. Fassen Sie die Aussagen des Redners zur geldpolitischen Strategie zusammen. (M 47)
2. Das Problem der Wirkungsverzögerungen bei wirtschaftspolitischen Maßnahmen ist im Abschnitt 2.5, und insbesondere in M 59, S. 90, thematisiert worden. Beschreiben Sie die negativen Folgen von Wirkungsverzögerungen im Falle der Geldpolitik.
3. Der Autor nennt zwei Bedingungen, die erfüllt sein müssen, wenn eine Größe sich als Zwischenzielgröße der Geldpolitik eigenen soll. Formulieren Sie diese Bedingungen in Ihren eigenen Worten.
4. Der Zentralbankrat war (bis Ende 1998) das geldpolitische Entscheidungsgremium der Bundesbank. Dem entspricht heute der EZB-Rat (vgl. M 36). Die in der Öffentlichkeit am stärksten wahrgenommenen Entscheidungen dieser Gremien sind zinspolitische Beschlüsse, also Erhöhungen oder Senkungen der Leitzinsen (wobei auch der Beschluss, das Zinsniveau unverändert zu lassen, eine wichtige Entscheidung darstellen kann). Der Bundesbankpräsident betont, dass die Beschlüsse des Zentralbankrats nicht allein auf der Entwicklung der Geldmenge beruhten, sondern dass auch andere „relevante Indikatoren" berücksichtigt würden. Sammeln Sie in Ihrer Lerngruppe solche anderen Indikatoren, die etwas über die (zu erwartende) Preisentwicklung aussagen können.
5. Der Redner vermutet, die Erfolgsbilanz der Geldpolitik könne „dürftig erscheinen", wenn man sich die Zielgrößen einerseits und die tatsächliche Entwicklung der Geldmenge andererseits anschaut. Kommentieren Sie diese Vermutung anhand der empirischen Daten von M 43 und M 46.
6. Wie sieht es nun aus mit dem Dilemma zwischen Regelbindung, Flexibilität und Beliebigkeit in der Geldpolitik? Was bringt eine Regelbindung, wenn die Zentralbank dann doch bei Bedarf (nach Gutdünken?) davon abweichen kann? Andererseits könnte man die Geldpolitik dann auch einem Computer überlassen, wenn es nur darum ginge, die Geldmengenregel anzuwenden. Gute Geldpolitik besteht ja gerade darin, auf der Basis der Regel die jeweilige Wirtschaftslage flexibel zu berücksichtigen. Nehmen Sie zu dieser Kontroverse Stellung und formulieren Sie schriftlich Ihre eigene Position. (M 47)

Die „Zwei-Säulen-Strategie"

Die erwähnte „Zwei-Säulen-Strategie" der EZB (M 48) ist die Bezeichnung für eine zweigleisige Methode bei der Untersuchung und Bewertung der aktuellen Wirtschaftslage. Der ganze Inhalt der „Zwei-Säulen-Strategie" der EZB besteht nun darin, dass der EZB-Rat bei seiner regelmäßigen Diagnose der Wirtschaftslage nicht nur die Entwicklung der Geldmenge berücksichtigt, sondern auch noch andere „relevante" Daten und Informationen einbezieht. Bereits in M 47 war davon die Rede, dass die EZB „zur Abrundung ihres Urteils" neben der Geldmenge noch „ein Bündel weiterer für die Preisentwicklung relevanter Indikatoren" analysiert.

M 50 Geldpolitik ist nicht nur Mechanik

Der EZB wird vorgehalten, sie tue sich schwer, sich verständlich zu machen. Seit ihrem Start wird der Bank vorgeworfen, ihre Strategie sei unnötig kompliziert, in sich widersprüchlich und nach außen und innen wenig verbindlich. [...] Die EZB hat den gesetzlichen Auftrag, Preisniveaustabilität sicherzustellen. Sie hat dazu eine „Zwei-Säulen-Strategie" formuliert, eine etwas ungeschickte, da missverständliche Bezeichnung für ihren Handlungsplan. Die Missverständlichkeit liegt darin, dass unter „Strategie" gemeinhin verstanden wird, wie ein Endziel über Zwischenziele erreicht werden soll. Tatsächlich hat die EZB aber keine Zwischenziele. Auch der „Referenzwert", den sie für das Wachstum der Geldmenge benennt, ist nicht als ein „Geldmengenziel" (wie es die Bundesbank zeitweilig hatte) zu verstehen. Mit „Strategie" ist vielmehr gemeint, dass den geldpolitischen Entscheidungen als Zwischenschritt eine umfassende Analyse vorausgeht – wobei diese Analyse die Daten nach einem festen Schema gruppiert, nämlich in monetäre Daten, die „erste Säule", und sonstige relevante Daten, die „zweite Säule". Insofern kann durchaus sinnvoll von einer Zwei-Säulen-Strategie gesprochen werden. Der Streit um Worte ist müßig. Fruchtbar ist allein die Diskussion der Frage, ob die Strategie der EZB – also die Analyse der Daten im Rahmen zweier „Säulen" – zielführend ist. Und die Antwort auf diese Frage lautet ja. [...] Wegen der zentralen Bedeutung des Geldes für die Preisniveaustabilität analysiert die EZB deshalb die Vorgänge im monetären Bereich in der ersten Säule – wobei dies aber kein Übergewicht der ersten gegenüber der zweiten Säule andeuten soll. Einige Kritiker halten der EZB vor, dass die Analyse in der ersten und in der zweiten Säule bisweilen widersprüchliche „Signale" liefere. Das verwirre die Öffentlichkeit und sei deshalb schädlich. Tatsächlich deuten bisweilen einige Reaktionsketten auf einen Anstieg des allgemeinen Preisniveaus hin, während andere Daten diesbezügliche Sorgen besänftigen. Dass die Zwei-Säulen-Strategie diese Widersprüche aufdeckt, ist ein Vorzug, weil es die Entscheidungsgrundlage verbessert – wenngleich es die Entscheidung, die jedes Mitglied des EZB-Rates zu fällen hat, nicht erleichtert. Nicht die Strategie ist in dieser Situation widersprüchlich, sondern die Datenlage. [...] Ziel der Geldpolitik ist, einzelne Preissteigerungen als Ausdruck geänderter Knappheitsverhältnisse zuzulassen, einen Anstieg des Preisniveaus aber zu verhindern. Die Kritik an der Zwei-Säulen-Strategie kommt vor allem aus der Ecke der Investmentbanken. Ihnen passt nicht, dass der EZB-Rat die Entscheidung über zinspolitische Schritte stets frisch auf seiner Sitzung fällt, und dass es im Ermessen der mit dieser Aufgabe betrauten Währungspolitiker liegt, wie sie die Daten mit ihrem Sachverstand und ihrer Erfahrung gewichten und bewerten. Denn diese Offenheit des Entscheids erschwert den Banken, sich frühzeitig gewinnträchtig zu positionieren. Für die breite Öffentlichkeit hingegen ist allein von Interesse, dass die Entscheidungen des EZB-Rates sachgerecht sind. Darüber lässt sich im Einzelfall streiten. Im Großen und Ganzen hat die EZB ihren Auftrag bislang aber mit Erfolg erfüllt.

B. Fehr: Geldpolitik ist nicht nur Mechanik. In: FAZ vom 28. September 2001, S. 17

Arbeitsaufträge

1. Fassen Sie die vom Autor in M 50 erwähnten Vorwürfe gegen die EZB zusammen. Erläutern Sie, warum man ihre Strategie „widersprüchlich" finden kann. (Sie können dazu auch ergänzend nochmals auf M 47 zurückgreifen.)
2. Im Text wird betont, dass die als „Referenzwert" formulierte Zuwachsrate der Geldmenge kein „Zwischenziel" der Geldpolitik darstelle. Tatsächlich weicht die EZB in diesem Punkt von der früheren Geldpolitik der Bundesbank ab, weil sie den Referenzwert nicht als eng einzuhaltende Zielgröße definiert, sondern als mittelfristige Orientierungsgröße, von der zeitweilig auch abgewichen werden kann, wenn dies aus gesamtwirtschaftlichen Gründen angezeigt erscheint. Überprüfen Sie, ob bzw. inwieweit dieser Unterschied in der Praxis überhaupt relevant ist, indem Sie die beiden „Erfolgsbilanzen" von Bundesbank einerseits (in M 43) und EZB andererseits (in M 46) miteinander vergleichen. (Beachten Sie, dass es sich hierbei um einen „vorläufigen" Test handelt, weil die verglichenen Zeiträume zu kurz sind.)
3. Wenn die Diagnose der wirtschaftlichen Lage auf „zwei Säulen", d. h. zwei unterschiedlichen Gruppen von Daten beruht (monetäre und nicht-monetäre Indikatoren), dann kann sich daraus ein widersprüchliches Bild ergeben. Mit welchem Argument tritt der Autor dem Einwand entgegen, eine Diagnose, die widersprüchliche Ergebnisse liefere, sei inkonsistent? In M 48 ist ein Beispiel für eine derartige Situation enthalten, in der die monetären Daten ein anderes Bild vermitteln als die realwirtschaftlichen Daten. Beschreiben Sie diese Situation.
4. Fassen Sie zusammen, warum Investmentbanken die „Zwei-Säulen-Strategie" der EZB kritisieren (M 50). Angenommen, der EZB-Rat würde einer strengen Geldmengenregel folgen. Die Investmentbanken beobachten die Geldmengenentwicklung und stellen fest, dass die Zuwachsrate seit einiger Zeit deutlich über dem Referenzwert liegt. Sie können mit hoher Sicherheit damit rechnen, dass der EZB-Rat auf seiner nächsten Sitzung die Zinsen anhebt, um die Expansion der Geldmenge zu dämpfen. Wie könnten sich die Banken in diesem Falle rechtzeitig vor der Ratsentscheidung „gewinnträchtig positionieren"?

5.10 Die Wirkungsweise der Geldpolitik

Wie kann die Geldmenge geregelt werden?

Die EZB wagt nur einen kleinen Schritt

M 51

Die Europäische Zentralbank hat die Leitzinsen um 0,25 Prozentpunkte auf 2,5 Prozent gesenkt. Sie reagierte damit am Donnerstag auf verbesserte Aussichten für die Preisstabilität aber weiter eingetrübte Perspektiven für die Konjunktur. Die EZB sehe darin auch ein „psychologisches Signal" gegen die schlechte Stimmung, sagte EZB-Präsident Wim Duisenberg. Die Börse reagierte dennoch enttäuscht. Viele Investoren und Volkswirte hatten eine Zinssenkung um 0,5 Prozentpunkte erwartet. Der Dax gab bis Börsenschluss um 2,4 Prozent auf 2437 Punkte nach. [...] Ob die Banken die niedrigeren Zinsen weitergeben werden, sei jetzt deren Sache, sagte Duisenberg. „Wir legen nur die Leitzinsen fest." Nach der letzten Zinssenkung im Dezember hatten die deutschen Banken die niedrigeren Sätze nur sehr begrenzt weitergereicht. Diesmal kündigte die Allgemeine Deutsche Direktbank (DiBa) an, sie werde vom 15. April an den Zinssatz für Privatkredite von 7,5 auf 6,95 Prozent senken. Die Dresdner Bank will Konsumentenkredite um 0,25 Prozentpunkte verbilligen.

Der Tagesspiegel vom 7. März 2003

M 52 Welche geldpolitischen Instrumente kann die EZB einsetzen?

Die Geldpolitik kann ihr Ziel „Preisniveaustabilität" nur indirekt erreichen, nämlich über die Geldversorgung der Wirtschaft – oder genauer: über die Beeinflussung der Liquidität des Bankensystems. Was ist damit gemeint? Die Geschäftsbanken stehen quasi als Vermittler zwischen der Zentralbank und der „Wirtschaft". Wenn ein Unternehmen zusätzliche Maschinen anschaffen, also investieren will, wenn ein privater Haushalt eine Eigentumswohnung kaufen will, dann nehmen sie häufig Kredite bei ihrer Bank bzw. Bausparkasse auf. Kredit – das heißt: Den Kunden wird ein Sichtguthaben eingeräumt, über das sie verfügen können zum Kauf der Maschinen bzw. der Eigentumswohnung. Auf diese Weise versorgen die Geschäftsbanken ihre Kunden mit Geld. Eine Ausweitung der Kredite erhöht entsprechend die Geldmenge. In der Volkswirtschaftslehre wird dieser Vorgang als Giralgeldschöpfung bezeichnet. Bei der aktiven Giralgeldschöpfung wird Buchgeld geschaffen, welches nicht durch Bargeld gedeckt ist, d. h. die Geschäftsbanken sind in der Lage, durch Gewährung von Krediten Giralgeld entstehen zu lassen und somit die Geldmenge zu erhöhen. Um Kredite gewähren zu können, müssen sich die Banken ihrerseits „refinanzieren", d. h. sie müssen sich Geld besorgen – und das können sie bei der „Bank der Banken", nämlich der Zentralbank. Aber so wenig wie die Wirtschaftssubjekte ihre Bankkredite umsonst bekommen, sondern dafür Gebühren und Zinsen bezahlen müssen, so wenig bekommen die Geschäftsbanken bei ihrer Bank etwas umsonst; auch sie müssen Gebühren und Zinsen bezahlen. Und an diesem Punkt kann die Zentralbank nun mit ihren Instrumenten ansetzen, wenn sie die Ausweitung der Geldmenge steuern will: Sie kann z. B. die Kredite – und damit die Geldversorgung der Geschäftsbanken – teurer oder billiger machen. Wenn sich die Banken also bei der Zentralbank „refinanzieren" wollen, dann müssen sie dafür den von der Zentralbank festgelegten Zinssatz entrichten. Das wichtigste geldpolitische Instrument der Zentralbank ist daher die Festlegung des Leitzinses. In der Ära der Bundesbank galt der „Diskontsatz" als Leitzins; seit die EZB für die Geldpolitik zuständig ist, heißt der neue Leitzins „Hauptrefinanzierungssatz" (vgl. M 49). Am herrschenden Leitzins orientieren sich alle anderen Zinssätze; je nach Fristigkeit (Tagesgeldmarkt, kurze, mittlere oder längere Frist) bildet sich eine relativ stabile Zinsstruktur heraus, sodass die Zentralbank über die Variation ihres Leitzinssatzes die gesamte Zinsstruktur beeinflussen kann. Die Zentralbank kann ihren Hauptrefinanzierungssatz je nach Wirtschaftslage so variieren, dass die Geldmengenentwicklung in dem von ihr angestrebten Rahmen bleibt.

Originalbeitrag des Autors

M 53 Die Aktionsparameter der Geld- und Kreditpolitik

Die Steuerung der monetären Gesamtnachfrage kann nicht, das ist offensichtlich, bei den einzelnen Wirtschaftssubjekten einsetzen. Zentrale Ansatzstelle muss deswegen das Bankensystem sein, das über das Geldangebot einen wesentlichen Einfluss auf die Geldversorgung der Wirtschaft hat. So zielen die geldpolitischen Instrumente darauf ab, die monetäre Nachfrage in der Volkswirtschaft indirekt einerseits über die Liquiditätslage der Banken und andererseits über die Zinssätze im Kredit- und Einlagengeschäft, an den Geld- und Kapitalmärkten zu beeinflussen. Eine eindeutige Grenze zwischen den beiden Aktionsparametern „Liquidität" und „Zins" kann dabei kaum gezogen werden. Zwar kann das Schwergewicht einer geldpolitischen Maßnahme mehr auf eine Zinssatzvariation gelegt werden, eine mehr oder weniger starke gegenseitige Beeinflussung der Aktionsparameter ist aber immer in den Kalkül einzubeziehen.

D. Dickertmann: Liquiditätspolitik durch Offenmarktpolitik. In: WISU 1/73, S. 11

Variation des Leitzinses durch die Zentralbank

M 54

Durch eine Erhöhung oder Verminderung seiner Zinssätze verteuert oder verbilligt das Europäische Zentralbanksystem den Preis, zu dem Banken beim ESZB Wertpapiere kaufen oder verpfänden können. Erhöht das ESZB die Zinsen, wird die Geldbeschaffung für die Banken teurer, weil sie für die Beschaffung von Zentralbankgeld mehr Geld bezahlen müssen. Diese Verteuerung geben die Banken an ihre Kunden weiter, indem sie höhere Zinsen für Bankkredite verlangen. Dies wiederum verteuert Güter und Dienstleistungen. Manche kreditfinanzierte Investitionen werden für Unternehmer unrentabel, weil die höheren Geldbeschaffungskosten sich im Vergleich zum erwarteten Gewinn nicht rechnen. Als Folge geht die Nachfrage der Wirtschaft nach Krediten zurück. Auch mancher Bauherr oder Autokäufer wird angesichts der höheren Zinsen seine kreditfinanzierten Bau- oder Kaufpläne erst einmal nicht realisieren.

Gleichzeitig wird derjenige, der Geld flüssig hat und damit liquide ist, nun sein Geld langfristig zu höheren Zinsen anlegen. Die Folge: Dem Wirtschaftskreislauf wird Geld entzogen. Die Nachfrage nach Waren und Dienstleistungen sinkt. Der Preisanstieg verlangsamt sich.

Mit einer Anhebung der Zinsen hat das ESZB also die Möglichkeit, den Preisauftrieb abzuschwächen. Zwar verteuern steigende Zinsen zunächst die Güterherstellung. Ob die zusätzlichen Kosten allerdings am Markt durchgesetzt werden können, hängt von der gesamtwirtschaftlichen Nachfrage und der Konkurrenzsituation ab. Weil sich bei einer Kreditverteuerung auch die Nachfrage abschwächt, wird die Möglichkeit höhere Preise zu erzielen, deutlich beschnitten.

Senkt das Europäische Zentralbanksystem dagegen seine Zinsen, kommt ein umgekehrter Prozess in Gang.

iwd (Informationsdienst des Instituts der deutschen Wirtschaft) Nr. 6 vom 29. Juli 1999, S. 4

Arbeitsaufträge

1. Mit welchen Argumenten begründet der EZB-Präsident die Senkung der Leitzinsen? (M 51) Welche Folgen können Veränderungen der Leitzinsen für die Realwirtschaft haben? Formulieren Sie Arbeitshypothesen.

2. Überprüfen Sie Ihre Arbeitshypothesen zunächst anhand der Materialien. (M 54–M 56) Stellen Sie dar, wie die EZB die Geldmenge durch Variationen des Leitzinses beeinflussen kann. Überlegen Sie auch: Warum kann das Geldangebot durch die Zentralbank nicht vollständig kontrolliert werden?

3. Schauen Sie sich die Entwicklung des Leitzinses vom 1. Quartal 2001 bis zum 1. Quartal 2002 in M 49 an und vergleichen Sie damit die Konjunkturentwicklung in diesem Zeitraum in M 39, S. 75. Welche Absicht könnte die EZB mit ihrer Zinspolitik im Jahr 2001 verfolgt haben?

4. Wie muss man sich das nun praktisch vorstellen, wenn die Zentralbank den Leitzins erhöht oder senkt (es gibt ja wohl kaum irgendwo eine Stellschraube, an der ein Zentralbankpräsident herumdrehen kann)? Informieren Sie sich über das Grundprinzip der Offenmarktgeschäfte und den Ablauf des Tenderverfahrens. Erläutern Sie deren Funktionsweise und Wirkung. (M 55–M 56)

4. Man muss sich in Erinnerung rufen, dass der Leitzinssatz – das Zinsniveau – für die Zentralbank nicht das eigentliche Ziel darstellt, sondern nur ein „operatives Ziel", also eine Größe, mit der die Zuwachsrate der Geldmenge beeinflusst werden kann, die ihrerseits über die effektive Nachfrage auf das Endziel, nämlich das Preisniveau einwirkt. Erläutern Sie diese Wirkungskette der Geldpolitik anhand von M 58.

M 55 „Offenmarktgeschäfte" und „Tenderverfahren" der Europäischen Zentralbank

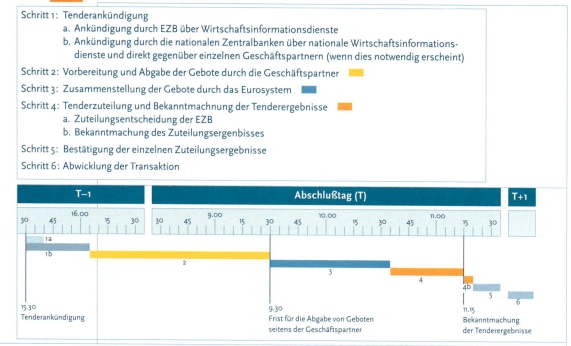

Erläuterung: Offenmarktgeschäfte sind Geldgeschäfte der Zentralbank mit den Geschäftsbanken am „offenen", d. h. für alle Geldinstitute zugänglichen Geldmarkt. Die Zentralbank bietet den Geschäftsbanken im wöchentlichen Rhythmus Refinanzierungsgeschäfte an, nämlich Sichtguthaben gegen Wertpapiere. Wenn die Geschäftsbanken sich refinanzieren müssen, also Zentralbankgeld benötigen, weil sie ihrerseits an ihre Geschäftskunden Kredite vergeben haben, dann verkaufen sie der Zentralbank oder verpfänden bei ihr kurzzeitig Wertpapiere (Offenmarktpapiere) aus ihren Beständen und bekommen dafür Sichtguthaben an Zentralbankgeld. Der Zinssatz, zu dem diese Geschäfte abgewickelt werden, ergibt sich im Prinzip aus dem Zusammenspiel von Angebot und Nachfrage, genauer: aus dem „Tenderverfahren" („Tender" bedeutet vereinfacht: Versteigerungs- und Ausschreibungsverfahren). Da die Zentralbank bei diesem Verfahren am längeren Hebel sitzt, kann sie den Leitzinssatz ziemlich genau steuern.

E. Görgens/K. Ruckriegel/F. Seitz: Europäische Geldpolitik. Düsseldorf 1999, S. 114 f.

M 56 Die Offenmarktpolitik der EZB

Bei einem befristeten Offenmarktgeschäft übernimmt das ESZB von Kreditinstituten für eine bestimmte Frist Wertpapiere und stellt dafür Zentralbankgeld zur Verfügung. Nach Ablauf der Frist muss die abgebende Bank die Wertpapiere wieder zurücknehmen. Das Europäische Zentralbanksystem bietet solche Geschäfte in zwei Formen an:

– Beim Hauptrefinanzierungsgeschäft (früher: Wertpapierpensionsgeschäft) leiht das ESZB wöchentlich Wertpapiere für 14 Tage aus.

– Beim so genannten Basistender wird zusätzlich einmal im Monat ein Refinanzierungsgeschäft mit einer Laufzeit von drei Monaten angeboten.

Die Hauptrefinanzierungsgeschäfte und die Basistender werden den Banken im Wege der Ausschreibung angeboten.

Dabei gibt es wiederum zwei Verfahren:

– Beim so genannten Mengentender legt das ESZB den Zins fest. Die Kreditinstitute nennen in ihren Geboten lediglich die Höhe der Beiträge, über die sie Wertpapiere an das ESZB abzugeben wünschen. Die Europäische Zentralbank teilt dann denjenigen Betrag zu, der ihrer Geldmengenvorstellung entspricht.

– Beim so genannten Zinstender müssen die Kreditinstitute nicht nur Gebote über die gewünschte Menge abgeben, sondern auch den Zins nennen, zu dem sie bereit sind, Refinanzierungsgeschäfte abzuschließen. Bieten sie zu niedrige Zinsen, laufen sie Gefahr, bei der Zuteilung leer auszugehen. Beim Angebot hoher Zinsen wachsen ihre Chancen auf volle Zuteilung.

iwd (Informationsdienst des Instituts der deutschen Wirtschaft) Nr. 6 vom 29. Juli 1999

Beispiel: Liquiditätszufuhr über Mengentender

M 57

Über eine befristete Transaktion möchte die EZB dem Markt Liquidität zuführen. Sie kündigt daher einen Mengentender an. Drei Geschäftspartner geben folgende Gebote ab:

Geschäftspartner	Gebot (Mio. €)
Bank 1	30
Bank 2	50
Bank 3	80
Insgesamt:	160

Die EZB beschließt, insgesamt 100 Millionen Euro zuzuteilen. Der Prozentsatz der Zuteilung errechnet sich wie folgt: 100/30+50+80 X 100 = 62,5 %

$$\frac{100}{30 + 50 + 80} \times 100 = 62{,}5\,\%$$

Die Zuteilung an die Geschäftspartner beträgt:

Geschäftspartner	Gebot (Mio. €)	Zuteilung (Mio. €)
Bank 1	30	18,75
Bank 2	50	31,25
Bank 3	80	50
Insgesamt:	160	100

F. J. Kaiser/V. Brettschneider (Hrsg). Volkswirtschaftslehre. Berlin, 2002, S. 231

Ziele und Zwischenziele der Geldpolitik

M 58

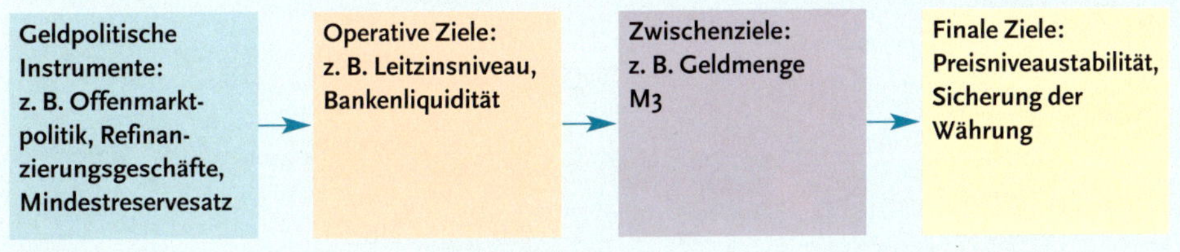

| Geldpolitische Instrumente: z. B. Offenmarktpolitik, Refinanzierungsgeschäfte, Mindestreservesatz | → | Operative Ziele: z. B. Leitzinsniveau, Bankenliquidität | → | Zwischenziele: z. B. Geldmenge M3 | → | Finale Ziele: Preisniveaustabilität, Sicherung der Währung |

Erläuterung: Die Zentralbank will die monetäre Gesamtnachfrage beeinflussen, weil diese im Zusammenspiel mit dem gesamtwirtschaftlichen Angebot das Preisniveau bestimmt. Die Gesamtnachfrage sollte nicht schneller (aber auch nicht langsamer) wachsen als das Angebot. Für die Geldpolitik bedeutet dies, dass auch die Geldmenge, aus der die Gesamtnachfrage „finanziert" wird, nicht schneller zunehmen sollte als das gesamtwirtschaftliche Angebot (auch nicht langsamer). Wenn man dieses Prinzip nicht in kurzfristiger Perspektive auf konjunkturelle Schwankungen anwendet, sondern in mittelfristiger Perspektive auf das Trendwachstum, dann ist man bei der „potenzialorientierten" Geldpolitik: Das Wachstum der Geldmenge soll an der mittelfristigen Zuwachsrate des Produktionspotenzials ausgerichtet sein. (Siehe hierzu auch M 40, S. 261, und M 41, S. 263, wo die beiden Konzepte der antizyklischen und der monetaristisch/potenzialorientierten Geldpolitik einander gegenübergestellt werden.)

Originalbeitrag des Autors

M 59 **Das Instrument der Mindestreserve**

Die Geschäftsbanken sind verpflichtet, einen bestimmten Anteil ihrer Verbindlichkeiten (= Sicht-, Termin- und Spareinlagen sowie Geldmarktpapiere) bei der Zentralbank als „Mindestreserve" zu halten. Über die Mindestreservepflicht besteht somit eine feste Anbindung der Geschäftsbanken an die Zentralbank. Zurzeit liegt der Mindestreservesatz für alle Einlagenarten einheitlich bei 2 %. Dieser Satz kann aber je nach Einlagenart unterschiedlich hoch und auf maximal 10 % festgelegt werden. Durch die Mindestreserve wird ein Teil des Zentralbankgeldes der Geschäftsbanken „gebunden"; entsprechend müssen sich die Geschäftsbanken bei der Zentralbank refinanzieren. Die Mindestreservepflicht muss nur im Durchschnitt eines Monats erfüllt werden; kurzfristige (Tages-)Schwankungen der Reserveverpflichtung können innerhalb dieser Monatsfrist ausgeglichen werden.

Der Mindestreservesatz wird von der Zentralbank eher selten variiert; vielmehr handelt es sich hier um ein ordnungspolitisches Instrument, mit dem eine Rahmenbedingung des Geld- und Kreditwesens gestaltet werden kann. Die Feinsteuerung von Zinssatz und Geldmengenwachstum erfolgt über Offenmarktgeschäfte.

Originalbeitrag des Autors

M 60 **Wirkungsweise des geldpolitischen Instrumenteneinsatzes**

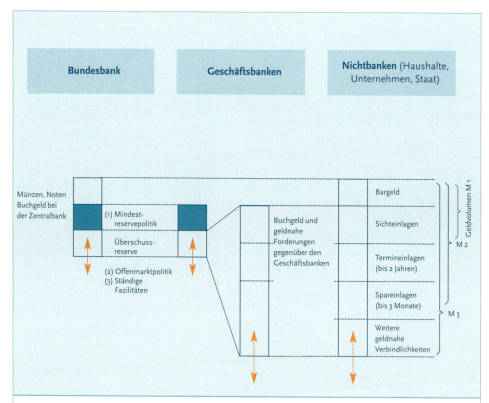

Erläuterung: Die gesamtwirtschaftliche Nachfrage wird aus der Geldmenge „gespeist" („finanziert"). Wenn das Geldmengenwachstum von der Zentralbank so gesteuert wird, dass es mittelfristig dem Wachstum des Produktionspotenzials entspricht, dann erfüllt dies eine wichtige Voraussetzung für die Verstetigung der Gesamtnachfrage – und somit für Preisniveaustabilität. M 60 zeigt in einer schematisch vereinfachten Darstellung, wie die Zentralbank über die Geschäftsbanken auf die Geldmenge einwirken kann.

H. Bartling/F. Luzius: Grundzüge der Volkswirtschaftslehre. München 2000, S. 227

5.10 Die Wirkungsweise der Geldpolitik

Arbeitsaufträge

1. Das Schema in M 60 zeigt, wie das Geldmengenwachstum durch die Zentralbank gesteuert wird. Zur Interpretation dieses Schemas können Sie dort anfangen, wo Sie sich bereits auskennen, nämlich bei der Zusammensetzung der Geldmenge und den verschiedenen Geldmengendefinitionen. (Ziehen Sie bei Bedarf nochmals M 42, S. 264, hinzu.) Private Haushalte, Unternehmen und öffentliche Haushalte (also die „Nichtbanken") halten den größten Teil ihrer Geldmittel bei den Banken in der Form von Einlagen mit unterschiedlicher Fristigkeit. Die Banken können diese Einlagen dazu verwenden, ihren Kunden Kredite zu gewähren. Ein bestimmter Teil dieser Einlagen muss allerdings als „Mindestreserve" bei der Zentralbank gehalten werden.
   a) Erklären Sie den Begriff der Mindestreserve (M 59).
   b) Verschaffen Sie sich einen Überblick über die Größenordnungen der verschiedenen Geldmengen und der Mindestreserve (Bestandsgrößen für Januar 2002 finden Sie in M 42b, S. 264; in der angegebenen Quelle – den Monatsberichten der Deutschen Bundesbank – finden Sie im statistischen Anhang in der Tabelle „Liquiditätsposition des Bankensystems" auch die „Guthaben der Kreditinstitute" bei der Bundesbank, welche die Mindestreserven enthalten).
2. Die Möglichkeit der „Geldschöpfung" der Geschäftsbanken, also ihre Fähigkeit, Kredite zu vergeben, hängt von ihrer Liquidität ab, also davon, über wie viel „flüssige Mittel" sie verfügen. Wie kann die Zentralbank die Liquidität der Geschäftsbanken variieren? Formulieren Sie in einer knappen Zusammenfassung den Wirkungsmechanismus der Offenmarktpolitik. (M 56 und M 60)
3. Wenn die Kunden der Geschäftsbanken weniger Kredite bekommen oder wenn die Kredite teurer werden, dann bremst das die gesamtwirtschaftliche Nachfrage, die sich zusammensetzt aus der Nachfrage der privaten Haushalte (Konsumnachfrage), der Unternehmen (Investitionsnachfrage) sowie der öffentlichen Haushalte (Staatsnachfrage). (Vergleichen Sie hierzu nochmals die Komponenten der effektiven Nachfrage in M 36, S. 73.)
4. Überprüfen Sie abschließend Ihre eingangs formulierten Arbeitshypothesen und ergänzen oder korrigieren Sie diese gegebenenfalls.

6. Standortpolitik

Vision Ruhrstadt: Montage der Westdeutschen Allgemeinen Zeitung (WAZ)
J. Studtmar

6.1 Standortpolitik im Zeichen der Globalisierung – das Beispiel Ruhrgebiet

„Bilden Sie sich nicht ein, dass Sie hier in Dortmund zu den Frühesten gehören"

M 1

„Zu wenig Weitsicht in der Poltik, zu wenig Neugierde in der Wirtschaft, zu wenig regionales Denken in den Städten." Das sind nach Überzeugung [...] des Gelsenkirchener NRW-Wissenschaftsinstitutes Arbeit und Technik, drei von vielen Ursachen für den „immer noch großen Innovationsrückstand des Ruhrgebietes". Die Folge sei, dass das Ruhrgebiet als Region nicht ausreichend auf die Globalisierung vorbereitet sei. Aller Imagewerbung zum Trotz werde das Ruhrgebiet selbst in Europa als eine geschlossene Wirtschaftsregion kaum wahrgenommen. [...] Wie sehen die Märkte der Zukunft aus, welche Produkte brauchen sie? Das seien die Fragen, die sich der immer noch zu stark von den alten Strukturen abhängige Mittelstand im Revier stellen müsse.

WAZ vom 4. August 2000

Der Dortmunder Oberbürgermeister erklärte die Außenpolitik [...] im Haupt- und Finanzausschuss zur Chefsache. [...] Als Reaktion auf die wachsende Globalisierung sollte Dortmund neue Wege und Formen der Zusammenarbeit mit anderen Städten finden.

WAZ vom 1. Juni 2001

[Der] NRW-Arbeitsminister [...] fordert die Städte auf, die Idee der Ruhrstadt aufzugreifen und mit Leben zu erfüllen. Die Zukunft des Ruhrgebiets lebt davon, dass sich diese Region wirklich als Region versteht und auch als Region handelt [...]. Man könne heute internationale Investoren nicht mehr für eine Ansiedlung etwa in Moers, Waltrop oder Witten begeistern. Man könne sie aber sehr wohl für einen potenten Wirtschaftsraum ersten Ranges gewinnen, eben die Metropolregion Ruhrgebiet. „Ich will die Ruhrstadt", so der NRW-Arbeitsminister. Nur sie könne wirklich mit London, Paris, Mailand konkurrieren.

Die Ruhrstadt müsse geprägt sein von Vielfalt und Aufgabenteilung, aber auch von Gemeinsamkeiten und enger Kooperation der Städte. In der Welt der Globalisierung und des Internets ist kein Platz für Enge und Provinzialismus. Die Welt wird kleiner, die Menschen werden immer mobiler. Da müssen auch die Maßstäbe politischen Handelns Schritt halten, mahnte er. Das Ruhrgebiet sollte nicht darüber diskutieren, wo das gemeinsame Rathaus einer Ruhrstadt stehen soll oder wer ihr erster Regierender Bürgermeister wird. Wichtiger sei, dass das Ruhrgebiet sich jetzt eigene Maßstäbe setze. Die Ruhrstadt-Diskussion muss eine verbindende Idee werden, die Identität stiftet. Wir brauchen für das Ruhrgebiet eine Neuauflage des alten Reviergedankens unter den Vorzeichen des 21. Jahrhunderts. Das Ruhrgebiet habe die Chance, in den nächsten zehn Jahren Eckpunkt eines neuen Dreiecks mit Brüssel und Berlin zu werden, eine Region, in der die Post abgeht.

WAZ vom 3. Juli 2001

[...] Das Wirtschaftsministerium will kleinen Unternehmen aus den strukturschwachen Regionen helfen, Absatz- und Beschaffungsmärkte auf dem europäischen Binnenmarkt zu erschließen. Mit dem Projekt EUROPA-FIT sollen jetzt kleine nordrhein-westfälische Unternehmen aus EU-Ziel-2-Fördergebieten* zur Umsetzung europäischer Marktstrategien qualifiziert und vorbereitet werden. [...] Durch die zunehmende Globalisierung und den Euro eröffnen sich ihnen [...] neue Handlungsfelder, die sie nutzen sollten.

WAZ vom 10. Juli 2001

Ein neuer Dortmunder Dreiklang könnte sich so anhören: Metrorapid, ökologische Megatrends und Kooperation mit den Nachbarn. Diesen Weg in die Zukunft wies [...] Dr. Ernst Ulrich von Weizsäcker. Der Leiter der Bundestags-Kommission Globalisierung der Weltwirtschaft referierte beim ersten Dortmunder Agenda-Kongress im Rathaus. Er lobte, dass sich Dortmund auf Branchen wie Mikrosystemtechnik, Logistik und Informations-Technologien konzentriere. Aber auf diese Wirtschaftsfelder setzten weltweit sehr viele Regionen. Gewinne mache indes nur, wer zu den Ersten zähle. Bilden Sie sich nicht ein, dass Sie hier in Dortmund zu den Frühesten gehören, mahnte von Weizsäcker. Deshalb sei es wichtig, sich den Megatrends des 21. Jahrhunderts zuzuwenden.

WAZ vom 30. April 2001

Arbeitsaufträge

1. Globalisierung erscheint in den Zeitungsartikeln (M 1) als ein ambivalenter Prozess, der sowohl Chancen als auch Gefahren mit sich bringt. Verdeutlichen Sie diese These an Textbeispielen. Welche Hoffnungen, welche Befürchtungen werden geäußert?
2. Erstellen Sie eine Auswertungsmatrix in Anlehnung an das „Problemlösungsmuster" von M 18, S. 22, und werten Sie die Zeitungsausschnitte von M 1 aus.

Personen/ Institutionen	Diagnose	Therapie	Zielsetzung
Institut „Arbeit und Technik"			
OB Dortmund			
...			

3. Recherchieren Sie im Internet: Welche Rolle spielt die Globalisierung für die Wirtschaftspolitik Ihrer Region? Geben Sie in eine Suchmaschine die Begriffe Standort + Globalisierung + den Namen Ihrer Region ein und werten Sie die ersten zehn Treffer aus.

6.2 Was ist Globalisierung und wie wirkt sie sich aus?

„Globalisierung" ist ein schillernder Begriff, der gerade auch in der Politik als „Passepartout" verwendet wird, als Begriffshülse für nahezu beliebige Zwecke. Auch in den Sozialwissenschaften ist der Begriff nicht eindeutig und einheitlich definiert (Zur Begriffsdebatte vgl.: Kursthemen Sozialwissenschaften: Globalisierung. Berlin, 2002.) Umso wichtiger erscheint es deswegen, sich eine klare Vorstellung von den Inhalten dieses Begriffs zu erarbeiten. Im folgenden Interviewauszug (M 2) kommen zwei Experten zu Wort, die der Bundestags-Enquete-Kommission „Globalisierung" als Berater angehörten. Sie beleuchten – aus unterschiedlichen Perspektiven – wesentliche Aspekte der Globalisierung und der damit verbundenen wirtschaftspolitischen Herausforderungen.

Experten zur Globalisierung – ein Interview

M 2

DAS PARLAMENT: Herr Professor Altvater, können Sie in einem Satz sagen, was Globalisierung ist?

ALTVATER: Globalisierung verkürzt alle Distanzen, indem Raum und Zeit komprimiert werden – in der Folge rücken Warenmärkte, Arbeitsmärkte, Finanzmärkte weltweit enger zusammen.

DAS PARLAMENT: Ist Globalisierung gut oder schlecht?

ALTVATER: Durch die Globalisierung gewinnen viele Menschen, aber eine Menge verlieren auch. Die leiden unter dem Shareholder-Value-Denken, wenn die Unternehmen Mitarbeiter entlassen, bloß um kurzfristig ihren Gewinn zu steigern. Allerdings kann man nicht alle Probleme der Globalisierung in die Schuhe schieben. [...]

DAS PARLAMENT: Durch die Globalisierung, so haben Sie gesagt, rücken die Arbeitsmärkte zusammen.

ALTVATER: Für die Beschäftigten wird der Wettbewerb schärfer. Überdies gibt es mehr Zuwanderung – rund um die Welt.

DAS PARLAMENT: Bedroht diese Entwicklung den Sozialstaat, wie wir ihn heute kennen?

ALTVATER: Schon, aber sie macht ihn nicht überflüssig. Vielmehr sind globale Systeme vonnöten. Manche Bürger verlassen ihr Land freiwillig oder unfreiwillig und nehmen ihre erworbenen sozialen Rechte nicht mit. Andere kommen neu ins Land, zum Beispiel politische Flüchtlinge. Sozialstaatsbürger und Sozialstaatsklientel sind immer weniger identisch. Ich habe keine Lösung parat, aber mit Sicherheit kann die Lösung nicht darin bestehen, den Sozialstaat überall abzubauen. […]

ALTVATER: Wir müssen die Amerikaner nicht in allem imitieren. Diese vollends flexible Wirtschaft macht die Krise erst wahrscheinlich. Europa müsste sich auf die Stärken besinnen, die sein „Rheinischer Kapitalismus" gezeigt hat. Man sollte nicht vergessen, dass Europa lange das Vorbild für die meisten Nationen, auch für die USA, war. Ein Blick in die Literatur von vor zehn Jahren genügt.

DAS PARLAMENT: Was ist bewahrenswert am Rheinischen Kapitalismus?

ALTVATER: Es gibt Wichtigeres als das Wirtschaftswachstum. Die Politik muss steuern und darf nicht alles dem Markt überlassen. Ein aktiver Sozialstaat etwa muss die soziale Sicherheit der Bürger garantieren, muss öffentliche Güter bereitstellen.

DAS PARLAMENT: Herr Professor Paqué, jeder spricht von der Globalisierung. Macht sie uns reich?

PAQUÉ: Sie eröffnet Chancen zu mehr Wachstum durch mehr Handel mit Waren und Dienstleistungen und eine verstärkte Mobilität des Kapitals. Insofern macht sie uns langfristig reicher, als wir wären, gäbe es keine Möglichkeit der Verdichtung der internationalen Arbeitsteilung und keine Möglichkeit, dass Ersparnisse dorthin fließen, wo sie wegen der Knappheit des Kapitals besonders gebraucht werden.

DAS PARLAMENT: Wenn sie uns reich macht, wen macht sie denn dann ärmer?

PAQUÉ: Volkswirtschaftliches Wachstum bedeutet nicht, dass irgendjemand anderes ärmer werden muss, wenn man selber reicher wird.

DAS PARLAMENT: Das ist in der Theorie so. Leidet die Dritte Welt nicht unter den Folgen der Globalisierung?

PAQUÉ: Ich glaube, dass der Begriff Dritte Welt nicht mehr angemessen ist. Die Dritte Welt hat sich stark zergliedert. Es gibt so genannte Schwellenländer, Emerging Market Economies, die sich gut in die Weltwirtschaft integriert haben und über lange Zeit sehr schnell gewachsen sind. Sie profitieren eindeutig von der Globalisierung. Und es gibt andere Länder ohne nennenswerten wirtschaftlichen Aufschwung, vor allem in Afrika.

DAS PARLAMENT: Ist Globalisierung für einen Ökonomen ein reiner Transfer von Kapital und Geld oder hat für Sie Globalisierung auch eine politische Dimension?

PAQUÉ: Selbstverständlich hat die Globalisierung eine politische Dimension. Aber zunächst lässt sie sich als ökonomisches Phänomen beschreiben: mehr internationaler Austausch, und zwar in allen wirtschaftlichen Bereichen. Dies begrüße ich, zumal es friedensstiftend wirkt, eine ganz wichtige politische Dimension. Welches Land wird schon einen Krieg führen wollen gegen einen wichtigen Handelspartner, der eigene Produkte nachfragt und damit im Inland für Wertschöpfung und Beschäftigung sorgt und der andererseits Güter liefert, die man selbst benötigt und auf die man angewiesen ist? Dieser Aspekt der Globalisierung wird häufig vergessen oder gar nicht erkannt. Ähnliches gilt für die internationale Mobilität des Kapitals. Sie ermöglicht es gerade ärmeren Ländern, ihre Kapitalknappheit zu überwinden und technologisches Wissen zu importieren. Auch dies hat eminent politische Rückwirkungen, denn es diszipliniert xenophobische* Tendenzen: Wer in einer ausländischen Firma arbeitet, wird weniger geneigt sein, Vorurteile zu pflegen.

Die Professoren E. Altvater und K.-H. Paqué waren Sachverständige der Bundestags-Enquete-Kommission „Globalisierung". Interviews in: Das Parlament vom 19. Januar 2001, S. 5 und 8

Arbeitsaufträge

1. In unserem Zusammenhang sind die ökonomischen Aspekte der globalen Prozesse bedeutsam. Wie definiert Altvater ökonomische Globalisierung? Versuchen Sie seine Definition an Beispielen zu verdeutlichen. (M 2)
2. Altvater spricht vom „Shareholder-Value-Denken" als einem „schlechten" Aspekt von Globalisierung. Notieren Sie die Merkmale, mit denen Altvater dieses Shareholder-Value-Denken beschreibt und vergleichen Sie diese Charakterisierung mit Fachwörterbuch-Definitionen des Begriffs Shareholder Value. (Begriffsbeschreibungen finden Sie auch im Internet.) Vergleichen Sie die beiden Begriffe „Shareholder Value" und „Stakeholder Value".
3. Ein großes Thema der Globalisierungsdiskussion ist die Frage, ob wir uns weiterhin einen teuren Sozialstaat leisten können, wenn andere Länder ohne kostspielige Systeme der sozialen Sicherung billiger produzieren und dadurch konkurrenzfähiger sind. Altvater ist dagegen, dass der Sozialstaat abgebaut wird. Beschreiben Sie, wofür er ist.
4. Der Experte Paqué nennt eine Reihe von Faktoren, die sich im Zuge der Globalisierung wohlstandssteigernd auswirken können:
   – verstärkte internationale Arbeitsteilung,
   – mehr Güteraustausch und
   – höhere Mobilität des Kapitals.
   Klären Sie zunächst in Ihrer Lerngruppe, wie „Wohlstand" definiert und gemessen wird. (Greifen Sie dazu bei Bedarf auf das Kapitel 3.2, S. 105 f., Kapitel 4.3, insbesondere M 17, S. 183 zurück.) Besprechen Sie anschließend in Kleingruppen, wie die erwähnten Faktoren zu einer Erhöhung des Wohlstands beitragen. Formulieren Sie abschließend schriftlich Ihr Ergebnis in Stichworten.
5. Angenommen, zwei Länder intensivieren ihre Arbeitsteilung, ihren Güteraustausch und ihre Kapitalverflechtung. Dies führe in einem Fünfjahreszeitraum zu einem zusätzlichen BIP-Wachstum von zwei Prozentpunkten = 100 Mrd. Euro in beiden Ländern zusammen. Vergleichen Sie folgende drei Konstellationen der Verteilung dieses Zuwachses zwischen den beiden Ländern:
   Konstellation 1 = Land A: + 100 Mrd. Euro, Land B: + 0 Mrd. Euro
   Konstellation 2 = Land A: + 60 Mrd. Euro, Land B: + 40 Mrd. Euro
   Konstellation 3 = Land A: + 10 Mrd. Euro, Land B: + 90 Mrd. Euro.
   Bewerten Sie diese drei Verteilungskonstellationen (beachten Sie dabei, dass es um die Verteilung von Zuwächsen geht). Sollte auf „Globalisierung" zwischen den beiden Ländern verzichtet werden, wenn mit hoher Wahrscheinlichkeit die Konstellation 1 erwartet wird? Sollte Land A in Konstellation 3 die „Globalisierung" ablehnen, weil die Verteilung der Zuwächse „ungerecht" (genauer: ungleich) ist?
6. Die Intensivierung der internationalen Wirtschaftsbeziehungen wirke „friedensstiftend", so Paqué. Fassen Sie seine Begründung zusammen und nehmen Sie dazu Stellung.
7. In M 2 spricht Altvater im Zusammenhang mit den „Stärken" Europas vom „Rheinischen Kapitalismus". Damit ist das sozialstaatlich geprägte System der Marktwirtschaft gemeint, das sich in Deutschland herausgebildet hat („Soziale Marktwirtschaft") – ähnlich aber auch in anderen Ländern wie z. B. Frankreich, den Niederlanden etc. Worin unterscheidet sich dieser „Rheinische Kapitalismus" von anderen, z. B. dem US-Kapitalismus, und wie sind die empirisch feststellbaren Unterschiede zu bewerten? Führen Sie hierzu das in M 3 beschriebene Kurzprojekt durch.

Kurzprojekt: Vergleich „Rheinischer" versus „Anglo-amerikanischer" Kapitalismus

M 3

1. Beschaffen Sie sich arbeitsteilig in Gruppen die nötigen Informationen für einen Vergleich der beiden Systeme. Aus Zeitgründen sollten Sie sich dabei beschränken
   a) auf die beiden Länder Deutschland und USA und
   b) auf die beiden Bereiche
      – soziale Sicherung und
      – Staatsanteil (Umfang der vom Staat bereitgestellten öffentlichen Güter).
   Beachten Sie hierzu auch die Übersicht M 4.
2. Prüfen Sie mit Ihren Vergleichsdaten folgende These: „Der US-Kapitalismus ist schlank, flexibel und kompetitiv, der Rheinische Kapitalismus ist sozialstaatslastig, unflexibel und auf Sicherheit bedacht."

Originalbeitrag des Autors

Vergleich Deutschland-USA anhand ausgewählter Indikatoren

M 4

Indikatoren	Deutschland	USA
Jahresarbeitszeit in Stunden	1.562	1.957
Mindestlohn in Mark pro Stunde	18,50 Baubranche; West	10,46
Haushaltseinkommen Durchschnitt jährlich in Mark	60.240	58.010
Kündigungsfristen	mind. 4 Wochen nur mit Begründung	fristlos, ohne Begründung

Indikatoren	Deutschland	USA
Anteil der Arbeitnehmer mit Tariflöhnen	über 60 %	14 %
Urlaubstage	max. 30 Tage	max. 14 Tage
Krankenversicherung	gesetzlich geregelt	nicht obligatorisch, 16 % der Einwohner ohne KV
Arbeitslosengeld	67 % des letzten Nettogehalts für 0,5 bis 2 Jahre nach mind. einem Jahr abgabepflichtiger Arbeit; dann Arbeitslosenhilfe	ca. 50 % für max. 6 Monate

Der Spiegel, Nr. 11 vom 13 März 2000, S. 113

6.3 Globalisierung – auf dem Weg zu einer verflochtenen Weltwirtschaft

Was ist neu an der Globalisierung?

Auch früher gab es schon weltwirtschaftliche Arbeitsteilung und Güteraustausch über Ländergrenzen hinweg. Globalisierung, so wird behauptet, kennzeichne eine neue Stufe in der fortschreitenden Verflechtung und Integration der Weltwirtschaft. Neu sei die Intensität und Dynamik dieser Verflechtung, der sich kaum ein Land und kaum ein Unternehmen entziehen kann. Das relevante Bezugssystem des wirtschaftlichen Handelns nicht nur der großen, sondern vermehrt auch der mittelständischen Unternehmen sind nicht mehr regionale oder nationale Märkte, sondern es sind die weltweiten Beschaffungs-, Absatz-, Arbeits-, Finanz- und Kapitalmärkte.

M 5a Warum es internationalen Handel gibt

Ausgangspunkt der Überlegungen ist die grundsätzliche Frage, warum Länder überhaupt Handel miteinander treiben. Im Wesentlichen gibt es hierauf zwei Arten von Antworten: Erstens, weil die Länder unterschiedlich sind, und zweitens, weil größere Märkte die Realisierung größerer Stückzahlen erlauben. Unterschiede zwischen Ländern stehen im Mittelpunkt der traditionellen Außenhandelstheorie: Bereits David Ricardo[1] hat festgestellt, dass Handel für zwei Länder immer dann vorteilhaft ist, wenn sich die Preise in zwei Ländern voneinander unterscheiden. Die neue Außenhandelstheorie hingegen betont die Wechselwirkung zwischen Außenhandel und Größenvorteilen: Größenvorteile spielen vor allem dann eine Rolle, wenn die Herstellung eines Gutes hohe Anfangsinvestitionen erfordert und die durchschnittlichen Produktionskosten mit wachsender Stückzahl sinken (Skaleneffekte). Hiervon sind insbesondere technologisch hochwertige und neue Produkte betroffen.

Wenn sich Länder unterscheiden, lohnt es sich für sie, miteinander Handel zu treiben. Durch den Handel kommt es – unter den Bedingungen idealer internationaler Märke – zu einer Arbeitsteilung, bei der sich jedes Land auf die Produktion jener Güter und Dienstleistungen spezialisiert, die es im Vergleich zu den anderen Ländern am günstigsten anbieten kann (bei denen es komparative Vorteile besitzt). Handel führt unter diesen Bedingungen zu zwei wohlfahrtssteigernden Effekten:

- Erstens kommt es zu einer Verbesserung der Konsumversorgung, weil handeltreibende Länder nicht mehr genau das konsumieren müssen, was sie vorher – mit den bei Autarkie zur Verfügung stehenden Ressourcen – produziert haben (Handelsgewinne im engeren Sinne).
- Zweitens werden handeltreibende Länder vermehrt solche Güter produzieren, bei deren Herstellung sie im Vergleich zu anderen Ländern Vorteile haben. Durch eine stärkere internationale Arbeitsteilung können die weltweit vorhandenen Ressourcen effizienter eingesetzt und die Weltproduktion insgesamt gesteigert werden (Spezialisierungsgewinne).

(1) englischer Nationalökonom (1772–1823); Begründer der Außenwirtschaftstheorie.

R. Durth: Globalisierung und Wirtschaftswachstum. In: Aus Politik und Zeitgeschichte. B 48/2000, S. 5

M 5b Welthandelsvolumen

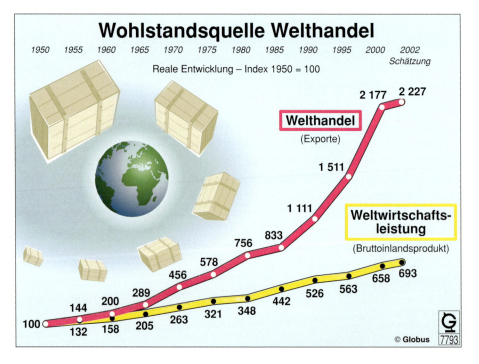

Wenn man in Norwegen Bananen aus Ecuador kaufen kann, in Thailand Maschinen aus Deutschland, in den USA Wein aus Frankreich, in Deutschland Teppiche aus China und in Russland DVD-Player aus Japan, dann zeigt dies: Die Volkswirtschaften der Welt sind dabei, zu einer globalen Wirtschaft zusammenzuwachsen. Arbeitsteilung heißt die Devise. Ein Rückblick auf die zweite Hälfte des 20. Jahrhunderts macht dies deutlich. Die weltweite Produktion hat sich seit 1950 nahezu versiebenfacht; das Welthandelsvolumen aber hat sich mehr als verzwanzigfacht. Eben der Welthandel ist es, der ein Wachstum der Weltproduktion in diesem Ausmaß ermöglicht hat. Denn er erlaubt es den beteiligten Volkswirtschaften, sich auf jene Leistungen zu konzentrieren, die sie beherrschen und die den größten Ertrag für sie bringen. Die anderen Güter, die benötigt werden, können besser bei den Ländern zugekauft werden, die darauf spezialisiert sind, oder bei denen, die sie preiswerter herstellen können als andere.

Text: Globus/31. Mai 2002

Zunehmende Weltmarktorientierung deutscher Unternehmen

M 6

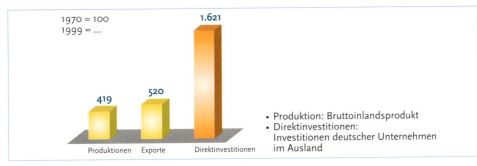

H. Klodt: Globalisierung. In: Der Bürger im Staat 4/1999, S. 202

Direktinvestitionen

M 7

a) Definition und Erläuterungen

– Direktinvestitionen sind Unternehmensinvestitionen auf ausländischen Standorten. Über Direktinvestitionen werden Tochterunternehmen, Zweigniederlassungen, Beteiligungen oder auch Gemeinschaftsunternehmen („joint ventures") finanziert und eingerichtet. Statt auf ihrem heimischen Standort zu investieren, um dann die produzierten Güter zu exportieren, investieren Unternehmen direkt auf ausländischen Standorten und beliefern von dort ihre Zielmärkte.

– Beispiel für Direktinvestitionen: Statt Autos in Deutschland zu produzieren und dann nach Südamerika zu exportieren, investiert ein Automobilunternehmen in eigene Tochterunternehmen und Produktionsanlagen in Mexiko; von dort aus wird dann der südamerikanische Markt beliefert. In dem Maße, wie Produktion auf dem Standort Deutschland ersetzt wird durch Produktion auf dem Standort Mexiko, entfallen in Deutschland Wertschöpfung, Einkommen und Arbeitsplätze. In dem Maße, wie auf dem Standort Mexiko eine Automobilproduktion aufgebaut wird, entstehen dort Einkommen und Arbeitsplätze.

– Die leitenden Motive für Direktinvestitionen sind nicht so sehr die Ausnutzung von Kostenunterschieden als vielmehr die Sicherung und weitere Erschließung ausländischer Märkte, die größere Nähe zu den Kunden sowie der bessere Schutz vor Währungsschwankungen und Handelsbeschränkungen. Entsprechend spielen sich ca. 80 % der Direktinvestitionen innerhalb der Industrieländer ab und weniger als 20 % entfallen auf so genannte Niedriglohnländer.

– Über Direktinvestitionen bauen weltwirtschaftlich orientierte Unternehmen eine eigene Präsenz in ihren Exportmärkten auf.

Präsenz „vor Ort" bringt die Unternehmen in engeren Kontakt mit ihren Absatzmärkten und versetzt sie auch in die Lage, der von vielen Schwellen- und neuen Industrieländern erhobenen Forderung nach „local content" zu entsprechen, d. h. nach einem bestimmten Anteil an inländischen (heimischen) Komponenten in den von ihnen vermarkteten Produkten. Ein hoher „local content" stärkt die heimische (Zuliefer-)Industrie in den Schwellenländern.

Originalbeitrag des Autors

b) Entwicklung der Direktinvestitionen

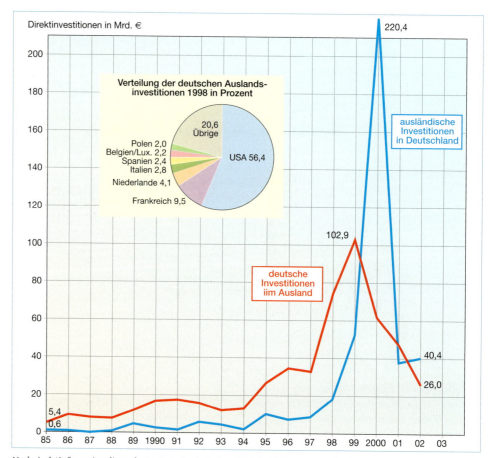

Nach: iwd (Informationsdienst des Instituts der deutschen Wirtschaft) Nr. 13 vom 1. April 1999, S. 3 (aktualisiert)

c) Direktinvestitionen im Jahr 2000

Ausländische Direktinvestitionen in Deutschland
Im Jahr 2000 wurden ausländische Direktinvestitionen in Deutschland in Höhe von 353,6 Mrd. Euro getätigt. Die Rückflüsse (Rückzahlungen von Darlehen, Liquidationen, Veräußerungen von Beteiligungen und Umbuchungen) betrugen 203,2 Mrd. Euro. Die kurzfristigen Finanz- und Handelskredite zwischen verbundenen Unternehmen beliefen sich auf 45,2 Mrd. Euro. Somit ergeben sich Nettotransferleistungen für Direktinvestitionen in Deutschland in 2000 von 195,6 Mrd. Euro.

Deutsche Direktinvestitionen im Ausland
Die deutschen Direktinvestitionen im Ausland betrugen im Jahr 2000 insgesamt 184,7 Mrd. Euro. Die Rückflüsse (Rückzahlungen von Darlehen, Liquidationen, Veräußerungen von Beteiligungen und Umbuchungen) beliefen sich auf 146,0 Mrd. Euro. Die kurzfristigen Handelskredite zwischen verbundenen Unternehmen betrugen 8,5 Mrd. Euro. Daraus ergeben sich Nettotransferleistungen für deutsche Direktinvestitionen im Ausland in 2000 von 47,2 Mrd. Euro.

Pressemitteilung des BMWi vom 27. Juli 2000

Arbeitsaufträge

1. Der Welthandel entwickelt sich dynamischer als die Welt-Wertschöpfung. (M 5b) Quantifizieren Sie diesen Unterschied in der Wachstumsdynamik. Erläutern Sie die These, in dieser Entwicklung komme eine sich intensivierende internationale Arbeitsteilung zum Ausdruck.
2. Beschreiben Sie mit eigenen Worten, warum es internationalen Handel gibt. Unterscheiden Sie dabei zwischen der traditionellen und der neueren Außenhandelstheorie. (M 5a)
3. Die Darstellung der Zuwächse in M 6 beruht auf Indexwerten – mit dem Ausgangswert = 100 im Basisjahr 1970. Schauen Sie sich nochmals die Erläuterungen der Indexmethode in Kapitel 5.4, S. 244 ff. an. Berechnen Sie die jahresdurchschnittlichen Zuwachsraten der drei dargestellten Größen. (Achtung: nicht das arithmetische, sondern das geometrische Mittel ist gefragt!)
4. Wenn die Exporte schneller zunehmen als die Produktion (das BIP), dann steigt die Exportquote (definiert als Anteil der Exporte am BIP). Eine steigende Exportquote bedeutet auf der einen Seite, dass ein wachsender Anteil der inländischen Wertschöpfung vom Ausland nachgefragt wird; auf der anderen Seite impliziert eine steigende Exportquote auch eine zunehmende Abhängigkeit unseres binnenwirtschaftlichen Wachstums und unserer Beschäftigung von der Auslandsnachfrage. Im statistischen Anhang zu den Jahresgutachten des Sachverständigenrates finden Sie Angaben zur Entwicklung der deutschen Exporte sowie zum BIP (vgl. Tabelle „Verwendung des Bruttoinlandsprodukts"). Bestimmen Sie die Exportquoten der Jahre 1970 und 2000 und überprüfen Sie empirisch die Behauptung, diese Quote sei im Zeitverlauf angestiegen.
5. Untersuchen Sie arbeitsteilig, wie
   a) die deutsche Autoindustrie (M 8a–c)
   b) der Möbelkonzern IKEA (M 9a–c)
   c) die Firmen Bosch und Lufthansa (M 10a–c)
   die Globalisierung nutzen.
   Welche Rolle spielen dabei Direktinvestitionen? (Was mit dem Begriff „Direktinvestitionen" gemeint ist, wird in M 7a genauer erläutert).
6. Stellen Sie Ihre Untersuchungsergebnisse im Kurs vor und fassen Sie die Vor- und Nachteile von Direktinvestitionen in einer tabellarischen Gegenüberstellung zusammen.
7. In der Abbildung M 6 ist zu beachten, dass die hohe Zuwachsrate der Direktinvestitionen durch das sehr niedrige Ausgangsniveau im Jahr 1970 mitbedingt ist (vgl. zu den absoluten Beträgen M 7b). Erläutern Sie, warum M 6 eine „zunehmende Weltmarktorientierung deutscher Unternehmen" signalisiert.

Fall 1: Wie deutsche Autobauer die Globalisierung für ihre Güterproduktion nutzen

M 8a Deutsche Autoproduktion

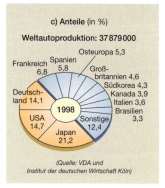

M 8b Die globale Teilestrategie der Autobauer

M 8c Konsequente Auslandsorientierung

Die deutsche Automobilbranche hat sich der Globalisierung ohne Wenn und Aber verschrieben. Die Früchte ihres Engagements ernten die Hersteller nun in Form beeindruckender Exportdaten: Im vergangenen Jahr gingen 3,3 Millionen Pkw aus deutscher Produktion an Kunden in aller Welt. Das waren 16 % mehr als 1997. Besonders beliebt sind deutsche Autos im europäischen Ausland. Fast 80 % der Pkw-Exporte finden auf dem alten Kontinent ihre Abnehmer. Weitere 11 % schaffen den Sprung über den großen Teich in die USA. Dank dieser Exportstruktur konnten die wirtschaftlichen Turbulenzen in Asien, Russland und Südamerika die deutschen Autobauer bislang nicht aus der Bahn werfen. Dies ist jedoch kein Grund, den Sicherheitsgurt verfrüht abzulegen. Denn wenn das Wachstum in Europa und den USA zu stark abgebremst wird, dürften auch die deutschen Automobilexporte ins Schleudern kommen. Allerdings haben sich die heimischen Pkw-Hersteller neben dem Export ein weiteres Standbein im Ausland geschaffen – durch eine verstärkte Produktion jenseits der deutschen Grenzen. Mittlerweile verfügen alle deutschen Automobilunternehmen über Fertigungsstätten in anderen Ländern. Damit können sie die Märkte vor Ort kostengünstiger bedienen und sich schneller an länderspezifische Standards – wie die Position des Lenkrads oder besondere Kraftstoffnormen – anpassen. Daneben profitieren die Firmen auch von den in vielen Ländern günstigeren wirtschaftlichen Rahmenbedingungen.

Institut der deutschen Wirtschaft, Köln 1999

Fall 2: IKEA – ein Möbelhaus als Global Player?

Das IKEA-Imperium

Mit 92 Mio. Exemplaren in insgesamt 21 Sprachen erreicht der IKEA-Katalog jährlich etwa 200 Mio. Menschen weltweit und ist nach der Bibel das am häufigsten gelesene Buch. IKEA [selbst ist] mit 157 IKEA-Einrichtungshäusern in 29 Ländern und einem Jahresumsatz von rd. 7,7 Mrd. Euro eine der größten weltweit agierenden Möbelhausketten. Der Konzernsitz von IKEA befindet sich offiziell in Dänemark, aber die eigentliche Zentrale liegt nach wie vor im schwedischen Älmhult.

Dorthin hatte der IKEA-Gründer Ingvar Kamprad 1953 den Geschäftssitz verlegt. Sämtliche Einkaufskontore in aller Welt werden von hier angeleitet und alle Designer arbeiten hier. Damit ist das Design nach wie vor überwiegend schwedisch. Der Global Player IKEA legt weltweit Wert auf das schwedische Image. Egal ob man in den Vereinigten Emiraten oder Kanada einkauft, weltweit tragen die Artikel schwedische Bezeichnungen wie HJELM, LYRA oder ÖRSLEV und alle Filialen tragen die schwedischen Landesfarben Blau und Gelb. Das Unternehmen suggeriert damit, dass auch die Produkte zu einhundert Prozent aus Schweden kommen. Um die Artikel möglichst günstig einzukaufen, werden jedoch weltweit Produzenten ausgewählt. So beliefern heute über 2100 Produzenten aus 56 Ländern die 19 Zentrallager oder bei hohen Stückzahlen direkt einzelne IKEA-Filialen. Dabei werden weniger als ein Fünftel der Produkte in Schweden produziert. Die Produzenten ihrerseits kaufen die Rohstoffe bzw. Vorprodukte wiederum weltweit ein.

Der Gründer Ingvar Kamprad brachte den größten Teil des Vermögens in der Ingka-Stiftung in den steuerlich günstigeren Niederlanden ein. Diese Stiftung führt über die IKEA-Holding (Dachgesellschaft, die mehrere Firmen zusammenfasst) die Möbelhauskette IKEA-International, der die 157 Möbelhäuser weltweit unterstellt sind. Alle IKEA-Möbel-

häuser müssen Anteile ihres Umsatzes sowie Lizenzgebühren über die IKEA-Systems an die INTER-IKEA-Holding in den Niederlanden abführen. Bei IKEA-Systems befinden sich sämtliche Marktrechte und Copyrights von IKEA. Diese Konstruktion erlaubt es, Gewinne von einem Land in ein anderes zu verschieben. Soll beispielsweise der Gewinn in Norwegen reduziert werden, um Steuerzahlungen zu umgehen, dann können die Lizenzzahlungen an die INTER-IKEA-Holding entsprechend heraufgesetzt werden.

Nach: R. Gatermann: Dünne Lippen.
In: Wirtschaftswoche, Nr. 17, vom 20. April 2000, S. 113

M 9b Weltweite Filialen und Lager / Entwicklung der Umsätze

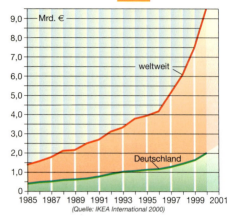

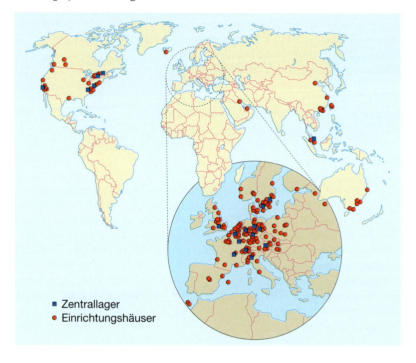

- Zentrallager
- Einrichtungshäuser

Fall 3: Wie Bosch und Lufthansa die Globalisierung nutzen

M 10a Bosch verlegt Scheinwerferproduktion nach Tschechien

- Die Bosch-Scheinwerferproduktion war lange in Reutlingen/Baden-Württemberg angesiedelt; im Jahr 2000 wurde diese Produktion nach Tschechien verlegt.
- Am Standort Reutlingen ist die Scheinwerferproduktion zu teuer und deswegen nicht mehr konkurrenzfähig; Begründung des Firmensprechers: In Tschechien sind die Arbeitskosten um rund 80 % niedriger als hier (Stand: 1997).
- Von der Verlagerung sind ca. 450 der knapp 5000 Bosch-Beschäftigten in Reutlingen betroffen. Diese Bosch-Mitarbeiterinnen – überwiegend Frauen in wenig qualifizierten Tätigkeiten – sollen unternehmensintern umgesetzt werden, zum Teil an andere Standorte.

Daten: Schwäbisches Tagblatt/Südwestpresse vom 22. Januar 1997, S. 27

M 10b Tickets aus Bangalore und Forschung aus Schanghai

- Die Lufthansa hat ihr gesamtes Buchungs- und Fakturierungssystem nach Bangalore/Indien ausgelagert. Qualifizierte indische EDV-Fachkräfte und Informatiker verdienen nur ein Zwölftel eines durchschnittlichen deutschen Gehalts, gehören damit in Indien jedoch zur 5 %-Schicht der Höchstverdiener (Stand: 1999).
- Volkswagen hat in China zwei „Joint Ventures" gegründet (in Changchun mit über 6.000 Beschäftigten und in Schanghai mit über 10.000 Beschäftigten). Bislang wurden ca. 1,5 Mrd. Euro dort investiert und fast zwei Mio. Autos produziert (Stand: März 2002). In Schanghai wurde auch ein Forschungs- und Entwicklungszentrum mit 500 Ingenieuren eingerichtet. Dort werden die VW-Modelle speziell für den chinesischen Markt angepasst.

Originalbeitrag des Autors

Regionale Gliederung der deutschen Exporte

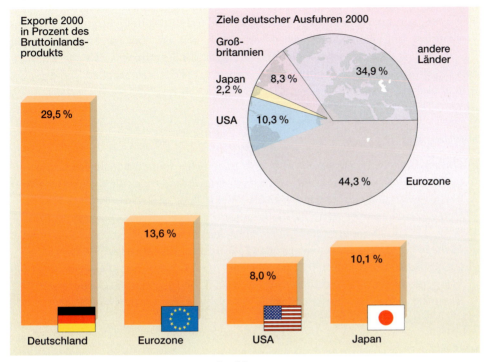

Rheinischer Merkur Nr. 10 vom 5. März 1999, S. 11 (aktualisiert)

Arbeitsaufträge

1. Über die Hälfte aller deutschen Exporte geht in Länder der EU (M 11). Die deutschen Direktinvestitionen dagegen gehen zum größten Teil (56 %) in die USA (M 7b). Interpretieren und bewerten Sie diesen Sachverhalt.
2. Fast durchgängig überwog das Volumen der deutschen Investitionen im Ausland die ausländischen Investitionen in Deutschland (M 7b und c). Welche Konsequenzen ergeben sich daraus für den Standort Deutschland und wie ist dieser Sachverhalt zu bewerten?

6.4 Globalisierung als wirtschaftspolitische Herausforderung

Der Prozess der Globalisierung hat zu einer gewissen Verschärfung der internationalen Konkurrenz geführt – einer Konkurrenz zwischen den Standorten um Investoren und zwischen den Unternehmen um die Kaufkraft der Kunden auf global zunehmend vernetzten Märkten. Intensiver geworden ist auch der Wettbewerb um Arbeitsplätze in Wirtschaftsräumen, in denen ein Teil des mobilen Kapitals zu den attraktivsten Standorten wandert. Insofern stellt die Globalisierung eine zusätzliche Herausforderung für die Wirtschaftspolitik dar. Angesichts der weltwirtschaftlichen Veränderungen ist die Wirtschaftspolitik auch als „Standortpolitik" gefordert. Die Anpassung der Standortbedingungen an eine sich „globalisierende" Weltwirtschaft soll dazu beitragen, die Attraktivität Deutschlands als Wirtschafts- und Beschäftigungsstandort zu erhalten und zu erhöhen. Zugleich ist die Politik gefordert, die Risiken der Globalisierung im Zaum zu halten. Risiken ergeben sich aus dem steigenden Verflechtungsgrad, der auch die wechselseitige Abhängigkeit (Interdependenz) zwischen den Unternehmen, den Wirtschaftsräumen und den Finanzmärkten erhöht. Chancen ergeben sich daraus, dass Globalisierung die internationale Arbeitsteilung und Spezialisierung vorantreibt, woraus Wachstums- und Wohlstandsgewinne entstehen können. Ein Folgeproblem dieses Wachstums ist die ungleiche Verteilung der Wohlstandsgewinne – also die Tatsache, dass der Prozess der Globalisierung (wie jeder Prozess des strukturellen Wandels) Gewinner und (relative) Verlierer kennt.

Arbeitsaufträge

1. Entschlüsseln Sie die Karikaturen in M 12. Wie beurteilen die Karikaturisten den Zustand des Standortes Deutschland? Auf welche Probleme verweisen Sie? Welche (wirtschaftspolitischen) Handlungsoptionen legen Sie nahe? Auf welche wirtschaftspolitischen Herausforderungen verweisen die Karikaturisten?
2. Wenn die Globalisierung zu einer verschärften Standortkonkurrenz um Investoren führt (siehe M 12), dann kommt es entscheidend auf die „Attraktivität" eines Standorts an, also auf die ökonomisch relevanten Standortbedingungen. Erläutern Sie: Wie beeinflussen die in M 13 genannten Standortfaktoren die Investitions- und Standortentscheidung von Unternehmen?

M 12 Der Standort Deutschland in der Karikatur

Karikatur: K. Pielert

Karikatur: K. Espermüller

Radikales Leichtern
Karikatur: L. Murschetz

6.4 Globalisierung als wirtschaftspolitische Herausforderung

Karikatur: G. Mester

Karikatur: G. Mester

Karikatur: G. Mester

Karikatur: T. Plassmann

Karikatur: K. G. Striepecke

M 13 Zu den Standortbedingungen in Deutschland

a) Günstige Standortfaktoren

Zu den Vorzügen des Standorts Deutschland gehören:
- weltweit einmalige Vielzahl und Vielfalt an leistungsfähigen mittelständischen Unternehmen,
- nach wie vor überdurchschnittliche Qualifikation und Motivation der Mitarbeiter,
- stabiles und vertrauenswürdiges Rechtssystem, zentrale Lage innerhalb Europas und damit unmittelbarer Zugang zu zahlreichen bedeutenden Märkten,
- gute Beschaffenheit der Infrastruktur,
- differenzierte Struktur- und Investitionsförderungsmaßnahmen.

Müller/Kornmeier: Internationale Wettbewerbsfähigkeit. In: Wirtschaftswissenschaftliches Studium 4/2001, S. 198

b) Ungünstige Standortfaktoren

Die Frage der Qualität eines Beschäftigungsstandortes lässt sich anhand einzelner Indikatoren nicht hinreichend beantworten. Wichtig ist eine zusammenfassende Gesamtschau wesentlicher ökonomischer und gesellschaftlicher Faktoren, die über die Wettbewerbsfähigkeit, das Investitions- und Innovationsniveau und die Wachstums- und Beschäftigungsmöglichkeiten einer Volkswirtschaft entscheiden. [...]

Gleichwohl gibt es eine Reihe von Indikatoren, die Schwachstellen der deutschen Volkswirtschaft aufzeigen und Handlungsbedarf signalisieren. Dazu gehören u. a., dass in Deutschland
- die Arbeitskosten pro Stunde im internationalen Vergleich besonders hoch sind;
- die Arbeits- und Maschinenlaufzeiten zu den niedrigsten in der Welt gehören;
- die Kapitalrendite der Unternehmen nach Berechnungen der OECD deutlich unter derjenigen in Ländern wie den USA, Japan und Kanada liegt;
- der Staat, gemessen an dem Anteil öffentlicher Ausgaben am Sozialprodukt, einen sehr viel größeren Teil der Ressourcen der Volkswirtschaft in Anspruch nimmt als in vielen anderen Industrieländern, namentlich auch in Japan und in den USA;
- die Gesamtabgabenbelastung in den letzten Jahren erheblich gestiegen ist;
- eine im Zuge der deutschen Vereinigung stark angewachsene öffentliche Verschuldung drastisch steigende Belastungen der öffentlichen Haushalte mit Zinszahlungen zur Folge hat;
- die Innovationsaktivitäten, gemessen an den Ausgaben für Forschung und Entwicklung, an den Patentanmeldungen und an den Weltmarktanteilen bei technologisch hochwertigen Produkten schwächer geworden sind.

Bundesregierung: Antwort auf eine Große Anfrage vom 3. Mai 1994, S. 2f.

c) Kapitalanleger reagieren auf die Wirtschaftspolitik

Angesichts der Verschärfung des internationalen Preis- und Innovationswettbewerbs können wirtschaftspolitische Maßnahmen, gleich welchem Ziel sie dienen, in den meisten Fällen nur dann mit Aussicht auf Erfolg ergriffen werden, wenn sie nicht zu einer Beeinträchtigung der internationalen Wettbewerbsfähigkeit führen.

Weil internationale Kapitalanleger sensibel und vielfach massiv auf wirtschaftliche Ereignisse und auf wirtschaftspolitische Entscheidungen reagieren, muss die Wirtschaftspolitik sich auf solche Kapitalbewegungen einstellen.

Die komparativen Vorteile eines Landes im Rahmen der internationalen Arbeitsteilung hängen auch davon ab, wie sehr es Investitionskapital und neues technologisches Wissen anzieht und bindet. Deshalb kommen wirtschaftspolitische Maßnahmen nicht in Betracht, welche die Anziehungskraft [Deutschlands] für diese international beweglichen Produktionsfaktoren schwächen.

Jahresgutachten Sachverständigenrat Wirtschaft 1985/86, Ziffer 183

6.5 Die Standortdebatte

Wie steht es nun um den „Standort Deutschland"? Bei der Bewertung der verschiedenen Materialien und Stellungnahmen zu dieser Frage muss berücksichtigt werden, dass die Diskussion über die Standortbedingungen in beträchtlichen Maße auch von Interessenlagen und Ideologien geprägt ist. Dabei kommt es mitunter zu ungewohnten Konstellationen: Konservative/unternehmensorientierte Kreise betonen auf einmal die Mängel des Standorts – und zwar in der Absicht, ihrer Forderung nach mehr Markt, mehr Wettbewerb, weniger Sozialstaat, geringerer Steuerbelastung etc. Nachdruck zu verleihen. Denn Arbeitslosigkeit und Wachstumsschwäche werden hier als Folge einer abnehmenden Attraktivität und Wettbewerbsfähigkeit Deutschlands als Standort gesehen.

Linke/arbeitnehmerorientierte Kreise verweisen auf einmal – ganz gegen ihre Gewohnheit – auf die Stärken des Standorts und auf die Exporterfolge der deutschen Wirtschaft. Dies geschieht in der Absicht, die These zu untermauern, dass die hohen Kosten der sozialstaatlichen Errungenschaften des „Rheinischen Kapitalismus" die Konkurrenzfähigkeit deutscher Unternehmen keineswegs geschwächt hätten.

Das Argumentationsmuster der Globalisierungs- und Standortdebatte

M 14

Die öffentliche Diskussion über geeignete Strategien zur Bekämpfung der Massenarbeitslosigkeit ist in weiten Teilen in den Bann der mittlerweile allgegenwärtigen Globalisierungs- und Standortdebatte geraten. Das gängige Argumentationsmuster basiert auf drei einander ergänzenden Unterstellungen: Zum einen wird im Rahmen der Globalisierungsdebatte eine weit fortgeschrittene weltweite Verklammerung der Produktmärkte ebenso als gegeben unterstellt wie eine schier grenzenlose internationale Mobilität der Unternehmen, die gewissermaßen über Nacht ihre Forschung und Produktion in jeden beliebigen Winkel der Welt verlagern könnten. Zum anderen verbleibt der nationalen Wirtschaftspolitik in diesem Arrangement nurmehr die Aufgabe, in einem gnadenlos geführten internationalen Standortwettbewerb der Wirtschaft möglichst attraktive politische, ökonomische und rechtliche Rahmenbedingungen für ihr Wirken zur Verfügung zu stellen. Dies sei drittens in der Bundesrepublik allerdings noch längst nicht der Fall: Die hohe Arbeitslosigkeit sei zu einem Gutteil auf die hohen Kosten und Sozialabgaben, die Regelungsdichte und staatliche Bürokratie zurückzuführen, die die Unternehmen daran hindern, in ausreichendem Maße in Deutschland zu investieren.

Einer näheren Prüfung hält dieses Argumentationsmuster nicht stand. Neue empirische Untersuchungen (etwa des HWWA[1], des DIW[2] oder des ifo-Instituts[3]) zeigen, dass die Formel von der Globalisierung der Wirtschaft ebenso prägnant wie irreführend ist. Sie verweisen vor dem unstrittigen Hintergrund in der Tat zunehmender internationaler Handels- und Kapitalverflechtungen erstens darauf, dass es sich dabei um einen langfristig wirkenden Trend handelt, der sich auch im vergangenen Jahrzehnt keineswegs dramatisch beschleunigt hat. Sie betonen zweitens, dass das globale Zusammenwachsen der großen Volkswirtschaften und Wirtschaftsregionen längst nicht so weit fortgeschritten ist, wie dies die öffentliche Diskussion vermuten ließe. Nationale bzw. regionale Verflechtungsmuster sind auch heute in vielen Sektoren weitaus typischer und bedeutender als Weltbinnenmärkte mit global operierenden Unternehmen. Und sie finden schließlich drittens nur mit größter Mühe kleine Kratzer an der nach wie vor exzellenten technologischen Leistungsfähigkeit und Weltmarktperformance der Bundesrepublik und ihrer Industrie.

(1) Hamburger Weltwirtschaftsarchiv
(2) Deutsches Institut für Wirtschaftsforschung, Berlin
(3) ifo-Institut für Wirtschaftsforschung, München

Arbeitsgruppe Alternative Wirtschaftspolitik:
Memorandum '97, S. 67f.

Arbeitsaufträge

1. Fassen Sie die drei „Unterstellungen" zusammen, die nach Auffassung der Memorandumgruppe das „gängige Argumentationsmuster" der Globalisierungsdebatte bilden. (M 14)
2. Formulieren Sie in Thesenform, welche Argumente die Memorandum-Autoren gegen diese „Unterstellungen" vorbringen. Kombinieren Sie Ihre Antworten auf diese ersten beiden Arbeitsaufträge in einer tabellarischen Übersicht. Welche der beiden Argumentationen wirkt auf Sie überzeugender?
3. Die Memorandumgruppe wendet sich gegen eine Argumentation, die ihrer Auffassung nach aus „Unterstellungen" besteht – also aus unzutreffenden Hypothesen. Die Gruppe befürchtet, dass diese ganze Argumentation nur dazu dienen soll, die Wirtschaftspolitik und auch die Lohnpolitik in eine bestimmte – unerwünschte – Ecke zu drängen. In welche „Ecke"? Und warum wäre damit eine Einschränkung des (beschäftigungspolitischen) Handlungsspielraums verbunden? Formulieren Sie Thesen.
4. Die Beantwortung der Frage 3 ist gar nicht so einfach, weil die Memorandumgruppe sich mit ihrem eigenen („alternativen") Argumentationsmuster gegen das „gängige" Argumentationsmuster wendet. Man muss also zwei konkurrierende Argumentationen vergleichen und bewerten. Um die Übersicht zu behalten, erscheint es empfehlenswert, die Bearbeitung in mehrere Teilschritte zu untergliedern.
    a) Zunächst sollten Sie sich nochmals die Grundsatzposition der Memorandumgruppe vor Augen führen. Es wurde bereits in früheren Abschnitten darauf hingewiesen, dass diese Gruppe mit ihren Gutachten („Memoranden") eine linke Gegenposition zum Sachverständigenrat vertritt (Kapitel 2.6, S. 98 ff.). Vor diesem Hintergrund kann man die Memorandumgruppe wohl so interpretieren: Sie kritisiert die drei „Unterstellungen", um den Konsequenzen entgegen zu treten, die sich daraus für die Wirtschafts- und Lohnpolitik ergeben (bzw. ergeben würden, wenn sie zuträfen).
    b) Schauen Sie sich im zweiten Schritt das Muster von Argumentation und Gegenargumentation in M 16 an. Diese schematisierte Gegenüberstellung der beiden Argumentationsmuster soll es erleichtern, Zielrichtung und Logik der konkurrierenden Ansätze zu verstehen.
    c) Im dritten Schritt können Sie nun die Konsequenzen formulieren, die in der „gängigen" Argumentation aus den „Unterstellungen" abgeleitet werden. (Wegen dieser Konsequenzen kritisiert die Memorandumgruppe ja die „Unterstellungen".)
    d) Wenn Sie die Konsequenzen formuliert haben, dann sind die nötigen Vorarbeiten geleistet, um die eingangs aufgeworfene Frage beantworten zu können: In welcher Weise trägt das „gängige" Argumentationsmuster dazu bei, die politischen Handlungsspielräume einzuschränken?
5. In einem weiteren Schritt können Sie nun die drei Hypothesen überprüfen, die der Memorandum-Kritik an der „gängigen" Argumentation zugrunde liegen.
    – *Hypothese 1:* Die internationalen Handels- und Kapitalverflechtungen haben keineswegs dramatisch zugenommen.
    Prüfen Sie diese These anhand der Daten von M 5b–M 7, S. 284 ff. Zu welchem Ergebnis kommen Sie? Erscheinen Ihnen die Daten für eine Hypothesenprüfung hinreichend, oder würden Sie sich noch zusätzliche Daten wünschen? Wenn ja, welche? Wo können Sie sich diese Daten beschaffen? Tun Sie's.
    – *Hypothese 2:* Globale Märkte (Weltbinnenmärkte) sind noch keineswegs Realität; vielmehr kommt regionalen Verflechtungen nach wie vor die größere Bedeutung zu.
    Prüfen Sie diese These anhand der Daten von M 11, S. 291. Formulieren Sie schriftlich die Schlussfolgerung, die Sie aus Ihrer Überprüfung ziehen.

6.5 Die Standortdebatte

– *Hypothese 3:* Die deutschen Unternehmen stehen keineswegs kurz vor dem Zusammenbruch; vielmehr zeigen sie eine anhaltend gute „Weltmarktperformance": Auf den Weltmärkten sind sie erfolgreich und konkurrenzfähig.
Prüfen Sie diese These anhand der Exportdaten von M11 sowie an der Entwicklung der Exportüberschüsse (Exporte minus Importe von Waren und Dienstleistungen). Eine Quelle für Import-Export-Daten wurde in Arbeitsauftrag 4, S. 287 genannt.

Ist Deutschland gut?

M 15

a) Henkel: Bei Innovationen schneiden wir nicht gut ab

WIRTSCHAFTSWOCHE: Ist alles in Ordnung mit der Innovationspolitik in Deutschland?

HENKEL: Es wird immer noch verdrängt, dass sich Deutschland in einem weltweiten Wettbewerb befindet – und da schneiden wir nicht gut genug ab, um in Zukunft an der Spitze dabei zu sein.

WIRTSCHAFTSWOCHE: Woran machen Sie das fest?

HENKEL: Unsere Arbeitslosigkeit und öffentliche Verschuldung ist dramatisch hoch, beim Wirtschaftswachstum liegen wir in Europa an letzter Stelle. Die hohen Steuersätze lassen vor allem kleinen und mittleren Unternehmen keine Luft für Forschung. Dies sagt auch etwas über die Innovationsfähigkeit dieses Landes.

WIRTSCHAFTSWOCHE: Immerhin wurde nie zuvor mehr Geld für Innovationen ausgegeben.

HENKEL: Schön – nur was sagt das? Fakt ist, dass wir in wichtigen Bereichen sogar zurückgefallen sind. Noch vor wenigen Jahren waren wir bei den Forschungsaufwendungen in Relation zum Bruttoinlandsprodukt international an dritter Stelle, heute sind wir auf Platz sieben. Wichtige Konkurrenten wie Schweden, Finnland und die Schweiz liegen vor uns. Was die schöne Steigerungsrate bei den Patenten angeht: Wir geben immer noch mehr für Patente, Copyright und Lizenzen aus, als wir einnehmen. Gerade in künftig gewinnträchtigen Bereichen wie Informationstechnik, grüner Gentechnik und – trotz SAP – Softwareprodukten sind wir nicht gut genug. Wäre Deutschland ein Unternehmen, würde man sagen: Wir verdienen unser Geld mit wenigen ausgereiften, sehr guten Produkten. Das ist aber nicht zukunftstragfähig.

Hans-Olaf Henkel war 1995 bis 2000 Präsident des Bundesverbandes der Deutschen Industrie.
In: Wirtschaftswoche Nr. 20 vom 10. April 2002

b) Die Bundesregierung informiert

Deutschland ist gut

In Deutschland gibt es mehr innovative Unternehmen und mehr Patentanmeldungen als anderswo in Europa. Nur die USA haben mehr Biotech-Unternehmen als wir. Die Informations- und Kommunikationsbranche ist schon der viertgrößte Wirtschaftszweig in Deutschland. Wir haben das größte IT-Forschungszentrum in Europa geschaffen. Noch nie wurde bei uns so viel Geld in Forschung investiert wie heute. Allein für die Gesundheitsforschung stehen bis 2005 über 820 Millionen Euro zur Verfügung. Diese Zukunftsbranchen schaffen und sichern Arbeitsplätze. Erfolgreiches Handeln braucht Selbstbewusstsein und Zuversicht. Mehr Information unter www.bundesregierung.de

www.bundesregierung.de

M 16 Argumentationsmuster im Vergleich

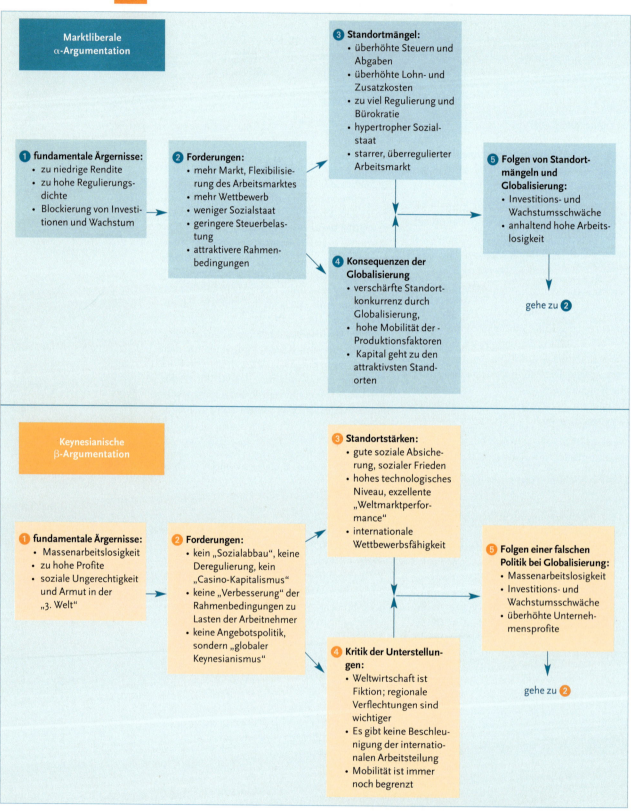

6.6 Globalisierung verschärft den Standortwettbewerb

Die meisten Beobachter der Globalisierung stimmen in der Aussage überein, dass sich der Wettbewerb zwischen Unternehmen, Branchen und Standorten im Zuge der Globalisierung verschärft. Dissens besteht hingegen bei der Bewertung der Folgen dieses intensiveren Wettbewerbs – und damit auch bei der Bewertung der Globalisierung selbst.

Auf die Feststellung, dass Globalisierung den Wettbewerb verschärft, dürften viele Ökonom mit der Bemerkung reagieren: „Na und? Ist doch prima; mehr Wettbewerb erhöht die Effizienz und kommt den Konsumenten zugute." Gewerkschaftler werden dagegen eher die Befürchtung äußern, dass mehr Wettbewerb die Unternehmen zu verstärkter Rationalisierung zwingt und es deswegen zu mehr „Freisetzungen" von Arbeitskräften kommt.

Sind das nun konträre, einander ausschließende Sichtweisen – oder nur verschiedene Seiten der gleichen Medaille? Es wird argumentiert, Rationalisierung und Freisetzungen im Zuge der Globalisierung seien nicht nur unvermeidlich, sondern sogar „gewollt", und zwar als (notwendige) Begleiterscheinung des strukturellen Wandels (M 17). Globalisierung wird hier interpretiert als weltwirtschaftlicher Strukturwandel, der mit einer Verlagerung von (traditionellen) Arbeitsplätzen aus hoch entwickelten Ländern in Schwellenländer und neue Industrieländer einhergeht. Zugleich aber eröffnet sich Ländern mit hohem Wissens- und Humankapital und ausgereifter Infrastruktur die Chance, durch Kreativität und Innovation (Entwicklung neuer Produkte und Dienstleistungen), durch Erschließung neuer Märkte, durch Flexibilisierung sowie durch verbesserte öffentliche Einrichtungen neue Arbeitsplätze zu schaffen.

Mehr Wettbewerb als Chance?

Wettbewerb, Rationalisierung, Lohnkostendruck M 17

Seit Anfang der Achtzigerjahre ist in der Tat ein deutlicher Trend zur weltweiten Zunahme von Direktinvestitionen zu beobachten. Die Verlagerung ist oft mit einer besseren Marktdurch-
5 dringung um den neuen Standort herum verbunden. Der Wettbewerb intensiviert sich weltweit, die Preise gerieten unter Druck. Dem begegnen die Multinationalen Unternehmen (MNU) mit grenzüberschreitenden Fusionen,
10 Übernahmen und strategischen Allianzen. Die Märkte oligopolisieren sich (wenige Marktführer), ein großer Teil der Handelsströme wird konzernintern abgewickelt, nationale Loyalitäten („Made in Germany") werden durch die *cor-
15 porate identity** („It's a Sony") ersetzt. Damit entfällt bei Standortentscheidungen etwa die Rücksichtnahme auf den heimischen Arbeitsmarkt.

Kleine und mittlere Unternehmen (KMU)
20 geraten in diesem Prozess ebenfalls unter Preis- und Kostendruck. Auch sie werden verstärkt zur Rationalisierung gezwungen. Da sie das Gros der Beschäftigten auf sich vereinigen, ist dies für den Arbeitsmarkt besonders bedeutsam. Soweit sie nicht auf unangreifbare Ni- 25 schen und eigene Allianzen ausweichen können, kommt es zu vermehrter Zahlungsunfähigkeit, die den Arbeitsmarkt zunächst genauso belasten wie Entlassungen im Zuge von Rationalisierungsmaßnahmen. Dieser Ef- 30 fekt ist indes gewollt. Die dem europäischen Binnenmarkt zugrunde liegende Philosophie setzt auf die Selektion des Marktes nach dem Gesichtspunkt von Erfindungsreichtum und Effizienz, und die damit verbundene arbeits- 35 marktpolitische Hoffnung ist, dass ein innovatives und preiswertes Angebot mehr Nachfrage auf sich zieht. Danach würden den vermehrten Insolvenzen noch mehr Neugründungen gegenüberstehen, die ihrerseits zur Schaffung 40 von Arbeitsplätzen führen.

Mit der Öffnung der Märkte und der daraus

folgenden Angleichungen der Preise für einander ähnliche Güter und Dienste geraten die in den Hochlohnländern verbliebenen Hersteller arbeitsintensiver Erzeugnisse unter verstärkten Lohnkostendruck. Umgekehrt haben mit der Markterweiterung die Hersteller innovativer Erzeugnisse größere Absatzchancen und die Möglichkeit zur Stückkostensenkung.

F. Franzmeyer: Kippt die Globalisierung den Sozialstaat? In: Aus Politik und Zeitgeschichte. B 49/99, S. 26

Arbeitsaufträge

1. Überprüfen Sie die These von der Zunahme der Direktinvestitionen an den Daten von M 7. Erläutern Sie, inwiefern Direktinvestitionen der „besseren Marktdurchdringung" dienen können. (M 17)
2. Beschreiben Sie, wie der Wettbewerb durch Direktinvestitionen intensiviert wird und wie die Preise dabei „unter Druck" geraten. Sind es wirklich die Preise, die dabei unter Druck kommen?
3. Großunternehmen (MNU) verfolgen andere Anpassungsstrategien als kleine und mittlere Unternehmen (KMU) – so der Autor. Worin sehen Sie die wichtigsten Unterschiede?
4. Beschaffen Sie sich die nötigen Informationen, um die Aussage erläutern zu können, „Zahlungsunfähigkeit" von Unternehmen belaste den Arbeitsmarkt. Was bedeutet Zahlungsunfähigkeit, was passiert, wenn sie eintritt, welche Folgen hat das für die Arbeitnehmer eines zahlungsunfähigen Unternehmens?
5. Wie begründet der Autor seine These, es sei „gewollt", wenn der Wettbewerb ineffiziente Unternehmen vom Markt verdränge? Von wem gewollt? Wie kann der daraus resultierende Verlust an Arbeitsplätzen ausgeglichen werden?
6. Vergleichen Sie zu dem im Text erwähnten Konzept der Lohnstückkosten M 51a, S. 328. Worin besteht der Unterschied zwischen Lohnkosten und Lohnstückkosten?
7. Die Globalisierung ist eine der größten Herausforderungen für den unternehmerischen Mittelstand. Die Umfrage in M18 zeigt, wie mittelständische Unternehmen diese Herausforderung einschätzen. Fassen Sie das Ergebnis der Umfrage zusammen. Zeigen Sie auch auf, wie sich die Einschätzung des Mittelstandes zwischen 1999 und 2001 verändert hat.

M 18 Stellt sich der Mittelstand den globalen Herausforderungen?

Der globale Wettbewerb setzt mein Unternehmen unter Druck	1999	2001 %
Stimme voll und ganz zu	19,4	19,3
Stimme überwiegend zu	25,7	26,7
Stimme weniger zu	29,8	32,5
Stimme gar nicht zu	24,3	20,8
Keine Angabe	0,9	0,7

Basis: 2.018/2.034 Mio. Entscheider (Unternehmer und leitende Angestellte)

Der globale Wettbewerb setzt mein Unternehmen unter Druck	1999	2001 %
Stimme voll und ganz zu	9,8	9,7
Stimme überwiegend zu	30,7	30,9
Stimme weniger zu	37,7	40,0
Stimme gar nicht zu	20,5	18,8
Keine Angabe	1,2	0,7

Basis: 2.018/2.034 Mio. Entscheider (Unternehmer und leitende Angestellte)

Mind = Mittelstand in Deutschland (Dresdner Bank AG; www.mind-mittelstand.de/studie/pdf/02_Perspektiven.pdf)

Neue Dimensionen des Wettbewerbs

Wenn man vom Standortwettbewerb spricht, sollte man allerdings beachten, dass es in erster Linie Unternehmen sind, die miteinander im Wettbewerb stehen – nicht Staaten oder Regionen. Entscheidend für die Konkurrenzfähigkeit von Unternehmen im In- und Ausland sind unternehmensspezifische Faktoren wie unternehmerische, technische und wissenschaftliche Kompetenz, Motivation der Mitarbeiter, Innovativität und Lernfähigkeit, Produktivität, Kosteneffizienz, Qualität, Markenimage, Service etc. Bei vergleichbar effizienten Unternehmen entscheiden dann jedoch unterschiedliche Standortbedingungen über Rentabilität und Markterfolg. Die Standortbedingungen reichen von der Infrastruktur, der öffentlichen Sicherheit und der politischen und gesellschaftliche Stabilität über die Forschungslandschaft, das Ausbildungs- und Hochschulsystem, die Steuern- und Abgabenbelastung, die Dauer von Genehmigungsverfahren, den Grad der Arbeitsmarktregulierung bis hin zur Lernfähigkeit der politischen Klasse.

Globalisierung verschärft den Strukturwandel

M 19

- Die Auflösung der traditionellen Grenzen zwischen Massenproduktion und Qualitätsproduktion trifft die deutsche Wirtschaft hart. Sie verliert ihre traditionellen Qualitätsvorteile und kann mit ihrer langjährigen Qualitätsstrategie ihre Wettbewerbsfähigkeit nicht mehr sichern. Sie wird in vielen ihrer herkömmlichen Märkte und Produktlinien in einen Produktivitätswettstreit verwickelt, für den sie eine eher ungünstige Ausgangsbasis hat, weil ihre traditionellen Stärken in der Qualität liegen, während sie bei der Produktivität zumeist deutlich hinter den Vereinigten Staaten von Amerika zurücklag. All das hat zur Folge, dass die deutsche Industrie heute ihre Wettbewerbsfähigkeit häufig nur noch zu Lasten der Beschäftigung sichern kann.
- Diese Strukturprobleme werden durch die Globalisierung von Märkten, Wettbewerbsbedingungen, Produktion und Innovation massiv verschärft. Wirtschaftliche Aktivitäten lösen sich immer mehr aus dem nationalen Rahmen heraus und wachsen in einen globalen Rahmen hinein. Das umfasst nicht nur die Internationalisierung von Märkten und eine weltweite Integration von Wettbewerbsprozessen, sondern auch den Aufbau internationaler Produktions- und Innovationsstrukturen. Die Globalisierung von Märkten, Wettbewerb, Produktion und Innovation hat viele positive Aspekte. Sie hat der Wirtschaft in den entwickelten Ländern lange Zeit starke Wachstumsimpulse vermittelt und ermöglicht den bisher wenig entwickelten Ländern eine rasche Industrialisierung und den zügigen Aufbau ihrer Wirtschaft.
- Die Globalisierung hat aber auch ihre Schattenseiten für die entwickelten Industrieländer. Weltweit werden Produktionskapazitäten schneller ausgebaut als die Aufnahmekapazitäten der Märkte. Das trifft nicht nur für ausgereifte Märkte zu, sondern auch für neue Wachstumsmärkte. Das verschärft den Preiswettbewerb und den Produktivitätswettstreit auf vielen Märkten massiv. Verbunden damit wandern Produktion und immer mehr auch Innovation ab in die neuen Industrieländer sowie in die ehemaligen sozialistischen Länder.
- Im Zuge dieser Entwicklung schwindet die internationale Arbeitsteilung, insbesondere auch die traditionelle Arbeitsteilung zwischen den entwickelten Industrieländern einerseits und den Entwicklungsländern und den neuen Industrieländern andererseits. Herkömmliche Standortfaktoren verlieren immer mehr an Bedeutung. Unternehmen werden gezwungen, ihre Produktions-, Innovations- und Vertriebsstrukturen zu globalisieren. Die entwickelten Industrieregionen müssen deshalb ihre Standortqualitäten im Rahmen der globalen Verflechtung neu bestimmen.

F. Lehner: Innovative Antworten auf Strukturbrüche. (www.iatge.de/index.html?aktuell/veroeff/ie/lehner95d.html)

Arbeitsaufträge

1. Folgt man der Außenhandelstheorie, dann entwickeln sich Arbeitsteilung und Güteraustausch zwischen zwei oder mehreren Ländern entsprechend den jeweiligen „komparativen Vorteilen" der beteiligten Wirtschaftsräume: Jedes Land spezialisiert sich auf die Güter, die es vergleichsweise günstiger produzieren kann. (vgl. M 5a, S. 284 sowie Kursthemen Sozialwissenschaft: Globalisierung. S. 50 ff.) Die traditionelle Arbeitsteilung zwischen hoch entwickelten Ländern wie Deutschland, den USA, Frankreich, England etc. auf der einen Seite und technologisch/infrastrukturell weniger entwickelten Ländern, z. B. in Süd- und Osteuropa auf der anderen Seite, bestand darin, dass diese sich auf die „Massenproduktion" und jene sich auf die „Qualitätsproduktion" spezialisierten. Charakterisieren Sie sowohl die Massenproduktion als auch die Qualitätsproduktion hinsichtlich
   – des technologischen Niveaus,
   – der Anforderungen an die Arbeitskräfte und
   – der jeweils erforderlichen Infrastruktur.
2. Beschreiben Sie auf der Grundlage der Überlegungen zu Aufgabe 1, wie die vom Autor in M 19 so genannte Qualitätsstrategie deutscher Unternehmen aussehen könnte: Welche Möglichkeiten haben Unternehmen, um über „Qualität" ihre Wettbewerbsfähigkeit sowohl auf den Exportmärkten als auch gegenüber der Importkonkurrenz zu sichern?
3. Der erste Absatz von M 19 enthält einen argumentativen Bruch (dies ist eine Wertung, die im Folgenden begründet wird). Zunächst geht es um den Unterschied zwischen Massenproduktion und Qualitätsproduktion – also um die traditionelle Arbeitsteilung zwischen hoch entwickelten und weniger entwickelten Ländern (vgl. Aufgabe 1). Dann springt der Autor unvermittelt in eine Argumentation über die Produktivität und vergleicht Deutschland jetzt mit den USA (die ja wohl nicht zu den weniger entwickelten Ländern gehören). Arbeiten Sie den Bruch in dieser Argumentation heraus: Was passt hier nicht zusammen? (Dies ist übrigens ein Beispiel dafür, dass man auch „Expertentexte" nicht einfach unkritisch übernehmen sollte; auch Experten machen Fehler.)
4. Als Beispiel für den Aufbau einer „internationalen Produktions- und Innovationsstruktur" könnte man die Direktinvestitionen von VW in China ansehen. Ziehen Sie nochmals das in M 10b erwähnte VW-Forschungs- und Entwicklungszentrum in Schanghai heran und beschreiben Sie, welche positiven und negativen Wirkungen davon ausgehen können.
5. Fassen Sie zusammen, worin der Autor die „Schattenseiten" der Globalisierung sieht. Entspricht das so auch Ihrer Auffassung – oder sehen Sie da ganz andere Probleme im Zusammenhang mit der Globalisierung? Sammeln Sie die „Schattenseiten", die in Ihrer Lerngruppe für besonders wichtig gehalten werden, und stellen Sie diese an der Tafel den vom Autor genannten „Schattenseiten" der Globalisierung gegenüber.
6. Im letzten Absatz von M 19 behauptet der Autor, die Industrieregionen müssten ihre „Standortqualitäten" neu bestimmen. Formulieren Sie zunächst schriftlich für sich, wie eine solche Neubestimmung aussehen könnte, und vergleichen/besprechen Sie dann Ihre Ergebnisse in Gruppen.
7. Nennen Sie Faktoren, welche die Wettbewerbsfähigkeit der Unternehmen bei verschärfter internationaler Konkurrenz sichern können (M 20a). Welche weiteren Bedingungen müssen erfüllt sein, damit Unternehmen sich im Wettbewerb behaupten können?
8. In M 20b beklagt der damalige Gewerkschaftschef Schulte, dass Innovationen oft zu weniger statt zu mehr Beschäftigung führten. Klären Sie zunächst, was mit Innovationen gemeint ist. Prüfen Sie dann, in welcher Weise Innovationen sich auf die Beschäftigung auswirken. Unterscheiden Sie dabei „Verfahrensinnovationen" (neue, bessere Produktionsverfahren) und „Produktinnovationen" (neue Waren und Dienstleistungen).

6.6 Globalisierung verschärft den Standortwettbewerb

Was die Unternehmen tun müssen

M 20a

Der Wettbewerb auf den nationalen und internationalen Märkten wird härter. Die Zahl der Länder, die sich am weltweiten Handel beteiligen, hat sich in den letzten zwanzig Jahren
5 verdoppelt. Die Transportkosten sinken. Der internationale Handel, die Währungs- und Finanzsysteme sowie die Direktinvestitionsströme sind enorm angestiegen [...]

Die Unternehmen sind gefordert, früh-
10 zeitig und offensiv Strategien zu entwickeln, um auf offenen, globalen Märkten bestehen zu können. Bei zunehmend kürzeren Produktzyklen bieten einmal gewonnene Wettbewerbsvorteile keine Garantie mehr für längerfristige
15 Unternehmenserfolge. Marktnähe, Innovationsstärke und schnelle Umsetzung sind unerlässlich zur Sicherung der Wettbewerbsfähigkeit auf globalisierten Märkten. Vorsprünge müssen auch laufend wieder neu erworben werden. Innovationen und Investitionen sind 20 notwendig, um Technologie- und Produktionsvorsprünge zu erhalten und neue zu gewinnen. Dazu müssen auch gerade hoch qualifizierten und motivierten Menschen in Deutschland Chancen gegeben werden. Auch die Gewerk- 25 schaften sind gefordert, ihren Beitrag hierzu einzubringen.

CDU-Bundesgeschäftsstelle (www.cdu.de/politik-a-z/ wirtschaft/kap21.htm)

Globale Konkurrenz ist auch Konkurrenz um Qualität

M 20b

Die deutsche Wirtschaft muss sich im harten internationalen Konkurrenzkampf auf den europäischen und den globalen Märkten bewähren. Es ist eine Konkurrenz um Qualität,
5 aber auch um Kosten, ein Kampf um Marktanteile, in dem – nüchtern betrachtet – die Rendite an erster, Produktivität an zweiter und die Arbeitsplätze erst an dritter Stelle stehen. Auch wenn sich in den Vorstandsetagen schon seit
10 langem herumgesprochen hat, dass ein erfolgreiches Unternehmen motivierte, qualifizierte und auch gut bezahlte Beschäftigte braucht, so führen oftmals Innovationen und Produktivitätsverbesserungen nicht zu mehr,
15 sondern zu weniger Beschäftigung. Meine erste Schlussfolgerung: Beschäftigungspolitik kann unter den Bedingungen der Globalisierung weder heute noch in Zukunft ohne weiteres darauf setzen, dass Wettbewerbsfähigkeit, Innovation und Wachstum automatisch zu 20 mehr Arbeitsplätzen führen.

[...] Auch in Zukunft werden das Wachstum der Wirtschaft und auch die Rahmenbedingungen für die Beschäftigungspolitik immer mehr von globalen Entwicklungen abhängen. 25

D. Schulte (z. Z. d. Ä. DGB-Chef): Ende der Arbeitsgesellschaft? Vortrag vom 2. Dezember 1998 (www.dgb.de/themen/themen_a_z/abisz_doks/s/ eucken.pdf)

Die Globalisierung eröffnet zusätzliche Dimensionen des Wettbewerbs

M 21

Welche Konsequenzen die Globalisierung für die nationalen Handlungsspielräume hat, lässt sich relativ leicht nachvollziehen, wenn man sich vor Augen hält, dass Globalisierung in er-
5 ster Linie eine Verschärfung des internationalen Wettbewerbs bedeutet. Auch der internationale Wettbewerb durch Güterhandel schränkt nationale Handlungsspielräume ein, da ineffiziente Produktionen im Inland unter
10 den Konkurrenzdruck des Auslands geraten. Diese Tendenz wird durch die Globalisierung weiter verschärft. Doch es kommen zwei weitere Dimensionen hinzu:
- Die erste Dimension ist der institutionelle
15 Wettbewerb, der bewirkt, dass nicht nur Unternehmen, sondern auch Regierungen mit ihren nationalen Wirtschaftspolitiken in Wettbewerb zu einander geraten. Sie müssen bei ihren wirtschaftspolitischen Maßnahmen nun auch die Anreizwirkun- 20 gen auf international mobile Produktionsfaktoren berücksichtigen. Nationale Wirtschaftspolitiker werden damit gleichsam in die Rolle von Gastwirten gedrängt, die mit attraktiven Rahmenbedingungen und ei- 25 nem überzeugenden Preis-Leistungs-Verhältnis international mobile Gäste anlocken müssen.
- Die zweite Dimension ist der unmittelbare Wettbewerb zwischen Produktionsfakto- 30

ren. Solange der Produktionsfaktor Kapital international immobil war, konkurrierten die Arbeitskräfte verschiedener Länder nur auf indirektem Wege miteinander. Nationale Verteilungskonflikte zwischen Kapital und Arbeit führten nur dann zu einer Gefährdung von Arbeitsplätzen, wenn überzogene Verteilungsansprüche des Faktors Arbeit zu einer Reduzierung der Kapitalbildung und zu einer Entwertung des im Lande vorhandenen Kapitalstocks führten. Wenn das Kapital jedoch auf ausländische Produktionsstandorte ausweichen kann, werden nationale Verteilungsspielräume eingeschränkt. Höhere Löhne lassen sich dann nur noch durchsetzen, wenn sie durch eine höhere Leistungsfähigkeit der inländischen gegenüber den ausländischen Arbeitskräften gerechtfertigt sind.

H. Klodt: Globalisierung. In: Der Bürger im Staat 4/1999, S. 199

Arbeitsaufträge

1. In der alten Import-Export-Konkurrenz stehen Unternehmen im Wettbewerb miteinander. Um zu präzisieren, was mit „Verschärfung des Wettbewerbs durch Globalisierung" gemeint ist, unterscheidet der Autor in M 21 zwei weitere Dimensionen des Wettbewerbs, die durch die Globalisierung bedingt sind. Sie können der Bedeutung dieser Wettbewerbsdimensionen auf die Spur kommen, wenn Sie eine tabellarische Auswertungsmatrix anlegen, mit der Sie den Text auswerten, z. B.:

Bezeichnung der Dimension	Beschreibung und Erläuterungen	Auswirkungen des Wettbewerbs
1. [...]		
2. [...]		
3. [...]		

2. Wenn die wirtschaftliche Verflechtung zwischen Ländern/Standorten zunimmt und ein unbehinderter Güteraustausch möglich wird, dann steigt der Wettbewerbsdruck für die weniger effizienten Unternehmen. Im großen Stil war dies nach der deutschen Vereinigung zu beobachten, als viele ineffiziente ostdeutsche Unternehmen durch westliche Konkurrenten „platt gemacht" wurden. Der Wettbewerbsvorteil der West-Unternehmen lag in der höheren technischen Effizienz, der Wettbewerbsvorteil der Ost-Unternehmen in den niedrigeren Lohn- und Arbeitskosten. Warum hat dieser Wettbewerbsvorteil die meisten Ost-Unternehmen nicht davor bewahrt, aufgekauft oder „abgewickelt" zu werden?

3. Nach der Öffnung der Grenzen zu Mittel- und Osteuropa gab es aber auch andere Entwicklungen. Erläutern Sie anhand der in M 10a beschriebenen Produktionsverlagerung die Prozesse, die der Autor von M 21 so charakterisiert: Ineffiziente Produktionen geraten unter den Konkurrenzdruck des Auslands. Was passiert da genau?

4. Im nächsten Schritt ist nun zu klären, warum der „nationale Handlungsspielraum" (der Wirtschaftspolitik) durch grenzüberschreitenden Güterhandel, also durch verstärkte Importkonkurrenz eingeschränkt wird. (Beachten Sie hier die Parallele zur Fragestellung in Aufgabe 3 zu M 14, S. 296) Nehmen Sie den Fall des Güteraustausches zwischen Deutschland und einigen osteuropäischen Ländern. Auch wenn noch keine sehr engen wirtschaftlichen Verflechtungen bestehen, werden doch zunehmend Güter ausgetauscht (Rohstoffe, Agrarprodukte, Halb- und Fertigwaren). Beispiel: Unternehmen aus Osteuropa bieten in Deutschland Textilien an – und zwar zu niedrigeren Preisen bei vergleichbarer Qualität. Welche Folgen hat dies in Deutschland? Inwiefern setzt Importkonkurrenz sowohl die Unternehmen als auch die Gewerkschaften unter Druck? Warum wird durch

diese Art der Importkonkurrenz „nationaler (wirtschaftspolitischer) Handlungsspielraum" eingeschränkt?

5. In der zweiten Stufe der weltwirtschaftlichen Verflechtung kommt zum Güteraustausch noch die Kapitalmobilität hinzu: Jetzt geht es um Standortentscheidungen der Unternehmen. Neue Kapazitäten werden dort aufgebaut, wo die Standortbedingungen am attraktivsten sind. (Eine Auswahl der Faktoren, die unter dem Begriff „Standortbedingungen" zusammengefasst werden, finden Sie in M 13, S. 294) Der Autor behauptet, dass jetzt – wenn Standorte miteinander konkurrieren – nicht nur die Unternehmen unter Wettbewerbsdruck geraten, sondern auch die Regierungen und ihre Wirtschaftspolitik. Erläutern Sie, wie Sie diese Aussage verstehen.

6. Wenn die Unternehmen im Zuge der Globalisierung bei zunehmender Kapitalmobilität auf andere, attraktivere Produktionsstandorte „ausweichen" können, dann hat dies auch Rückwirkungen auf die Lohnpolitik der Tarifvertragsparteien: Die „Verteilungsspielräume" werden enger, so der Autor. Wodurch werden sie enger?

7. Es ist allerdings denkbar, dass die Gewerkschaften – auf der Grundlage der Argumentation in M 16, S. 298 – eine solche Einengung der Verteilungsspielräume für eine „Unterstellung" halten und ablehnen. Wie würde sich das in der Gewerkschaftspolitik niederschlagen?

Beschreiben Sie die Risiken, denen die Beschäftigten ausgesetzt werden, wenn die Gewerkschaften mit hohen Lohnforderungen und Tarifabschlüssen die Arbeits- und Produktionskosten in die Höhe treiben. (Beachten Sie dabei jedoch das Konzept der „Lohnstückkosten"; vgl. M 51, S. 328.) Formulieren Sie im Interesse der Ausgewogenheit auch die Gegenargumente der Gewerkschaften, mit denen diese ihre Lohnforderungen rechtfertigen.

6.7 Exkurs: Die Konkurrenz der Näherinnen

Specialization in German textile industry

Since the second world war, when textile industry was Germany's largest, its significance has declined steadily and many small and medium-sized makers have gone bankrupt. In the past 10 years, German textile manufacturing has shrunk by one-third. The German clothing industry has declined by about two-thirds in the same period.

But industry executives see hope in specialisation. After decades of losing out to ever-cheaper competition from south-east Asia, eastern Europe and most recently north Africa, some German textile-makers are experiancing a cautious revival by claiming niches such as technical textiles.

Developed in response to the motor industry's demand for lighter materials, „smart" or „intelligent" textiles are now being used in clothing, medicine, construction, landscaping and the aerospace industry. Hundreds of mid-sized German companies now produce textiles that conduct electricity, take on smells, measure body functions such as blood pressure, or change colour.

Although they hardly existed 15 years ago, technical textiles account today for 40 per cent of the German textile industry's output, making the country the world's leading producer.

[...] Kaiser, a 20-year old Hessian family enterprise producing menswear, uses a combination of cheap Ukrainian and Baltic labour with quick delivery to support a never-out-of-stock programme. This allows buyers to place additional orders at short notice.

Michael Kaiser, the 38-year old owner who took over from his father 13 years ago, says his company can win contracts despite charging higher prices than Chinese or other far eastern competitors. „Our customers appreciate the fact that we are right here in Germany and that we can deliver a missing suit size within days", Mr Kaiser says. Kaiser makes one out of every four mens' suits sold in Germany.

Kaiser's pyramid structure illustrates why Germany has lost so many jobs in the textile sector. About 60 German employees run a company served by 6.000 seamstresses in Ukraine and Lettland. Between 1991 and 2001, jobs in the German textile and clothing industry dwindled from about 500.000 to 175.000. Kaiser's German operation now consists of a few key account managers and designers and a state-of-the-art logistics centre.

Financial Times vom 16. April 2002, S. 11

Let's not be fooled about globalization being just an economic issue. Rather, it is a multi-layered process, pervading many areas of society – including culture and language. You wouldn't be surprised to read English texts on internet websites or in ads for really cool sportswear, would you? So why pretend being astonished when confronted with an excerpt from a British paper in your textbook on economic policy and globalization? Well, maybe you aren't surprised after all. You may in fact be used to language hopping – i.e. switching from your „mother tongue" to „global speak" and back – just like switching from one website to another or zapping from MTV to CNN... By the way, how about seizing the opportunity for some „cross-departmental" learning? Wouldn't it be fun to coax your Social Science and English teachers into some kind of co-operation on this and other English texts on globalization?

Statement by the author: G. Willke

6.7 Exkurs: Die Konkurrenz der Näherinnen

Textilarbeit im internationalen Vergleich   M 23

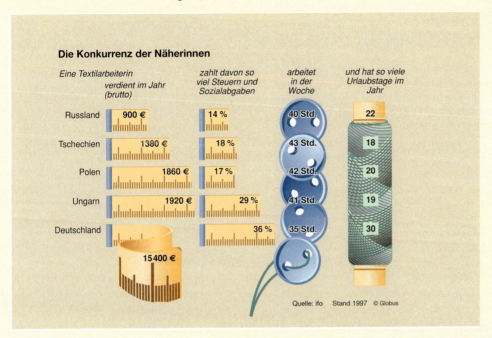

Frau Held fordert: Internationale Mindeststandards! Kein Lohndumping!   M 24

„Ich mache mit bei der Kampagne für saubere Kleidung. Sie hat das Ziel, international Mindeststandards bei der Produktion einzuhalten: keine Ausbeutung, keine Kinderarbeit, Verzicht auf giftige Farben. Dafür sind wir auch schon durch Kaufhäuser gezogen und haben Kunden mit Ständen in der Fußgängerzone informiert. Karstadt Bochum hat uns zugesichert, in Zukunft auf die Herkunft der Textilien zu achten. Und der Bundesverband des Textileinzelhandels hat seinen Mitglieder empfohlen, nicht bei Herstellern zu kaufen, die Kinder oder Zwangsarbeiter ausbeuten. Außerdem engagieren wir uns gegen das Lohndumping im Ausland. Denn diese unfaire Konkurrenz gefährdet alle Arbeitsplätze, die angemessen bezahlt werden."

www.igmetall.de/branchen/textil/interviews/held.html

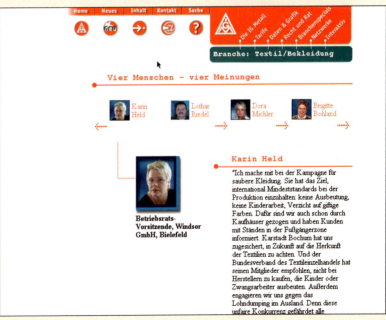

www.igmetall.de/branchen/textil/interviews/held.html

Indikatoren der Wettbewerbsfähigkeit einer Volkswirtschaft

Kostenbelastung der Unternehmen im internationalen Vergleich				
Indikator	Wert für Deutschland	Länderdurchschnitt[1]	höchster Wert	niedrigster Wert
1. Arbeitskosten der Arbeiter in der verarbeitenden Industrie (Westdeutschland) in DM, 1999	49,23	37,89	49,23 D[2]	26,35 IRL
2. Arbeitskosten aller Arbeiter und Angestellten in DM, 1998	44,76	40,43	58,39 CH	27,76 KAN
3. Direktentgelt je geleistete Arbeitsstunde in DM, 1999	27,11	23,34	35,54 DK	15,35 ITA
4. Personalkosten je geleistete Arbeitsstunde in DM, 1999	22,12	14,55	22,12 D[2]	7,47 IRL
5. Nominelle Sätze der Unternehmensbesteuerung, 1998/2001	39,4	34,4	46,0 JPN	12,5 IRL
6. Effek. marginale Besteuerung einer Modellunternehmung, 2001	25,2	19,1	30,1 FRAN	9,4 IRL
7. Staatliche Beihilfen an Unternehmen in % des BIP, 1995–1997	1,6	1,0	1,7 ITA	0,4 FIN

(1) Durchschnittswert von 18 OECD-Ländern   (2) D = Westdeutschland

Benchmarking Deutschland. Berlin 2001, S. 316

Arbeitsaufträge

1. Stellen Sie eine Übersicht der Folgen eines verschärften Standortwettbewerbs für Unternehmen der Textilindustrie zusammen. Unterscheiden Sie dabei einerseits nach positiven und negativen Folgen, andererseits nach deutschen und ausländischen Unternehmen.
2. Bewerten Sie die Bedeutung des Faktors „Kostenbelastung" bei deutschen Textilunternehmen im Vergleich zu anderen Standortfaktoren.
3. Muss man sich angesichts der Konkurrenzbedingungen nicht wundern, dass es überhaupt noch Näherinnen in Deutschland gibt? Wo liegen ihre Chancen?
4. Nehmen Sie Stellung zu den Forderungen der Betriebsratsvorsitzenden Held.
5. Beschreiben Sie die Marktstrategie der Firma Trigema. Inwiefern ist diese Strategie eine Reaktion auf den verschärften Standortwettbewerb? Erörtern Sie die Erfolgschancen dieser Strategie und damit verbundene Vor- und Nachteile.

 Ein Textilunternehmen mit Standort Schwäbische Alb

1193 Mitarbeiter beschäftigte Trigema vergangenes Jahr, mehr als je zuvor. Trotz anhaltender Konsumschwäche steigerte Trigema den Umsatz immerhin um ein halbes Prozent auf 82,8 Millionen Euro und die 9,4 Millionen Euro für Investitionen wurden wie üblich aus Eigenmitteln bezahlt: „Es wurden nach wie vor keinerlei Kredite in Anspruch genommen." [...]

Da wäre zum einen die Konzentration auf das richtige Marktsegment: „Massenaufträge sind für uns passé, eine Million T-Shirts in einer Farbe kann jedes Entwicklungsland fertigen. Dafür sind unsere Mitarbeiterinnen zu wertvoll", sagt Grupp. Er setzt auf Flexibilität, damit das gefragte Sonnen-Top bei der Kundin noch ankommt, so lange die Sonne scheint. Innerhalb von 48 Stunden kann jeder Artikel zum Versand gebracht werden, und das in jeder Farbe. Etwas teurer ist diese Produktion, zumal am Standort Deutschland, so der sonnengebräunte Hubschrauberbesitzer. Die Qualität macht es wett, lautet sein Credo [...].

Und damit ist das Problem auch schon fast gelöst. Erstmals über die Hälfte des Umsatzes machte Trigema im vergangenen Jahr ganz ohne den Handel. In eigenen „Testgeschäften", 34 mittlerweile zwischen Büsum und Bad Reichenhall, wird die Sport- und Freizeitmode an den Kunden gebracht. Was denn dort getestet werde, wurde Grupp gefragt. „Der Verbraucher", gab er Auskunft. Bei der großen Lagerhaltung bei Trigema müsse man Trends sofort erkennen, die Testgeschäfte liefern die Daten ruck zuck auf die Alb.

Schwäbisches Tagblatt vom 24. April 2002, S. 31

6.8 Die Vertiefung der weltwirtschaftlichen Arbeitsteilung als Chance?

Der Prozess einer weitergehenden weltwirtschaftlichen Verflechtung erfordert bei allen Marktteilnehmern die Bereitschaft zum strukturellen Wandel. Eine solche Bereitschaft ist keineswegs selbstverständlich – wie u. a. auch die Proteste gegen die Globalisierung zeigen (vgl. auch Kursthemen Sozialwissenschaften: „Globalisierung". Berlin, 2002, S. 86 f.) – weil jeder Strukturwandel, also auch der durch Globalisierung vorangetriebene strukturelle Wandel Gewinner und Verlierer hervorbringt.

Ungleiche Welt

M 27

Die Verteilung der Welt
Anteile in % an:

	Weltbevölkerung	Weltwirtschaftsleistung	Welthandel
Industrieländer	15,4 %	57,1 %	75,7 %
Entwicklungsländer	77,9	37,0	20,0
Reformländer	6,7	5,9	4,3

Quelle: IMF   Welthandel = Export von Waren und Dienstleistungen   Stand 2000   © Globus 7158

Der globale Strukturwandel stellt hohe Anforderungen

M 28

Die Vertiefung der weltwirtschaftlichen Arbeitsteilung bedeutet zugleich Effizienzsteigerung. Vielen Entwicklungsländern und Schwellenländern bietet sich die Chance, in ihrer wirtschaftlichen Entwicklung aufzuholen und ihren Rückstand gegenüber den Industrieländern zu verringern. Möglichkeiten zur Steigerung des Wohlstands werden auch für die Industrieländer erschlossen, wenn es ihnen nur gelingt, ihre Stärken im Wettbewerb zur Geltung zu bringen. Die internationale Arbeitsteilung ist kein Nullsummenspiel. Um potenzielle Gewinne zu realisieren, müssen Marktfelder, in denen komparative Vorteile nicht mehr bestehen, aufgegeben werden; zugleich gilt es, immer wieder neue Marktfelder zu finden und zu erschließen. Dieser Strukturwandel stellt hohe Anforderungen, denen sich die Unternehmen ebenso stellen müssen wie die Arbeitnehmer. Nur wenn diesen Anforderungen entsprochen wird, kann es gelingen, wieder auf einen hohen Beschäftigungsstand zu gelangen und zugleich Einkommen und Wohlstand zu erhöhen. Aufgabe der Politik ist es, günstige Voraussetzungen für eine erfolgreiche Bewerkstelligung des Strukturwandels zu schaffen.

Jahresgutachten Sachverständigenrat Wirtschaft 1999/00, Ziffer 234 f.

M 29 Attac und die Gegner der Globalisierung

SPRECHERIN: [...] Wenn es nach der WTO* ginge, käme es zu einer Angleichung der Politik: Denn im Weltbild der Freihandelsanhänger kann nahezu alles als Handelshemmnis interpretiert werden.

[ATTAC-MITGLIED PETER] WAHL: Diese Maxime führt dazu, dass die jeweils Wettbewerbsstärksten sich dann an den Märkten durchsetzen. Die These ist ja die, dass es darauf ankommt, niemanden zu diskriminieren, alle gleich zu behandeln, und das heißt eben, dass der Ferrari und der Eselskarren gleich behandelt werden. Und wie das Rennen zwischen den beiden ausgeht, kann man sich natürlich vorstellen. Deshalb bedeutet die Freiheit und Gleichheit, die die Liberalisierung vorspiegelt, in ihren Resultaten genau das Gegenteil, weil sie nämlich die Existenzberechtigung von Minoritäten, von nicht so wettbewerbsstarken Anbietern – die ist nicht gegeben, deren Wettbewerbsfähigkeit, deshalb ist es eine Schein-Gerechtigkeit, die auf diesem Weg erzeugt wird.

SPRECHERIN: Attac-Mitglied Peter Wahl hat nichts gegen internationale Abkommen; sein Ziel ist eine Globalisierung, die „kein Schicksal" ist, sondern „eine andere Welt möglich" macht, eine Welt, die gerechter ist.

WAHL: Deswegen muss man natürlich im Zeitalter der Globalisierung internationale Regelungen schaffen, man braucht auch internationale Institutionen, es geht nicht darum, die WTO abzuschaffen, sondern es geht darum, die WTO so umzugestalten, dass sie eben nicht nur die einseitigen Interessen der Freihändler, sondern auch die von Umwelt, Verbraucherschutz, von Gesundheit usw. berücksichtigen kann.

Sendung des Hessischen Rundfunks hr 2 am 22. Februar 2002. Autor: Conrad Lay

Arbeitsaufträge

1. Eine verstärkte Arbeitsteilung führt zu Effizienzsteigerungen – so der Sachverständigenrat (M 28). Was bedeutet das konkret? Worin schlägt sich die Effizienzsteigerung empirisch nieder? Beschreiben Sie die Zusammenhänge.

2. Den Entwicklungs- und Schwellenländern bieten sich Chancen, wenn die Industrieländer aus Kostengründen „Marktfelder" abgeben, also z. B. Teile der Textil- und Bekleidungsindustrie nach Osteuropa und Südostasien verlagert werden. Beschreiben Sie, welche Chancen sich für die Entwicklungs- und Schwellenländer daraus ergeben können.

3. Der Strukturwandel stelle hohe Anforderungen, sagt der Sachverständigenrat. Welche? Und an wen? Stellen sie in einer tabellarischen Übersicht die Anforderungen an die Unternehmen den Anforderungen an die Arbeitnehmer gegenüber.

4. Sehen Sie auch „Schattenseiten" eines beschleunigten weltwirtschaftlichen Strukturwandels? Notieren Sie zunächst für sich solche „Schattenseiten" und vergleichen Sie dann in Gruppen Ihre Ergebnisse. Sie könnten dann eine Diskussion in der Lerngruppe über die Vor- und Nachteile einer „Vertiefung der weltwirtschaftlichen Arbeitsteilung" führen. Sollte diese Arbeitsteilung weiter ausgebaut und verstärkt werden – oder eher nicht? Nehmen Sie auch die Argumente von M 29 auf.

6.9 Ursachen und Triebkräfte der Globalisierung

Gibt es eine Theorie der Globalisierung?

Die Globalisierung ist ein vielschichtiger Prozess mit komplexen Ursachen und Wirkungen. Deswegen gibt es auch keine einfache, geschweige denn monokausale Erklärung der Globalisierung. Was sich in der Fachliteratur finden lässt, das sind unterschiedliche, auch konkurrierende Erklärungsansätze, in denen eine Reihe von Faktoren beschrieben und aufeinander bezogen werden. Dabei wird freizügig Gebrauch gemacht von Versatzstücken aus anderen Theoriegebäuden, z. B.
– der Außenhandelstheorie (vgl. M 30),
– der Theorie des strukturellen Wandels (vgl. Abschnitt 3.II, S. 131 ff.) oder auch
– der Standort- und Integrationstheorie.

Theoreme der Außenhandelstheorie

M 30

a) Theorem der komparativen Vorteile

Außenhandel ist in erster Linie deshalb wohlfahrtssteigernd, weil er zu einer effizienteren internationalen Arbeitsteilung führt. Dies ist unmittelbares Ergebnis eines der wichtigsten Theoreme, die die Volkswirtschaftslehre zu bieten hat, des auf David Ricardo[1] zurückgehenden Theorems der komparativen Kostenvorteile. Es lehrt, dass es nicht auf *absolute* Kostenunterschiede beim Handel ankommt: Dass die Lohnkosten in China nur einen winzigen Bruchteil der europäischen ausmachen, führt nicht dazu, dass die gesamte Produktion, die Arbeit einsetzt, nach China auswandert. Es kommt darauf an, welche Produkte in Europa bzw. China *relativ* kostengünstiger produziert werden. Das Theorem impliziert ferner, dass die komparativen Kostenvorteile bei denjenigen Gütern liegen, für die hauptsächlich die relativ reichlich vorhandenen Inputfaktoren verwendet werden. Daraus resultierte die Arbeitsteilung zwischen den Ländern, auf der der Außenhandel letztlich basiert.

(1) zu Ricardo vgl. M 5a, S. 284

b) Inter- und intra-industrieller Handel

Bei interindustriellem Handel werden ganze Tätigkeitsbereiche in andere Länder verlagert, z. B. die Werften- und Stahlindustrie, während andere Bereiche, z. B. die chemische und die Computerindustrie, expandieren. Sowohl für die Eigentümer als auch für die Arbeitnehmer der verschwindenden Industrien ist dies schmerzlich, weil beide Gruppen über ihre Sach- und Humankapitalinvestitionen Ressourcen unwiederbringlich „versenkt" haben (man spricht daher auch von *sunk costs*). Das bedeutet, dass beide Gruppen diese Investitionen auf null abschreiben müssen. Dies trifft die Arbeitnehmer weitaus härter als die Anteilseigner, da die künftige Möglichkeit der Einkommenserzielung für die Arbeitnehmer viel stärker reduziert worden ist als für die Anteilseigner. Humankapital ist im Gegensatz zu Sachkapital an Personen gebunden. Personen aber werden älter und damit sinken ihre Aussichten beträchtlich, von neuem Humankapital bilden und in dem verbleibenden Rest ihrer Erwerbsarbeitszeit amortisieren zu können. Diese Neuinvestitionen brauchen sie aber, wenn sie in den expandierenden Sektoren Beschäftigung finden wollen. Daher besteht hier tatsächlich sozial- und arbeitsmarktpolitischer Handlungsbedarf.

A. Prinz/B. Beck: Politische Ökonomie der Globalisierung. In: Aus Politik und Zeitgeschichte. B 23/99, S. 13

M 31 **Die Triebkräfte der Globalisierung**

– *Abbau von Handelshemmnissen/Deregulierung:* Liberalisierung und Deregulierung sollen dazu beitragen, den Güteraustausch von Beschränkungen (z. B. durch Zölle oder nicht-tarifäre1* Handelshemmnisse) zu befreien und die Mobilität der Produktionsfaktoren zu fördern (z. B. Abbau von Kapital- und Devisenverkehrsbeschränkungen, Niederlassungsfreiheit). In bislang sieben GATT/WTO-Runden wurden in vielen Bereichen bestehende Hindernisse abgebaut; dies hat die internationale Arbeitsteilung intensiviert und das Wirtschaftswachstum gesteigert.
– *Neue Technologien/sinkende Transaktionskosten:* Verbesserte Transportmittel und rasante Fortschritte bei den Informations- und Kommunikationstechnologien für Waren, Dienstleistungen, Informationen und Wissen haben die Transport- und Transaktionskosten erheblich gesenkt. Dies ermöglicht es den Unternehmen, ihre Wertschöpfungsketten in Module zu zerlegen und einzelne Module dorthin zu verlagern, wo die Kosten am niedrigsten sind. Effiziente Kommunikationstechnologien und niedrigere Transaktionskosten erleichtern die Koordination der dezentralisierten Wertschöpfungsnetze. Globalisierte Unternehmen operieren in einem weltweiten Netz von Niederlassungen und Zulieferern, von Beschaffungs- und Absatzmärkten.
– *Privatisierung:* Die Privatisierung zielt auf die Umwandlung bislang staatlicher in privatwirtschaftliche, marktorientierte Unternehmen. Weltweit wurden im letzten Jahrzehnt Staatsunternehmen im Wert von ca. einer Billion Euro privatisiert. In der EU ist seit Mitte der Neunzigerjahre ein Privatisierungsschub zu beobachten. Schwerpunkte sind die Bereiche Ver- und Entsorgungsbranchen, Gas, Elektrizität, Wasser, Abwasser und Müll, Postdienste, schienengebundener Verkehr, öffentliches Bankenwesen etc. (Daten: Bundesbank)
– *Internet und Netzwerk-Ökonomie:* Im Internet spielen Ländergrenzen keine Rolle mehr. Die Internet-Ökonomie mobilisiert und dynamisiert den Güteraustausch, die Produktion und Nutzung von Dienstleistungen, die Geld- und Kapitalmärkte sowie die Arbeitsmärkte (vor allem im Segment der hoch qualifizierten Wissensarbeiter).
– *Gewinnstreben:* Das Gewinnstreben ist eine wesentliche Triebfeder von Unternehmen und Investoren, die bereit sind, Risiken einzugehen, um Chancen ausnützen zu können, die sich aus der Öffnung der Märkte und aus der neuen weltwirtschaftlichen Arbeitsteilung ergeben.

Originalbeitrag des Autors

M 32 **Deregulierung = Beseitigung von Marktbeschränkungen**

Voraussetzung für intensivere internationale Wirtschaftsbeziehungen ist die Beseitigung von Handelsschranken und von Regelungen zum Schutz nationaler Märkte. Der dafür geprägte Begriff der „de-regulation" wurde in den Achtzigerjahren – zunächst in den USA und in Großbritannien – zum politischen Kampfbegriff. Die Deregulierung war und ist ein politisches Konzept, das sich sowohl auf die internationalen Handelsbeziehungen als auch auf die Bereiche der nationalen Arbeitsmärkte, der sozialen Sicherung und vor allem auf die Finanzmärkte bezieht. In der Europäischen Union (EU) spielte diesbezüglich die Vollendung des Europäischen Binnenmarktes eine herausragende Rolle: Mit diesem kam es zu „grundsätzlichen ordnungspolitischen Neuorientierungen". Es galt nun das Prinzip, dass Güter, die in einem Mitgliedstaat zum Handel zugelassen sind, grundsätzlich auch in allen anderen Mitgliedsländern verkehrsfähig und daher zuzulassen seien. Neu erfasst wurde vor allem der Handel mit Dienstleistungen, insbesondere jener von Verkehrs- und Finanzdienstleistungen. 1990 trat in Europa die völlige Liberalisierung des Kapitalverkehrs in Kraft. Hinzu kamen und kommen noch (mit dem Wegfall des Monopols auf die Sprachübermittlung) die Informations- und Telekommunikationsdienstleistungen. Der Druck ging hier vom internationalen Wettbewerb (USA), aber auch von jenen Ländern aus, die in Europa vorgeprescht waren (Großbritannien, Niederlande). Liberalisiert wurden schließlich auch die öffentlichen Beschaffungsmärkte. Aufträge von Kommunen, Ländern oder dem Bund müssen (mit geringen

Einschränkungen) generell für Firmen aus allen EU-Ländern zugänglich gemacht werden. Das betraf zunächst die Bereiche des Bausektors und die Lieferanten von Investitionsgütern, hinzu kamen später die Bereiche Wasser, Energie, Verkehr und Telekommunikation. Da diese öffentlichen Beschaffungsaufträge sich immerhin auf 15 Prozent des Bruttosozialprodukts (BSP) summieren, liegt die wirtschaftliche und auch beschäftigungspolitische Bedeutung auf der Hand.

R. Welzmüller: Folgen der Globalisierung. In: Aus Politik und Zeitgeschichte. B 33–34/97, S. 20 f.

Arbeitsaufträge

1. Erörtern Sie: Welchen Beitrag leisten die Theoreme der Außenhandelstheorie zur Erklärung der Ursachen und Folgen der Globalisierung:
   a) Folgt man dem Theorem der komparativen Vorteile (M 30a), dann sind Lohnkostenunterschiede allein kein Grund für Produktionsverlagerungen. Warum ist das so?
   b) Warum sind Arbeitnehmer von der Verlagerung ganzer Tätigkeitsbereiche beim interindustriellen Handel stärker betroffen als Anteilseigner, obwohl beide Gruppen ihre Investitionen auf null abschreiben müssen? Welcher (politische) Handlungsbedarf entsteht daraus? (M 30b)
2. Liberalisierung, Privatisierung und Deregulierung werden in den meisten Erklärungsansätzen als wichtige Triebkräfte der Globalisierung gesehen. Erläutern Sie diese Begriffe.
3. Will man die Bedeutung der „Deregulierung" verstehen, muss man zunächst einmal klären, was mit „Regulierung" beabsichtigt und bewirkt wird. Bei der Regulierung des Marktgeschehens geht es um den Schutz bestimmter (meist schwächerer) Marktteilnehmer vor dem Wettbewerb. Untersuchen Sie am Beispiel des Arbeitsmarktes, welche Regulierungen dort bestehen und welche Formen des Schutzes damit bezweckt werden. Sammeln Sie an der Tafel die in der Lerngruppe bekannten Arbeitsmarktregulierungen. Ergänzen Sie diese Sammlung um stichwortartige Erläuterungen.
4. Eine Form der Regulierung des Arbeitsmarktes ist der Kündigungsschutz. Einzelne Gruppen genießen besonderen Kündigungsschutz, z. B. Betriebsratsmitglieder, schwangere Frauen und ältere Arbeitnehmer. Schaut man sich allerdings die Situation älterer Arbeitnehmer auf dem Arbeitsmarkt an, dann muss man feststellen, dass sie mit am stärksten von Arbeitslosigkeit betroffen sind (vgl. M 23, S. 58). Wie kann es dazu kommen, dass eine Kündigungsschutz-Regulierung statt der beabsichtigten Beschäftigungssicherung das genaue Gegenteil herbeiführt, nämlich die relativ höchste Arbeitslosenquote? (Knüpfen Sie bei der Beantwortung dieser Frage am „Rationalverhalten" von Unternehmen/Arbeitgebern an.)

Was bedeutet freier Welthandel?

Freier Welthandel – das fairste System in einer dynamischen Welt?

M 33

Freier Welthandel bewirkt nicht nur erhebliche Wohlfahrtsgewinne für alle Handelnden, er ist zugleich das fairste System in einer dynamischen Welt. [...]
Natürlich kann es einzelne Verlierer geben. Die deutsche Textilbranche beispielsweise ging im letzten Jahrhundert fast zugrunde an der Konkurrenz aus Fernost. Die Marktanteilsgewinne japanischer Autos, südkoreanischer Schiffe und taiwanesischer Speicherchips waren zu ihrer Zeit auch kein Zuckerschlecken für die betreffenden deutschen Branchen. Doch sollten wir deswegen die Preise fixieren und unseren Markt abschotten? Wie würden wir auf Zölle und Kontingente gegen unsere Exportindustrie reagieren? Die Lösung liegt in welt-

weit freien Export- und Importmärkten. Das schafft Wettbewerb und Dynamik und der Wohlstand steigt. Die Chancen sind dann für alle gegeben. Daher muss als Reaktion nun der internationale Handel ausgebaut werden. [...]
Globalisierung ist kein Nullsummenspiel. Wohlstand wird auch in einer globalisierten Welt zunächst erarbeitet, bevor er verteilt werden kann.

Bundesbank (Präsident E. Welteke: Rede vom 22. Oktober 2001)

M 34a Die US-Regierung verfügt „Strafzölle"

Als hätte sie nicht schon genug Kämpfe am Hals, provoziert die US-Regierung nun auch noch einen Handelskrieg um Stahl. Strafzölle von 20 bis 30 Prozent auf die Eisenware sollen die vom Bankrott bedrohten großen Hersteller der USA retten. Wegen allerhand Ausnahmen sind hauptsächlich die EU, Südkorea, Japan, Russland und China betroffen – alles Verbündete oder gar Länder, bei denen die USA eigentlich angesichts der Weltlage gut Wetter machen wollten. Doch Präsident George Bush sieht keinen anderen Ausweg – und sein Ruf im Inland ist ihm einmal mehr wichtiger als sein Eindruck im Ausland. Denn die Stahlhersteller der USA sind im Weltmaßstab zu klein. Und Fusionen in der Branche – wie zum Beispiel schon vor vielen Jahren in Deutschland vollzogen und mit vielen Milliarden Euro vom Staat abgefedert – kann sich Bush nicht leisten: Er hat gerade einen Haushalt verabschiedet, der einerseits enorme Steigerungen für das Verteidigungsbudget und andererseits Steuerkürzungen vorsieht. Da bleibt nichts übrig, um entlassenen Stahlarbeitern in neue Jobs zu helfen oder gar ihre Rentenansprüche zu übernehmen.

R. Metzger: Bush redet Stahlblech. In: TAGESZEITUNG vom 7. März 2002, S. 1

M 34b US-Handelspolitik: Zweierlei Maß

Die von den USA erhobenen Zölle auf importierten Stahl haben weltweit Proteste ausgelöst. Doch der scharfen Kritik folgte kein entscheidender Gegenschlag. Jetzt ist nicht die Zeit für großes Geschrei, sondern Zeit, sich der amerikanischen Scheinheiligkeit zu widersetzen.

Europa hat in den 80er- und Anfang der 90er-Jahre größtenteils erfolgreich die Umstrukturierung seiner Stahlindustrie vorangetrieben. Auch in Amerika wurden viele kleine neue effiziente Stahlwerke gegründet, aber die alten Giganten von gestern haben sich nicht von der Stelle bewegt. Sie können mit leistungsfähigen Stahlwerken von anderswo nicht mithalten.

Wenn in einer dynamischen Wirtschaft in einem Sektor Arbeitsplätze verloren gehen, werden in einem anderen neue geschaffen. Es ist Aufgabe der Regierung, für die Verlagerung der Arbeitskräfte vom einen Sektor in den anderen zu sorgen. Es gehört zu den wichtigsten Aufgaben einer Regierung, für Vollbeschäftigung zu sorgen. [...]

Alle Länder können von der Globalisierung profitieren, wenn sie gut und gerecht gemanagt wird. Doch so, wie die Globalisierung bislang gemanagt worden ist, haben viele nichts davon gehabt und viele der Ärmsten sind schlecht dabei weggekommen. Die Globalisierung ist vielmehr ein unfaires Spiel, bei dem die Regeln von reichen, hoch entwickelten Industrieländern für reiche Industrieländer aufgestellt worden sind.

[...] Das Motto der Regierung Bush scheint zu lauten „Handel ist gut, aber Importe sind schlecht"! Wäre die Erhöhung der Stahlzölle ein Einzelfall, wäre es schon schlimm genug. Doch während die USA im Ausland die Doktrin des freien Marktes predigen, retten sie im Inland ihre Fluggesellschaften und erhöhen die Subventionen für die Landwirtschaft [...].

Globalisierung zieht eine zunehmende gegenseitige Abhängigkeit nach sich. In Anbetracht der Wechselhaftigkeit der globalen Wirtschaft bringt dieses gewisse Risiken mit sich. Reiche Länder wie die USA haben die besten Voraussetzungen, die Risiken zu tragen. Es gab in letzter Zeit viele Diskussionen über die Vorteile, die entstünden, wenn die Welt globale Standards übernähme, im Bankwesen etwa. Die Globalisierung wird unweigerlich die Übernahme solcher Standards nach sich ziehen.

Die Maßnahmen Amerikas hinsichtlich des Stahls deuten darauf hin, dass die USA sich zweierlei Maß zu Eigen gemacht haben. Das darf nicht sein. Länder, insbesondere in Europa, die in der Lage sind, den USA die Stirn zu bieten, müssen sich dem widersetzen. Es wird in ihrem eigenen Interesse sein, strenge Maßnahmen zu ergreifen – und langfristig wird es auch im Interesse Amerikas und im Interesse der ganzen Welt sein.

Handelsblatt vom 30. April 2002, S. 10. Autor: J. Stiglitz (Gastkommentar)

Der Autor ist Professor für Ökonomie an der Columbia Universität. Er war früher Präsident des Wirtschaftssachverständigenrates von US-Präsident Clinton und Vizepräsident der Weltbank. Er ist Träger des Nobelpreises für Wirtschaftswissenschaften.

Arbeitsaufträge

1. Erläutern Sie, worin die Schutzfunktion von Importzöllen besteht.
2. Warum sind – laut M 33 – Handelsbeschränkungen „unfair"?
3. Worin besteht der „Schaden", der dadurch für den internationalen Güteraustausch angerichtet wird?
4. Nehmen Sie Stellung zu der These des Autors in M 33, Produktivitäts- und Effizienzsteigerungen führten zu Waschstums- und Wohlstandsgewinnen. Erstellen Sie eine Pro- und Kontra-Tabelle.
5. „Handelskriege schädigen am Ende beide Seiten." Nehmen Sie Stellung zu dieser These mit Bezug auf die Ausführungen des Ökonomen Stiglitz. (M 34b)
6. Erörtern Sie: Warum ist die Globalisierung laut Stiglitz ein „unfaires Spiel"? Widerlegt dies die These von M 33, Freihandel sei „das fairste System in einer dynamischen Welt"?

Liberalisierung in Europa

Barrieren auf dem EU-Markt

M 35

Barrieren auf dem EU-Markt für Finanzdienstleistungen	
„natürlich"	„politikverursacht"
Sprache, Kultur	Steuerdiskriminierung
Entfernung	Eigenständige Währung (Dänemark, Schweden, Großbritannien)
Bedürfnis nach persönlichem Kontakt	
mangelnde kommerzielle Attraktivität kleiner Märkte	Informations- und Anpassungskosten der Anbieter aufgrund nationaler Besonderheiten im Konsumentenschutz und in der Banken- und Versicherungsaufsicht
Kostenvorteile eingesessener Anbieter („sunk costs Argument")	
traditionelle Vorteile heimischer Anbieter in der Distribution	veraltete Definition von Finanzdienstleistungen im Recht des Binnenmarkts
	hohe Kosten grenzüberschreitender Überweisungen
	Wettbewerbsprivilegien heimischer Anbieter (deutsche Sparkassen und Landesbanken)

EU-Magazin 4/2002, S. 11

Arbeitsaufträge

1. Innerhalb der EG sind die Beschaffungsmärkte liberalisiert worden. Nehmen Sie den Fall, dass die Kommune, die Trägerin Ihres Gymnasiums ist, beschließen sollte, neue Schulmöbel anzuschaffen. (Das ist, zugegeben, ein ziemlich unrealistisches Beispiel, aber vereinzelt soll so etwas ja noch vorkommen.) Auf die „Ausschreibung" (d. h. die in Zeitungen, Fachzeitschriften und Internet-Portalen veröffentlichte Aufforderung, der Beschaffungsstelle Angebote zu unterbreiten) können sich nicht nur deutsche Schulmöbellieferanten melden, sondern z. B. auch französische oder dänische. (Umgekehrt können natürlich auch deutsche Unternehmen bei dänischen oder französischen Ausschreibungen mitmachen.) Der Kreis der Konkurrenten wird also ausgeweitet. Stellen Sie die Vor- und Nachteile dieses liberalisierten Beschaffungsverfahrens dar.
2. Suchen und beschreiben Sie für jede der fünf in M 36 aufgeführten „Marktfreiheiten" ein Beispiel. Gibt es auch Beispiele aus Ihrem persönlichen Erfahrungsbereich?
3. Die Marktfreiheiten bestehen in „grundsätzlichen" Verboten der Beschränkung und Diskriminierung. Der Begriff „grundsätzlich" hat hier eine spezifisch juristische Bedeutung, nämlich die, dass eine Freiheit zunächst einmal als prinzipielles Verbot der Beschränkung der Freiheit postuliert wird und anschließend die zulässigen Ausnahmen und Einschränkungen ausdrücklich genannt werden. Schauen Sie sich die in der vierten Spalte von M 36 aufgeführten Einschränkungen der grundsätzlichen Diskriminierungsverbote an: Tragen Sie arbeitsteilig in Gruppen zu den verschiedenen Einschränkungen Beispiele zusammen.
4. Würden Sie ein Problem darin sehen, wenn eine Griechin mit einem pharmazeutischen Diplom der Aristoteles-Universität Thessaloniki sich in Bochum als Apothekerin niederlassen wollte? Welche Vorschriften müssten in diesem Fall geprüft werden?

M 37 Liberalisierung – die Marktfreiheiten nach dem EG-Vertrag

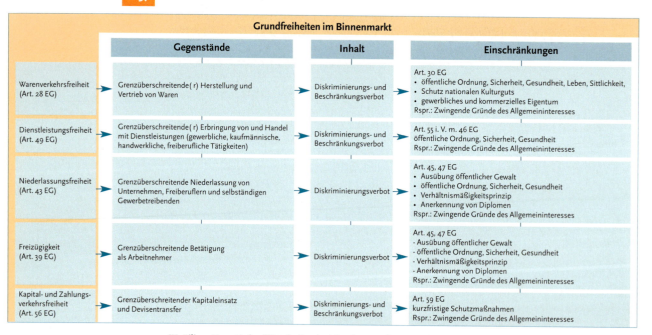

W. Kilian: Europäisches Wirtschaftsrecht. München, 1996, S. 97 (überarbeitete Fassung)

Erscheinungsformen und Ursachen der Globalisierung

Die Triebkräfte hinter der Globalisierung

So offenkundig das Phänomen der Globalisierung zu sein scheint, so schwer fällt es, diesen Prozess empirisch klar zu fassen. Zwar gibt es hinreichend Statistiken über internationale Kapitalströme, internationale Direktinvestitionen und Wanderungen von Arbeitskräften, und diese haben durchaus ihren Wert, wenn es um die quantitative Beschreibung der zunehmenden Integration der Weltwirtschaft geht. Für die an diesem Integrationsprozess beteiligten Unternehmen und Arbeitskräfte bedeutet Globalisierung jedoch weitaus mehr.

„Global sourcing" und globale Konsummuster

Den Unternehmen bieten sich nicht nur die Möglichkeiten, ihre Suche nach den jeweils kostengünstigsten Produktionsstandorten über die nationalen Grenzen hinweg auszudehnen; unter dem Schlagwort des *global sourcing* gehen sie auch mehr und mehr dazu über, ihren Bezug von Vorleistungen weltweit zu organisieren. Auch bei der Endnachfrage hinterlässt die Globalisierung ihre Spuren. So haben Sozialforscher festgestellt, dass die Konsumgewohnheiten immer weniger von den kulturellen Besonderheiten der verschiedenen Länder geprägt werden. In ihrem Kaufverhalten sind sich heute der europäische und der südostasiatische Banker ähnlicher als etwa der europäische Banker und der europäische Facharbeiter oder der südostasiatische Banker und der südostasiatische Facharbeiter. Für die Produzenten folgt daraus, dass ihnen zunehmend der gesamte Weltmarkt offen steht und nicht mehr nur ihr jeweils nationaler Markt.

Neue Technologien und Modularisierung der Wertschöpfung

Die erste und wohl wichtigste Triebkraft der Globalisierung stellen die modernen Informations- und Kommunikationstechnologien dar, denn viele der sich gegenwärtig herausbildenden intersektoral und international vernetzten Produktionsstrukturen wären ohne sie gar nicht denkbar. Information ist gleichsam zum Rohstoff der Zukunft geworden und dieser Rohstoff wird immer preiswerter und leichter verfügbar und deshalb auch immer intensiver genutzt. Hierarchische Produktionsstrukturen werden mehr und mehr durch vernetzte Produktionsstrukturen ersetzt. Ehemals durchgehend organisierte Wertschöpfungsketten werden aufgebrochen und die einzelnen Kettenglieder können immer leichter zu konkurrenzfähigeren Unternehmen oder an kostengünstigere Standorte verlagert werden. Das *slicing up the value-added chain*, wie Krugman[1] es nennt, erlaubt es selbst in ausgeprägten Hightech-Branchen, die bislang als weitgehend sicher galten vor dem Konkurrenzdruck aus weniger entwickelten Ländern, standardisierte Produktionsmodule herauszubrechen und ins Ausland zu verlagern.

Institutioneller Wandel

Die zweite Triebkraft der Globalisierung ist institutioneller Natur. Gerade in weniger entwickelten Ländern hat ein grundlegender Umschwung in den wirtschaftspolitischen Konzeptionen eingesetzt, der das Engagement ausländischer Unternehmen begünstigt. Wenn internationale Investoren weniger Befürchtungen vor Enteignungen oder Kapitalmarktkontrollen haben müssen, fällt es ihnen leichter, ihr Kapital an Niedriglohnstandorten zu investieren. Überspitzt könnte man formulieren, dass die OECD-Länder ihren komparativen Vorteil bei dem Wettbewerb um mobile Produktionsfaktoren, der aus der marktwirtschaftlich orientierten Wirtschaftspolitik folgt, zumindest teilweise eingebüßt haben. Die Standortvorteile, die sie früher aus ihrer vergleichsweise liberalen Wirtschaftspolitik ziehen konnten, schmelzen ab, da auch die Wirtschaftspolitik anderer Länder liberaler wird. Geradezu schlagartig erfolgte dieser Wandel in Mittel- und Osteuropa mit dem Fall des Eisernen Vorhangs, aber auch Südostasien und Lateinamerika haben ihre Pforten für Auslandsinvestoren weiter geöffnet als in den Siebziger- und Achtzigerjahren.

(1) US-Ökonom (* 1953; zz. Princeton University)

H. Klodt: Globalisierung. In: Der Bürger im Staat. 4/1999, S. 201 f.

Arbeitsaufträge

1. Der Textauszug M 37 enthält eine methodisch wichtige Unterscheidung, nämlich die zwischen der empirischen Beschreibung eines Sachverhaltes (hier: der Globalisierung) auf der einen Seite und der (theoretischen) Erklärung dieses Sachverhalts (in der Form der Untersuchung seiner „Triebkräfte") auf der anderen Seite. Legen Sie eine vergleichende Übersicht an, in der Sie die empirisch beschreibbaren Indikatoren der Globalisierung ihren Triebkräften = ursächlichen Faktoren gegenüber stellen.
2. Schlagen Sie nochmals die Materialien zu den Direktinvestitionen auf (M 6 und M 7, S. 285 f.) und prüfen Sie, ob die dort präsentierten Daten die These einer „zunehmenden Integration der Weltwirtschaft" bestätigen – oder aber zweifelhaft erscheinen lassen.
3. Verfassen Sie eine kurze schriftliche Erläuterung des Begriffs „global sourcing"; illustrieren Sie Ihre Erklärungen mit einem Beispiel. Vergleichen Sie dann in Ihrer Lerngruppe die unterschiedlichen Erläuterungen und Beispiele. Klären Sie in einer anschließenden Gruppendiskussion, warum „global sourcing" einerseits bereits einen hohen Globalisierungsgrad voraussetzt, andererseits aber als „Triebkraft" angesehen werden kann, welche die Globalisierung weiter vorantreibt.
4. Mit welcher Begründung kann man ein weltweit sich angleichendes Kaufverhalten der oberen Einkommensschichten als eine „Triebkraft" der Globalisierung ansehen?
5. Die besondere Bedeutung der neuen, leistungsstarken Informations- und Kommunikationstechniken besteht darin, dass sie eine „Modularisierung der Wertschöpfung" mit anschließender globaler Koordination der optimal verteilten Wertschöpfungsmodule ermöglichen. Das klingt kompliziert – und ist es auch. Deswegen empfiehlt es sich hier, schrittweise vorzugehen und sich so die einzelnen Elemente der Argumentationskette zu erarbeiten.
    a) Klären Sie zunächst, was mit „Modularisierung der Wertschöpfung" gemeint ist. Welche Module lassen sich (in sinnvoller Weise) unterscheiden? Welche Zwecke werden mit der Modularisierung verfolgt?
    b) Beachten Sie, dass es ja auch Vorteile hat, alle Module (z. B. der Produktion von Damenblusen) an einem Standort zu behalten. Welche Vorteile? Welche Bedingung muss also erfüllt sein, wenn trotzdem modularisiert wird und einzelne Module dann verlagert werden? (Denken Sie daran, dass sich das Ganze für ein Unternehmen lohnen muss.)
    c) Welche Rolle spielen die modernen Informations- und Kommunikationstechniken, wenn ein Unternehmen verschiedene Module seiner Wertschöpfungskette auf die jeweiligen optimalen Standorte verlagert hat (beispielsweise das Weben der Stoffe für die Damenblusen in die Ukraine, das Nähen nach Portugal etc.)?
    d) Wenn diese Vorüberlegungen abgeschlossen sind, können Sie im letzten Schritt versuchen, Ihre Ergebnisse schriftlich zusammenzufassen und auf (maximal) ½ Seite die Ausgangsfrage zu beantworten: Worin besteht die besondere Bedeutung der modernen Informations- und Kommunikationstechniken als Triebkraft der Globalisierung?
6. Können Sie einen Grund dafür finden, warum wir den Ausdruck „slicing up the value-added chain" des Herrn Krugman benötigen, wenn wir den Ausdruck „Modularisierung der Wertschöpfungskette" haben?
7. Besprechen Sie in Kleingruppen die These des Autors, durch die Öffnung Mittel- und Osteuropas nach 1989 hätten die OECD-Länder an Wettbewerbsvorteilen verloren. Wie ist das gemeint und wie wirkt sich das aus?

Die Unterschiede zwischen Internationalisierung und Globalisierung

M 38

Internationalisierung	Globalisierung
Multinationale Unternehmen (MNU): • in mehreren Ländern tätig • gleichwohl als „nationale" (deutsche, amerikanische oder japanische) Unternehmen identifizierbar	**Transnationale (globale) Unternehmen (TNU):** • in vielen Ländern tätig (z. B.: Siemens in 190 Ländern präsent, davon in über 50 mit Produktionsstätten) • „Unternehmen ohne geographisches Zentrum und ohne Nationalität" (ABB)
Nationalstaaten: • Regulierung der Wirtschaft durch den souveränen Nationalstaat • relativ autonome Wirtschaftspolitik	**Standorte:** • der Nationalstaat verliert an Bedeutung und an Funktionen; Standorte gewinnen an Bedeutung • unter dem Druck der Standortkonkurrenz wird Wirtschaftspolitik zur Standortpolitik
Produktion/internationale Arbeitsteilung: • Güteraustausch über Exporte/Importe auf der Grundlage der komparativen Kosten • traditionelle internationale Arbeitsteilung • technologiebasierte Wertschöpfung; Austausch von Waren	**Produktion/vernetzte Wertschöpfung:** • Modularisierung der Wertschöpfung und Verteilung der Module auf die günstigsten Standorte • Vernetzung und Koordination der Wertschöpfungskette durch moderne Informations- und Kommunikationstechniken • wissensbasierte Wertschöpfung; Austausch auch von Dienstleistungen
Arbeitsmarkt und Beschäftigung: • relativ abgegrenzte und regulierte nationale Arbeitsmärkte • beschäftigungsintensiver Exportsektor	**Arbeitsmarkt und Beschäftigung:** • Entgrenzung der nationalen Arbeitsmärkte • Verlagerung einzelner Beschäftigungsmodule auf die (kosten-) günstigsten Standorte

Originalbeitrag des Autors

„Follow the sun" – Internationale Verflechtung am Beispiel der Softwareproduktion

M 39

TAKE 1 *(O-Ton)*

BISCHOFF: Mit Gründung des Unternehmens haben wir gleich eine Tochtergesellschaft in Indien gegründet. Einer meiner Kollegen ist Inder, Mitgründer, hat gesagt, ich möchte wieder zurück nach Indien, aus familiären Gründen. Haben wir gesagt, ist wunderbar, dann machen wir unsere ganze Entwicklung in Indien.

SPRECHERIN: Der deutsche Jung-Manager Patrick Bischoff ist Mitgründer der Softwarefirma Saba Incorporation mit Sitz in Silicon Valley. Saba ist eines jenes Unternehmen, die „niemals schlafen"; seine Niederlassungen in vier Erdteilen sind nach dem Prinzip organisiert: „follow the sun".

(Musik mit dieser Textzeile „I follow the sun" kurz hoch)

TAKE 2 *(O-Ton)*

BISCHOFF: Wir haben gesagt, wenn wir es machen, machen wir es gleich richtig. Deshalb haben wir ein Unternehmen gleich in Indien gegründet und haben gesagt, was kriegen wir damit? Erstens sind die Kosten weitaus niedriger, wir bezahlen zwar weitaus mehr als der Standard dort ist. Das Zweite war, Sie können 24 Stunden am Tag entwickeln, ohne dass Sie drei Schichten einführen müssen, weil zwischen Bombay und San Francisco sind 12 Zeitstunden Unterschied, sprich: Sie machen Code-Sharing, Sie schieben einfach den Code hin und her, was natürlich Ihre Entwicklungszeiten dramatisch in die Höhe schraubt und Ihre Kosten relativ niedrig hält. Das brauchen Sie am Anfang, weil Sie müssen schnell ein Produkt entwickeln. Und das geht eben nur so.

SPRECHERIN: Die hoch konzentrierte, 24-stündige Entwicklungszeit beschleunigt das Tempo, und Tempo ist das A und O in der Softwarebranche. Saba ist ein „global player", seine Kunden sind Ford, DaimlerChrysler, Continental Airlines, Procter&Gamble. Das Softwareunternehmen ist ein Beispiel dafür, dass Globalisierung mehr ist als Internationalisierung. Denn seine lokalen Entscheidungen – in Silicon Valley, in Indien oder im badischen Walldorf – werden unter den Bedingungen und vor dem Hintergrund weltweiten Handelns getroffen. Darin liegt die neue Qualität der Globalisierung; sie ist nicht einfach eine Fortsetzung einer schon seit Jahrzehnten internationalisierten Wirtschaft.

Sendung des Hessischen Rundfunks (hr 2) am 18. Februar 2002. Auszug. Manuskript: C. Lay

6.10 Strategien und Ansatzpunkte der Standortpolitik

Sitzt die Wirtschaftspolitik in der Globalisierungsfalle?

Für die Wirtschaftspolitik stellt die Globalisierung eine neuartige Herausforderung dar. Der durch Globalisierung forcierte Standortwettbewerb betrifft nicht nur die Unternehmen, sondern nun auch die Wirtschaftspolitik selbst: Sie wird in die Konkurrenz mit hinein gezogen. Wenn ausländische Unternehmen Standortentscheidungen fällen, dann spielen neben den ökonomischen Faktoren (wie Kundennähe, Vielfalt der Zulieferer, Produktivitätsniveau etc.) zunehmend auch die Bedingungen eine Rolle, die von der Wirtschaftspolitik bestimmt werden: die wirtschaftlichen Rahmenbedingungen.

Aber verfügt die Politik überhaupt noch über Gestaltungsmöglichkeiten – besitzt sie noch „Handlungsautonomie"? Oder ist in Wirklichkeit nicht der Markt bereits „der neue Souverän" in einem „Kasinokapitalismus" von globalen Konzernen und Finanzspekulanten?

In den folgenden beiden Texten (M 40, M 41) werden dazu zwei Positionen innerhalb des linken Spektrums einander gegenüber gestellt. Zunächst die Memorandumgruppe, die sich gegen die These von der Wirtschaftspolitik als Marionette des Marktes wendet (vgl. dazu auch M 14, S. 295). Danach folgt ein Auszug aus dem Text eines gewerkschaftsorientierten Ökonomen, der den Nationalstaat – und somit auch die nationalstaatlich betriebene Wirtschaftspolitik – als Spielball des Kasinokapitalismus sieht.

M 40 Die „Globalisierungsfalle" – eine „Disziplinierungsthese"?

Auch die in der Öffentlichkeit immer wieder bemühte These von der Globalisierungsfalle, in der eine ohnmächtige Wirtschaftspolitik mittlerweile gefangen sei, dient eher zur Disziplinierung der Menschen, als dass sie sachliche Aufklärung leistet. Die Zunahme der Internationalisierung seit Mitte der 70er-Jahre ist bescheiden geblieben und hat zudem insgesamt eher zur Schaffung als zur Vernichtung von Arbeitsplätzen beigetragen. Die deutsche Wirtschaft ist der zweitgrößte Exporteur der Welt. Ihr Außenhandelsüberschuss in Höhe von mittlerweile rund 51 Mrd. Euro mit steigender Tendenz trägt zur Schaffung von über einer halben Million Arbeitsplätzen in der Bundesrepublik und zur Vernichtung ebenso vieler Arbeitsplätze in anderen, überwiegend europäischen Ländern bei, deren Handelsbilanz mit der Bundesrepublik negativ ist.

Arbeitsgruppe Alternative Wirtschaftspolitik: Memorandum 1997, S. 13

M 41 Der Nationalstaat wird zum Spielball der „global players"

Mit der Internationalisierung des Geldkapitals und mit den internationalen Anlagestrategien der „global players" (z. B. der TNKs) werden die Staaten und regionalen Staatenbünde (z. B. der EU) immer mehr zu Wettbewerbern um dieses Kapital, versuchen ihre Währung als Geldanlagesphäre möglichst hart zu halten und die Staatshaushalte – zusätzlich unter dem Druck hoher Zinsen auf Staatsschuldtitel – einzuschränken, zu sparen. Der einzelne Nationalstaat (und dessen demokratische Verfasstheit), der zuvor die äußeren Bedingungen des Marktes gesetzt und reguliert hat, droht jetzt zum Spielball internationaler Spekulation zu werden, droht seine Autonomie im internationalen „Kasinokapitalismus" zu verlieren – zumal dann, wenn die Politik aus diesem Konkurrenzdruck den fatalen Schluss zieht, die neuen Wettbewerbsbedingungen international nicht regulieren zu müssen, sondern im Zuge einer Deregulierungspolitik sich diesem Druck verstärkt aussetzt und versucht, seine Standort-, sprich: Kostenfaktoren, gemäß diesen Wettbewerbsbedingungen zu verbessern.

Die Deregulierungspolitik der einzelnen Nationalstaaten und Staatenbünde seit Mitte der Siebzigerjahre ist paradoxerweise sogar eine entscheidende Voraussetzung für jene Globalisierungsprozesse gewesen, die jetzt die Autonomie der Politik auszuhebeln drohen. Das Bemühen der nationalen Regierungen wiederum, auf die selbst freigesetzten Globalisierungstendenzen zu antworten, ergibt – ganz „Zauberlehrlinge" – eine neue Form der Internationalisierung der Wirtschaftspolitik: nämlich die Internationalisierung des ruinösen Kostensenkungswettlaufs der nationalen Wirtschaftspolitiken nach unten. Es ist dies ein Nullsummenspiel, das dazu tendiert, in einem Negativsummenspiel zu enden, in dem zum Schluss alle Beteiligten ihre produktiven Ressourcen (Infrastruktur, Qualifikation, soziale und politische Stabilität) geopfert haben, um dann vor ökonomischen, sozialen und ökologischen Wüsten mit leeren Händen bzw. leeren Kassen, aber vollen Gefängnissen zu stehen. Da mit den wachsenden „Exit"-Optionen auf der Kapitalseite die „kooperative Disziplinierung des Kapitals" (Wolfgang Streeck) unterlaufen werden kann – eine Kooperation, die ja im Unterschied zu fordistischen* Produktionskonzepten auch nicht mehr im bisher gekannten Maße erforderlich ist –, droht die Aufkündigung des sozialstaatlichen Kompromisses, und die Fähigkeit der staatlichen und zivilgesellschaftlichen Regelsysteme zur Umverteilung nimmt ab.

J. Hoffmann: Ambivalenzen des Globalisierungsprozesses. In: Aus Politik und Zeitgeschichte. B 23/99, S. 8f.

Arbeitsaufträge

1. Wenn Sie den Textauszug M 41 etwas schwer zugänglich finden, dann empfiehlt sich folgende Vorgehensweise: Lesen Sie den Auszug nochmals durch und notieren Sie dabei die Aussagen, die der Autor im Verlauf seiner Argumentation macht. Sie können den Text so in fünf oder sechs Thesen zusammenfassen. Formulieren Sie auch in einem Satz die Hauptaussage, die Sie dem Text entnehmen.

2. „Global players" sind TNKs = Transnationale Konzerne, die nicht nur in vielen Ländern Niederlassungen und Produktionsstätten haben, sondern zusätzlich ihre Wertschöpfungskette in Module aufgeteilt und diese Wertschöpfungsmodule dann auf verschiedene Standorte verteilt haben – je nach den relativen Stärken dieser Standorte (→ „komparative Vorteile"; vgl. M 13, S. 294, sowie M 30, S. 311). Welches Verhalten unterstellt der Autor diesen „global players"? Warum werden die Standorte dadurch zu Konkurrenten?

3. Das Problem einer Aussage vom Typ: „Ein Land droht zum Spielball der Spekulation zu werden" besteht darin, dass man eine solche Aussage nicht widerlegen kann. Wenn sich z. B. empirisch kein Land finden lässt, das tatsächlich zum Spielball der Spekulation eines „global players" geworden ist, dann bleibt die Aussage davon unberührt, weil dies ja gar nicht behauptet wurde. Der Verfasser hat nur eine Art Prognose abgegeben: dass so etwas „droht". Bewerten Sie dieses Argumentationsmuster im Zusammenhang von M 41 sprachkritisch.

4. Der Autor spricht von einem „fatalen Schluss", den die Politik aus dem sich verschärfenden Standortwettbewerb ziehen könnte: Um welche – in den Augen des Autors falsche – Schlussfolgerung handelt es sich dabei? Stattdessen empfiehlt der Verfasser den Weg der internationalen Regulierung. Was ist darunter zu verstehen?

5. Die Autonomie der staatlichen Wirtschaftspolitik sieht der Autor dadurch bedroht, dass sie zu einem „ruinösen Kostensenkungswettlauf" gezwungen sein könnte. Klären Sie zunächst, welche Kosten dabei gesenkt werden sollen, warum das ruinös sein soll und warum die Staaten dazu gezwungen sein sollen. Beziehen Sie Ihre Antworten dann auf die beiden Begriffe „Nullsummenspiel" und „Negativsummenspiel": Worin bestehen die Charakteristika und Ergebnisse dieser beiden „Spiele" und wie muss man sich den Prozess vorstellen, in dem alle Beteiligten verlieren und dann „mit leeren Händen" dastehen?

6. Vergleichen Sie die Argumentationen zum „Nullsummenspiel" in M 41 einerseits und in M 33, S. 313 f., sowie M 28, S. 309, andererseits. Was ist hier vergleichbar, und was kann nicht miteinander verglichen werden?
7. Interessanterweise lehnt die Memorandumgruppe (obwohl ebenfalls im linken politischen Spektrum angesiedelt) die in M 41 enthaltene Hauptthese ab – nämlich die These, dass die nationale Wirtschaftspolitik ihre Autonomie im Globalisierungsprozess verliere (vgl. dazu M 14, S. 295 sowie M 40). Stellen Sie den jeweiligen Kern der beiden Argumentationen in einer vergleichenden Übersicht zusammen: Wie begründet der Autor Hoffmann seine These vom Verlust der Handlungsautonomie, wie begründet die Memorandumgruppe ihre Ablehnung der These von der „Globalisierungsfalle"?
8. Die Kapitalseite könne sich mit der „Exit-Option" der Regulierung und Kontrolle durch Politik und Gewerkschaften entziehen, so der Verfasser. Der Begriff „Exit-Option" bezieht sich auf die Möglichkeit eines Unternehmens bzw. allgemein von Investoren, den „Ausgang" zu wählen, also abzuwandern: Schließlich müssen Investoren nicht auf dem Standort Deutschland investieren, sondern können auf günstigere Standorte ausweichen. Wie argumentiert die Memorandumgruppe in diesem Zusammenhang? Welche praktischen Schwierigkeiten stehen der Realisierung der „Exit-Option" entgegen. Beachten Sie auch den Unterschied zwischen der taktischen Drohung mit der „Exit-Option" einerseits und der Realisierung einer solchen Drohung andererseits. Im Zusammenhang mit dem Thema Umweltauflagen finden Sie dazu ein Beispiel in M 53, S. 217.

„There Is No Alternative!" – Oder doch?

Aus vielen „Verlautbarungen" von Parteien und Verbänden könnte man in der Tat den Eindruck gewinnen, die Wirtschaftspolitik habe gar keine Alternative, sie „müsse" ganz einfach im Sinne der marktliberalen α-Position handeln (vgl. M 16, S. 298). Nur wenn die zentralen Forderungen nach Liberalisierung, Flexibilisierung und Deregulierung erfüllt würden, so das Argument, könne Deutschland als Wirtschaftsstandort wettbewerbsfähig bleiben (bzw. werden). Häufig wird diese Position in der berüchtigten TINA-Variante vertreten, die kategorisch behauptet „There Is No Alternative"! (TINA – diese Apotheose des Sachzwangs wird der „Eisernen Lady" Margaret Thatcher zugeschrieben.)

Arbeitsaufträge

1. In welcher Aussage von M 42 kommt das TINA-Prinzip am deutlichsten zum Ausdruck? Wie wird diese TINA-Behauptung begründet?
2. Zählen Sie mal, wie oft in dem Text M 43 das Wort „müssen" (und seine Synonyme) vorkommt. Was schließen Sie daraus?
3. Nehmen Sie an, Sie wären ein kleines Team von Texterinnen/Textern in einer CDU-Landesgeschäftsstelle und sollten die „Vorgaben" der Bundesgeschäftsstelle für ein Faltblatt (also einen *flyer*) auf drei markante Aussagen herunterbrechen. Entscheiden Sie sich zunächst für die drei Ihrer Meinung nach wichtigsten Forderungen und formulieren Sie diese dann so knapp, prägnant und flott um, dass alle Leserinnen und Leser verstehen, was gemeint ist – und dass sie von den Forderungen begeistert sind!
4. Im Zusammenhang mit der starken Exportorientierung der deutschen Wirtschaft wird ein „Export von Arbeitsplätzen ins Ausland" befürchtet. Erläutern Sie diese (im Text

verkürzte) Aussage: Wie kann es zu einem Arbeitsplatzexport kommen? Vergleichen Sie die hier vertretene Auffassung mit der Position der Memorandumgruppe in M 40, S. 320 die von einem „Import" von Arbeitsplätzen bzw. von einer „Vernichtung" von Arbeitsplätzen in den Ländern spricht, bei denen Deutschland Exportüberschüsse aufweist.
5. Welche Regelungen auf den Arbeitsmärkten würden Sie als „überflüssig" ansehen?
6. Vergleichen Sie die Argumentationsmuster in M 43 und M 41. Sehen Sie – trotz der unterschiedlichen Bewertung der Situation – Gemeinsamkeiten und Berührungspunkte in der Argumentation und in den Schlussfolgerungen?

Nötig sind Strukturreformen und Modernisierung

M 42

Alle wirtschaftspolitischen Maßnahmen der Bundesregierung sind auf die Schaffung von Arbeitsplätzen ausgerichtet. Dabei liegt der Schlüssel für mehr Wachstum und Beschäftigung im Zusammenwirken von wachstums- und stabilitätsorientierter gesamtwirtschaftlicher Politik mit nachhaltigen Strukturreformen auf den Produkt-, Kapital- und Arbeitsmärkten. Angesichts der Herausforderungen, die sich aus der Weiterentwicklung der europäischen Integration, der Globalisierung sowie der Entwicklung einer wissensbasierten Wirtschaft ergeben, erfordert dies zugleich die Modernisierung von Wirtschaft und Gesellschaft auf allen Ebenen. Nur so kann Deutschland als Wirtschaftsstandort im weltweiten Wettbewerb um Ideen und Kapital, Innovationen und Investitionen an Attraktivität gewinnen.

www.bundesfinanzministerium.de/Grundlagen-der-Wirtschaftspolitik-.416.2210/.htm

Was die Politik tun muss

M 43

Dieser internationalen Vernetzung und Verflechtung müssen sich Politik, Wirtschaft und Gesellschaft auch in Deutschland stellen. Die Politik muss aktiv handeln, wenn die Globalisierung als Chance genutzt werden soll. Sie muss die Rahmenbedingungen für das Wirtschaften im internationalen Wettbewerb der Standorte um Märkte, Kunden, Produkte und Technologien attraktiv gestalten, um Arbeitsplätze zu erhalten und neue zu schaffen. Gerade als stark exportorientierte Volkswirtschaft sind in Deutschland Reformen notwendig, um den Export von Arbeitsplätzen ins Ausland zu verhindern. Rund ein Viertel des Bruttoinlandsproduktes wird durch Exporte erwirtschaftet. Dadurch wird jeder dritte Arbeitsplatz in Deutschland gesichert. Wir brauchen einen Abbau des Anteils an der Wirtschaftsleistung, den der Staat beansprucht, um den privaten Sektor, um Eigeninitiative und Unternehmertum zu stärken, attraktive steuerliche Rahmenbedingungen für Investitionen und Arbeitsplätze in Deutschland, ein leistungs-, aber auch bezahlbares soziales Sicherungssystem, den Abbau überflüssiger Regelungen und mehr Flexibilität auf den Güter- und Arbeitsmärkten, ein effizientes und international anerkanntes Schul- und Bildungssystem, die Verbesserung der Technikakzeptanz in der Bevölkerung, eine gute Infrastruktur für Forschung und Entwicklung, ein leistungsfähiges und modernes Verkehrs- und Telekommunikationswesen, eine gesicherte Energieversorgung, einen schlanken und unbürokratischen Staat.

CDU-Bundesgeschäftsstelle (www.cdu.de/politik-a-z/wirtschaft/kap21.htm)

Führt die Reform des Sozialstaats in den „Kasinokapitalismus"?

Ein wichtiger Ansatzpunkt der Standortpolitik ist die Arbeitsmarkt- und Sozialpolitik. Reformen und Deregulierung werden insbesondere von den Vertretern der α-Position für unerlässlich gehalten (vgl. M 16, S. 298). Im Gegensatz dazu sieht die β-Position keinen Anlass für eine weitere Deregulierung des Arbeitsmarktes und für „Sozialabbau". Den – zugegeben – hohen Kosten des Sozialstaats wird dessen hoher Nutzen gegenüber gestellt (von der Absicherung der Risiken des Erwerbslebens bis zum „sozialen Frieden"). Der „Rheinische Kapitalismus", so die Vertreter der β-Position, habe die Konkurrenzfähigkeit deutscher Unternehmen keineswegs geschwächt, wie die anhaltenden außenwirtschaftlichen Erfolge zeigen. Vertreter der α-Position halten dagegen die geltenden Regulierungen insbesondere auf dem Arbeitsmarkt für eine nachhaltige „Beschäftigungsbremse".

M 44 Deregulierung des Arbeitsmarktes oder staatliche Beschäftigungspolitik?

a) BDI[1] – Forderungen:
Was die Bundesregierung jetzt tun muss

In der Arbeitsmarktpolitik muss die Regierung eine radikale Kehrtwende einleiten. Kernelemente dabei sind:
- Lockerung des Kündigungsschutzes, nicht nur für Kleinbetriebe
- Mehr Gestaltungsspielräume für Betriebsparteien bei Lohn- und Arbeitszeitfragen
- Arbeitsmarktpolitik auf den ersten Arbeitsmarkt orientieren
- Zumutbarkeitskriterien für erwerbsfähige Arbeitslose durchsetzen
- Arbeitslosen- und Sozialhilfe zu einem Instrument zusammenführen
- Lohnfortzahlung im Krankheitsfall wieder einschränken
- Mitbestimmungsregeln entrümpeln, nicht ausweiten
- Befristete Arbeitsverhältnisse erleichtern
- Rechtsanspruch auf Teilzeit wieder abschaffen

(1) BDI = Bundesverband der Deutschen Industrie

www.bdi-online.de/arbeitsmarkt.html

b) Memorandumgruppe: Nötig ist ein öffentlicher Beschäftigungssektor

Der Grund für die hohe Arbeitslosigkeit liegt somit keineswegs in schlechten Angebotsbedingungen für die Unternehmen oder in den Konkurrenzbedingungen auf dem Weltmarkt. Arbeitslosigkeit stellt auch keine unausweichliche Begleiterscheinung reifer kapitalistischer Gesellschaften dar, die als schicksalhafte Gegebenheit akzeptiert und erlitten werden muss. Ihre Bekämpfung ist möglich, wenn sie politisch gewollt wird. Dies erfordert allerdings einen anderen Gesellschaftsentwurf, als ihn die neoliberale Politik bietet.

Eine solidarische Gesellschaft, die sich nicht mit der Existenz der Massenarbeitslosigkeit abfinden will, erfordert es, dass die öffentliche Hand ihre Verantwortung für eine Beschäftigung schaffende Politik wieder übernimmt. Dabei kann es nicht darum gehen zu versuchen, mit staatlicher Ausgabenpolitik einen Wachstumspfad zu initiieren, der ausschließlich auf eine quantitative Erhöhung des Sozialprodukts zielt. Zum einen wäre eine solche Politik bei langfristig eher linearen Wachstumsprozessen nur noch schwer zu realisieren, zum anderen auch ökologisch gar nicht zu vertreten. Deshalb ist ein öffentlich geförderter Beschäftigungssektor notwendig, der sich primär an der Erfüllung öffentlicher Bedürfnisse orientiert und nicht an einem marktwirtschaftlichen Produktivitätsbegriff. Ein solcher Sektor würde einen beschäftigungsintensiveren Wachstumspfad mit einer niedrigeren Beschäftigungsschwelle begünstigen, der zudem sozial und ökologisch verträglich wäre. Außerdem bedingt der Abbau der Arbeitslosigkeit eine radikale Umverteilung des bestehenden Arbeitsvolumens durch Arbeitszeitverkürzung und der Einkommen durch eine flankierende progressive Besteuerung.

Arbeitsgruppe Alternative Wirtschaftspolitik: Memorandum '97, S. 79.

Arbeitsaufträge

1. In M 44 kommen zwei gegensätzliche „Gesellschaftsentwürfe" zum Ausdruck. Beschreiben Sie in Stichworten die Unterschiede zwischen diesen beiden Entwürfen.
2. Man kann (vermutlich) unterstellen, dass es beiden Gruppierungen darum geht, mehr Beschäftigung zu ermöglichen in einer Situation, die durch hohe Arbeitslosigkeit und durch Globalisierung geprägt ist. Erläutern Sie die unterschiedlichen beschäftigungspolitischen Strategien der beiden Gruppierungen.
3. Fassen Sie die Argumentation der Memorandumgruppe zusammen, mit der sie es ablehnt, die Beschäftigung auf dem ersten (regulären) Arbeitsmarkt auszuweiten.
4. Welcher Position neigen Sie zu? Formulieren Sie eine schriftliche Stellungnahme.
5. Nicht nur bezüglich des Arbeitsmarktes ist umstritten, in welcher Form die Wirtschafts- und Standortpolitik auf die Herausforderungen der Globalisierung reagieren soll, kontrovers ist auch die Frage, ob und inwieweit der Sozialstaat „umgebaut" bzw. „abgebaut" werden sollte. Informieren Sie sich zunächst, was damit gemeint ist, wenn man vom Sozialstaat spricht? Sie können sich davon ein klareres Bild machen, wenn Sie M 45 und M 46 heranziehen und auch nochmals auf frühere Materialien zurück greifen, z. B. M 8, S. 13 f., und M 12, S. 17. Eine ausführlichere Darstellung finden Sie im Basisband Kursthemen Sozialwissenschaften: Wirtschaft – Politik – Gesellschaft. Kapitel 3.2.1 (S. 123 ff.). Fassen Sie Ihre Erkundungen in einer knappen Beschreibung des Sozialstaats und seiner wichtigsten Elemente zusammen.
4. Der Sozialstaat überteuere die Arbeit, lautet eine These des Textes M 46. Wodurch? Beschaffen Sie sich Informationen über die „Personalzusatzkosten". Wenn diese Personalzusatzkosten (oder auch Lohnnebenkosten) verringert würden, so das gängige Argument, dann würde dies den Faktor Arbeit verbilligen, die Unternehmen konkurrenzfähiger machen und damit die Beschäftigung sichern. Stellen Sie fest, welche Personalzusatzkosten denn gesenkt werden könnten. Welche weiter reichenden Folgen hätte dies? Bewerten Sie diesen Ansatz, indem Sie Vor- und Nachteile einer Lohnnebenkostensenkung abwägen.
5. Wenn es sich als schwer oder gar als undurchführbar erweisen sollte, die Arbeitskosten zu senken, welche anderen Möglichkeiten haben die Unternehmen noch, um ihre Lohnstückkosten zu verringern. (Hinweise finden Sie in M 51, S. 328 f.)
6. Vergleichen Sie die beiden Optionen, die der Autor von M 46 vorstellt. Formulieren Sie zunächst die Vor- und Nachteile jeder Option für sich, und schließen Sie daran eine vergleichende Bewertung an.
7. Falls Ihnen die Wahl zwischen diesen beiden Optionen wie die Wahl zwischen Galgenstrick und Henkersbeil vorkommt – vielleicht gibt es ja noch eine dritte Option? Entwickeln Sie in Gruppen eine solche dritte Option. (Sie könnten dazu die Überlegung heranziehen, dass es darauf ankommt, die spezifischen Stärken eines Unternehmens bzw. eines Standorts zu nutzen; weiteres Material finden Sie in M 13, S. 294. Beachten Sie auch das Stichwort „Qualitätsstrategie" in M 19, S. 301.) Vergleichen Sie anschließend Ihre „dritten" Optionen zwischen den Gruppen.
8. Auf der einen Seite wird eine tiefgreifende Reform des gesamten Systems der sozialen Sicherung gefordert, um sowohl die Kosten- und Abgabenbelastung zu senken als auch die „Vollkaskomentalität" der Versicherten zu überwinden. Auf der anderen Seite wird ein „race to the bottom" befürchtet, also ein Wettlauf zu immer niedrigeren Abgabensätzen und sozialen Leistungen. Erörtern Sie: Welche Folgen könnte es für Standards in den Bereichen Arbeitsschutz, soziale Leistungen, Mitbestimmung, soziale Gerechtigkeit, Umweltschutz etc. haben, wenn immer mehr Standorte in die neue globale Konkurrenz eintreten? Für wie realistisch halten Sie dieses Szenario eines „race to the bottom"?

M 45 Das Sozialstaatsmodell – Licht- und Schattenseiten

Zwei Komponenten kennzeichnen das europäische Sozialstaatsmodell im Wesentlichen. Erstens wird im Rahmen des jeweiligen nationalen Sozialversicherungssystems für breite Bevölkerungsschichten Vorsorge im Fall von Arbeitslosigkeit, Krankheit und Alter getroffen. Zweitens sind durch Gesetz oder Tarifvertrag in der primären Einkommensverteilung (Verhältnis von Löhnen und Gewinnen bzw. Lohnstruktur), durch das Steuer- und Transfersystem in der sekundären (als Ergebnis staatlicher Umverteilung von Löhnen und Gewinnen eintretenden) Einkommensverteilung hohe Armutsschranken errichtet worden. In Deutschland etwa lag der Anteil relativ armer Personen (mit weniger als der Hälfte des verfügbaren Durchschnittseinkommens) Anfang der Achtzigerjahre bei etwa sieben Prozent; die unteren Einkommensschichten erhielten ein Vielfaches ihres Bruttoeinkommens in Form staatlicher Transfers, welche die oberen Einkommensschichten mit bis zu 40 Prozent ihres Bruttoeinkommens aufbringen mussten. Die Schattenseiten dieses Modells sind also hohe Finanzierungskosten, die entweder in Form von Steuern der Allgemeinheit oder in Form von Arbeitgeber- wie Arbeitnehmerbeiträgen dem Produktionsfaktor Arbeit aufgebürdet werden. Hinzu kommen in Deutschland ein vergleichsweise großes Missbrauchspotenzial bzw. „systematische Anreize zur Expansion der Sozialleistungen auf nichtbedürftige Bevölkerungsgruppen" und eine vergleichsweise geringe Anreizwirkung mit Bezug auf Arbeitssuche und Qualifizierungsanstrengungen.

F. Franzmeyer: Kippt die Globalisierung den Sozialstaat? In: Aus Politik und Zeitgeschichte. B 49/99, S. 25

M 46 Nicht mehr wettbewerbsfähig, weil zu teuer?

„Der Sozialstaat, wie wir ihn kennen, lässt sich im Zeitalter der Globalisierung nicht mehr aufrecht erhalten." Diese These wird heute weithin akzeptiert, von den einen mit Bedauern, von den anderen mit unverhohlener Befriedigung. Die These verweist auf den Kostendruck, der vom verschärften internationalen Wettbewerb ausgeht. Der Sozialstaat, so wird behauptet/vermutet/befürchtet, mache die Arbeit so teuer, dass die entsprechenden Produkte bzw. der entsprechende Produktionsstandort im internationalen Wettbewerb auf Dauer nicht mehr mithalten können. Anderswo werde entweder schon jetzt billiger produziert oder im Kampf um Marktanteile würden sich die Länder zunehmend zu unterbieten suchen. Die Standorte mit den geringeren Sozialkosten würden den Standard vorgeben, an den sich auch die anderen über kurz oder lang anzupassen hätten. Folgt man dieser Argumentation, dann haben Länder zwei Optionen.
- Sie geben dem Wettbewerbsdruck nach, senken die sozialstaatlichen Kosten und sichern so die Wettbewerbsfähigkeit der nationalen Arbeitskraft in den international umkämpften Märkten. Ergebnis: geringere soziale Absicherung.
- Sie geben nicht nach. Als Folge fallen viele Arbeitsplätze weg, weil sie eben nicht mehr wettbewerbsfähig sind. Unternehmen, die ihre Produktion im Lande behalten, treten die Flucht nach vorne an und sparen durch Rationalisierung Arbeitskraft ein, wo immer sie können. Das Ergebnis: zunehmende Arbeitslosigkeit und als Folge ebenfalls Erosion der Sozialstaatlichkeit.

A. Pfaller: Sozialstaat und Globalisierung sind vereinbar. (library.fes.de/fulltext/id/00891.htm)

Was ist das europäische Modell?

M 47

Bei der Auswahl der politischen Optionen muss der weltweite Standortwettbewerb bedacht werden. Im Zeitalter der modernen Informationstechniken wird räumliche Distanz immer unwichtiger, der Wettbewerb wird intensiviert.

Aber der Standortwettbewerb schließt sozial gerechte Politik nicht aus. Wir sind nicht zur ständigen Imitation amerikanischer Politikansätze gezwungen. Im Gegenteil: In der Europäischen Union gibt es eine intensive Debatte über diese Frage. Was ist das europäische Modell? Flexibilität der Arbeitsmärkte, aber auch Stabilität der Sozialsysteme sind die verschiedenen Seiten derselben Medaille. Und das, so glaube ich, kann auch die europäische Antwort sein. Ich wiederhole also: Wir sind nicht zur Imitation amerikanischer Politikansätze gezwungen. Übrigens eine Aussage, die auch jeder meiner Finanzministerkollegen, gleich welcher politischen Couleur, unterstützen würde.

H. Eichel, (z. Z. d. Ä. Bundesfinanzminister): Reformstau auflösen. Rede am 3. Juli 2001.
(www.bundesfinanzministerium.de/Anlage6660)

Abgabenquoten und Steuerbelastung im internationalen Vergleich

M 48

Steuern und Sozialabgaben[1] in Prozent des BIP	1990	1995	1998
Dänemark	47,1	49,4	49,8
Deutschland[2]	32,6	38,2	37,0
Finnland	44,7	44,9	46,2
Frankreich	43,0	44,0	45,2
Schweden	53,7	47,6	52,0
Schweiz	30,9	33,5	35,1
Vereinigtes Königreich	36,0	35,2	37,2
Japan	30,9	28,4	28,4
Kanada	36,1	35,7	37,4
USA	26,7	27,6	28,9

[1] Nach den Abgrenzungsmerkmalen der OECD; Basis Finanzstatistik; [2] 1990 nur alte Bundesländer

BMWi: Wirtschaft in Zahlen 2001. Berlin 2002, S. 103

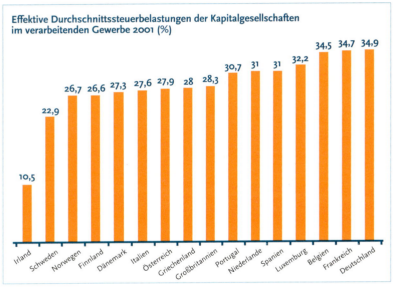

EU-Magazin 2/2002, S. 32 (ZEW)

Die Steuerbelastung ist eher durchschnittlich

M 49

[...] Internationale Vergleiche haben immer wieder gezeigt, dass das deutsche Steuersystem durch besonders vielfältige und weitreichende Ausnahmetatbestände gekennzeichnet ist. Nirgendwo sonst werden derart großzügige Möglichkeiten für Sonderabschreibungen eingeräumt und nirgendwo sonst gibt es derart vielfältige Steuererleichterungen. Mit der deutschen Vereinigung ist dieser Instrumentenkasten der Steuerpolitik noch einmal kräftig erweitert worden. [...] So ist das deutsche Steuersystem insgesamt international gesehen durch eher durchschnittliche Belastungen der Unternehmensgewinne gekennzeichnet.

Es erscheint somit wenig plausibel, die massiven Steuerausfälle in Deutschland als Folge der Globalisierung zu interpretieren. In ihnen drückt sich vielmehr die Unfähigkeit der deutschen Wirtschaftspolitik aus, die unzähligen Steuerschlupflöcher zu stopfen und endlich eine Steuerreform auf den Weg zu bringen, die zu reduzierten Grenzsteuersätzen und einer Verbreiterung der Steuerbasis führt.

H. Klodt: Globalisierung. In: Der Bürger im Staat 4/1999, S. 203

M 50 Beitragssätze zur Sozialversicherung

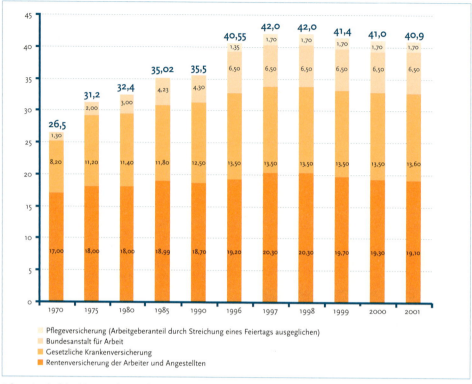

Jahreswirtschaftsbericht 2002 der Bundesregierung, S. 55.
(www.bundesregierung. de/Anlage 257416/Jahreswirtschaftsbericht+2002.pdf)

M 51 Lohnstückkosten

a) Definition

- Die Lohnstückkosten (LSK) drücken das Verhältnis zwischen den gesamten Lohnkosten pro Arbeitnehmer (LK = Bruttolohnsatz einschließlich Lohnzusatzkosten) und der Arbeitsproduktivität (π^A = Wertschöpfung pro Erwerbstätigen) aus. Beide Größen sind auf einen Zeitraum bezogen (in der Regel ein Jahr).

$$\text{LSK} = \frac{\text{Lohnkosten pro Arbeitnehmer}}{\text{Wertschöpfung pro Erwerbstätigen}} = \frac{\text{LK}^A}{\pi^A}$$

Die Lohnstückkosten bleiben also konstant, wenn einerseits zwar die durchschnittlichen Lohnkosten steigen, andererseits aber auch die Produktivität entsprechend zunimmt. Dann steigen Zähler und Nenner des Bruchs gleichermaßen, das Verhältnis bleibt unverändert. Steigen indessen die Lohnkosten infolge hoher Tarifabschlüsse und/oder steigender Lohnzusatzkosten schneller an als die Arbeitsproduktivität, dann erhöhen sich die Lohnstückkosten (die ein wesentlicher Bestimmungsfaktor der Preisbildung – und damit der internationalen Wettbewerbsfähigkeit – sind).

- Im Verarbeitenden Gewerbe sind die Lohnstückkosten in Deutschland im Verlauf der 90er-Jahre zurück gegangen. Im Vergleich zu den Lohnkosten hat die Arbeitsproduktivität also schneller zugenommen. (In dieser Zunahme der gemessenen Arbeitsproduktivität sind allerdings auch die Effekte einer verstärkten „Freisetzung" von Arbeitskräften enthalten: Freisetzungen erhöhen die Wertschöpfung pro Arbeitnehmer (= π^A). In der Gesamtwirtschaft sind die Lohnstückkosten Anfang der 90er-Jahre noch stark, danach nur noch wenig gestiegen, in den Jahren 1997 und 2000 sogar gefallen.

Autorentext: G. Willke; Daten: Benchmarking Deutschland. Berlin 2001, S. 42

b) Zur Entwicklung der Lohnstückkosten (Gesamtwirtschaft)
(Veränderungen gegenüber dem Vorjahr in %)

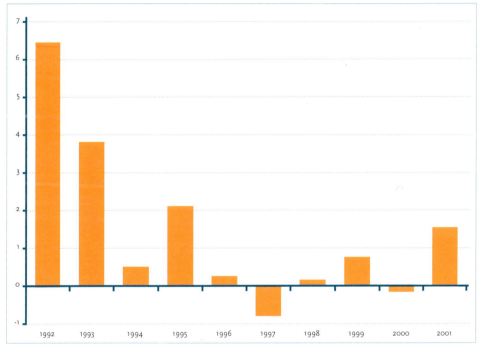

Jahreswirtschaftsbericht 2002 der Bundesregierung, S. 122. (www.bundesregierung.de/Anlage17497)

Deutschland steht gut da im internationalen Vergleich

M 52

Mutige Steuerentlastungen: Mit ihren umfangreichen Maßnahmen zur Steuersenkung entlastet die Bundesregierung Unternehmen und Verbraucher bis zum Jahr 2005 gegenüber 1998 um über 56 Mrd. Euro. Mit seinen Steuerentlastungen steht Deutschland im internationalen Vergleich (z. B. gegenüber den USA) ganz vorne und leistet einen wichtigen Beitrag zur Stärkung der Wachstumskräfte und zur Stabilisierung der Konjunktur. [...]

Stabile Lohnstückkosten: Deutschland verzeichnete in den letzten drei Jahren den geringsten Anstieg der Lohnstückkosten in der EU. Dadurch hat sich die preisliche Konkurrenzfähigkeit deutscher Unternehmen im internationalen Geschäft deutlich verbessert.

Hohe internationale Wettbewerbsfähigkeit: Deutschland ist nach den USA Vizeweltmeister im Export. Dies verdeutlicht die gute Wettbewerbsfähigkeit der deutschen Wirtschaft und ihre hohe Integration in die Weltwirtschaft.

Hoher sozialer Frieden: Das deutsche Lohnfindungssystem zeichnet sich im internationalen Vergleich auch durch einen hohen sozialen Frieden aus. Nur 4,8 Streiktage pro 1.000 abhängig Beschäftigte fielen im Mittel der Jahre 1990 bis 1998 an. Zum Vergleich: USA 42,5; Dänemark 44,6; Italien 177,1.

Vorreiter bei der Deregulierung in Netzwerkindustrien: Die Liberalisierung der Produktmärkte ist den letzten Jahren weit vorangekommen, verbunden mit großen Wohlfahrtsgewinnen durch bessere Qualität zu niedrigeren Preisen und mehr Beschäftigung. Im Telekommunikationssektor, bei der Stromversorgung sowie im Postdienst hat Deutschland die Märkte rascher geöffnet, als es die EU-Richtlinien verlangen.

Konsequenter Klimaschutz: Die jüngsten Daten weisen für Deutschland eine Reduktion der Treibhausgasemissionen um 18,5 % aus; unter den EU-Mitgliedstaaten hat Deutschland damit nach Luxemburg die größten Fortschritte bei der Emissionsreduzierung gemacht.

Jahreswirtschaftsbericht 2002, S. 18 (www.bundesregierung.de/Anlage 257416/Jahreswirtschaftsbericht+2002.pdf)

Arbeitsaufträge

1. Sind die Steuern in Deutschland nun hoch oder niedrig. Die Bundesregierung streicht die Entlastungen heraus, im „Benchmarking" (M 25, S. 308) liegt Deutschland bei der effektiven Steuerbelastung zwar über dem Durchschnitt der OECD-Länder, aber nicht an der Spitze, und auch bei der Gesamtbelastung (Steuern und Sozialabgaben) nimmt Deutschland eine mittlere Position ein (vgl. M 48). Sollten die (Einkommen-)Steuern in Deutschland noch weiter gesenkt werden? Nehmen Sie zu dieser Frage Stellung. Beachten Sie dabei, dass mit den Steuereinnahmen auf der anderen Seite öffentliche Leistungen erbracht werden.
2. Die Lohnstückkosten werden in M 51 näher erläutert. Finden Sie die regierungsamtlichen Angaben zum niedrigen Anstieg dort bestätigt? Erläutern Sie, warum die „preisliche Konkurrenzfähigkeit" der Unternehmen zunimmt, wenn ihre Lohnstückkosten geringer steigen als die der Wettbewerber.
3. Vergleichen Sie die Schlussfolgerungen, die von der Regierung einerseits und von der Memorandumgruppe andererseits (in M 14, S. 295, und M 40, S. 320) aus der hohen internationalen Wettbewerbsfähigkeit der deutschen Wirtschaft gezogen werden.
4. Wie wird in dieser Verlautbarung der „soziale Frieden" definiert? Welchen Vorteil haben die Unternehmen von einem hohen Maß an „sozialem Frieden", welchen die Konsumenten?
5. Verschaffen Sie sich ein klareres Bild davon, was „Marktöffnung" im Telekommunikationssektor konkret bedeutet. Was ist da wie „geöffnet" worden, welche Folgen hat das gehabt und inwiefern – und bei wem – sind dabei „Wohlfahrtsgewinne" angefallen?
6. Prüfen Sie anhand der Daten in M 27a, S. 194, ob die Angaben zu den Treibhausgasemissionen zutreffend sind. Welche notwendige Präzisierung fehlt in M 52?

6.11 Exkurs: Welche Strategie ist besser? Vergleich, Bewertung, Entscheidung

Aus den bisherigen Überlegungen zu den Zusammenhängen zwischen Globalisierung, Standortwettbewerb und Wirtschaftspolitik drängt sich die Frage auf, welcher der beiden konkurrierenden Strategien der Standortpolitik denn nun der Vorzug zu geben wäre: Der α-Position und der zugehörigen α-Strategie, also mehr Wettbewerb, weitere weltwirtschaftliche Öffnung, Flexibilisierung, Reform des Sozialstaats etc. (vgl. M 16, S. 298 und M 44, S. 324). Oder aber der β-Position und der zugehörigen β-Strategie, also Re-Regulierung, öffentlicher Beschäftigungssektor, internationale Mindeststandards, Sicherung des Sozialstaats etc.; vgl. ebenda).

Irgendwann muss man sich entscheiden; so wichtig das Abwägen ist, man kann nicht ewig beim „einerseits – andererseits" und beim „sowohl-als-auch" stehen bleiben. Entweder man befürwortet mehr Flexibilisierung auf dem Arbeitsmarkt, oder man ist dagegen und verteidigt die bestehenden Regulierungen – ein „sowohl-als-auch" ergibt da keinen Sinn. Entweder man verringert das Niveau der gesetzlichen Sozialversicherungen zugunsten einer verstärkten privaten Vorsorge (mit dem Ziel der Reduzierung von Abgaben und Lohnzusatzkosten) oder man lehnt solche Reformen ab. Entweder man ist für mehr Markt und mehr Wettbewerb in diesem Bereich – oder man ist dagegen. Ein „sowohl-als-auch" ergibt auch hier keinen großen Sinn. Entweder man hält die Standortbedingungen in Deutschland für schlicht unzureichend, um damit die Globalisierungskonkurrenz zu bestehen, und optiert deswegen für die α-Strategie oder man findet – wie z. B. die Memorandumgruppe – die Standortbedingungen ganz passabel, und optiert deswegen für die β-Strategie. Ein „sowohl-als-auch" gibt es hier nicht – man muss sich entscheiden.

Arbeitsvorschläge

1. In den Texten M 53 und M 54 werden die konkurrierenden Strategien nochmals in einer knappen Zusammenfassung vorgestellt. Arbeiten Sie diese beiden „Plattformen" mit der Zielsetzung durch, zu einer Entscheidung zwischen den dargestellten Alternativen zu kommen (siehe M 54/Arbeitstechnik: „Klausur").
2. Ziehen Sie bei Bedarf weitere Materialien in Ihre Entscheidungsfindung mit ein.
3. Beachten Sie, dass man nie genügend Wissen für eine wirklich fundierte Entscheidung hat – immer wäre es möglich und wünschenswert, noch mehr Informationen zu sammeln und noch länger über eine Frage zu diskutieren. Aber ein Parlament, eine Partei, ein Verband, eine Regierung muss auch einmal zur Entscheidung kommen – und sei es unter Ungewissheiten und Risiken. Das ist die Bürde des politischen Geschäfts. Sie bekommen einen Geschmack davon, wenn Sie an dieser Stelle eine solche Entscheidung einmal nachvollziehen.

Re-Regulierung versus Deregulierung, Wettbewerb versus Sicherheit

M 53

a) Die α-Strategie: Mehr Beschäftigung durch Reformen und Flexibilisierung

Dass es zur Bewältigung der großen Aufgaben, die der Wirtschaftspolitik gestellt sind, struktureller Reformen bedarf, wird im Grundsatz allgemein anerkannt. Unbestritten ist, dass Reformen beim Steuersystem und beim System der sozialen Sicherung eine hohe Bedeutung zukommt. Reformen sind aber auch an anderer Stelle unumgänglich. Als wesentliche Ursache der schwachen Beschäftigungsentwicklung in Deutschland und in einigen europäischen Ländern wird bei internationalen Vergleichen immer wieder auf die zu geringe Flexibilität der Arbeitsmärkte hingewiesen. Bliebe das Regelwerk des Arbeitsmarkts aus der Reformdiskussion ausgeklammert, so bestünde auch nach einer geglückten Neugestaltung der Besteuerung und der sozialen Sicherung die Gefahr, dass der Erfolg den Erwartungen nicht entspräche. Soll eine grundlegende Wende in der Entwicklung der Beschäftigung eingeleitet werden, so muss das Reformprogramm breit angelegt sein und darf keinesfalls einen so zentralen Bereich wie die Arbeitsmarktordnung aussparen. Ebenso muss es die Forschungs- und Technologiepolitik, die Bildungspolitik und die Wettbewerbsordnung umfassen.

Jahresgutachten Sachverständigenrat Wirtschaft. 1999/2000, Ziffer 234 f.

b) Die β-Strategie: Mehr Beschäftigung durch expansive Finanz- und Lohnpolitik

Große deutsche Unternehmen gehören im Prinzip zu den Gewinnern der Internationalisierung. Ihr Auslandsengagement ist nicht Ausdruck der Schwäche, sondern der Stärke. Die Politik hat dafür zu sorgen, dass der damit verbundene Strukturwandel gestaltet und die Arbeitslosigkeit abgebaut wird. Im Kontext von Euroland ergeben sich folgende Anforderungen an die Politik:

- Die Finanzpolitik muss im Rahmen ihrer gesamtwirtschaftlichen Verantwortung auf die Stärkung der Konjunktur und damit der Beschäftigung setzen. Dazu gehört angesichts der Wachstumsrisiken eine antizyklische Finanzpolitik innerhalb der EU.
- Die Steuerpolitik muss maßgeblich die Massenkaufkraft und kleine Unternehmen mit regionalem Radius stärken. Verschiedene Studien zeigen, dass Deutschland im internationalen Vergleich kein Hochsteuerland ist, also die internationale Konkurrenz auch keinen Steuersenkungsbedarf signalisiert.
- Die Europäische Zentralbank muss den Kurs restriktiver Geldpolitik aufgeben. Es macht keinen Sinn, den ölpreisbedingten Anstieg der Geldentwertungsrate durch eine Politik der Verteuerung bzw. der Verknappung der Geldversorgung bekämpfen zu wollen. Angesichts der gegenüber dem Produktionspotenzial unzureichenden monetären Nachfrage ist eher ein Deflationsproblem erkennbar.
- Binnenwirtschaftlich und unter dem Druck des Euro macht nur diese Lohnformel Sinn: Zuwachs der Stundenlöhne im Ausmaß der Produktivität und der erwarteten Geldentwertung, die derzeit vernachlässigbar ist. Ein Lohnsenkungswettbewerb im Euroland wäre schädlich. Er würde vor allem die notwendige Stärkung der Massenkaufkraft verhindern und vom Ziel der erforderlichen Innovationskonkurrenz ablenken.
- Die Bundesregierung muss sich für eine Mindestharmonisierung der Unternehmenssteuern in der EU einsetzen.
- Gerade auch durch die Internationalisierung wächst der Bedarf an strukturpolitischer Begleitung. Dazu gehört auch der Einsatz arbeitsmarktpolitischer Maßnahmen.
- Die wegen des Anstiegs der Arbeitsproduktivität hohe Beschäftigungsschwelle des Wirtschaftswachstums macht deutlich, dass die Arbeitslosigkeit nur nachhaltig abgebaut werden kann, wenn neben den bisher vorgeschlagenen Maßnahmen auch die unterschiedlichen Instrumente der Arbeitszeitverkürzung eingesetzt werden.

R. Hickel: Kurzthesen zur Globalisierung. In: France-Mail-Forum. Sondernummer Oktober 2001. (www.france-mail-forum.de/dos/dos1/dos1gru.html#hic)

Arbeitstechnik: „Klausur"

Gehen Sie in „Klausur", wägen Sie das Für und Wider der beiden konkurrierenden Strategien ab, entscheiden Sie sich und begründen Sie Ihre Entscheidung. Nehmen Sie sich eine Stunde Zeit und schreiben Sie eine Erörterung, die folgende Elemente enthalten sollte:

1. Einleitung: Darlegung der Entscheidungssituation
2. Hauptteil I: Abwägung der Alternativen
3. Hauptteil II: Schlussfolgerung und Begründung der Entscheidung
4. Schlussteil: Welche Konsequenzen ziehen Sie aus Ihrer Entscheidung?

Originalbeitrag des Autors

Abschreibungen 190
Agenda (21) 190, 196, 214, 215, 279
Allokation 172, 203
Angebot 70
Angebotsorientierte Wirtschaftspolitik 92, 93
Angebotsorientierung 94
Anpassungshilfe 160
Anpassungsinterventionen 161
Anpassungssubventionen 158
Antizyklische Konjunkturpolitik 88, 89
Arbeitsbeschaffungsmaßnahmen (ABM) 80, 81, 84
Arbeitgeber-Informations-Service (AIS) 80
Arbeitsförderungsgesetz (AFG) 53, 80
Arbeitslosengeld 43, 80, 95
Arbeitslosenhilfe 43, 80,
Arbeitslosenquote 28, 49, 54, 55, 61, 67, 77, 85, 89
Arbeitslosenraten 149
Arbeitslosenstatistik 53, 84
Arbeitslosenversicherung 39
Arbeitslosigkeit 7, 8, 25, 31, 39, 40, 41, 43, 44, 45, 46, 49, 51, 51, 52, 54, 56, 57, 58, 61, 62, 64, 67, 68, 69, 70, 71, 99, 102, 120, 121, 123, 295, 297, 324, 332, 335
Arbeitsmarkt 47, 70
-Indikatoren 47
-modell 64
Arbeitsplätze 323
Arbeitsteilung 283, 284, 285, 292, 301, 309, 311, 312
Arbeitsvolumen 49
Arbeitszeitverkürzung 112
Attac 310
Ausbildung 59, 67, 70
Ausbildungsstellen-Informations-Service (ASIS) 90
Auslandsnachfrage 71
Außenbeitrag 28
Automatisierung 151

Bargeld 272
BASF 217
Bedürfnishierarchie 138
Beschäftigungspolitik 51
Beschäftigungsquote 49, 58, 59

Beschäftigungsziel 77
Bevölkerungsentwicklung 137
Bildung 87, 127, 163
Bildungssystem 85, 93, 125
Binnenmarkt 127, 279, 295, 299, 312
Binnennachfrage 149
Biotechnologie 147
Börse 271
Boom 89
Brainstorming 8
Brainwriting 8
Bruttoinlandsprodukt (BIP) 23, 25, 28, 31, 76, 90, 107, 119, 120, 123, 182, 183, 185, 187, 188, 190, 192, 297, 323
Bruttosozialprodukt (BSP) 182, 183, 187, 313
Buchgeld 232, 272
Bündnis 90/Die Grünen 8, 9, 17, 101, 221
Bürgerarbeit 147
Bundesanstalt für Arbeit 45, 61
Bundesbank 89, 255, 257, 265, 266, 268, 272

CDU/CSU 8, 9, 17, 45, 101, 127, 221
Chancengleichheit 163
Clinton 87
Club of Rome 106
Coase, Ronald 206, 210
Coase-Theorem 206, 207, 209
Colbert, Jean Baptist 234
CO_2-Emissionen 192, 200

Dauerarbeitslose 147
Deflation 335
Demokratiedefizit 256
Depression 71
Deregulierung 127, 312, 320, 321, 322, 324, 329, 334
Deutsche Bundesbank 95
Deutscher Gewerkschaftsbund 102
Dienstleistungen 77, 81
Dienstleistungsgewerbe 129
Digitales Geld 232
Direktinvestitionen 285, 286, 299, 303, 317
Diskontsatz 272
Dividende 105
Drei-Sektoren-Hypothese 129

Dritte Welt 149, 202, 281
Duisenberg, Wim 253, 257, 271

Eingliederungshilfe 43, 80
Eingriffs-Ausgleichs-Bilanzierung 181
Einkommenselastizität der Nachfrage 141
Einkommensverteilung 124
Emissionen 169, 170, 173, 177, 192, 194
Emissionshandel 225
Emissionslizenzen 222, 223, 224
Employability 70
Energiebilanz 179
Energieverbrauch 192, 200
Entwicklungsländer 309
Erhaltungsintervention 160
Erhaltungssubventionen 158
Erwerbsarbeit 47
Erwerbsbiografie 62
Erwerbslosenquote 60
Erwerbspersonen 47, 49, 54, 55, 62
Erwerbsquote 49
Erwerbstätige 50
Erwerbstätigkeit 47, 48
ESZB 255, 257, 258, 272, 273, 274
Ethische Normen 30
EU-Osterweiterung 257
Euro 228, 229, 240, 246, 253, 256
Europäische Kommission 257
Europäisches System der Zentralbanken 256
Europäische Union (EU) 95, 217, 223, 257, 312, 327
Europäische Zentralbank (EZB) 255, 256, 257, 258, 260, 265, 266, 270, 271, 274, 335
Export 149
Exportnachfrage 123
Externalitäten 203, 204, 219
Externe Effekte 172, 202, 204, 206, 207, 219
Externe Kosten 172, 177

Fachkräftemangel 85
Faktormärkte 249
FCKW 196
Fehlallokation 171, 172

FDP 8, 9, 17, 221
Federal Reserve 268
Fluktuation 67
Freie Güter 171
Freier Welthandel 313
Friedman, Milton 263
Friktionelle Arbeitslosigkeit 69, 71, 79

GATT/WTO 312
Geldmenge 71, 250, 251, 257, 263, 264, 265, 266, 267, 268, 271, 275, 276
Geldmengenregel 263
Geldpolitik 261, 263, 266, 268, 270, 271, 272, 275
Geldwertstabilität 253, 254, 255, 256
Gemeinsame Agrarpolitik 156
Gemeinlastprinzip 173
Generationenkonflikt 103
Gesundheitsschäden 175
Gewerkschaften 83, 84, 94
Gipfel 196
Giralgeldschöpfung 272
Girobanken 232
Globalisierung 77, 95, 99, 137, 279, 280, 283, 288, 290, 291, 295, 299, 301, 303, 311, 312, 314, 317, 319, 320, 323, 326, 327, 334
Globalisierungsgegner 310
Global-player 289, 319, 320
Global-sourcing 317
Greenspan, Alan 86, 268
Grenzkostenanalyse 209
Greshams Gesetz 235
Grundgesetz 152
Gütermärkte 249, 261, 262
Gütermenge 250, 251

Harmonisierter Verbraucherpreisindex (HVPI) 246, 266
Hartz 39, 84
-Kommission 10
-Konzept 83
Hauptrefinanzierungssatz 272
Haushaltsdefizit 71
Hochzinspolitik 95
Human Development Index (HDI) 183
Humanisierung 103

Humankapital 44, 47, 164, 299, 311
Hume, David 234
Hysterese 67

Immissionen 169, 170
Industrielle Revolution 135
Inflation 31, 235, 236, 237, 238, 239, 240, 248, 249, 257, 262
Inflationsrate 28, 76, 247, 249, 253, 254, 268
Inflationstheorie 250
Informations- und Kommunikations
   -branche 297
   -technik 77, 137, 147, 148, 162, 164
   -technologien 312, 317
Informationszeitalter 147
Infrastruktur 93, 127, 143
Inlandsprodukt 187
Innovation 137
Innovationspolitik 161
Innovations- und Technologienzentrum 166
Input 119, 144, 177, 179, 311
Insolvenz 40
Instabilität 74
Institutionengefüge 127
Internalisierbare Ressourcen 203
Internalisierung 319, 320, 321, 335
   -der externen Effekte 172
Internationales Arbeitsamt (ILO) 60
Interne Kosten 177
Internet 137, 232, 312
Intervention 152
Investitionsdynamik 122
Investitionsnachfrage 71

Joint Ventures 285, 290

Kalter Krieg 94
Kapitalstock 119, 125, 304
Kasinokapitalismus 320, 324
Kaufkraftminderung 238
Kausalität 113
Keynes, John Maynard 71, 78, 86
Keynesianer 30, 77
Keynesianismus 90, 94, 97
Klimaschutz 198, 329

Klimawandel 220
Knappe Güter 171
Knappheitsfelder 148
Komparative Kostenvorteile 311
Komparative Vorteile 284, 317
Kondratieff 147, 148
   -Zyklen 143, 144
Konjunkturelle Arbeitslosigkeit 69, 71, 79, 86, 121
Konjunktur
   -krise 86
   -schwankungen 74, 263
Konkursausfallgeld 80
Konsumnachfrage 71, 138
Kontrakteinkommen 248
Konzept der antizyklischen Geldpolitik 261, 275
Kooperationsprinzip 212
Kopenhagen 196
Korrelation 113
Kostenfaktor 94
Kriminalität 44
Kündigungsschutz 83
Kurantgeld 231
Kyoto 196
Kyoto-Klimaschutzprotokoll 223, 224

Landwirtschaft 156
Laspeyres-Index 242
Leitzinsen 86, 271, 272, 273
Liberalisierung 312, 315, 316, 322, 329
Liberalismus 94
Locke, John 234
Lohndumping 307
Lohnnebenkosten 125, 221, 332
Lohnsenkungen 71
Lohnstückkosten 108, 328, 329
Lokale Agenda (21) 199
Luftverschmutzung 172

Maastricht-Vertrag 95, 253, 255
Magisches Viereck 23, 24, 99, 253
Makroökonomische Produktionstheorie 114
Marktgleichgewicht 172
Marktliberalismus 97
Marktwirtschaft 13, 62, 97, 205
Merkmalstrukturelle Arbeits-

losigkeit 69, 70, 71
Metallistische Theorie 234
Mindestreserve 276
Mindeststandard 307
Mitbestimmung 94
Mobilität 70, 85, 93, 281, 295, 312
Monetarisierung 174
Modernisierungspolitik 125
Monetarisches Konzept 261, 263
Monetarismus 30, 94, 263
Montanindustrie 129
Montrealer Protokoll 196

Nachfrage 70, 71, 73, 94
   -defizit 123, 124
   -politik 97
   -steuerung 97
Nachhaltige Entwicklung 215
Nachhaltigkeit 214
Nachhaltigkeitsprinzip 181, 195, 198
Nachhaltigkeitsstrategie 195, 198
Nationaldemokratische Partei Deutschlands (NPD) 44
Nationaleinkommen 187, 188
Nationale Nachhaltigkeitsstrategie 198
Nationale Zentralbank 257, 258, 260
Naturgüter 190
Naturkapital 190
Neoliberalismus 94
Neue Politische Ökonomie 14
New economics 71
Nicht-internalisierbare Ressourcen 203, 204
Niedriglohn 317
Nominalistische Theorie 234
Normative Ökonomik 32
Notenbank 72, 95, 253, 254, 257, 258, 263, 268
   - Federal Reserve 86
Nutzungskonflikt 169

Öffentliche Güter 202, 203
Öffentliche Investitionen 125
Ökobilanz 174, 175, 177, 178, 179, 182, 190, 196
Ökokonto 180, 181
Ökologie 102
Ökologische Schwachstellen 179

Ökologische Schwachstellenanalyse 177
Ökologische und soziale Marktwirtschaft 8, 17, 94
Ökologisch-solidarische Weltwirtschaft 17
Ökosozialprodukt 182, 190
Ökosteuer 220, 221, 222
Offenmarkt
   -geschäft 276
   -politik 274
Opportunitätskosten 175
Ordnungspolitik 20
Output 119, 144, 177, 179
Output-Input-Verhältnis 144

Papiergeld 231
PDS 8, 9
Peripherisierung 46
Personalserviceagenturen (PSA) 84
Pigou-Steuer 206
Positive Ökonomik 32
Preisindex für die Lebenshaltung 240, 242, 243
Preis-Kosten-Verhältnis 94
Preisniveaustabilität 247, 250, 253, 260, 266, 270, 272, 276
Preisstabilität 258, 268, 271
Private Güter 203
Privater Dienstleistungssektor 164
Privatisierung 312
Privatstruktur 127
Problemgruppe 67, 70, 81
Produktinnovationen 143
Produktion 71
Produktionsfaktor 114, 115, 119, 135, 143, 144, 147, 172, 303, 304, 312, 317
Produktionsfunktion 119
Produktionskapazität 114
Produktionskosten 93, 144
Produktionskräfte 142
Produktionspotential 123
Produktivität 115
Produktivitätsgewinn 144
Produktivitäts-/Produktionsschere 145
Prozesspolitik 20

Qualifikation 67, 70, 93, 103, 133
Qualitatives Wachstum 201

Quantitätsgleichung 250
Quantitätstheorie 234
Quantitatives Wachstum 201
Quietismus 45

Radikalismus 44
Rat für Nachhaltige Entwicklung 198
Rationalisierung 94, 125, 147
Reales Pro-Kopf-Einkommen 109
Reales Wirtschaftswachstum 76
Reallokation der Ressourcen 143
Regionale Strukturpolitik 152
Reichsbank 255
Rentabilität 91
Rentenversicherung 220, 221
Republikaner 45
Residualeinkommen 248
Ressourcenverbrauch 194, 195
Rezession 86, 89, 94, 95
Rheinischer Kapitalismus 281, 283, 295, 324
Rio-Agenda (21) 196, 197
Ruhrgebiet 129, 149, 279
Ruhrstadt 279

Sachverständigenrat 25, 29, 89, 97, 122
Sachverständiger 77
Saisonbereinigung 61
Schattenwirtschaft 107
Schlüsselindikatoren 194, 195
Schlüsseltechnologien 164
Schuldendienst 103
Schumpeter-Dynamik 198
Schwarzarbeit 230
Schwarzmärkte 239
Schwellenländer 77, 281, 286, 299, 309
Sektoraler Strukturwandel 130, 131
Sektorale Strukturpolitik 152, 153, 160
Shareholder-Value 280
Sichtguthaben 272
Solare Energie 148
Sozialabgaben 43

Soziale
 -Frage 32, 33
 -Marktwirtschaft 127, 152
Sozialhilfe 39, 43
Sozialprodukt 250
Sozialstaat 123
Sozialstaatsmodell 326
Sozialsystem 93
Sozialversicherungssystem 125
Sozioökonomischer Indilator 183, 184
SPD 8, 9, 17, 45, 101, 221
Spezialisierung 151
Staatsausgaben 94
Staatsnachfrage 71
Staatsquote 90
Staatsschuldenquote 95
Staatsverschuldung 90, 95
Stabilisierungspolitik 23, 26, 77
Stabilität 77
Stabilitäts- und Wachstumsgesetz (StWG) 23, 25, 88, 89, 236, 253
Stahlindustrie 149, 150, 151
Standortfaktoren 294, 301
Standortvorteil 317, 332
Statistischer Warenkorb 240
Status-Quo-Analyse 175
Steinkohlenbergbau 157
Stellen-Informations-Service (SIS) 80
Steuern 43
Steuerprogression 249
Steuerreform 8
Steuersystem 125, 127
Stille Reserve 43
Strafzölle 314
Ströme und Bestände 64
Stromgrößen 186
Strukturelle Arbeitslosigkeit 79, 121
Strukturller Wandel 135, 137, 152, 299, 309
Strukturkrisen 149, 152
Strukturpolitik 20, 160, 161
Strukturwandel 85, 92, 93, 129, 138, 140, 142, 143, 147, 149, 152, 153, 158, 159, 201, 301, 335

Subventionen 129, 149, 153, 154, 155, 156, 157, 161, 164, 173, 314
Synergieeffekte 151
Systemische Arbeitslosigkeit 69, 77, 91, 121, 122

Tauschhandel 230, 231
Technischer Wandel 143, 144
Tenderverfahren 274
Teuerungsraten 246
Transaktionen 234
Transaktionskosten 127, 207, 228, 312
Trenddarstellungen 120

Überbrückungsgeld 80
Umschulung 80
Umverteilungswirkung 248
Umweltgesetzbuch (UGB) 214, 215, 216
Umweltgüter 171
Umwelt
 -indikatoren 195
 -ökonomie 182
 -ökonomik 203
 -ökonomische Gesamtrechnung (UGR) 190, 191, 192
 -schäden 171, 174, 182, 183, 190, 202, 206
 -schädigung 31
 -schutz 94, 103, 201, 212
 -sektor 148
 -steuer 206
 -verträglichkeitsprüfung 212, 216
 -zerstörung 181
Unterbeschäftigung 71, 77, 94

Verdeckte Arbeitslosigkeit 56, 77
Vereinte Nationen 196, 197
Verfahrensinnovationen 143
Verfügungsrechte 127
Vertrag von Maastricht 246, 256
Verursacherprinzip 173, 206, 210, 212
Vier-Phasenmodell 41
Vier-Sektoren-Hypothese 132

Volkseinkommen 188, 190, 250
Volkswirtschaftliche Gesamtrechnung (VGR) 183, 185, 186, 191, 192
Vollbeschäftigung 44, 45, 71, 94, 332
Vorsorgeprinzip 212

Wachstumsindikator 182
Wachstumsraten 123
Wachstumsschwäche 31, 122, 123
Wachstumsziel 77
Wägungsschema 242, 243
Währungsreformen 257
Währungsspekulationen 228
Warengeld 232, 239
Warenkorb 242, 243, 246
Wechselkurse 95
Wegwerfgesellschaft 103
Weltwirtschaftskrise 71, 94
Wertschöpfung 119, 143, 144, 145
Wettbewerbsnachteile 153
Wettbewerbspolitik 13
Wirtschaftsjournalismus 34, 35
Wirtschaftswachstum 99, 101, 102, 103
Wissensgesellschaft 133
Wohlfahrtsstaat 94
Wohlstandsindikator 182, 183, 190
Wohngeld 43

Zentralbank 253, 255, 261, 268, 272, 273, 276
 -geldmenge 261
Zielabweichungen 270
Zielbeziehungen 19
Zielkomplementarität 19
Zielkonflikt 19, 253
Zielneutralität 19
Zieltrichter 265, 266
Zinssätze 269
Zollschutz
Zwei-Säulen
 -Strategie 270
 -System 268
Zweiter Arbeitsmarkt 81

Glossar wichtiger Fachbegriffe (im Text mit * gekennzeichnet)

Allokation Zuordnung (Verteilung und „Verortung") von Gütern, insbesondere Produktionsfaktoren, auf unterschiedliche Verwendungszwecke, z. B. auf bestimmte Unternehmen in bestimmten Regionen/Standorten. (Vgl. auch →Fehlallokation)

BIP-Deflator Preisindex für das Bruttoinlandsprodukt. Der Wert des →nominalen BIP (zu laufenden Preisen) muss mit dem Wert des Preisindex deflationiert (preisbereinigt) werden, wenn man den Wert des →realen BIP erhalten will.

Bürgerarbeit gemeinnützige Arbeit und freiwillige Tätigkeit von Bürgerinnen und Bürgern bei geringer Bezahlung oder ganz ohne Entgelt.

Corporate Identity Image und Identität eines Unternehmens, ausgedrückt in Logo, Unternehmensphilosophie, Gemeinsamkeitsgefühl der Mitarbeiter etc.

Deficit spending Zusätzliche Staatsausgaben zur Ankurbelung der Konjunktur, die ein Haushaltsdefizit verursachen; diese Zusatzausgaben sind also nicht durch ordentliche Staatseinnahmen (Steuern) gedeckt, sondern werden durch Kredite (von der Zentralbank oder vom Kapitalmarkt) finanziert.

Deflation sinkendes Preisniveau (Gegenbegriff: Inflation, steigendes Preisniveau). Eine deflationäre Preisentwicklung kann sich in einer Rezession oder →Depression ergeben, wenn bei geringer Gesamtnachfrage die Güterpreise sinken. Bei Deflation steigt der Geldwert (die Kaufkraft des Geldes).

Depression Anhaltender Rückgang der gesamtwirtschaftlichen Wertschöpfung (schrumpfendes BIP); es handelt sich um eine Wirtschaftskrise, die mit Massenarbeitslosigkeit und sinkenden Einkommen verbunden ist.

Deregulierung Abbau staatlich-bürokratischer Vorschriften, Auflagen und Bestimmungen (Regulierungen) mit dem Ziel, mehr Wettbewerb zuzulassen und die Marktdynamik zu entfesseln. Mit der Deregulierung können allerdings auch Schutzvorkehrungen entfallen (z. B. Umweltschutz, Kündigungsschutz etc.).

Distribution räumliche Verteilung von Produkten, z. B. von den Produktionsstandorten an die Abnehmer (Logistik), oder auch Verteilung der Einkommen: distributive Gerechtigkeit = Gerechtigkeit der Einkommensverteilung.

Dividende Gewinnanteil, der an die Eigentümer eines profitablen Unternehmens ausgeschüttet wird. Besitzt jemand Aktien eines Unternehmens (Aktiengesellschaft = AG), dann ist der Aktionär bzw. die Aktionärin Miteigentümer/in dieses Unternehmens; Aktien verbriefen das Recht auf einen entsprechenden Gewinnanteil (sowie auf Mitsprache in der Hauptversammlung der AG).

Duales Ausbildungssystem System der Berufsausbildung in Deutschland, das auf den beiden (Æ dualen) Säulen der betrieblichen Lehre und der parallel dazu besuchten Berufsschule beruht.

EU-Ziel-2-Fördergebiete Regionen mit strukturellen Schwierigkeiten, deren wirtschaftliche und soziale Umstellung durch den Europäischen Fonds für regionale Entwicklung (EFRE) unterstützt wird.

exponentiell dieser Begriff wird meist im Zusammenhang mit exponentiellem Wachstum verwendet; dabei wächst eine Größe (z.B. das BIP oder eine Ersparnis) mit einer konstanten Zuwachsrate (z. B. 2,5 % bzw. nach der Zinseszinsformel), also mit steigenden absoluten Zuwächsen. (Beim linearen Wachstum sind dagegen die absoluten Zuwächse konstant.)

Fed Federal Reserve Bank = Zentralbanksystem der USA.

Fehlallokation (vgl. →Allokation) Wenn Güter (z. B. Umweltgüter Luft, Wasser, Boden) keinen Preis oder zu niedrige Preise haben, dann kommt es zu einer Fehlallokation, d. h. zu einer verfehlten Verwendung dieser Güter. Sie werden übermäßig nachgefragt und genutzt, mit der Folge von Umweltschädigungen.

fordistisch streng arbeitsteilige Organisation eines industriellen Produktionsprozesses (mit Fließband und Akkordarbeit).

Hartz-Kommission Von der Bundesregierung eingesetzte Expertenkommission zur Ausarbeitung eines Reformkonzepts für die Arbeitsverwaltung.

Humankapital Das von einem Menschen durch Schule, Ausbildung, Studium etc. angesammelte „Kapital" an produktiven Fähigkeiten (Qualifikationen, Fertigkeiten, Motivationen etc.).

Just-in-time zeitgerecht; z. B. Anlieferung von Vorprodukten zum Zeitpunkt des Bedarfs in der Produktion. Dies erspart eine aufwendige und teure Lagerhaltung, verstärkt aber das Verkehrsaufkommen.

Kapitalakkumulation Ansammlung von Kapital (Sachkapital und Vermögen) durch die Wiederanlage von Gewinnen (Re-Investitionen). Dieses Prinzip führt dazu, dass sich dort Vermögen anhäuft, wo bereits Vermögen vorhanden ist.

Keynesianismus wirtschaftswissenschaftliche Denkschule (Begründer: John Maynard Keynes 1883–1946), die dem Staat die Aufgabe der Stabilisierung der Wirtschaftsentwicklung zuweist.

linearer Trend bei der Berechnung eines linearen Trends wird gedanklich eine Gerade (Linie) durch eine Wertemenge gelegt (so dass die Abweichungen der tatsächlichen Werte von der Geraden minimiert werden: die Trendgerade ist also die beste lineare Annäherung an die tatsächlichen Werte). Im Unterschied dazu kann der Trendverlauf auch durch eine Kurve (exponentiell, logarithmisch oder polynomisch) angenähert werden (vgl. M 27, S. 122).

Marginalisierung →Peripherisierung

Monetarismus liberale wirtschaftswissenschaftliche Denkschule (Begründer: Milton Friedman, * 1912), die sich als Gegenbewegung zum →Keynesianismus versteht. Monetaristen schreiben der Geldmenge die entscheidende Rolle für die Wirtschaftsentwicklung zu.

Nicht-tarifäre Handelshemmnisse solche Hemmnisse, die nicht durch Zölle (engl: tariffs) bedingt sind, sondern z.B. durch technische Bestimmungen, Sicherheitsvorschriften etc.

nominal (Gegenbegriff: →real); bezeichnet eine Wertgröße zu laufenden Marktpreisen, z.B. das nominale BIP des Jahres 2002 belief sich auf 2.108 Mrd. Euro. Aus diesem Nominalwert ist die Inflation nicht herausgerechnet. Werden nominale Grö-